ENCYCLOPÉDIE

DOMESTIQUE.

T. I.

A. — E.

On trouve chez le même Libraire :

DE L'IMPRIMERIE DE L.-T. CELLOT.

ENCYCLOPÉDIE

DOMESTIQUE,

RECUEIL

DE PROCÉDÉS ET DE RECETTES

CONCERNANT

LES ARTS ET MÉTIERS, L'ÉCONOMIE RURALE ET DOMESTIQUE,

ET APPLICABLES A TOUS LES ÉTATS

ET DANS TOUTES LES CIRCONSTANCES DE LA VIE,

EXTRAITS

Des ouvrages spéciaux de MM. APPERT, BERTHOLLET, BOUILLON-
LAGRANGE, BUCHAN, BUCH'OZ, CHAPTAL, FOURCROY, OLIVIER DE
SERRE, PARMENTIER, RŌZIER, SONNINI, THÉNARD, VIREY, etc., etc.,

PAR A. F***,

Avec une Table très-détaillée, indispensable pour la prompte recherche
de tous les Articles, et pour la classification des matières qui appar-
tiennent au même genre d'industrie.

TOME PREMIER.

————⋙⋘————

PARIS,

RAYMOND, LIBRAIRE, rue de la Bibliothèque, n° 4;
ACHILLE JOURDAN, rue Gît-le-Cœur, n° 4;
LEDENTU,
CORBET,   } Libraires, quai des Augustins.
LECOINTE et DUREY,

1822.

AVERTISSEMENT.

—

Des circonstances particulières nous avaient engagés à recueillir pour notre usage, une assez grande quantité de recettes concernant les arts et métiers ; notre propre expérience nous ayant mis à même de les rectifier en plusieurs points, et d'en accroître le nombre, nous pensâmes qu'il pourrait être utile de les rassembler en corps d'ouvrage, et de faire participer aux avantages d'un pareil travail, cette classe nombreuse de la société, à qui le temps et les moyens manquent également pour recourir aux traités spéciaux, et qui n'apprécie les sciences que par leurs résultats. Nous savions que plusieurs entreprises du même genre avaient été tentées ; mais le bon accueil qu'elles ont obtenu, loin de nous rebuter, nous fit au contraire envisager comme infaillible le succès de notre *Encyclopédie*. Plus complète dans son ensemble, plus variée dans ses détails que la plupart des recueils publiés jusqu'à ce jour, elle a de plus l'avantage d'être à la hauteur des connaissances modernes. Dans ce genre plus que dans tout autre les livres vieillissent rapidement ; car les productions des sciences et des arts s'accumulent sans cesse, et il importe d'en constater souvent les progrès pour en hâter et multiplier la jouissance. C'est ainsi qu'en substituant des vérités faciles à des erreurs qu'un long usage a conscarées , on parviendra à anéantir la routine ; c'est ainsi que par des instructions dégagées de tout ce qui est conjectural , on fera participer le plus grand nombre aux perfectionnemens de l'industrie.

Notre intention a été d'offrir autant de faits que possible dans un espace limité , et de nous rendre utiles à toutes les classes. L'artiste et l'ouvrier trouveront dans notre Dictionnaire les recettes propres à leur état , soit pour obtenir des produits plus parfaits ou moins dispendieux, soit pour fabriquer eux-mêmes des choses qu'ils sont souvent obligés de se procurer à grand prix ou de faire venir de loin.

Le citoyen des villes y verra tout ce qui concerne les soins d'un ménage , le choix des substances , leur conservation, leur usage ; une foule de procédés économiques , au moyen desquels il pourra se procurer des jouissances proportionnées à sa fortune ; enfin , des instructions propres à lui faire apprécier la qualité et la valeur de ce qu'il achète.

L'habitant des campagnes, éloigné de tout secours étranger , a besoin surtout d'être éclairé sur les moyens de se suffire à lui-même , de trouver autour de lui de quoi parer les accidens qui peuvent survenir aux hommes ou aux animaux, utiliser ses loisirs et faire fructifier ses propriétés. Sous ces différens rapports nous lui fournirons à peu près tout ce qui peut lui convenir. C'est à lui principalement qu'est destinée la partie médicale de ce recueil ; car sa position le met souvent dans la nécessité de pourvoir lui-même à sa santé , en attendant les conseils d'un homme de l'art. Toutefois nous lui recommandons d'user de ce moyen avec beaucoup de circonspection : il est si facile de se méprendre sur la nature de son mal ; et dans ce cas la moindre erreur est si funeste ! Pénétrés de cette pensée, nous avons dirigé nos recherches sur les auteurs les plus modernes et les plus recommandables, sans entasser une foule de secrets insignifians ou même dangereux que préconisent tant de charlatans.

Dans le cours de tout notre ouvrage, nous avons cité à la suite de chaque article le nom de l'auteur à qui nous l'avons emprunté, afin qu'on pût lui attribuer le degré de confiance qu'il s'est acquise. Par ce moyen nos lecteurs pourront prendre les procédés que nous leur indiquons, comme le résultat de leur propre expérience , et se trouveront praticiens avant d'avoir fait provision des connaissances et des observations nécessaires pour l'être.

Quant au style, on s'apercevra facilement que, loin d'être uniforme , il présente autant de caractères que nous avons consulté d'auteurs différens. Nous avons copié textuellement, et les seuls changemens que nous nous sommes permis se bornent à des retranchemens commandés par le cadre que nous avons adopté.

Malgré les soins que nous nous sommes donnés pour mériter les suffrages du public, nous ne doutons pas que nous n'ayons encore laissé beaucoup à désirer ; certaines parties paraîtront incomplètes, d'autres surabondantes ; mais ce défaut quoique bien senti, était inévitable : car comme nous l'avons dit en commençant, nous avons recueilli des recettes dans l'ordre de leur utilité, sans envisager l'ensemble qu'elles sont susceptibles de former.

ENCYCLOPÉDIE

DOMESTIQUE.

ABEILLES.

Tout ce que nous avons pu recueillir sur l'éducation des abeilles et sur les moyens d'utiliser leurs produits, est compris dans les paragraphes suivants :

DES RUCHES.

1. *Exposition, approvisionnement et mutation des ruches.* L'exposition à donner aux ruches dépend des climats ; il y en a de très-chauds où elles doivent être à l'ombre, d'autres au nord, d'autres au midi. Chez nous, la meilleure est celle du levant. La température variable de nos printemps étant cause qu'il y a des jours sans miel, il est convenable de placer les ruches de manière à ce que les abeilles puissent aller aux champs le plus matin possible, les jours où le miel perce dans les fleurs ; elles peuvent alors faire une récolte plus abondante qu'au moment où la chaleur commence à dessécher les fleurs sur lesquelles d'ailleurs se jettent, dès le grand matin, une multitude d'autres insectes.

A quelque exposition que l'on place les ruches, il faut qu'elles soient à l'abri des grands vents qui règnent le plus ordinairement dans la contrée ; que leur élévation au-dessus du sol soit d'un ou deux pieds pour les garantir seulement de l'humidité ; plus élevées, les essaims s'éloigneraient davantage, et se perdraient peut-être pour le propriétaire.

Les ruches doivent être chacune sur une table isolée. Le premier rang doit être placé à environ trois ou quatre pieds des abris, et les suivans à quinze pouces l'un de l'autre, afin qu'on puisse passer facilement derrière. Toutes les ruches doivent être disposées en échiquier, en observant les mêmes distances entre elles.

Le cultivateur peu aisé place les ruches çà et là autour de son habitation, sous un simple bonnet de paille, entre trois échalas réunis, et liés au-dessus de la ruche ; mais il vaut mieux les disposer sous un toit commun, capable de les garantir de la pluie, de la neige, du grand soleil, et du passage des animaux.

Quand les abeilles d'une ruche sont nombreuses et bien approvisionnées, elles peuvent supporter le froid; mais si leur essaim est trop faible, on doit les réunir ou les marier à un autre. Pour cela, lorsque l'essaim rassemblé le soir ne forme qu'un peloton au sommet intérieur de la ruche, on la soulève, on la frappe rudement d'un seul coup au-dessus d'une nappe qu'on a étendue par terre; on recouvre aussitôt les abeilles d'une seconde ruche contenant un essaim déjà établi, auquel on veut joindre le nouveau. Celui-ci s'établit dans la ruche pendant la nuit.

Pendant les plus grandes gelées, on abrite ses ruches; on les visite souvent, sans les déranger, pour voir si elles ont besoin de nourriture, et veiller à leur sûreté. Si elles sont dépourvues, on leur donne un sirop qui se compose dans la proportion d'une livre de miel ou mélasse, et d'une livre de cidre doux, de poiré ou de moût de vin. On fait bouillir doucement ce mélange, on l'écume, et quand il a acquis la consistance nécessaire, on le conserve à la cave dans des vaisseaux bouchés. Quand on s'aperçoit que les abeilles manquent d'approvisionnement, on en remplit une demi-bouteille, sur l'orifice de laquelle on attache une toile à mailles grossières et qu'on place, le goulot en bas, dans le trou ménagé sur le haut de la ruche. Le sirop suinte lentement; les abeilles vont en prendre tour à tour leur part, et la ruche se trouve ainsi alimentée.

Lorsque le printemps est une fois venu, il faut s'occuper d'autres soins : on soulève la ruche, on la visite, on la nettoie, on en rétablit la libre entrée, et l'on est surtout attentif à fournir à tous ses besoins.

Quand la chaleur de l'été fait éclore les essaims, on les suit, on les reçoit, on les place, et on s'assure de leur nouveau travail; à cette époque aussi on transvase, si les circonstances n'ont pas contraint de le faire plus tôt.

Il ne faut rien laisser dans les ruches au delà des besoins des abeilles. Rien ne doit les embarrasser ni les infecter; les rayons doivent être sains et nets, les alvéoles libres pour la déposition des œufs et du miel nouveau, et l'on est sûr alors que les essaims écloront de bonne heure.

En aucune circonstance il ne faut détruire les ruches anciennes; on peut toujours en tirer parti en employant les moyens que nous allons indiquer.

Lorsque le moment de la bonne saison est arrivé, c'est-à-dire lorsque les jeunes abeilles commencent à paraître, et annoncent que le peu de couvain que renfermoit la ruche est éclos, on sépare le chapiteau de la ruche avec un fil de laiton. Ce qu'il contient est communément pur, à l'abri des insectes, et compose les provisions. On adapte ce chapiteau à une ruche vide, que l'on met au-dessus de celle où sont encore les abeilles; on enveloppe à leur jonction les deux ruches avec un linge, afin qu'elles ne puissent pas sortir, et on frappe ensuite avec une baguette sur la ruche inférieure, si l'on n'aime mieux y présenter un peu de fumée par le bas, pour faire monter les abeilles de la ruche inférieure dans celle qui est au-dessus. Quand elles y sont toutes, on remet cette ruche à la place de l'ancienne; les abeilles y forment bientôt des rayons, et dans les années favorables, avant la fin de juin, on ôte le chapiteau pour le remplacer par un nouveau.

On renouvelle ainsi peu à peu l'édifice, et on rend à l'essaim l'activité, la propreté et l'espace nécessaires pour ses travaux et pour sa propagation.

Cette opération est de rigueur pour toutes les ruches de quatre ans, même pour les plus saines; car il faut toujours rajeunir les rayons, et les défendre de l'altération et de tout engorgement.

2. *Forme des ruches.* Les ruches doivent avoir la forme d'un œuf coupé par la moitié; celles en paille sont les meilleures. Mais quelle que soit leur matière, il est nécessaire, pour les opérations de l'essaim, que la ruche ait environ douze pouces de large et quinze pouces de haut, et qu'elle soit recouverte d'un chapiteau proportionné. Le diamètre supérieur du corps de la ruche doit être resserré par un anneau rentrant, pour rendre la séparation moins vaste, moins sensible aux abeilles après la taille, et pour conserver circulairement plus de points de suspension aux rayons inférieurs. Tous les bords doivent être unis afin que la jointure soit exacte, et que le fil de laiton puisse glisser facilement. On lie le chapiteau au corps de la ruche par des attaches extérieures, adaptées, par exemple, aux pointes sortantes des baguettes placées horizontalement dans l'intérieur, pour soutenir les rayons, et qu'on délie au moment de faire la taille. Alors, avec la pointe d'un couteau, on décolle doucement le chapiteau du corps de la ruche en le soulevant tant soit peu; on place quelques petites cales dans la jointure, et quand on a tout préparé, on fait passer le fil de laiton en sciant adroitement les gâteaux; on replace un autre chapiteau vide; on l'attache et on lute la jointure. — Le sommet du chapiteau doit avoir un trou que l'on ferme avec un bouchon, et par où l'on fait entrer le goulot de la bouteille de sirop, destiné à fournir de l'aliment aux abeilles. C'est aussi par cette ouverture qu'on leur donne de l'air dans les jours tem-

pérés de la mauvaise saison ; l'été, il faut leur en procurer en tenant la ruche un peu soulevée par de petites cales.

On fait aussi des ruches pyramidales qui sout composées de trois pièces. Pour les former, on prend d'abord une ruche ordinaire destinée à recevoir l'essaim ; elle peut avoir dix à onze pouces de haut sur autant de diamètre : c'est là le commencement de la ruche ; il n'est plus question que de mettre en jeu et en usage trois hausses ou caisses qu'on y adaptera successivement à proportion des travaux des abeilles.

Un an après la réception de l'essaim, on passera dans le panier une première hausse ou caisse en bois, de onze à douze pouces en tous sens, n'ayant qu'un fond percé dans son milieu d'un trou de quinze à dix-huit lignes de diamètre. On établira le panier par-dessus, en ayant soin de le luter à sa jonction, pour que les abeilles ne puissent sortir de leur ruche que par une seule ouverture pratiquée sur le tablier, et on la laissera dans cet état une année entière, pendant laquelle elle donnera un ou deux forts essaims.

Lorsqu'on passera la seconde hausse sous les deux autres pièces, on la lutera comme nous l'avons déjà dit ; aussitôt que les bourdons auront été détruits, on pourra disposer du panier supérieur en bouchant les trous du fond. On le trouvera plein de cire et de miel, sans mouches et sans couvain. Le miel sera de l'année, parce que les abeilles auront consommé celui des années précédentes ; il n'y aura que la cire dont la date remontera à l'été de l'établissement de chaque panier.

Lorsqu'on enlèvera le panier supérieur, on laissera la ruche passer les six mois de l'automne et de l'hiver dans cet état, pour ne lui donner une troisième hausse qu'au retour du printemps, et continuer ainsi toutes les années.

3. *Rétablissement des ruches.* Lorsqu'il périt des ruches, on doit retirer les paniers, les bien envelopper et les suspendre dans un local sec, à l'abri des araignées, des mulots, des souris, des papillons dont les œufs donnent la teigne, etc., et attendre les beaux jours de l'été.

Il faut alors y recevoir un nouvel essaim, lorsque le couvain est entièrement éclos et que la peuplade est en force, et le replacer dans le rucher, en donnant aux jeunes abeilles le jour nécessaire pour qu'elles puissent aller butiner au dehors.

Chaque peuplade, ainsi rétablie, est un nouvel essaim dont les rayons, les gâteaux de cire, les alvéoles déjà confectionnés, se rempliront de miel et de couvain, au retour des chaleurs.

Tout le monde sait que dans une ruche, l'abeille ouvrière forme les alvéoles ; que la mère-abeille s'empresse d'y faire une ponte dès qu'ils sont formés ; que le bourdon suit la reine, entre à reculons après elle dans l'alvéole, et féconde l'œuf qu'elle y a déposé; que si cette ponte a eu lieu à la fin de l'été, elle ne peut éclore qu'au printemps suivant, lorsque les rayons du soleil l'auront suffisamment échauffée.

Jusqu'à présent on avait pensé qu'après la mort de la peuplade, on ne pouvait rien obtenir de plus que la cire qui restait dans la ruche. On s'empressait d'extraire cette cire, de la manipuler, de la livrer au commerce : on ne soupçonnait pas qu'il y existât le germe d'une colonie nouvelle, à laquelle il était possible de donner l'existence; et c'est ce qu'on fait en y mettant un nouvel essaim, comme nous venons de le dire.

Ainsi il y aura toujours un bénéfice considérable à ne jamais mettre en fonte les gâteaux des ruches dont les peuplades ont péri dans l'année de leur existence, c'est-à-dire d'un printemps à l'autre, puisqu'en substituant les paniers qui renferment ces gâteaux de peuplades détruites, aux ruches sans activité, on n'a rien perdu que quelques individus bientôt remplacés par le couvain resté dans les alvéoles.

Il en sera de même des abeilles qui ne passent l'hiver que lorsqu'elles ont du miel, et dont le couvain éclot cependant au retour de la belle saison, malgré la destruction de la peuplade, sans autre secours que celui de la chaleur du printemps ou de l'été.

Lorsqu'on veut utiliser les gâteaux de cire dont les peuplades ont péri en automne ou en hiver, et dont les travaux n'étoient pas encore assez avancés pour que le couvain pût donner une ruche complète, on doit recevoir les essaims dans des paniers troués à leur partie supérieure, mais dont les trous sont bouchés provisoirement avec du linge ou de l'étoffe.

Aussitôt que les essaims sont reçus dans ces paniers, on enlève le linge qui ferme les passages du sommet de la ruche, et on pose sur cette ruche le panier dans lequel sont les gâteaux de cire et le couvain que l'on veut utiliser; les abeilles y montent presque instantanément; elles s'emparent des travaux qu'elles y trouvent; elles les nettoient; et dès le même jour la reine commune fait sa ponte dans les alvéoles où il n'y a point encore d'œufs; les bourdons fécondent les œufs qui ne l'ont point été, et l'ancien couvain se trouve ainsi en état d'éclore en même temps que le nouveau.

Si les gâteaux de cire qu'on veut utiliser sont déjà dans une ruche double, et que la peuplade en ait péri, on peut la passer sous une ruche pleine dont les abeilles ne travaillant déjà plus finiraient par périr, si on ne leur faisait reprendre toute leur activité en leur présentant un nouvel ouvrage à achever.

Le couvain qui se trouve alors dans ces paniers, ne tarde

pas à éclore; les individus qu'il donne se joignent à ceux de l'ancienne ruche dont la population devient plus nombreuse, et dont les travaux deviennent dès lors plus actifs.

Ces ruches, ainsi établies, peuvent donner des essaims dès la même année, surtout dans les pays où l'on cultive le sarrasin, et ces essaims peuvent s'assurer encore assez de subsistance pour passer l'hiver : toutefois s'ils périssent, leurs paniers n'en seront pas moins bons à conserver, pour être utilisés dans le printemps suivant. Si le couvain qui reste dans les alvéoles n'avait pas été fécondé, et que les bourdons manquassent à la ruche pour la fécondation de la ponte de la reine, il faudrait après l'hiver en prendre dans des ruches voisines. On les saisit sans aucun danger avec la main puisqu'ils n'ont point d'aiguillon; on les enferme dans des cornets de papier, dont on déchire le bout, et qu'on pose ainsi sous l'entrée de la ruche, où ils s'introduisent bientôt pour féconder toute la ponte de la mère-abeille.

4. *Moyens propres à arrêter les essaims quand ils quittent leurs ruches.* Les abeilles d'un essaim ne sont point à craindre tant qu'elles n'ont point de couvain à défendre; lorsqu'elles sortent, l'essaim s'abaisse et se fixe presque toujours sur un arbrisseau voisin, en tournant sur lui-même. Si l'essaim s'élevait à douze ou quinze pieds, il faudrait ramasser de la terre en poussière, et la lui jeter à pleines mains; et comme il n'y a rien que les mouches évitent avec plus de soin, elles s'abaissent, et se fixent pour se mettre à l'abri de cette espèce d'orage. Le charivari que l'on fait dans les campagnes, au moment du départ des essaims, n'est bon que dans le cas où un essaim s'éloigne, afin d'avertir que le propriétaire est à sa suite, et qu'il entend en conserver la possession. Dans tous les cas il faut s'en emparer promptement, parce qu'il ne resterait pas long-temps à la même place, surtout si le soleil dardait sur lui avec violence; et si, par quelque raison, on ne peut le cueillir de suite, il faut prévenir un second départ en lui faisant un abri contre le soleil, les vents ou la pluie.

5. *Moyens de se familiariser avec les abeilles.* Pour vivre en paix avec les abeilles, il suffit de ne pas les chagriner; et si par hasard, elles se posent sur vous, et que cela vous gêne, il faut se contenter de souffler dessus, et ne point les chasser avec la main : une secousse trop brusque les mettrait en colère.

Lorsqu'on se sera bien convaincu de cette vérité, on ne craindra plus les abeilles; on parviendra même à les manier sans les irriter. En les approchant, en leur donnant quelques soins, en leur offrant de temps à autre des alimens de leur goût, elles reconnaîtront l'ami qui les soigne, et se reposeront sur lui avec sécurité.

Lorsqu'on veut toucher à l'intérieur des ruches, on se munit d'un linge attaché à un bâton, et on le présente fumant à l'entrée des ruches. Les abeilles fuient aussitôt en bruissant ; quand on a fini, on retire le linge, et les abeilles se remettent bientôt de leur crainte.

DU MIEL ET DE LA CIRE.

6. *Manière de recueillir le miel.* La couleur du miel peut toujours être regardée comme un indice de sa bonté. Le blanc est le meilleur ; le jaune vient ensuite ; le noir est le plus mauvais. On en trouve dans toutes les nuances intermédiaires, même du vert. Gardé dans un lieu frais, il se conserve plusieurs années; mais il s'altère cependant à la longue par la cristallisation du sucre qui le rend grumeleux, et par la disparition de son odeur lorsqu'on le garde dans un lieu chaud; souvent même pendant l'été il s'aigrit et se change en vinaigre, surtout s'il contient de l'eau. L'altération du miel dans la ruche tient à plusieurs causes, dont les principales sont la chaleur qui y règne, les émanations des abeilles, et de leurs larves, et les restes des enveloppes des nymphes laissées dans des alvéoles.

Il résulte de ces faits, qu'il est constamment préférable de faire la récolte du miel immédiatement après le massacre des mâles, c'est-à-dire, en juillet et en août, plutôt qu'en octobre ou novembre, et, à plus forte raison, plutôt qu'en mars ou avril. De plus, en opérant à cette époque, on laisse deux mois aux abeilles pour réparer une partie de leur perte; et si ces deux mois sont favorables, il n'est plus à craindre de les voir mourir de faim pendant l'hiver.

Trop long-temps on s'est servi de moyens destructeurs pour la récolte du miel; en voici un dont nous conseillons la pratique.

Les ruches étant composées de deux pièces, la ruche et le chapiteau, on sépare avec le fil de laiton la pièce supérieure du corps de la ruche qui ne renferme que le miel pur, et l'on met aussitôt en place un chapiteau vide proportionné au nombre des abeilles et au rapport que fait espérer la saison.

A quelque époque de l'année que l'on fasse cette récolte, on sépare, avec un couteau, la partie des gâteaux qui est garnie de miel, de celle qui ne l'est pas ; et ensuite la première en deux lots : l'un renferme la partie des gâteaux, dont les alvéoles sont recouverts, et l'autre, celle dont les alvéoles ne sont pas entièrement remplis. Cette dernière est sans préparation, étendue sur des tamis, ou sur de petites claies, au-dessus de vases destinés à recevoir le miel; quant à l'autre, on la fait égoutter des deux côtés; et les gâteaux, dont les alvéoles sont fermés, sont placés de même après que le couvercle de ces alvéoles a été enlevé.

Cette opération est d'autant plus tôt terminée, qu'il fait plus chaud. Dans les temps froids, on la favorise à l'aide d'une étuve. Le miel qui en résulte s'appelle *miel-vierge* : c'est le meilleur.

Après que les gâteaux ont suffisamment coulé, on les met entre deux planches percées de trous, sous une presse qu'on serre le plus fortement possible, et l'on obtient un miel mélangé de rouget, de parcelles de cire, de restes de larves d'abeilles mortes, etc.

Quelque forte que soit la pression, et quelque souvent qu'on la renouvelle, il reste toujours du miel dans la cire; alors on l'émiette, et on la lave dans l'eau, ainsi que tous les ustensiles employés. Cette eau, chargée de miel, s'utilise quand on fait de l'hydromel. Le miel-vierge lui-même contient des particules de cire; on l'en débarrasse en le mettant dans des vases de terre ou de bois, à fond et à ouverture plus étroite, où la séparation se fait d'elle-même; on enlève l'écume avec une cuiller, et on transvase toute la partie pure dans d'autres vaisseaux qu'on porte à la cave, après les avoir bien fermés.

Pour blanchir le miel, et lui enlever la saveur qu'il a ordinairement, et qui ne plaît pas à tout le monde, il faut le faire bouillir dans la moitié de son poids d'eau, et le double de son poids de charbon grossièrement pulvérisé. (*Voyez purification du miel.*)

7. *Autre procédé pour recueillir le miel.* Le miel doit être extrait des rayons de cire le plus tôt possible après la dépouille faite sur les abeilles; il en coulera mieux. On choisira un beau jour; on s'établira près des croisées, de manière qu'au travers des carreaux le soleil puisse donner sur les rayons dont on voudra faire couler le miel; on aura soin d'écarter les abeilles mortes, le couvain et le pollen, qui nuiraient à la qualité du miel. Si la saison est avancée, il faut tenir un poêle allumé dans le laboratoire, et cela afin que le miel coule mieux.

Pour la manipulation on pose ses tamis, cages, mannes ou corbeilles sur des terrines : on fait un miel de choix, en brisant et mettant sur les tamis ou cages, les plus beaux rayons, et successivement par ordre de pureté des rayons, en se servant, s'il est nécessaire, des instrumens dont on fait usage pour déplacer les ruches.

On aura près de soi de l'eau pour déengluer ses mains et ses outils ; et on conservera cette eau pour faire de l'hydromel.

A mesure qu'une certaine quantité de miel aura coulé dans les terrines , on versera ce miel dans un seau au travers d'un tamis. Le lendemain on fera couler le miel par le trou des seaux dans les vases destinés à le conserver ou à le faire passer dans le commerce. Si c'est dans des barils, on laissera un vide d'un travers de doigt ; et après l'avoir bondonné , on le mettra sur un de ses fonds ; on marquera ce premier miel par M. V. (miel - vierge.) On notera le poids sur chaque vase.

Pour exprimer le second miel, il suffit, si les rayons du premier sont mollets et que le temps soit chaud , de les pétrir un peu, et si on en a une petite quantité , de les tordre dans un linge clair ; mais si l'on a un certain nombre de rayons, il faut les presser. Pour cela, on prend un morceau de toile claire, ou de canevas très-fort, de quinze à seize pouces en carré ; on passe une forte ficelle en demi-cercle sur les bords d'un côté de la toile, et une autre ficelle encore sur les bords opposés ; on fait un nœud aux extrémités des ficelles ; on pose la toile sur un grand plat de terre vernissée ; on met les rayons au milieu de la toile ; on les presse de la main ; on tire de chaque côté les bouts des ficelles, ce qui forme une espèce de bourse que l'on ferme en nouant les ficelles ; on met cette bourse sous la presse et on en exprime le miel : on met une autre bourse sur la première et on presse ; une troisième, une quatrième, etc. On laisse bien égoutter ; on desserre ; on ouvre les toiles, qui donnent la pâte de la cire en galette , que l'on met à part pour la fonte.

Dans les temps froids, on attend un jour de soleil ; on porte les rayons près d'une croisée, afin que la chaleur les amollisse, ou on les met dans un four tiède ou au soleil , dans des terrines couvertes d'une cloche de verre ; et lorsque les rayons sont tièdes ou mollets, on les presse comme nous venons de le dire.

On verse ce second miel, qui jette beaucoup d'écume, dans les seaux ; on le fait couler comme nous l'avons dit pour le miel vierge ; enfin on note sur les vaisseaux ces deux lettres : M. E. (miel exprimé).

8. *Manière d'obtenir la cire et de la blanchir.* Après avoir séparé le miel des gâteaux au moyen de la pression, on les enferme dans des sacs que l'on plonge dans des chaudières d'eau bouillante, où la cire fond, se sépare du couvain, vient à la surface de l'eau, et se fige à mesure que le liquide se refroidit. Si on veut lui ôter sa couleur jaune , on la coupe en rubans minces

que l'on expose au soleil pendant plusieurs semaines, ou que l'on fait tremper à plusieurs reprises dans de l'acide muriatique oxigéné.

9. *Manière de préparer la cire.* La pâte de cire en galettes avant d'être mise à la fonte, doit être purgée de tout le miel que la presse n'a pu faire sortir; pour cela on rompt les galettes, et on les met tremper quelques jours dans l'eau claire, avec le soin de les remuer de temps en temps pour les démieller.

Quelques personnes prétendent que la cire mise dans l'eau reste toujours plus grasse que celle qu'on démielle sans la mouiller; elles veulent que les galettes soient brisées et étendues sur des draps, près du rucher, afin que les abeilles, qui s'y rassemblent bientôt, les démiellent tout-à-fait; et qu'on les fasse fondre dans un chaudron où l'on ne met que le tiers d'eau, et qu'on remplit peu à peu de cire. Lorsqu'elle est prête à bouillir, on entretient un feu modéré; on remue continuellement la cire en fusion avec une spatule, afin qu'elle ne s'attache pas aux bords du chaudron, et lorsque toute la pâte paraît fondue, on diminue un peu le feu afin de ne pas la rendre sèche, cassante et brune, ce qui nuit à son blanchîment; lorsqu'elle a acquis le degré de cuisson convenable, ce qu'on reconnaît aux crevasses jaunes que l'on voit paraître, on la verse dans des sacs de forte toile qu'on met sous la presse, pour séparer la cire du marc, et l'on reçoit la cire qui coule dans de l'eau bien chaude, afin que les crasses se précipitent.

On forme ensuite la cire en pains de douze à seize livres au moins, et de seize à vingt-quatre livres au plus. Lorsqu'on a suffisamment de cire pour faire des pains de ce poids, on la divise également pour chaque chaudronnée; on la rompt en plusieurs morceaux afin qu'elle puisse plus aisément se fondre, et que n'ayant pas besoin d'un grand feu, elle soit moins exposée à roussir. Pour la refondre, on met dans le chaudron un quart d'eau et trois quarts de cire; on la place sur un petit feu; on la remue souvent; on l'écume et on la moule aussitôt qu'elle est fondue; car si on la laissait trop long-temps exposée à l'action du feu, au lieu d'être onctueuse, elle deviendrait sèche et cassante; ce qu'on doit éviter avec soin. L'écume se met dans une terrine avec un peu d'eau froide. Pour mouler les pains, on met de l'eau bouillante dans des seaux; on y verse la cire au sortir du feu; on la maintient le plus long-temps possible en fusion, afin que l'eau mêlée à la cire tombe au fond par son propre poids, et entraîne les crasses qui se rassemblent sous le pain. Pour cet effet, il faut que les seaux soient posés plutôt sur une planche que sur le pavé, et qu'ils soient couverts et enveloppés d'une couverture de laine. Au bout de vingt-quatre heures, on retire les pains qui se détachent d'eux-mêmes, et on enlève aussitôt les crasses qu'on réunit aux écumes pour en faire un pain qui sert aux frotteurs.

Si on veut avoir des pains sans crasse, on adapte au chaudron une cannelle de cuivre, qui dépasse le niveau de l'eau. Lorsque la cire est fondue, on ouvre le robinet, qui la laisse tomber dans des seaux d'eau bouillante, où elle se refroidit lentement. Au bout de vingt-quatre heures on la retire, et ce qui reste dans le chaudron se conserve pour une autre fonte.

Il y a des personnes qui mélangent la cire en y mettant de la graisse, de la poix de Bourgogne, de la térébenthine, etc. On reconnaît cette falsification en mâchant un petit morceau de cire; si elle est pure, elle ne doit avoir aucun mauvais goût, ni s'attacher aux dents : les cires qui sont mêlées de suif, ont un goût de graisse, et celles qui contiennent de la résine tiennent aux dents.

Quoique les rayons de cire de nos ruches soient blancs, lorsque les abeilles viennent de les faire, nous n'en retirons que de la cire plus ou moins jaune; et, par la difficulté que l'on a de ramener à un beau blanc celle de beaucoup de nos contrées, on est persuadé que c'est le miel que contiennent encore ces rayons qui empêche l'art de leur rendre leur première blancheur.

Dans beaucoup de fabriques, on masque ce défaut par une addition plus ou moins considérable de graisses de chèvre et de mouton; et l'on y blanchit parfaitement les bougies en les couvrant d'une couche superficielle de cire d'un beau blanc; mais comme elles sont grasses, que la lumière en est peu brillante, qu'elles durent moins de temps, qu'elles tachent les étoffes; enfin qu'elles coulent par les chaleurs, et forment des charbons en brûlant, on devine facilement cette fraude.

MALADIES DES ABEILLES.

10. *La dyssenterie* ou *le dévoiement.* Lorsque les abeilles laissent échapper, à l'entrée des ruches, des taches larges, d'une couleur presque noire et d'une odeur insupportable, elles ont la dyssenterie. Ce mal se communique; car dans cet état, les insectes n'ayant pas assez de force pour retenir leurs excrémens, laissent tomber sur ceux qui sont placés au-dessous une matière gluante qui gâte leurs ailes, et bouche les organes de la respiration. Pour prévenir la dyssenterie, il faut laisser pénétrer l'air dans les ruches pour en absorber l'humidité, qui est la cause du mal, et les changer de place dans un temps où les abeilles ne peuvent sortir. Si, malgré cette précaution, la

maladie se manifeste, il faut se hâter d'y porter remède en nettoyant les appuis et le bas intérieur des ruches, et en leur donnant enfin un sirop composé d'une partie de miel, et de deux parties de vin vieux qu'on leur présente tiède sur une assiette, dans laquelle on met une large croûte de pain grillée et imbibée de la liqueur, afin qu'elles ne s'y attachent point par les pates.

11. *Le vertige.* Il a lieu communément depuis le 25 mai jusqu'au 25 juin. Les abeilles attaquées de cette maladie, tournent, vont et viennent sans cesse ; elles ont le train de derrière si faible, qu'elles peuvent à peine se soutenir, et n'ont pas la force de s'envoler. On ne connaît point de remède à cette maladie ; mais on peut en soupçonner la cause, et en empêcher les effets, en arrachant des environs les fleurs susceptibles de donner le vertige, comme le persil, le fenouil, le cerfeuil, le panais, etc.

12. *L'indigestion.* Afin de prévenir cette maladie, il ne faut rien donner aux abeilles hors de leur ruche, par un temps froid, ni après midi, parce qu'étant gorgées de nourriture, elles périssent si la fraîcheur les saisit, et les empêche de rentrer.

13. *Le couvain avorté.* Le couvain avorte par deux causes : la première, lorsque les abeilles donnent aux larves une mauvaise nourriture ; la seconde, lorsque ces vers se trouvent placés dans leur alvéole la tête renversée ; dans cette position, les jeunes abeilles, hors d'état de pouvoir sortir de leur prison, meurent et se corrompent.

Les alvéoles qui contiennent le couvain en bon état, sont fermés par un couvercle en cire jaunâtre et un peu bombé ; si le couvain avorte, le couvercle s'enfonce et noircit. Les abeilles savent, en général, s'en débarrasser avant qu'il ne se corrompe ; mais si cet accident a lieu pendant l'hiver, on doit au printemps, lors de la visite des ruches, extirper les rayons infectés, et prévenir ainsi la source du mal.

14. *La rougeole* ou *le rouget.* On a désigné le rouget comme une maladie des abeilles, quoique ce n'en soit pas une. C'est du pollen mis en provision par les abeilles dans des alvéoles, qui a pris une consistance telle qu'elles ne peuvent en faire usage. Comme les abeilles emploient beaucoup de temps pour s'en débarrasser, en le rongeant peu à peu, on l'extirpera comme le couvain avorté.

15. *Des animaux nuisibles aux abeilles.* Le rat, la souris, le mulot, le campagnol, la musaraigne, sont des animaux carnivores, qui ont les mêmes inclinations, et qui sont à peu près de la même forme. En été, les abeilles se préservent de ces ennemis ; mais, peu vigoureuses pendant le froid, et réunies

pour leur conservation commune, ces animaux en profitent lorsqu'ils peuvent atteindre les ruches, les rongent, les percent, s'y introduisent, dévorent la cire et le miel, et salissent le reste par leurs urines. Pour détruire ces animaux on a imaginé différens piéges, mais le plus simple se compose d'un petit pôt de jardin, qu'on tient soulevé d'un côté avec une noix ouverte, et que les souris font tomber sur elles en rongeant la noix.

16. *Les araignées.* Les grosses araignées attaquent les abeilles arrêtées dans leur toile; on doit s'attacher à les détruire, et briser leurs filets.

17. *Les guêpes.* Il y a des guêpes qui plus fortes et moins frileuses que les abeilles, les dévorent en un instant. On peut en faire périr un grand nombre en enduisant plusieurs tamis avec du miel, pour les y attirer et les tuer en versant dessus de l'eau bouillante. Pour les détruire sous terre, on prend de la terre grasse, on la délaye, on la coule dans leurs trous, jusqu'à ce qu'ils soient pleins, et l'on bouche leur sortie avec de la même terre, un peu moins délayée, qu'on bat bien, pour mieux fermer toutes les issues.

18. *Les crapauds de terre.* On doit s'attacher à détruire ces animaux, parce qu'ils dévorent les abeilles, surtout dans les grandes chaleurs.

19. *Les ours.* Ils sont rares en France; cependant il s'en rencontre quelquefois dans les Alpes. Ils sont friands de miel, et lorsqu'ils aperçoivent des arbres creux, dans lesquels il y a des abeilles, ils montent le long du tronc, et avec leurs pates ils en tirent tout ce qu'ils peuvent atteindre. Dans les forêts du Nord, on suspend contre le tronc de ces arbres, un morceau de bois pesant. L'ours montant, rencontre la pièce et l'écarte avec une de ses pates; mais elle retombe sur lui; il se met en fureur et l'écarte plus fort; les coups violens et réitérés qu'il reçoit, le tuent ou le font tomber.

20. *Le pic et la mésange*, vulgairement *pique-mouchet*, attaquent aussi les abeilles : le seul parti à prendre est de les tuer, ainsi que les chenilles, et tous les insectes qui peuvent leur porter quelques atteintes, tels que la fausse teigne et les différens papillons, qui vont déposer leur œufs dans les ruches.

On a dit qu'il fallait mettre auprès des ruches, une lumière où les papillons viendraient se brûler; qu'il fallait les arroser avec de l'urine ou avec du vinaigre salé, etc. Tous ces remèdes sont impraticables ou au moins imparfaits, en ce qu'il faudrait les réitérer pendant six mois de l'année. Le seul qui puisse être mis en usage, est de donner à ces ruches une bonne reine dont la présence les ranime, et arrête ainsi l'invasion totale de la teigne ; au défaut de cette précaution, les propriétaires devront fixer leur attention sur les ruches dont les abeilles seraient dans l'inaction pendant que celles des autres ruches seraient en mouvement ; et s'ils voient cette inaction durer un certain temps, comme quinze jours, ils feront bien d'enlever ces ruches pour en sauver la cire, qu'ils feront fondre sans retard.

21. *Le sphinx à tête de mort.* Ce papillon est l'un des plus redoutables ennemis des abeilles, puisqu'il les effraie, et qu'en une nuit, il enlève tout le miel qui devait alimenter les ruches pendant l'hiver. Aussi dans les cantons où la pomme de terre se cultive en grand, on prévient les ravages du sphinx en rétrécissant l'entrée des ruches, en plaçant à leur entrée un petit guichet en bois, en fer-blanc ou en plomb, ou un simple grillage qui ne laisse de passage qu'aux abeilles. (*Diff. traités sur les abeilles.*)

22. ABCÈS. (*Manière de les traiter.*)

On fait mûrir un abcès au moyen d'un cataplasme composé de quinze figues sèches, demi-livre de pain blanc et un verre de bon vinaigre. On bat le tout ensemble ; on le fait légèrement chauffer ; on l'applique ainsi sur la partie malade, et on le change de quatre heures en quatre heures.

Si ces abcès sont à la tête, et occasionés par des congestions d'humeurs, des coups ou des chutes, on prend un morceau de pain sortant du four, on le trempe dans du gros vin, et on l'applique sur la partie malade. On aura soin aussi de tenir le ventre libre. (*Magasin médico-domestique*).

ABREÙVOIRS.

23. *Assainissement des abreuvoirs.* Pour assainir un abreuvoir d'eau dormante, il suffit d'y mettre des poissons, tels que la tanche, le gardon, et surtout le carassin. (*Dictionnaire d'agriculture.*)

24. *Abreuvoir* (*Chasse à l'*). Pour disposer un abreuvoir de façon qu'il ne s'échappe que peu d'oiseaux quand ils viendront s'y désaltérer, il faut, s'il est environné de bois, pratiquer tout autour quelques avenues larges de trois pieds, se ménager des perches pour faire des *plians*, et garnir de fort près tout le tour de l'eau, avec des bâtons gros comme le pouce, qu'on nomme *volans*, et qui sont taillés de façon à pouvoir y placer cinq à six *gluaux*. On construit une loge d'où l'on découvre presque tous les piéges ; on tend les *plians* ; on garnit les *volans* ; on place des *gluaux* sur tous les bords de la mare.

Si la mare n'est pas entourée de taillis de fort près, on est exempt de faire des avenues ; mais alors on a deux ou trois cents aiguillées de bon fil gros et fort ; on les enduit de bonne glu ; de deux pieds en deux pieds on plante un petit piquet de trois ou quatre pieds de haut ; on y attache les aiguillées de fil qui restent suspendues à deux doigts de terre, et l'on est assuré de ne pas laisser échapper un seul oiseau.

On doit faire cette chasse aussitôt que les dernières nichées des oiseaux sont faites, et qu'ils se disposent au passage, et pendant les grandes chaleurs de l'été, époque où la rareté de l'eau offre l'espoir d'une abondante capture. On doit se rappeler que les grandes chaleurs sèchent la glu, et que le moment le plus favorable est le matin, et surtout le coucher du soleil, à moins qu'on ne veuille changer plusieurs fois de gluaux. (*Encyclopédie.*)

ABRICOTS.

25. *Conservation des abricots.* Pour faire sécher et conserver des abricots, prenez-les au moment de leur parfaite maturité, et en les pressant doucement entre vos doigts, faites sortir le noyau par l'endroit de la queue ; remplissez de sucre le trou qui se sera formé, et disposez vos fruits ainsi préparés dans une terrine à laquelle vous ferez un couvercle de pâte ; mettez-les au four, mais seulement lorsque le pain a déjà pris couleur, et laissez-l'y jusqu'à ce que le pain soit refroidi. Cela fait, mettez les abricots sécher sur des ardoises, et lorsqu'ils seront assez secs, poudrez-les encore chauds avec du sucre : enfermez-les ensuite dans des boîtes garnies de papier, et placez-les dans un lieu à l'abri de l'humidité. (*Encyclopédie.*)

26. *Autre moyen.* On parvient à conserver les abricots et les pêches à l'état frais, en les recouvrant de filasse, et en les trempant ensuite dans de la cire jaune fondue, qui, en se refroidissant, forme une enveloppe impénétrable à l'air. (*Manuel d'écon. domest.*)

27. *Abricots confits.* Pelez des abricots qui ne soient pas trop mûrs, et fendez-les par la moitié pour en faire sortir les noyaux ; faites cuire à la grande plume autant de livres de sucre que vous avez de livres d'abricots ainsi préparés ; faites-leur prendre un seul bouillon pour qu'ils jettent leur eau ; ôtez-les du feu ; deux heures après, faites-les encore bouillir jusqu'à ce qu'ils n'écument plus ; retirez-les avec une écumoire pour les faire égoutter ; remettez le sirop pour le faire bouillir et cuire au perlé ; alors jetez ce sirop sur les abricots disposés dans une terrine, que vous placerez à l'étuve où vous la laisserez vingt-quatre heures. Vous placerez ensuite vos abricots dans des pots où vous les

laisserez refroidir avant de les recouvrir de papier. (*Le Maît. d'hôt. conf.*)

28. *Abricots en surtout.* Si l'on voulait conserver les abricots en surtout, il n'y aurait qu'à les sortir de leur sirop après les avoir fait cuire au grand perlé, et à les mettre sur des feuilles de cuivre pour les faire sécher à l'étuve, avec l'attention de les couvrir de sucre en poudre, et de les retourner de temps en temps pour les faire également sécher de tous côtés. (*Le Maître. d'hôt. conf.*)

29. *Abricots tapés.* Ayez cent abricots presque mûrs et bien beaux; faites-leur une incision du côté de la queue pour faire sortir le noyau; cassez les noyaux et pelez les amandes; faites ensuite blanchir les abricots dans une eau bouillante, jusqu'à ce qu'ils fléchissent sous les doigts, et mettez-les dans de l'eau fraîche; ayez alors du sucre que vous aurez fait cuire au petit lissé (une demi-livre par livre d'abricots); mettez-y vos fruits pour qu'ils y prennent deux bouillons couverts; écumez-les, et mettez-les dans une terrine jusqu'au lendemain; remettez le sucre dans une poêle pour le faire cuire à la grande plume; jetez-y les abricots avec leurs amandes; laissez-les prendre un bouillon, après quoi vous les ôterez du feu pour les remettre jusqu'au lendemain dans la terrine; alors retirez-les du sirop, ainsi que les amandes, pour les faire égoutter; remettez une amande dans chaque abricot, et posez-les à mesure sur des claies d'osier pour les faire sécher à l'étuve; retournez-les de temps en temps pour qu'ils se sèchent de tous côtés; et, lorsqu'ils seront bien secs, enfermez-les dans des boîtes garnies de papier blanc, et gardez-les dans un endroit sec.

On prépare de même les pêches, les prunes, les poires, les pommes, etc. (*Le Maîtr. d'hôt. conf.*)

30. *Abricots glacés.* Prenez des abricots qui ne soient pas trop mûrs; ôtez-en la peau et les noyaux; coupez-les en morceaux; mettez-les dans une poêle avec une livre de sucre fin pour chaque livre de fruit; faites cuire à grand feu en les remuant toujours avec une spatule, et lorsque votre marmelade commencera à se lier, vous l'ôterez du feu pour écraser tous les fruits qui ne le seraient pas; vous la remettrez ensuite sur le feu pour lui donner quelques bouillons, et vous l'y laisserez jusqu'à ce que la pâte soit un peu gluante au toucher. Vous la retirerez du feu, et dès qu'elle sera froide, vous la mettrez dans une salbotière pour la faire prendre en glace; quand elle sera prise, vous la travaillerez bien pour lui donner la figure des fruits naturels; vous les envelopperez dans les moules avec du papier, et les mettrez à la glace avec de la glace pilée ou de la neige, mêlée avec du sel et du salpêtre, en ayant soin que le vase où

vous les placerez soit percé, et ne retienne pas l'eau. Avant de les servir, vous leur donnerez la couleur qui leur est propre avec un petit pinceau que vous passerez légèrement par dessus.

Nous n'avons pas besoin de dire que tous les fruits que vous présentez glacés, doivent être travaillés comme nous venons de le dire. (*Le Maîtr. d'hôt. conf.*)

31. *Abricots* (*marmelade d'*). Pelez, ou laissez avec leur peau des abricots bien mûrs, dont vous ôterez les noyaux; et, après-les avoir fait dessécher sur un petit feu, vous les mêlerez bien exactement avec un poids égal de sucre cuit au cassé. Vous ferez prendre alors huit ou dix grands bouillons à votre marmelade, que vous remuerez toujours pour qu'elle ne s'attache point au vase; vous l'ôterez de dessus le feu, et quand elle sera à demi froide, vous la mettrez dans des pots, où vous pourrez la conserver long-temps. (*Le Maîtr. d'hôt. conf.*)

32. *Abricots* (*Pâte et glace d'*). Prenez six livres d'abricots bien mûrs, que vous pèlerez et que vous ferez dessécher. Après les avoir laissé reposer quelque temps, vous y ajouterez une égale quantité de sucre en poudre; vous remuerez bien la pâte, et lui ferez prendre sur le feu quatorze ou quinze bouillons; vous la dresserez toute chaude, et la mettrez à l'étuve. (*Dict. des plant. aliment.*)

33. *Autre manière.* Prenez une demi-douzaine d'abricots bien mûrs, que vous écraserez avec la main; ajoutez-y une chopine d'eau, et laissez-les infuser une heure ou deux; passez-les au travers d'un tamis en les pressant, sans remuer, pour en exprimer tout le jus; mettez-y ensuite une demi-livre de sucre; quand il sera fondu, vous mettrez l'eau dans une sorbetière pour faire prendre à la glace. (*Idem.*)

34. *Abricots verts confits.* Pour faire un caramel d'abricots verts confits à l'eau-de-vie, faites-les égoutter et sécher à l'étuve; vous leur mettrez à chacun un petit bâton pour pouvoir les faire tremper; vous les dresserez sur un clayon, c'est-à-dire vous mettrez les petits bâtons dans la maille du clayon, afin que le caramel puisse sécher à l'air, après quoi vous les dresserez sur une assiette garnie d'un papier dans le fond. (*Idem.*)

35. *Abricots et pêches à l'eau-de-vie.* Prenez de belles pêches ou abricots qui soient suffisamment mûrs; essuyez-les légèrement avec un linge pour ôter leur duvet; pesez ensuite votre fruit, et pour chaque livre de fruits, vous prendrez un quarteron de sucre; clarifiez-le; faites-le cuire jusqu'au grand perlé; lorsqu'il sera à ce point, mettez-y votre fruit, et faites-lui prendre trois ou quatre bouillons. Pendant ce temps-là, ayez grand soin de retourner votre fruit en tout sens, afin qu'il prenne le sucre partout, après quoi retirez la poêle du feu; ar-

rangez vos pêches ou abricots un à un dans un bocal. Le sirop étant plus de moitié refroidi, vous y verserez l'eau-de-vie à raison de trois demi-setiers par livre de fruit : comme votre sirop pourrait être un peu épais, il ne faudra pas verser votre eau-de-vie tout d'un coup, car le mélange ne se ferait qu'avec beaucoup de difficulté. Il faudra donc verser votre eau-de-vie à plusieurs reprises, et toujours remuer pour faciliter le mélange. Alors vous transvaserez le tout dans le bocal ; le fruit surnagera d'abord ; mais à mesure que le sirop et l'eau-de-vie le pénétreront, il se précipitera au fond, et c'est alors seulement qu'il sera bon à manger. (Bouillon-Lagrange, *Chimie du goût et de l'odorat.*)

36. *Abricots verts à l'eau-de-vie.* Avant de mettre les abricots verts dans l'eau-de-vie, il faut enlever le duvet qui les recouvre. Pour cela on jette quelques poignées de cendre de bois neuf passée au tamis, dans une poêle avec de l'eau que l'on met sur le feu pour la faire bouillir quelque temps, jusqu'à ce qu'on la trouve grasse et douce ; on y met les abricots, que l'on a soin de bien remuer avec l'écumoire pour que la cendre ne reste point au fond ; on les examine de temps en temps pour voir si le duvet ne tient plus ; et quand il s'ôte aisément, on les retire du feu, on les nettoie un à un, et on les jette à mesure dans l'eau fraîche ; on les pique ensuite en plusieurs endroits avec une épingle, et on les met dans de l'eau sur le feu avec une pincée de sel et un verre de vinaigre, pour les faire reverdir. On couvre la poêle lorsqu'ils commencent à frémir ; on les jette dans de l'eau tiède pendant quelque temps, pour leur ôter leur âcreté ; on les fait bouillir dans une eau nouvelle jusqu'à ce qu'en les pressant légèrement ils fléchissent facilement sous les doigts ; alors on les fait égoutter ; on les met dans une bassine sur le feu, avec une demi-livre de sucre et un demi-verre d'eau par livre d'abricots ; on les laisse bouillir quelques instants ; on les ôte du feu pour les écumer ; on les retire du sirop avec une écumoire ; on fait encore bouillir le sirop neuf à dix minutes, et on le verse sur les abricots. On les laisse là deux jours pour leur faire prendre sucre, et on les met dans des bouteilles de verre avec autant d'eau-de-vie que l'on a de sirop, en ayant soin de le bien mêler avec l'eau-de-vie.

37. *Abricots verts* (*Compote d'*). Passez vos abricots à la lessive que nous avons indiquée pour les abricots verts à l'eau-de-vie, afin de les débarrasser de leur bourre ; lavez-les bien ; percez-les avec une épingle ; jetez-les dans l'eau bouillante pour les faire blanchir, et quand ils fléchiront sous le doigt, retirez-les du feu, et couvrez-les d'un linge pour les faire reverdir ; met-

tez-les ensuite dans de l'eau fraîche, et faites-les égoutter sur un tamis. Vous ferez ensuite bouillir du sucre clarifié ; vous y mettrez vos abricots et leur ferez jeter un bouillon couvert. Vous les retirerez du feu, et après les avoir laissés dans le sucre pendant une heure ou deux, vous les égoutterez pour donner une cuisson plus forte à votre sucre ; vous y ajouterez les zestes et le jus d'une orange ; vous y mettrez vos abricots, et vous leur ferez jeter un bouillon couvert ; vous les placerez dans une terrine, et lorsqu'ils seront froids, vous les disposerez dans des compotiers, que vous remplirez ensuite avec votre sirop passé à travers un linge blanc.

38. *Abricots (Liqueur d').* Prenez deux livres du sirop qui égoutte des abricots confits, d'après le procédé que nous avons indiqué plus haut ; ajoutez-y un litre d'eau, deux litres de bonne eau-de-vie et une poignée de noyaux d'abricots, que vous y ferez infuser durant quinze jours ; faites ensuite un caramel pour colorer cette liqueur, et filtrez.

39. *Autre procédé.* Dans quatre litres de vin blanc, mettez un demi-cent de beaux abricots, bien mûrs et sains, coupés par tranches menues ; faites prendre un seul bouillon, et passez le tout au tamis ; ajoutez à cette liqueur une livre et demie de sucre, un litre de bonne eau-de-vie et un peu de cannelle ; après quinze jours d'infusion, filtrez. *(Art du dist.-liquor.).*

40. *Abricots (Vin d').* Pour faire ce vin, prenez des abricots fondant de maturité ; ouvrez-les, et séparez-en les noyaux ; poudrez-les d'une once de sucre par livre de fruit, et faites-les cuire à une douce chaleur. Versez ensuite par-dessus un litre de bon vin blanc et un quart de litre d'eau-de-vie par quatre livres d'abricots, et ajoutez-y le bois des noyaux dont vous aurez ôté les amandes, que vous casserez et que vous laisserez cinq à six jours sécher au soleil. Au bout d'un mois d'infusion, vous passerez le tout à la chausse ; et si le vin n'était pas alors bien clair, vous y jetteriez un verre de bon lait, que vous agitteriez bien, et qui, en se caillant, éclaircira parfaitement la liqueur. *(Dict. des Ménages.)*

ABSINTHE.

41. *Absinthe (Liqueur d').* Prenez une poignée d'absinthe verte, que vous mettrez au fond d'un vase suffisamment grand ; versez dessus deux litres de bonne eau-de-vie, et ajoutez-y deux citrons entiers ; laissez infuser pendant deux heures ; versez la liqueur sans l'exprimer ; rincez exactement le vase pour y remettre l'eau-de-vie chargée d'absinthe ; ajoutez-y un sirop fait avec deux

litres d'eau-de-vie et une livre de sucre ; filtrez la liqueur huit jours après. (*Art du dist.-liquor.*)

42. *Absinthe* (*Vin d'*). Pour faire un excellent vin d'absinthe, prenez, pour un tonneau contenant cent vingt litres de vin doux ou de vin blanc vineux, une livre de racine d'aunée verte, une once de galanga, deux oranges amères coupées en quatre, une once de coriandre, deux onces de réglisse, une once de fenouil, une once de cannelle et de girofle, deux poignées d'absinthe et une poignée de centaurée ; mettez le tout dans le tonneau, et laissez infuser jusqu'à ce que le vin ait suffisamment pris le goût de ces drogues, ensuite vous le soutirez dans une autre pièce, et vous y laissez reposer la liqueur. On remplit d'autre vin le premier tonneau, et lorsqu'il a pris le goût de tous ces ingrédiens, on le soutire à son tour, ou bien on le remplit à fur et mesure qu'on tire le vin, jusqu'à ce qu'enfin l'essence de toutes ces choses soit entièrement emportée. (*Encyclop. méthod.*)

43. *Autre manière.* On prend une once et demie de grande absinthe, et une once et demie de petite absinthe, ou, si l'on préfère, trois onces de grande absinthe seulement pour deux litres de vin blanc. On la laisse infuser pendant deux fois vingt-quatre heures dans un vase bien bouché, que l'on met dans un endroit éloigné du feu et du soleil ; on passe le vin à travers un linge ou un morceau d'étoffe, et on le conserve à la cave dans des bouteilles entièrement pleines et bien bouchées.

44. *Autre manière.* Prenez des sommités de deux *absinthes* fleuries et récentes, mondées, hachées ou rompues, de chacune quatre livres ; de la cannelle concassée, trois gros : mettez le tout dans un baril de cent litres ; remplissez le baril de moût récemment exprimé de raisins blancs : placez le baril à la cave, laissez fermenter le vin ; et la fermentation finie, remplissez le tonneau de vin blanc ; bouchez-le, et gardez le vin pour l'usage.

45. *Autre manière qu'on peut employer en tout temps.* Prenez feuilles de deux *absinthes* séchées, de chacune deux gros ; versez dessus vin blanc, quatre livres ; faites-le macérer à froid dans un matras pendant vingt-quatre heures ; passez la liqueur avec expression et filtrez ; vous aurez le vin d'*absinthe*. (*Encyclopédie.*)

46. *Absinthe* (*Crème d'*). Distillez, au bain-marie, dans quatre litres d'eau-de-vie, les zestes de deux oranges et une demi-livre de sommités d'absinthe fraîchement cueillies ; jetez dans les deux litres de liqueur que vous obtiendrez, quatre livres de sucre que vous aurez fait fondre dans deux litres d'eau de rivière filtrée ; mêlez les deux produits, passez-les à la chausse et mettez-les en bouteilles. (*Dict. des ménages.*)

ACAJOU.

47. *Moyen de le garantir des influences de la température.*
Ce procédé consiste à placer les bois, qui ne doivent pas avoir
beaucoup d'épaisseur, dans une caisse ou chambre hermétiquement fermée, où l'on fait arriver par un tuyau aboutissant
à une chaudière, de la vapeur d'eau qui ne doit pas être au-
dessus de la température de 80 degrés de Réaumur. Après que
les bois ont été ainsi exposés pendant deux heures, plus ou
moins, et qu'on juge qu'ils ont été bien pénétrés de la vapeur,
on les porte dans une étuve ou dans un atelier chauffé, où ils
restent pendant vingt-quatre heures avant d'être mis en œuvre.
Là ils perdent les taches verdâtres qui les défigurent et les
larves d'insectes qui les rongent plus tard. (*Bulletins de la société d'encouragement.*)

ACHE (*Conserve d'*).

48. Prenez les feuilles les plus vertes d'ache, passez-les sur le
feu et leur faites prendre trois ou quatre bouillons; ensuite vous
les égouttez bien et les pilez dans un mortier; étant bien pilées, vous les passez à travers un tamis. Vous faites cuire du
sucre à la petite plume, et le bouillon étant abaissé, vous y
jetez ce qui a passé par le tamis, et vous le délayez bien avec
votre sucre; vous travaillez ensuite le mélange, comme on fait
pour les conserves, et quand il faut une glace par-dessus, vous
le videz dans des moules. (*Dict. des plantes alim.*)

ACHÉES (*ou vers pour la pêche*).

49. Les achées sont des vers qu'on trouve dans les prairies et
dont les poissons de rivière sont en général très-friands. Pour se
les procurer, on va dans un endroit quelconque où il croît beaucoup d'herbes, on saute et on trépigne long-temps à la même
place, ce qui les fait sortir de terre tout autour de soi. On les amasse
quand ils ont tout leur corps dehors, car si vous vous arrêtiez
un moment, ils rentreraient aussitôt dans la terre. On en fait
également sortir au moyen d'un bâton qu'on enfonce dans la
terre dans un endroit humide et qu'on remue en tous sens
pendant un demi-quart d'heure. Dans la saison des fruits, on
fait une infusion de noix vertes dont on arrose la terre pour
en faire sortir les vers. On obtient le même résultat en employant les feuilles de noyer, ou du chanvre, qu'on fait bouillir,
ou bien encore, une décoction de vert-de-gris dans du vinaigre.
(*Encycl. méth.*)

ACIER.

5o. *Acier* (*Manière de convertir le fer en*). Il y a plusieurs moyens de convertir le fer en acier, et tous ces moyens, quand on les examine, concourent au même but. Le plus usité est la cimentation. Voici comment elle se pratique. On prend du fer forgé; le meilleur fait toujours le meilleur acier ; le fer le plus malléable à chaud et à froid est le meilleur. On met les barres de fer avec des cendres, de la poudre de charbon, de l'urine, des matières animales, de la chaux, de la suie, etc. dans un creuset de fer bien couvert et exactement lutté avec de l'argile; on expose le tout à un feu capable de l'embraser sans le fondre : au bout de quelques heures, tout ce fer est couvert d'une ligne d'acier. Plus on le tient exposé au feu, plus la couche devient épaisse. Lorsqu'on juge que le paquet est resté assez long-temps, c'est-à-dire, huit ou dix heures, on le jette dans de l'eau froide pour le tremper. C'est la méthode qu'emploient les serruriers, les couteliers, etc.

On fait aussi de l'acier en exposant au contact de la flamme des barres de fer enduites d'une boue végétale ; on peut en faire aussi en exposant du fer dans un creuset sans aucune addition, et même en plongeant une barre de fer battu dans une masse de fer en fusion. On la trouve convertie en acier pourvu qu'on la retire avant que le fer fondu ne commence à se refroidir. (*Encycl. économique.*)

51. *Acier* (*Trempe d'*). On sait que l'acier n'acquiert de dureté par la trempe, qu'autant qu'il a été chauffé au rouge avant son immersion dans l'eau ; mais beaucoup de personnes ignorant que l'acier chauffé un peu au-dessous du terme où il se trempe, s'adoucit par cette même opération de la trempe, et que ce procédé pour lui donner le recuit est bien supérieur aux méthodes ordinaires, tellement que le métal se travaille bien plus aisément à la lime et au burin, et qu'il est sans pailles ni points durs. Ce procédé ne le détériore d'ailleurs nullement, et il abrége l'opération du recuit. Les ressorts doivent être trempés et recuits par deux opérations distinctes ; on les chauffe au degré convenable, puis on les trempe dans l'eau, dans l'huile, etc. Ensuite on les adoucit, ou on les recuit, en les chauffant peu à peu, jusqu'à ce que leur surface (qu'on a bien nettoyée) présente une suite de couleurs qui annonce divers degrés de dureté perdue; quelquefois on opère ce recuit en allumant sur le ressort l'huile dans laquelle on l'a préalablement trempé.

On peut faire ces deux opérations de la manière suivante : Pour chauffer l'acier au degré convenable, il faut le plonger dans un bain métallique, composé d'un mélange de plomb et d'étain, tel à peu près que la soudure des plombiers ; ce mélange est chauffé au degré convenable à la trempe, par un fourneau sur lequel il repose dans un vase de fonte de fer : il y a dans ce bain un pyromètre qui indique la température. Ainsi, on trempe et on recuit à la fois l'acier, sans qu'il se courbe ou se gerce dans ce procédé.

Il serait à propos de chauffer l'acier à tremper dans un bain de plomb chauffé au rouge, avant de le tremper dans le second bain métallique destiné à le recuire. Il serait ainsi chauffé plus uniformément, et moins exposé à l'oxidation. (*Bulletins de la société d'encouragement.*)

52. *Acier* (*Procédé pour donner aux outils de fonte la qualité de l'*). M. Lucas, de Scheffield, en Angleterre, a imaginé un procédé pour donner à des outils de fonte la qualité de l'acier : il consiste à stratifier les objets en fonte dans des vaisseaux cylindriques de métal avec de l'oxide de fer pulvérisé, soit natif, soit artificiel, ou bien avec du sable contenant le même oxide. Les vases sont posés debout dans un fourneau approprié à cet usage et soumis à une chaleur uniforme.

La fonte de fer est d'abord cassante, ce qui est dû au carbone qu'elle contient ; mais la forte chaleur à laquelle elle est exposée, aidée par l'oxide pulvérisé, l'en sépare promptement ; l'oxygène de l'oxide de fer s'empare du carbone qui s'échappe, soit à l'état oxide de carbone, soit à celui de gaz acide carbonique. Par ce moyen très-simple les outils de fonte acquièrent les qualités de l'acier fondu.

Les clous, fabriqués de la sorte, se tordent, comme ceux de fer forgé, sans se rompre, et les outils sont susceptibles d'être soudés. (*Bibl. ph. écon.*)

AFFUT (*Chasse à l'*).

53. On reconnaît un lieu propre à l'affût par les fumées des bêtes fauves et par leurs traces. Lorsqu'on veut s'y placer, il faut monter sur un arbre, et là, derrière le feuillage, attendre patiemment en silence et l'œil au guet l'approche de la proie.

Pour attirer un lièvre à l'affût, il faut en tuer une femelle, pendant qu'elle est en chaleur ; lui couper les parties de la génération, les tremper dans de l'huile d'aspic, en frotter ensuite la semelle de ses souliers et se promener quelque temps autour de son affût. Les lièvres frappés de l'odeur, accourent sur la voie, et se présentent ainsi au coup de fusil.

On prétend aussi que le suc de jusquiame mêlé avec le sang d'un levraut, enfermé et cousu dans un morceau de peau et enterré légèrement, attire les lièvres. (*Encyclopédie.*)

AGARIC (*Utilité de l'*).

54. L'agaric est une espèce de champignon qui vient sur les vieux chênes, et dont on fait de l'amadou. On le cueille dans le mois d'août ou de septembre, on enlève l'écorce blanche et dure qui le joint à l'arbre, jusqu'à ce qu'on n'ait plus qu'une substance fongueuse, et douce au tact; on sépare cette substance de la partie fibreuse, après l'avoir mise en morceaux; et on la bat avec un marteau pour l'amollir, au point de pouvoir la dépecer avec les doigts. Ainsi préparé, l'agaric s'applique sur les grandes coupures pour arrêter l'hémorragie.

AILE.

55. *Aile ordinaire.* L'aile est une espèce de bière très-commune en Angleterre, qu'on obtient en faisant fermenter, par les procédés ordinaires, de la farine grossière d'orge qu'on a séchée rapidement au moment où elle commençait à germer, et une très-petite quantité de houblon.

56. On rend l'aile antiscorbutique en prenant cinq hectogrammes de racines fraîches de raifort sauvage, un kilogramme de racine de grande patience d'eau, et douze décagrammes de trèfle d'eau sec, qu'on fait infuser dans quarante litres d'aile.

57. On la prépare en diurétique en faisant infuser dans quarante pintes d'aile deux hectogrammes et six décagrammes de graine de moutarde et autant de baies de genièvre, mêlés à deux hectogrammes de graine de carottes sauvages.

58. Enfin on la rend laxative au moyen de douze décagrammes de séné, un hectogramme de sommités de petite centaurée, et autant de sommités d'absinthe, et seize grammes d'aloès succotrin qu'on met en infusion dans quarante litres d'aile. Un double décalitre de cette liqueur, pris deux fois par jour, tient le ventre libre.

59. *Aile amère.* Prenez douze décagrammes de racine de *gentiane*, neuf décagrammes d'écorce de citron; six décagrammes de cannelle blanche. Coupez tous ces ingrédiens en petits morceaux et laissez-les infuser à froid dans huit litres d'*aile*. La liqueur que vous aurez, est un stomachique très-agréable, supérieur à la bière d'absinthe ordinaire, et à la plupart des autres préparations de ce genre. (Buchan, *Méd. domest.*)

AILHAUD (*Composition de la poudre d'*).

60. Prenez une quantité donnée de suie de cheminée, de celle

cristallisée ou luisante; réduisez-la en poudre; passez-la au tamis de crin; torréfiez-la dans une poêle de fer, en la remuant jusqu'à ce qu'elle ait perdu la plus grande partie de son odeur et de son amertume; retirez-la du feu, laissez-la refroidir; réduisez-la encore en poudre, et passez au tamis de crin.

Alors sur soixante-quatre parties de cette poudre, ajoutez-en huit de résine de scammonée; mêlez exactement le tout ensemble, et mettez-le dans la même poêle sur un feu léger, capable de fondre la résine sans la brûler, et remuez-les toujours, pour joindre les deux parties ensemble; quand le mélange est intime, réduisez-le en poudre subtile, et ajoutez-y quatre parties de poudre de girofle récemment préparée; passez le tout à travers un tamis de soie, et divisez en paquets ou prises d'un gros.

Le paquet de cette poudre, dont on a voulu faire une panacée universelle, et qui est un purgatif efficace, ainsi composé, ne reviendra guère qu'à deux centimes et demi. (*Bibl. ph. écon.*)

AIMANT-ARTIFICIEL.

61. On peut communiquer à l'acier la vertu magnétique en en suspendant une lame de six pouces de long, sur un pouce de largeur environ, dans une situation verticale. Il acquiert d'autant plus la propriété atractive qu'il a resté plus long-temps dans cette position. Mais il est un moyen beaucoup plus prompt pour obtenir le même résultat.

Ce moyen consiste à mettre une pièce d'acier sur une enclume bien polie, et à la frotter suivant sa longueur et toujours dans le même sens, avec une grosse barre de fer verticale, dont l'extrémité inférieure est arrondie et bien polie, et en répétant ce frottement un grand nombre de fois sur toutes les faces de la pièce d'acier qu'on veut aimanter. Cette expérience réussit beaucoup mieux lorsque le morceau de fer ou d'acier qu'on veut aimanter, est dans la direction du méridien magnétique, un peu incliné vers le nord, et surtout entre deux grosses barres de fer assez longues pour contenir et contrebalancer l'effort des écoulemens magnétiques qu'on imprime au morceau d'acier. (*Encyclopédie.*)

AIR.

62. *Air* (*Manière de connaître la pureté de l'*). Il est une méthode simple de connaître le degré de pureté de l'air vital. Pour cet effet, prenez douze parties de dissolution de foie de soufre, sur huit parties d'air atmosphérique; c'est-à-dire, qu'on remplit par exemple, une bouteille ordinaire, jusqu'aux trois cinquièmes, de la dissolution de foie de soufre dans l'eau. On

la bouche avec du linge imbibé d'huile ; on la cachette, et on la laisse renversée dans un lieu tranquille pendant quinze ou dix-huit jours. A cette époque, on la débouche en la tenant renversée et plongée dans de l'eau, ayant soin auparavant de marquer avec un papier collé au dehors, à quelle hauteur le foie de soufre s'élève. Après avoir ôté le bouchon dans cette position, l'eau du vase pénètre dans la bouteille pour remplir le vide produit par l'absorption de l'air vital, et on marque encore avec du papier ce nouveau point d'élévation. Si on fait ainsi des expériences comparatives sur deux espèces d'air, dont l'un soit vicié, et l'autre aussi pur qu'on puisse l'obtenir, on pourra juger du degré d'impureté du premier, par la plus grande quantité de moufette atmosphérique qui reste dans la bouteille. (Fourcroy.)

63. *Air* (*Préservatif contre le mauvais*). Ceux qui visitent les malades doivent, pour se préserver du mauvais air, se faire une habitude de ne jamais avaler leur salive, mais de la rejeter de temps en temps pendant qu'ils restent dans la sphère des exhalaisons de la sueur et de l'haleine des malades. (*Doct.* Dobrzenski.)

ALCALIS.

64. *Alcalis* (*Préparation des*(. Pour avoir l'alcali fixe végétal, il suffit de faire brûler des végétaux à l'air libre, de laisser ensuite consumer entièrement leur charbon en braise, et de les réduire en cendres ; après quoi, on lessive ces cendres avec de l'eau très-pure, jusqu'à ce que cette eau sorte insipide. On fait évaporer cette lessive jusqu'à siccité ; ce qui reste est le sel alcali fixe des plantes, qu'il est bon de faire calciner à un feu doux et long-temps, pour le priver de toute eau surabondante.

L'alcali fixe de tartre n'est autre chose que du tartre brûlé convenablement. C'est celui de tous que l'on préfère.

65. Quant à l'alcali volatil fluor, on le prépare en prenant un demi-kilogramme de sel ammoniac en poudre ; et un kilogramme et demi de chaux éteinte à l'air. On met d'abord le sel ammoniac dans une cornue ; on y verse ensuite la chaux, et par-dessus une livre d'eau commune. On adapte et on lutte à la cornue un grand récipient ou ballon percé d'un petit trou qu'on bouche avec une espèce de fausset composé de cire molle ; et on procède à la distillation au feu de réverbère. Dans le commencement de l'opération on laisse le trou du ballon ouvert ; mais sur la fin on peut le tenir fermé avec la cire parce que le dégagement de l'air n'est plus à craindre et qu'il se ferait une trop grande évaporation en pure perte. Lorsque la distillation est finie, on verse l'esprit volatil dans des flacons qui bouchent bien.

Si on le mêle avec quelque huile essentielle, on en fait un savon liquide ; c'est ainsi qu'on prépare l'eau de Luce. (*Méd. domest. de* Buchan.)

66. *Alcali volatil* (*Propriétés de l'*). L'alcali volatil opère dans une foule de circonstances, d'une manière si prompte, si efficace, et en même temps si étonnante, que l'on devrait toujours en avoir un flacon sur soi, afin de pouvoir s'en servir utilement lorsque l'occasion s'en présente.

Les maladies dans lesquelles ce remède est indiqué, sont les faiblesses, les défaillances, les évanouissemens, les syncopes, les asphyxies, l'apoplexie, la rage, la brûlure, les piqûres des insectes et de la vipère, les dyssenteries blanches, les cancers, etc.

Voici la manière de l'employer : dans les faiblesses, défaillances, évanouissemens, asphyxies, apoplexies, etc., on commence par faire respirer ce remède au malade, ensuite on lui en donne dix, quinze ou vingt gouttes, et même plus, selon le degré de la maladie et la constitution du malade, dans un demi-verre d'eau, qu'on tâche de lui faire avaler. On réitère cette dose deux heures après, et on la répète encore si cela est nécessaire. Lorsque le malade est tellement affecté qu'il n'est plus susceptible de l'impression des odeurs, il faut tout de suite faire avaler le remède, comme nous venons de le dire.

Dans la rage, la brûlure, la piqûre des insectes et des animaux venimeux, le remède s'applique en compresses sur les plaies, en l'affaiblissant avec de l'eau, car il ne faut pas oublier que l'alcali est brûlant ; il en est de même dans le cancer.

Une personne a été guérie de la dyssenterie en prenant douze gouttes d'alcali dans un verre d'eau de riz, qui était sa boisson ordinaire. (*Bibl. ph. écon.*)

67. *Alcali* (*Manière simple de réduire le tan des arbres cariés en*). Il suffit de choisir un temps sec, et de mettre le feu au bas de l'arbre à la vermoulure ; il gagne promptement ce qui est carié, et les cendres qui sont presque entièrement du sel alcali fixe, tombent au fond sur les racines dont on a le soin d'éloigner la terre la plus légère. Cet objet peut être d'un produit très-grand, et nous en conseillons la pratique. (*Bibl. ph. écon.*)

ALLUMETTES OXIGÉNÉES (*Usage et préparation des*).

68. L'usage de ces allumettes est extrêmement simple ; il consiste à plonger vivement et légèrement une allumette dans un flacon contenant de l'amiante humectée d'acide sulfurique ; dès qu'on la retire elle s'enflamme ; la seule précaution à prendre c'est

d'émousser un peu la pointe de l'allumette au moment de s'en servir, et de boucher le flacon avec le plus grand soin.

Voici la préparation des allumettes oxygénées d'après le procédé de M. Pajot-Laforêt.

Prenez : Muriate sur-oxygéné de potasse très-pur et très-sec . . . . 2 gros.
Fleur de soufre lavée. . . . . 18 grains.
Sicopode. . . . . 9 —
Sucre candi pulvérisé. . . . . 6 —
Gomme arabique. . . . . 9 —
Mucilage clair de gomme-adragant, pour faire la pâte, une quantité suffisante.

Mêlez, après avoir pulvérisé chaque substance séparément; le dernier mélange fait, ajoutez-y peu à peu sur le marbre le muriate sur-oxygéné, en appuyant peu la molette et ayant soin de changer souvent la portion qui se trouve dessous. Lorsque le mélange sera à peu près exact, imbibez-le avec un mucilage clair de gomme-adragant, jusqu'à ce qu'il ait acquis la consistance suffisante pour former les allumettes, et dans cet état d'humidité, achevez de le rendre intime en l'agitant un peu, dans un mortier de marbre, avec une spatule de bois.

Quand vos allumettes seront faites et entièrement sèches, trempez légèrement la partie chargée de la matière inflammable, dans la fleur de soufre fondue, et la retirez aussitôt; par ce moyen il se forme une légère couche de soufre qui fait l'office de vernis très-solide, et qui s'oppose à toute influence de l'atmosphère.

ALOUETTES (*Chasse des*).

69. *Au miroir.* Parmi les différentes chasses qu'on fait aux alouettes, la plus amusante est celle du miroir. On a un morceau de bois pesant, large d'un pouce et demi par-dessous et taillé de tous côtés en facettes qui forment entre elles des arrêtes divergentes. On pratique dans chacune d'elles des petites entailles un peu creuses, dans lesquelles on incruste des morceaux de miroir que l'on mastique proprement avec un mélange composé de trois onces de poix noire fondue, à laquelle on mêle quatre onces de ciment rouge tamisé; on peint ensuite tout le miroir d'une couleur brun-rouge à la colle, en observant de ne pas ternir les glaces. On perce le morceau de bois dans le milieu de sa surface inférieure, à la profondeur d'un pouce; on fiche dans ce trou une broche de fer emmanchée auparavant dans une bobine, sur laquelle doit rouler une ficelle destinée à faire tourner le miroir. On a un piquet de bois dur, percé d'un

trou de la longueur de la broche de fer; l'on y verse quelques gouttes d'huile, on y place le miroir, on attache la ficelle à la bobine; on étend le double filet qu'on a fixé d'un côté à terre, et qui se relève et s'abat en se croisant sur le miroir; l'on se place à une portée convenable. On fait tourner le miroir au moyen de la ficelle : les alouettes viennent, s'approchent du miroir, et se trouvent prises sous le filet qu'on a fait tourner sur elles en tirant avec force la seconde corde.

Si l'on ne voulait pas se servir de filet et chasser avec le fusil et le miroir seulement, le chasseur devrait avoir un homme qui ferait tourner le miroir pendant qu'on tirerait, ou bien il attacherait lui-même la ficelle à son pied, et ferait ainsi seul tourner le miroir sur son pivot. (*Encycl.*)

70. *A la tonnelle*. Une des meilleures manières de prendre des alouettes est la tonnelle murée. Cette tonnelle doit avoir au moins dix pieds de haut à son embouchure; on la porte sur le lieu où on a remarqué ce gibier, et on prend le dessus de deux ou trois cents pas. On plante un fort piquet au fond d'un sillon. On déploie la tonnelle et l'on y attache la queue : l'un des chasseurs marche ensuite vers les alouettes, en étendant le filet; il fait en sorte que la tonnelle soit tendue avec roideur; il commence à côté du cercle de la tonnelle, à dresser ses filets, ou en demi-cercle ou en biaisant, il continue la longueur de sept à huit toises, et au bout il attache la dernière perche avec quatre ou cinq cordes, qu'il a eu soin de garnir de plumes; ces cordes espacées l'une de l'autre, doivent composer une grande enceinte. Après tous ces préparatifs, on fait un grand tour pour aller joindre les alouettes à cent pas environ derrière elles; deux ou trois personnes marchent en serpentant de côté et d'autre; chacune va courbée et en silence; on prend garde surtout que la troupe d'alouettes se suive; car, s'il en demeurait une seule derrière les chasseurs, elle prendrait son vol et serait suivie de toutes les autres. Quand on remarquera qu'elles s'arrêtent, et qu'elles lèvent la tête, c'est un signe manifeste qu'elles ont peur; on doit reculer alors de quelques pas pour les rassurer, et se coucher à terre jusqu'à ce qu'on les voie chercher à manger; on continue ensuite à les suivre jusqu'à ce qu'elles s'approchent de la tonnelle, où elles s'arrêtent un moment aussi-bien que les chasseurs; dès qu'une d'entre elles y a pénétré, on court après : bientôt elles entrent toutes; on jette un chapeau dans la tonnelle pour les faire entrer avec précipitation jusqu'au fond; en même temps on ferme à la hâte le devant de la tonnelle, et le gibier est pris. (*Encyclopédie.*)

Il est à propos de mettre quelques *appelans* à l'entrée de la tonnelle pour y attirer les alouettes.

71. *Au tramail.* Il est une nouvelle manière de prendre des alouettes qui vaut bien la tonnelle et le miroir ; voici en quoi elle consiste. Il faut avoir un filet à poches, de six à sept pieds de large, et de vingt à trente pieds de long. On le fixe le soir avant le coucher du soleil, sur des piquets perpendiculaires et en ligne droite, de manière à ce que le filet soit debout et élevé d'un pied ou un pied et demi de terre. On va ensuite avec cinq à six personnes faire un grand tour dans la campagne en avant du filet, et au moment où le soleil descend sous l'horizon. On s'avance et l'on traîne en se rapprochant du filet, une longue corde où l'on a attaché de nombreux bouchons de paille. Les alouettes épouvantées s'envolent devant vous, et se posent. Vous les suivez encore et vous les poussez ainsi en avant jusqu'à une vingtaine de pas du filet ; alors vous courez tous en tumulte et en jetant les chapeaux en l'air, pour épouvanter les alouettes et les faire jeter dans le filet.

Il faut bien choisir l'heure et l'instant propice. Si l'on y va avant, les alouettes s'envoleront trop loin de vous et hors du cercle que les chasseurs forment ; si vous y allez trop tard, ni le bruit que vous ferez ni la corde que vous traînerez ne les forceront à prendre la volée. (*Le Chasseur lorrain.*)

72. *Aux lacets.* On fait aussi la chasse des alouettes aux collets et aux lacets. On observe d'abord les lieux où elles se plaisent le plus, et pour les attirer davantage on y jette de l'orge, du froment et de l'avoine, et l'on met au fond des sillons des ficelles longues d'environ quatre ou cinq toises chacune, arrêtées avec des piquets à chaque bout, et garnies de lacets en double, faits de crin de cheval et placés à quatre doigts les uns des autres ; on jette après cela du grain le long des ficelles ; on fait ensuite un tour un peu éloigné, pour faire lever les alouettes, et les envoyer du côté des lacets ; elles vont s'y poser, et s'y prendre.

73. *Au filet.* On prend beaucoup d'alouettes au filet pourvu que les mailles n'en soient point trop larges. Pour cela, on se munit de trois ou quatre douzaines de petites fourchettes d'un pied de long, minces et aiguisées par le bas, et lorsqu'on a rencontré une bande d'alouettes, on tourne plusieurs fois autour d'elles ; on ne les approche d'abord qu'à cent pas ; puis on tourne peu à peu ; et l'on s'en approche à trente ou quarante pas. Celui qui tourne ainsi, ne doit point s'arrêter quand il en est proche ; autrement les alouettes s'envoleraient ; mais il doit marcher continuellement, et doucement de côté et d'autre, étant courbé, et contrefaisant une vache qui paît. Lorsqu'il les verra sans crainte, il déploiera le filet, à environ cent pas de distance, en travers sur des sillons, et il l'étendra de manière que le côté

tourné vers les alouettes soit ouvert; ce qui se fait par le moyen des fourchettes qu'on pique en terre à deux pieds les unes des autres, posant d'abord sur plusieurs de ces fourchettes la corde du filet, et laissant traîner à terre les deux côtés, aussibien que le derrière, pour empêcher les alouettes de s'échapper. Après cela on disperse le reste des fourchettes sur le milieu du filet, et quand le tout est ajusté, on va faire le tour en dessus des alouettes, en marchant de côté et d'autre, et en les approchant peu à peu, pour les faire avancer. Si elles étaient trop écartées, il faudrait les tourner pour les faire amonceler, et les conduire jusque sous les filets, où elles entreront facilement. Lorsqu'elles y seront entrées, on jettera un chapeau en l'air, en courant à elles, afin de les empêcher de sortir du côté qu'elles seront entrées; et dès qu'on sera au bord, on arrachera la première rangée de fourchettes, pour fermer le filet comme une cage. Cette chasse est bonne pendant la gelée blanche, et lorsqu'il a neigé. Il vaut mieux y aller deux que seul; mais il faut faire en sorte de se bien entendre.

74. *Alouettes* (*Préparation des*). L'alouette s'engraisse par le brouillard avec une rapidité surprenante, et maigrit aussi promptement. On les sert rôties, bardées, et l'on recueille ce qui en découle, sur des rôties qui leur servent ensuite de matelas. On les mange aussi en caisses, en ragoût, en tourte et en salmi; elles sont d'un grand usage dans les garnitures, et font partie des têtes de veau à la tortue. On fait d'excellens pâtés froids avec les alouettes, que Louis XV a mis à la mode. (*Almanach des gourmands.*)

ALUMINE. (*Procédé pour la séparer de l'alun.*)

75. L'alun du commerce est une triple combinaison d'alumine, de potasse et d'acide sulfurique qui s'y trouve en excès. Pour séparer l'alumine, on fait dissoudre une quantité quelconque d'alun dans quatre parties d'eau distillée bouillante, et on ajoute à cette dissolution de l'ammoniaque, jusqu'à ce qu'il ne se forme plus de précipité; on chauffe le mélange pendant quelques minutes, presque au degré de l'eau bouillante, on le jette sur un filtre, et on le lave jusqu'à ce que l'eau sorte insipide. Le précipité étant encore à l'état pâteux, on l'introduit dans un ballon de verre, et on y ajoute peu à peu de l'acide muriatique jusqu'à parfaite dissolution. On fait évaporer cette dissolution jusqu'à ce qu'une goutte, jetée sur une glace, y laisse déposer, par le refroidissement, de petits cristaux; on laisse alors refroidir toute la liqueur qui, en reprenant la température de l'atmosphère, dépose des cristaux d'alun que l'on en sépare par décantation. On évapore de nouveau la liqueur,

et on répète la même opération jusqu'à ce qu'il ne s'y forme plus de cristallisation par le refroidissement. Alors il ne restera plus que de l'alumine pure dans la dissolution, la potasse et l'acide sulfurique étant séparés aux dépens d'une petite partie d'alumine contenue dans les cristaux. La liqueur étendue d'eau, et décomposée par l'ammoniaque qu'on a soin d'ajouter en excès, dépose un précipité qui, lavé et séché, donne de l'alumine parfaitement pure.

Cette alumine ne produit point d'hydrogène sulfuré en la chauffant avec la poussière de charbon ; elle ne répand aucune odeur, est insipide, onctueuse au toucher et d'un blanc de neige. (Fréd. accum. *Journal de Nicholson.*)

AMADOU.

76. *Amadou* (*Manière de le préparer*). L'amadou se fabrique avec une sorte de grands champignons qu'on nomme *agarics*, et d'excroissances fongueuses qu'on trouve sur les vieux chênes, frênes, ormes, sapins et autres arbres.

On fait cuire ces champignons dans de l'eau ; on les sèche ; on les bat avec un marteau de bois pour les amollir et en briser et diviser les parties ; on les coupe par morceaux ; on les fait bouillir ensuite dans une forte lessive de salpêtre, et on les remet sécher au four.

On se procure encore de l'amadou avec le gros papier bleu, tel que celui qui enveloppe le sucre, ou avec de vieux linges que l'on fait brûler jusqu'au moment où la flamme cesse et qu'ils sont réduits en une espèce de charbon que l'on étouffe pour s'en servir au besoin.

L'amadou provenant de l'agaric, peut servir dans les coupures et les hémorragies pour arrêter le sang. (*Encyclopédie méthodique.*)

Lorsque l'amadou ne s'allume pas facilement, on doit le faire bouillir et imbiber de nouveau dans une quantité suffisante d'eau chargée de salpêtre ou de nitrate de plomb à la proportion de quatre onces par livre. (*Dictionnaire des ménages.*)

77. *Amadou* (*Mèches d'*). L'amadou jaune tout simple, sans aucune préparation, fournit des mèches préférables à toutes celles dont on se sert ordinairement. (*Bibliothèque phys. économique.*)

78. *Amadou* (*Manière d'améliorer l'*). L'amadou est sujet à ne pas s'enflammer facilement ; pour remédier à cet inconvénient qui provient ordinairement de ce que les champignons n'ont pas été bien battus, on les plonge dans une dissolution de nitre et

d'eau-de-vie, ou bien on les fait bouillir dans une suffisante quantité d'eau, à laquelle on ajoute quatre onces de salpêtre de nitrate de plomb par livre. (*Dict. des ménages.*)

AMANDES.

79. *Compote d'amandes vertes.* Faites bouillir des amandes vertes dans un vase où vous aurez mis quelques poignées de cendres de bois neuf, jusqu'à ce que vous puissiez en ôter le duvet; mettez-les alors dans de l'eau prête à bouillir, et laissez-les-y jusqu'à ce qu'elles fléchissent sous le doigt. Descendez-les du feu et couvrez-les un moment pour qu'elles soient bien vertes; faites-les égoutter, et mettez-les ensuite dans du sucre clarifié (demi-livre de sucre pour demi-livre d'amandes), faites-leur prendre cinq ou six bouillons couverts; descendez-les du feu, et laissez-les trois heures pour prendre sucre; remettez-les encore sur le feu, et donnez-leur trois ou quatre bouillons: lorsqu'elles seront froides, vous les dresserez dans le compotier. (*Le Maître d'hôtel confiseur.*)

On peut aussi faire des marmelades et des pâtes d'amandes vertes, les mettre à l'eau-de-vie, les faire cuire en caramel, enfin, les préparer et les servir sous cinq à six formes différentes.

80. *Conserve d'amandes.* Prenez un quarteron d'amandes, pilez-les dans un mortier, et en les pilant, mettez-y du jus de citron; faites cuire une livre de sucre à la flamme; descendez votre poêle du feu, clarifiez le sucre, et mettez les amandes dedans; mêlez bien le tout ensemble, et quand il commence à prendre, vous le versez dans des moules. (*Diction. des pl. alim.*)

81. *Gâteau d'amandes.* Pesez cinq œufs et battez-les avec un poids égal de farine, de beurre et de sucre; pilez trente amandes par œuf avec une quantité suffisante d'eau de fleur d'orange; faites une pâte du tout, et mêlez-la jusqu'à ce qu'elle boucle; mettez ensuite le tout dans une tourtière enduite de beurre, et dans laquelle vous placez un papier sur lequel vous étendez la pâte, et faites cuire le gâteau à la douce chaleur d'un four.

82. *Huile d'amandes douces.* Pour faire cette huile, jetez dans de l'eau chaude des amandes choisies, ôtez-en la peau, essuyez-les avec un linge, pilez-les dans un mortier; mettez la pâte dans un sac de canevas, et le sac sous une presse.

Vous aurez de la même manière l'huile d'amandes amères, vous observerez seulement de mettre la pâte chaude dans le sachet de canevas. (*Encyclop.*)

83. *Amandes à la praline.* Prenez deux livres d'amandes bien triées, et auxquelles vous aurez enlevé leurs pellicules en les jetant un instant dans de l'eau chaude; faites cuire à la plume une livre de sucre; jetez-y vos amandes ainsi préparées, remuez-les pour qu'elles ne s'attachent point à la poêle, jusqu'à ce qu'elles aient pris tout le sucre et qu'elles soient bien pralinées. Vous les retirerez du feu quand elles peteront, vous les recouvrirez pour les faire ressuyer, et vous les laisserez refroidir.

Les avelines et les pistaches se préparent de la même manière.

Si l'on veut que les amandes soient rouges, on les laisse égoutter dans un poêlon après qu'elles ont pris leur sucre; on ajoute ensuite au sucre qui en découle, de l'eau et un atome de cochenille; on fait recuire le tout, et on y passe les amandes. (*Encyclop.*)

84. *Pâte d'amandes.* Prenez amandes douces et amères de chaque 128 grammes (4 onces), suc de citron 64 grammes (2 onces), eau 32 grammes (1 once), huile d'amandes douces 96 grammes (3 onces), eau-de-vie 192 grammes (6 onces).

On fait une pâte des amandes après les avoir mondées; on y mêle peu à peu le suc de citron et l'huile d'amandes, ensuite l'eau-de-vie pour empêcher la fermentation et les insectes de s'y mettre; cette pâte se garde dans un pot couvert.

On en prend une boulette lorsqu'on se lave les mains ou le visage; elle assouplit et blanchit très-bien la peau. Il importe peu quelle que soit la proportion des amandes douces ou amères, toute amande émulsive non rance est bonne pour cet objet. (*Virey. Traité de pharmacie.*)

AMANDÉ.

85. *Préparation de cette boisson.* Pelez des amandes douces; faites bouillir légèrement dans de l'eau une demi-poignée d'orge mondé, jetez cette eau; faites bouillir l'orge une seconde fois jusqu'à ce qu'il commence à crever; retirez la décoction, passez-la par un linge, pilez les amandes; à mesure qu'elles se mettent en pâte, délayez avec la décoction d'orge. Vous aurez un lait dans lequel vous dissoudrez du sucre; ajoutez-y un peu de fleur d'orange et vous aurez une boisson agréable au goût, rafraîchissante, somnifère et nourrissante. (*Encyclop.*)

AMBRE.

86. *Pastilles à l'ambre.* Prenez huit onces de benjoin en larmes, quatre onces de storax en pain, deux onces de labda-

num, quatre onces de bois d'aloès, quatre onces de bois de Rhodes, quatre onces de storax calamite, quatre gros d'ambre gris, quatre gros de musc, deux gros de civette, huit onces de charbon doux et une once de sel de nitre; pilez le tout ensemble, réduisez-le en poudre, et passez-le au tamis aussi fin que possible. Vous ferez votre mucilage avec quatre gros de gomme adragant que vous dissoudrez dans un demi-litre d'eau de rose et de fleur d'orange; vous y ajouterez deux onces d'essence de musc, deux onces d'essence d'ambre, et une once d'essence de vanille; vous agiterez tous ces liquides ensemble, et vous en ferez une pâte dont vous composerez ensuite vos pastilles. (*Parf. roy.*)

87. *Moyen de reconnaître la bonne qualité de l'ambre gris.* Le moyen de n'être pas trompé sur la bonté ou plutôt sur la sophistication de l'ambre gris, c'est de le percer avec une aiguille qu'on a fait chauffer : s'il est naturel et de bonne qualité, il en sort un suc gras et odoriférant; on l'éprouve aussi en en jetant un morceau sur des charbons ardens; s'il est pur, il exhalera une odeur très-pénétrante et très-agréable. (*Méd. dom. de Buchan.*)

L'ambre noir ou totalement blanc doit être rejeté aussibien que celui que l'on contrefait avec le musc et le bois d'aloès. On reconnaît cette dernière sophistication en pétrissant l'ambre prétendu entre les doigts; s'il s'amollit comme de la cire, il est faux. (*Bouillon-Lagrange.*)

88. *Essence d'ambre gris.* Pour réduire l'ambre gris en essence, on en prend deux dragmes et un scrupule de musc du Levant; réduisez les deux ingrédiens en poudre, mettez-les dans un matras; versez sur ce mélange quatre onces d'esprit-de-vin très-rectifié, bouchez bien le vaisseau, et laissez-le en digestion pendant huit jours. Au bout de ce temps, versez la partie liquide du mélange dans une fiole de cristal, où elle se congélera bientôt. Pour la rendre à son état de fluidité, il n'y aura qu'à l'exposer à une légère chaleur. (*Bouillon-Lagrange.*)

AMIDON.

89. *Procédés à suivre pour obtenir l'amidon.* L'amidon est la fécule de blé, dont on tire une pâte blanche et friable par les procédés que nous allons décrire. Il faut d'abord savoir que le blé moulu se blute, et que le bluteau se compose de fleur de farine, de grosse farine, des griots, des recoupettes, des recoupes et du son. On donne le son aux chevaux; on nourrit les vaches des recoupes; on fait du pain de la grosse farine et

de la fleur de farine; et l'on tire l'amidon des griots et des recoupettes.

Pourvoyez-vous donc de griots et de recoupettes, et même
de blés gâtés : vous ferez moudre ces derniers. Si vous n'avez
pas de levain d'amidonnier, prenez deux livres de levain ordinaire de boulanger, délayez-les dans un seau d'eau chaude;
au bout de deux jours l'eau sera sure. Remuez cette eau; ajoutez
un demi-seau d'eau chaude; laissez reposer. Remuez encore
et continuez la même manœuvre jusqu'à ce que vous ayez
l'eau dont vous aurez besoin. Mettez un seau de cette eau dans
un tonneau; peut-être faudra-t-il moins d'un seau. La quantité
de levain varie : il en faut moins en été, plus en hiver, et il
faut prendre garde, surtout en hiver, que le levain ne gèle.
Mettez de l'eau pure sur ce levain jusqu'au bondon; achevez de
remplir le tonneau de recoupettes et de griots, moitié par moitié, ou de farine de blé gâté moulu gros. Laissez-les-y en trempe
dix ou quinze jours suivant la saison, et après qu'elles y auront
été suffisamment, qu'elles se seront précipitées, qu'il surnagera
une eau grasse, ôtez et jetez cette eau. Ayez alors un sas de toile
ou de crin de 18 pouces de diamètre sur 18 pouces de hauteur,
posez-le sur un tonneau bien rincé; puisez trois seaux de matière en trempe; versez-les sur le sas et lavez-les avec six seaux
d'eau claire, en procédant comme il suit. Versez d'abord sur les
trois seaux de matière mise en trempe dans le sas, deux seaux
d'eau claire; remuez le tout avec vos bras; et quand ces deux
seaux d'eau claire seront passés, versez deux autres seaux sur
le reste de la matière contenue dans le sas; remuez derechef.
Quand ces deux seaux seront passés, versez les deux derniers
seaux sur le restant, et remuez pour la troisième fois. Videz
dans un tonneau ce qui restera dans le sas; lavez bien ces résidus
avec de l'eau claire (ces résidus lavés serviront à la nourriture des
bestiaux), et continuez de passer de la matière en trempe sur
le même tonneau, jusqu'à ce qu'il soit plein. Le lendemain de
cette opération, enlevez l'eau qui a passé à travers le sas (c'est
l'eau sure des amidonniers) avec une sébile de bois, jusqu'à ce
que le blanc déposé au fond de chaque tonneau paraisse; remplissez ensuite le tonneau de nouvelle eau, en quantité suffisante pour pouvoir avec une pelle de bois battre, broyer et
démêler l'amidon. Jetez encore cette eau comme la première
fois, c'est-à-dire jusqu'à ce que le premier blanc paraisse. Enlevez ensuite ce premier blanc qui s'élève au-dessus du second
blanc qui seul fait l'amidon. Jetez alors un seau d'eau sur le
résidu de crasse que le premier blanc laisse sur le second;
rincez-bien la surface de cet amidon avec ce seau d'eau; mettez
les rinçures dans un vase vide tout prêt; elles y déposeront et

feront l'amidon commun. Versez alors sur l'amidon qui est dans le tonneau, une quantité suffisante d'eau claire pour le battre, broyer et délayer avec une pelle de bois; et faites-le passer sur un tamis de soie que vous mettez sur un tonneau rincé et propre. Deux jours après, jetez l'eau qui est dans le tonneau jusqu'à ce que vous soyez au blanc, ayant soin de conserver cette eau qui, déposée, donne encore un nouvel amidon commun. Levez celui qui reste dans le fond du tonneau; mettez-le dans des paniers d'osiers arrondis par les coins et garnis en dedans de toiles qui peuvent s'enlever; portez ces paniers dans un grenier à plancher de plâtre, renversez-y les paniers; rompez l'amidon en seize morceaux égaux; placez-les séparément et laissez-les sur le plancher jusqu'à ce qu'il ait pompé l'air que contenait l'amidon; et dès qu'il sera assez sec et qu'il pourra être manié, exposez-le à l'air sur des planches. Lorsqu'il paraîtra suffisamment ressuyé, prenez les morceaux, ratissez-les de tous côtés; ces ratissures passeront dans l'amidon commun; écrasez les morceaux ratissés; portez-les dans une étuve, les répandant à trois pouces d'épaisseur sur des claies couvertes de toiles; et retournez l'amidon soir et matin, sans quoi il deviendrait vert. Dès qu'il sera assez sec, retirez-le, ce sera la dernière opération. (*Encyclopédie.*)

90. *Amidon de pommes de terre.* Pour obtenir cet amidon, on prend des pommes de terre bien lavées et crues, qu'on réduit en pâte au moyen d'une râpe. On lave cette pâte dans une grande quantité d'eau, qu'on agite fortement. On verse le mélange sur un tamis de crin, placé au-dessus d'un vase destiné à recevoir l'eau. On laisse reposer cette eau; et l'amidon se précipite au fond. On délayera de nouveau, et plusieurs fois de suite, jusqu'à ce que l'eau de lavage sorte absolument sans couleur, décantez par inclinaison, laissez sécher l'amidon et conservez-le pour l'usage. (*Méd. domest. de* Buchan.)

91. *Amidon* (*Sucre d'*). Faites bouillir deux kilogrammes d'amidon, bien lavé à l'eau froide, avec huit kilogrammes d'eau et vingt grammes d'acide sulfurique à 66°. Il faut agiter le mélange pendant une heure pour l'empêcher de noircir. Après une ébullition de trente-six heures, pendant lesquelles on ajoute de l'eau pour remplacer celle qui s'évapore, on y ajoute six grammes de craie en poudre et douze grammes de charbon pulvérisé; après avoir fait de nouveau bouillir, on clarifie aux blancs d'œufs, et on évapore à consistance sirupeuse. Le dépôt fait en un lieu frais, on décante le sirop de dessus la sulfate de chaux.

Ce sirop contient souvent encore une matière gommeuse; il ne cristallise pas, mais il donne un sucré très-bon et très-doux qu'on peut comparer à celui de raisin : tous les amidons en fournissent.

On doit opérer dans un vase d'argent ou d'un métal moins attaquable que le cuivre par l'acide.

Le procédé que nous venons de décrire est le même que celui qu'a indiqué M. Kirchhof; mais nous croyons qu'on doit adopter de préférence les proportions données par M. Vogel. Ce chimiste emploie quarante grammes (au lieu de vingt) d'acide sulfurique, pour dégager le sucre de l'amidon ; et par conséquent douze grammes de craie (au lieu de six) pour neutraliser l'acide.

AMOUR.

92. *Parfait amour*. Pour faire cette liqueur, mettez dans trois litres d'eau-de-vie, deux onces de zestes de citron, une once de zestes de cédrat, un demi-gros de clous de gérofle et un demi-litre d'eau de rivière filtrée, et faites distiller toutes ces substances dans un alambic que vous placerez au bain-marie. Vous ferez fondre ensuite deux livres et demie de sucre sur le feu, vous les laisserez refroidir, et vous ferez ensuite le mélange que vous colorerez en rouge avec de la cochenille avant de le filtrer à la chausse. (*Dict. des ménages.*)

93. *Parfait amour de Lorraine*. Prenez deux poignées de cerfeuil, et autant de persil, de thym, de coriandre, et de cannelle, et une once de muscade. Pelez fin vingt citrons à écorce fort boutonnée, n'enlevant que le moins possible du blanc. Faites infuser le tout pendant quatre jours dans deux litres d'eau-de-vie; joignez-y le lendemain, cinq livres de sucre blanc que vous aurez fait fondre dans de l'eau bouillie jusqu'à saturation; filtrez et donnez-y la teinture avec de la cochenille. (Sonnini père.)

ANANAS.

94. *Pommes de rainette en ananas*. Vous choisissez des pommes de rainette blanches, bien belles et bien saines; vous les essuyez bien avec un linge fin. Vous avez des boîtes de sapin, dans lesquelles vous mettez un lit de fleurs de sureau bien séchées à l'ombre, pour qu'elles conservent toute leur odeur; puis un lit de pommes, un lit de fleurs jusqu'à ce que la boîte soit pleine. Vous avez bien soin de remplir de fleurs tous les vides et de prendre garde que les pommes ne se touchent. Vous fermez ensuite votre boîte et collez du papier sur tous les joints, pour que l'air n'y pénètre par aucun endroit. Lorsque vous mangez ces pommes vous croyez manger des ananas. Vous

avez de plus l'avantage de les conserver jusqu'aux mois de juillet et août, aussi fraîches et aussi bonnes qu'en janvier. (*Mad. Gacon-Dufour.*)

ANCHOIS.

95. Les anchois doivent, pour mériter la préférence dans les cuisines, être petits, nouveaux, blancs dessus, vermeils en dedans, et avoir le dos rond. Ceux qui sont plats, ou trop gros, en comparaison de la taille ordinaire de ces poissons, ne sont que des sardines déguisées. On observera de plus si la sauce qui doit se trouver dans les barils, est de bon goût, et si elle ne sent point l'évent.

Les Grecs, et après eux les Latins, faisaient avec ce poisson une excellente sauce qu'ils nommaient *garum*. Ce n'était autre chose que des anchois confits, fendus et liquéfiés dans leur saumure, après en avoir ôté la queue, les nageoires et les arêtes. Ils exposaient au soleil le vaisseau qui les contenait, ou bien quand ils voulaient l'avoir plus promptement, ils mettaient des anchois sans les laver, avec du vinaigre et du persil, et exposaient ensuite le plat sur la braise bien allumée et remuaient le tout jusqu'à ce que les anchois fussent réduits en pâte. Ils se servaient du *garum* pour assaisonner d'autres poissons et quelquefois même la viande. (*Encycl. méth.*)

ANDAYE.

96. *Eau-de-vie d'Andaye.* Prenez une once d'anis étoilé concassé, deux onces d'iris de Florence en poudre, et les zestes de deux oranges; mettez le tout avec six litres d'eau-de-vie que vous ferez distiller au bain-marie; faites ensuite un sirop fait avec deux livres et demie de sucre dans deux litres et demi d'eau; opérez le mélange et passez-le à la chausse, après quoi vous le mettez en bouteilles. (*Dict. des ménages.*)

ANESSE.

97. *Lait artificiel d'ânesse.* Pour faire un lait artificiel d'ânesse très-bon et très-agréable au goût et à l'estomac, dans toutes les maladies de consomption, prenez trois onces d'orge mondé, mettez-les dans trois litres d'eau que vous ferez bouillir pendant dix minutes; versez cette eau, et remettez-en la même quantité sur l'orge; ajoutez-y alors trois onces de corne de cerf raclée, trois onces de racine d'éringium blanc ou panicaut, et trente escargots concassés. Faites bouillir le tout ensemble jusqu'à ce

qu'il se réduise en une gelée épaisse que vous passerez. Faites chauffer un quart de litre de cette gelée, et mettez-y la même quantité de lait frais, qu'il ne sera pas nécessaire de faire chauffer; buvez-en le matin à jeun, une heure après encore et à quatre heures après midi. (*Bibl. ph. écon.*)

ANETH DES JARDINS.

98. *Divers usages de l'aneth des jardins.* On confit les graines d'aneth, quand elles commencent à se former, avec des cornichons; il y a des endroits en Allemagne où l'on en assaisonne les mets; on les fait entrer dans différentes liqueurs. (*Dict. des plantes alim.*)

ANGÉLIQUE.

99. *Compote d'angélique.* Faites blanchir des cardons d'angélique jusqu'à ce qu'ils fléchissent sous les doigts; retirez-les du feu, et laissez-les reverdir dans la même eau, et ensuite dans de l'eau fraîche; faites-les égoutter, et faites-leur prendre alors quatorze ou quinze bouillons dans autant pesant de sucre. Après les avoir bien écumés, mettez-les dans une terrine jusqu'au lendemain que vous retirerez le sucre pour le faire cuire au petit perlé; vous le jetterez sur les cardons, et vous l'y laisserez trois jours, vous les en sortirez pour mettre le sucre au grand perlé; vous y jetterez les cardons, et quand ils y auront pris trois ou quatre bouillons, vous les ôterez du feu pour les faire refroidir et mettre ensuite à demi-froids dans des pots. (*Le Maître d'hôtel confiseur.*)

100. *Compote sèche d'angélique.* Pour mettre l'angélique ainsi préparée au sec, vous devez, au lieu de la garder dans des pots, la faire égoutter le lendemain de la dernière opération que nous avons prescrite, et la faire ensuite sécher dans une étuve, après l'avoir bien poudrée de sucre et mise sur des feuilles de cuivre.

Cette confiture d'angélique est stomachique, apéritive, céphalique.

On confit par le même procédé les tiges de céleri.

101. *Eau* (idem) *d'angélique.* Prenez demi-once d'angélique, autant de cannelle, le quart d'une once de girofle, autant de mastic, de coriandre, et d'anis vert, demi-once de bois de cédre; concassez le tout dans un mortier; mettez ensuite infuser dans une quantité suffisante d'eau-de-vie pendant vingt-quatre heures et distillez au bain-marie; ayez de nouvelle eau-de-vie et versez dessus l'essence obtenue par la distillation, ajoutez de l'ambre, du musc et de la civette, et vous aurez l'eau d'angélique.

102. *Confiture d'angélique.* Otez les feuilles, pelez les tiges, que vous choisissez fraîches et grosses; coupez-les d'une longueur convenable, jetez-les dans l'eau fraîche, passez-les de cette eau dans une autre que vous ferez bouillir à gros bouillons, l'angélique se blanchira; tirez-les de cette eau, passez-les à l'eau fraîche, laissez-les égoutter, mettez-les ensuite dans une poêle de sucre clarifié pour qu'elles y prennent plusieurs bouillons; écumez-les pendant qu'elles bouillent, et quand elles auront assez bouilli, et qu'elles auront été assez écumées, mettez le tout dans une terrine. Le lendemain, séparez ce sirop; faites-le cuire, puis le répandez sur les cardons : quelques jours après, séparez encore le sirop que les cardons auront déposé; faites-le cuire au petit perlé, et le répandez derechef sur les cardons. Séparez une troisième fois le restant du sirop, faites-le cuire au grand perlé, ajoutez-y du sucre, déposez-y vos cardons, et faites-les bouillir : cela fait, tirez-les, étendez-les sur des ardoises, saupoudrez-les de beaucoup de sucre, et faites-les sécher à l'étuve. (*Encyclop.*)

103. *Essence d'angélique.* Mettez dans un mortier une livre d'angélique que vous pilerez très-fin avec une demi-once d'anis, un gros de girofle, un demi-gros de macis, deux gros de cannelle et autant de coriandre. Quand le tout sera réduit en pâte, vous y ajouterez deux litres d'eau-de-vie, et vous ferez distiller ce mélange après l'avoir laissé infuser pendant vingt-quatre heures. (*Le Maître d'hôtel confiseur.*)

104. *Ratafia d'angélique.* Prenez des côtes d'angélique dans la saison où elle est dans sa plus grande force, sans attendre cependant que la fleur en soit tout-à-fait épanouie. Coupez les côtes seules par quartiers, écrasez-les grossièrement dans un mortier de marbre, emplissez-en une cruche jusqu'à la moitié, versez par-dessus de l'eau-de-vie tant que la cruche pourra en contenir, bouchez-la bien exactement avec un parchemin mouillé et un morceau de linge; placez-la au soleil pendant un mois, versez alors votre infusion dans une autre cruche, laissez bien égoutter l'angélique, ajoutez-y quatre onces de sucre en poudre par litre de liqueur, avec un peu de cannelle et de macis, de manière pourtant que le goût de l'angélique domine toujours; remettez votre liqueur au soleil pendant un mois, après quoi vous la passerez à la chausse.

Ce sera de la même manière qu'on fera des ratafias de céleri, d'anis, d'absinthe, etc. (*Nouv. chim. du goût et de l'odorat.*)

ANGUILLES.

105. *Pêche des anguilles.* On prend des anguilles dans des

nasses qu'on place le soir dans un courant, à la ligne dormante
où l'onmet de gros vers de terre à la main ; en les attirant avec
une composition faite avec huit dragmes de scolopendre de
mer, autant de squilles, et une dragme de jugeoline mêlés ensemble ; ou bien enfin avec une javelle de sarment nouée par les
deux bouts, qu'on jette le soir dans le fond de l'eau, où on la
maintient avec une grosse pierre et qu'on retire le lendemain
matin. (*Encyclop. méth.*)

DIVERSES MANIÈRES DE PRÉPARER L'ANGUILLE.

106. *Farcie.* Prenez la chair de vos anguilles, hachez-la fort
menu, ajoutez-y de la crème douce, mie de pain, deux ou
trois rocamboles, persil, sel et poivre ; cela fait, farcissez-en les
arêtes, puis vous les ferez cuire au four dans une tourtière.

107. *Au blanc.* On écorche l'anguille, et on la fait cuire avec
un verre de vin blanc, sel, poivre, bouquet de fines herbes,
culs d'artichauds et champignons ; le tout étant à propos, on y
met des jaunes d'œufs, délayés avec du verjus, puis on la
sert chaudement pour entrée, garnie de persil ou de pain frit.

108. *A la sauce brune.* On les passe à la casserole dans un
roux de farine, puis on y met du vin blanc, sel, poivre, et
bouquet de fines herbes ; étant cuites et la sauce bien liée, on
les sert comme les précédentes.

109. *Frite.* Coupez l'anguille par tronçons, faites-la mariner dans du verjus, sel, poivre, et un morceau de citron
vert ; poudrez-la ensuite de farine, et faites-la frire à la poêle,
dans du beurre affiné ; on peut si l'on veut au lieu de farine se
servir d'une pâte claire, délayée avec des œufs, et servir avec
persil frit pour garniture ; c'est un plat d'entremets.

110. *Rôtie.* Il faut écorcher et couper l'anguille par tronçons,
la faire mariner comme on l'a dit plus haut, la faire rôtir sur le
gril, pour la servir avec une sauce au beurre blanc, vinaigre,
sel et poivre ; d'autres la servent à la sauce rousse, ou à la
sauce robert.

On fait des potages d'anguilles, des pâtés et des tourtes.

ANIMAUX.

111. *Moyen d'engraisser les animaux.* Le mélange de certains alimens dont les animaux ne se soucient pas, mis en fermentation avec d'autres qu'ils aiment, est un procédé avantageux pour les engraisser promptement. Ainsi, on emploie à ces
usages les fanes de pommes de terre, les tiges des pois,
des fèves, des carotes et même les bourgeons de sapins.
Ces végétaux, coupés, desséchés et mêlés ensuite avec le

trèfle lorsqu'on l'entasse après la seconde coupe, en y ajoutant un peu de paille et de sel, forment un aliment très-nutritif, que les bestiaux préfèrent à tout autre. (*Bibl. ph. écon.*)

112. *Moyen de les délivrer de la vermine.* On délivre tous les animaux de la vermine, en les frottant d'huile de térébenthine. (*Dict. des ménages.*)

ANIS.

113. *Crème d'anis.* Prenez une once et demie de graines d'anis, deux litres d'excellente eau-de-vie, deux livres et demie de sucre et un litre d'eau. Faites infuser l'anis dans l'eau-de-vie, et au bout de cinq à six jours, filtrez-le à travers un linge. Faites d'un autre côté dissoudre le sucre dans l'eau pour former le sirop; mêlez les deux liqueurs, laissez reposer le mélange, et lorsqu'il sera clair, filtrez-le encore au papier gris.

114. *Huile d'anis.* Pour un litre d'eau-de-vie, prenez un quart de graines d'anis, que vous jetterez dans un sirop que vous aurez fait avec une livre de sucre et un litre d'eau; opérez le mélange, et laissez-le en effusion pendant un ou deux mois, après quoi vous le filtrerez. (*Man. des ménages.*)

115. *Ratafia d'anis.* Prenez quatre gros d'anis de la Chine, un gros de coriandre, un gros de cannelle, demi-gros de cochenille pulvérisée, vingt grains d'alcali fixe, une livre et demie de cassonade, un litre d'esprit-de-vin, et un litre et un quart d'eau de rivière; mettez le tout ensemble à l'exception de la cassonade et de l'eau, en digestion à froid dans le litre d'esprit-de-vin pendant trois jours. On fait, pendant ce temps, fondre la cassonade dans l'eau, on mêle ensuite le tout, et on filtre à la chausse ou au papier gris. (*Bibl. ph. écon.*)

116. *Anisette.* Réduisez en poudre fine une demi-livre d'anis de l'année, infusez-le pendant quinze jours dans neuf litres d'eau-de-vie ou d'esprit-de-vin rectifié, distillez au bain-marie et à un feu médiocre. Le produit sera de quatre ou cinq litres d'esprit. Ayez alors un sirop composé de cinq litres d'eau où vous aurez fait dissoudre à froid quatre livres de sucre, et faites un mélange du tout. Ce mélange sera plus ou moins laiteux, suivant la quantité d'huile essentielle qu'il contiendra. Pour la rendre parfaitement liquide, on n'aura qu'à y ajouter le blanc d'un œuf que l'on incorporera bien en agitant la liqueur pendant quelques jours, avant de la filtrer définitivement. (*Bouillon-Lagrange.*)

117. *Autre anisette.* Réunissez douze onces d'anis vert, une demi-livre d'anis étiolé, deux onces de coriandre, et deux onces et demie de fenouil; concassez toutes ces graines, et mettez-les

dans seize litres d'eau-de-vie au bain-marie de l'alambic ; veillez à la distillation, et prenez bien garde de l'arrêter lorsque le flegme commencera à paraître. Vous mêlerez ensuite la liqueur que vous aurez obtenue avec un sirop composé de treize livres de sucre, et de huit litres d'eau de rivière, vous laisserez reposer le mélange, et vous le filtrerez avant de le mettre en bouteille.

118. *Autre anisette.* On fait une fausse anisette en faisant fondre une once et demie de sucre dans un litre d'eau de rivière, et en y jetant ensuite un demi-litre d'esprit-de-vin à trente degrés, et quatre gouttes d'huile essentielle d'anis. Mêlez bien le tout, laissez reposer la liqueur, et filtrez. (*Dict. des ménages.*)

119. *Anisette de Commerci.* Graine d'anis de Verdun, une livre ; graine de fenouil, deux onces. En été on se sert également de la verdure de fenouil. Pilez et mettez le tout sur six litres d'eau-de-vie ; joignez-y deux livres de sucre candi : filtrez. (Sonnini père.)

ANTI-ÉMÉTIQUE de Rivière.

120. Prenez douze décigrammes de sel d'absinthe et une cuillerée de jus de citron. Mêlez ces deux ingrédiens, et faites-les avaler au malade au moment de l'effervescence.(*Méd. dom. de* Buchan.)

ANTIMOINE DIAPHORÉTIQUE.

121. Pour obtenir cette préparation d'antimoine, on mêle exactement de l'antimoine réduit en poudre, avec trois fois son poids de nitre. On jette ce mélange par cuillerées dans un creuset rougi au feu ; on ôte du feu le creuset, et on lave à plusieurs reprises cette matière dans de l'eau renouvelée, afin d'en dissoudre et emporter toutes les parties salines. (*Pharmacopée de Londres.*)

APHTES.

122. *Manière de les guérir.* Les aphtes sont de petits ulcères ronds et superficiels qui viennent dans l'intérieur de la bouche. On les guérit au moyen de gargarismes détersifs et un peu animés d'esprit-de-vin camphré. Lorsqu'ils sont tombés, on rend ces gargarismes plus émolliens et adoucissans. Boerhaave recommande ensuite un purgatif fortifiant, et de préférence la rhubarbe. (*Encyclop.*)

APOPLEXIE.

123. *Baume anti-apoplectique.* Prenez des huiles distillées

de clous de girofle, de lavande, de citron, de marjolaine, de
menthe, de romarin, de sauge, de bois de rose, d'absinthe,
de chacune douze gouttes, d'ambre gris six grains, de bitume
de Judée deux gros, d'huile de muscade par expression une
once, de baume de Pérou, une quantité suffisante pour former
du tout un baume d'une consistance molle.

Ce baume échauffe et irrite, appliqué aux narines et aux
tempes; il opère sur les membres paralysés en les frottant. On
l'ordonne dans les affections de tête, de nerfs, dans les stu-
peurs, l'apoplexie, la léthargie, etc. On le prend en bol, en électuaire, depuis trois gouttes jusqu'à six. (*Pharmacopée de
Quiney.*)

124. *Apoplexie.* Une poule entière, ouverte et appliquée
toute chaude sur la tête dans l'apoplexie, est regardée comme
un topique souverain. Elle n'est pas moins efficace dans les
maladies du cerveau, la léthargie, la frénésie, le délire et les
fièvres malignes. (*Buch'os.*)

APPARTEMENS.

125. *Manière de mettre en couleur et de cirer un appartement.*
1° *Pour la couleur.* Prenez une livre et demie de colle de Flandre, quatre livres de brun rouge, et un seau d'eau.

On fait tremper la colle dans l'eau pendant quelques heures,
on met ensuite l'eau sur le feu jusqu'à ce que la colle soit dissoute; il est même bon de l'y laisser jusqu'à ce qu'elle commence à bouillir. On retire alors le chaudron et on y verse le
brun rouge en agitant la dissolution avec un bâton. On laisse
entièrement refroidir la couleur, et avant de l'employer on
l'agite de nouveau afin d'y mêler autant que possible le précipité qui s'est formé.

On étend la couleur sur le plancher avec un balai de crin; si
elle n'est pas toute employée par une première couche, on en
met une seconde. (Le précipité qui reste au fond du chaudron
n'est bon à rien.) Quand la couleur est sèche, on y passe un
balai pour enlever le sable qui se trouve toujours mêlé au brun-
rouge, en plus ou moins grande quantité.

2° *Pour le cirage.* Prenez une livre et demie de cire jaune,
cinq onces de carbonate de potasse, ou sel de tartre, un seau
d'eau dissolvant bien le savon. On met l'eau sur le feu; lorsqu'elle bout, on y jette la cire jaune brisée en morceaux; dès
qu'elle est fondue, on ralentit le feu, et l'on verse doucement
le sel de tartre qu'on a fait dissoudre dans de l'eau chaude. On
agite fortement le tout pour que le sel s'unisse à la cire et la

rende soluble dans l'eau, et aussi pour empêcher le liquide de se boursoufler et de se répandre par-dessus le chaudron.

Quand l'eau est devenue blanche et que rien ne flotte à sa surface, on la retire de dessus le feu. On peut l'employer de suite, mais il est mieux de la laisser refroidir.

Si l'on veut s'en servir de suite, il faut tremper le balai dans le cirage et en frotter le plancher, jusqu'à ce que toute la surface et surtout les jointures des carreaux en soient couverts.

Si le cirage est froid, il faut d'abord le bien remuer, le répandre ensuite sur le plancher en l'étalant le plus possible, et l'étendre enfin avec le balai. Dans les deux cas on répète l'opération jusqu'à ce que tout soit épuisé.

Au bout de vingt-quatre heures le cirage est sec ; il faut alors le frotter avec une brosse très-forte jusqu'à ce que le plancher devienne coloré et luisant. Pour l'entretenir dans cet état, il suffit de le frotter une fois par semaine avec un morceau de cire, et de brosser.

La proportion des drogues a été fixée d'après la supposition d'un appartement qui aurait vingt pieds en carré.

126. *Autre manière de les mettre en couleur.* Quand les appartemens ont déjà été mis en couleur, et que la peinture n'est enlevée que dans un petit nombre d'endroits, il suffit de lui donner une couche de peinture en détrempe ; mais lorsque les appartemens n'ont encore jamais été mis en couleur, ou lorque toute la peinture a été enlevée entièrement, une seule couche, à la détrempe, s'enleverait facilement, et serait de très-peu de durée. Alors, il faut appliquer d'abord une couche de peinture rouge à la détrempe, ensuite une couche à l'huile ; et enfin une troisième couche à la détrempe, semblable à la première. On peut, si l'on désire encore plus de solidité, appliquer d'abord deux couches à l'huile, et par-dessus une couche en détrempe. Il faut avoir soin d'attendre que chaque couche soit bien sèche, avant d'en appliquer une autre ; sans cette précaution, la peinture serait sujette à s'écailler. Voici de quelle manière se préparent la peinture à la détrempe et celle à l'huile.

127. *Peinture rouge en détrempe.* On prépare une colle en faisant bouillir, dans l'eau, des rognures de gants, des parchemins et des peaux d'animaux. Lorsqu'elle a à peu près la consistance de l'huile, et qu'en en mettant refroidir un peu dans un vase, elle devient solide et tremblante comme de la gelée de viande, on en prend quatre livres, on la fait fondre sur le feu, et on y ajoute deux livres et demie de rouge de Prusse, et l'on mêle bien le tout ensemble en l'agitant avec une spatule

de bois. Quand ce mélange est très-chaud et presque bouillant, on l'étend également sur les pavés avec un balai ou une brosse, ou mieux encore avec un pinceau ou une éponge, pour que la peinture s'étende plus uniformément et soit plus lisse, et on la laisse bien sécher avant d'en appliquer une seconde couche.

128. *Peinture à l'huile.* On prend une certaine quantité de rouge de Prusse que l'on broie sur une table de marbre avec de l'huile de lin cuite, lorsqu'en en étendant un peu sur l'ongle, elle est parfaitement lisse, et n'offre aucun grain de couleur. On en prend deux livres, on la délaye avec un pinceau dans un mélange d'une livre et demie d'huile de lin cuite et d'une livre d'essence de térébenthine, et on l'applique alors sur la première couche de détrempe, au moyen d'un pinceau ou d'une éponge. Si l'on est dans l'hiver, ou que l'on veuille que la peinture sèche très-promptement, on met un peu plus d'essence de térébenthine, et on délaye, dans la peinture, une once de litharge en poudre fine ; mais il ne faut pas mettre une plus grande quantité de cette poudre, sans cela la peinture aurait l'inconvénient de s'écailler au bout d'un certain temps. Nous observerons qu'on doit toujours appliquer une couche de peinture en détrempe par-dessus l'huile, avant de mettre l'encaustique.

129. *Parfums pour les appartemens.* Pour parfumer une maison, prenez une racine d'angélique, faites-la amortir au four ou devant le feu, et mettez-la infuser pendant cinq jours dans du vinaigre. Ainsi préparée, placez-la sur une brique rougie au feu. (*Manière cosmétique.*)

APPATS.

130. *Pour garnir les hameçons.* 1° Hachez bien menu, ou pilez dans un mortier, de la chair d'un héron mâle ; entonnez cette chair dans une bouteille à large col, que vous boucherez exactement et que vous tiendrez pendant quinze jours ou trois semaines dans un lieu chaud. La chair, en se pourissant, se réduit en une substance qui approche de l'huile ; vous la mêlerez avec un tourteau de chenevis ou de la mie de pain, du miel et du musc. Tous les poissons, et surtout les carpes sont très-friands de cet appât.

2° On met sur un plateau de bois du sang de mouton, et on le laisse sécher à demi : quand il a pris de la consistance, on le coupe par morceaux d'une grandeur proportionnée à celle de l'hameçon. On doit y ajouter un peu de sel afin d'empêcher le sang de noircir, et l'appât n'en est que meilleur.

3° Prenez une ou deux poignées du plus gros froment, faites-le bouillir dans du lait jusqu'à ce qu'il soit bien attendri : alors vous le fricasserez à petit feu avec du miel et un peu de safran délayé dans du lait. Ces grains servent à amorcer les petits hame‑ çons : on peut aussi s'en servir comme *appât de fond.*

4° On fait durcir des œufs de poissons sur une tuile chaude ; quand on veut s'en servir on en coupe des morceaux d'une grosseur convenable. Quelques pêcheurs s'en servent sans les faire durcir ; ils en mettent gros comme une noisette à un petit hameçon. Lorsqu'ils veulent s'en servir plusieurs fois, ils les suspendent pour le dessécher, et l'attendrissent au moment d'en faire usage en le trempant dans l'eau.

Si l'on veut conserver ces œufs plus long-temps, il faut les disposer dans un pot par couches alternatives avec de la laine, et les saupoudrer de sel. (*Pisciceptologie.*)

131. *Appâts factices.* On sait que les insectes ailés sont d'excellens appâts pour la pêche des truites, de l'ombre, des perches, des saumons, etc. La difficulté de s'en procurer de convenables dans toutes les saisons a fait imaginer les appâts factices qui remplacent les insectes naturels sous tous les rap‑ ports. Il serait difficile d'expliquer avec précision tous les dé‑ tails de la fabrication de ces appâts, mais voici d'une manière générale comment on doit procéder.

On prend l'hameçon entre le pouce et l'index de la main gau‑ che, de manière que la pointe soit tournée vers le bas, l'an‑ neau en dehors, et la courbure du côté de la paume de la main. Si l'insecte qu'on veut figurer a le corps un peu gros, on le forme avec une petite bandelette d'une étoffe mince qu'on as‑ sujettit avec du fil de soie, on y mêle du fil d'or ou d'argent, quand l'insecte a la couleur de ces métaux. Si l'insecte est velu, on se sert du même fil pour assujettir des poils ou du duvet que l'on coupe avec des ciseaux, ou bien dont on brûle l'extrémité à la flamme d'une bougie pour les réduire à une longueur con‑ venable.

Si l'insecte doit avoir des ailes, on les forme avec des plu‑ mes, fermes et étroites, qu'on taille avec des ciseaux, pour leur donner la grandeur et la forme convenable.

Pour fabriquer les *fourmis ailées* dont on pêche les truites au mois de juin, on emploie du camelot brun et rouge, auquel on donne la forme arrondie du ventre de cet insecte ; une plume noire prise du col d'un coq, ou bien du poil de cochon, serviront à former les ailes.

En règle générale, les insectes factices doivent être d'une couleur claire, quand on pêche par un temps sombre, et d'une couleur obscure lorsqu'il fait soleil. — Trois ou quatre in‑

sectes bien faits suffisent pour pêcher toute l'année. (*Pisci-ceptologie.*)

132. *Appâts de fond.* Pour déterminer les poissons à fré-quenter les endroits où l'on se propose de pêcher, on leur pré-sente des alimens dont ils sont friands. Pour cela, on mêle quelquefois avec de la vase différentes espèces de grains dont on remplit un panier ou un baril qui soit ouvert par les deux bouts, et on le coule au fond de l'eau. Plusieurs espèces de poissons et particulièrement les *carpes*, se plaisent à chercher les grains dans cette vase.

Voici un appât que l'on dit être très-bon. Mettez tremper pendant une nuit de grosses *fèves* ; faites-les cuire à demi dans l'eau ; ajoutez un quarteron de miel et deux grains de musc par quart de boisseau de fèves, n'attendez pas pour les retirer du feu qu'elles soient tout-à-fait cuites. On en forme des mottes en les pressant avec les mains, et on les jette au fond si l'endroit n'est pas vaseux.

On peut conserver quelques-unes des plus grosses fèves pour amorcer les hameçons.

On fait encore des appâts avec de la mie de pain mâchée ; on se sert aussi d'une pâte composée de chair de *chat* et de *lapin*, qu'on pétrit avec de la *cire-vierge* et du miel, pour en faire des boules qu'on jette dans l'eau.

L'appât de fond le plus aisé à faire, est une pâte de mie de pain, de miel et d'un peu d'*assa-fœtida*. Le fumier de vache, le son mêlé avec de l'avoine germée, les entrailles d'ani-maux, etc., attirent puissamment le poisson.

Lorsqu'on fait usage de ces divers appâts, on en porte au bord de l'eau sur les huit ou neuf heures du soir ; on en forme des mottes qu'on jette dans l'eau, et on peut aller pêcher le lendemain au point du jour. Quand on a mis quelques-uns de ces appâts, on va examiner soir et matin s'ils sont mangés ; s'ils le sont effec-tivement, on sera assuré de trouver du poisson ; dans le cas contraire ce serait perdre son temps que de s'arrêter en cet en-droit. (*J. C. Pisciceptologie.*)

APPEAUX.

133. *D'alouettes.* L'appeau le plus simple des alouettes est celui qu'on fait avec un noyau de pêche usé d'abord sur une meule à aiguiser, et percé des deux côtés d'un trou égal et vidé ensuite entièrement. Sa bonté consiste dans un ton clair et nourri, imitant le cri que font les alouettes en s'appelant.

134. *De perdrix grises.* L'appeau des perdrix grises est plat d'un côté et convexe de l'autre ; il s'accommode fort bien

1.

à la forme interne des lèvres; sa calotte ou table convexe doit
être de moitié moins épaisse que la table de dessous; on retire
à soi l'air extérieur et l'on forme ainsi le cri de perdrix.

135. *De perdrix rouges.* Cet appeau se fait d'un morceau
de bois creusé; à l'une de ses extrémités, se met une plume ou
un tuyau de métal, dont l'autre extrémité aboutit à un tuyau
de rencontre plus gros, qui se fait avec le même métal, ou l'os
de la cuisse d'un lièvre.

136. *De cailles.* Celui des cailles se compose d'une bourse
cousue à points petits et serrés, qu'on remplit de crins bouillis,
et à l'extrémité de laquelle on attache un os de trois doigts de
long, qu'on fait polir autour et unir intérieurement; ensuite on
le perce à un travers de doigt de son extrémité d'un trou rond
dont le bord, opposé à l'embouchure, est coupant et en coulisse,
pour que les sons deviennent doux. On accommode avec de la
cire l'extrémité de l'os coupé en sifflet; l'autre extrémité se bouche entièrement, à moins qu'on ne veuille appeler les cailles
femelles. Dans ce cas, on fait un trou dans la cire au moyen
d'une épingle qui sert à l'agrandir pour obtenir le son qu'on cherche. On se sert de cet instrument en l'étendant sur la main gauche
et en frappant ensuite mollement avec le pouce de la droite. Au
reste l'habitude de s'en servir vaut mieux que les règles que
nous pourrions en donner.

137. *De coucou.* L'appeau du coucou et de la tourterelle se
fait de corne, d'os, ou de bois; il y a à son extrémité un trou
qui, étant bouché avec le doigt, doit baisser le son et l'élever
étant débouché. Avec cet instrument on imite également le
chant du coucou et le roucoulement de la tourterelle.

138. *De pluviers et vaneaux.* On fait des appeaux compliqués
pour imiter le cri des pluviers et des vanneaux; mais le plus
simple et le meilleur se fait avec un morceau de bois fendu,
long de trois pouces et demi, dans la fente duquel on met une
feuille de lierre ou de laurier. (*Encyclopédie.*)

ARAIGNÉES.

139. *Filet de chasse d'araignée.* L'araignée est un petit filet,
maillé en losanges larges d'un pouce, d'un fil délié et retors et
teint en couleur. Ce filet a sept ou huit pieds de large sur cinq à
six de haut; il se termine par une ficelle bien unie qu'on passe
dans toutes les mailles du dernier rang d'en haut.

Pour s'en servir, on porte avec ce filet un bâton long de six
pieds, un peu fendu par un des bouts et pointu par l'autre. Le
merle vole ordinairement sur les baies; on s'approche de lui

à vingt pas ; on prend une branche d'arbre qui soit élevée de six pieds, et qui avance un peu sur le chemin ; on y fait une fente, on y fixe légèrement un petit coin de bois attaché à la ficelle de l'araignée ; on passe ensuite de l'autre côté du chemin, on y ajuste une autre branche de la même façon, ou le bâton qu'on a apporté s'il n'y a point de branches convenables ; et quand le filet est ainsi tendu, on prend un détour, on se rend à trente pas au-dessus du lieu où le merle s'est jeté ; on le fait lever, il vole le long de la haie, et se jette dans l'araignée qui se détache, tombe sur lui et l'enveloppe.

Cette chasse réussit parfaitement dans le temps de brouillard. (*Encycl. méth.*)

ARBRES.

140. *Maladies des arbres.* On a éprouvé qu'en labourant le pied des poiriers dont les feuilles jaunes annonçaient le mauvais état, et en mêlant à cette terre ainsi labourée de la houille calcinée, cette houille ranimait les arbres, et leur faisait pousser avec vigueur des jets et des feuilles nouvelles.

On a aussi éprouvé que le pêcher dont les feuilles avaient été gâtées par des insectes, pouvait être ranimé et porter de très-beaux fruits, si l'on avait soin d'arroser ses feuilles, et de répandre de la poudre de cette houille calcinée à son pied.

141. On délivre les arbres des insectes qui les dévorent, en en seringuant les grosses branches avec de l'eau bouillante. Cette aspersion doit se faire au moment où les œufs des insectes, échauffés par les premiers rayons du soleil du printemps, vont éclore.

142. Si les arbres sont attaqués de la mousse, déchaussez-en pied et mettez dans ce creux environ un demi-boisseau de charrée. Cette charrée est le résidu des cendres dont on a fait les lessives ordinaires. On est quelquefois obligé de renouveler cette opération. (*Encycl. méth.*)

143. La présence des pucerons indique ordinairement quelque maladie dans un arbre. Le remède que les Allemands emploient est excellent. Il ne s'agit que d'y mettre du fumier de porc dont on entoure et engraisse l'arbre. (*Bibl. ph. écon.*)

144. Si l'on dépouille de leur écorce, les parties malades ou gâtées de l'arbre, et si on les enduit de térébenthine à la chaleur du soleil, on voit d'abord les endroits dépouillés se couvrir d'une espèce de laque qui empêche l'air d'y pénétrer, et l'arbre prendre bientôt une nouvelle vigueur. Par ce moyen, des arbres entièrement dégarnis de leur écorce, ont

été parfaitement rétablis dans l'espace d'une année. (Muller, *Économe allemand.*)

145. Si les arbres sont attaqués de la gomme ou des chancres, on enlève la partie attaquée de maladie avec un instrument bien tranchant, et on scarifie le bois jusqu'au vif. On frotte ensuite la plaie avec de l'oseille dont on fait pénétrer le suc dans le bois, et l'on obtient la guérison radicale d'un mal qui ne se présentera plus sur le même sujet. (*Idem.*)

146. *Des marcottes.* Si un arbre a poussé dans l'année une belle branche, qu'on se proposerait de couper comme gour-mande, il faut, au mois d'octobre, à un pouce ou à un pouce et demi au-dessus de la dernière taille, cerner l'é-corce en deux endroits différens, d'environ quatre à cinq lignes de largeur, dont on enleveva l'écorce, laissant un inter-valle d'un bon pouce entre ces deux incisions. On couvrira ensuite les deux plaies avec du chanvre, à l'épaisseur de quatre à cinq lignes, pour empêcher que la séve ne s'extravase au printemps suivant. Cette branche ainsi opérée, demeurera à l'arbre pendant toute une année, pendant laquelle elle formera un arbrisseau marquant fruits, et qui en produira effectivement dès la seconde année, si l'opération a été bien faite. On déta-chera cette branche devenue arbrisseau au mois d'octobre de l'année suivante, observant de la couper à deux ou trois pouces plus bas que l'endroit incisé ; on l'enterrera, en prenant soin de couvrir en entier le bourrelet supérieur. Les petites branches qui auront poussé au-dessus et au-dessous et sur toute la hau-teur qui entrera en terre, seront conservées, et seulement rac-courcies, et on les verra se transformer en racines.

Si le terrain où l'on plantera ce nouvel arbre est sec, il est prudent de l'arroser de temps en temps. (*Bibl. ph. écon.*)

147. *Des boutures.* On multiplie les arbres par des bou-tures ; mais ce qui fait qu'elles ne réussissent pas toujours bien, c'est que la partie qui entre dans la terre se pourrit. Pour remédier à cet inconvénient, enduisez cette partie avec le mastic suivant.

Faites fondre ensemble une demi-livre de térébenthine, et deux livres et demie de poix commune, auxquelles vous ajou-terez trois quarts d'once d'aloès en poudre. Ce mélange est susceptible de s'enflammer, ainsi l'on fera l'opération en plein air. On l'éteint en mettant promptement le couvercle ; on réitère cette inflammation jusqu'à trois fois ; on ajoute alors à ce mé-lange trois onces de cire jaune, et seize dragmes de mastic en poudre ; on laisse refroidir : lorsqu'on en a besoin, on en casse un morceau ; on le fait fondre dans un pot sur un feu doux, et on l'étend enfin sur la bouture qu'on veut mettre en terre.

On multiplie aussi les arbres par les racines. Pour cela on lève la terre qui les recouvre ; on en coupe les deux tiers en travers ; on émonde toutes les fibres latérales dans l'espace de sept ou huit pouces ; on enduit toutes les parties blessées avec le mastic dont nous avons parlé ; on tient la partie tranchée de la racine de plus de cinq pouces hors de terre, et on la contient dans cette situation à l'aide d'un bâton fourchu ; la partie exposée à l'air se charge de feuilles, au printemps suivant on les séparera entièrement de l'arbre. (*Encycl. méth.*)

148. *Nouveau procédé pour la Propagation des arbres.* Les Chinois, au lieu de propager les arbres à fruits par semence ou à l'aide de la greffe, comme nous le pratiquons en Europe, ont adopté la manière suivante que le docteur James Howisen vient de faire connaître en Angleterre.

Quand ils ont déterminé le sujet qu'ils veulent propager, ils passent au choix d'une de ses branches, et s'arrêtent ordinairement à celle dont la perte défigurera le moins l'arbre. Autour de cette branche, et aussi près du tronc que possible, ils entortillent une corde de paille, couverte de bouze de vache, jusqu'à ce qu'ils aient formé un tampon ayant cinq à six fois le diamètre de la branche. C'est au centre de ce tampon que doivent se former les racines. Après cette opération, les Chinois coupent l'écorce jusqu'au bois, immédiatement au-dessous du tampon, et sur les deux tiers environ de la circonférence de la branche ; puis ils suspendent à une branche supérieure, et au-dessus du centre du tampon, un vase percé dans le fond, d'un trou assez petit pour ne laisser tomber que goutte à goutte l'eau dont ils l'emplissent ; cette eau sert à humecter la branche et à la formation des racines. Trois semaines après, le vase découlant toujours, on coupe un tiers de l'écorce qui reste et on agrandit la première incision de manière qu'elle pénètre plus avant dans le bois. Vingt jours après, on refait absolument la même chose, et généralement deux mois après le commencement du procédé on voit les racines s'entrelacer à la surface du tampon, ce qui annonce qu'il est temps de séparer la branche du tronc. On la scie à l'endroit de l'incision, afin de donner le moins d'ébranlement possible au tampon qui est presque pouri, et on plante la branche comme un jeune arbre. (*Bibl. ph. écon.*)

149. *Arbres* (*Moyen de hâter l'accroissement des*). Le procédé consiste à laver et frotter l'écorce des jeunes arbres avec une brosse mouillée, de manière qu'il ne reste ni terre ni mousse sur l'écorce de la tige et des branches principales. (*Bibl. ph. écon.*)

150. *Procédé pour préserver les fleurs des arbres de la gelée d'avril et de mai.* On fait chauffer de l'eau jusqu'à ce qu'elle

soit presque bouillante ; puis, armé d'une petite pompe à main,
dont un des côtés est garni d'une pomme d'arrosoir, on inonde
les arbres d'une pluie tiède qui fond les frimas apportés par les
rigueurs de la nuit, et les rayons du soleil en séchant cette rosée
artificielle ne peuvent plus nuire aux arbres en fleurs. (*Larcher
de Courcelles.*)

151. *Arbres* (*Soins à donner aux*). On empêche les fleurs
d'un arbre de tomber en arrosant son pied avec cinq ou six seaux
d'eau, et en le recouvrant avec de la paille pour lui conserver
l'humidité.

Pour retarder le développement des fleurs, on fait dans l'automne à la tige des jeunes arbres une ligature qui, en ralentis-
sant le mouvement de la séve, fait que l'arbre fleurit plus tard.

Pour empêcher les fruits de tomber, on perce l'arbre avec
une tarière jusqu'à son centre, à la hauteur d'un demi-pied de
terre, et on y enfonce une cheville de bois.

L'abbé Rozier a observé que les fruits d'un poirier réussis-
saient mieux et devenaient plus beaux, lorsqu'on coupait les
pétales de ses fleurs sans toucher aux étamines.

On fait grossir rapidement un arbre, tel qu'un cerisier, pru-
nier, poirier, etc., en faisant une incision dans son écorce depuis
le haut jusqu'au bas. La séve en découle d'abord abondamment,
mais il se forme une pellicule fine qui recouvre bientôt l'ouverture. Il faut que l'arbre ait à peu près un pouce de grosseur, et que l'incision ne soit pas faite du côté du midi.
(*Encycl. méth.*)

152. *Arbres* (*Taille des*). Tout l'art de tailler les arbres consiste : 1° à supprimer tout canal direct de la séve pour que la
lenteur de sa marche multiplie les fleurs, assure la nouure, la
permanence, et augmente la grosseur et la saveur des fruits ;
2° à soutenir l'équilibre le plus parfait possible entre les deux
côtés ou ailes de l'arbre, c'est-à-dire, à tailler plus long le côté le
plus vigoureux, et plus court le côté le plus faible. (*Dict. d'agr.*)

153. *Arbres.* (*Moyen infaillible d'en écarter le gibier.*) Il suffit
d'enduire l'écorce des arbres à un pied ou un pied et demi, du sol,
d'huile de baleine, à laquelle on donne de la consistance en
y mêlant quelque matière terreuse, comme de l'ocre, etc., et de
renouveler cet enduit deux ou trois fois dans les hivers les plus
longs, époque à laquelle les animaux herbivores attaquent les
arbres. On doit avoir soin de ne pas couvrir les boutons, puisque cela les empêcherait de pousser. (*Biblioth. philosophique
écon.*)

154. *Arbre métallique.* (*Moyen de le faire.*) Dissolvez dans
de l'esprit de nitre médiocrement concentré, de la limaille de

fer jusqu'à saturation. Ayez ensuite de la solution d'alcali fixe de tartre; versez-la peu à peu dans la première solution; il se fera une forte effervescence, après laquelle le fer, au lieu de tomber au fond du vase, s'élevera au contraire le long des parois, et formera une multitude de branchages amoncelés les uns sur les autres, qui déborderont souvent sur les parois extérieures du vase avec toute l'apparence d'une plante. (*Encycl. méth.*

155. *Autre.* Amalgamez ensemble, au moyen de la trituration, dans un mortier de porphyre et avec un pilon de fer, deux gros de mercure bien pur, et quatre d'argent vif réduit en limaille ou en feuilles; faites dissoudre ce mélange dans quatre onces d'esprit de nitre bien pur et médiocrement fort, et étendez la dissolution dans environ une livre et demie d'eau distillée, que vous agiterez et conserverez dans un flacon bien bouché. Prenez une once de cette liqueur; vous la verserez dans un verre, et vous y jetterez gros comme un pois d'un amalgame de mercure et d'argent, semblable au précédent, et mou comme du beurre : vous ne tarderez point à voir s'élever au-dessus de cette boule d'amalgame, une multitude de petits filamens qui croîtront à vue d'œil, et formeront des arbrisseaux. (*Encycl. méth.*)

ARBRET.

156. *Chasse à l'arbret.* L'arbret est une branche d'arbre, assez rameuse, de la hauteur de six pieds, dont on aiguise le gros bout pour le ficher en terre. On élague les petites branches en ayant soin d'y laisser de petits mentons qui servent à fixer des morceaux de sureau qu'on y enfonce par un bout au moyen de leur moelle, et à l'autre extrémité desquels on pose légèrement des gluaux, qui doivent être assez gros pour que l'oiseau croie pouvoir s'y soutenir.

Avant le soleil levé, on place l'arbret dans un endroit de passage, comme des chenevières, un verger, etc. On le prépare avec soin, et l'on met à huit ou dix pas de là des cages renfermant des oiseaux de différentes espèces, tels que des pinçons, des fauvettes, des chardonnerets, etc. etc. (*Encyclop. méthod.*)

ARCHET.

157. *Pêche à l'archet.* Sur les côtes du Poitou on pratique entre les rochers une pêche que l'on nomme l'*archet;* on prend pour la faire un bâton flexible ou une longue baleine qu'on plie en

rond, mais de manière que les deux extrémités dépassent la
portion circulaire ; cette baleine ainsi tordue représente un 8
dont la partie supérieure est ouverte ; dans le bas, est attaché un
plomb du poids de deux ou trois livres ; à chaque bout de l'archet on adapte deux lignes dont chacune porte un hameçon ;
au point de réunion des deux branches de l'archet, on fixe une
corde garnie à son extrémité d'un fagot de roseaux ou d'un
morceau de liége qui sert à retrouver l'archet quand on veut le
retirer de l'eau. (*Pisciceptologie.*)

ARGENT.

158. *Moyen de séparer le cuivre de l'argent.* On commence
par déterminer le titre de l'alliage, soit par le moyen de la
pierre de touche, soit par une autre méthode ; on prend ensuite
une partie d'acide sulfurique pour chaque partie d'argent, et
trois parties plus trois cinquièmes de partie par chaque partie
de cuivre.

On délaye l'acide sulfurique avec moitié de son poids d'eau et
on le met dans un matras avec l'alliage réduit en grenaille fine.
Pour accélérer l'action de l'acide, il faut en ajouter une partie de
plus sur seize d'alliage ; on pose le matras sur un bain de sable
chaud et l'on porte l'acide à l'ébullition ; en deux ou trois heures
l'alliage se trouve ordinairement dissous et le cuivre et l'argent
sont sulfatés, surtout si l'on a eu soin de remuer de temps en
temps le mélange avec une spatule de verre. La masse est éva-
porée à siccité et on y ajoute, étant encore chaude, six à huit
fois de son poids d'eau bouillante, et on laisse le tout exposé
quelque temps au feu. Le sulfate de cuivre se dissout, et une
grande partie du sulfate d'argent se précipite en devenant insoluble. On examine si tout ce qui est soluble est dissous, et on
ajoute alors à la liqueur, des morceaux de cuivre enveloppés dans
une grosse toile, on les suspend à la surface de la liqueur que
l'on entretient bouillante pendant quelques heures ; le sulfate
d'argent se décompose, et l'argent se précipite au fond sous
une forme métallique. On reconnaît si la séparation est complète en versant dans la liqueur quelques gouttes de dissolution
de muriate de soude. S'il se forme du muriate d'argent, il faut
continuer l'ébullition jusqu'à ce que le contraire arrive. On
décante alors la liqueur et on lave le précipité d'argent métallique, jusqu'à ce que l'ammoniaque ne colore plus en bleu les
eaux de lavage. On fait alors sécher l'argent en poudre pour le
conserver dans cet état, ou pour le fondre avec un quart ou tout
au plus un demi de son poids de sulfate de potasse.

On réunit toutes les eaux de lavages, on les évapore dans

une chaudière de cuivre, et on obtient par la cristallisation une masse de sulfate de cuivre dont le prix sera au moins égal à celui de l'acide sulfurique employé.

Si une portion de l'alliage n'avait pas été dissoute, on le séparerait pour le faire rentrer dans une nouvelle opération. (Goettling. *Journal de chimie de* Van Mons.)

15g. *Argent* (*Coupellation de l'*). La coupelle, ou petite coupe, se fait avec des os bien calcinés, lavés, mis en pâte. On y place l'argent impur, qu'on mêle au plomb ou au bismuth, et on chauffe au feu de réverbère; les métaux les plus oxidables s'imbibent dans les pores de la coupelle, ou se volatilisent, et l'argent, moins oxidable, reste pur.

On opère de même quand on veut purifier l'or.

160. *Argent fulminant.* On dissout l'argent dans l'acide nitrique (*eau-forte*) et l'on précipite cette dissolution au moyen de l'eau de chaux. Après avoir filtré la liqueur et séché le résidu, on verse dessus de l'ammoniaque pur; il forme une poudre noirâtre dont les moindres parcelles sont capables de détonner par le simple contact de l'air, ou la chute d'une goutte d'eau. Les accidens peuvent être terribles. Cette composition découverte par M. Berthollet, est analogue à celle d'Howard et Cruikshanks.

161. *Autre.* Prenez soixante grains d'argent de *coupelle*; après l'avoir coupé en très-petits morceaux, faites-le dissoudre dans deux onces d'acide nitrique (eau-forte) en l'enfermant dans un flacon de verre que vous exposerez sur les cendres chaudes. Lorsqu'après avoir légèrement bouilli, la dissolution qui d'abord aura paru rouge, prendra la couleur du petit-lait, vous la retirerez du feu. Quand vous jugerez qu'elle est tiède, vous-y ajouterez deux onces d'alcohol rectifié (esprit-de-vin), et vous la ferez bouillir de nouveau. Vous la laisserez refroidir ensuite, et dès que le précipité se sera formé, vous le séparerez par la filtration.

Cette poudre, lavée plusieurs fois dans l'eau, a la propriété de détonner avec violence par la chaleur, ou le choc, ou le frottement, ou l'étincelle électrique. Elle agit comme poison sur les animaux; les acides sulfurique (*huile de vitriol*) ou muriatique (*esprit de sel marin*) l'enflamment. On en fait des cartes, des bonbons fulminans, etc.

162. *Argent* (*Manière d'écrire en lettres d'*). On fait fondre une once et demie de bon étain dans une cuiller de fer; on ajoute une once et demie de bismuth; on agite le mélange avec un fil de fer, jusqu'à ce qu'il soit bien fondu; on le laisse refroidir, on y verse une once et demie de vif-argent; on le fait

chauffer encore, en le remuant, et on le coule sur une pierre
pour le laisser figer, après quoi on le réduit en poudre. Quand
on veut s'en servir, on la délaye avec un blanc d'œuf, du vernis
blanc ou de la gomme dissoute dans l'eau ; on trace les caractères, et on polit ensuite l'ouvrage au moyen d'une dent de
loup ou d'un autre polissoir. (*Dict. des ménages.*)

163. *Argenter* (*Manière d'*). On fait fondre une once et
demie de bon étain dans une cuiller de fer, où l'on ajoute une
once et demie de bismuth ; on agite le mélange avec un fil de
fer, jusqu'à ce que le tout soit bien fondu et incorporé ; on le
retire du feu pour le laisser refroidir, et on y met une once et
demi de vif-argent. On fait de nouveau chauffer le tout, sur le
feu en le remuant ; on le coule sur une pierre pour qu'il s'y
fige ; on réduit cette matière en poudre et on la conserve pour
l'usage. Quand on veut s'en servir, on la délaye avec du blanc
d'œuf, du vernis blanc, ou de la gomme dissoute dans de l'eau.
On trace des caractères, ou l'on en fait l'application que l'on
veut, et l'on polit ensuite l'ouvrage avec une dent de loup ou
tout autre corps dur et lisse. (*Idem.*)

164. *Argenterie* (*Moyen de la blanchir*). Pour donner du
lustre à des pièces d'argenterie, faites dissoudre de l'alun, et
formez-en une forte saumure que vous écumerez avec soin ;
mêlez-y du savon, et lavez votre argenterie dans cette composition avec un chiffon de linge. (*Encycl. méth.*)

ARROSEMENT DES PLANTES.

165. *Procédé facile pour l'arrosement des plantes.* On
place près de la plante qu'on veut arroser, un vase rempli d'eau dans lequel plonge une mèche de coton légèrement
tordue et communiquant avec d'autres mèches qui entourent le pied des plantes ; on recouvre ensuite ces mèches,
soit avec de la terre, soit avec du fumier. Il est aisé de
concevoir que les mèches pompant continuellement l'eau, forment autour de petits canaux, et contribuent ainsi à entretenir
l'humidité autour de la plante. On peut augmenter ou diminuer leur grosseur selon que les circonstances l'exigeront.

Ainsi les plantes peuvent être exposées à toute l'ardeur du
soleil sans jamais souffrir de la sécheresse qui retarde toujours
leurs progrès. (*Tatham. Magazin der Neuen erfindungen.*)

ARSENIC.

166. *Moyen de connaître la présence de l'arsenic.* On reconnaît la présence de l'arsenic dans une préparation quelconque,

en ce que, jeté sur les charbons ou sur une pierre rougie au feu, il exhale une forte odeur d'ail. (*Méd. domest.* de Buchan.)

ARTICHAUTS.

167. *Conservation des artichauts.* Pour conserver les artichauts, on les casse d'abord de dessus leurs tiges au lieu de les couper avec un couteau; on les jette ensuite dans de l'eau bouillante où on les laisse cuire à moitié; on les retire, on les fait égoutter, on en arrache le foin avec une cuiller, en conservant les feuilles et en coupant le dessous à l'épaisseur d'un écu; on les plonge ensuite dans de l'eau froide; on les y laisse une heure ou deux, après quoi on les met dans une eau chargée de sel commun ou dans du vinaigre. Dans cet état, on les expose deux jours à l'air, puis on les couvre d'huile ou de beurre, et enfin de papier, pour les serrer dans un endroit frais. Au lieu de les garder dans l'eau salée ou dans le vinaigre qu'on doit changer de temps en temps, on peut les faire sécher plusieurs jours au soleil, et ensuite dans un four à une légère chaleur, après quoi on les mettra dans un lieu sec et exempt d'humidité.

Quand on voudra s'en servir, on les jettera d'abord dans de l'eau tiède, et on les préparera comme à l'ordinaire. (*Dict. d'agric.*)

168. D'autres personnes, après les avoir coupés en quartiers, leur avoir ôté le foin, et les avoir plongés dans l'eau bouillante et ensuite dans de l'eau fraîche, les font égoutter, et les passent sur le feu dans une casserole avec un morceau de beurre frais, assaisonnement et fines herbes. Lorsqu'ils sont à moitié cuits, elles les retirent, les laissent refroidir, et les mettent dans des bocaux bouchés hermétiquement, qu'elles placent une demi-heure au bain-marie pour y prendre quelques bouillons. (*Appert.*)

169. *Artichauts pris comme remède.* Si vous mêlez à un litre de bon vin de Madère ou de Montagne, un litre de jus extrait des feuilles d'artichauts, vous aurez un préservatif excellent contre l'hydropisie.

Si vous craignez d'être attaqué de cette maladie, ou que vous ayez quelque indice qui vous porte à croire que vous le soyez, prenez trois cuillerées à jeûn de ce mélange, après avoir bien agité la bouteille qui le renferme : l'abondance des urines dissipera bientôt vos craintes.

170. *Artichauts marinés.* On fait bouillir les artichauts jusqu'à ce qu'on puisse aisément en détacher les feuilles; on en sépare le foin et la tige sans se servir de couteau; on les met ensuite dans un mélange de sel et d'eau, dont on les retire une heure après; on les laisse sécher sur un linge, et on les dépose

enfin dans des bocaux avec un peu de macis et de muscade coupés par tranches, et deux parties de vinaigre et une d'eau. On couvre le tout de graisse de mouton fondue pour le préserver du contact de l'air. (*Appert.*)

ARTISANS (*Maladies des*).

171. *Tisserands, tailleurs, cordonniers, etc.*

Ces ouvriers, et en général tous ceux qui mènent une vie sédentaire, ont ordinairement un air faible, les jambes souvent cagneuses, la taille mal proportionnée. Ils sont sujets aux infiltrations des extrémités inférieures, à l'hydropisie, au scorbut, aux paralysies, aux affections nerveuses. Il leur convient donc de changer souvent de situation, de se promener dans leurs momens de loisir, de faire de l'exercice au grand air, de n'user que d'alimens fortifians, de viande, de pain bien cuit, de bon vin pris modérément, ainsi que des plantes amères qui donnent de l'action aux solides et aux fluides. Ils doivent s'abstenir de liqueurs fortes, de substances de difficile digestion et généralement de toute espèce de débauche.

172. *Chimistes, distillateurs, fondeurs, verriers, etc.*

Les ouvriers exposés à l'action du feu éprouvent tout à la fois les effets de la chaleur et des exhalaisons nuisibles; ils sont souvent attaqués de rhumatismes, d'affections graves du poumon, et principalement de la toux, de l'asthme et de la consomption. Pour prévenir ces maladies, il faut que les ateliers soient disposés de manière que l'air puisse s'y renouveler aisément, et que la fumée et les exhalaisons n'y puissent séjourner long-temps; que les ouvriers ne prolongent pas leurs travaux avec excès; enfin qu'ils ne se rafraîchissent que par degrés, et qu'ils aient soin de se couvrir de leurs habits avant de prendre le grand air, lorsqu'ils ont le corps échauffé par le travail.

173. *Boulangers, meuniers, marbriers, tailleurs de pierre, statuaires, etc.*

Les boulangers sont sujets aux mêmes inconvéniens que les chimistes, distillateurs, etc., à cause de la chaleur à laquelle ils sont exposés. Ils ont même un inconvénient de plus; ils sont sujets à l'asthme, en ce qu'ils aspirent continuellement de la farine. Ainsi, nous leur prescrirons ainsi qu'aux statuaires,

marbriers, tailleurs de pierre, etc., qui respirent une poussière très-fine, de se couvrir la tête avec un linge pour empêcher
sur les poumons l'impression de la farine ou de la poussière
répandue dans l'air, et de se laver souvent les paupières avec
de l'eau fraîche pour prévenir les ophtalmies et la perte de
la vue.

174. *Chaudronniers, graveurs, etc.*

Les chaudroniers, graveurs, et généralement tous les ouvriers qui travaillent sur le cuivre, en respirent la vapeur et
sont souvent affectés de maladies de poitrine, de l'asthme, de
la toux, etc. Ils doivent par conséquent chercher à entretenir
la libre circulation de l'air dans leurs ateliers, et n'y séjourner
que pendant qu'ils ont besoin de travailler.

175. *Corroyeurs, tanneurs, chamoiseurs, poissonniers, cui-siniers, bouchers, charcutiers, anatomistes, etc.*

Tous ces hommes, ainsi que ceux qui fabriquent les chandelles, ceux qui préparent les huiles, et en général tous ceux
qui travaillent sur des substances animales, sont exposés plus
ou moins aux miasmes putrides qui s'exhalent de ces matières,
et aux maladies graves qui en sont le produit inévitable. Nous
ne saurions trop leur recommander de faire usage des procédés propres à désinfecter l'air, et d'éloigner ainsi tous les germes
de corruption. Nous leur conseillons aussi les fumigations d'a-
cide muriatique et l'usage des acides végétaux.

176. *Vidangeurs.*

Les vidangeurs sont sujets à une asphyxie qui leur est particulière. Ils doivent prévenir cet accident en s'assurant, avant
de descendre dans les fosses d'aisance, qu'il n'y a pas de méphitisme à craindre, et si malgré ces précautions un d'eux se
trouvait asphyxié, avoir recours promptement aux moyens
curatifs que nous avons prescrits à l'article asphyxie.

177. *Teinturiers, peintres.*

Les teinturiers, les peintres, etc., étant sujets à des *coliques
saturnines*, doivent avoir soin de ne pas trop long-temps respirer les vapeurs des différens mordans qu'ils emploient.

178. *Foulons.*

Comme ils travaillent dans l'urine croupie et puante, il en

résulte que les vapeurs fétides qui s'en exhalent et les erasses
huileuses des draps et des laines qu'ils foulent, portent leur
impression sur le poumon et la peau, et que ces ouvriers sont
sujets aux maux de tête, de poitrine, à la migraine, aux maladies de la peau, aux bouffissures, et à l'enflure des extrémités inférieures.

Ils doivent, pour prévenir tous ces accidens, bien aérer les
lieux où ils travaillent, y faire évaporer continuellement du
vinaigre, respirer souvent le grand air, faire surtout des fumigations d'acide muriatique oxigéné, et se laver matin et soir
avec de l'eau et du vinaigre.

179. *Brasseurs, marchands de vin.*

Ils sont sujets à l'asphyxie, causée par l'acide carbonique
qui se dégage de la bière et du moût de raisin en fermentation. Pour prévenir cet accident, il faut tenir fréquemment
ouvertes les portes des celliers, de manière à y établir un courant d'air qui entraîne la vapeur des corps en fermentation. On
remédie aux enivremens qu'exhalent les vins, les liqueurs, etc.,
en prenant l'air et en faisant usage d'une légère infusion de
café.

180. *Amidonniers.*

Les amidonniers qui respirent continuellement une vapeur
aigre sortant de la farine qu'ils pétrissent avec les pieds, après l'a-
voir fait macérer dans l'eau, sont sujets à avoir les organes de la
respiration attaqués par la toux, et des oppressions ordinairement très-violentes. Nous leur conseillons de travailler dans des
lieux très-spacieux, d'y entretenir un courant d'air, et de placer
autour de leur cou une espèce d'entonnoir de carton dont l'extrémité la plus large soit tournée vers la tête, pour briser la
direction de la vapeur. Ils peuvent aussi faire dégager de l'ammoniac, pour neutraliser la vapeur acide de l'amidon; et s'ils
sont surpris dans leurs travaux par des toux ou des oppressions,
user des huileux et des mucilagineux.

181. *Chaufourniers, gypseurs, etc.*

Comme ces ouvriers respirent fréquemment une vapeur qui
est un mélange de chaux, d'eau et d'acide carbonique, ou du
gypse, qui est très-malfaisante, ils sont sujets à l'asthme, aux
tremblemens, à la phthisie, etc. Nous ne saurions trop leur
recommander de prendre souvent l'air, et de ne jamais s'y
exposer trop subitement, surtout lorsqu'ils sortent de leur
four.

182. *Bateliers, pêcheurs, lavandiers, etc.*

Vivant dans un air froid et humide, ces ouvriers, qui ont fréquemment les mains, les pieds et quelquefois même le corps
dans l'eau, sont très-sujets aux maladies de la peau, aux érysipèles, aux catarrhes, aux rhumatismes, etc. Ils doivent, pour
les éviter, se tenir bien vêtus ; marcher le moins possible dans
l'eau, et ne le faire qu'avec des bottes ou des bottines ; porter
sur le dos une capote de toile cirée qui couvre la nuque, les
épaules et l'épine dorsale, afin de ne pas être mouillés ; ne
quitter ce vêtement qu'à la fin de leurs travaux ; changer alors
de linge, et se sécher au lit ou auprès du feu. C'est à eux qu'il
convient particulièrement de boire du vin, et même de l'eau-
de-vie, surtout quand ils se sentent saisis par le froid.

183. *Baigneurs, étuvistes, etc.*

Comme les baigneurs et les étuvistes sont forcés d'être souvent dans des lieux chauds, humides et chargés de vapeurs
méphitiques, ils sont quelquefois frappés d'une asphyxie dont ils
peuvent mourir si on ne les expose aussitôt à l'air libre, si on
ne les arrose d'eau froide, si on ne les frotte avec de la neige
ou de la glace. Quand ces moyens sont insuffisans, il faut
avoir recours au traitement que nous indiquons à l'article
asphyxie.

Les baigneurs doivent avoir l'attention de sortir de leurs
étuves dès qu'ils se sentent oppressés, sans cependant s'exposer
trop brusquement au grand air. (*Man. de santé.*)

ASARET,

Cabaret, ou asarum, ou oreille d'homme, etc.

184. *Usage de cette plante.* On prépare la racine de cette
plante, en la nettoyant de ses fibres, et en la faisant sécher
pendant six mois ou un an.

1° Alors, cette racine bien pulvérisée, et mise dans une tasse
de thé ou de bouillon de veau, depuis douze décigrammes jusqu'à
vingt, a coutume de faire vomir trois ou quatre fois sans violence.

2° Si l'on met de la racine coupée très-menu, depuis quatre
grammes jusqu'à huit, infuser pendant quatre heures dans un
verre de vin blanc, cette dose réussit également comme vomitif.

3° Enfin, si l'on met depuis quatre jusqu'à douze feuilles d'asar et
infuser avec un peu de cannelle concassée, dans un verre d'eau

commune, sur des cendres chaudes et pendant une nuit; qu'on la passe, et qu'on édulcore cette dose avec le miel ou le sirop de violette, et qu'on la prenne le matin à jeûn, on a également un vomitif qui, après avoir évacué, diminue la fréquence des selles et le ténesme. (*Essais de matière méd. indigène.*)

ASPERGES.

185. (*Moyen de conserver les asperges*). Otez la partie dure et blanche de vos asperges, faites-leur prendre un bouillon avec du sel et du beurre, remettez-les dans de l'eau fraîche, retirez-les, laissez-les égoutter, et mettez-les dans un pot avec du sel, quelques clous de girofle entiers, un citron vert coupé par tranches, moitié eau, moitié vinaigre. Recouvrez le tout d'huile, de beurre ou de graisse fondue, et gardez-le ainsi dans un lieu tempéré.

Quand on voudra préparer ces asperges, on les lavera d'abord dans de l'eau chaude.

On peut aussi conserver les asperges en les gardant crues pendant cinq ou six jours, afin qu'elles se fassent; en les étendant ensuite dans un vaisseau, et en les couvrant enfin de saumure et d'huile, ou de beurre fondu. (*Secrets de la nat. pour les alim.*)

186. *Pour mariner les asperges.* On prend les plus grosses possibles, on en retire toute la partie blanche; on lave le reste dans de l'eau de source; on les fait tremper pendant deux heures dans une autre eau; on les met par petites poignées dans une grande casserole pleine d'eau qu'on fait bouillir et où l'on jette une grosse poignée de sel; on les ôte de la casserole avec une écumoire lorsqu'elles y ont pris quelques bouillons; on les fait refroidir sur un linge, et on les place dans des pots de grès qu'on remplit ensuite avec une marinade chaude, composée de vinaigre, de sel, de macis et de poivre noir en grains. On couvre le pot avec un linge plié en quatre; on le laisse une semaine en cet état; on retire la marinade pour la faire bouillir encore, et on la verse sur les asperges; on recouvre le pot; huit jours après on renouvelle cette seconde opération; on referme le vase, et on le recouvre enfin soigneusement avec une feuille de parchemin. (*Appert.*)

187. *Asperges.* (*Manière de les préparer qui, en les rendant plus légères à l'estomac, leur ôte l'odeur qu'elles donnent aux urines.*) Cette manière, fort simple, consiste à passer les asperges suffisamment cuites dans une sauce, faite avec l'huile, le vinaigre, le sel et le poivre, dans laquelle on délaye des jaunes d'œufs pour lui donner de la consistance sans la mettre sur le feu. (*Bibl. ph. écon.*)

ASPHYXIE.

186. *Asphyxie par le froid (Traitement de l'*). L'objet principal du traitement des personnes asphyxiées par le froid est de les réchauffer; mais on ne sait pas assez que cela doit être fait par degrés presque insensibles.

1° On commencera par envelopper le corps dans une bonne couverture, et on le portera dans la maison la plus voisine. On le déshabillera promptement et on le mettra dans un lit sans le bassiner. En même temps on préparera un bain à la température ordinaire des puits. Quand on y aura mis l'asphyxié, on versera, à la distance de deux à trois minutes, une certaine quantité d'eau chaude dans le bain pour lui ôter successivement sa froideur, en sorte que le bain, d'abord simplement dégourdi, devienne tiède, et enfin un peu chaud. Cette augmentation de chaleur doit prendre environ trois quarts d'heure de temps.

2° Pendant que l'individu sera dans le bain, on lui fera, sur le visage, de légères aspersions d'eau froide, après l'avoir légèrement frotté avec un linge sec, ce qu'on réitérera à plusieurs reprises.

3° La barbe d'une plume promenée dans le nez, peut y produire un chatouillement utile, et déterminer la première inspiration. Pour parvenir au même résultat on peut mettre sous le nez un flacon d'alcali volatil fluor, et pousser de l'air avec un tuyau dans les narines.

4° On mettra dans la bouche quelques grains de sel, et on fera avaler à l'asphyxié, le plus tôt qu'on pourra, des cuillerées d'eau froide, avec quelques gouttes d'eau de fleur d'orange. Quand la déglutition sera plus libre, on lui donnera un petit bouillon, ou un verre de vin mêlé avec un peu d'eau. On doit éviter les boissons spiritueuses.

5° Si le malade continuait à avoir de la propension à l'engourdissement, il faudrait lui faire boire un peu de vinaigre dans de l'eau; si l'assoupissement était léthargique, on recourrait aux lavemens irritans, tels que ceux qu'on donne aux noyés. (*Voyez ce mot.*)

6° On ne doit donner des alimens solides aux personnes qu'on a heureusement rappelées à la vie, que lorsqu'elles ont repris un peu de force; il faut les traiter comme si elles sortaient d'une grande maladie : en attendant on leur fait prendre tous les jours deux ou trois verres d'une infusion légère de plantes vulnéraires ou de fleur de sureau, avec quelques gouttes d'alcali volatil. (Ant. Portal.)

187. *Asphyxie par le chaud (Traitement de l'*). La chaleur

peut, comme le froid, causer l'asphyxie, ou réduire l'homme
à l'état de mort apparente. Les habitans de la campagne, exposés aux ardeurs du soleil, surtout pendant le temps de la
moisson; les voyageurs et les courriers y sont sujets; les ouvriers obligés de s'approcher de feux violens, tels que les ver-
riers, les fondeurs de métaux, les boulangers, etc., en sont
quelquefois les victimes.

Ces asphyxiés doivent être promptement transportés dans un
lieu moins chaud, mais pas trop froid : il faut les saigner, et la
saignée à la jugulaire est la plus efficace. Il faut leur faire avaler
de l'eau acidulée avec un peu de vinaigre; leur donner des lavemens de même nature, mais un peu plus chargés de vinaigre.
Des bains de pied dans de l'eau médiocrement chaude sont
utiles. Quelquefois, après ces remèdes, on est obligé de recourir aux sangsues aux tempes.

On soumet le malade pendant plus ou moins de temps, à
l'usage d'une boisson relâchante, comme le petit lait avec des
tamarins, le bouillon aux herbes avec la crème de tartre, la
limonade, etc. Jamais on ne doit leur prescrire les boissons
échauffantes. Au lieu de l'asphyxie, la chaleur peut occasioner
l'apoplexie, et d'autres fois des maux de tête violens, l'amau-
rose, la surdité, l'aphonie, quelquefois l'hydrophobie ou une
extrême difficulté d'avaler les liquides, avec ou sans saignement de nez, la fièvre, etc. Dans tous ces cas, les saignées sont
nécessaires, ainsi que l'usage des autres secours prescrits. Ils
doivent être administrés très-promptement. (A. Portal.)

188. *Asphyxies par le méphitisme* (*Traitement des*). Les
gaz provenant des vins en fermentation, de la combustion du
charbon, des mines, des hôpitaux, des prisons, des lieux habités par un trop grand nombre d'hommes, dans lesquels l'air
ne circule pas librement, ceux des puisards, et surtout ceux des
voiries, des fosses d'aisance, sont si délétères, qu'ils peuvent
tuer l'homme et les animaux presque dans l'instant, ou les laisser dans un état d'asphyxie ou de mort apparente, qui est suivie
plus ou moins vite de la mort réelle, si l'art, ou quelque heureuse circonstance ne l'empêche.

Voici les moyens les plus convenables pour parer à ces
accidens :

1° Il faut promptement sortir les asphyxiés du lieu méphitisé
et les exposer au grand air;

2° Leur ôter les vêtemens, et faire sur le corps des aspersions
d'eau froide;

3° Leur faire avaler, s'il est possible, de l'eau légèrement
acidulée;

4° Leur donner des lavemens avec deux tiers d'eau froide et

un tiers de vinaigre : on pourrait, après leur usage, en prescrire avec une forte dissolution de sel marin dans l'eau commune, ou d'autres lavemens irritans, ainsi que le séné et le sel d'epsom ;

5° On tâchera d'irriter la membrane pituitaire avec la barbe d'une plume qu'on remuera doucement dans les narines de l'asphyxié, ou avec un flacon d'alcali fluor, d'eau de Luce, ou d'eau de reine de Hongrie, mis sous le nez ;

6° On poussera de l'air dans les poumons, en soufflant pendant quelque temps dans l'une des narines avec un tuyau, et en comprimant l'autre avec les doigts pour empêcher l'air d'en sortir ;

7° Si ces secours n'opéraient pas promptement un heureux effet et qu'il y eût des signes de pléthore, il faudrait recourir à la saignée. Ces signes sont : la chaleur du corps, la rougeur des yeux, du visage, et quelquefois du reste de la peau, le saignement du nez, et encore plus le pouls fort et dur s'il est rétabli. La saignée du bras, du pied et même celle de la jugulaire, ont été alors très-efficaces ; quelquefois la saignée est nécessaire après la cessation de l'asphyxie, pour en prévenir quelques funestes suites.

Ces différens secours doivent être administrés avec la plus grande célérité : le temps presse ; et plus on tarde à y recourir, plus on doit craindre qu'ils ne soient infructueux ; et comme la mort peut n'être qu'apparente pendant long-temps, il ne faut en abandonner l'usage que lorsqu'elle est bien confirmée.

Lorsque les asphyxiés sont dans un lieu tellement méphitisé, qu'il y a du danger à s'y introduire pour les secourir, il faut promptement s'occuper à en purifier l'air par des projections d'eau pure, et mieux encore, s'il est possible, d'eau dans laquelle on aurait fait dissoudre de la chaux vive. (A. Portal.)

189. *Asphyxies par la foudre.* On peut rappeler à la vie les personnes ou les animaux qui ont été asphyxiés par la foudre en mettant d'abord dans leurs narines des mèches de papier imbibées d'alcali volatil fluor, et en leur en faisant avaler une vingtaine de gouttes, dans deux ou trois cuillerées d'eau froide. Si l'on aperçoit quelques signes de vie après cette première opération, on doit leur donner une seconde dose d'alcali, et reporter de nouvelles mèches dans les narines. (M. Sage.)

ASSOMMOIR.

190. *Assommoir* (*Chasse à l'*). Les assommoirs sont des piéges dans lesquels on prend les belettes, les putois, les fouines, etc. Pour les faire, on fiche en terre ferme deux piquets fourchus ; on a deux bâtons de traverse, dont un est passé sur

les fourches des piquets; du milieu du premier bâton de traverse pend une petite corde, au bout de laquelle on attache un
petit morceau de bois aplati par le bas; entre le haut de ce
petit morceau de bois et la corde, on place le second bâton de
traverse, que l'on appuie contre les piquets; l'autre bout du
morceau de bois sert à faire le jeu et la détente, en le mettant
dans une petite coche qu'on a faite au bout de la latte ou bâton,
et cette latte est arrêtée contre terre à un pieu par un crochet,
ou par un bout de corde; les deux bâtons posent d'un bout à
terre, et de l'autre entre les piquets, sur le bâton de traverse
inférieur qui est soutenu par la corde qui est tendue. On charge
les deux grands bâtons, par le bout, d'une grosse pierre pour
écraser l'animal, qui, en passant par-dessous fait détendre la
latte, pourvu qu'on ait eu la précaution d'entourer le tout de
branchanges pour ne laisser de passage à l'animal que par-
dessous la pierre, où on aura laissé un endroit vide, pour qu'il
traverse le piége : il n'y a pas de mal de mettre de l'appât sur
la latte pour attirer les animaux. Au lieu de deux grands bâtons, on peut mettre une planche qui écrasera de même la
belette, ou le putois, si elle tombe dessus.

On tend ces machines, ainsi que les piéges, sur les bords et
dans les creux de fossés, sur les paillers, à l'entrée des retraites,
et en général dans tous les endroits que fréquentent ces animaux. (*Encyclop. méth.*)

ASTHME.

191. *Asthme* (*Remèdes contre l'*). L'aspiration du gaz oxigène,
aidée de quelques remèdes toniques, guérit parfaitement de
l'asthme les personnes qui en sont attaquées. (Doct. Thornton.)

192. Deux verres d'infusion de *paréira brava*, ou *vigne
sauvage*, ont parfaitement guéri de cette cruelle maladie des
vieillards que la pituite suffoquait. (Geoffroy.)

La manière de s'en servir est d'en faire bouillir une once,
battue et affilée, avec un gros de sel ammoniac dans un
litre d'eau; lorsqu'elle a fait cinq à six bouillons, on la retire
du feu, et on la laisse infuser jusqu'à ce qu'elle soit froide; on
passe la liqueur, et le malade en boit ensuite un verre de quatre
heures en quatre heures. (*Helvétius.*)

193. Les pastilles de soufre, dont nous donnons plus bas la
composition, sont aussi recommandées contre l'asthme. On en
prend quatre ou cinq par jour.

194. *Asthme* (*Sirop contre l'*). On prend deux poignées de
lierre terrestre qu'on a laissé sécher à l'ombre, et une bonne
poignée de bon capillaire. On les met dans un litre et demi d'eau

de rivière, et on les fait bouillir jusqu'à la réduction du tiers de l'eau; on passe cette décoction; on y met deux onces de sucre fin, et on fait bouillir le tout pendant un demi-quart d'heure. Quand ce sirop est refroidi, on le verse dans une bouteille qu'on bouche bien.

On en prend contre l'asthme, trois ou quatre cuillerées le soir en se couchant. Cette potion fait dormir et facilite l'expectoration du lendemain.

AUBERGINES.

195. *Aubergines* (*Conservation des*). Pour conserver les aubergines pour l'hiver, on les cueille avant leur entière maturité, on les pèle, on les coupe, on leur fait jeter un bouillon, on les fait sécher à l'ombre, après quoi on les place dans un lieu où il n'y ait point d'humidité. (*Dict. d'agric.*)

AVELINES.

196. *Avelines* (*Conserve d'*). Prenez un demi-quarteron d'avelines que vous échaudez pour en enlever la peau, et que vous coupez ensuite en travers, le plus mince que vous le pouvez, pour les jeter ainsi dans une livre de sucre que vous avez fait cuire à la grande plume, et que vous avez laissé à moitié refroidir. Vous remuez bien le mélange avec une spatule, vous dressez la conserve dans des moules de papier, et vous la coupez par petits morceaux lorsqu'elle est à peu près refroidie.

On fait de la même manière des conserves de pistaches, d'amandes, etc. (*Le Maître d'hôt. conf.*)

AVOINE.

197. Les habitans de la Suisse septentrionale font, avec la farine d'avoine rôtie, une bouillie très-nourrissante.

On fait des crèmes avec la farine d'avoine qui flattent agréablement le goût, et sont d'une facile digestion. (*Man. de santé.*)

BADIANE DE LORRAINE.

198. *Manière de préparer cette liqueur.* Prenez douze onces de badiane ou anis étoilé; semences d'ambrette et anis vert, une once; coriandre, quatre onces. Concassez bien le tout dans un mortier, jetez-le dans une cruche; arrosez le mélange

avec dix litres d'eau-de-vie, et joignez-y six livres de sucre. Faites digérer pendant cinq jours dans du fumier chaud, et filtrez. Cette liqueur peut s'allonger au moment même de l'usage avec de la bonne eau-de-vie pure. (Sonnini père, liquor.)

BAGUENAUDIER.

199. *Usage des feuilles du baguenaudier.* Les feuilles sèches du baguenaudier fumées en guise de tabac, purgent le cerveau, et aiguisent singulièrement les sens. Cette fumigation fait très-bien évacuer les humeurs épaisses, et facilite aussi l'exercice de toutes les fonctions animales. (*Méd. domest. de* Buchan.)

BAINS.

200. *Précautions relatives aux bains chauds.* 1° Il ne faut jamais prendre des bains immédiatement après les repas.

2° Il ne faut pas les prendre à un degré de chaleur très-élevé. Le bain trop chaud détermine des sueurs abondantes, surtout au front; fait éprouver des agitations, du malaise, des vertiges; il fait monter le sang vers le cerveau; la face se colore, les yeux deviennent étincelans; en sorte qu'il occasione quelquefois l'apoplexie et la mort.

3° Le bain chaud pourrait être dangereux dans les hémorrhagies nasales, ainsi que l'a observé Hippocrate. (*Manuel de santé.*)

C'est encore un des aphorismes du père de la médecine, que le bain chaud fortifie toutes les fois que la chaleur du corps est supérieure à celle de l'eau.

201. *Bains froids.* Les bains froids se recommandent d'eux-mêmes dans les temps chauds. Leur usage fréquent dissipe les rhumatismes, accélère, comme tonique et fortifiant, le mouvement du sang et des humeurs, favorise les sécrétions, rend plus libre la transpiration insensible, et prévient les engorgemens et les obstructions du système lymphatique et glanduleux.

La meilleure heure de les prendre est le matin à jeun ou immédiatement avant le dîner; et la meilleure manière, de s'y plonger la tête la première, pour éviter que le sang et les humeurs ne se portent à la tête et n'occasionent des accidens fâcheux. Dans la saison froide, la simple immersion répond à toutes les indications : trop prolongée, on perd tous les avantages qu'on devait en attendre. (*Méd. domest. de* Buchan.)

Les bains froids conviennent mieux aux habitans du nord qu'à ceux des pays chauds; et les bains tièdes sont plus utiles à ces derniers qu'aux autres. (Galien.)

Les bains froids exigent des précautions. Il ne faut jamais y entrer lorsqu'on est trop échauffé et suant, ni immédiatement après les repas. Il faut aussi s'en abstenir dans les éruptions, comme la gale, les dartres, les taches à la peau, etc. Les filles et les femmes doivent surtout les éviter dans les momens qui précèdent la première éruption des règles, et dans leurs retours périodiques. (*Manuel de santé.*)

Les bains froids ne valent rien pour les enfans. (Marcard et Tourtelle, d'après Galien.)

202. *Observation sur les bains de pieds.* Il y a deux choses essentielles à observer dans la manière de prendre des bains de pieds : il faut que l'eau ne soit pas trop chaude, et ne pas y rester trop long-temps. Dans l'un ou dans l'autre cas, le bain échauffe et irrite, au lieu de calmer. L'eau ayant bouilli avec deux poignées de sel, on y met les pieds lorsqu'elle a le degré de chaleur du lait qu'on vient de traire, on s'y enfonce jusqu'à mi-jambe, on reste un quart d'heure, on se frotte avec une étoffe de laine, en évitant de se refroidir ; ou, ce qui vaut mieux, on se met au lit. (*Mag. méd. domest.*)

Il faut s'abstenir des bains de pieds, lorsque le flux menstruel est éminent ou qu'il a commencé, parce qu'ils pourraient contribuer à arrêter cette évacuation ; mais si on emploie ce remède quelques jours avant le période, alors il contribue merveilleusement à le faciliter, surtout si l'on fait en même temps usage d'emménagogues tempérés.

Il faut s'interdire absolument les bains de pieds astringens, alumineux, sulfureux, que quelques charlatans prescrivent pour tarir la sueur incommode de ces parties, pour dissiper les enflures œdémateuses, ou dessécher les ulcères, parce que ce remède repousserait avec danger la matière virulente vers les parties internes, nobles et délicates. (*Manuel de santé.*)

203. *Bains de pieds adoucissans.* Faites bouillir dans une quantité suffisante d'eau claire une livre de son, quelques racines de guimauve, deux ou trois poignées de feuille de mauve, une ou deux poignées de pariétaire et autant de blanc-ursine. Prenez ce bain avec les précautions voulues. (*Manuel cosmet. des plantes.*)

204. *Bains aromatiques.* On fait bouillir dans une suffisante quantité d'eau de rivière une ou plusieurs des plantes suivantes : laurier, thym, romarin, serpolet, marjolaine, origan, lavande, aurone, absinthe, sauge, pouliat, basilic, baume, menthe sauvage, girofle, mélisse, anis, fenouil, etc. Quand on juge que la décoction est suffisamment chargée, on passe les plantes et on ajoute au liquide un peu d'eau-de-vie simple ou camphrée. Ce bain est excellent pour fortifier les membres, dissiper les

douleurs qui viennent d'une froideur, et augmenter la transpiration. (*Toilette de Flore.*)

205. *Bains de beauté.* Prenez deux livres d'orge mondé, une livre de riz, trois livres de lupin pulvérisé, huit livres de son, et dix poignées de bourrache et de violier; faites bouillir le tout dans une suffisante quantité d'eau de rivière, et passez la liqueur par un tamis. Ce bain est parfait pour nettoyer et adoucir la peau. (*Parf. imp.*)

206. *Bains de vapeurs.* Si c'est un bain partiel que l'on veut prendre, on a un vase de la forme la plus convenable pour l'appliquer à la partie malade. Ce vase contient la substance dont on veut recevoir la vapeur; c'est ainsi qu'on prend des demi-bains de vapeurs émollientes sur une chaise percée. On s'entoure de linges pour ne pas laisser dissiper la vapeur par quelque ouverture. Si ce sont des bains entiers, il faut avoir une baignoire couverte qui ne laisse passer que la tête. Cela est surtout nécessaire dans les bains dont la vapeur est nuisible.

207. *Bains sulfureux.* Prenez : sulfure de potasse (*foie de soufre*) seize grammes; eau deux cent cinquante-six grammes; acide muriatique (*esprit de sel marin*) quatre grammes. Mêlez et versez dans le bain. Il faudra couvrir la baignoire et ne tenir que la tête dehors. (J. J. Virey, *Traité de pharmacie.*)

BALANCES.

208. *Manière de bien peser avec des balances inexactes.* On met dans l'un des deux bassins le corps qu'on se propose de peser, et l'on charge l'autre avec du sable jusqu'à ce que l'équilibre soit parfaitement établi. On décharge alors le premier bassin, et on remplace le corps donné par autant de poids qu'il en faut pour balancer le sable du second bassin. Ces poids indiqueront la pesanteur précise du corps, puisqu'ils ont comme lui et dans le même bassin tenu le sable en équilibre. L'inexactitude des balances ayant été la même pour les deux pesées n'a pu influer en aucune manière sur le résultat définitif.

BARBADES.

209. *Eau des Barbades.* Prenez tiges d'angélique, demi-livre; quand elles sont vertes, il n'en faut que la moitié; coriandre, quatre onces; cannelle brisée, deux onces. Faites infuser le tout à froid, pendant huit jours, dans six litres d'eau-de-vie, et quatre litres de vin muscat ou de liqueur; joignez-y alors trois livres de sucre candi, et filtrez. (Sonnini, père, *liquor.*)

210. *Autre.* Faites infuser pendant quinze jours les zestes de

six gros cédrats et deux onces de cannelle, dans neuf litres d'eau-de-vie ou d'esprit de vin tempéré par l'eau. Après l'infusion, distillez au bain marie au filet moyen ; retirez-en six litres ; démontez tout-à-fait votre alambic, jetez comme inutile tout ce qui reste dans la cucurbite ; rincez-la promptement ; versez-y les six litres d'esprit que vous avez obtenus, ajoutez les zestes de quatre autres cédrats et une once de cannelle ; adaptez le réfrigérant, distillez au bain-marie au petit filet ; et quand vous en aurez retiré quatre litres, versez-les dans la cucurbite, et distillez encore pour avoir quatre ou cinq litres au plus de cet esprit. Alors râpez en poudre fine sept livres du plus beau sucre, faites-le dissoudre dans deux litres d'eau chaude, mêlez le sirop et l'esprit ; et filtrez le mélange que vous mettrez en bouteilles, où elle acquerra un parfum très-agréable en même temps qu'elle y prendra en vieillissant un peu de la force qui la caractérise. (Bouillon-Lagrange.)

On fait de la même manière de l'eau des Barbades, à la bergamotte, au macis, à l'orange, à la limette, au citron, etc.

211. *Barbades* (*Crème des*). La crème des Barbades est un peu moins violente que l'eau qui porte le même nom. Pour la faire, mettez pendant quinze jours en infusion dans neuf litres d'eau-de-vie ou d'esprit-de-vin tempéré par l'eau, les zestes de trois cédrats, de trois oranges, deux gros de macis, quatre gros de cannelle et six clous de gérofle, que vous distillerez ensuite au bain-marie et au fort filet pour en retirer six litres d'esprit que vous reverserez dans la cucurbite. A la seconde distillation vous ne tirerez que cinq litres de liqueur, que vous obtiendrez au très-petit filet ; et vous les mettrez dans un sirop composé de huit livres de bon sucre et quatres litres d'eau. (Bouillon-Lagrange.)

Cette liqueur, ainsi que toutes celles qu'on distille, peut être préparée par la simple infusion. Alors le quart des ingrédiens suffit pour cette opération, qui en devient plus économique. (*Art du distill, liquor.*)

BAROMÈTRE.

212. *Connaissance du temps d'après le baromètre.* Le mercure qui monte et descend beaucoup annonce un changement de temps ; la descente n'annonce pas toujours de la pluie, mais du vent. Le mercure descend plus ou moins suivant la nature des vents ; il baisse moins lorsque le vent est nord, nord-est et est, que pendant tout autre vent ; lorsqu'il y a deux vents en même temps, l'un près de terre et l'autre dans la région supérieure de l'atmosphère, si le vent le plus haut est nord, et que le vent bas soit sud, il survient quelquefois de la pluie, quoi-

que le baromètre soit alors fort haut; si au contraire c'est le vent de sud qui est élevé et le vent du nord le plus bas, il ne pleuvra pas quoique le baromètre soit très-bas. Pour peu que le mercure monte et continue à s'élever après ou pendant une pluie abondante, il y aura du beau temps. S'il descend beaucoup, mais avec lenteur, il indique continuation de temps mauvais et inconstant. Quand il monte beaucoup et lentement, il présage la continuation de beau temps. S'il monte beaucoup et avec promptitude, il annonce que le beau temps sera de courte durée; et s'il descend beaucoup et promptement, c'est une indication pareille pour le mauvais temps. Quand le mercure reste un peu de temps au variable, le ciel n'est ni serein ni pluvieux, il ne fait ni beau, ni mauvais; mais alors pour peu que le mercure descende, il annonce de la pluie ou du vent; si au contraire il monte, ne fût-ce que peu, on a lieu d'espérer du beau temps. Dans un temps très-chaud, la descente du mercure prédit le tonnerre, quand elle est considérable; et si elle est très-petite il y a du beau temps à espérer. Quand il monte en hiver, cela annonce de la gelée. Descend-il sensiblement, il y aura un dégel; monte-t-il encore lors de la gelée, il neigera. (*Dict. d'agr.*)

213. *Baromètre vivant.* On a observé qu'une sangsue mise dans un bocal assez grand pour contenir huit onces d'eau, rempli aux trois quarts, recouvert d'une toile fine et placé sur une fenêtre, restait sans mouvement au fond du vase roulée en spirale, lorsque le temps continuait à être serein et beau; qu'elle remontait à la surface et y restait jusqu'à ce que le temps se remît, lorsqu'il devait pleuvoir avant ou après midi; qu'elle parcourait l'eau avec une vitesse surprenante et paraissait inquiète lorsqu'il devait y avoir du vent, et ne cessait de se mouvoir que lorsque le vent commençait à souffler. A l'approche des tempêtes, du tonnerre, de la pluie, la sangsue restait presque continuellement hors de l'eau pendant plusieurs jours; elle se trouvait mal à son aise, et était dans des agitations convulsives. Pendant la gelée, ainsi que par les beaux jours d'été, elle restait au fond du bocal; à l'approche de la neige ou de la pluie, elle fixait son habitation à l'embouchure même du bocal.

L'observateur avait soin de renouveler l'eau du bocal tous les jours en été, et tous les quinze jours en hiver. (*Encycl. méth.*)

Pour plus grande exactitude on ferait bien de mettre deux sangsues dans le même bocal.

Quelques personnes, au lieu de sangsue, mettent une reinette dans un bocal qu'elles bouchent, et où elles placent une petite échelle qui sert à la grenouille pour monter hors de l'eau lorsqu'il fait beau temps.

Les cris souvent répétés du paon sont, selon Théophraste, un présage de pluie.

BASSE-COUR (*Maladies des oiseaux de*).

214. *La pépie.* Lorsque les poules ou les autres oiseaux de basse-cour sont attaqués de la pépie, on prend le malade entre ses jambes et on lui ouvre le bec ; on gratte légèrement la pellicule avec une aiguille, on l'arrache et on la sépare de la langue que l'on humecte ensuite d'une goutte de vinaigre, d'un peu de salive ou de lait bien butireux ; et on laisse l'oiseau sans lui donner à boire pendant un quart d'heure.

215. *Tumeur sur le croupion.* Le plumage hérissé et la constipation sont les symptômes les plus caractéristiques de cette maladie que l'on guérit de la manière suivante. On ouvre la tumeur, lorsqu'elle est mûre, avec un couteau bien tranchant, on serre latéralement la plaie avec les doigts, et l'on en fait sortir toute la matière. On lave ensuite avec du vinaigre bien chaud ou de l'eau-de-vie tempérée d'autant d'eau tiède. Le régime rafraîchissant est ensuite prescrit. Il se compose de verdure, de son, d'orge et de seigle bouilli dans de l'eau.

216. *Cours de ventre.* On l'arrête en donnant quelques jours à la volaille des cosses de pois que l'on a fait tremper dans de l'eau bouillante. Si la diarrhée résiste, il faut ajouter à ce régime un peu de racine de tormentille réduite en poudre. Une pincée de raclure de corne de cerf impalpable, infusée dans de bon vin rouge, est un remède aussi infaillible et plus prompt : on en donne sept à huit gouttes le matin et autant le soir. On doit éviter d'en faire usage si le cours de ventre est occasioné par une indigestion, ce que l'on voit aisément s'il se prolonge au delà de trois jours.

217. *Constipation.* On la guérit en donnant plusieurs jours de suite à la volaille du pain trempé dans du bouillon de tripe ; et si le mal ne cède pas, il faut alors recourir à l'écume du pot, à laquelle on ajoute un peu de farine de seigle et de laitue bien menue, qu'on fait bouillir ensemble. Si le mal résiste encore, on délayera deux onces de manne dans la nourriture que nous venons de prescrire, et l'on y mettra tremper du pain.

218. *Inflammation des yeux.* Il faut faire porter à la volaille pour dissiper ce mal, un collier fait avec de l'alun et de l'eau de plantain. Le mélange suivant est aussi très-efficace. Prenez par quantité égale de l'herbe qu'on appelle *éclair de lierre terrestre,*

et d'*anchuse*, exprimez-en bien le suc; lorsque vous en aurez un demi-litre, ajoutez-y quatre cuillerées de vin blanc et vous en frotterez soir et matin les yeux malades.

L'inflammation des yeux disparaît aussi en les bassinant avec de l'eau de pourpier, du vin éventé, ou avec du lait de femme, des blancs d'œufs qu'on agite et fouette avec un morceau d'alun. On a soin en même temps de détourner la cause morbifique en lui tenant le ventre libre par un régime de son, de seigle, de poirée hachée menu, et en aiguisant son appétit avec du millet qu'on lui donne de temps en temps. On jette aussi dans sa boisson un peu de poivre pilé.

2 19. *Fluxion catarrheuse.* Il faut employer l'eau-de-vie mêlée avec égale quantité d'eau, et frotter matin et soir les yeux de l'oiseau, à qui l'on donne en même temps des graines échauffantes, telles que celles de *spargules*, des criblures de froment, et tous les matins du son bouilli dans des lavures de vaisselle. Si la fluxion résiste, on emploie avec le collier qu'on vient d'indiquer, un spécifique composé d'un peu de mercure, et d'une pincée de rhubarbe de moine qu'on pétrit ensemble avec une suffisante quantité de farine de seigle; faites-y tomber sept à huit gouttes de sirop de fleurs de pêcher, et composez-en des pilules de la grosseur d'un pois, que vous leur donnerez à raison de deux, soir et matin.

220. *Poux.* On les détruit, en lavant deux ou trois fois l'oiseau qui en est attaqué, dans un mélange d'une livre d'ellébore blanc, dans quatre litres d'eau que l'on fait bouillir jusqu'à réduction d'un litre et demi, que l'on passe dans un linge, et où l'on ajoute une once de poivre et une demi-once de tabac grillé.

221. *Tumeurs ulcéreuses.* Ces tumeurs se résolvent par l'emploi d'un onguent composé d'une égale quantité de résine, de beurre, de goudron, fondus ensemble; on en frotte la partie affectée après l'avoir délayé dans du lait chaud coupé avec autant d'eau. Il est rare que deux ou trois pansemens ne suffisent pas.

222. *Catarrhe.* Les symptômes de ce mal chez les oiseaux de basse-cour, sont un reniflement fréquent, un manque d'appétit et un raclement qui leur cause un mouvement convulsif accompagné d'expectoration. On les guérit en leur traversant les naseaux avec une petite plume, afin de faciliter l'écoulement des humeurs. Si le catarrhe se jette sur les yeux ou à côté du bec, et s'il s'y forme une tumeur, il faut l'ouvrir, faire sortir la matière, bien déterger la place avec du vin chaud et la saupoudrer avec un peu de sel.

223. *Taie.* Son traitement est le même que celui de l'inflammation, on jette seulement dans l'œil, du sucre candi, de l'urine,

ou de l'alun; ou bien encore, on le frotte avec du sel ammoniac et du miel mêlés ensemble par parties égales. Dans tous les cas, l'enlèvement de la taie avec une aiguille est le moyen le plus sûr. Après l'opération il faut humecter l'œil avec du lait de femme, faire avaler à l'oiseau quelques boulettes composées de poivre haché, de son de seigle et de millet; et ne l'exposer que peu à peu au grand jour et cela après trois jours.

224. *Hydropisie* et *phthisie.* Ces maladies ne sont durables que lorsque leur siége est dans le gosier ou dans les intestins. Il suffit alors de donner pour toute nourriture aux volailles, de l'orge bouillie mêlée avec de la poirée, et pour boisson du suc de cette même plante avec un quart d'eau commune.

225. *Gale.* Le symptôme de la gale est la chute des plumes hors le temps de la mue. On la guérit en faisant manger des feuilles de laitue, de bette et de choux hachées menu et mêlées avec du son trempé dans un peu d'eau. Il faut aussi avec la bouche souffler du vin chaud sur la partie affectée, et faire sécher aussitôt l'animal au soleil ou au feu. On continue ces soins jusqu'à parfaite guérison.

226. *Goutte.* La goutte se guérit en frottant les jambes des volailles avec de la graisse de poule, ou à son défaut avec du beurre frais.

227. *Malcaduc.* Le remède le plus efficace dans cette affection est de rogner les ongles de la volaille et de les arroser de vin. Il faut alors la nourrir d'orge bouillie pendant sept à huit jours, la purger avec des feuilles de bette et de choux, lui donner trois jours du froment tout pur, et éviter surtout qu'elle mange du chenevis ou du seigle fraîchement cueillis.

228. *Mue.* Pour les garantir du péril de la mue, il faut les faire jucher de bonne heure, et ne pas les laisser sortir trop matin à cause du froid, les nourrir de millet ou de chenevis, faire fondre un peu de sucre dans leur eau, et arroser leurs plumes avec du vin ou de l'eau tiédie dans la bouche, que l'on souffle dessus.

229. *Enflure du jabot* et *mélancolie.* Pour faire disparaître cette indisposition, il faut piler de la graine de melon, et la mêler avec un peu de millet, ou bien hacher menu des feuilles de bette ou de laitue dont on formera une pâte avec du son détrempé dans de l'eau où l'on aura fait fondre un morceau du sucre. On les nourrit ainsi de deux jours l'un pendant une semaine et même plus long-temps si l'on le juge nécessaire. On doit alors priver les oiseaux d'avoine et de chenevis.

230. *Fractures.* On laisse agir la nature, et on ôte à l'oiseau tout bâton où il pourrait se percher.

231. *Embonpoint.* Lorsqu'un oiseau destiné à la ponte est de-

venu trop gros, on l'amaigrit en mettant de la craie dans son eau, et en mêlant de la poudre de brique détrempée dans la nourriture qu'on lui donne. Si ce régime causait un cours de ventre, on le nourrirait alors de blancs d'œufs durs et rôtis, mélangés et pilés avec le double de raisins secs bouillis. (Buch'oz, *Traité des oiseaux de basse-cour.*)

BAUMES.

232. *Baume acoustique.* Prenez huile de rhue par macération, seize grammes; baume tranquille, huit grammes; baume de soufre térébenthiné, teinture d'assa-fœtida, d'ambre gris et de castoréum, enfin huile de succin rectifié, dix gouttes de chaque, et mêlez bien le tout.

L'on introduit ce baume sur du coton, dans le méat auditif de l'oreille, contre la surdité. (J.-J. Virey, *Traité de pharmacie.*)

233. *Baume anodin de Bates.* Ce baume, comme son épithète le porte, s'emploie pour apaiser les douleurs : il est singulièrement utile dans les constrictions, les rhumatismes, etc., lorsqu'ils ne sont point accompagnés d'inflammation. La manière de s'en servir est de frotter la partie affectée avec la main chauffée, ou d'y appliquer une compresse trempée dans ce baume, et de la renouveler toutes les trois heures jusqu'à ce que les douleurs soient disparues.

Il se compose de trois décagrammes de savon blanc d'Espagne, de huit grammes d'opium cru, et de trois hectogrammes d'esprit-de-vin rectifié. On mêle le tout ensemble; on le laisse digérer sur un feu doux pendant trois jours; on passe la liqueur, et on y ajoute douze grammes de camphre. (*Méd. dom.* de Buchan.)

234. *Baume du Commandeur.* Prenez une demi-once d'encens mâle; baume dur en coco une once; storax calamita deux onces; benjoin trois onces; myrrhe demi-once; musc et ambre gris de chacun six grains; aloès succotrin, angélique de Bohême, de chacun demi-once; fleurs de mille-pertuis une once.

L'on met infuser le mille-pertuis pendant vingt-quatre heures dans trente-six onces d'esprit-de-vin rectifié; après l'avoir ôté et exprimé, on le coule dans une bouteille avec toutes les drogues indiquées plus haut, qu'on a eu soin de bien pulvériser; on ferme hermétiquement la bouteille avec un bouchon ciré et un morceau de parchemin lié autour du goulot; enfin on l'expose pendant dix jours sur les cendres chaudes pour opérer la dissolution parfaite des drogues, dont l'esprit-de-vin doit être chargé.

Quand on veut se servir du baume extérieurement, on en imbibe un morceau de coton qu'on exprime sur la plaie ; il suffit ensuite d'entourer la partie malade avec une bande de linge blanc.

Pour les traitemens intérieurs, on verse quatre ou cinq gouttes de baume dans un verre de vin clairet ou de bouillon ; on le remue pour bien opérer le mélange et on avale de suite.

235. *Baume de Fourcroy.* Prenez : huile d'olive, deux kilogrammes ; faites cuire avec : racines d'angélique en poudre, de scorsonère, de mille-pertuis et baies de genièvre, de chaque soixante-quatre grammes.

Après une macération de douze heures, chauffez et ajoutez : thériaque, safran, extrait de genièvre, de chaque huit grammes, et aloès quatre grammes.

Faites cuire ensemble ; passez à travers un linge, et chauffez de nouveau en ajoutant et faisant cuire trois cent vingt grammes de térébenthine.

Ensuite, à la fin, on incorpore à chaud : oliban en poudre, storax calamite pulvérisé et benjoin également pulvérisé, de chaque six grammes.

La composition refroidie, et déposée pendant trois jours, sera passée au travers d'un linge. On la garde en un vase bien clos.

Si l'on n'a pas soin de bien agiter le mélange sur le feu, on risque de le brûler.

On applique cette composition sur les engelures, crevasses du sein et des mains, sur les engorgemens, entorses, rhumatismes, ulcères, etc.

236. *Baume de genièvre.* Prenez d'huile fine d'olive, un kilogramme ; de cire jaune neuve en petits morceaux, d'eau de rose, de chaque deux hectogrammes et demi ; un litre et demi de bon vin rouge, et six décagrammes de santal rouge en poudre. Mettez le tout dans une terrine vernissée, de la capacité de six litres d'eau ; laissez bouillir et remuez pendant une demi-heure ; ce temps expiré, ajoutez-y un demi-kilogramme de térébenthine de Venise fine ; incorporez bien le tout avec la spatule pendant une ou deux minutes ; retirez le vaisseau du feu, et quand le baume sera refroidi, jetez-y huit grammes de camphre en poudre que vous mêlerez bien encore. Coulez ensuite à travers un linge, dans un autre vaisseau ; laissez reposer jusqu'au lendemain ; et lorsqu'il sera figé, faites de profondes incisions dans le baume, pour en retirer le liquide qui se sera déposé dans le fond. Mettez enfin dans un pot de faïence pour le conserver.

On se sert de ce baume dans la gangrène, les ulcères, les

meurtrissures et les blessures, etc. On en frotte les parties lésées, sans avoir égard même à ce qui est cadavéreux ; on les couvre avec du linge ou du papier brouillard sur lequel on l'a étendu ; on panse le malade deux fois par jour, et l'on continue ainsi jusqu'à ce qu'il soit parfaitement guéri. On se sert également de ce baume dans les blessures qui ne pénètrent pas, contre les rhumatismes, les douleurs internes ou externes, les pleurésies, les coliques, les fièvres malignes, les morsures des animaux venimeux, les maux de tête, en l'étendant chaud sur la partie malade, et en en faisant prendre huit grammes par la bouche.

Dans les blessures qui pénètrent dans les cavités, on doit en sèringuer un peu dans la plaie, en oindre les parties voisines, et en en faisant avaler quelques grammes. Pris intérieurement pendant quelques jours dans un bouillon, il purge la vessie, guérit la gravelle, arrête les vomissemens, fortifie l'estomac, etc. etc. (*Méd. dom.* de Buchan.)

237. *Baume de Lucatelli.* Prenez un demi-litre d'huile d'olive, un demi-kilogramme de térébenthine, autant de cire jaune, et vingt-quatre de bois de santal rouge. Mêlez la cire avec une petite quantité d'huile, sur un feu doux ; quand le tout sera fondu, ajoutez-y le reste de l'huile et la térébenthine ; ensuite mêlez-y le bois de santal, réduit en poudre ; retirez du feu, en remuant et continuant de remuer jusqu'à ce que le mélange soit froid.

Ce baume est recommandé dans les érosions des intestins, la dyssenterie, les hémorragies, les contusions internes, et dans quelques affections et douleurs de poitrine : on l'emploie encore pour consolider et déterger les plaies et les ulcères. La dose est depuis deux scrupules jusqu'à deux gros. (*Méd. dom. de Buchan.*)

238. *Baume de la Mecque.* Pour éprouver la bonté du baume de la Mecque, qui est très-sujet à être falsifié ou frelaté, on en met une goutte sur un centime qu'on a fait rougir au feu, et l'on le voit s'évaporer et percer la pièce de cuivre en laissant un trou où pourrait passer un pois.

239. *Baume nerval.* Prenez : huile de *palme-avoira* et de muscade, de chaque cent vingt-huit grammes ; moelle de cerf et de bœuf, de chaque cent vingt-huit grammes ; graisse d'ours, de blaireau et de vipère, de chaque trente-deux grammes ; huiles volatiles de lavande, de menthe, de romarin, de sauge, de thym et de girofle, de chaque quatre grammes ; camphre huit grammes ; baume du Pérou en coques trente-deux grammes.

On peut remplacer la moelle de cerf, les graisses d'ours et

de blaireau par la moelle de bœuf et l'axonge de porc; celle
de vipères par celle de tortues.

On fait liquéfier ces corps gras, et on les passe; on ajoute
les huiles de palme et de muscade. Le baume du Pérou se dissout dans suffisante quantité d'alcohol; le camphre se combine
aux huiles volatiles. On mêle ces huiles à la solution du baume
du Pérou, et l'on incorpore ce mélange avec les graisses et
huiles fixes refroidies. Ce baume se conserve dans un vase bien
clos; il s'emploie en friction contre les foulures, les paralysies,
les atrophies de membres, pour ranimer la contractilité musculaire; on l'emploie aussi contre les rhumatismes; on en frotte
les tempes dans l'apoplexie, la léthargie, etc.

240. *Autre plus simple et aussi efficace.* Prenez : moelle de
bœuf préparée et huile concrète de muscade, de chaque 128
grammes; huiles volatiles de romarin 8 grammes, de girofle
4 grammes; camphre 4 grammes; baume du Pérou, sec,
8 grammes; alcohol rectifié à 36 degrés, 16 grammes.

Faites fondre la moelle et l'huile concrète, que vous verserez
dans un flacon à large ouverture; ajoutez alors les huiles volatiles, le camphre en poudre, et le baume dissous dans l'alcohol;
mettez le tout liquéfier au bain-marie, dans le flacon bien
bouché, et mêlez exactement. (J.-J. Virey, *Traité de pharm.*)

241. *Baume odontalgique.* Prenez : huile empyreumatique
de bois de gaïac, 8 grammes; huile volatile de girofle, 4 grammes; huile concrète de muscade, 24 grammes; opium et camphre, de chaque 2 grammes, 6 décigrammes.

Faites liquéfier à une douce chaleur l'huile de muscade; ajoutez
les huiles de gaïac et de girofle. Vous aurez auparavant dissous
l'opium et le camphre dans un peu d'alcohol, et vous les mêlerez
aux huiles dans un flacon bien fermé.

On applique ce baume sur les dents cariées et douloureuses.
(*Idem.*)

242. *Baume de pareira-brava.* Prenez : huile d'olives, 250
grammes; vin d'Espagne, 500 grammes; faites évaporer le vin
jusqu'à consomption, dans un matras au bain de sable; ajoutez :
baume de Copahu, 80 grammes; baume de soufre térébenthiné,
64 grammes; styrax liquide pur, 32 grammes; baume du Pérou
liquide, 16 grammes; muriate d'ammoniaque en poudre, 32
grammes; pareira brava en poudre, 192 grammes.

Mêlez toutes ces substances et les incorporez bien.

C'est un baume à prendre à l'intérieur comme diurétique,
antinéphrétique et lithontriptique, à la dose d'un demi-gros à
deux gros. Il fortifie les organes sexuels. (*Idem.*)

243. *Baume opodeldoch.* Prenez : savon de moelle de
 bœuf. . . . . 64 grammes.
 Alcohol très-pur . . . . 376 grammes.
 Eau distillée de thym . . . . . . 64 grammes.
 Camphre purifié. . . . . 24 grammes.

Mettez dans un matras à long col le savon coupé menu,
avec les autres substances. Bouchez l'orifice avec de la vessie
mouillée, en ménageant un petit trou d'épingle pour la sortie
de l'air. Soutenez ce mélange à la chaleur du bain-marie, et
passez-le à chaud. Lorsque le liquide se refroidit, on y mélange :

 Huile volatile de romarin. . . . . . 6 grammes.
 ——————— de thym. . . . . 2 grammes.
 ——————— d'ammoniaque liquide. 8 grammes.

On a coutume de mettre ce baume dans des bocaux longs et
étroits, à large ouverture. On peut le préparer avec du savon
d'axonge de porc.

Les Allemands préparent un baume analogue, contenant plus
d'ammoniaque, et par cette raison plus irritant, ou même vé-
sicant la peau. Ils distillent pour cet effet, du muriate d'ammoniaque dans l'alcohol, avec du sous-carbonate de potasse; ce
qui fait leur *liqueur ammoniacale vineuse.*

La pharmacopée de Londres simplifie ainsi ce baume :

 Savon blanc. . . . . 96 grammes.
 Camphre. . . . . 32 grammes.
 Alcohol distillé de romarin . . . . . 500 grammes.

Dissolvez le savon et le camphre.

Le baume opodeldoch est un très-bon résolutif, nervin, vulnéraire; il convient dans les contusions, les luxations, foulures, douleurs rhumatismales : on l'applique chaud sur des
linges, en topiques et en frictions. Le nom qu'il porte a été
donné par Paracelse et Mindérer à un emplâtre qu'ils ont in-
venté, et qui possède les mêmes qualités. (J.-J. Virey, *Traité
de pharm.*)

244. *Baume du Samaritain.* C'est un mélange d'huile d'olives
et de vin rouge, à parties égales, que l'on fait réduire à une
douce chaleur jusqu'à évaporation du vin. Il est utile dans les
contusions, pour nettoyer les plaies et résoudre les catarrhes.
C'est le baume dont il est parlé dans la parabole de l'Evangile.
(*Luc, chap.* x, *vers.* 34.)

245. *Baume de Saturne.* Prenez : acétate de plomb (*sel de
saturne*), 250 grammes; versez sur ce sel pulvérisé une quantité suffisante d'essence de térébenthine pour le surnager de
quatre doigts. On le fera digérer sur le sable chaud pendant

vingt-quatre heures. L'huile de térébenthine deviendra rouge.
On pourra décanter cette huile et en verser de nouvelle qui
deviendra rouge aussi. Ces huiles, évaporées à moitié, deviendront plus grasses et plus épaisses.

Ce baume, d'un usage extérieur, est excellent pour nettoyer
les ulcères, les chancres, cicatriser les anciennes plaies. Il
résiste à la gangrène, et encore mieux, si l'on y fait dissoudre
un ou deux gros de camphre. (J.-J. Virey, *Traité de pharm.*)

246. *Baume de soufre térébenthiné de Ruland.* Prenez :
soufre sublimé et lavé, 32 grammes; huile volatile de térébenthine, 250 grammes. Faites digérer sur les cendres chaudes
jusqu'à ce que l'huile ait dissous une partie du soufre, et soit
devenue rouge. Laissez refroidir et versez dans une fiole appropriée.

C'est un excellent digestif, mondificatif des ulcères. Il résout
les tumeurs indolentes et les empâtemens des articulations. On
ne l'emploie qu'à l'extérieur.

247. *Baume tranquille de l'abbé Rousseau.* Prenez : feuilles
de stramonium, de morelle noire, de belladone, de tabac, de
jusquiame, de pavot blanc, de chaque 125 grammes.

Faites cuire jusqu'à dissipation d'humidité dans 3 kilogrammes d'huile d'olive.

Passez et ajoutez : sommités de romarin, de sauge, de rhue,
de grande et petite absinthe, d'hyssope, de lavande, de thym,
de marjolaine, de coq des jardins, de menthe aquatique, de
sureau et de mille-pertuis, de chaque, 32 grammes.

Ce baume est une combinaison de deux principes végétaux
dans l'huile, du principe narcotique, et du principe aromatique. Le premier se tire par décoction, et le second par
infusion.

L'on prendra donc toutes les narcotiques mondées et incisées; on les fera cuire à petit feu dans l'huile, jusqu'à ce que
cette huile soit bien verte; on séparera ensuite avec expression;
on chauffera de nouveau l'huile, et on la versera sur les plantes
aromatiques incisées. On agite le mélange, et l'infusion se prolonge dans un vase clos pendant quinze jours. On peut abré-
ger ce temps si l'on fait la macération à chaud. Ensuite on
passe avec expression, et l'on décante la liqueur de son dépôt.

C'est un remède résolutif, éminemment anodin ou calmant
dans les rhumatismes, les inflammations, en friction; il guérit
l'esquinancie, les brûlures, les foulures, etc.

On administre ce remède à l'extérieur, quelquefois en lavement, très-rarement par la bouche : il peut être alors très-
dangereux.

Cette huile verte prend une apparence caillebotée, parce

qu'une portion gommo-résineuse des plantes y reste à demi combinée. (J.-J. Virey, *d'après le Codex pharm.*)

248. *Baume vulnéraire.* Prenez un hectogramme de benjoin en poudre, six décagrammes de baume de Pérou, seize grammes d'aloès hépatique, un litre d'esprit-de-vin rectifié. Laissez digérer, sur un feu doux, pendant trois jours, et passez.

Ce baume s'applique extérieurement pour guérir les plaies récentes, et les contusions; on l'emploie intérieurement, à la dose de vingt à soixante gouttes, contre la toux, l'asthme, les coliques, les douleurs de reins, les ulcères internes, les affections de poitrine, etc. (*Méd. dom.* de Buchan.)

BAVAROISES AU CAPILLAIRE (*Préparation des*).

249. Prenez six livres de cassonade, mêlez-les dans une bassine avec trois litres d'eau, et environ une once de capillaire; faites chauffer à un feu clair, après y avoir délayé deux œufs qu'on a cassés et fouettés en totalité, blanc, jaune, et coquilles, avec une partie de l'eau en question : vous entretenez l'ébullition jusqu'à ce que vous aperceviez nettement le fond de la bassine, ce qui annonce la parfaite clarification; alors vous passez à travers un feutre de drap, et vous remettez votre sirop sur le feu; lorsqu'il est à sa cuite, vous mettez dans un vase de métal qui puisse se boucher d'un couvercle, une once et demie de capillaire bien épluché, et six gros de thé de la meilleure qualité, que vous avez eu soin de tremper pendant un quart d'heure dans très-peu d'eau chaude; vous versez votre sirop bouillant sur ces ingrédiens, et vous laissez le tout ensemble pendant vingt-quatre heures. Au bout de ce temps vous placez ce vase au bain-marie, pour rendre votre sirop plus liquide; vous y ajoutez à peu près trois onces de bonne eau de fleur d'orange double, et vous versez ce sirop dans des bouteilles à l'aide d'un entonnoir de verre garni d'une étamine bien nette. Ce sirop, mêlé avec de l'eau ou du lait chaud, forme sur-le-champ des bavaroises délicieuses. (*Art du dist. liq.*)

BÉCASSES (*Chasse des*).

250. *Au lacet.* Quand on s'aperçoit qu'il y a des bécasses dans un bois taillis, ce qui se reconnaît à leurs fientes qui sont grisâtres, molles et de la largeur de la main, on fait une enceinte de quarante à cinquante pas, en forme de petite haie, haute d'un demi-pied, et on lie une souche à l'entrée avec des brins de genêt; on y laisse une voie où une bécasse seule puisse passer, on y pique un lacet ouvert, rond et couché à plate terre :

l'oiseau cherchant à manger, ouvre la petite voie, la suit jusqu'à la passée, et se prend au passage.

251. *Aux collets.* Les collets servent aussi à prendre les bécasses ; ils se font avec six crins de cheval, longs et cordés, avec une boucle coulante à un bout, et à l'autre un gros nœud, qu'on fait passer avant dans un trou fait au milieu d'un bâton de la grosseur du petit doigt et long d'un pied. On plante ce bâton en terre et on tend les collets, faits ainsi, autour d'une pièce d'eau où l'on forme des enceintes faites de petits morceaux de bois et dans lesquels on ménage des passages où l'on met les collets.

252. *Au filet.* On prend aussi des bécasses avec des filets en forme de trémail : pour cela, on prend d'abord deux perches de la grosseur du bras, droites et longues de vingt pieds ; on met au bout de chacune une poulie et l'on y passe les bouclettes du filet ; on passe ensuite ces bouclettes dans un cordeau de dix à douze toises comme un rideau dans une tringle de fer ; et l'on tend ensuite ce filet au bord d'un taillis, dans l'avenue d'une forêt, dans l'allée d'un parc ou sur un buisson voisin d'un étang ; on a seulement soin de pencher un peu les perches du côté de la passée et de les mettre à cinq ou six toises l'une de l'autre. C'est une heure ou deux avant que le soleil se couche, qu'on tend ce filet, et on peut l'y laisser jusqu'au lendemain matin, les bécasses voyageant principalement de nuit. (*Encycl. méth.*)

BÉCASSINES (*Chasse des*).

253. On a observé que ces oiseaux volaient toujours contre le vent, ce qui leur est commun avec la bécasse ; c'est pourquoi il est bon de les guetter, autant qu'il se peut, avec le vent au dos, parce qu'alors ils reviennent sur le chasseur, et donnent plus de facilité pour les tirer.

Quelques chasseurs prétendent que la bécassine est un des oiseaux les plus difficiles à tirer a cause des nombreux crochets et détours qu'elle fait en partant : cela est vrai jusqu'à un certain point, mais dès qu'on est une fois accoutumé à la laisser filer, sans se presser, son vol n'est pas plus difficile à suivre que celui de la caille. D'ailleurs on peut la laisser filer loin sans inconvénient, attendu que le moindre grain de plomb la tue, et qu'elle tombe pour peu qu'elle soit frappée. (*Encycl. méth.*)

BEEFSTEAKS.

254. *Beefsteaks grillés.* Ayez des tranches de culotte de bœuf d'un demi-pouce d'épaisseur ; battez-les bien avec un rouleau,

et assaisonnez-les de poivre et de sel : lorsque le feu est bien
clair et que le gril est chaud, frottez-le avec de la graisse de
bœuf crue ; mettez-y les tranches, et retournez les souvent
pour que le jus n'en découle pas : lorsque les tranches sont
cuites, mettez-les de suite sur un plat chaud où il y ait un
peu de jus ou un morceau de beurre avec très-peu d'eau ; semez dessus un peu d'échalottes hachées, et servez avec du raifort ratissé sur les bords du plat. (*Le Cuisinier anglais.*)

On sert quelquefois avec les beefsteaks des pommes de terre
frites ; quelquefois aussi on les entoure de cresson ; ou bien on
les repose sur un lit de *beurre d'anchois.*

255. *Beefsteaks roulés.* Battez bien vos beefsteaks, puis
mettez une farce bien assaisonnée par-dessus, roulez et fermez-
les serrés avec des brochettes : faites-les frire dans de la graisse
de rôti jusqu'à ce qu'ils soient légèrement roussis. Sortez-les
de la graisse et mettez-les dans une casserole avec de bon jus,
une cuillerée de bon vin rouge et du *catsup.* Servez avec le jus
et quelques champignons marinés. (*Idem.*)

256. *Beefsteaks frits.* Coupez les tranches comme pour griller et mettez-les sur un petit feu, dans une casserole avec
un morceau de beurre ; retournez-les toujours jusqu'à ce
que le beurre soit devenu un jus blanc et épais ; versez-le
dans un bol et mettez encore du beurre aux beefsteaks.
Lorsqu'ils sont presque cuits, versez tout le jus dans le bol, et
mettez encore du beurre dans la terrine ; puis faites frire les
beefsteaks à grand feu jusqu'à ce qu'ils soient d'une belle couleur ; retirez-les du feu et mettez-les sur un plat chaud, en y
versant le jus que vous leur aurez retiré, et où vous aurez mis
de l'échalotte hachée. Servez très-chaudement. (*Idem.*)

BELETTES. (*Moyens pour les chasser.*)

257. On chasse les belettes de leurs retraites en y mettant
des branches de rhue ; ou bien on prend un chat rôti, qu'on
expose dans les lieux qu'elles fréquentent : l'odeur qui s'en
exhale les fait fuir ; enfin, si l'on peut se procurer une belette
en vie, on lui coupe la queue et les testicules, et on la met ensuite en liberté. L'aspect de cet animal mutilé, suffit pour en-
gager ses compagnes à changer de demeure. (*Encycl. méth.*)

BELLE-DE-NUIT (*Usages médicaux de la*).

258. La racine de la belle-de-nuit est un purgatif et peut être
substituée au jalap.

Six décigrammes d'extrait de cette racine, fait à l'eau, peu-

vent servir à purger une personne d'une constitution médiocre.
(*Med. dom.* de Buchan.)

BÊTES A LAINE.

Choix des beliers et des brebis.

259. Il faut qu'un belier soit jeune, leste et bien fait ; qu'il
ait la laine bien nette et d'une belle venue, surtout que sa peau
soit de la même couleur que la laine ; que son corsage soit long
et grand ; son front large, arrondi et saillant ; les yeux grands et
tendres ; les narines droites et courtes.

La brebis doit avoir deux ans, le cou large et élevé à peu
près comme celui du cheval, le dos large, les fesses rondes,
la queue grosse, les jambes petites et courtes, la laine longue
et épaisse. Il faut surtout bien prendre garde qu'il n'y ait point
de vide, car si la brebis n'est pas également bien couverte, et
si la toison est tombée de quelque partie, c'est une preuve
qu'elle a quelque partie vitale viciée. On observera encore si
les gencives sont bien vermeilles, si les dents sont bien blanches, si elles ont l'haleine douce et les pieds chauds. Ce symp-
tôme-ci indique quelque indisposition. (*Le Gentilhomme cultivateur.*

Maladies et traitement des bêtes à laine.

260. Le premier soin d'un propriétaire est de réformer et
de sacrifier les animaux attaqués de mauvaise complexion, ou
de maladies épidémiques ; le second de faire soigner son troupeau de manière à en tirer le meilleur parti possible. Il doit
pour cela s'assurer de ce qu'un troupeau peut porter de nourriture en herbage et en fourrage ; lui procurer un ou deux repas
chaque jour, c'est-à-dire une bonne demi-heure de *ventrée*
le matin et autant le soir ; le tenir le reste du temps dans des
plaines arides, ou sur les friches ; fixer les heures pour boire,
et celles de ses rations à la bergerie ou dans le parc ; le sevrer
la nuit de foins, luzernes, trèfles, etc ; enfin lui procurer de
l'exercice, des nourritures assorties aux circonstances, la propreté et la salubrité des étables.

261. *Courbature.* Un mouton trop poussé de nourriture en
herbages, après avoir été long-temps privé d'alimens, gagne
la courbature. On dissipe ce mal par l'exercice, les frictions,
la diète, les eaux blanches, les suppositoires et les lavemens.

262. *Coliques, tranchées, diarrhées, constipation et enflure.* S'il est mal nourri dans une étable, il est affamé ; s'il

mange trop, il gagne des incommodités par trop d'avidité, comme aussi pour avoir trop mangé d'herbes tendres et humides, de sauve, de ravenelle, de coquelicots, de joncs, etc. On fait céder la colique et les tranchées en battant avec les mains les flancs de l'animal ; en arrêtant la respiration et la lui rendant par degrés ; en lui causant de petites convulsions par la chute de quelques gouttes d'eau dans les oreilles qu'il secoue alors fortement ; en le baignant par un temps favorable, ou en lui versant de l'eau le long du dos ; enfin par des suppositoires, et des lavemens d'urine humaine, d'huile, de lait, ou d'eau beurrée, quand les douleurs cessent.

On laisse un libre cours aux diarrhées, et leur période finie on donne aux bêtes à cornes des lavemens. Si elles durent trop, des fourrages secs, et peu d'eau.

La constipation se guérit en insinuant du beurre dans l'anus de l'animal pour ramollir sa fiente et la tirer avec le doigt. On a aussi recours aux suppositoires de savon, et aux lavemens comme dans les tranchées.

263. *Enflure à la tête.* Dans cette maladie on tient la bête chaudement, on lui passe dans la bouche un lien de genêt qu'on attache par-dessus la tête, ou un bâillon de sureau pour la faire saliver ; on lui fait des incisions et l'on y verse du vinaigre dans lequel on a délayé une poignée de terre grasse, ou, à son défaut, quelques pincées de poivre et de sel. On défiente le mouton et on lui donne des lavemens.

264. *Feu, maladies inflammatoires.* Si ces maux sont internes, il lui faut des herbes et fourrages rafraîchissans ; de l'eau blanchie de son ou de farine d'orge ; des bains si le temps est propice et la laine courte ; des lavemens de lait coupé d'oxycrat ; des suppositoires ; le défienter s'il y a obstacle, et le saigner au bout de la queue. Si ces maladies sont externes, comme les érysipèles, on y applique de la bouse de vache si la saison le permet, ou une poignée de terre grasse délayée dans une chopine de vinaigre ; on l'humecte aussi avec de l'urine de vache dans laquelle on a fait bouillir du genêt. Après l'éruption on oint les boutons de beurre roux. Les poumons se déchargent par les naseaux ; on entretient l'écoulement et on le facilite au moyen d'un peu de sel pilé qu'on lui souffle dans les narrines.

265. *Toux.* La plus opiniâtre n'a de suites fâcheuses que quand le foie est attaqué. Alors l'oxycrat est très-propre à nettoyer les premières voies, et l'animal rejette, en toussant, les vers qui se sont formés dans les poumons. L'*échaudure* ou l'adhérence du poumon aux côtes est plus dangereuse : on a recours avec succès aux eaux blanches et au régime rafraî-

chissant et humectant. Si ce mal ne cède pas, il faut tuer la
bête au premier symptôme fâcheux.

266. *Gale.* Le meilleur traitement est de pousser l'humeur
au dehors par de bonnes nourritures, telles que la provende
de seigle ou d'orge, et la balle de blé, saupoudrée d'un peu de
fleur de soufre. On découvre les boutons, on y applique de
la bouse de vache, on les humecte avec le résidu d'une poignée de genêt, autant de réveil-matin bouilli dans deux litres
d'urine de vache, ou de roussi de fumier à consistance de
gelée, chauffé et étendu sur du linge.

Quant à la gale naissante, on fait sortir l'humeur en gra-
tant la peau et en mouillant l'endroit avec l'eau ou la salive
de tabac.

267. *Bouquet.* On amollit les croûtes de cette gale épaisse
par une couche de beurre ; on les enlève avec le dos d'un
couteau, et on trempe la place avec de l'eau ou de la salive de
tabac.

268. *Poux.* On les détruit en humectant la peau avec la
décoction d'une demi-livre de côtes de tabac cuites dans deux
litres de vinaigre.

269. *Chancre et grain.* Le chancre et le grain se frottent avec
l'extrémité d'un bâton garni d'un linge trempé dans une infusion de vinaigre, d'ail et de poivre : on enlève les grains ou
cloches mûres en les grattant ; et l'on blase la place avec une
infusion d'une petite poignée de seconde pelure de sureau et
d'une demi-once de sel dans un litre de vinaigre. Les pustules
pleines s'écrasent avec un morceau de genièvre, et se blasent
avec une infusion d'une poignée de sauge, autant d'hysope et
demi-once de sel dans un demi-litre de vinaigre.

270. *Scorbut.* Il se déclare ordinairement à la suite d'une
enflure d'araignée, ou d'un chancre mal guéri. On frotte la
partie avec une once d'eau de vitriol mêlée à trois quarts de
litre d'eau commune. La poudre de vitriol détache ou mange
les chairs mortes.

271. *Pourriture de foie, cloches d'eau, goître, hydropisie,
tourni.* Il n'y a de remède que dans le principe, lorsque seulement on commence à apercevoir du jaune ou de la lividité dans
le contour des yeux et des gencives. Si le mal est causé par
l'humidité, on nourrit le malade au sec. On tire doucement la
laine sous le ventre vis-à-vis le foie : si elle se détache, le mal
est sans remède. L'hydropisie n'a pas de ressource. Les cloches
d'eau qui en sont les avant-coureurs, se passent assez souvent
en changeant de nourriture. On ouvre les goîtres par une incision, pour épancher l'eau et les nettoyer avec de l'urine humaine. L'expédient réussit rarement : ainsi il faut se défaire des

animaux qui en sont attaqués. Quant au tourni, s'il est causé par des vers; on le détruit en faisant tomber quelques gouttes d'eau-de-vie dans les oreilles de l'animal.

272. *Claveau.* On prévient le claveau, mais dès qu'on l'aperçoit, il faut assommer les bêtes et les enfouir pour éviter l'épidémie; faire des fumigations dans les étables avec de l'*assa fœtida*, et frotter de vinaigre les endroits dégarnis de laine à tout le troupeau. Dans quelques endroits on frotte l'intérieur de la bouche et les parties du corps où peuvent en paraître quelques symptômes, avec une infusion de vinaigre, d'ail ou de gentiane. On donne des lavemens de la même liqueur, et on prodigue les fumigations, les provendes, et les fourrages assortis aux indications.

273. *Boitement, plaies, fractures.* Le repos suffit au boitement par lassitude. Pour celui qui provient de sabots corrodés, on les déterge, on les gratte, on les lave, on les graisse et on les couvre d'un linge.

On blase les contusions avec de l'eau-de-vie et du savon battus.

Les petites plaies qui ne guérissent pas d'elles-mêmes, se nettoient avec de l'eau de sel, de l'huile chaude, quelques gouttes de lait, du beurre salé, etc., suivant la cause du mal et sa gravité.

Quant à la suppuration, un mélange de vin, de miel et de fleur de farine suffit pour l'arrêter.

L'oignon de la plante appelée *tue-chien*, écrasé, appliqué et retenu sur une plaie invétérée, la cicatrise en peu de jours. Enfin les membres démis se remboîtent comme les nôtres; et les fractures se réunissent au moyen d'éclisses, recouvertes d'un linge trempé dans du blanc d'œuf bien battu. (Carlier, *Bibl. phys. écon.*)

274. *Pourriture.* Donnez à l'animal malade de l'huile empyreumatique animale, à la dose de cinquante à soixante gouttes, dans un demi-verre d'infusion de sarriette, tous les matins et pendant cinq à six jours. Les environs d'Orléans ont été témoins de l'efficacité réitérée de ce reme , dans une épidémie qui menaçait les bestiaux d'une destruction générale.

275. *Vers dans les naseaux.* Faites une injection dans les narines de l'animal malade, d'une dissolution d'une once et demie de mercure doux dans six onces d'eau-de-vie, observant de faire infuser cette préparation pendant huit jours, avant de l'employer, et de remuer fréquemment la bouteille. (*Biblioth. phys. écon.*)

276. *Tac.* Les moutons qui mangent du persil deux ou trois fois la semaine sont préservés du tac. (*Manuel de santé.*)

Un cultivateur éclairé d'Allemagne a trouvé le moyen de garantir les brebis et les chèvres des maladies qui leur sont les plus communes, en leur faisant manger, dans quelques poignées de paille, les extrémités et les boutons des branches du genévrier, hachées aussi menu que possible. (*Manuel. d'écon. domestique.*)

BETTERAVES.

277. Moyen de conserver les betteraves et de les garantir de la gelée. Lorsque les betteraves sont arrachées, on les transporte sur le terrain où elles sont entassées de la manière suivante.

La première couche est placée immédiatement sur le sol; elle doit avoir quatre pieds de largeur; sa longueur est proportionnée à la quantité de betteraves qu'on veut entasser ; la seconde couche est disposée sur la première, mais elle doit être moins large que celle-ci; on continue ainsi à mettre couche sur couche, jusqu'à ce que le tas ait atteint quatre pieds de haut, et que sa surface soit diminuée jusqu'au volume d'une betterave placée en long. Il faut avoir soin de bien serrer les racines, de placer leur pointe ou pivot à l'extérieur, et de les dégarnir préalablement de leurs feuilles.

Le tas ainsi formé, on ouvre tout autour, à un pied de distance de sa base, une tranchée ou rigole : la terre qu'on en retire sert à recouvrir tout le tas à un pied d'épaisseur, pour le garantir des effets du froid et le tenir parfaitement sec, puis qu'il se trouve isolé des terres voisines. On aura soin de le visiter de temps en temps, et de remettre de la terre dans les places où elle se serait éboulée. (*Philips, Repertory of arts.*)

278. Manière de confire les betteraves. On expose les betteraves au four dès que le pain en est ôté ; quand elles sont cuites et refroidies, on les coupe par tranches minces, on les met dans un pot et on verse assez de vinaigre pour les recouvrir, ayant l'attention d'y ajouter un peu de sel. Mais comme on remarque que les betteraves ainsi confites ne se conservent pas long-temps, et que le vinaigre cesse d'être acide en quinze ou vingt jours, on a grand soin de n'en confire que peu à la fois, ou bien on renouvelle le vinaigre. (Parmentier.)

279. Betteraves frites. Faites cuire vos betteraves au four, pelez-les, coupez-les par tranches de l'épaisseur d'un bon doigt; mettez-les tremper dans une pâte claire, faite avec des œufs ou sans œufs; faites-les frire dans le beurre : on les sert dans un plat particulier, pour entremets, avec du jus de citron ; on s'en sert, si l'on veut, pour garnir d'autres plats au maigre.

280. *Autre manière.* On coupe les betteraves de la tête à la queue en manière de soles, de l'épaisseur de deux à trois lignes; on les met tremper dans une pâte claire, faite de vin blanc, fleur de farine, crème douce, jaunes et blancs d'œufs, cependant plus de jaune que de blanc, poivre, sel et clous de girofle. On les tire de cette pâte et on les poudre de farine, mie de pain et persil haché, ensuite on les fait frire et on les sert pour entremets.

281. *Sucre de betteraves.* On a imaginé pour extraire le sucre de la betterave une infinité de manipulations qui toutes offrent leurs avantages et leurs inconvéniens; nous donnerons ici le procédé de M. le professeur Gottling, comme le plus simple et le moins dispendieux.

On coupe les racines des betteraves en tranches longitudinales aussi minces que possible, et on les fait sécher sur des claies dans une étuve. Lorsqu'elles sont aussi desséchées que possible, on les met pendant quelques heures, les unes après les autres, dans une petite quantité d'eau froide. Le sucre passe dans cette eau avant qu'elle ait pu seulement ramollir les tranches, et on l'en extrait par l'évaporation et la cristallisation. Si on laissait dessécher les tranches à l'air libre, elles se pourriraient la plupart; si on les mettait dans un four, elles risqueraient de se cuire.

Après l'extraction du sucre, les tranches peuvent être employées à la nourriture des bestiaux ou des volailles, en achevant de les laisser ramollir. (*Bibliothèque britannique*, tom. 6.)

282. *Observation sur la culture des betteraves.* Une terre légère, profonde, bien ameublie, ni trop sèche ni trop humide, est celle qui convient le mieux aux betteraves; il ne faut jamais fumer le terrain l'année même de leur semis, à moins qu'on ne les cultive en grand pour la nourriture des bestiaux. (*Dict. d'agriculture.*)

BEURRE.

283. *Procédé pour faire du beurre sur-le-champ.* Il suffit de verser le lait non écrémé quelques heures après la traite, dans des bouteilles où on le secoue vivement; les grumeaux se forment, on les jette sur un tamis, on les lave, on les rassemble, et on a le beurre le plus fin comme le plus délicat qu'on puisse se procurer. (*Dict. des ménages.*)

284. *Moyen d'améliorer le beurre.* Prenez de grosses carottes bien saines, lavez-les, laissez ressuyer pendant deux ou trois jours à l'ombre, ensuite ratissez la partie jaune extérieure jusqu'aux fibres longues et moins jaunes; exprimez le jus de

cette râpure, mêlez-le dans la baratte avec la crème destinée
à être battue. Ce beurre aura une belle couleur, un goût très-
fin, et se conservera mieux que celui qu'on obtient par les procédés ordinaires. (*Bibl. phys. écon.*)

285. *Manière de saler le beurre.* Les agriculteurs anglais
prennent pour saler le beurre deux parties de sel de cuisine,
une partie de sucre, et une partie de salpêtre. Ils mêlent et
pilent parfaitement le tout, répartissent également une once de
ce mélange sur douze fois autant de beurre qu'ils pétrissent à
la manière ordinaire afin que les sels le pénètrent de toutes
parts. Ils le mettent ensuite dans des vases épais qu'ils ont soin
de bien boucher, et le laissent ainsi, au moins pendant trois
semaines, avant de s'en servir. (*Dict. des ménages.*)

286. *Autre manière.* Pour saler le beurre, prenez-en deux
livres à la fois ; étendez-le avec un rouleau sur une table bien
nette ; saupoudrez-le de sel bien égrugé ; pliez-le en trois ou
quatre ; pétrissez-le bien ; étendez-le de nouveau ; salez une seconde fois, et pétrissez ; goûtez-le ensuite, et s'il vous paraît
assez salé, prenez un pot de grès, couvrez le fond de sel,
mettez-y votre beurre, et fermez le pot avec un autre lit de sel ;
ou bien faites une saumure de sel fondu dans l'eau et assez
épaisse pour qu'un œuf ne s'y enfonce point, mettez-la dessus
et renouvelez-la de temps en temps. Le beurre ainsi enfermé,
couvrez le pot de quelques doubles feuilles de papier, et placez-
le dans un lieu frais.

287. *Manière de fondre le beurre.* Pour faire fondre le
beurre, il faut le mettre dans un chaudron, sur un feu clair,
égal et modéré ; le faire bouillir jusqu'à ce qu'il soit cuit ; l'é-
cumer, et le verser dans des pots de grès, où l'on le gardera
pendant deux ans entiers, quoiqu'on n'y ait pas mis de sel.
(*Encyclopédie.*)

Dans cette dernière opération on ne doit pas perdre de vue
le beurre qu'on fait fondre ; éviter autant que possible le contact de la fumée qui pourrait lui donner une odeur et un goût
désagréables ; l'agiter pour favoriser l'évaporation de l'humidité
et de la matière caséeuse, l'écumer avec soin pour enlever
cette matière à mesure qu'elle se forme ; sortir le chaudron de
dessus le feu lorsque tout le beurre est d'une transparence égale
à celle de l'huile ; et le laisser enfin reposer un instant avant de
le verser dans des pots bien échaudés et séchés au feu, après
quoi on les recouvre lorsqu'il est entièrement refroidi. On le
garde ensuite comme le beurre salé, et l'on s'en sert pour les
fritures et pour remplacer l'huile dans les salades. (*Dict. des
ménages.*)

288. *Moyen de préserver le beurre de la rancidité.* Un des

moyens les plus sûrs de conserver le beurre long-temps frais, est de le délaiter avec soin, de le laver, de le pétrir long-temps dans de l'eau fraîche, et de le soustraire ensuite à l'influence de la chaleur et de l'air, en l'enveloppant d'un linge mouillé.

La rancidité du beurre provient aussi très-souvent de ce que l'on ne le bat que huit jours après la traite, qu'on le dépose dans des vases mal nettoyés, et que, séjournant trop long-temps avec la crème, il y contracte un goût que la percussion, les lavages et les autres opérations subséquentes ne sauraient jamais détruire en totalité.

On doit donc préalablement avoir soin d'adoucir les crèmes qui, par leur trop long séjour dans la laiterie, y ont contracté un goût ou désagréable ou trop fort, en y ajoutant, au moment du battage, une quantité suffisante de lait de la traite du jour. Par ce moyen, on préviendra la rancidité, ou du moins on sera certain de la diminuer considérablement.

289. *Moyen pour rétablir le beurre fort.* Lorsque le beurre frais n'a pas été salé à temps, ou que le beurre salé est devenu rance, ou qu'il a chanci, il faut le faire fondre, l'écumer, et tremper dedans une croûte de pain bien grillée de tous côtés. Au bout d'une minute ou deux, le beurre n'a plus aucune odeur désagréable, mais la croûte de pain est devenue fétide. (Adam, *économiste.*)

Si le beurre n'avait contracté qu'un léger goût de rancidité, on le lui ferait perdre en le lavant et en l'agitant dans beaucoup d'eau fraîche. (*Dict. des ménages.*)

290. *Beurre composé pour les hors-d'œuvres.* Prenez du beurre salé à demi-sel; pétrissez-le avec des fines herbes, comme persil, ciboulettes et estragon, hachés bien menu; introduisez le beurre dans un moule fait exprès pour cet usage, et faites-le sortir par la compression. Si vous voulez le rendre parfait, réduisez en pâte une demi-douzaine de bonnes noisettes, et mêlez-les avec le beurre et les fines herbes. (*Dict. des ménages.*)

291. *Beurre d'anchois.* Ce que les restaurateurs de Paris nomment *beurre d'anchois* n'est autre chose qu'une pâte faite avec des anchois dont on a enlevé les arêtes, et qu'on a pétris bien intimement avec une quantité suffisante de beurre frais.

BIÈRE.

292. *Manière de faire la bière.* On prend cent livres d'orge, une livre de houblon, et deux cents litres d'eau. On peut, au lieu de cent livres d'orge, n'en mettre que quatre-vingts ou quatre-vingt-dix, et compléter les cent livres de grains, en ajoutant dix ou vingt livres de froment. Le houblon que l'on

emploie ne doit pas être nouvellement cueilli ; mais il faut qu'il ait été conservé au moins un an.

On nettoie les grains, et on les fait germer : pour cela on met les grains dans un cuvier ; on y verse de l'eau chauffée de manière qu'elle soit un peu plus que tiède ; on en met jusqu'à ce qu'elle surnage les grains qu'on laisse tremper pendant trois heures. On ôte l'eau du cuvier ; on met les grains en un tas de quatre à cinq pouces d'épaisseur, dans une cave ou dans un endroit dont la température soit un peu chaude. On recouvre le tas avec des couvertures, pour empêcher qu'il ne sèche, et pour qu'il conserve sa chaleur. On le laisse dans cet état jusqu'à ce qu'il commence à germer : quand les germes ont un dixième de ligne de longueur ou environ, la germination est assez avancée : on se hâte de le transporter à l'air, au soleil, et on l'étend en couche très-mince pour le faire sécher le plus promptement possible. Dans l'hiver on fait sécher le grain dans une étuve ; c'est même de cette manière qu'on opère communément la dessiccation dans les brasseries ; mais la dessiccation à l'air est préférable.

Quand les grains sont germés et séchés convenablement, on les fait moudre, ou on les broie grossièrement.

On met les grains moulus dans une cuve ; dont la capacité doit être telle que les grains n'emplissent que la moitié de sa hauteur. On fait chauffer l'eau dans une chaudière placée à côté de la cuve, autant que possible. On verse l'eau de la chaudière en trois fois. La première eau ne se prend qu'à la température de vingt-cinq degrés, c'est-à-dire, un peu plus que tiède ; on en met une quantité suffisante pour imbiber et surnager les grains de quelques lignes ; on a soin de bien agiter avec un bâton le mélange d'eau et de grains. La deuxième eau qui chauffait pendant cette opération, se prend à la température d'environ cinquante degrés, c'est-à-dire, lorsqu'on commence à avoir de la peine à y tenir la main : on en met environ moitié de la hauteur de la partie vide de la cuve, et on agite de nouveau le mélange : l'on achève de remplir la cuve avec de l'eau bouillante, et l'on agite de nouveau. Il doit rester de l'eau bouillante dans la chaudière ; on jette le houblon dans cette eau qu'on laisse bouillir doucement, en ayant soin de diminuer le feu, s'il y en a trop. En même temps on s'occupe de filtrer le moût de bière, c'est-à-dire, l'infusion des grains moulus. Cette filtration s'opère à l'aide d'un tampon de bois qui bouche un trou pratiqué au fond de la cuve. Le tampon entre avec effort dans un rond de paille fixé sur le fond de la cuve avec des clous. On filtre la liqueur, et on l'obtient claire, en desserrant un peu le tampon, de manière qu'elle coule lentement entre lui et le rond de paille. On pourrait également filtrer la liqueur en retirant tout-à-fait le tampon de bois, et en y substituant un bouchon de paille peu serré. On reçoit la liqueur qui passe claire dans une cuvette, et on la verse de suite dans la chaudière où est le houblon. On fait bouillir toute cette liqueur avec le houblon, jusqu'à ce qu'elle soit réduite de moitié par l'ébullition. Après la réduction, on la met dans des tonneaux, en la faisant passer à travers un tamis ou un linge, pour retenir le houblon.

On prend un ou deux litres de levure ; on la delaye dans une quantité à peu près double de moût de bière tiède. Cette levure ainsi délayée doit être mêlée avec environ quatre litres de moût également tiède. On la laisse dans un lieu où elle continue de se tenir toujours un peu plus que tiède, jusqu'à ce qu'elle fermente, ou, comme on dit ordinairement, jusqu'à ce qu'elle bouille. Quand la fermentation est bien établie, on verse la levure, à laquelle on donne alors le nom de *ferment,* dans les tonneaux qui renferment le moût de bière, et qu'on a eu soin de maintenir à peu près tièdes, ou de mettre à la cave. On n'emplit pas entièrement les tonneaux, et on y met des cuvettes pour recevoir l'écume qui sort pendant la fermentation. On remet cette écume dans les tonneaux à mesure que la fermentation diminue : on doit même avoir eu soin de conserver du moût de bière, dans lequel on a mis un peu de ferment, pour achever de remplir les tonneaux. Quand ils sont pleins, on les bouche légèrement, et on laisse la bière s'éclaircir. Si, au bout de six à huit jours, elle n'est point claire, on la colle, et quand elle est clarifiée, on la met en bouteilles ; mais elle ne mousse qu'au bout de huit à dix jours.

293. *Autre procédé.* On met l'orge dans l'eau pendant quarante-huit heures pour la ramollir ; on l'étend sur un plancher, de manière à former une couche de deux à trois pouces d'épaisseur ; au bout de vingt-quatre heures, on la retourne avec des pelles de bois, pour qu'elle ne s'échauffe pas trop ; et l'on recommence cette opération deux fois par jour. Vers le cinquième jour, il se manifeste des signes de germination, qu'on laisse se développer pendant vingt-quatre heures. Après ce temps on l'arrête, en exposant l'orge au soleil ou dans une étuve, pour la faire sécher promptement. Quand on veut que la bière ait une couleur rouge foncée, on fait rôtir l'orge dans un four, après l'avoir fait sécher à une température moins élevée. Alors on fait moudre le grain grossièrement, et on le met tremper deux ou trois heures dans la moitié de l'eau que l'on fait chauffer au point de ne plus pouvoir y supporter la main, et qu'on entretient à ce degré de chaleur. On tire ce li-

quide à clair, et on remet l'autre moitié de l'eau sur les graines ; on
la chauffe à la même température, et on la laisse séjourner encore
deux ou trois heures. On la tire à clair, et on la met avec la
première décoction d'orge germée dans une chaudière ; on y
ajoute le houblon, et on fait bouillir le tout ensemble jusqu'à
diminution de moitié. On passe cette liqueur à travers un tamis
ou un linge pour retenir le houblon, et on la met dans des
cuves larges, pour la faire refroidir promptement ; quand elle
n'est plus que tiède, on la verse dans une grande cuve pour la
faire fermenter. On y délaie un litre et demi de levure, que
l'on y mêle bien par l'agitation. (La levure n'est que l'écume
de la bière qui a déjà fermenté et que l'on conserve avec soin
pour cet objet.) Bientôt après, la fermentation se développe,
et la liqueur est fortement agitée et offre beaucoup d'écume à
sa surface. On recueille cette écume ou *levure* qui sert à exciter la fermentation de nouvelle bière, et que les brasseurs ven-
dent pour différens usages. Quand le mouvement de fermentation est apaisé, on met la bière dans de petits tonneaux que
l'on expose à l'air pendant quelques jours, et dans lesquels la
fermentation continue. Lorsqu'il ne se forme plus d'écume, on
la colle et on la met en bouteilles.

La bière faite par les deux procédés que nous venons d'indiquer, est très-amère, et peut se conserver pendant fort long-
temps. Si l'on est dans l'intention de la boire de suite, au lieu
d'employer une livre de houblon, comme nous l'avons dit, on
n'en prend que douze ou quatorze onces. Alors elle est moins
amère.

On peut se procurer encore une petite bière agréable et légère,
en faisant tremper l'orge germée qui a déjà servi pour la
première bière, dans de l'eau très-chaude, pendant quatre ou
cinq heures, et en faisant bouillir cette liqueur avec du houblon. On emploierait quatre ou six onces de houblon sur cent
litres de cette décoction, que l'on ferait réduire à soixante-
dix ou quatre-vingts litres. On la fait fermenter en y ajoutant
de la levure. Cette petite bière est saine, légère et agréable,
mais elle ne peut pas se conserver très-long-temps. (*Dict. des
ménages.*)

294. *Bière de ménage.* On prend un, deux, trois ou quatre boisseaux de bonnes recoupes de froment que l'on fait bouillir pendant une demi-heure avec de l'eau claire dans un chaudron de
grandeur convenable, en y ajoutant, pendant l'ébullition,
quelques pincées de fleurs de sureau séchées et une poignée de
fleurs de houblon. Le son doit être auparavant nettoyé de
toute ordure et surtout des crottes de rats ou de souris auquel
il est fort sujet. Lorsque le tout a bouilli, on retire la chaudière

du feu ou on l'éteint sous elle ; et quand la décoction est presque froide, on la passe au tamis pour en remplir une futaille d'un demi-muid, qui n'en est que meilleure si depuis peu elle a contenu du vin. Lorsque la bière est entonnée, on prend un verre de levure, qu'on détrempe et délaie avec de l'eau et qu'on jette par le bondon, après quoi on la brasse fortement. Cette bière bouillira et fermentera comme la meilleure bière, et environ huit jours après elle se sera rassise et clarifiée ; on peut alors la mettre en perce, en observant que les deux ou trois premiers litres étant troubles, on doit les laisser reposer à part. Si on veut la bière plus vineuse, on pourra jeter dans le tonneau une ou deux livres de miel, ou quelques poignées de passerilles ou raisins secs. Elle se conserve très-bien tirée et mise en bouteilles ; mais si après la mise en perce, on la laisse en vidange, il faut la boire assez promptement ; le vrai moment pour la consommation est lorsqu'elle a quitté son goût de moût et qu'elle a commencé à prendre un peu de piquant. (*Bibl. phys. écon.*)

295. *Amélioration de la bière.* Avant de mettre la bière en bouteilles et tout en s'occupant de rincer les vases, on fera bouillir de l'eau pour y faire fondre demi-livre de sucre par litre, quatre clous de girofle, une écharde ou éclat de cannelle, quelque peu de badiane ou d'anis des Indes, et quelques poignées de raisins de passe ou passerilles, mélange auquel on fera prendre deux ou trois bouillons. L'ayant laissé refroidir, on y joindra une petite quantité de levure, et laissant le tout en fermentation pendant seulement quelques heures, on écumera et on passera ce levain avec soin. A mesure que l'on remplira les bouteilles, on les mouillera avec trois ou quatre cuillerées de cette mixtion, les remplissant et les bouchant à l'ordinaire. Ce levain parfumé donnera à la bière un montant et une saveur bien au-dessus de toutes les autres boissons de cette espèce. (*Bibl. phys. écon.*)

Une demi-cuillerée à café de sel d'absinthe dans un litre environ de bière vieillie lui rend sa première qualité, si elle l'avait déjà perdue. (*Dictionn. des ménages.*)

296. *Manière de garder et de conserver la bière.* On garde la bière plusieurs années en mettant dans chaque barrique un quart de litre d'esprit de vin.

Pour la raccommoder lorsqu'elle est venue à se gâter, mêlez de la levure avec les restes de ce qui a servi à faire de la bière forte, et laissez quelque temps ce mélange devant le feu, puis servez-vous-en pour renouveler la fermentation de la bière. A défaut de levure de bière, on peut se servir de miel, de levain, ou de mélasse. Lorsque la levure elle-même est vieille, il faut y mêler un peu de fleur de farine, de sucre, de sel et de bière chaude, ou simplement de l'eau chaude et du sucre (*Secrets de la nature pour les alimens*).

297. *Conditions de la bonne bière ; ses propriétés.* Il faut, pour que la bière soit bien faite, qu'on l'ait laissée reposer assez et qu'elle contienne une quantité suffisante de mouture et de houblon : il faut qu'elle ait fermenté et qu'elle ait été mise en bouteilles, afin de conserver ses parties spiritueuses ; la bonne bière est claire, jamais trouble ni épaisse, et n'a qu'une mousse blanche et légère.

La bière ne convient pas aux tempéramens spiritueux ; elle est au contraire utile aux personnes bilieuses, et dans tous les cas où il y a tendance à la pourriture ; elle est antiputride, surtout celle qui est mousseuse, à cause de l'acide carbonique qui s'en dégage. On l'emploie avantageusement dans les affections scorbutiques et les maladies bilieuses-putrides.

Quelquefois, lorsque la bière est trop nouvelle, et qu'on en boit immodérément, elle produit une sorte de gonorrhée qu'on guérit très-aisément en buvant de l'eau-de-vie. (*Man. d'écon. dom.*)

298. *Moyen d'empêcher la bière de s'aigrir.* A Augsbourg et aux environs, où l'on brasse de très-bonne bière, les brasseurs ont coutume de placer dans la tonne un sachet de racine de benoite (*caryophillata lutea*), autant pour donner à la liqueur un goût agréable que pour la préserver de toute aigreur. Il faut cueillir cette plante avant la Saint-Jean, parce qu'alors elle est dans toute sa force (*Bibl. phys. écon.*).

299. *Manière de rendre à la bière sa qualité première.* On rétablit la bière qui est aigre, en mettant dans le tonneau qui la contient quelques livres de bol d'Arménie bien broyé, de la craie ou des coquilles calcinées ; on les y laisse jusqu'à ce que la liqueur paraisse avoir perdu son aigreur. On la transvase ensuite dans un autre tonneau bien propre, et on y ajoute du vin de drêche avec quelques poignées de houblon (*Encyclop. méth.*).

BIÈRES MÉDICAMENTEUSES.

300. *Bière céphalique.* Prenez : racine de grande valériane, 314 grammes ; semences de moutarde, 192 grammes ; serpentaire de Virginie, 64 grammes ; sommités de romarin ou de sauge, 96 grammes.

Mettez infuser ces substances dans quarante kilogrammes de bière blanche nouvelle, et passez.

C'est une boisson usitée dans les paralysies, les vertiges,

l'épilepsie, qui réclament des stimulans. (J.-J. Virey, *Traité de pharmacie.*)

3o1. *Bière purgative de* Sydenham. Prenez : polypode de chêne, 5oo grammes ; rhapontic ou rhubarbe des moines, séné mondé, raisins de passes, mondés de pepins, de chaque 25o grammes ; rhubarbe incisée et racine de raifort, de chaque, 96 grammes ; feuilles de cochléaria et de sauge, de chaque 192 grammes ; oranges coupées, quatre ; aile ou bière sans houblon, 25 litres.

Mettez ces substances lorsque cette bière fermente encore, faites macérer pendant une semaine, passez et décantez le dépôt.

Elle purge doucement les sérosités, convient dans le scorbut, les rhumatismes et fluxions. On en boit un litre chaque matin pendant quinze jours.

3o2. *Bière antiscorbutique* ou Sapinette. Prenez : feuilles récentes de cochléaria, 32 grammes ; racines de raifort, 64 grammes ; bourgeons de sapin, 32 grammes ; bière, 2 kilogrammes.

Le raifort et le cochléaria contus, ainsi que les bourgeons, se mettent macérer dans un matras avec la bière pendant quelques jours. On décante ce liquide, et on le conserve. La dose est de huit onces en deux verres par jour, comme antiscorbutique, apéritive, diurétique. C'est un excellent remède.

Cette bière doit souvent se renouveler, car elle est sujette à se gâter. (J.-J. Virey, d'après le *Codex pharm.*)

3o3. *Bière de quinquina.* Prenez écorce de quinquina gris pulvérisée, 22 grammes ; bière forte, 1ooo grammes.

Faites macérer pendant deux jours en remuant ; passez la liqueur que vous conserverez en une bouteille bien fermée. On la prend par verres de quatre onces, dans les fièvres intermittentes. (*Idem.*)

3o4. *Bière diurétique.* Prenez : semences de moutarde écrasées et baies de genièvre concassées, 25o grammes de chaque ; semences de carottes, 192 grammes ; aile récente, 4o kilogrammes.

On en fait usage comme boisson ordinaire dans l'hydropisie commençante et les maladies de la vessie. (*Idem.*)

BIGARREAUX.

3o5. *Manière de les confire au vinaigre.* Prenez quatre ou cinq livres de gros bigarreaux blancs, avant leur entière maturité ; ôtez-en les queues, et mettez-les dans un grand vase.

Couvrez-les ensuite d'eau bouillante; laissez-les égoutter un instant après; jetez-les dans du vinaigre lorsqu'ils seront bien secs; ajoutez-y une bonne poignée d'estragon et de sel, et laissez-les infuser ainsi jusqu'au moment où vous voudrez les manger, en guise de cornichons, de câpres ou de capucines. (*Dict. des ménages.*)

BIJOUX.

306. *Manière de nettoyer des bijoux.* Passez légèrement une brosse douce et un peu de savon sur les bijoux, que vous tremperez dans l'eau pendant une ou deux minutes, après quoi vous les ferez sécher auprès du feu. Faites ensuite brûler un peu de pain, vous le réduirez en poudre, et en frotterez les pièces d'or ou d'argent que vous voulez nettoyer. (*Dict. des ménages.*)

BILE (*Remède contre la*).

307. On emploie avec succès le remède suivant, dans les épanchemens de bile. Prenez une once de racine de chélidoine; coupez-la en petits morceaux, si elle est fraîche; réduisez-la en poudre, si elle est sèche; faites-la infuser dans un demi-litre de vin blanc, et buvez-en deux onces chaque matin. (*Méd. domest.*)

L'usage de la chicorée, du pissenlit et de l'endive est très-salutaire en été et en automne aux bilieux et aux atrabilaires. (*Man. de santé.*)

BISCOTINS. (*Manière dont on fait ces gâteaux.*)

308. Faites cuire à la plume une demi-livre de sucre; jetez-y une égale quantité de farine; remuez promptement pour en faire une pâte bien unie; dressez cette pâte sur une table avec un peu de sucre en poudre; pilez alors dans un mortier un blanc d'œuf, que vous détremperez de fleur d'orange; mêlez ces ingrédiens à votre pâte que vous pétrirez bien jusqu'à ce qu'elle soit un peu ferme et dont vous formerez de petites boules. Vous aurez en même temps une poêle d'eau bouillante sur le feu; vous y jetterez vos boulettes qui d'abord se précipiteront au fond, mais qui ne tarderont pas à reparaître à la surface; vous les retirerez avec une écumoire, et les mettrez à égoutter; puis vous les dresserez sur des feuilles de papier, et les exposerez au four où elles prendront une belle couleur. Si vous avez de la peine à leur faire quitter le papier, quand elles seront cuites, vous poserez le papier sur une serviette mouillée

et vous enleverez facilement vos biscotins. (*Secret de la nat.
pour les alim.*)

BISCUITS.

309. *Biscuits communs.* Cassez et battez bien ensemble huit
œufs auxquels vous ajouterez une livre de sucre en poudre , à
peu près autant de farine et un peu de fleur d'orange ; délayez
le tout jusqu'à ce que la pâte soit bien blanche et que vous n'y
sentiez plus aucun grumeau ; versez cette pâte dans des moules
carrés de papier, et mettez-les dans le four que vous aurez
soin de laisser ouvert. Un quart d'heure après vous les retirerez
et les saupoudrerez de sucre fin, ainsi que vous avez dû le faire
en les mettant au four. (*Secrets de la nat. sur les alim.*)

310. *Biscuit de Savoie.* Il faut prendre quatre œufs frais,
fouetter les blancs à part dans une terrine, et lorsqu'ils seront
bien montés y jeter les quatre jaunes, puis y mettre une demi-
livre de sucre en poudre et battre le tout avec une spatule de
bois. Vous mettrez ensuite une ou deux pincées de citron ou
d'écorce d'orange en poudre que vous aurez fait sécher, et un
quart et demi de bonne farine ; vous battrez encore le tout ensemble , puis vous dresserez la pâte en biscuit, que vous poudrerez de sucre, afin de les empêcher de couler, et vous les dé-
poserez au four où vous mettrez un petit morceau de bois sec
allumé pour leur donner de la couleur. (*Idem.*)

311. *Biscuit de mer.* Espèce de galette aplatie de forme
ronde ou carrée, du poids d'une demi-livre environ, susceptible
de se conserver dans tous les climats pendant des années, pourvu
qu'elle soit tenue dans un lieu frais à l'abri de l'humidité et de
l'accès de l'air.

Dans mille circonstances il peut être utile d'avoir une provision de biscuit, et dans tous les temps il devrait servir
comme pain de soupe ; il conserve et augmente la qualité des
potages, que le meilleur pain détériore souvent.

La préparation du biscuit consiste à délayer dans de l'eau
tiède cinq livres environ de levain, un peu plus avancé que
pour le pain, et à le mêler avec cinquante livres de farine de
froment bien blutée, et à pétrir le tout. Lorsque la pâte est au
point de ne pouvoir plus être travaillée avec les mains, on
la foule avec les pieds jusqu'à ce qu'elle soit parfaitement lisse,
tenace et très-unie.

Le pétrissage fini, on manipule encore la pâte par parties ;
d'abord on en forme des rouleaux, qui séparés en petits morceaux, repassent par la main de la ménagère : quand le poids
de chaque galette est déterminé, on lui donne la forme qu'elle

doit avoir, après quoi on l'arrange sur des planches qu'on expose au frais.

On a soin que le four soit moins chauffé que pour la cuisson du pain ; mais aussitôt que la dernière galette est tournée, on commence à enfourner la première, après l'avoir percée de plusieurs trous avec une pointe de fer, ce qui favorise son aplatissement et procure des issues à l'évaporation. Le séjour du biscuit au four est de deux heures environ.

A mesure qu'on retire les galettes du four, on les range avec précaution dans des caisses et on les porte dans un lieu chaud et propre, où le biscuit achève de se dessécher. On reconnaît qu'il possède toutes les qualités désirables lorsqu'il est sonore, qu'il casse net, qu'il trempe et se gonfle facilement dans le bouillon sans s'émietter ni gagner le fond du vase. (Parmentier.)

BISTRE (*Procédé pour obtenir le*).

312. On forme le bistre pour les lavis, en prenant de la suie luisante de cheminée, la faisant digérer dans de l'eau bouillante, en passant la liqueur et la faisant évaporer en extrait. Quelquefois on y ajoute de l'eau de chaux ou de l'alumine. C'est une couleur dont on se sert pour la miniature et pour la gouache.

BLAIREAU (*Chasse du*).

313. Le blaireau ne se tue guère qu'au fusil en le guettant à la sortie de son terrier, par un clair de lune, depuis la fin du jour jusque vers minuit. Cependant on le prend à des collets qu'on place dans des passées. Pour cela, on cherche dans une haie une grosse branche fourchue, et l'on passe dans la fourche une corde, au bout de laquelle pende une grosse pierre; on pose la pierre légèrement sur la branche la plus proche. On fiche ensuite en terre deux forts piquets à l'endroit où doit passer le blaireau : on les perce tous deux, afin d'y passer la corde où la pierre est attachée, et au bout de cette corde se met le collet justement dans la passée de l'animal. Dès que le blaireau y a passé la tête, il fait tomber la pierre et il s'étrangle.

Lorsque les femelles des blaireaux ont mis bas, ce qui arrive au mois d'octobre, on peut se mettre à l'affût en plein jour, près de leurs terriers, pour y attendre les petits qui viennent s'ébattre aux environs dès qu'ils commencent à marcher. (*Encycl. méth.*)

BLANC D'ESPAGNE (*Purification du*).

514. On purifie le blanc d'Espagne en le faisant fondre dans

un vase bien net, rempli d'eau claire. Quand il est dissous avec beaucoup d'eau, on le remue bien et on le laisse reposer un peu pour que le gravier tombe au fond du vase. On verse alors toute l'eau blanche dans un second vase, et on la laisse reposer jusqu'à ce qu'elle soit devenue bien claire et que tout le blanc soit tombé au fond du vaisseau. On ôte ensuite l'eau sans agiter le fond, on laisse sécher un peu la pâte qui y reste, et on la met en pain qu'on expose à l'air. (*Encycl. méth.*)

315. *Blanc de toilette.* Faites une pâte avec du talc en poudre, et de l'eau azurée très-claire et légèrement gommée avec un peu de gomme-adragant; formez-en des pains, mettez-la dans des pots, ou faites-la sécher et réduisez-la en poudre; vous aurez un blanc de toilette bien préférable à tous ceux qu'on peut obtenir avec l'étain de glace ou le bismuth. (*Parfum. impér.*)

BLANC-MANGER.

316. Prenez : gelée de corne de cerf, de forte consistance, 248 grammes; amandes douces, 32 grammes; eau de fleur d'orange, 4 grammes; esprit de citron, 3 gouttes; sucre, 16 grammes; eau commune, 128 grammes.

On fait avec les amandes et l'eau une émulsion qu'on mêle avec la gelée de corne de cerf liquéfiée à une douce chaleur; on ajoute ensuite les aromates, on coule dans des pots et on conserve en un lieu frais.

C'est un aliment très-agréable, restaurant, délicat dans les ardeurs de poitrine ou d'entrailles, la dyssenterie et l'hémoptysie. (J-J. Virey. *Traité de pharmacie.*)

BLANCHIMENT.

317. *Blanchiment des toiles.* L'un des premiers soins à prendre, est d'assortir les toiles en rapport de leur finesse, et de la nature des matières qui les composent; de même, à mesure que les toiles avanceront dans le blanchissage, il faudra avoir attention de retirer des cuviers celles qui prendront le plus promptement le blanc, et les faire passer dans ceux où seront les toiles qui auront acquis le même degré de blancheur.

On dispose les toiles par feuillets égaux entre eux en longueur et en largeur, on attache sur les lisières des anneaux de ficelles, puis on les range dans un cuvier par lits entre chacun desquels ou jette quelques seaux d'une lessive alcaline légère, ou de l'eau de rivière tiède, dans laquelle on a fait fermenter un peu de farine ou du son de seigle.

Lorsque la cuve est pleine de toiles et d'eau, on pose par-dessus un couvercle percé de plusieurs trous, afin que les toiles ne soient pas soulevées par la fermentation, qui s'y établit en peu d'heures ; son action est indiquée par des bulles d'air qui s'élèvent, et par une pellicule qui se forme à la surface de l'eau ; la cessation des bulles et la précipitation de la pellicule (qui s'opère au bout de 24, 30 à 36 heures), indiquent le temps précis où il convient de retirer les toiles et de les faire passer au lavage. Ce lavage a lieu en pleine eau, et doit se faire avec les mains, et, si cela ne suffit pas, avec les pieds ; lorsque les toiles ne sont pas trop grasses, on peut se permettre de les battre légèrement avec des fléaux. Le lavage des toiles peut encore s'opérer ainsi qu'il suit : On les jette dans un réservoir disposé en canal, dont l'eau est toujours claire et courante ; ce réservoir est garni au fond et par côté de forts plateaux de bois polis, et en partie recouvert d'un pont léger de même nature qui rase l'eau. On y entretient la plus grande propreté. Là, on lave les toiles, on les bat légèrement lorsqu'elles sont trop épaisses, et on les relave : puis on les tord aux crochets, et, pour mieux les purger qu'au lavoir, on les arrose continuellement au moyen d'un tuyau de pompe, placé au-dessus de la manivelle du crochet mobile. Au lieu de tordre au crochet l'on peut se contenter de tirer les toiles sur le pont, et de les plier en même temps par feuillets.

318. *Autre procédé du lavage.* On se sert de deux rouleaux de bois placés l'un au-dessus de l'autre sur des montans qu'on établit dans le courant d'une rivière. Le supérieur porte une cannelure engagée dans une rainure pratiquée sur les montans ; les tourillons n'en étant pas fixés, ce cylindre peut s'élever librement et pèse sur l'autre de tout son poids. Lorsqu'on veut laver une toile, on engage un des bouts entre les cylindres, et en faisant tourner la manivelle que porte l'un des tourillons, la toile coule rapidement entre les cylindres. En peu d'instans elle se trouve ainsi exprimée.

319. *Exposition sur le pré.* Après la macération et le lavage, on passe les toiles au pré où on les arrose fréquemment.

Les prés doivent être entourés de fossés et coupés de canaux parallèles, distans de 30 à 36 mètres ou de 15 ou 16 toises. Aux uns, les eaux soutenues en partie, roulent lentement et constamment ; au-dessus des autres est un réservoir pour les remplir au moyen d'une vanne, tandis qu'une vanne semblable, répétée à l'extrémité opposée, sert à les vider ; l'eau doit être claire, la plus douce possible, dissolvant bien le savon, et bien aérée ou bien battue.

Les canaux doivent être soutenus de digues étroites, mais qui surmontent un peu la prairie. Des hommes, avec de longues pelles de bois cylindriques, creusées sur la moitié, longent les canaux ; et, en marchant, jettent au loin de l'eau sur les toiles, et continuent ainsi en allant et venant pendant que le soleil est sur l'horizon.

Il est important de ne jamais trop laisser sécher les toiles.

Il est essentiel que le gazon soit fin, et toujours assez dense ou assez fort, pour qu'il puisse soutenir les toiles à une certaine hauteur, afin que l'air pénètre dessous et puisse circuler. Il faut détruire et arracher les tiges dures, qui s'élèvent au-dessus du niveau du pré, parce qu'elles peuvent détendre les fils plus dans des parties que dans d'autres ; il n'est pas moins indispensable de détruire les taupes, car en soulevant la terre elles tachent les toiles. On réussit facilement à les faire périr en mettant dans leurs trous des bulles de colchique.

320. *De la lessive.* Après avoir retiré les toiles de dessus le pré, on les lessive comme il suit : Elles sont placées dans des cuves de 4 pieds de haut (1 mètre 299 millimètres), sur 6 de diamètre (1 mètre 949 millimètres) et on a l'attention de mettre dessus, les toiles qui exigent une lessive plus forte.

On recouvre le tout d'une toile grossière, mais serrée ; on forme sur cette toile une couche de cendres ; on commence par jeter quelques seaux d'eau chaude sur ces cendres, et bientôt après on y jette de la lessive bouillante, qu'on forme avec la soude et le sel provenant de la combustion des côtes et nervures des feuilles de tabac.

Cette lessive s'écoule par une bonde qui est pratiquée au fond de la cuve. Le travail dure, sans interruption, quinze ou seize heures par jour. A quatre heures du matin, on retire les toiles pour les porter sur le pré, où elles restent jusqu'à midi. Ces manœuvres alternatives d'exposition sur le pré et de lessivages durent quinze à seize jours.

Les cuves de coulage doivent être en maçonnerie revêtue de ciment ; il faut que leur base soit au niveau du bord des chaudières, pour que la lessive, jetée de celle-ci dans la première, coule d'elle-même et remplace continuellement celle qu'on enlève ; les chaudières doivent être tellement à portée des cuves, que l'ouvrier, chargé du soin du coulage, n'ait à se déplacer ni à se baisser pour puiser la lessive, ce qu'il fait avec un vase de cuivre longuement emmanché.

Les toiles mises dans le cuvier doivent être arrangées par

feuillets. Elles doivent être arrosées d'une lessive légère, seulement tiède et foulée aux pieds avec des sabots.

Lorsque l'assortiment par cuve est impraticable, il faut autant que possible s'en rapprocher en mettant en haut immédiament sous le charrier les plus grosses toiles et les plus écrues; les plus fines et celles qui s'approchent le plus du blanc, en dessous.

321. *Choix des cendres.* Leur qualité dépend de la quantité de potasse qui s'y rencontre : les végétaux qui fournissent le plus de cendres riches en potasse, sont les plantes herbacées ou les herbes; les arbustes en fournissent plus que les arbres: les feuilles plus que les branches, et les branches plus que les troncs; toutes les dépouilles des plantes potagères sont très-riches en potasse; ainsi il convient de brûler les résidus des betteraves provenans des fabriques de sucre, ainsi que ceux de pommes de terre, dans les fabriques d'alcohol ou d'eau-de-vie de pomme de terre.

La chaleur de la lessive doit être tellement graduée, qu'en l'augmentant à chaque jetée, elle ne soit bouillante que vers la dernière, c'est-à-dire après 10 ou 12 heures de coulage; trop de chaleur d'abord, comme une lessive trop forte dans le commencement, crisperait les toiles. La lessive ne doit jamais manquer d'eau; lorsque celui qui est chargé de l'entretien est obligé de s'absenter, il doit avoir la précaution de remplir le cuvier et de fermer la bonde.

Lorsqu'on retire les toiles du cuvier, il ne faut pas les exposer au trop grand froid de la rivière, il faut échauffer l'eau dans laquelle on les plonge, ou les laisser quelque temps sur des brancards où elles prennent l'évent et s'égouttent. Si l'on veut les exposer sur le pré immédiatement, il faut placer des piquets en terre, et y attacher les toiles au moyen des cordelettes fixées aux tissus; lorsque le vent s'engouffre sous les toiles, il faut étendre six à sept cordes par-dessus dans la largeur du pré, afin de les maintenir, et les empêcher de s'envoler et de se déchirer.

322. *Passage des toiles aux acides.* Lorsqu'on juge que les toiles ont assez de lessive, on les porte dans un bâtiment, où sont placées des cuves de 23 pieds (0,975 mètres) de haut sur 4 pieds (1,299 mètres) de diamètre, et remplies de petit-lait aigri. On y plonge les toiles, et on les y laisse séjourner pendant 24 heures. On supplée au petit-lait avec une eau sure, préparée avec le son ou la farine de seigle, ou bien encore avec le suc de l'oseille débarrassé de la matière verte par le repos.

On dispose les toiles par feuillets comme dans la macération, et on jette à fur et à mesure l'eau acidulée, en ayant soin de les fouler avec les pieds ; puis on les laisse ainsi pendant vingt-quatre à trente-six heures, en ayant soin de les changer de cuve lorsque la fermentation putride s'établit, ce qui arrive promptement ; on remplace avantageusement ces acides par l'huile de vitriol (l'acide sulfurique) étendue d'eau dans les proportions suivantes : 160 grammes à 240 grammes d'acide, à 66 degrés de l'aréomètre de Baumé, pour 400 litres ou pintes d'eau pure ; le mélange, qui peut varier suivant la qualité des toiles sur lesquelles on opère, doit être parfait avant d'être versé sur la toile ; pour en accélérer l'action on peut échauffer l'eau, lorsque la température de l'atmosphère dans laquelle on a opéré est trop basse.

323. *Du Savonnage.* De l'acide, les toiles passent au lavage. Après les avoir bien repamées on les laisse égoutter, puis on les savonne.

A cet effet on les frotte à la main ou sur le poignet, avec du savon noir et de l'eau chaude, sur les larges bords inclinés en dedans, d'un baquet fait avec des planches fortes et épaisses. Il faut frotter soigneusement sur les lisières réunies par le doublage de la toile ; et, si elle offre quelques nuances, il faut la tremper de nouveau dans de l'eau de savon, et la travailler jusqu'à ce qu'elle soit purgée de toutes ses impuretés.

324. *Du bleu.* Trempez-y la toile au moment que la couleur est suspendue dans l'eau, et sans attendre qu'elle se repose.

On choisit le plus beau bleu d'azur ; on le délaie dans un peu d'eau claire ; on puise de cette eau chargée d'azur, et on la fait passer à travers un tamis de soie, dans une petite cuve remplie d'eau la plus limpide ; et, lorsque l'on juge, par un essai fait sur une poignée de fil ou un bout d'étoffe, que l'eau est suffisamment chargée, on la passe successivement en exprimant, et en ayant soin d'ajouter du bleu au fur et à mesure, pour que la nuance soit uniforme.

On trempe ensuite les toiles dans le liquide qui doit pouvoir en baigner 13 ou 14 pièces à la fois. On peut employer au lieu d'azur, du bleu de Prusse dissous dans de l'acide sulfurique ; l'indigo pastel liquide, préparé à l'eau-de-vie dans les fabriques de France, est préférable au véritable indigo. On en jette quelques gouttes dans l'eau selon la nuance d'azur que l'on veut obtenir. Quel que soit le procédé que l'on suive, il faut plonger les toiles dans le baquet au moment où le bleu est suspendu dans l'eau. Il suffit qu'elles y restent le temps de s'imbiber ; immédiatement après on les passe à deux crochets ; on les tord : on exprime le superflu de l'eau du bleu qui retombe dans le baquet ; ou, si les toiles sont fines, comme les linons, on les jette dans un filet, attaché lui-même à ces crochets ; puis l'on tord de même, on rajoute de nouvelles quantités de bleu au fur et à mesure que les toiles retirées sont enlevées.

La nuance de bleu à donner aux toiles, dépend de l'éclat qu'on veut qu'elles aient : une trop forte dose laisse soupçonner que le blanc est éloigné de la perfection.

Ensuite on les porte aux séchoirs ; ce sont ordinairement de petits bâtimens carrés, très-aérés, entourés de grosses toiles flottantes, qui garantissent du soleil et de la pluie, et qui font l'office de ventilateurs. Ces toiles sont garnies dans le haut de cordelettes, auxquelles, avec des épingles, on attache les toiles alternativement par l'une et l'autre lisière, pour que le bleu reste également étendu sur toute la surface.

325. *Apprêt.* On peut apprêter les toiles, ou en les mettant au bleu ou après les y avoir mises. Dans l'un et l'autre cas, l'apprêt consiste en un mélange d'amidon et d'azur, donné comme le bleu qui vient d'être indiqué.

La quantité d'empois est déterminée par la mauvaise qualité des toiles ; on les empâte pour en couvrir les imperfections ; ensuite on calandre les toiles, soit en les roulant sur des cylindres de bois, par une énorme pression sur le marbre, et sous un poids considérable, soit en les faisant passer entre plusieurs cylindres très-comprimés eux-mêmes les uns contre les autres ; ou bien enfin en les frappant à coups de maillets de bois sur une table de marbre, afin de leur donner une apparence de plus de force et de finesse.

Pour presser au cylindre on met la toile en courroie, on la déplisse, on la roule ferme sur le cylindre qu'on doit mettre sous la calandre ; et, pour que le frottement du bois n'en salisse pas les derniers plis, on recouvre le tout d'une toile écrue qui ne sert qu'à cet usage ; on glisse ainsi à la fois, mais de deux à trois pieds de distance, deux rouleaux garnis, sous la calandre, vers le milieu, et en une vingtaine de tours de va-et-vient l'opération est finie ; alors on les double, on les met sous la presse, où elles restent vingt-quatre heures.

Pour la passer au maillet, on écrase le fil ou le grain de la toile, avant de la passer au bleu d'empois, on la plie par partie en 4, 6, 8 doubles, suivant la finesse, et l'ouvrier dirige la toile d'une main, et de l'autre frappe dessus à grands coups, en frappant toujours du plat du maillet et non de la carre.

Si l'on faisait usage de deux cylindres en cuivre, disposés en laminoir, et auxquels on donnerait l'épaisseur qu'on voudrait, en approchant plus ou moins les cylindres, on aurait une pression beaucoup plus égale, et l'on se rendrait maître de son opération.

326. *Procédé de Beauvais.* On trempe les toiles dans l'eau pour les imbiber.

On les étend sur le pré.

On les lessive.

Ces manœuvres alternatives d'exposition sur le pré et de lessivages durent quinze jours.

On les passe au petit-lait aigri.

On savonne ensuite à la main, ou dans les moulins à foulons.

On les expose au pré, d'où on les retire pour les passer au lait aigri.

On répète ces opérations 5 à 6 fois, jusqu'à ce que la toile ait acquis la blancheur convenable.

Pour les lustrer, on les passe dans une cuve d'eau, tenant de l'amidon en dissolution, et on les cylindre à demi séchées.

327. *Procédé de Valenciennes pour blanchir les lins.* On trempe les toiles de lin dans l'eau, pendant trois jours.

On les dispose dans une cuve; et on les recouvre d'une grosse toile sur laquelle on met une couche de soude de deux pouces (1,86 centimèt.) d'épaisseur. On couvre cette couche d'une seconde toile, et on verse dessus une lessive de soude chaude, et ensuite bouillante, qui pénètre toute la masse, est reversée dessus, et coulée durant la soirée et la nuit.

Au matin on expose les toiles sur le pré, on les arrose de temps en temps jusqu'à midi.

On les reporte dans la cuve, pour leur donner une seconde lessive, et l'on réitère ces opérations pendant quarante jours.

On les trempe ensuite dans du lait aigri, après quoi on les savonne.

On les lave soigneusement dans de l'eau courante, et on les sèche à l'ombre.

On les lustre, en les passant dans l'eau gommée et au cylindre.

328. *Procédé de la Basse-Picardie.* On imbibe les toiles dans l'eau courante, et on les fait ensuite macérer pendant deux ou trois jours, dans des cuviers remplis d'eau, dans laquelle on a délayé de la craie ou de la chaux éteinte.

On les porte sur le pré, et dès qu'elles sont sèches, on les passe alternativement au pré et aux lessives, comme à Beauvais, avec cette différence que les lessives ne sont pas répétées si souvent, et que les toiles restent plus long-temps sur le pré.

Lorsque les toiles sont fortes, après les premières lessives on les repasse dans de l'eau de chaux.

On n'emploie pas le lait aigri.

On se contente de donner un savonnage à la hâte, et on repasse aux lessives et sur le pré, si le fil n'est pas assez blanc.

329. *Blanchiment du fil.* Lorsqu'on a une petite quantité de fil à blanchir, on met les écheveaux dans des pots, couche sur couche, avec du savon noir, on place les vases dans un bain ou dans un lieu chaud quelconque, et après vingt-quatre à trente-six heures, le fil a pris un beau blanc. On répète l'opération, si la première n'est pas suffisante. On lave, on expose sur le pré, on relave et on fait sécher.

330. *Blanchiment des toiles destinées à faire des indiennes.* On les fait bouillir pendant deux heures dans une chaudière, contenant une lessive préparée avec quatre onces de potasse d'Amérique, et une livre de chaux par livre de toile. Après cette ébullition on les retire, et on les place en forme d'écheveau de la longueur de cinq pieds, en les fixant dans le milieu avec un bout de la pièce; on les range ainsi les uns à côté des autres sur le pont du lavoir.

Les toiles ainsi disposées, on les bat avec des fléaux de la même manière que le blé : un homme, placé sur une planche fixe au bord de la rivière, une écope à la main, jette continuellement de l'eau sur les toiles : on lave et on bat ainsi les pièces pendant un bon quart d'heure, en les retournant de temps en temps.

Quand les toiles sont bien lavées et bien battues, on les met dans la chaudière de plomb, qui est continuellement chargée d'eau tiède à 40 degrés, dans laquelle il y a une partie d'acide sulfurique sur cent parties d'eau. On attache les pièces de toile au bout l'une de l'autre, par le moyen de deux nœuds faits avec le coin de chaque lisière ; on les plonge ensuite dans l'eau acidulée, l'espace de vingt minutes, on les manœuvre avec le moulinet fixé à cette chaudière.

Il faut faire attention de tenir toujours les toiles plongées dans le bain, et de ne laisser exposées à l'air que celles placées sur le moulinet, que l'on fait tourner avec vitesse.

Ensuite on les retire, en ayant soin de les dénouer dans le bain, afin de ne point les exposer à l'air quand la pièce est détachée, on la tord promptement à la main ; et, sans en attendre une autre, on va la rincer à la rivière en la tournant, et en la faisant aller et venir avec rapidité, pendant un demi-quart d'heure, sur les moulinets qui sont suspendus au lavoir : ensuite on la fait sécher, et on la passe au cylindre.

On peut, au lieu de chaudière, se servir d'un cuvier en forme de mortier sur lequel est un moulin rempli d'eau et d'huile de vitriol (acide sulfurique); mais comme alors il faut renoncer à l'emploi du feu, il est nécessaire d'employer une plus grande quantité d'acide. Tant que les toiles ne restent point exposées à l'air au sortir de l'acide, il n'y a nul danger; mais 5 minutes d'exposition à l'air suffisent pour les brûler entièrement.

Dans quelques fabriques on fait tremper les toiles sept à huit jours, on les fait fouler aux pieds garnis de sabots, dans des cuviers avec la lessive caustique, ensuite on les jette sans les tordre ni les laisser égoutter, dans une chaudière d'eau bouillante, ou on les fait bouillir une heure avant de les passer à l'acide.

331. *Blanchîment du coton.* On le fait bouillir dans l'eau pure; on le lave avec soin; on le dispose dans un cuvier, en formant les couches de dessus, avec les étoffes de coton les plus difficiles à blanchir. On recouvre le tout d'une couche de cendre, qu'on arrose avec de l'eau chaude; lorsque cette lessive a traversé la masse des étoffes, elle est reçue dans une chaudière, disposée sur un fourneau placé à côté de la cuve, et ensuite on la rejette bouillante sur la cuve. Ce coulage dure douze heures; on lave ensuite le coton avec soin; et on termine l'opération en l'exposant plusieurs jours sur le pré.

332. *Blanchîment de la soie (procédé de Lyon).* Lorsque la soie est destinée à recevoir le beau blanc qu'on lui donne à Lyon, on lui fait subir trois opérations.

1° Le dédommage, qui consiste à tenir les mateaux dans une dissolution très-chaude, et non bouillante, de 30 parties de savon sur 100 de soie.

2° La cuite, qu'on fait en laissant bouillir la soie, pendant une heure et demie, dans une dissolution moins chargée de savon.

3° Le blanchîment, qui s'obtient en tirant la soie dans une forte dissolution de savon.

A Lyon, on a encore l'usage de tremper les soies, pour leur donner du corps et rendre le blanc plus brillant : à cet effet, on dispose la soie sur des perches, dans des chambres bien fermées et sans courant d'air : on met le soufre dans une terrine, et on l'allume : on laisse les soies exposées à la vapeur du soufre pendant vingt-quatre heures; après quoi on ouvre la chambre pour laisser sécher.

333. *Méthode pour blanchir la soie sans la décreuser.* Nous devons à Baumé le procédé qui conserve à la soie toute la roideur qui lui est naturelle, et qui imite parfaitement celle de

Nankin. Pour cela, on met la soie qu'on veut blanchir, sup-posant 6 livres (5 kilogrammes), dans un mélange de 48 livres (24 kilogrammes) d'esprit-de-vin (ou alcohol) à 30 degrés. On bouche le bocal, et on l'expose à une chaleur de 15 à 20 de-grés, pendant 12 heures au soleil, et 24 à l'ombre ; ensuite on fait couler l'alcohol, que l'on remplace par une nouvelle quantité également mélangée avec l'acide; on savonne la soie à la même température que la première et pendant autant de temps, ensuite on la retire de nouveau après l'avoir exprimée ; on la lave pendant 4 ou 5 minutes dans de l'alcohol pur, puis on la retire, on l'exprime, on la lave à 2 ou 3 reprises dans de l'eau claire, qu'on renouvelle ainsi à chaque lavage ; enfin on la fait sécher sur une guinde, sur laquelle on la tend le plus fortement possible, pour l'empêcher de se gripper.

334. *Blanchîment de la dentelle.* On la trempe consécutive-ment dans 3 onces d'eau de savon chaude, on ne la frotte pas, seulement on la passe dans les mains, puis on l'expose au soleil; ou bien on la fait mitonner avec de la graisse de mou-ton dans une eau très-chargée de savon ; avant le repassage on lui donne une eau très-légère d'empois blanc, et on la fait sé-cher à demi dans un linge.

335. *Autre blanchissage à neuf.* On ne la repasse point, on l'attache quand elle est sèche sur un tapis, en ouvrant tous les points avec des épingles, après quoi l'on se sert de deux éponges bien fines; on trempe l'une dans de l'eau où l'on a fait fondre de la gomme adragant et l'on humecte la dentelle; on essuie aussitôt avec l'autre éponge, afin que l'humidité ne pénètre pas le tapis, et que la dentelle soit légèrement mouillée.

336. *La maline brodée.* On fait passer la maline brodée dans une eau bien légère de bleu, après les eaux de savon, afin de lui donner cette blancheur qui lui est particulière quand elle est neuve. A cette exception près, toutes les dentelles se blan-chissent de même.

337. *Le point.* On le rince, on l'étend le mieux qu'il est possible, et quand il est sec, on en relève les fleurs avec un outil d'ivoire ; on en fait autant pour le point d'Angleterre.

338. *Le linon.* Il se blanchit comme les dentelles; il s'apprête avec de l'empois blanc en petite quantité, et s'attache soigneu-sement sur le tapis.

339. *Le filet.* On a soin, avant de le blanchir, de passer une soie dans toutes les mailles de chacun des côtés; ainsi enfilé, il s'attache et s'étend plus facilement sur le tapis. Si le filet est de soie, il faut, après l'avoir trempé dans une eau épaisse d'em-pois blanc, l'envelopper dans un linge mouillé, et le mettre dans un soufroir bien couvert, de manière qu'il ne reçoive que

la fumée du soufre. *Le soufroir* est un tambour ou une boîte cylindrique faite de la même forme que les seaux des porteurs d'eau de Paris, semblable en tout, à cette différence près qu'on en met cinq ou six les uns au-dessus des autres ; que le tambour ou espèce de baril qui en résulte reste sans fond par le bas, et qu'on adapte un couvercle au-dessus. Vers les deux tiers de la hauteur, en dedans, on tend un filet sur lequel on pose une serge blanche, pour recevoir les blondes que l'on met au soufre : on peut ainsi garnir le soufroir jusqu'au haut. Les choses ainsi préparées, on place le soufroir sur de la cendre chaude, on y jette du soufre en poudre ; lorsqu'il est brûlé, on clôt bien le vase.

340. *Blondes, gazes de Marly*. Elles se blanchissent de même que les dentelles ; quand elles sont bien rincées, elles s'apprêtent à la gomme et se mettent au soufroir dans un linge mouillé, avant d'être attachées. Elles sont plus brillantes quand le soufre passe aussi par-dessus la gomme. Il faut observer que les blondes et les filets doivent être séchés avant d'être mis à l'apprêt.

Pour le marly en soie, ainsi que la gaze plâtrée, on mêle de l'amidon ou de la poudre blanche dans l'eau où l'on fait fondre la gomme.

La dose de la gomme n'étant point déterminée, on l'essaie sur un morceau sans valeur.

341. *Du blanchissage des étoffes de laine*. On blanchit les étoffes de laine, les bas, ou tout autre vêtement de cette matière, que le travail, les apprêts ou l'usage ont rendus malpropres, et on leur donne un blanc plus éclatant que n'est le blanc naturel de la laine après le lavage et le dessuintage, de la manière suivante : On commence à laisser tremper l'étoffe, pendant quelque temps dans un bain tiède, d'une légère eau de savon (1) ; ce lavage se fait à la main et encore mieux avec des pilons fort légers à ressort, placés dans un vase de bois où l'étoffe se frotte et s'agite sans être foulée ; on la laisse reposer quelques instans ; on la pile de nouveau, on l'agite encore, puis on la dégorge et on la lave dans une eau très-claire. Si c'est un vêtement, on se contente de le repasser à une eau de savon également tiède, mais un peu plus forte que la précédente, on l'y agite, on le lave bien et on le passe au bleu ; on en exprime l'eau, puis on le met au soufroir pendant quelques heures et on le fait sécher. Si ce sont des bas, on préfère les laisser sur leur savon, sans les laver et les soufrer, afin de leur donner plus de douceur.

(1) Il ne faut jamais employer d'alcalis libres, et même être très-attentionné à n'employer que la quantité de savon nécessaire, à raison de la malpropreté de l'étoffe.

A l'égard des chemisettes de laine, de flanelle ou autre étoffe à mettre sur la peau, ni le savon, ni le soufre ne leur conviennent; il suffit de les dégraisser à l'eau de son et de les laver après ; la couleur n'y fait rien, car il est question de les rendre absorbantes le plus possible, et le savon ne peut que beaucoup nuire à cet effet. Si au contraire c'est une étoffe à passer dans le commerce, au sortir du soufroir, on la lave à pleine eau, on la met au blanc d'Espagne dans lequel on ajoute un peu de bleu de Prusse, on délaie l'un et l'autre ensemble dans l'eau, on y passe l'étoffe une ou deux fois, on la lave ensuite dans une légère eau de savon, et on la fait sécher; puis on la passe à l'étendoir ou courroie, et à la calandre ou à la presse, ou à l'un et l'autre, suivant sa nature. (*Nouv. Secrets des Arts et Met.*)

342. *Blanchîment des gravures, par l'acide muriatique oxygéné.* On peut employer à cet usage un petit tonneau en bois blanc, légèrement conique, d'un mètre de haut sur cinquante à soixante centimètres de diamètre, garni de cercles en bois. On y fait ajuster un couvercle fermant hermétiquement, et un double fond mobile sur lequel on place les gravures, qui sont séparées et soutenues par des tubes de verre très-fin, arrondis à la lampe.

Pour faire exactement le mélange de l'eau avec l'acide muriatique oxygéné, on les verse en même temps, au moyen d'un grand entonnoir, dans un tuyau en plomb qui, traversant le couvercle, pose sur le double fond.

Avant de placer les gravures dans l'appareil destiné au blanchîment, on les divise en deux parties : la première comprend celles qui sont grasses, celles collées sur toile, et celles qui sont doublées en papier dont le dos reste encore encollé; la deuxième, celles qui sont seulement colorées et tachées d'encre. Après avoir disposé toute cette première partie dans un vase en faïence, ou dans un petit tonneau en bois blanc, on le remplit d'une dissolution chaude et très-faible de potasse, dissolution qu'on peut même se procurer par la lixiviation des cendres. Deux ou trois heures suffisent pour enlever toutes les taches; on fait sortir alors la liqueur, qu'on remplace par de l'eau claire, afin d'enlever toutes les parties alcalines qui contribueraient en pure perte, à affaiblir l'acide muriatique oxygéné.

L'eau écoulée et les gravures raffermies, on les place dans le tonneau à blanchir, concentriquement en hauteur ou en largeur, suivant leurs dimensions, dans les espaces que les tubes laissent entre eux, de manière qu'elles ne soient pas trop pressées.

On dispose d'abord les plus grandes, ayant soin de réserver

le centre pour les plus petites. Par ce moyen on les développe
plus facilement, et en les retirant elles ne risquent point d'être
déchirées. Le couvercle posé, on verse en même temps l'eau
et l'acide muriatique oxygéné par le tube de plomb, qu'on enlève ensuite pour fermer exactement l'appareil. Quel que soit
l'état des gravures, elles sont ordinairement blanches en deux
ou trois heures, ce dont on peut s'assurer en examinant une
de celles qui sont placées au centre. Pour n'être point incommodé par l'odeur lorsque le blanchiment est achevé, on ouvre
le robinet qui, au moyen d'un tuyau, conduit la liqueur dans
un grand vase fermé, placé sous cet appareil; mais comme le
gaz et l'acide dont les gravures sont encore imprégnées, pourraient rendre le travail désagréable et même dangereux, on le
remplit d'eau bien claire. Si les estampes sont d'un papier fort,
on pourra les enlever une à une du milieu de l'eau; mais si elles
sont minces et déjà fatiguées, il vaudra mieux faire écouler tout
le liquide et les laisser se raffermir. On les fait égoutter ensuite
sur des claies recouvertes de linge blanc, et on les lave des deux
côtés à grande eau, en les disposant, soit sur des marbres inclinés, soit sur des châssis de toile blanche. Cette opération
est fort essentielle; car les gravures rejaunissent quelquefois
assez promptement quand elles n'ont pas été assez lavées. On
les étend ensuite sur des claies garnies de serviettes, ou sur des
cartons recouverts de papier blanc; et, pour qu'elles ne sèchent
pas trop vite, on ne les expose ni au soleil, ni au grand courant d'air. Lorsqu'elles sont encore humides, on les met entre
deux feuilles de papier de soie, sur lesquelles on place des
feuilles de carton de la même grandeur. Ainsi rangées, on les
dispose les unes sur les autres, et on les met en presse, où
elles doivent rester au moins vingt-quatre heures.

Quand les estampes sont très-belles, on peut les mettre en
presse, avec des feuilles de cuivre de même grandeur que la
partie gravée; on les obtient de la plus grande beauté et dans
toute leur fraîcheur. Il faut avoir soin de les exposer ensuite à
l'air, et au soleil, pour dissiper entièrement l'odeur de l'acide
muriatique oxygéné, et de ne les placer dans les portefeuilles
que lorsqu'elles sont parfaitement sèches. Malgré toutes les
précautions indiquées, il peut se trouver, sur le dos de celles
qui étaient encollées, des taches jaunes produites par l'action
de l'acide muriatique oxygéné, sur la matière animale de la
colle; on pourra les enlever par l'acide sulfureux.

On a blanchi par le procédé qui vient d'être indiqué, plusieurs
centaines de gravures en un seul jour, malgré les soins extrêmes
qu'exigeait un si grand nombre d'estampes, toutes rares et
précieuses. (Roard.)

343. *Blanchîment économique.* En Hollande, les blanchis-
seuses ne se servent ni de battoir ni de brosse pour laver le
linge, et par conséquent elles l'usent beaucoup moins et le blan-
chissent beaucoup mieux. Voici comme elles procèdent :

Après avoir ramassé le linge, elles l'empâtent pièce à pièce
en divers endroits avec du savon noir, le mettent ensuite dans
un cuvier, qui n'a point d'égout comme les nôtres, et le couvrent d'un gros drap qu'elles appellent *cendrier*. Pendant ce
temps, elles font bouillir une chaudière pleine d'eau, proportionnellement à la quantité de linge, y mettent des cendres, et
versent ensuite dans le cuvier cette eau chargée des sels lexi-
viels. L'eau bouillante étant versée dans le cuvier, par-dessus
le cendrier qui arrête les cendres, on la laisse reposer au moins
cinq ou six heures; au bout de ce temps, elles retirent le linge,
le savonnent à la main, le rincent et l'envoient ensuite au
blecke, espèce de pré fermé où se trouvent des fosses ou des
canaux pavés au fond, et où il n'y a jamais de vase. On étend
le linge au bord de ces fosses et on l'arrose de loin avec une pelle
pendant deux ou trois jours, aussi souvent qu'il sèche. Le
linge suffisamment blanc, on le met au bleu, puis on l'envoie à
la blanchisseuse qui a soin de le faire sécher à mesure qu'elle
le repasse. (*Encycl. méth.*)

344. *Blanchîment économique à la vapeur.* Pour prévenir
tous les accidens qui suivent l'usage des lessives ordinaires,
dont le moindre est souvent de tacher le linge, nous allons
donner le procédé suivant, dont l'exécution est simple, facile et
économique.

Après que le linge a été échangé à la manière ordinaire, on
le trempe dans une lessive légère de soude ou de potasse, mêlée
d'une petite quantité de savon, et on l'arrange dans la cuve à
vapeur.

Cette cuve, qui est d'une proportion plus élevée que les
cuves ordinaires, mais qui pourrait être de la même forme,
est percée au fond par beaucoup de trous; elle pose sur la gorge
d'une chaudière à moitié remplie, dans laquelle s'écoule l'excès
de lessive dont le linge est imprégné. C'est cette lessive qui
fait l'aliment de la vapeur, et ce pourrait être de l'eau pure,
puisque les alcalis fixes ne sont volatilisés qu'à une température bien supérieure à celle de l'eau bouillante. Comme il n'y a
que peu de liquide dans la chaudière, il entre promptement
en ébullition, et la vapeur, n'ayant d'autre issue que les trous
du fond du cuvier, qui est bien fermé par un couvercle, circule dans la masse de linge à l'aide de tuyaux convenablement
disposés et le pénètre de toutes parts. La durée de ce bain de
vapeur dépend de la quantité de linge et de son état de saleté ;

on peut l'estimer à quatre ou cinq heures pour cent livres de linge ordinaire,

Après que le linge est retiré du cuvier, on le lave dans de l'eau tiède, et, s'il reste encore des taches, on emploie un peu de savon.

Cette méthode a sur les lessives ordinaires des avantages incontestables : elle exige moins de temps, moins de savon, moins d'alcali, moins de bois ; elle est d'une exécution facile, d'un succès constant ; et, ce qui est un plus grand avantage, elle n'expose point autant au risque de brûler le linge en prolongeant l'opération au delà du terme nécessaire ; car la vapeur qui baigne le linge n'étant que de l'eau distillée, il ne peut en recevoir à chaque instant une nouvelle quantité sans que l'alcali dont il a été imprégné d'abord, n'en soit de plus en plus affaibli. (Cadet de Vaux.)

345. *Blanchissage des murs et des boiseries.* La chaux, à raison de son bon marché et de sa propriété de décomposer les miasmes dangereux, doit être préférée dans toutes les opérations de ce genre ; mais elle a l'inconvénient de s'enlever au plus léger frottement et de tacher les mains et les habits. La colle ou l'huile qu'on y ajoute pour l'éviter, sont très-chères. On a reconnu que le lait caillé à moitié égoutté ou le *fromage à la pie* pouvait les suppléer avec économie. En conséquence, quelques jours après que la chaux aura été appliquée sur les murs, qu'elle sera sèche et aura produit son effet relativement à la salubrité, on passera dessus une ou deux couches de ce fromage.

Si on voulait peindre les boiseries de la même manière, il faudrait mettre la chaux en poudre dans le fromage et l'appliquer sur-le-champ. (*Diction. d'agriculture.*)

DU BLÉ.

346. *Caractère distinctif du bon blé.* Il doit être sec, dur, pesant, ramassé, bien nourri, plus rond qu'ovale, avoir la rainure peu profonde, lisse, claire à sa surface, et d'un jaune clair ; sonner lorsqu'on le fait sauter dans la main et céder aisément à l'introduction du bras dans le sac qui le renferme.

Une méthode moins longue pour reconnaître la qualité des blés, c'est de comparer leur pesanteur spécifique ; le blé le plus pesant à volume égal, est à coup sûr le meilleur, car le blé même mouillé pèse moins, à volume égal, que celui qui est bien sec. La différence est telle, que le poids d'un bon blé et bien sec est au poids du blé mouillé comme deux cent quatre-vingt à deux cent quarante. (*Le Man. de santé.*)

347. *Moyen d'augmenter le produit du blé.* Si l'on coupe le blé huit jours avant sa maturité, ce que l'on connaît lorsque le grain étant pétri dans les doigts, la pâte a la consistance de la mie d'un pain sortant du four, que l'on pétrirait également ; si on le laisse sécher en gerbes pendant quatre ou cinq jours sur les sillons, en ayant soin de les retourner avant le lever du soleil pour que la chaleur enlève son humidité et celle de la rosée, on aura une récolte plus nourrie, plus belle, plus pesante que si on l'avait moissonnée plus sèche, et qui aura l'avantage de ne jamais être attaquée par le charançon.

De nombreuses expériences ont prouvé la bonté du procédé que nous annonçons, et nous les recommandons aux agriculteurs qui, trop entichés de vieilles routines, mettraient en doute les nombreux avantages qu'on retire de cette pratique. (*Journal d'Agriculture.*)

Observation. En général, tous les blés lavés à l'eau bouillante rendent plus de poids et font un pain beaucoup plus beau que les mêmes blés qui n'ont pas subi cette opération. (Parmentier.)

348. *Observations sur les blés nouveaux.* Lorsqu'on est obligé de se servir de blés nouveaux pour faire du pain, ce qui est toujours dangereux et peu économique, on prévient les empoisonnemens qu'ils n'occasionent que trop souvent en leur enlevant leur humidité, en laissant quelques jours les gerbes au soleil, et en y exposant ensuite les grains pendant douze ou quinze heures après qu'ils ont été battus. Au défaut du soleil, il faut étendre les gerbes à l'air libre pendant cinq à six jours, passer le grain au four après que le pain en est retiré, employer pour le pétrissage un levain plus abondant et un peu plus de sel. (*Man. d'écon. domest.*)

349. *Moyen d'empêcher la fermentation du blé.* Si la fermentation, qui n'est autre chose qu'un commencement de végétation, a déjà attaqué les blés, on parvient à la prévenir en entretenant le grain dans un état de fraîcheur et de sécheresse. Pour cela, on étuve le blé en le mettant au four immédiatement après qu'on en a retiré le pain, et en l'y laissant jusqu'à ce que le four ait perdu sa chaleur. Le blé dès lors n'est plus propre à la germination.

D'autres personnes ont placé leurs grains dans des greniers bien nettoyés, qui ont des ouvertures à l'orient ou au nord et des soupiraux en haut. Elles le remuent pendant les six premiers mois tous les quinze jours, et les dix-huit mois suivans, tous les mois. On en fait ensuite des tas aussi hauts que le plancher peut le permettre ; on met sur chaque tas un lit de chaux vive en poudre de quatre pouces d'épaisseur, puis, avec

des arrosoirs, on humecte cette chaux qui forme avec le blé
une croûte. Les grains de la surface germent et poussent une
tige, mais l'hiver la fait mourir, et le reste du grain peut, ainsi
préparé, durer plus de cent ans sans éprouver la moindre altération. C'est ainsi que le duc d'Epernon a fait préparer à
Metz des tas de blé qui se sont conservés pendant près d'un
siècle et demi. (*Man. d'écon. domest.*)

350. *Moyen d'empêcher la germination du blé.* La germination du blé sur pied, dans les années pluvieuses, est une
calamité qu'on prévient en les coupant dès qu'ils sont mûrs,
en les liant par petites gerbes qu'on suspend sur des perches à
deux pieds de terre, l'épi tourné en bas, afin que l'eau, glis-
sant sur la paille, ne pénètre pas le grain, et que l'humidité
qui s'échappe du sol ne hâte pas la germination. On saisit ensuite le premier beau jour qui suit cette opération pour rentrer les gerbes en granges, où on les expose à un courant
d'air qui achève de les sécher. Enfin, on les bat promprte-
ment et l'on met le grain sur des claies si l'on craint qu'il
n'ait conservé quelque humidité. (*Dict. des ménages.*)

Si l'on est pressé de faire sécher le blé, on peut le porter à
l'étuve en l'étendant sur des toiles ou suspendant les sacs le
long et contre le mur à des chevilles de fer qu'on y a fixées.
Quand il est bien sec, on l'enferme, après l'avoir vanné, dans
des tonneaux de chêne bien secs et bien reliés, que l'on ferme
ensuite aussi hermétiquement que possible. (*Encyclop. méthod.*)

351. *Procédé pour corriger les blés avariés.* Lavez le grain
avarié dans une eau alcaline bouillante, où, après l'avoir laissé
en repos pendant une demi-heure, vous l'agiterez fortement.
L'eau prend alors une couleur brune très-foncée, produite par
l'abondante dissolution et suspension des parties détruites de
la fermentation. Ce lavage écoulé, le grain se lave avec de l'eau
froide jusqu'à ce qu'elle soit incolore, l'agitant fortement chaque fois afin d'en détacher davantage par le frottement ce qui
serait resté attaché à l'écorce. Le grain, ensuite égoutté pendant
vingt-quatre heures, et séché rapidement dans une étuve, perd
non-seulement toute sa mauvaise odeur, mais aussi son goût
d'âcreté qui se fait sentir à la gorge. (*Bibl. ph. écon.*)

352. *Conservation du blé en sacs.* Vous attacherez ensemble
deux cannes de roseau ou deux autres bâtons creux, assez longs
pour qu'ils puissent descendre jusqu'au fond des sacs. Vous aurez soin qu'ils soient terminés en pointe, au moyen d'une cheville que vous y fixerez, et vous boucherez l'orifice. Vous per-
cerez les bâtons dans toute leur longueur d'une cinquantaine de
petits trous; vous ferez en sorte que, vers le fond, ces trous

soient séparés l'un de l'autre de six lignes environ, et que cette distance augmente par gradation de manière à être d'un pouce vers la partie supérieure. Une corde roulée en spirale autour du bâton vous donnera la facilité de percer ces trous assez régulièrement. On placera au haut du bâton, un tuyau de cuir de dix pouces de long; un fil d'archal, tourné en spirale autour du tuyau auquel il sera attaché, lui donnera de l'élasticité. Vous introduirez par ce tuyau un soufflet ordinaire pour donner de l'air au grain qui, grace à l'ensemble de vos dispositions, pourra être rafraîchi jusqu'au fond du sac.

En renouvelant cette opération tous les deux ou trois jours pendant un quart d'heure, on aura en peu de semaines si bien dissipé dans le grain la transpiration qui lui est nuisible, qu'il sera ensuite en sûreté avec très-peu d'air.

Les mêmes précautions produisent le même résultat pour toutes les espèces de grains. (*Diction. d'agricult.* d'après OLIVIER DE SERRES.)

353. *Moyen d'enlever la carie du blé.* Pour enlever économiquement et sûrement toute la carie des blés, il faut faire dissoudre de la chaux dans un trou en terre, en la remuant et continuant d'y ajouter de l'eau comme font les maçons, y jeter le blé lorsqu'elle sera refroidie, et l'y laisser de douze à vingt-quatre heures, en le remuant deux ou trois fois pour que tous les grains soient également exposés à son action. La proportion de la chaux est indifférente, il faut seulement qu'il y en ait assez pour que tout le blé soit couvert. Le superflu de cette chaux n'est pas perdu, puisqu'elle est un excellent amendement. (*Dict. d'agric.*)

354. *Préservatif contre la bruine du blé.* Faites bouillir une chaudronnée d'eau de vingt litres; mettez-la bouillante sur le tas de blé que vous voulez semer et qui doit être de trois setiers; ajoutez-y promptement un bon picotin de chaux vive, trois onces de vert-de-gris, deux onces de sang de dragon, deux onces de sel ammoniac, avec un quarteron d'alun de Rome, que vous mettrez dans le chaudron, le tout ensemble bien remué dans une poêle : vous ajouterez ensuite autant d'eau qu'il en faudra dans le chaudron pour mouiller tout votre blé que vous remuerez trois ou quatre fois de suite et que vous mettrez en tas. (*Bibl. phys. écon.*)

355. *Préservatif contre la nielle du blé.* Pour six boisseaux de blé, prenez environ la neuvième partie d'un boisseau de chaux vive, trois poignées de suie de four ou de poêle, et autant de sel. Répandez le tout bien mêlé ensemble, sur le blé que vous voudrez semer; le lendemain remuez-le de temps en temps; arrosez-le ensuite avec de l'égout de fumier, prenant un

arrosoir plein par chaque boisseau ; remuez le blé pendant cette opération et arrosez-le jusqu'à ce qu'il soit bien humecté ; enfin remettez-le au tas, et laissez-le ainsi pendant la nuit. (*Bibl. phys. écon.*)

356. *Moyen de préserver le blé du charbon.* Ce procédé, qui est très-répandu dans les environs de Genève et dans le midi de la France, est très-simple et peu dispendieux. Il consiste à faire tremper pendant quelques heures le blé qu'on veut semer, dans une solution de sulfate de cuivre ou vitriol bleu, à la proportion de deux onces dans vingt-cinq litres d'eau pour cinq doubles décalitres de semence. Ce moyen la préserve du charbon avec la plus entière efficacité, et avance sa germination et sa sortie de terre de plus de huit jours.

La chaux éteinte dans de l'urine préserve de la carie, hâte également la germination, et met enfin le grain à l'abri des insectes et des animaux. (*Journal d'agriculture.*)

357. *Préservatif contre le charbon et les insectes du blé.* Ayez un vieux tonneau défoncé d'un côté, mettez-y un quart de fiente de mouton, de cheval, de bœuf, de pigeon ou autre volaille, autant des unes que des autres, ce qui fera quatre quartauts auxquels vous en ajouterez un cinquième de suie de cheminée ; jetez dessus du lessif qui surnage ces fumiers de cinq à six pouces, de manière à les rendre assez liquides pour pouvoir se répandre sur tout le grain de la semence ; broyez le tout avec un bâton, répétez souvent, long-temps et cinq à six jours de suite, cette opération pour donner le temps au fumier de se mettre en fermentation ; ensuite, et au moment où cette matière devra être jetée sur le tas de blé, mêlez-y un lait de chaux vive, assez liquide pour pouvoir être facilement incorporée au liquide fermenté ; il en faudra une mesure de dix à douze litres, dont on arrosera cent quarante livres de blé placé par couche, qu'on remuera bien ensuite avec une pelle de bois, jusqu'à ce que tous les grains soient empreints de cette préparation. Alors on les laissera en tas sans y toucher pendant quinze à vingt heures, après quoi on les semera de suite, sans quoi il faudra remuer les grains, chaque jour, jusqu'à ce qu'on les confie à la terre. Comme nous l'avons annoncé, les blés provenant d'une semence ainsi préparée ne sont jamais attaqués par les insectes ni le charbon, et économisent à l'agriculteur la moitié de la semence ordinaire d'un champ. (*Bibl. phys. écon.*)

358. *Divers moyens pour détruire les charançons.* Pour détruire les charançons qui attaquent les blés, quelques personnes remédient en partie au mal, en le criblant, et en le passant souvent sur un grillage de fer en plan incliné, dont les fils soient

assez serrés pour que le bon grain ne fasse que couler dessus, tandis que le blé vermoulu et les charançons passent entre ces fils et sont reçus dans une poche de peau.

359. Dans quelques départements, on mêle du millet avec le blé, parce que les charançons s'y attachent de préférence. On passe ensuite les grains sur un crible comme nous venons de le dire.

560. A Berlin, on remue le blé à l'époque où les charançons quittent le blé pour se transformer en chrysalides. On enduit alors, à un pied au-dessus du plancher, les pièces de bois et le contour des murs des greniers, ou des magasins, avec du vieux oing dont on se sert pour graisser les voitures, ou avec de la térébenthine. Les larves, en voulant grimper contre la charpente, se trouvent engluées et périssent avant d'avoir pondu leurs œufs.

361. En Silésie, on prend des tiges de haricots ramés, garnie de cinq à six feuilles; on retourne fort souvent les tas de blé et on y place les tiges nouvellement cueillies, avec la précaution de tourner l'envers des feuilles sur le grain. Le jour suivant, on retire ces feuilles, et on les trouve garnies d'insectes. On renouvelle tous les jours cette opération, et on détruit ainsi, sinon tous les insectes, du moins une très-grande partie.

562. Le docteur Darrieux faisait agiter le blé avec des pelles, et arranger le tas en dos d'âne; il y enfonçait des planches, dont le bout s'élevant au-dessus du tas, était garni de chiffons, de paille ou d'autres matières semblables dans lesquelles les charançons venaient se loger. En effet ces insectes s'y rassemblent en foule; on les retire, on les écrase et on renouvelle l'opération jusqu'à ce qu'ils aient tous disparu.

363. Madame Gacon-Dufour chasse les charançons en faisant brûler beaucoup de sauge dans le grenier, qu'elle ferme ensuite bien hermétiquement; ou si ce procédé ne peut s'employer, en mettant des paquets de cette plante dans les tas de blé, et contre les murs de la chambre où elle les enferme. (*Manuel d'écon. domest.*)

364. On a éprouvé qu'en frottant d'ail la pelle dont on se sert pour remuer le blé et en l'aspergeant en même temps avec du *saumat*, espèce de liqueur qui reste au fond du charnier où l'on a salé le lard, on détruisait parfaitement les charançons. (*Bibl. ph. écon.*)

345. Si l'on couvre exactement les murs et les planchers des greniers qui sont infectés de charançons, avec de la chaux éteinte dans une eau où l'on aura fait bouillir de l'hièble, de l'absinthe et de l'hysope, ces insectes ne tarderont pas à disparaître.

366. Si l'on veut tremper dans l'eau des draps de toile de

chanvre, les tordre et en couvrir les tas de grains, on trouvera deux heures après, tous les charançons attachés aux draps, et il sera facile de les détruire pour peu qu'on prenne de précaution à retirer les draps.

367. Une plante de jusquiame, mise au milieu d'un tas de blé, en fait fuir tous les charançons ; on les écrase à mesure qu'ils sortent. (*Dict. des ménages.*)

BLESSURES (*Premier appareil pour les*).

368. Prenez un morceau de pain tendre que vous ferez tremper dans l'eau ; après avoir bien lavé la plaie, vous l'appliquerez par-dessus, en le fixant avec une bande de linge ; vous aurez soin d'entretenir votre cataplasme toujours humide ; et au bout de vingt-quatre heures, vous leverez l'appareil. (*Mag. méd. domest.*)

BLEUS.

369. *Composition du bleu céleste anglais.* Ayez un vase de terre, ou bien une chaudière de fer (dans ce dernier cas, il ne sera pas nécessaire d'employer de la limaille de fer comme ingrédient). Prenez une livre de bel indigo ; réduisez-la en poudre, et mettez-la dans le vase avec trois livres d'acide sulfurique ; remuez le mélange et laissez-le reposer pendant plus de vingt-quatre heures.

Faites fondre dix livres de potasse dans un litre d'eau, et ajoutez d'abord, au mélange précédent, un litre de cette forte solution de potasse ; mêlez bien le tout, ajoutez-y une livre du meilleur savon bleu, coupé menu, et remuez.

Continuez à ajouter de la solution de potasse , jusqu'à ce que le mélange se présente souvent sous une forme de poudre sèche ; jetez alors dans le mélange un demi-litre d'eau claire, et remuez.

Continuez d'ajouter la solution de potasse, toujours en remuant, jusqu'à ce qu'elle soit tout employée.

Mêlez-y après cela, et avec soin, une demi-livre d'alun en poudre fine, passée au tamis.

Après trois jours de repos, la composition sera propre à être employée. Elle est en consistance de pâte ; on en fait des boules qu'on laisse sécher à l'air et qui peuvent s'employer pour azurer le linge, les bas de soie, les taffetas, etc. (*Recueil des brevets d'invention.*)

370. *Bleu de Prusse.* Mêlez quatre onces de potasse avec quatre onces de sang de bœuf desséché, mettez le tout dans un creuset couvert d'un couvercle percé d'un petit trou, et calcinez à un feu modéré jusqu'à ce que le sang soit réduit en charbon parfait, c'est-à-dire, jusqu'à ce qu'il ne sorte plus de fumée, ou

de flamme capable de noircir les corps blancs qu'on y expose ;
augmentez ce feu sur la fin, en sorte que toute la matière contenue
dans le creuset soit médiocrement rouge ; jetez dans deux litres
d'eau la matière encore toute rouge ; donnez-lui une demi-heure
d'ébullition ; décantez cette première eau , et passez en de nouvelle sur le résidu noir et charbonneux, jusqu'à ce qu'elle devienne presque insipide ; mêlez ensemble ces eaux et les faites
réduire par ébullition à peu près à deux litres ; d'un autre côté,
dissolvez trois onces de vitriol de mars ou couperose verte et
deux onces d'alun, dans deux litres d'eau bouillante ; mêlez cette
dissolution toute chaude avec la lessive précédente aussi toute
chaude ; il se fera une grande effervescence (c'est pourquoi cette
opération doit se pratiquer à l'air), les liqueurs se troubleront,
deviendront d'une couleur verte, plus ou moins bleue, et il
s'y formera un précipité ou un dépôt de même couleur ; filtrez
pour séparer ce dépôt et versez dessus de l'acide muriatique
(*esprit de sel marin*) que vous y mêlerez bien : cet acide fera
prendre aussitôt un beau bleu à la fécule. Il est essentiel d'en
mettre plutôt plus que moins et jusqu'à ce qu'on voie qu'il
n'augmente plus la couleur.

Lavez ce bleu le lendemain jusqu'à ce que l'eau sorte insipide.
Placé sur des papiers gris, il se desséchera en le posant sur du
plâtre en poudre qui absorbe l'humidité. On évite la lumière et
la chaleur qui diminueraient l'intensité de la couleur. On garde
ce bleu de Prusse en morceaux dans des bocaux fermés. (*Divers
trait. de chim.*)

371. *Bleu végétal.* Un Allemand vient d'obtenir une très-
belle couleur végétale bleue de la centaurie commune ou bar-
beau (*centauria-cianus*). Il cueille, à cet effet, une grande
quantité de bluets les plus foncés en couleur, avec leur calice,
et après les avoir fait un peu sécher, étendus sur des feuilles de
papier, à la chaleur d'une plaque de poêle modérément chauffée , il les humecte légèrement de gomme arabique dissoute
dans l'eau, et il pétrit le tout pour que les fleurs soient également imprégnées de l'eau de gomme. Il met la pâte qui en
résulte, couverte de papier, entre deux planches fortement com-
primées au moyen d'un poids dont il les charge. Après quelques jours de repos, il broie la masse dans un mortier de
pierre, en y ajoutant un peu d'alun dissous avec de l'eau. Il
filtre le tout, fait évaporer la liqueur filtrée dans un vase de
porcelaine, et le résidu consiste en une couleur bleue très-
brillante. (*Bibl. ph. écon.*)

BLUET.

372. *Bluet (eau de), ses propriétés et manière de l'obtenir.*

L'eau de bluet est un remède excellent, conseillé par Tournefort, dans les ophtalmies avec rougeur, dans la chassie, et toutes les fois qu'il est question d'éclaircir la vue et de la fortifier. Mêlée avec une quantité suffisante de camphre et de safran, elle calme une inflammation. On la fait en prenant une certaine quantité de fleurs de bluets avec leur calice ; on les broie, et on les fait macérer pendant vingt-quatre heures dans une suffisante quantité d'eau de neige ; on la distille ensuite à un feu de sable modéré. On la recommande avec le musc, le benjoin et la fleur d'orange, pour donner au visage un teint fleuri, surtout si on ajoute du lait virginal. (*Encyclop.*)

BŒUF.

373. *Bœuf (préparations différentes du). Aloyaux.* Les aloyaux bien mortifiés, cuits à l'anglaise, c'est-à-dire saignans et accompagnés d'une sauce stimulante, dans laquelle les anchois et les câpres fines tiennent le premier rang, sont en hiver le rôti le plus convenable d'une table nombreuse et affamée.

374. *Bouilli.* Le bœuf produit aussi d'admirables bouillis, surtout lorsque, songeant moins au potage qu'au plat qui le relève, on préfère la culotte à la tranche, et la pointe de la culotte à son milieu. Si pour plus grande satisfaction l'on entoure cette culotte de morceaux de choux coupés carrément, cuits dans un bouillon foncé, séparés par des cloisons épaisses d'un lard embonpoint, et couronnés par des saucisses courtes, on pourra se flatter alors d'avoir un milieu digne de la meilleure table, et un bouilli dans tout son luxe. Les consommateurs plus modestes se contentent de l'enclore d'une muraille de pommes de terre cuites dans un bon jus et arrosées d'une sauce au beurre. Ce collier est moins apparent et moins dispendieux sans doute, mais il n'est pas moins substantiel. Si, aux choux, aux petites saucisses et au lard précités, on joint des colonnes de carottes et de navets symétriquement découpés et incorporés avec eux, alors on aura une véritable chartreuse en chapelet, ce qui ne laissera pas d'être fort gracieux pour beaucoup d'amateurs.

375. *Queue.* Le bœuf ne se borne point à nous offrir l'aloyau et le bouilli ; il est d'une ressource inépuisable pour avoir les entrées, et même les hors-d'œuvres d'une table bien servie. Avec sa queue et de nombreuses carottes, on forme un hochepot qui, fait avec soin et dressé avec art, présente le coup d'œil enchanteur d'un buisson nutritif.

376. *Palais.* Avec les palais, on établit, soit au gratin, soit en pâté chaud, l'une des entrées les plus succulentes.

377. *Entre-côtes.* Avec ses entre-côtes bien frottées d'huile, panées et mises sur le gril (avec poivre et sel seulement), on peut offrir un fort hors-d'œuvre des plus tendres et des plus délicats.

378. *Filet.* Si vous coupez avec art, en tranches minces, le filet du dedans de la seconde pièce d'un aloyau, que vous le couchiez quelques instans sur le gril, et que vous le dressiez sur un plat chaud, sans autre assaisonnement que des morceaux d'un beurre extrêmement frais, et sans autre entourage que des vitelottes passées au beurre et entières, vous vous trouverez avoir le *beefsteak* des Anglais, qui forme le plat principal de leur dîner et qui mérite bien qu'on passe la Manche pour le connaître. Chez nous, ce n'est qu'un hors-d'œuvre; mais lorsqu'il est à son point, il est peu de ragoûts que l'on puisse lui comparer. (*Voy.* BEEFSTEAKS.)

Nous ne nous étendrons point ici sur tous les avantages qu'on peut retirer du bœuf. Cet animal est une mine inépuisable entre les mains d'un artiste habile; c'est le vrai dieu de la cuisine. Sans lui, point de potage, point de jus; en un mot, son absence seule suffirait pour attrister toute une ville. (*Almanach des gourmands.*)

379. *Bœuf salé d'Hambourg.* On dépèce le bœuf en morceaux de dix à douze livres, qu'on saupoudre de sel blanc dont on le pénètre bien en le comprimant avec la main, ou mieux encore avec un rouleau. Au bout de trois ou quatre jours, on soumet les morceaux de bœuf à la presse; le sel s'y insinue jusqu'au centre; alors on le suspend dans une cheminée à une distance suffisante de la flamme, pour que la graisse ne coule point, et l'on fait dessous un feu de bois vert, pour qu'il donne beaucoup de fumée; on le choisit même aromatique comme le genevrier, le laurier, pour qu'il en communique l'odeur à la viande. (*Bibl. ph. écon.*)

BOIS.

380. *Manière de colorer le bois.* On colore facilement et sans beaucoup de frais les bois blancs ou de sapin dont on a boisé une chambre, si après avoir éteint de la chaux vive dans de l'urine, on enduit le bois avec ce mélange, et on le lave ensuite avec de l'eau rouge de tanneurs. Il paraît d'abord vert; mais si on le frotte de nouveau avec de la chaux éteinte dans l'urine, si on le lave encore avec de l'eau rouge des tanneurs et qu'on l'y laisse tremper quelque temps, il devient d'un brun superbe. (*Encyclop. méth.*)

381. *Procédé pour durcir le bois blanc.* On fait acquérir au sapin, pin, mélèze, suif ou sérance, la dureté du chêne en

leur faisant d'abord une saignée modérée qui, laissant décou-
ler leur gomme ou résine, purge l'arbre de la surabondance
intérieure de la sève, et en l'écorçant ensuite tout entier sur
pied deux ou trois mois avant de l'abattre. L'action du soleil et de l'air dessèche les fibres intérieures, les réunit en fais-
ceaux, et donne aux couches ligneuses la compacité et la dureté,
qui sont les seuls principes de la solidité. Quand l'arbre est
abattu et équarri, il est bon de le laisser transpirer quelques
jours, avec la précaution de le soutenir sur des pièces de bois
pour qu'il ne pompe point l'humidité de la terre. La dernière
précaution à prendre ne consiste plus alors que dans l'évaporation de la sève intérieure, préparation qu'on doit faire subir
à tous les arbres, et qu'on obtient en sciant l'arbre dans toute
sa longueur, par le milieu, et en retournant les deux parties de
manière que celles qui étaient au centre se trouvent alors
à l'extérieur; on assujétit ensuite les deux poutres au moyen
de quelques liens de fer qui les réunissent ensemble. (Renaud
de la Grelage, *inspect. gén. des bois de Corse.*)

382. *Manière de rendre le bois incombustible.* Pour rendre
le bois d'un parquet incombustible, il ne s'agit que de le faire
bouillir dans de l'eau qui contienne des sels incombustibles,
tels que du sel marin, du vitriol, et de l'alun mêlés ensemble.
Les particules salines qui s'introduisent dans les pores du bois,
en recouvrent les parties huileuses, et lui communiquent la
vertu de se conserver contre l'action des flammes.

Si le parquet était sur place, on parviendrait à un but à peu
près aussi certain, en le lavant souvent et long-temps avec de
l'eau bouillante qu'on laisserait sécher sur le bois. (*Encyclop.
méth.*)

383. *Préparation pour rendre les bois incorruptibles.* Après
avoir coupé les bois pendant la sève, on les jette dans l'eau,
on les y laisse séjourner pendant six mois, et on les fait ensuite sécher à l'ombre. L'eau dissout la sève, et l'aubier même
se durcit. Si les pièces de bois étaient petites, il n'y aurait qu'à
les faire bouillir dans l'eau, ou mieux encore dans quelque huile
végétale.

Lorsqu'on enlève l'écorce d'un arbre et qu'on le laisse ainsi
dépouillé pendant une année, le bois se durcit et devient d'un
bien meilleur usage qu'il ne l'eût été en ne prenant pas cette
précaution.

On parvient à donner aux bois d'excellentes qualités en les
faisant sécher dans un four, enduits d'une double enveloppe
de plâtre pour qu'ils ne se brûlent point, et en les plongeant
tout chauds dans du suif fondu, et ensuite dans du goudron.

La chaleur, le froid, l'humidité, ne pourront plus altérer un bois qui aura subi cette opération. (*Encyclop. méth.*)

Si l'on enduit de la peinture suivante le bois qu'on se propose d'enfoncer dans la terre, on le préservera de la corruptibilité.

On fait fondre douze onces de résine dans un pot de fer; on y ajoute douze litres d'huile commune, et trois ou quatre bâtons de soufre; et lorsque la résine et le soufre sont bien mêlés, on y joint la couleur qu'on veut donner au bois, et l'on remue bien le tout pour opérer un mélange parfait. On applique ensuite une couche de cette peinture aussi chaude que possible sur le bois, et dès qu'elle est sèche, on la couvre d'une seconde couche. (*Dict. des ménages.*)

384. *Moyen de garantir les bois de la piqûre des vers.* Vingt ans d'expérience ont prouvé que les bois tels que sapins, chênes, peupliers, etc., mis en œuvre immédiatement après qu'ils ont été coupés (et ils doivent l'être pour la mi-janvier, parce qu'alors la séve est moins abondante qu'à toute autre époque), sont beaucoup moins sujets aux ravages des vers, que ceux qui n'ont pas été l'objet d'une semblable précaution. (*Encyclop. méthodique.*)

385. *Moyen de prévenir la pourriture sèche du bois.* On prépare une dissolution très-concentrée de soude ou de potasse dans l'eau, et on l'applique bouillante, à l'aide d'un pinceau, sur les parties du bois affectées de la pourriture sèche. Cette lessive caustique détruit les fibres végétantes des champignons qui se sont attachés au bois.

Ensuite on fait dissoudre de l'oxide de plomb ou de fer dans de l'acide pyroligneux, et douze heures après la première application de la lessive, on imbibe le bois de cette seconde dissolution. La liqueur métallique se décompose, l'acide et l'alcali se combinent, et l'oxide de plomb ou de fer chassé dans les pores du bois, empêche le champignon de prendre de l'accroissement.

386. *Autre moyen.* On lave le bois avec une dissolution pyroligneuse de plomb, et dix à douze heures après on l'imprègne d'une forte dissolution d'alun, dans la proportion d'une livre et demie d'alun pour quatre litres d'eau. (*Philosophical magazine.*)

387. *Comment et dans quel temps on doit recueillir les bois pour l'usage de la médecine.* On choisit les bois exotiques, entiers, durs, pesans, le plus souvent odoriférans et non-vermoulus. Quant aux indigènes, on doit les choisir au milieu de l'hiver. A l'égard du gui, qui est d'un usage très-fréquent, on doit le choisir adhérent au chêne; il doit être cueilli avant les

fruits ou la production des baies. (Carbonell, *Élémens de pharmacie.*)

388. *Terme de la durée de ces bois.* Si les bois ont été cueillis à propos, qu'ils soient pesans, durs, résineux, ils peuvent durer un siècle; mais si leur substance est peu dense et aromatique, comme le bois de Rhodes et autres de cette espèce, on ne peut les conserver plus de trois ou quatre ans. Au reste, sont-ils tous susceptibles d'être vermoulus et de s'altérer par l'humidité; leur reposition est la même que celle des racines et des écorces. (*Idem.*)

BOISSONS ÉCONOMIQUES.

389. Dès que les fruits rouges commencent à donner, on prend un tonneau fraîchement vidé; on y met deux seaux d'eau et deux livres de genièvre, afin que l'eau ne se corrompe pas pendant l'espace de temps nécessaire à recevoir les fruits qui composeront cette boisson. A mesure qu'on mange des cerises, guignes, groseilles, etc., on jette par le bondon les noyaux et les queues de ces fruits.

Lorsqu'on fait des confitures de groseilles, et qu'on en a exprimé le jus, on en jette le marc dans le tonneau : on y ajoute de même les queues des noyaux des fruits que l'on emploie pour faire des confitures.

A mesure qu'il tombe des fruits de toute espèce, poires, pommes, prunes, etc., on les pile un peu dans un vase de bois, et on les jette de même dans le tonneau. Toutes les rafles de raisin doivent y être mises, ainsi que toutes les pelures et les cœurs des poires, et les noyaux provenant des prunes avec lesquelles on fait des confitures. On peut boire dès le mois d'août de cette boisson, quand elle a été commencée de bonne heure.

Toutes les fois qu'on retire du tonneau un pot de cette boisson, on remet la même quantité d'eau.

Quand le temps des vendanges est arrivé, on vide presque entièrement le tonneau; on y met les rafles de raisin et on le remplit d'eau ; puis on le laisse six semaines sans y toucher. Cette boisson peut se garder un an, si elle n'est point exposée à la gelée. (*Dict. des Ménag.*

390. *Autre.* Prenez environ deux livres de framboises, et mettez-les infuser dans du bon vinaigre, avec la moitié d'un citron. Bouchez hermétiquement le vase. Quand vous voudrez vous servir de cette boisson, qui est très-agréable, et qui imite le sirop de vinaigre, vous sucrerez un verre d'eau, et vous y ajouterez une cuillerée à café de votre liqueur. (*Idem.*)

391. *Autre.* Prenez trente livres de groseilles rouges et blanches, autant de livres de cacis, autant de petites cerises, queues et noyaux; mettez le tout dans un tonneau, et broyez-le avec un grand bâton. Faites bouillir deux litres de genièvre dans cinq à six litres d'eau; ajoutez-y une demi-livre ou une livre au plus de miel, pour aider à la fermentation; puis mêlez le genièvre, quand il aura fermenté, avec le jus des fruits. Lorsque vous aurez remué le tout trois ou quatre fois en vingt-quatre heures, vous fermerez le tonneau, et vous l'emplirez d'eau. Vous pouvez compter sur cent cinquante bouteilles d'une boisson salutaire, qui se rapprochera beaucoup du vin, si vous voulez y mêler un litre ou deux d'eau-de-vie. (*Idem.*)

392. *Autre.* On cueille des mûres en pleine maturité; on les met dans un vase de bois auquel il y ait un robinet; on verse par-dessus autant d'eau bouillante qu'il en faut pour les couvrir. Dès que l'eau est assez refroidie pour qu'on puisse y plonger la main, on écrase bien les mûres; ensuite on couvre le vase et on laisse la fermentation se faire pendant trois jours : on tire alors le jus au clair dans un vase semblable à celui dans lequel il est, et on y met de la cassonade dans la proportion d'une livre pour dix litres de jus. On remue bien, et on laisse fermenter pendant huit jours. A cette époque, on tire le vin par le robinet; on le passe à la chausse, et on le verse dans un grand tonneau. On prend quatre onces de colle de poisson; on les fait tremper, pendant douze heures, dans un litre de vin blanc; ensuite on les fait bouillir à petit feu jusqu'à ce que la colle soit fondue. Alors on prend quatre litres de jus de mûres; on les mêle avec la colle de poisson; on les fait bouillir un instant ensemble, et on les verse bouillans sur la totalité du jus. On met le vin dans un tonneau; on le bouche bien, jusqu'à ce qu'il ait cessé de travailler. Quand le vin est éclairci, on le met en bouteilles, que l'on conserve dans un cellier frais. Trois mois après le vin sera bon à boire. (*Idem.*)

393. *Autre.* Jetez un quart de livre environ de graines d'*hièble* (*petit sureau*), et autant de sucre, dans une bouteille. Vous passerez le tout au travers d'un linge que vous presserez, et ce mélange vous fournira un sirop pourpre, que vous laisserez refroidir, et auquel vous ajouterez une demi-bouteille de vin de Bordeaux. Ce breuvage est très-agréable; on peut y tremper des rôties comme dans du vin. (*Idem.*)

394. *Autre. Pique, ou petit Cidre des ménages.* Tout le monde doit connaître la composition de cette boisson, que la nullité des vendanges de 1816 a mis en vogue chez nous. Elle se fait avec un mélange de poires et des pommes de bois séchées, de prunelles et de baies de genièvre, et quelquefois de fruits de

cormier domestique, et d'une certaine quantité d'orge, qu'on laisse infuser et fermenter dans l'eau pendant trois, huit et dix jours, selon la saison et le climat. Cette boisson est très-rafraîchissante, et on peut la regarder comme un bon anti-putride. (*Idem.*)

BOLS.

395. *Bol astringent.* Prenez sept décigrammes d'alun en poudre, deux décigrammes de gomme de quinquina, douze décigrammes de conserve de rose et une suffisante quantité de sirop commun pour faire un bol, qui, ainsi composé, convient dans les pertes de sang ou flux excessif des règles, et les hémorragies causées par relâchement.

Pour faire ce bol, et tous les bols en général, il ne s'agit que de mêler ensemble l'alun, la gomme de quinquina et la conserve de rose, et de les humecter ensuite avec le sirop, jusqu'à ce que le tout forme une masse consistante, mais molle. (Buchan, *Méd. dom.*)

396. *Bol diaphorétique.* Prenez cinq décigrammes de gomme de gaïac en poudre, un gramme de fleur de soufre, autant de crème de tartre, et une quantité suffisante de sirop commun. On prend un bol deux fois par jour dans les douleurs rhumatismales, les maladies de la peau et l'esquinancie inflammatoire. (*Idem.*)

397. *Bol mercuriel.* Prenez trois décigrammes de camomille et deux grammes de conserve de rose, faites un bol, pour prendre le soir, deux ou trois fois par semaine, dans les maladies où le mercure est recommandé. S'il n'évacuait pas, on prendrait le lendemain matin quelques grains de jalap en poudre. (*Idem.*)

398. *Bol de mercure et de rhubarbe.* Prenez depuis un gramme jusqu'à deux de la meilleure rhubarbe en poudre, deux à trois décigrammes de camomille et une quantité suffisante de sirop commun pour faire un bol. Ce bol est purgatif, et on le prend dans les affections hypocondriaques; mais son principal usage est de chasser les vers. (*Idem.*)

399. *Bol pectoral.* Prenez un gramme de blanc de baleine, cinq décigrammes de gomme ammoniaque, trois décigrammes de sel de corne de cerf et une quantité suffisante de sirop commun pour faire un bol. On les prescrit dans les rhumes, les toux opiniâtres, l'asthme, et la consomption commençante du poumon. On saigne en général le malade avant de commencer l'usage de ce remède. (*Idem.*)

400. *Bol purgatif.* Prenez un gramme de jalap en poudre et

deux grammes de crème de tartre, broyez le tout ensemble et faites-en un bol avec du sirop ordinaire. .

Ce remède est un excellent purgatif, lorsqu'on veut purger doucement. S'il est nécessaire d'agir avec plus d'énergie, on pourrait porter le jalap jusqu'à la dose de deux grammes. (*Idem.*)

BOSSES ET COURBURES (*Traitement des*).

401. Des cautères établis à côté du siége du mal, dans les bosses et courbures de l'épine du dos, avec maladie des os et des vertèbres, surtout dans les cas où ces maux et cette difformité sont la suite d'une chute, d'un coup, d'un effort, offrent un traitement de la plus grande efficacité, et sans comparaison préférable à tout autre.

Des exemples frappans, que nous pourrions donner, prouveraient la bonté du remède que nous proposons. (*Bibl. phys. écon.*)

BOUCHONS DE LIEGE.

402. *Moyen de les rendre imperméables.* Les bouchons de liége, trempés deux ou trois fois dans une mixtion de deux tiers de cire vierge et un tiers de suif de bœuf, et placés ensuite le gros bout en bas sur une pierre ou sur une plaque de fer qu'on met dans un four chaud jusqu'à ce qu'ils soient secs, acquièrent la propriété de ne laisser aucun passage aux parties subtiles des liquides les plus forts et les plus spiritueux. Ces bouchons garantissent parfaitement les vins et ne leur communiquent aucune odeur. (*Encycl. méth.*)

BOUGIES.

403. *Bougies économiques.* Prenez huit livres de suif coupé par petits morceaux que vous ferez fondre, dans un chaudron, avec deux livres et quart d'eau. Le suif fondu, passez-le avec expression à travers un gros linge et remettez-le dans le chaudron avec la même quantité d'eau, plus une demi-once de salpêtre, autant de sel ammoniac et une once d'alun calciné; faites bouillir le tout jusqu'à ce que votre matière ne forme plus de vessies, et que la surface en soit unie; retirez le chaudron du feu, laissez refroidir votre suif et enlevez avec un couteau les saletés qui seront tombées au fond du gâteau; ayez ensuite des mèches moitié fil et moitié coton, enduisez-les de suif fondu où vous aurez mis un peu de camphre et d'huile de pétrole, et suspendez-les dans les moules. Versez enfin votre matière; vous aurez des bougies qui répandront une lumière plus vive et plus égale que les chandelles ordinaires, qui ne coule-

ront point et qui vous feront un double profit. (*Bibl. phys. écon.*)

404. *Bougies inflammables par le contact de l'air.* Pour faire des bougies inflammables par le contact de l'air, prenez deux tiers de benjoin et un tiers de soufre, introduisez-les dans un tube soudé à l'une de ses extrémités, ajoutez un douzième de grain de phosphore, et faites fondre le tout à une chaleur de douze à quinze degrés ; mêlez exactement ces matières avec un fil de laiton ; lorsqu'elles auront pris une couleur rousse et jaunâtre, faites entrer dans le tube une bougie dont la mèche aura été imbibée d'essence de cannelle très-pure, roulez-la dans tous les sens jusqu'à ce qu'elle soit bien imprégnée de la composition phosphorique ; soudez l'autre extrémité de ce tube, et la bougie sera achevée. (*Bibl. phys. écon.*)

405. *Bougies de marrons d'Inde.* Prenez six livres de marrons d'Inde épluchés, une livre d'huile de lin ou d'olive, quatre onces de blanc de baleine ; pilez bien exactement les marrons avec le blanc de baleine, jetez-y ensuite l'huile, que vous remuerez jusqu'à ce que le tout soit très-liquide, mettez-le dans une terrine qui ait un petit goulot. Prenez des mèches à chandelles, et, après les avoir passées à travers du blanc de baleine fondu, introduisez-les dans des moules de verre ou d'étain, si vous voulez les avoir comme des bougies, sinon servez-vous de moules de fer blanc et remplissez-les de matière préparée convenablement. Retirez ensuite les chandelles et faites-les sécher à l'air pendant quelques jours. (*Encyclop. méthod.*)

406. *Bougies* (*Mèches économiques de*). Prenez des osiers de bois de saule, formez-en des mèches, après les avoir dépouillés de leur écorce et les avoir fait sécher au four ; trempez-les dans de la cire chaude et entourez-les de coton très-fin ; retrempez-les une seconde fois dans la cire, et recouvrez le tout avec du suif de bonne qualité. Ces bougies éclaireront pendant quinze à seize heures sans avoir besoin d'être mouchées. (*Encyclop. méth.*)

BOUGIES A L'USAGE DE LA MÉDECINE.

407. *Bougies simples.* Les bougies simples se composent d'une languette de toile fine ou de brins de coton enduits de cire et roulés sur eux-mêmes.

Pour les faire, on prend ces languettes, qu'on a eu soin de couper un peu plus larges d'un bout que de l'autre, ou des brins de coton plus gros d'un bout que de l'autre, on les trempe dans de la cire fondue, et à plusieurs reprises ; on laisse refroidir : alors on roule ces corps sur une table de bois bien unie, imprégnée d'une petite quantité d'huile, avec la paume de la main, ou mieux encore, avec une planche bien unie, semblable à celles dont se servent les ciriers pour rouler les cierges ; lorsque les bougies sont bien rondes et bien unies, on coupe les deux extrémités qui ne sont point garnies de coton ou de linge, parce que la cire s'est étendue. Pour s'en servir, on les trempe dans de l'huile et on les introduit dans le canal de l'urètre, doucement et par gradation. Lorsqu'on ne sent plus de résistance, on s'arrête, parce qu'on est sûr que l'extrémité est pénétrée jusque dans la vessie. (*Méd. dom. de* Buchan.)

Au lieu de se servir de cire pour garnir les bougies destinées à dilater le canal de l'urètre, on peut employer des emplâtres liquéfiés, tels que ceux de Vigo *cum mercurio*, de *Nuremberg*, ou autres, propres à affaisser les carnosités ou à cicatriser les ulcères.

408. *Bougies-sondes.* Pour faire ces bougies, on a un mandrin ou un morceau de fil de fer uni, de grosseur égale et moyenne, auquel on donne la courbure convénable ; ensuite on découpe des lanières minces de caoutchou (*gomme élastique*) ramolli par l'eau bouillante. Ces lanières, très-ramollies ou même plongées dans l'éther (ou dans une solution de camphre par l'acide nitrique, avec addition d'eau-de-vie camphrée), s'appliquent en spirale autour du fil de fer d'une manière très-uniforme. On serre ensuite cette gomme autour du mandrin par un ruban de fil assujetti avec une ficelle qui comprime également partout. Quand la gomme est sèche, on enlève la ficelle et le ruban, on trempe un instant la sonde dans l'eau chaude pour retirer le mandrin ; on fait deux ouvertures rondes près de l'extrémité de la sonde qui doit plonger dans la vessie ; enfin l'on forme un rebord de cire à cacheter à l'autre extrémité.

Ce procédé de Grossart est plus simple et moins dispendieux que celui de Berniard, qui consiste à dissoudre le caoutchou dans l'éther ou l'essence de térébenthine; à en appliquer plusieurs couches sur un tissu de toile fine qui renferme un mandrin de fer ; enfin à former ainsi une bougie creuse par une toile imprégnée de gomme élastique.

Macquer recommande de faire ces bougies en enduisant à plusieurs reprises un cylindre de cire de dissolution de caoutchou, jusqu'à ce qu'on ait formé une couche épaisse. On fond ensuite la cire en la plongeant dans l'eau bouillante, et le tube reste.

Au reste, on fait les taffetas gommés avec une solution de caoutchou dans les huiles grasses de noix ou de lin. L'huile de lin rendue siccative par l'oxide de plomb demi-vitreux et par l'action de l'air, forme aussi un enduit analogue à celui de la gomme élastique. (J.-J. Virey, *Traité de pharm.*)

BOUILLONS.

409. *Bouillons économiques.* Mettez dans un vase de terre cuite verni en dedans et muni de son couvercle, une certaine quantité d'os que vous recouvrirez du double de leur poids d'eau; tendez sur le vase un papier attaché autour par une ficelle, et sur lequel vous placerez le couvercle. Portez le vase au four d'un boulanger, après que le pain a été retiré; laissez-l'y quelques heures et vous aurez un excellent bouillon, auquel vous aurez pu donner de la saveur en y ajoutant quelques légumes. Les mêmes os peuvent servir jusqu'à trois fois au moins. (*Bibl. phys. écon.*)

410. *Bouillons expéditifs et très-nourrissans.* Pour faire ces bouillons, il faut prendre un quart de rouelle de veau, et le couper en petits morceaux; les mettre ensuite dans une cafetière contenant un litre d'eau, avec une cuillerée de riz; faire réduire l'eau de moitié, ce qui a lieu en moins d'une heure; retirer la cafetière, presser le veau et le riz, passer le tout et laisser reposer un instant le bouillon avant que de le prendre. (*Idem.*)

411. *Tablettes de bouillon.* On prend quatre pieds de veau, douze livres de cuisse de bœuf, trois livres de rouelle de veau, et dix livres de gigot de mouton. On fait cuire ces viandes à petit feu, dans trente litres d'eau, et on les écume comme à l'ordinaire; on passe le bouillon: on fait bouillir la viande une seconde fois dans une nouvelle eau; on réunit les deux bouillons, on les laisse refroidir, pour en séparer exactement la graisse qui se fige à la surface : on passe la liqueur dans un linge fin, et on la fait évaporer à un feu doux jusqu'à consistance de pâte très-épaisse. Alors on l'ôte du vaisseau; on l'étend un peu mince sur une pierre unie; on la coupe par tablettes de la grandeur qu'on juge à propos. On achève de sécher les tablettes au bain-marie, ou sur le dessus d'un four, jusqu'à ce qu'elles soient parfaitement séchées et cassantes. Alors on les enferme dans des bocaux de verre qu'on bouche exactement avec du liége. Ces tablettes peuvent se conserver quatre ou cinq années en bon état, pourvu qu'elles soient enfermées bien sèchement, comme nous venons de le dire. On peut, si l'on veut, faire entrer dans leur composition des volailles, des légumes, des clous de girofle, du sel, etc.

Lorsqu'on veut se servir de ces tablettes, on en met une demi-once environ dans de l'eau bouillante; on couvre le vase et on le tient sur les cendres chaudes, pendant environ un quart d'heure, ou jusqu'à ce que tout se soit liquéfié, en ayant soin d'y ajouter le sel qu'on juge nécessaire. (*Dictionnaire des ménages.*)

412. *Bouillons de limaçons.* Prenez dix-huit à vingt-quatre escargots, selon leur grosseur; brisez les coquilles pour en retirer l'insecte; mettez dans de l'eau bouillante; agitez fortement pour qu'ils déposent l'humeur visqueuse et tenace dont leur peau est imprégnée; jetez cette eau; mettez ces colimaçons dans un litre et demi d'eau nouvelle; faites bouillir jusqu'à réduction d'un tiers et passez.

On donne un double décilitre de ce bouillon le matin à jeun, et autant le soir, avant le souper. Quelques personnes le prennent pur, d'autres les coupent avec du lait, auquel on ajoute un peu de sucre. Au lieu de sucre, on peut y mettre de la conserve de rose à grandes doses. (*Méd. dom.* de Buchan.)

413. *Bouillons de vipère.* On prend une vipère vivante avec des pinces; on lui coupe la tête avec des ciseaux, en évitant ses dents venimeuses, même long-temps après la mort; on ôte la peau, les intestins, en conservant le sang, le cœur, le foie, ce qui fait en tout environ cent vingt-huit grammes (quatre onces). On la coupe en tronçons, et l'on fait bouillir au bain-marie dans un vase clos, pendant deux heures avec environ trois cent quatre-vingt-quatre grammes (douze onces) d'eau. (J.-J. Virey, *Traité de pharm.*)

414. *Moyen d'enlever l'acidité aux bouillons.* Les bouillons sont sujets à s'aigrir, lorsqu'on les garde pendant plusieurs jours, surtout dans les orages ou les grandes chaleurs de l'été. On remédie à cet inconvénient, ou plutôt on le détruit, lorsqu'il n'est pas trop grand, en remettant le bouillon sur le feu et en y jetant quelques charbons ardens au moment où il bout. Ce moyen est efficace et certain. Cependant, si le bouillon avait acquis un trop fort degré d'acidité, on devrait, pour deux ou trois litres de bouillon, prendre une demi-once de potasse, que l'on ferait fondre dans un demi-verre d'eau, tirer au clair cette eau, l'ajouter par parties au bouillon que l'on goûterait souvent pour s'assurer du moment où il aura perdu son mauvais goût. Si l'on n'avait pas assez de potasse, on ferait bouillir trois ou quatre cuillerées de cendres dans un verre d'eau, et l'on se servirait de cette eau comme de potasse. L'une et l'autre de ces mixtions ne nuisent en aucune manière au bouillon, elles le rendent un peu plus rafraîchissant.

BOUILLON-BLANC.

415. On conserve le bouillon-blanc en le faisant sécher sur des feuilles de papier.

Cette plante est d'un très-grand usage dans nos cuisines, et la médecine l'emploie avec succès. On l'applique en fomentation sur les hémorrhoïdes, en la faisant cuire dans de l'eau de forgeron ou du gros vin. (*Dict. des ménag.*)

BOULE D'ACIER VULNÉRAIRE dite de *Nancy*.

416. Prenez une livre et demie de limaille d'acier, une livre de tartre de vin blanc dépuré, une once de gomme arabique, deux gros de baume du Pérou dur (ces trois dernières espèces pilées menu), deux gros de poudre de vipère.

Placez le tout par couches alternatives dans une terrine neuve vernissée, et versez dessus de l'eau-de-vie de manière à ce qu'elle s'élève de deux doigts au-dessus des autres drogues. Couvrez la terrine d'un linge blanc et d'un plat par-dessus. Pendant une semaine vous laisserez le mélange s'opérer à froid, en ayant soin seulement de visiter la terrine une fois par jour, et d'ajouter de l'eau-de-vie afin de la maintenir à la même hauteur. Au septième jour vous mettrez votre terrine découverte sur un feu suffisant pour que la liqueur entre en ébullition, et vous ajouterez de l'eau-de-vie à mesure qu'elle s'évaporera jusqu'à ce qu'enfin vous en ayez employé six litres. Durant cette opération, il faut remuer continuellement le mélange. Lorsque la pâte aura acquis une certaine consistance, vous la retirerez du feu, et vous en formerez des boules du poids d'une once, après les avoir imprégnées d'eau-de-vie. Vous les laisserez sécher et vous les renfermerez ensuite dans une boîte.

Quand on veut se servir de la *boule d'acier* on la roule dans un verre d'eau tiède jusqu'à ce que l'eau soit noircie, et l'on ajoute une cuillerée d'eau-de-vie. On en imbibe une compresse qu'on applique sur le mal et qu'on retrempe fréquemment pour ne pas la laisser sécher. S'il y a de la fièvre, on met de l'eau vulnéraire au lieu d'eau-de-vie.

En même temps qu'on l'emploie extérieurement, il ne faut pas oublier d'en faire boire un demi-verre au malade.

On emploie la boule d'acier avec beaucoup de succès pour guérir les blessures, les contusions, les coupures, les dislocations, les migraines, les hémorragies, les rhumatismes, les maux de dents, etc. etc.

BOULEAU.

417. *Vin de bouleau.* L'eau de végétation du bouleau est la base du vin dont nous voulons parler. Cette eau s'obtient de deux façons. On fait un trou dans le tronc avec une tarière ; et l'on y met une cheville cannelée de sureau pour conduire le suc qui découle de l'arbre, dans un vase placé au-dessous.

L'autre façon consiste à couper les bouts des branches, et à y suspendre une petite bouteille qui se trouve bientôt remplie. Quelle que soit la manière dont on procède, on doit choisir un temps un peu chaud, car c'est alors que le suc coule le plus abondamment; les vents du midi ou du couchant favorisent beaucoup cette opération; ceux du nord et d'est la ralentissent.

Quand on a retiré une quantité suffisante de cette liqueur, on la fait fermenter avec du sucre ou mieux encore avec du lait, elle produit une boisson agréable, saine et très-propre à adoucir le sang; c'est un des excellents antiscorbutiques qu'il y ait. (*Le Gentilh. cultiv.*)

C'est aussi un bon remède contre les dartres, les boutons, taches de rousseur, etc. (*Encyclopédie.*)

BOUQUET.

418. *Composition de l'eau de bouquet.* Mêlez bien ensemble dans un flacon qui ferme exactement avec un bouchon de cristal, une once d'eau de miel odorante, deux onces d'eau sanspareille, quatre gros et demi d'eau de jasmin, autant d'eau de violettes, deux gros d'eau de souchet long, autant d'eau de *calamus aromaticus*, autant d'eau de lavande, et dix gouttes d'esprit de fleur d'orange. (Bouillon-Lagrange, *Chim. du goût et de l'odorat.*)

BOURRACHE.

419. *Vin de bourrache.* Pilez une quantité suffisante de pieds de bourrache pour en extraire le suc; jetez-le sans autre mélange dans un tonneau bien bondé; il y travaillera comme le vin, se façonnera parfaitement, et donnera une boisson d'un clair brun qui est très-délicate.

On sait du reste que des fleurs de bourrache mises dans une bouteille de vin, le rafraîchissent parfaitement sans lui faire contracter aucun goût. (Denis de Montfort.)

BOUVREUIL (*Manière d'élever le*).

420. Dès que le bouvreuil est éclos, on le nourrit avec du cœur de bœuf haché bien menu, des vers et une pâte faite avec de la mie de pain et du chenevis broyé, qu'on arrondit en petites boules grosses comme des grains de groseilles. Lorsqu'il est un peu plus grand, ou pour mieux dire, entièrement élevé, on peut lui donner du chenevis et des baies de sureau aquatique. Quand on le prend grand, il faut, pour l'habituer à manger, remplir tout le fond de sa cage de nourriture, sans quoi il se laisserait mourir de faim.

On appareille quelquefois le bouvreuil avec une serine; mais pour bien réussir, il faut laisser écouler une année entière avant de les mettre ensemble, et leur donner séparément à manger pour bien les habituer l'un à l'autre. (*Dict. des ménages.*)

BRIQUETS PHOSPHORIQUES (*Manière de faire les*).

421. Prenez un flacon de cristal ou de plomb qui puisse parfaitement se boucher ; approchez-le du feu pour le faire sécher ; introduisez-y un peu de phosphore ; plongez-y à plusieurs reprises un fil de fer rougi au feu pour étendre parfaitement la matière le long des parois du vase, et bouchez-le quelques minutes après. Lorsque vous voudrez vous en servir, introduisez une allumette soufrée dans le flacon, tournez-la en la frottant contre les parois du verre, et retirez-la promptement pour que le phosphore qu'elle entraînera s'enflamme frappé par l'air extérieur.

Briquets oxygénés. (*Voyez* ALLUMETTES OXYGÉNÉES.)

BROCHET (*Pêche du*).

422. *Au miroir.* Par un beau jour de soleil, on se munit d'un miroir dont on dirige la réflexion vers les endroits où l'on a aperçu des brochets : le poisson paraît bientôt à la surface et on le tue à coup de fusil. S'il a été atteint, il ne tardera pas à surnager.

423. *Au collet.* Il y a des endroits où l'on prend beaucoup de brochets au collet. Pour cela on a une perche de bois bien léger, longue d'environ neuf pieds ; on attache à son extrémité un collet de crin de cheval en six doubles, que l'on noue le long de la perche et non pas en travers. Si le temps est serein et que l'eau soit limpide, on aperçoit, en se promenant le long de la rivière, le poisson endormi et flottant à l'abandon. On s'en approche sans bruit pour ne pas l'éveiller ; quand on est arrivé assez près pour le toucher avec la perche, on passe adroitement le nœud coulant à son cou et on l'enlève tout d'un coup hors de l'eau.

Ce qu'il y a de particulier à cette pêche, c'est que le poisson ne s'échappe point quoiqu'on le touche, mais qu'il s'enfuit dès qu'il entend le moindre bruit. Ainsi lorsque vous pêcherez de cette manière, s'il arrivait que le brochet ne fût pas bien tourné, vous pouvez le toucher légèrement du bout de la perche, il se placera lui-même à votre gré sans s'épouvanter.

Cette pêche se fait depuis le mois de février jusqu'au mois d'août.

424. *A la ligne.* On prend beaucoup de brochets à la ligne volante. On choisit pour appât un carpeau ou de petites perches ; on agite fréquemment la ligne pour faire remuer le poisson

comme s'il était vivant; le brochet se précipite sur sa proie et mord à l'hameçon. (*Encycl. méth.*)

PRÉPARATIONS DU BROCHET.

425. *A l'étuvée.* Faites un roux avec du beurre et de la farine; mettez-y un demi-litre de vin rouge, un bouquet de fines herbes, quatre clous de girofle, vingt-quatre petits ognons à moitié cuits sous la cendre, du poivre, du sel et enfin le brochet coupé par tronçons. Faites cuire à petit feu; ôtez le bouquet de fines herbes, et au moment de servir ajoutez du beurre, deux anchois hachés et une cuillerée de câpres. Disposez le poisson sur un plat que vous garnirez de pain frit, et versez la sauce par-dessus.

On peut joindre à l'assaisonnement des culs d'artichauts, des truffes, des champignons, etc.

426. *Autre.* On prépare encore le brochet au court-bouillon, à la sauce d'anchois et à la polonaise. On les frit, on les met en ragoût, ou bien on les farcit. (J. C. *Discours sur les poissons.*)

427. *Procédé pour conserver les brochets.* Après avoir vidé, nettoyé et lavé les brochets qu'on veut conserver (on choisit toujours les plus beaux), on les coupe par morceaux, et on les place dans des tonneaux, par couches alternatives de poisson et de sel. Lorsqu'on veut les faire sécher et fumer (nous en avons donné le procédé à l'article *Bœuf salé de Hambourg*) on les laisse seulement trois ou quatre jours dans la saumure. Mais si l'on voulait les conserver autrement, on les y laisserait pendant un mois, après quoi on les disposerait dans d'autres tonneaux en ajoutant de nouveau sel, qu'on arrose quelquefois avec du vinaigre. (*Dict. des ménages.*)

BRODERIES (*Moyen de remettre à neuf les*).

428. On nettoie les broderies d'or et d'argent qui se sont noircies en répandant dessus de la mie de pain rassis qu'on fait chauffer dans un poêlon bien propre, et en la frottant avec la paume de la main pour la passer sur tout l'ouvrage. On recouvre ensuite le tout de plusieurs linges. Au bout d'un certain temps, on retourne l'étoffe, on la bat à l'envers avec une baguette, et on vergette la broderie; puis on passe avec un pinceau de la gomme ou de l'empois bien étalé sur l'envers de la broderie. *Encycl. méth.*)

BRONZE.

429. *Manière de bronzer le bois, le plâtre, l'ivoire,* etc. Passez une couche de brun rouge d'Angleterre broyé bien fin,

avec de l'huile de noix et de l'huile grasse, sur les matières que vous voulez bronzer; laisser sécher cette peinture : donnez ensuite une seconde couche de cette couleur, et laissez-la encore sécher; après quoi mettez dans un godet du *vernis à la bronze;* imbibez dedans un pinceau; trempez-le dans de l'or d'Allemagne en poudre; et enfin passez une dernière couche sur l'ouvrage. On peut au lieu d'or d'Allemagne employer, et même avec avantage, du bronze pulvérisé. (*Encyclopédie.*)

430. *Manière de bronzer le plâtre.* On commence par donner une couche générale et le plus uniment possible, d'une couleur verte quelconque, broyée à l'huile siccative, mais sans vernis; la terre verte ou de Vérone, est celle qui donne les nuances les plus rapprochées de celles du bronze métallique; lorsque la couleur commencera à devenir happante (c'est le moment qu'il faut saisir), ce qu'on reconnaîtra au doigt, alors on prendra du bronze moulu, de telle couleur que l'on jugera à propos, et, en prenant une pincée, on en chargera le pouce et l'index pour les passer ainsi sur tous les endroits saillans, laissant le reste dans son intégrité. (*Bibl. phys. écon.*)

431. *Vernis à la bronze.* Il se compose d'une once de gomme laque plate réduite en poudre fine, qu'on fait dissoudre dans un quart de litre d'alcohol. On met ces deux substances dans un matras de verre de la capacité de trois quarts de litre, on agite le mélange, on le laisse reposer, et on l'agite de nouveau. Au bout de quatre jours on regarde si la gomme est fondue; si elle ne l'est pas et qu'elle se soit attachée aux parois du verre, on hâte l'amalgame en l'exposant sur des cendres chaudes à un feu très-doux. (*Encyclopédie.*)

432. *Méthode pour nettoyer et entretenir les bronzes.* Si les bronzes sont argentés et ont été tachés de cire ou de suif, il faut les tremper dans de l'eau bouillante, jusqu'à ce que le corps graisseux soit fondu; on l'essuie ensuite, on prend du blanc d'Espagne délayé dans de l'eau, et on en frotte le bronze en entier; on le laisse sécher, et, avec une nouvelle brosse on enlève le blanc qui est resté dans les filets, après quoi on l'essuie avec un linge sec qui lui rend son premier poli.

Si le bronze taché est en or moulu, vous le frotterez avec une éponge fine, imbibée de vin ou de vinaigre rouge bien chaud. Vous l'exposerez ensuite au soleil ou au feu pour le faire sécher, ou vous ressuierez seulement les parties claires et polies; l'éponge ayant suffi pour rendre aux autres leur premier lustre. (*Dict. des ménages.*)

BROU DE NOIX (*Ratafia de*).

433. **Prenez** : soixante noix récemment nouées, saines et

écrasées ; eau-de-vie vieille, deux kilogrammes ; macis, cannelle et girofles, de chaque, un gramme.

Laissez macérer le tout pendant deux ou trois mois dans un bocal de verre ; exprimez et filtrez ; ajoutez trois cent quatre-vingts grammes de sucre blanc ; mettez en bouteilles et laissez vieillir, dans un lieu qui ne soit ni trop chaud ni trop froid.

Après deux ans de garde cette liqueur devient très-bonne, et l'amertume qui lui est particulière prend du moelleux.

On peut, pour hâter la macération, exposer au soleil le bocal qui contient le brou de noix. (J.-J. Virey.)

BRULURES.

434. *Remède contre les brûlures.* Une brûlure superficielle et légère se guérit aisément avec de l'eau à la glace, appliquée sur la partie brûlée, ou dans laquelle on la plonge, si cela peut se faire. Si la brûlure est un peu plus considérable on peut avoir recours à l'encre, qui cautérise la plaie, parce qu'elle se compose de vitriol. Si l'on est à portée d'avoir de l'huile d'amandes douces, on peut s'en servir pour apaiser la douleur ; et il faut ensuite envelopper la partie brûlée, pour empêcher l'action de l'air sur la chair dépouillée de sa peau, et donner à celle-ci le temps de se reproduire. Si la brûlure est profonde, et qu'après avoir enlevé la peau elle ait eu le temps de consumer une partie des chairs, il est alors indispensable de consulter les gens de l'art.

Si les brûlures sont au visage, ou sur la gorge d'une femme, il faut, pour éviter qu'il en reste des traces, laver la plaie avec du lait de femme, sinon de l'eau de rose ou de plantain, pour dissiper la rougeur et prévenir les cicatrices. (Abdéker.)

435. *Autre.* L'éther enlève sur-le-champ la douleur des brûlures les plus fortes ; il prévient le développement de l'ampoule, ou la fait affaisser lorsqu'elle est formée. On en verse toutes les deux ou trois minutes sur la partie brûlée ; ou ce qui est plus simple, on en imbibe un linge qu'on arrose à mesure que l'éther s'évapore. (*Bibl. phys. écon.*)

436. *Autre.* Le coton appliqué sur la brûlure s'y attache, tombe enfin de lui-même et la guérit dans peu de jours. (*Journal de la Nouvelle-Orléans.*)

437. *Autre.* Un morceau de chaux vive délayé dans une suffisante quantité d'eau-de-vie, mêlée ensuite avec de l'huile pour en former une espèce d'onguent un peu épais, qu'on applique sur la brûlure et qu'on renouvelle d'heure en heure, offre aussi un remède prompt, facile et assuré.

438. *Autre.* On peut aussi appliquer sur les parties brûlées un morceau très-mince de vessie de porc ou d'un autre animal, ou bien encore une simple feuille d'or battue, que l'on tiendra humectée d'esprit de vin pendant vingt-quatre heures qui, par son évaporation, fera cesser la douleur, et produira la guérison. (*Dict. des ménages.*)

439. *Autre.* Quand on vient de se brûler avec de l'eau chaude, il faut frotter la partie brûlée avec quelques poignées de farine, l'espace d'un petit quart d'heure, et envelopper ensuite la partie affectée, de cette même farine soutenue par un linge que l'on y laisse pendant quelques heures. (M. Dieudonné.)

440. *Autre.* Quatre ou cinq blancs d'œufs battus ensemble, avec six onces d'huile d'olive, forment un liniment excellent pour toutes sortes de brûlures. On en applique une première couche, avec la barbe d'une plume, quand elle est sèche, on en applique une seconde, puis une troisième, et l'on continue jusqu'à ce que les plus fortes douleurs commencent à s'apaiser; alors on recouvre la plaie, et, au bout de quelques jours, la peau s'est renouvelée sans laisser de cicatrice; le liniment tombera par écailles avant le douzième jour.

441. *Autre.* M. Homassel, chef des teintures de la manufacture des Gobelins, a long-temps éprouvé qu'en saignant les brûlures et en y appliquant de fortes compresses imbibées dans une dissolution d'une demi-livre d'alun dans une litre d'eau, elles se guérissaient dans moins de vingt-quatre heures. Il faisait pour cela renouveler souvent les applications, c'està-dire qu'on humectait les compresses toutes les fois que l'humidité cessait d'être sensible au malade.

442. *Autre.* Si la brûlure est très-étendue, si l'inflammation est considérable, et la fièvre qu'elle occasione très-forte, une ou deux saignées sont alors nécessaires, et la diète la plus rigoureuse doit être observée. On suit en même temps un traitement qui consiste à prendre des tisanes de racine de guimauve, de graine de lin ou simplement de l'eau sucrée; et on couvre les parties brûlées avec du papier brouillard, sur lequel on a étendu du cérat simple, celui de Goulard ou celui de Saturne, si l'on juge que le malade peut le supporter sans inconvénient. (*Dict. des ménages.*)

443. *Autre.* Toute brûlure provenant du feu ou d'eau bouillante, est guérie sans douleur, et sans qu'il s'élève de cloche sur la partie brûlée, en y appliquant de la carotte crue, râpée et posée en forme de cataplasme. On renouvelle l'application si le mal est grave. (*Bibl. phys. écon.*)

444. *Autre.* Faites fondre du suif de chandelle et mêlez-le

avec de l'huile de noix jusqu'à la consistance d'onguent, ou bien faites tomber de la graisse de porc toute bouillante sur des feuilles de laurier.

445. *Autre.* Si la brûlure est un peu considérable, si la peau est entamée, ou s'il survient des ampoules : prenez de la meilleure huile d'olive une once et demie, une once de cire vierge et deux jaunes d'œufs durcis sous la cendre ; faites fondre la cire sur un feu doux, ajoutez-y l'huile et les jaunes d'œufs, et remuez le tout jusqu'à ce qu'il acquière de la consistance. On étend une légère couche de cet onguent froid sur du linge, on en couvre la partie brûlée, et on la renouvelle deux fois par jour, jusqu'à guérison qui sera prompte.

Il est bon d'avoir de cet onguent fait d'avance : mais comme on peut fort bien ne pas en avoir toujours de prêt, on doit sur-le-champ plonger la partie brûlée dans de l'huile d'olive, ou bien en appliquer sur la plaie.

446. *Autre.* On peut aussi appliquer sur la brûlure des choux bouillis dans du saindoux et continuer ce remède pendant quelque temps. (*Mag. méd. domest.*)

447. *Autre.* On fait un liniment excellent pour la brûlure en pilant ensemble dans un mortier, trois onces de la partie blanche de fiente fraîche de poule, six onces de beurre frais, une poignée et demie de feuilles de sauge et autant de plantain. On exprime ensuite le tout dans un linge clair ou à la presse, et on l'applique sur la partie affectée que l'on recouvre de feuilles de bette ou de plantain. (Buc'hoz, *Traité écon. des ois. de basse-cour.*)

BRYONE.

448. *Usage de la Bryone en médecine.* La racine de bryone est peut-être le vomitif le plus sûr, le moins fatigant et le plus efficace de tous ceux qui sont employés de nos jours. Pour la préparer à cet usage : arrachez cette racine en automne, lorsque la tige est sèche et la baie bien mûre, ou même pendant l'hiver, jusqu'au moment où elle jette sa pousse au commencement du printemps. Après l'avoir lavée exactement, on la coupe par rouelles minces, que l'on fait ensuite sécher à l'ombre, en les étendant sur de petites claies d'osier, ou en les suspendant un peu séparées et enfilées en forme de chapelet.

Deux grammes de cette racine ainsi séchée et réduite en poudre, délayée ensuite dans un verre d'eau, que l'on donne le matin à jeun, forment un vomitif légèrement tonique et infiniment doux, qui convient aux constitutions les plus délicates et les plus faciles à émouvoir ; mais dans l'usage ordinaire,

chez le plus grand nombre d'individus, il n'est pas assez éner-
gique, et on l'aiguise avec un demi-décigramme de tartre
stibié : on prendra une heure après une même dose de
bryone.

On la donne aussi avec le plus heureux succès dans le flux
de ventre récent ou ancien ; dans les fièvres ou coliques ver-
mineuses ; dans les dyssenteries humorales ; dans les fièvres
continues, bilieuses ; dans les fièvres putrides, malignes, intermittentes, simples et compliquées ; enfin dans les affections
catarrhales aiguës, les rhumes, les maux de gorge, la coqueluche des enfans, et spécialement dans les péripneumonies
bilieuses, les fièvres puerpérales, la rougeole, la petite-véro-
le, etc., etc. (Hermand de Montgarny, Buchan et *Journal
de médecine.*)

449. *Fécule de bryone.* La bryone est, sans contredit, une
des plantes qui contiennent le plus de fécule. On râpe la racine, on la jette dans l'eau, on l'exprime, on laisse reposer
et l'on décante par inclinaison ; on verse sur le dépôt une eau
nouvelle que l'on décante encore ; et après avoir répété cinq
à six fois ce lavage pour enlever à la bryone son amertume et
ses propriétés médicamenteuses, on obtient une belle fécule
qui ne diffère en rien de celle de pomme de terre, et qui peut
être employée aux mêmes usages. On la fait sécher à l'ombre,
on la pulvérise, et on la conserve dans des sacs de papier en un
lieu sec.

CACAO.

450. *Cacao (Liqueur de).* Pour préparer cette liqueur, faites
griller le cacao comme pour la préparation du chocolat (*voyez
ce mot*), en ayant soin de ne pas trop le torréfier, parce qu'il
perd son arôme qui est principalement enfermé dans l'écorce
qui brûle la première. Concassez-le ensuite, mettez-le en infusion, et continuez l'opération comme on verra plus bas pour
la liqueur de café.

Quelques personnes font cette liqueur sans faire torréfier le
cacao ; elles se contentent de le concasser, et de le mettre ensuite
en infusion, amandes et écorces ensemble. (Bouillon-Lagrange,
Chim. du goût et de l'od.)

Pour toutes les liqueurs par infusion, nous conseillons d'avoir
toujours une provision d'esprits tout distillés et chargés autant
que possible d'aromates, à l'aide desquels on fabrique les
liqueurs. (*Art du distill. liquoriste.*)

CACHOU (*Pastilles de*).

451. *Cachou à la réglisse et à la violette.* Prenez : cachou

en poudre, 64 grammes; extrait de réglisse purifié, 32 grammes; sucre, 320 grammes.

Toutes ces substances bien pulvérisées se mêlent bien ensemble. On les humecte ensuite avec une quantité suffisante d'eau chargée de gomme-adragant. On en fait des pastilles en forme de trochisques ou de grains d'orge, et on les conserve dans un bocal sec et bien fermé. C'est un stomachique et un pectoral. Si on les aromatise avec six grammes d'iris de Florence en poudre, on a le cachou à la violette.

452. *Cachou au naturel, à l'ambre, au musc, à la fleur d'orange.* Prenez : cachou en poudre, 96 grammes; sucre, 380 grammes. Opérez comme ci-dessus, et faites des trochisques du poids de douze grains environ.

Ce stomachique convient aux personnes sujettes à la migraine.

Si l'on ajoute quatre décigrammes d'ambre gris, on a les pastilles de cachou à l'ambre; ceux qui préfèrent l'odeur du musc en font entrer un décigramme dans leurs pastilles; enfin si l'on aime mieux celle de la fleur d'orange, au lieu d'ambre et de musc, on mêle à la pâte de cachou six gouttes d'huile essentielle de fleur d'orange.

453. *Cachou à la cannelle.* Prenez : cachou en poudre, 96 grammes; sucre en poudre, 444 grammes; cannelle fine en poudre, 6 grammes; huile volatile de cannelle, cinq gouttes; mucilage de gomme-adragant, une· quantité suffisante.

Faites des pastilles en forme de trochisques.

C'est un très-bon stomachique, astringent; elles corrigent aussi la mauvaise odeur de l'haleine, et remédient aux digestions dépravées. On les prend surtout après les repas, ou le matin, dans les mauvaises digestions et dans les dégoûts d'alimens. (J.-J. Virey, *Traité de pharm.*)

CAFÉ.

454. *Caractères distinctifs des diverses variétés du café.* Le véritable *café Moka* est d'une grosseur moyenne, de couleur jaune pâle, tirant quelquefois sur un vert extrêmement tendre. Lorsqu'il a été torréfié, il répand un parfum admirable, et sa teinture est d'une saveur aromatique dont aucun autre café n'approche.

Le *café Bourbon* est plus petit, sa couleur est d'un jaune bleuâtre; lorsqu'il est fort vieux, il jaunit un peu plus, mais il conserve toujours pour l'ordinaire sa teinte bleue.

On reconnaît aisément les cafés d'une qualité inférieure, soit à la grosseur de leur grain, soit à leur couleur, ou à leur saveur. (Bouillon-Lagrange.)

455. *Procédé pour enlever au café le goût mariné.* Ce procédé consiste à jeter le café dans l'eau bouillante, à l'y laisser quelques minutes, à l'en retirer, et à l'exposer au grand soleil, ou, ce qui vaut mieux encore, dans une étuve. (*Man. d'écon. domest.*)

456. *Préparation du café.* Le choix du café est un point important. Le meilleur est petit, parfaitement sec, difficile à casser sous la dent, d'une couleur légèrement jaunâtre, parfumé et sans odeur désagréable.

Pour le brûler, on doit le mettre dans un vase de fer qui puisse se fermer exactement; le faire peu à peu torréfier; lui laisser prendre la couleur de cannelle; le retirer aussitôt du feu, et le verser dans un vase bien exactement fermé pour l'y laisser refroidir, et lui conserver son arôme; le moudre enfin quand il est froid. Chacun ensuite a sa manière pour le préparer en infusion : la meilleure est, sans contredit, celle qu'on lui fait subir dans la cafetière de *Belloy*, en en mettant deux onces pour sept tasses ordinaires d'eau. A défaut de cette cafetière, on peut placer le café dans une chausse qu'on met au-dessus d'un vase, et jeter par-dessus la poudre la quantité d'eau qu'on juge nécessaire.

Quelques personnes versent le café dans un vase à peu près plein d'eau bouillante, le laissent reposer, et précipitent le marc avec quelques gouttes d'eau froide qu'elles jettent ensuite sur la liqueur. D'autres versent peu à peu de l'eau sur le café mis dans un vase, et le laissent reposer le temps nécessaire. Quoi qu'il en soit, il ne faut jamais brûler le café d'avance, et ne pas négliger de le moudre aussitôt qu'il est refroidi. (*Man. de la ménagère.*)

457. *Liqueur de café.* Pour faire cette liqueur, choisissez trois livres du meilleur café Moka; faites-le torréfier jusqu'à ce qu'il ait contracté une couleur de marron fort clair, et réduisez-le en poudre, dont vous ferez une infusion avec neuf litres d'eau; ou, ce qui est mieux, mettez-le simplement infuser dans cinq litres d'esprit de vin parfaitement rectifié, auquel vous aurez ajouté quatre litres d'eau commune. Au bout de huit jours de macération, versez le tout dans la cucurbite, adaptez le réfrigérant, placez l'alambic au bain-marie, et distillez au filet assez fort. Quand vous aurez retiré six litres de liqueur, vous la verserez dans la cucurbite, après quoi vous distillerez au petit filet; dès que vous aurez obtenu cinq litres d'une liqueur bien imprégnée d'huile aromatique de café, vous arrêterez la distillation, et vous procéderez à la siropation, c'est-à-dire, que

vous ferez fondre à froid cinq livres de bon sucre fin dans cinq litres d'eau de fontaine ou de rivière; vous mêlerez et le sirop et la liqueur, et vous filtrerez ensuite le mélange.

Cette liqueur est opérative, elle incise les alimens crus et de difficile digestion, excite agréablement la sensation du café, n'empêche pas de dormir, enfin elle réveille les esprits et n'échauffe que peu le sang. (Bouillon-Lagrange.)

458. *Conserve de café.* Prenez une livre de sucre que vous faites cuire à la petite plume; ôtez-le du feu, et le laissant refroidir à moitié, jetez-y une once de café en poudre; mêlez bien le tout avec une spatule, et dressez la conserve dans un moule de papier avant que le sucre blanchisse trop. (*Le Maître d'hôt. conf.*)

On fera de la même manière des conserves de chocolat, thé, vanille, etc.

459. *Racines et semences qu'on peut substituer au café.* Lorsque la cherté du café ne permet pas aux personnes peu riches de s'en procurer, elles peuvent lui substituer différentes substances qui toutes, il est vrai, n'ont pas éminemment les propriétés du café, mais qui procurent une illusion agréable, et trompent adroitement l'estomac.

La racine de chicorée, séchée et coupée en morceaux, les pois chiches, les fèves, le seigle, les graines de petit houx, les glands, le riz, torréfiés et moulus, imitent assez bien le parfum du café. Cependant les racines de betteraves méritent encore la préférence. Pour les préparer, on prend celles qui sont d'un rouge un peu pâle; on les lave, on les ratisse comme des carottes, on les coupe par tronçons de moyenne grosseur qu'on fait sécher au four sur des feuilles de fer-blanc, et on les conserve dans un lieu sec jusqu'au moment de s'en servir. La torréfaction de ces morceaux est le point le plus important de l'opération. S'ils sont brûlés, ils perdent leur force; s'ils ne le sont pas assez, ils sentent la terre. Ce degré précis est quand ils sont d'un jaune d'or: il ne faut pour cela qu'autant de temps qu'il en faut pour compter jusqu'à vingt. Dès que les betteraves sont sèches, on les moud, ou plutôt on les pile dans un mortier; on passe la poudre au tamis; on pile le plus gros une seconde fois; on le brûle même encore si cela est nécessaire, jusqu'à ce que tout soit réduit en poudre fine et douce au toucher; on la met en paquets dans des vases de terre, ou dans des boîtes de bois. Plus on la conservera, plus le café aura de parfum. Si on s'en servait trop tôt, il sentirait la terre; il vaut mieux le filtrer à la chausse que le faire bouillir.

Une partie de café, mêlée avec de la betterave ainsi préparée, fournit une boisson qui, sans avoir le goût et le parfum délicat du bon café, ne laisse pas d'être très-agréable et très-salubre. Elle est surtout économique en ce qu'on n'a pas besoin d'autant de sucre. (*Man. d'économ. domest.* et *Almanach champenois.*) ·

CAILLE (*Chasse de la*).

460. *La caille*, paraît ordinairement dans nos climats au commencement d'avril ; c'est ce qu'on appelle *caille verte ;* elle se prend communément dans les plaines unies où il y a des seigles et des blés, avec une nappe, et dans les endroits mal unis, avec un hallier.

461. *De la nappe.* La nappe est un filet de fil teint en vert-pré, qui est fait à mailles carrées de seize lignes ; il y a des nappes de dix-huit, vingt et vingt-quatre pieds carrés : les plus usitées sont celles de vingt pieds, vu qu'elles sont plus portatives et plus propres à mettre à la poche ou dans le chapeau.

462. *Du hallier ou tramail.* Le hallier est un filet composé de trois nappes contre-maillées, dont deux à grandes mailles carrées, et la troisième, qui sert de toile et d'entre-deux, à petite mailles losanges, pour faire poches de distance en distance : le filet est garni de deux pieds en deux pieds, de piquets ou fiches de bois d'un pied de haut qu'on plante en terre, afin d'arrêter les cailles.

Il y a des halliers de vingt, vingt-cinq et trente pieds, et l'on se sert du grand ou petit, selon la disposition du lieu où l'on veut les tendre.

463. *Appeaux à cailles.* Les meilleurs et les plus faciles à faire aller, sont ceux de peau de chat ou de lapin, avec un tube fait de l'os d'un pied de mouton, tourné, bouché de liége, d'un côté et de l'autre, avec un peu de cire. On le tient dans la main gauche, on frappe par-dessus avec la paume de la main droite, et l'on obtient un son absolument semblable à celui de la *caille* femelle, ce qui sert à faire venir le mâle : pour les mois d'avril, mai et juin, on fait le ton clair ; et pour juillet et août, on ferme un peu plus le bout de l'appeau pour rendre le son plus fort.

La grande difficulté est de bien battre l'appeau : car un seul coup mal donné, fait fuir la caille pour toujours ; c'est pourquoi il faut d'avance être sûr de son fait et s'être long-temps exercé.

464. *Pour prendre les cailles à la nappe.* On entre en plaine, on frappe l'appeau, et on écoute ; aussitôt que l'on entend chanter des *cailles* on approche, et on s'assure si la *caille* vous répond ; alors on étend son filet sur un blé ou du seigle, en ayant soin de se mettre du côté opposé à la *caille*, et on frappe

l'appeau. Quelquefois la *caille* ne répond pas, alors il faut redoubler d'attention, car elle vient en silence ; dès que vous voyez arriver la *caille*, vous diminuez les coups d'appeau jusqu'à ce qu'elle soit sous le filet ; vous vous levez aussitôt ; elle veut s'envoler, le filet l'enveloppe et elle est prise.

Quand au premier coup d'appeau la *caille* répond, vous faites comme elle chaque fois qu'elle chante, et vous frappez l'appeau, toujours en diminuant le ton à mesure qu'elle avance, jusqu'à ce qu'elle soit sous le filet. Il arrive quelquefois que la *caille* vous dépasse : alors il faut, sans se lever, tâcher de passer de l'autre côté, et battre l'appeau tout doucement, en se rappelant que si la *caille* vous voit, vous ne devez plus avoir l'espoir de la prendre ; mais si elle ne vous voit pas, vous pouvez facilement lui faire faire plusieurs fois le tour du filet. Le plus difficile, et ce qui demande le plus d'attention, est de se bien cacher. Pour cela il suffit de mettre un genou en terre, de baisser la tête, sans faire aucun mouvement, et d'avoir toujours les yeux du côté où peut venir la *caille*, pour n'être pas surpris.

465. *Au tramail.* Le tramail sert à barrer l'endroit où l'on pense que la *caille* doit passer ; on plante en terre le piquet du filet ; en ayant soin de le tendre très-roide, et de bien arranger la poche, pour que les *cailles* se boursent mieux ; cela fait, on recule environ dix pas, on frappe l'appeau à mesure que la *caille* arrive, on diminue le ton, alors elle avance ; la vitesse avec laquelle elle va, fait qu'elle se blouse très-facilement, et vous prenez. Ensuite vous détendez votre filet, vous le roulez, et vous allez plus loin en faire autant.

466. *Chasse des cailles à la tirasse.* Pour cette chasse, qu'on fait ordinairement à deux, il faut avoir un chien d'arrêt bien dressé, et une tirasse de vingt à vingt-quatre pieds carrés ; vous faites chasser votre chien, le nez au vent. Aussitôt que vous le voyez en arrêt, vous vous portez sur le côté ; un de vous prend d'une main une ficelle qui répond au filet, et qui a six pieds de long ; vous vous avancez sur le chien, et vous le couvrez avec la tirasse lui et le gibier, en ayant soin de tenir la tirasse toujours à quatre pieds de haut par-devant, et de la laisser traîner par l'autre bout.

On tirasse ordinairement en automne dans les chaumes, les regains et les luzernes ; au printemps et dans l'été, dans les prés.

On prend aussi à cette chasse, des perdrix, des lapins, des lièvres, des bécasses, des râles, et même beaucoup de gibier aquatique.

467. *Chasse aux cailles avec une chanterelle.* La chanterelle

est une caille femelle, élevée en sortant du nid par celui qui doit s'en servir; elle doit être privée et pouvoir au besoin se laisser prendre avec la main. On a une cage ronde, en bois, toute garnie de toile, avec un trou au milieu, afin que la chanterelle puisse passer la tête par ce trou pour appeler le mâle; on fait un trou en terre, on met la cage dedans, on tend autour de la chanterelle des halliers, et l'on est sûr en revenant le soir, si l'on a mis sa chanterelle le matin, de trouver autant de mâles qu'il y en aura dans le canton.

Pour les perdrix, on s'y prend de la même manière; mais les cages doivent être plus grandes, et les halliers double de ceux des cailles.

La vitesse avec laquelle vont les cailles et les perdrix, exige que les filets soient tendus extrêmement roides, parce qu'alors ces oiseaux donnant dedans, s'y prennent très-facilement. On fait ordinairement cette chasse dans l'été pour les cailles, en février et en mars pour les perdrix, en juillet et août pour les perdreaux, et toujours le matin et le soir.

468. *Observations.* Si au cinquième et sixième coup d'appeau la caille ne vous répond pas, vous devez vous en aller; c'est une caille manquée, et vous perdez votre temps à l'appeler. Si la caille vous répond plusieurs fois, et qu'elle ne vienne pas, il faut également s'en aller; vous ne seriez pas plus heureux, et vous perdriez votre journée à l'attendre. Il arrive quelquefois que l'on est forcé de tendre son filet dans des trèfles, des luzernes, des regains, et même des sainfoins qui, très-épais, présentent une grande difficulté pour le passage des cailles. Pour y étendre cependant votre nappe, il faut marcher tout autour, y faire des passages que la caille suivra, parce qu'elle y trouvera plus de facilité pour marcher. Un temps humide et lourd, avant un orage, est très-bon; rien de plus contraire à la chasse aux cailles que le vent, puisqu'on ne les voit pas arriver du tout.

On ne saurait se lever trop matin; mais il faut craindre la rosée; rien n'est plus paresseux qu'une caille quand elle a mouillé ses pates. C'est pourquoi on les prend de préférence depuis cinq heures du matin jusqu'à dix, et depuis trois heures après midi jusqu'au coucher du soleil. La plupart des braconniers les prennent la nuit dans le mois d'août, parce qu'elles n'y voient pas, et donnent facilement dans les filets.

Dans les provinces, où le passage des cailles est considérable, on en prend beaucoup aux lacets. Ces lacets doivent être plus forts que ceux dont on se sert pour les alouettes. (J. C. *Traité des oiseaux.*)

CAMPHRE.

469. *Camphre artificiel.* Pour produire le camphre artificiel, on fait passer du gaz acide muriatique dans de l'essence de térébenthine plongée dans un bain de glace, afin d'aider la combinaison du gaz. Il se dépose une matière cristalline blanchâtre; une partie de l'huile devient brune noire, fort acide. Le camphre qu'on obtient par ce procédé a l'odeur et la saveur moindres que le camphre naturel; on le purifie en le mêlant à de la poudre de charbon, en le sublimant. (J.-J. Virey, *Traité de pharm.*)

470. *Autre.* On fait aussi un camphre artificiel en composant une pâte de sandaraque avec du vinaigre blanc qu'on met pendant vingt jours en digestion dans du fumier de cheval. Au bout de ce temps on le trouve sous la forme d'une croûte de pain blanc; il est nécessaire de purifier ce camphre comme le précédent. (*Encyclop. méth.*)

471. *Huile de camphre.* Pour obtenir *l'huile de camphre*, on triture douze parties de camphre que l'on verse sur la moitié de son poids d'acide nitrique (eau-forte); l'acide dissout le camphre, et l'on voit surnager une substance oléagineuse qui est le camphre liquéfié et qu'on nomme *huile de camphre*. Elle sert à aider la dissolution du *caoutchou* dans l'huile volatile de térébenthine. (J.-J. Virey, *Traité de pharm.*)

CANARD.

472. *Éducation des canards.* L'eau est l'élément des canards: inutilement on s'obstinerait à vouloir en élever dans des endroits secs et arides; leur chair ne serait ni aussi tendre, ni aussi savoureuse.

Il existe communément deux ou trois espèces de ces oiseaux dans nos basses-cours; savoir: *le canard commun musqué, le métis,* qui résulte de l'accouplement du canard d'Inde avec *la cane commune.* Le canard sauvage a fourni le canard domestique, auquel il se mêle volontiers.

Le canard musqué s'écarte assez facilement, et retrouve avec peine le chemin de la ferme. Aussi les étangs et les viviers clos de murs sont-ils les plus convenables; il se plaît dans les mares ou gués destinés à abreuver les chevaux; mais il faut que, toujours, il puisse apercevoir la maison.

La terre et l'eau ne lui fournissent qu'une nourriture insuffisante; c'est pourquoi il convient de placer, sur le bord des eaux qu'il fréquente, des augets pleins d'avoine mélangée de mie de pain ; il faut aussi lui procurer abondamment de la vase et des lavures, sur lesquelles il se jette avec avidité de préférence à toute autre nourriture. En observant ces règles, il devient inutile de lier les ailes des canards et de leur arracher des plumes : opération qui, d'ailleurs, leur est toujours funeste.

Le canard commun n'a pas le défaut de déserter la ferme pendant plusieurs jours de suite, et ne s'expose pas par conséquent à devenir la proie des renards, des fouines, et d'autres animaux destructeurs.

Il s'accouple avec la cane sauvage, comme le canard musqué avec la cane ordinaire; et de ces accouplemens résultent des métis de différentes grosseurs.

Ces métis perdent presque entièrement l'odeur qui caractérise les races primitives. Ils sont rarement féconds entre eux; mais ils le deviennent en s'appareillant avec les canes ordinaires et fournissent une excellente postérité.

Un seul canard suffit à dix femelles. Elles commencent ordinairement leur ponte vers la fin de février, et la continuent jusqu'au mois de mai, lorsqu'elles ont une nourriture suffisante, et qu'elles sont logées dans un endroit qui leur plaît. Alors il faut les veiller de près, car elles déposent leurs œufs partout où elles se trouvent. Il arrive souvent qu'après les avoir dérobés, elles les couvent en secret, et on les voit arriver ensuite avec leur petite famille. Il est prudent, à l'approche du printemps, de leur donner à manger trois ou quatre fois le jour, et toujours dans les lieux où l'on désire qu'elles pondent, en y disposant les nids qui leur ont servi une première fois.

La cane ordinaire peut donner cinquante à soixante œufs depuis le mois de mars jusqu'en mai, si la couvaison ne vient pas interrompre la ponte. Ces œufs sont aussi nourrissans que ceux de la poule commune; cuits à la coque, le blanc ne devient pas laiteux; il acquiert une consistance de colle, et un goût un peu sauvageon; mais bouillis, ou en omelettes, il sont fort délicats.

Une poule ou une cane domestique peut couver les œufs de canard sauvage, qui sont les meilleurs pour renouveler la race ; et les petits canetons qui en résultent réussissent au moins aussi bien que nos canards ordinaires, sont infiniment meilleurs, et coûtent moins à nourrir, parce qu'étant, par leur nature, plus portés que nos canards domestiques à chercher leur pâture, ils la trouvent dans tous les temps de l'année, le long des pièces d'eau qu'ils aiment à fréquenter. Les individus de la première génération sont, à la vérité, un peu plus petits que nos canards domestiques ; mais à la seconde, et surtout à la troisième, ils deviennent au moins aussi gros. Ils ont la délicatesse des canards sauvages, et toute la bonté et la gaisse de nos barboteurs.

Les canetons sont trente jours à éclore. Leur nourriture, dans les premiers jours, est du pain émietté, imbibé de lait, d'eau, d'un peu de vin ou de cidre ; quelques jours après on leur prépare une pâte avec une pincée de feuilles d'ortie tendres, cuites, hachées bien menu, et d'un tiers de farine de blé de Turquie, de sarrasin ou d'orge, en y ajoutant les œufs de rebut, qu'on aura fait cuire exprès.

On leur donne des herbes crues ou hachées, du son trempé dans l'eau, de l'orge, du gland écrasé, des poissons et des pommes de terre cuites et divisées par morceaux.

Il faut les tenir d'abord enfermés sous une mue ou auge à poulets, pendant huit à dix jours ; avoir soin d'y mettre un peu d'eau ; prendre quelques précautions avant de les laisser aller avec les vieux canards, dans la crainte que ceux-ci ne les maltraitent, et leur donner à manger comme aux autres volailles, toujours dans le même endroit, et aux mêmes heures, afin qu'ils s'y trouvent régulièrement et ne s'écartent point. Il est nécessaire de les tenir enfermés sous les toits qui leur sont destinés, et de placer ces toits, autant que le local le permet, à la portée de la mare, ou de la fosse de la basse-cour.

Les criblures, les balayures de greniers, les farineux fermentés, les résidus des brasseries et des houilleries, les herbages, les racines potagères, les fruits, les viandes corrompues, les grenouilles, les limaçons, etc., etc., peuvent servir de nourriture au canard. Mais lorsqu'on veut l'engraisser, il convient d'observer un régime suivi, et de ne pas l'abandonner à lui-même. Quoique cet oiseau chérisse sa liberté, et qu'on ait remarqué qu'il pouvait aisément s'engraisser sans être renfermé, l'expérience a prouvé qu'on y parvient plus tôt en le mettant sous une mue, et en lui administrant une quantité suffisante de grains ou de son gras et un peu d'eau, seulement pour mouiller son bec, sans quoi il pourrait s'y noyer.

Une pâte avec de la farine de sarrasin ou du maïs bouilli, dont on le gorge trois fois par jour, l'engraisse dans une semaine. Dans le Languedoc, on les enferme pendant huit à dix jours dans un endroit obscur, et on ne les sort que lorsque la queue fait l'éventail. Alors ils sont gras ; on les baigne et on les tue.

473. *Manière de saler les canards.* Les canards ayant été soigneusement épluchés et flambés, on en sépare les cuisses dont on tranche les extrémités avec un couteau ; on lève l'estomac, de façon que la chair des ailes y tienne ; on le coupe en deux dans sa longueur et on retire les os ; on coupe de

même le croupion, on ôte le sang qui pourrait être dans les reins, et on prend toute la graisse pour la faire fondre dans une chaudière ; on saupoudre la chair de sel fin dont on la laisse se bien pénétrer pendant cinq ou six heures ; après quoi on la fait cuire suffisamment dans la graisse d'où on la retire pour la laisser égoutter et refroidir. On la place ensuite couche par couche dans des pots de terre vernissés avec quelques grains de poivre, clous de girofle et feuilles de laurier. Quand les pots sont garnis on achève de les remplir avec la graisse qui doit dépasser la chair de deux doigts ; lorsque le tout est bien pris, on ajoute un peu de sel, et on couvre les pots avec du parchemin ou du papier fort et bien doublé que l'on attache autour avec une ficelle. Les canards ainsi confits doivent être gardés dans un lieu frais sans être humide. (*Dict. écon.*)

On sale les oies de la même manière.

474. *Préparation du canard.* Le canard partage avec l'oie l'honneur de donner naissance à des pâtés qui ne sont guère moins estimés. Il aime à se cacher, et ce n'est jamais à la broche qu'il se voit sur une table recherchée ; sa modestie s'accommode mieux d'un lit de navets, fait sur une braise succulente, ou d'un simple entourage de cardons d'Espagne, de céleri, d'anchois, de concombres, d'huîtres, d'olives ; ou enfin d'une purée verte ou d'un coulis aux lentilles. (*Alman. des gourm.*)

475. *Chasse aux canards sauvages.* On se sert pour la chasse aux canards d'un habit de toile couleur de vache ou de cheval, depuis la tête jusqu'aux pieds, avec un bonnet qui doit être fait comme la tête d'une vache ou d'un cheval, ayant des cornes ou des oreilles, des yeux, deux pièces de la même toile au bout des manches pour attacher autour du cou et tenir le bonnet ; il faut laisser pendre deux morceaux de la même toile au bout des manches pour imiter les deux jambes de devant du cheval ou de la vache. On marche en se courbant, et présentant toujours le bout du fusil : vous approcherez ainsi peu à peu pour tirer les oiseaux à bas, et, s'ils se lèvent, rien ne vous empêchera de les tirer en volant. La meilleure heure pour cette chasse est le matin. (*Encycl. méth.*)

On approchera de la même manière les pluviers, les étourneaux, les vanneaux, les grives et les alouettes. (*Aviceptologie.*)

476. *Autre.* Entre autres manières de tuer des canards sauvages, il n'en est pas qui soient plus agréables et plus certaines que celle du réverbère. Pour la faire on a d'abord un chaudron de cuivre bien écuré intérieurement ; on le pend à son cou en tenant à la main un vase dans lequel il y a de l'huile et quatre ou cinq mèches allumées, et l'on fait en sorte

qu'en dirigeant le chaudron, que la réflexion de la lumière donne sur l'eau à une portée de fusil ordinaire. Les canards s'annoncent de loin par un cri d'admiration ; les chasseurs qui suivent en silence et très-doucement le porteur du réverbère, s'avancent, tirent et tuent ainsi toutes espèces d'oiseaux aquatiques.

Après l'explosion du coup de fusil, le chasseur doit éteindre sa lampe et aller plus loin pour recommencer son stratagème Il faut qu'il ait tout préparé avant que d'allumer les mèches. (*Encycl. méth.*)

477. *Autre.* On prend des canards au lacet et aux hameçons. Pour la première chasse, on dresse des lacets dans des endroits où l'on a jeté du grain pour les y attirer ; c'est ordinairement au bord d'une petite mare où les canards vont barboter : pour la seconde, on prend des hameçons un peu forts, on y met des morceaux de pain ou de chair, des fèves, des vers, des grenouilles, etc. On attache ces appâts avec une ficelle, et on les place confusément dans un endroit où vous avez jeté du grain deux ou trois jours avant. (*Encycl. méth.*)

478. *Préparation du canard sauvage.* Ce canard subit les mêmes préparations que celui de nos basses-cours ; mais il nous semble que c'est le rabaisser fort au-dessous de sa valeur que de le manger autrement qu'à la broche, où il conserve son fumet, sans rien perdre de ses autres qualités ; permis au reste, après qu'il a été rôti, de le découper et d'en faire sur la table même une espèce de salmi aiguisé. (*Alman. des gourm.*)

CANÇER.

479. *Traitement des cancers et ulcères.* Prenez deux gros de cinabre artificiel, huit grains de cendre de semelles de vieux souliers, douze grains de sang de dragon, et quatre grains d'arsenic blanc : mettez le tout en poudre fine, et faites-en un mélange exact dans un mortier de verre. Le malade mis au régime du lait, autant que possible, se purgera une fois avant le traitement, se fera mettre un cautère, si l'ulcère a beaucoup de surface et s'il a pris un mauvais caractère ; il fera ainsi l'application du remède ci-dessus.

Il mettra un peu de cette poudre dans un vase de verre, y versera par-dessus quelques gouttes d'eau, et avec un pinceau de poil, l'ayant remuée et détrempée en forme de boue, il appliquera le pinceau sur l'ulcère préalablement bien nettoyé, et le barbouillera de poudre jusqu'à ce qu'il y ait recouvert l'ulcère et ses bords d'une couche de l'épaisseur d'une demi-ligne ; il le recouvrira ensuite avec de l'agaric de chêne cardé, de la toile d'araignée, ou plutôt avec le *byssus* qui croît sur les vieux tonneaux. Après cette seconde application, il humectera le tout avec quelques gouttes d'eau. Cet emplâtre formera une croûte, le malade éprouvera quelques douleurs dans l'ulcère, il y surviendra même une inflammation, qui se dissipera quelques jours après ; enfin l'escarre s'ébranlera et tombera vers le vingtième jour de l'application. On appliquera alors sur la plaie simple qui restera à la place de l'ulcère, un emplâtre de Nuremberg, on le renouvellera une fois par jour, ayant soin de bien nettoyer la plaie et ses bords ; et l'on parviendra sous peu à la faire cicatriser, se servant toutefois dans le besoin de charpie et de pierre infernale pour brûler les excroissances de chair qui pourraient retarder la cicatrisation de la plaie. (*Bibl. phys. écon.*)

480. *Autre traitement.* Une personne attaquée depuis huit ans d'un cancer au nez, en fut délivrée en quinze jours par le traitement suivant. On lui prescrivit d'abord des remèdes généraux tels que la saignée et la purgation ; on lui posa ensuite un cautère au bras gauche ; enfin on lui recommanda de se bassiner le plus souvent possible la partie malade avec la liqueur dont voici la composition : Prenez une poignée de la plante connue sous le nom de dompte-venin (*vince toxicum*); coupez-la bien menue ; mettez-la dans une bouteille pleine de bon vin, et laissez-la infuser pendant huit ou quinze jours en l'exposant au soleil.

Quand on veut se servir de cette infusion, on en verse dans une tasse et l'on trempe dedans un linge fin avec lequel on se bassine. (*Recueil manuscrit de remèdes*, par dom G. F. COULON.)

481. *Cataplasme contre les cancers.* Prenez du rob de carottes, une livre; de la poudre de feuilles de ciguë, de l'écorce du Pérou pulvérisée, de chacun une once; de l'extrait de saturne, du laudanum liquide de Sydenham, de chacun deux gros ; mêlez, pour en appliquer deux à trois fois par jour sur la partie qu'occupe le cancer.

Ce remède est extrait du *Dispensatorium pauperum*, etc., de Prague, publié par ordre de l'empereur Joseph II.

CANNELLE.

482. *Falsification de la cannelle.* (*Moyen de la reconnaître.*) On peut être trompé de deux façons dans l'achat de la cannelle, par une substitution et par une altération. Dans le premier cas, on vend le *cassia lignea* pour la cannelle même. La bonne cannelle est longue, mince, cassante, roulée elle-même en bâtons rougeâtres, d'une saveur piquante ; mais agréable et aromatique. La *cassia lignea* l'est beaucoup moins ; son écorce

est épaisse, et quand on la mâche elle devient mucilagineuse, ce qui n'arrive pas à la cannelle de Ceylan. Dans le second cas, on vend la cannelle après l'avoir distillée : dans cet état elle conserve un peu de parfum, mais elle est dépouillée de la plus grande partie de son huile essentielle ; il ne lui reste qu'une saveur très-piquante et même assez désagréable ; la fraude est par conséquent très-facile à découvrir : il en est à peu près de même des clous de girofle. (Bouillon-Lagrange.)

483. *Huile de cannelle.* Prenez : cannelle brisée, une livre ; eau-de-vie, huit litres ; sucre candi, trois livres.

Mettez dans une cruche trois litres d'eau tiède ; jetez-y votre cannelle ; bouchez bien et laissez infuser pendant deux ou trois jours ; joignez-y alors l'eau-de-vie et le sucre ; laissez encore le tout en digestion pendant deux autres jours : filtrez et gardez en bouteilles. (Sonnini père, liquor.)

484. *Conserve de cannelle.* Délayez dans une assiette, avec deux ou trois cuillerées de sucre clarifié, un gros de cannelle en poudre passée à un tamis très-fin ; mettez-la ensuite dans une demi-livre de sucre cuit à la grande plume ; vous remuerez bien le tout pour opérer un mélange parfait ; vous verserez ensuite la conserve dans des moules de papier, et quand elle sera congelée vous la couperez en tablettes. (*Le Confis. royal.*)

CANTHARIDES.

485. *Manière de recueillir et de conserver les cantharides.* Pendant le mois de juin, les cantharides se jettent en essaims sur les chèvre-feuilles, les frênes, les lilas, les peupliers et les ormeaux dont elles dévorent les feuilles. Leur présence s'y annonce par une odeur fétide qui les trahit, et qui approche assez de celle de la souris. On étend alors sous ces arbres plusieurs draps pour les recevoir ; on secoue les branches pour les faire tomber, on les ramasse, et on les fait mourir à la vapeur du vinaigre, à laquelle on les expose sur un tamis, ou bien en les réunissant dans un linge que l'on fait tout simplement tremper dans du vinaigre. Les cantharides sont ensuite exposées au soleil, ou mieux dans un grenier bien aéré, sur des claies recouvertes de toile ou de papier ; on les remue avec un petit bâton, pour ne pas s'exposer à des douleurs aiguës qu'on ressentirait au col de la vessie, à des ophtalmies, ou à des démangeaisons considérables. Quand ces insectes ont acquis le degré de dessiccation convenable, ils deviennent si légers, que cinquante pèsent à peine un gros.

La conservation des cantharides est facile ; il ne s'agit que de les tenir enfermées dans des boîtes revêtues intérieurement de papier; mais avant il faut qu'elles soient parfaitement sèches; autrement elles contracteraient une odeur désagréable qui ne permettrait plus de les employer. (*Dict. des ménages.*)

486. *Teinture de cantharides.* Faites macérer cent grammes de cantharides en poudre fine dans huit cents grammes d'alcohol rectifié; filtrez au cinquième jour.

Cette teinture sert en frictions à l'extérieur; elle sert aussi pour les taffetas vésicatoires. (*Voyez* ces mots.) (Virey, *Traité de pharm.*)

CAPILLAIRE (*Sirop de*).

487. Prenez deux onces de capillaire de Canada; mettez-les dans une terrine vernissée; versez par-dessus quatre livres d'eau bouillante; laissez durer l'infusion pendant douze heures sur la cendre chaude; exprimez et coulez la liqueur; faites fondre dans cette teinture quatre livres de sucre; mettez le tout dans une poêle à confiture que vous placerez sur le feu, et que vous clarifierez au blanc d'œuf. Continuez la cuisson; et quand votre sirop sera perlé, versez-le promptement sur du nouveau capillaire haché que vous aurez mis dans une serviette; couvrez ce vase aussi bien que possible; laissez le sirop se refroidir, et aromatisez-le comme vous le jugerez convenable avant de le mettre en bouteilles que vous aurez soin de bien boucher; passez-le par une étamine pour séparer les feuilles de capillaire dont vous vous êtes servi pour la seconde infusion. (Bouillon-Lagrange.)

CAPRES (*Préparation des*).

488. La préparation des câpres consiste à couper les boutons, jeunes encore, et à les mettre dans un vase avec de bon vinaigre et un peu de sel. Cette opération doit se faire chaque jour, à mesure qu'on recueille les câpres, et l'on doit avoir soin de les recouvrir toujours d'un ou deux pouces de vinaigre. On peut les conserver ainsi cinq à six ans, si on les place dans un endroit frais, et si on renouvelle leur vinaigre lorsqu'il commence à s'affaiblir. (*Dict. d'agr.*)

CAPUCINE.

489. *Manière de la confire au vinaigre.* Pour préparer les graines de capucine en câpres, on doit simplement les recueillir lorsque leur intérieur n'a pas encore pris bois. On les laisse flétrir à l'ombre pendant quatre heures; on en remplit des vases jusqu'à deux doigts du bord; on y met le vinaigre qui doit les recouvrir; on met le couvercle, et on laisse le tout reposer

pendant huit jours. Passé ce terme, on met le tout dans une passoire pour les faire égoutter, et on reçoit le vinaigre dans un autre vase qui a acquis un nouveau degré de bonté pour les usages domestiques. Lorsque ces capucines sont ressuyées, on les passe dans un nouveau vinaigre où on les laisse encore huit jours, après lesquels on les retire pour les faire égoutter, et leur donner une troisième préparation semblable en tout aux deux premières. Enfin on les conserve dans ce nouveau vinaigre où l'on jette quelques poignées de sel.

Les capucines sont aussi bonnes que les câpres, et sont d'un plus grand produit, en ce qu'un pied de capucine donne autant qu'un câprier, et ne tient que beaucoup moins de place. Les câpriers sont d'ailleurs d'une culture plus difficile. (Denis de Montfort.)

CARAMEL (*Conserve au*).

490. Faites clarifier du sucre, et poussez-le jusqu'au caramel. Préparez, pendant cette cuisson, plusieurs caisses en papier double, et lorsque le sucre sera cuit, mettez-en l'épaisseur d'un demi-doigt dans chaque caisse ; ensuite, pendant que le caramel est encore chaud, vous le divisez en tablettes avec la pointe d'un couteau, vous le laissez refroidir, et vous le brisez ensuite dans les rainures que vous avez tracées.

Si l'on veut donner à la conserve une odeur de fleur d'orange, de vanille, de rose, etc., il faut mêler quelques gouttes de l'essence qu'on a choisie dans le sucre lorsqu'il n'est encore qu'au grand soufflé. (*Dict. des ménages.*)

(*Voyez aussi à l'art.* SUCRE.)

CARDONS (*Préparation des*).

491. On distingue deux sortes de cardes : celles de la poirée, qui sont les grosses côtes dépouillées de leurs feuilles et de leurs coticules ; et celles d'artichaut, beaucoup plus grandes, et connues sous le nom de cardons d'Espagne. Ces dernières sont les plus distinguées. Dans l'une et l'autre espèce, les plus blanches et les plus épaisses sont réputées les meilleures, et se mangent au jus, au coulis, à la moelle, en maigre et au parmesan. (*Almanach des gourmands.*)

Les cardes se conservent de la même manière que les *concombres* ; mais elles exigent une précaution de plus, celle d'enlever soigneusement toutes les filandres.

CARMIN.

492. *Procédé pour obtenir le carmin.* On prend cinq gros de

cochenille, un demi-gros de graine de chouan, dix-huit grains d'écorce d'autour, dix-huit grains d'alun et cinq livres d'eau de puits. On commencera par faire bouillir l'eau ; alors on y jettera la graine de chouan, on lui laissera faire cinq à six bouillons, après quoi on filtrera la liqueur. On la remettra sur le feu ; lorsqu'elle aura bouilli de nouveau, on y mettra la cochenille ; après qu'elle aura fait quatre ou cinq bouillons, on y joindra l'écorce d'autour et l'alun : on filtrera de nouveau la liqueur ; au bout de quelque temps le carmin, sous la forme d'une fécule rouge, se précipitera au fond du vaisseau où l'on aura mis la liqueur filtrée ; on décantera la liqueur qui surnagera, et on fera sécher la couleur rouge au soleil. Les doses indiquées en donneront environ deux scrupules. Quand on veut employer ce *carmin* pour les dessins au lavis, on le détrempe, dans un godet, avec de l'eau gommée, et l'on remue avec le pinceau jusqu'à ce qu'il soit bien délayé. On laisse ensuite sécher le carmin, et lorsqu'on en a besoin, on en détrempe avec de l'eau commune, dans un second godet, la quantité nécessaire.

Le carmin noircit et perd sa beauté lorsqu'on le détrempe trop souvent. (*Encyclop. méthod.*)

493. *Laque carminée.* Après la précipitation du carmin, dans l'opération que nous venons de décrire, il reste une liqueur encore bien colorée qu'on emploie pour faire la *laque carminée.* Pour cet objet, on prend de l'alumine pure et lavée ; on en délaye une suffisante quantité dans cette décoction de cochenille, et on abandonne ce mélange quelque temps à lui-même. La matière colorante éprouve une sorte de fermentation qui détruit le principe muqueux animal qui la tenait suspendue, et cette couleur se fixe sur l'alumine. On ajoute de nouvelle cochenille à l'alumine, afin de la bien colorer. Cette laque, séchée à l'ombre, en petits grains, sert pour la peinture à l'huile et aussi en détrempe.

CAROTTES.

494. *Manière de conserver les carottes.* On conserve les carottes dans des caves ou dans des fosses faites exprès. Dans les caves, on les place par couches sur des lits de sable, toutes les têtes tournées du même côté pour les laisser exposées à l'air ; dans les fosses, on les place par lits alternatifs avec de la paille qu'on recouvre de terre, ou mieux d'une dernière couche de paille assez épaisse pour que les eaux et la gelée n'y puissent jamais pénétrer. (*Dict. d'agricult.*)

495. *Autre.* On récolte les légumes peu de temps avant la gelée, on les rentre et on les enterre dans le sable jusqu'à la

croissance des feuilles, en ayant soin de les ranger les unes auprès des autres, sur un plan incliné. On forme ensuite une
seconde couche de sable dans laquelle on enterre une seconde
couche de légumes, et ainsi de suite jusqu'à ce que tout soit
rangé. Ces légumes se conserveront de cette façon dans toute
leur fraîcheur : on les prendra à l'aventure, sans affecter de
tirer plutôt d'un côté que de l'autre. (*Idem.*)

496. *Préparation des carottes pour les voyages de long cours.*
Après les avoir lavées, ratissées et coupées en tranches, on
les fait bouillir et on les réduit en pâte; on y joint une égale
quantité de sucre jusqu'à la consistance de marmelade. Lorsque cette marmelade est froide, on la met dans des pâtes,
comme les autres confitures; elle se conserve dans tous les climats, et offre un excellent antiscorbutique. (*Idem.*)

497. *Confitures de carottes.* Prenez de l'eau suffisamment
pour baigner les carottes que vous aurez ratissées et coupées
en quillons; jetez-y une livre de sucre ou de miel pour 4 livres
de légumes; faites bouillir, écumez avec soin; joignez-y quelques brins de cannelle, et lorsque votre eau sera bien bouillante,
mettez-y les carottes; faites-les cuire doucement jusqu'à la consistance de marmelade, et un instant avant que de les retirer
du feu, versez dans votre confiture un demi-litre d'eau-de-vie.
Lorsque la marmelade sera bien cuite, mettez-la chaudement
dans des pots de grès que vous recouvrirez d'un rond de papier
trempé dans de l'eau-de-vie, et que vous coifferez d'un double
papier assujetti ensuite au moyen d'un gros fil.

Vous aurez soin de très-peu pousser le feu, et de bien agiter
afin que rien ne s'attache; sans cette précaution la confiture
prendrait un goût de brûlé toujours désagréable. (*Bibliothèque
phys. écon.*)

498. *Pâte de carottes.* Elle se fait de la même manière, excepté qu'il faut dessécher plus long-temps les matières sur le
feu, et faire attention surtout vers la fin que la pâte ne brûle
pas. Lorsque tout est cuit au point nécessaire, on en prend
avec une cuillère, et on dresse la pâte sur du papier que l'on
porte au soleil, à l'étuve, ou mieux encore au four dont on
vient de retirer le pain.

La confiture et la pâte de carottes sont peu coûteuses et sont
excellentes. On les mange avec autant de plaisir que la marmelade d'abricots, avec laquelle elles ont beaucoup de rapport à
l'égard du goût. (*Id.*)

CARPES.

PÊCHE DES CARPES.

499. *Manière de les bombarder.* On choisit un endroit de ri-

vière ou d'étang où l'eau forme une espèce de bassin, net de toutes sortes de joncs et de racines d'arbre, et où l'on est assuré qu'il y a beaucoup de carpes. Par le moyen d'un petit bateau, on entoure cet endroit de filets dont le plomb touche au fond, et dont le dessus se soutient sur l'eau par des morceaux de liége qui y sont attachés.

On prend 12, 15 ou 20 bombes (ce sont des pétards composés comme les fusées ordinaires) où l'on a attaché des pierres pour les faire couler à fond; on les allume et on les jette promptement les unes après les autres dans le bassin. L'explosion des pétards soulève la vase et trouble l'eau : les carpes épouvantées ne savent où fuir; mais contraintes de chercher un air plus pur, elles donnent dans les filets.

500. *Autre pêche.* On remplit de branchages une vieille chaloupe, et on la fait couler au fond de l'eau dans un endroit assez profond. Après qu'elle y a séjourné trois mois sans être visitée, on l'approche avec deux bateaux auxquels on attache la vieille chaloupe, et on la retire. On la conduit à bord, on puise toute l'eau qui la remplit, et on prend les carpes qui se sont logées dans le fond.

501. *Autre pêche.* Lorsqu'il fait du vent, on attache à une vessie remplie d'air, ou à un fagot de roseaux secs, ou à une bouée de liége, une ligne garnie de plusieurs hameçons. On attache à ces corps flottans une ficelle, et on les expose sur l'eau. Le vent les pousse bientôt au large, et on file la corde. Dès qu'on s'aperçoit qu'il y a des poissons pris, ce qu'on reconnaît au mouvement de la vessie, on tire la ficelle et on amène le poisson à terre. (J. J. C. *Pisciceptologie.*)

PRÉPARATION DES CARPES.

502. *A la matelote.* Prenez une carpe en vie, s'il est possible, nettoyez-la sans l'écailler; ouvrez-la, et la mettez avec son sang et son foie dans une casserole. Prenez de la marjolaine, du thym, du persil, du romarin et de la sarriette; vous ferez deux ou trois petits bouquets que vous mettrez dans votre carpe avec quatre ou cinq petits ognons entiers, vingt huîtres confites, trois anchois et quelques champignons. Versez ensuite assez de vin pour la couvrir : assaisonnez enfin de sel, de clous de girofle, de muscade, et d'écorce de citron. Couvrez votre casserole, et mettez-la sur un feu vif; dès que la carpe sera cuite, posez-la sur un plat; faites fondre avec six cuillerées de bouillon un quart de beurre que vous battrez avec trois œufs et un paquet de vos herbes bien hachées; mêlez avec la sauce, versez le tout sur la carpe; garnissez le plat de tranches de citron et servez.

5o3. *A l'étuvée.* Faites frire vos carpes, et mettez-les ensuite dans une casserole avec une égale quantité d'eau et de vin blanc, auxquels vous ajouterez du macis, du gros poivre, du sel, quelques ognons, des fines herbes, et du raifort râpé. Couvrez la casserole et laissez-la bouillir sur un feu bien doux pendant une heure au moins. Retirez alors les carpes et faites-les égoutter; pendant ce temps, mettez dans une seconde casserole un demi-litre de vin blanc, deux anchois hachés, un ognon, un peu de citron, un quart de beurre roulé dans la farine, un peu de bonne crème de lait, et une grande tasse du bouillon dans lequel les carpes ont été étuvées. Faites bouillir le tout pendant quelques minutes; ajoutez à la sauce deux jaunes d'œufs, mêlez avec un peu de crème et exprimez-y la moitié d'un citron; dressez alors vos carpes sur un plat, et versez dessus la sauce bien chaude.

5o4. *Laitances de carpe.* Mettez dans une casserole du beurre, des champignons, une tranche de jambon, le jus d'un citron et un bouquet de fines herbes; faites mijoter quelque temps à un petit feu; joignez-y ensuite un peu de farine, vos laitances de carpe, et un peu de bon bouillon. Faites bouillir le tout environ un quart d'heure, et assaisonnez avec du poivre et du sel. Quand tout est prêt, épaississez la sauce avec deux ou trois jaunes d'œufs, un peu de crème et du persil haché. (*Disc. sur les poissons.*)

CARREAU.

5o5. *Carreau* (*Remède contre le*). Le carreau, qui est un endurcissement du bas-ventre, attaque assez souvent les jeunes enfans. On guérit cette indisposition en passant autour du ventre du malade, une bande d'environ un mètre de long et deux décimètres de large, à laquelle on fait faire plusieurs tours, d'abord peu serrés, de manière seulement à soutenir le ventre ; on la resserre ensuite peu à peu, et on laisse la bande en place, jusqu'à ce que le ventre ait repris son volume ordinaire. (*Dict. des ménages.*)

5o6. *Autre.* La fleur de genêt, les feuilles de gui et d'aubépine, le beurre de mai, bouillis ensemble et passés à travers un linge, forment un onguent dont on recommande l'usage en friction contre le carreau. (*Recueil manuscrit de remèdes*, par dom G.-F. Coulon.)

CARTHAME SAFRANUM.

5o7. *Carthame safranum* (*Sa culture et ses usages*). Le carthame (*carthmaus tinctorius*, Linn.) est une plante annuelle, originaire d'Égypte, qui peut servir à orner les jardins, et qu'on cultive en grand pour la teinture dans quelques parties de l'Europe et dans le Levant. Sa tige est droite, ferme, lisse, blanchâtre, haute de deux pieds et demi à trois pieds; elle se divise vers son sommet en plusieurs rameaux garnis de feuilles simples, entières, ovales, pointues, bordées de quelques dents épineuses. Chaque rameau porte une fleur terminale assez grosse, dont les fleurons découpés en cinq lanières sont d'un beau rouge de safran foncé. A ces fleurs, nommées dans le commerce *safran bâtard*, ou *safran d'Allemagne* (*safranum*), succèdent de petites graines blanches, luisantes, oblongues, quadrangulaires, sous une coque assez forte; elles contiennent une amande huileuse, d'une saveur d'abord douce, et ensuite âcre. Ces graines, bonnes pour la volaille, sont connues sous le nom de *graines à perroquets*, parce que les perroquets en sont très-friands, et s'en engraissent sans être purgés, quoiqu'elle soit purgative pour les hommes.

Le carthame est très-employé par les teinturiers pour teindre la soie en rose, cerise et ponceau; quoique ces couleurs résistent peu à l'action de la lumière, leur éclat, et la facilité qu'on a de teindre à froid, fait qu'on emploie de préférence le carthame. Ne devrait-on pas, d'après cela, encourager en France sa culture, afin de n'être point tributaire à cet égard de l'étranger? Voici comment cette plante est cultivée en Allemagne, où les graines mûrissent constamment bien. Comme elle aime un sol mobile et léger, on laisse en jachères, pendant un an au moins, le terrain qui lui est destiné, pour pouvoir l'ameublir et détruire les mauvaises herbes. Après l'avoir labouré et hersé quatre fois dans cet espace de temps, on fait un cinquième et dernier labour, à la fin de mars; on trace avec une petite charrue, des sillons étroits, sur lesquels on répand la semence fort clair, et on la recouvre avec une herse, dont les dents ont la longueur de la moitié du petit doigt; on passe ensuite le rouleau.

Les jeunes plantes paraissent communément en moins d'un mois; dès qu'on peut les distinguer, on nettoie le terrain avec la houe, et on les éclaircit en même temps, en arrachant les plus faibles: il suffit de laisser entre elles un intervalle de trois à quatre pouces. Au bout de six semaines, on renouvelle ce travail en éclaircissant davantage; et un mois et demi après le second houage, on en fait un troisième: les plantes doivent alors se trouver espacées d'un pied. Elles n'exigent plus aucun soin jusqu'au temps de la récolte, qui commence au mois de juillet. La fleur de carthame a une belle couleur de feu; mais elle jaunit en séchant: il ne faut la cueillir que lorsqu'elle se fane; et elle est meilleure lorsqu'elle a reçu la pluie dans cet état, quoiqu'on ait un préjugé contraire. On peut suppléer à la pluie, en arrosant les fleurs matin et soir; quand on les a cueillies, les semences peuvent encore mûrir.

Lorsqu'on cultive le carthame pour en avoir la graine, on doit se garder d'en couper les fleurettes; les graines alors avorteraient infailliblement. Cette plante ne souffre pas aisément la transplantation; ainsi les curieux qui voudront en décorer leurs jardins, feront bien de la semer toujours à la place où elle doit rester.

Le carthame contient deux parties colorantes, l'une jaune, très-soluble dans l'eau, et l'autre rouge, soluble dans les alcalis, et que l'on précipite par les acides. Beckmann a observé que le carthame d'Allemagne (Thuringe) contenait beaucoup plus de substance jaune que celui du Levant, et que la partie rouge du premier ne cédait pas en beauté à celui qu'on recevait de l'Égypte, si ce n'est qu'elle était en plus grande quantité que dans le premier; il a donc été porté à croire que cette différence ne dépendait pas du climat, mais seulement de la préparation préliminaire que les Levantins lui font subir.

M. Hasselquits dit, dans son Voyage en Égypte, que lorsque l'on a cueilli les fleurs de carthame, on les comprime entre deux pierres pour en exprimer le suc; qu'on les lave après cela plusieurs fois avec de l'eau de puits, qui, en Egypte, est naturellement salée; qu'au sortir de l'eau on les exprime entre les mains, qu'on les étend ensuite sur des nattes, qu'on les recouvre pendant le jour pour que le soleil ne les sèche pas trop, mais qu'on les laisse exposées à la rosée pendant la nuit; qu'on les retourne de temps en temps, et que lorsqu'on les trouve sèches au point convenable, on les retire et on les conserve pour les mettre dans le commerce, sous le nom de *safranon*. Ce procédé est bien différent de celui qu'on suit en Allemagne, où les agronomes, trompés par la fausse dénomination de safran bâtard qu'on donne au carthame, ont cru qu'il le fallait traiter comme le safran, ce qui est une erreur : aussi, M. Beckmann conseille-t-il d'imiter la méthode qu'on suit en Égypte; il conseille même d'ajouter un peu de sel à l'eau dont on doit se servir dans la préparation.

Il faut rejeter du commerce le safranum qui est d'une couleur terne; c'est un indice qu'il a été mal préparé. (Desbrières, *Nouveaux secrets des arts et métiers.*)

CASSIS.

508. *Cassis (Ratafia de).* Faites infuser le fruit tout entier du cassis dans de la bonne eau-de-vie; ajoutez-y un sirop fait

avec trois quarts de litre d'eau et huit onces de sucre pour litre d'eau-de-vie, et pour aromate joignez-y un peu de macis et quelques clous de girofle.

On clarifie ce ratafia comme les autres, c'est-à-dire, par le dépôt plutôt que par la filtration. (*Art du dist. liq.*)

509. *Autre.* Dans un litre d'eau-de-vie, mettez une livre un quart de cassis écrasé ; au bout d'un mois d'infusion, ajoutez un demi-litre de bon vin vieux rouge, huit onces de sucre et un litre d'eau ; digérez encore un mois, et filtrez. (*Art du dist. liquor.*)

510. *Autre.* Pour faire ce même ratafia, quelques personnes prennent du cassis bien mûr, l'écrasent, en expriment le jus, le font passer à travers un linge, le mêlent avec une suffisante quantité d'eau-de-vie, et y ajoutent moitié son poids de sucre, avec un peu de cannelle, de girofle, et autres aromates de ce genre. (*Dict. d'agric.*)

511. *Liqueur de fleur de cassis.* Faites infuser dans neuf litres d'eau-de-vie, ou égale quantité d'esprit-de-vin tempéré par de l'eau, cinq livres de fleurs de cassis, que vous aurez cueillies dans un temps serein, pour qu'elles soient odorantes ; ajoutez une demi-once de cannelle concassée, et six clous de girofle ; placez l'infusion au soleil pendant trois ou quatre semaines en ayant soin de l'agiter deux fois par jour. Ce temps révolu, versez ces matières dans la cucurbite, et distillez au bain-marie. Si les esprits sortent de l'alambic bien imprégnés de l'odeur du cassis, vous continuerez l'opération, sinon vous reverserez dans la cucurbite ce que vous aurez déjà obtenu par la distillation, en y ajoutant deux autres livres de fleurs de cassis. Vous continuerez lentement la distillation pour que les fleurs ne sentent point l'empyreume ; et quand vous aurez obtenu cinq litres de liqueur, vous les mêlerez avec quatre ou cinq litres d'eau où vous aurez fait fondre cinq livres de sucre. Le mélange sera ensuite passé au filtre. (Bouillon-Lagrange.)

CASSOLETTE, *ou* VASE ODORANT.

512. Prenez : storax calamite, 32 grammes ; benjoin et baume de Tolu, de chaque 16 grammes ; racine d'iris de Florence et girofle, de chaque 8 grammes ; ambre gris et musc, de chaque 3 décigrammes.

Toutes ces substances mises en poudre séparément, sont mêlées et renfermées dans un vase dont le couvercle est percé de plusieurs ouvertures. On peut former du tout une pâte avec de l'eau de rose. En chauffant légèrement ce mélange, il s'en exhale une odeur très-suave et délicieuse dans les appartemens.

L'iris de Florence peut être supprimé.

Les femmes nerveuses sont affectées de ces odeurs, qui peuvent déterminer des accès d'hystérie. (J.-J. Virey, *Traité de pharm.*)

CASSONADES (*Manière de connaître la sophistication de certaines*).

513. Comme on emploie souvent dans le commerce le sel de lait pour augmenter le poids des cassonades, et que ce mélange est très-dangereux, nous donnons le procédé suivant pour s'assurer de ce genre de sophistication.

On pèse un gros de cassonade qu'on soupçonne être sophistiqué ; on la réduit en poudre ; on l'introduit dans un verre à liqueur ou dans une fiole ; on verse par-dessus une cuillerée d'eau-de-vie à vingt degrés, et l'on agite le mélange. Si le sucre est pur, la dissolution est complète et la liqueur est limpide ; dans le cas contraire, elle devient louche et dépose tout à coup le sel de lait, très-facile à distinguer de l'amidon, en ce qu'il se dissout complétement dans l'eau froide. (*Bibl. ph. écon.*)

CASTRATION DES BESTIAUX.

514. De toutes les manières de châtrer les bestiaux, tels que les bœufs, moutons, chevaux, etc., la plus simple et la plus facile est sans contredit le *martelage*. On n'a pour cela qu'à écraser avec un marteau les cordons spermatiques de l'animal, de manière à intercepter la circulation des fluides dans les testicules, d'où résulte une atrophie de ces organes qui perdent leur vitalité et se réduisent à la grosseur d'une noix. (*Journal d'agriculture.*)

CATAPLASMES.

515. *Cataplasme de mie de pain et de lait*. Prenez quatre onces de mie de pain blanc émiettée et une livre et demie de lait ou de décoction de racine de guimauve. Faites cuire le mélange en bouillie sur un feu doux, en ayant soin d'agiter, de peur qu'il ne brûle au fond. Sur la fin on ajoute un demi-gros de safran gatinois en poudre. On fait du tout un cataplasme qui s'applique tiède sur un linge.

Il est adoucissant et calmant pour les inflammation, les furoncles, les panaris, les érysipèles, etc.

516. *Cataplasme émollient*. Prenez : racine de guimauve, fleurs de sureau, feuilles de mauve et de jusquiame, farine de lin, de chaque, 2 onces; onguent de guimauve 4 gros.

Il faut faire cuire les feuilles et la racine de guimauve, les broyer, les pulper; on y ajoute les fleurs broyées, et on mêle la masse avec la colle de farine de lin, faite à part avec la décoction des herbes. Lorsque le mélange est fait et encore chaud, on y délaye l'onguent.

C'est un puissant émollient et maturatif qui s'applique tiède.

517. *Cataplasme des Russes*. Prenez : marc de bière et miel, de chaque 8 onces; et une quantité suffisante de farine, dont vous ferez un cataplasme. Il fermente sur les parties gangrenées et les ulcères putrides, où il s'applique avec succès.

518. *Cataplasme de quinquina*. Prenez : farine d'orge, 6 onces, que vous délayerez avec une livre d'eau bouillante; ajoutez 1 once de quinquina en poudre, et faites cuire en consistance requise. A la fin, le cataplasme étant à demi-refroidi, ajoutez 1 gros de camphre en poudre.

C'est un antiseptique appliqué sur les parties gangrenées.

519. *Cataplasme anodin*. Prenez : 1 once de têtes de pavots coupées menu; 2 onces de feuilles de jusquiame noire récente. Faites bouillir dans une quantité suffisante d'eau et qu'il en reste 1 livre et demie; passez et délayez avec cette décoction 4 onces de farines émollientes (*voyez* ESPÈCES). Faites cuire en consistance requise, en évitant qu'il se brûle au fond du vase.

520. *Cataplasme antisciatique de* WILLIS. Prenez : farine de moutarde, 8 onces; poivre et gingembre, de chaque, 1 gros. Faites du tout un cataplasme avec une quantité suffisante d'oxymel simple.

C'est un rubéfiant, qu'on applique sur le lieu de la sciatique. (J.-J. Virey, *Traité de pharmacie.*)

521. *Cataplasme de thériaque*. Prenez : 24 grammes de thériaque de Venise, 8 grammes de cannelle en poudre, autant de clous de girofle en poudre; 6 gouttes d'huile de menthe, et autant de vinaigre qu'il sera nécessaire pour mêler toutes ces substances. Ce cataplasme se fait sans feu et est préparé aussitôt que les ingrédiens en sont mêlés.

522. *Cataplasme maturatif et suppuratif*. Prenez : 12 décagrammes de racine de lis blanc, 3 décagrammes de figues grasses, autant d'ognons crus écrasés, 6 décagrammes d'onguent basilicum jaune, 16 grammes de galbanum et une quantité suffisante de graine de lin. Faites bouillir la racine, les ognons, et les figues dans une quantité suffisante d'eau; alors triturez et ajoutez les autres ingrédiens; formez avec le tout un cataplasme mollet. On peut dissoudre le galbanum dans un

jaune d'œuf avant de le joindre aux autres ingrédiens. Ce cataplasme est cher, mais on peut le remplacer avec de la bouillie, ou par le cataplasme de mie de pain et de lait auquel on ajoute une quantité suffisante d'ognons cuits ou crus, qu'on adoucit avec un peu d'huile ou de beurre frais.

523. *Cataplasme résolutif.* Prenez 2 hectogrammes de farine d'orge, 6 grammes de feuilles fraîches écrasées de ciguë, et une quantité suffisante de vinaigre. Faites bouillir la farine, les feuilles et le vinaigre pendant quelques minutes, et ajoutez-y 2 gros de sucre de plomb. (*Méd. domest.* de Buchan.)

524. *Observation.* Les cataplasmes s'aigrissent et fermentent assez facilement, surtout en été. Ceux faits avec de vieilles farines échauffées, ou qui ont fermenté, ne se lient plus en matière collante, et loin d'adoucir, ils irritent et échauffent la peau. De même les vieilles poudres de plantes sont peu convenables et perdent beaucoup de leur mucilage.

CATHOLICUM DOUBLE.

525. Prenez 2 hectogrammes 6 décagrammes de polypode de chêne ; 6 décagrammes de racine de chicorée ; 3 décagrammes de réglisse ; 1 hectogramme de feuilles d'aigremoine, et autant de scolopendre ; 6 décagrammes de semence de violette, et trois kilogrammes et demi d'eau. Faites bouillir pendant un demi-quart d'heure ; passez et ajoutez 1 kilogramme et 2 hectogrammes de sucre. Alors cuisez en consistance de sirop ; ajoutez encore 1 hectogramme 3 décagrammes de pulpe de tamarins, et autant d'extrait de casse, de rhubarbe en poudre, et de séné en poudre ; 3 décagrammes de réglisse en poudre, 1 demi-hectogramme de semence de fenouil ; enfin 12 grammes des quatre semences froides, en pâte. Délayez le pulpe de tamarins, l'extrait de casse, et les quatres semences froides, en ajoutant le sirop ci-dessus peu à peu ; mêlez ensuite les poudres, pour faire du tout un électuaire. (*Méd. dom.* de Buchan.)

Cet électuaire donné comme purgatif universel des humeurs, lâche sans effort ni tranchées. Il est employé aussi dans les dévoiemens, car il resserre le ventre après avoir purgé. On en prend depuis demi-once jusqu'à deux onces et aussi en lavemens. (Virey, *Traité de pharmacie.*)

CAVIAR (*Préparation du*).

526. En Russie, où les esturgeons et leurs œufs marinés forment une branche de commerce très-considérable et très-étendue, on prépare le caviar de la manière suivante : lorsqu'on

a vidé l'esturgeon, on sépare les œufs, et on les nettoie en les faisant passer par un tamis très-fin et en les frottant entre les mains ; ensuite on les jette dans des baquets, en y ajoutant une poignée de sel pour chacun ; on remue bien le tout, et on les place dans un endroit chaud pour que les œufs s'imprègnent bien de sel partout également.

On prépare aussi du *caviar comprimé* ; pour cela on ne le passe pas au tamis comme le caviar salé, mais aussitôt qu'on a sorti les œufs du poisson, on les met dans une forte saumure, après quoi on les étend sur des écorces d'arbre pour les faire sécher au soleil ; on les jette ensuite dans un vase où on les arrose fréquemment avec de l'huile de poisson. Cette opération terminée, on les comprime fortement dans des tonneaux, et on les expédie ensuite. (*Bull. de la société d'encourag. pour l'ind. nat.*)

CÉDRATS.

527. *Cédrats confits.* Videz les fruits et mettez-les dans de l'eau bouillante pour les faire blanchir, jusqu'à ce qu'ils fléchissent sous les doigts ; retirez-les, laissez-les égoutter, et mettez-les ensuite dans un mortier où vous les pilerez assez fin pour qu'ils puissent passer au tamis. Faites cuire ensuite à la grande plume autant de livres de sucre que vous avez de marmelade, mettez la marmelade dans le sucre, remuez bien le tout pour opérer l'incorporation ; formez ensuite de petites boules que vous poudrerez de sucre ; faites-les sécher à une légère chaleur, et conservez-les dans un lieu sec.

528. *Ratafia de cédrats.* On le fait en coupant les fruits par morceaux gros comme le pouce et en les faisant infuser, pendant deux mois, dans la proportion d'eau-de-vie que nous avons indiquée à l'article *ratafia d'angélique;* on ajoute ensuite un sirop de sucre, on mêle bien et on filtre. (*Nouv. Chimie du goût et de l'odorat.*)

529. *Cédrats (Esprit de).* Prenez douze beaux cédrats, enlevez-en les zestes avec un couteau, c'est-à-dire toute la partie jaune de l'écorce jusqu'au blanc ; jetez ces zestes, à mesure que vous les enlèverez, dans deux litres d'esprit-de-vin parfaitement rectifié, laissez-les en macération pendant huit jours dans un lieu tempéré et dans un vaisseau de verre ou de grès parfaitement clos ; au bout de ce temps, versez votre infusion dans une cucurbite, adaptez le réfrigérant, et distillez au bain-marie jusqu'à siccité ; après quoi versez l'esprit de cédrats que vous avez obtenu dans une nouvelle cucurbite, placez-le au bain de sable, adaptez le chapiteau et le récipient, collez-en bien les

jointures et distillez à un feu très-doux jusqu'à ce que vous ayez retiré les cinq sixièmes de votre premier produit, et vous aurez un esprit de cédrats que vous exposerez quelques jours au soleil dans le matras même, légèrement bouché d'un papier, pour lui faire perdre le peu d'empyreume qu'il pourrait avoir contracté; après cela, vous le mettrez dans des flacons bien exactement fermés avec des bouchons de cristal.

Vous pourrez distiller de même de l'esprit de citron, d'écorces d'orange et de tous les fruits aromatiques de la même espèce, en ayant soin d'augmenter la dose des zestes proportionnellement au parfum qu'ils exhalent; ainsi, au lieu des zestes de douze cédrats seulement pour deux litres d'esprit-de-vin, il faudra en prendre trente de citron pour la même quantité d'esprit-de-vin. En général, plus on mettra de substance aromatique en infusion, plus aussi on recueillera d'esprit odorant par la distillation.

On procédera de la même manière pour faire l'esprit de cannelle, de girofle, de muscade, de coriandre, de carvi, d'anis, etc., en ayant soin de concasser ces substances avant de les mettre en infusion. (Bouillon-Lagrange.)

CÉLERI.

530. *Préparation du céleri.* Le plus grand usage du céleri est en salade, ou plutôt en rémolade. Bien assaisonné d'un bon coulis, il sert aussi de garniture à des relevés ou à de fortes entrées, telles qu'un gigot à la braise, un carré de mouton, etc. Dans les petits ménages, on en fait un entremets peu dispendieux, accommodé comme les cardes-poirées; mais la manière la plus noble de l'admettre sur une table, c'est en crème, car ce mets honore d'autant plus un bon cuisinier, qu'il offre d'assez grandes difficultés.

Quoique le céleri perde, lorsqu'il est cuit, une partie de ses qualités médicinales, on ne peut se dissimuler cependant qu'il ne soit une plante stomachique, apéritive, échauffante, et par conséquent aphrodisiaque. (*Almanach des gourmands.*)

531. *Ragoût de céleri.* On prend des pieds de céleri bien épluchés, on les fait cuire dans une eau blanche, on les passe ensuite et on les fait cuire à la casserole avec un coulis clair de veau et de jambon; on fait mitonner à petit feu, on lie ensuite le ragoût sur le feu avec du beurre manié d'un peu de farine, et on remue jusqu'à ce que la sauce soit liée; on y ajoute enfin un filet de vinaigre.

Ce ragoût sert pour toutes les entrées de céleri. (*Dictionn. des plantes alimentaires.*)

532. *Crème de céleri.* On met dans une casserole deux pieds de céleri, biens lavés, avec un demi-litre d'eau ; on les fait bouillir un bon quart d'heure et on les passe au tamis. On met la décoction dans une autre casserole avec un litre de crème, un quart de sucre, des zestes de citron vert, de la coriandre, un peu de cannelle, et de l'eau de fleur d'orange ; on fait réduire à moitié et on laisse refroidir ; quand elle est tiède, on y hache des gésiers bien lavés pour la faire prendre ; on passe le tout à travers une serviette dans un plat, qu'on expose sur la cendre chaude ; on couvre d'un autre plat sur lequel on met des cendres chaudes ; lorsque la crème est prise, on la met refroidir sur la glace. (*Dict. des plantes alimentaires.*)

533. *Ratafia de céleri.* Ayez de la graine de céleri recuite à discrétion, pilez-la dans un mortier et joignez-y quelques côtes de céleri vert que vous y broyerez bien ; noyez d'eau-de-vie et laissez infuser pendant une douzaine de jours. Exprimez alors, et filtrez ; édulcorez cette liqueur avec du sucre candi à volonté, et si la saveur du céleri est trop forte, ajoutez-y ou de l'eau-de-vie ou de l'eau pure, mais bouillie. (Sonnini père, liquor.)

CÉRATS.

534. *Cérat de* GALIEN. Prenez : huile d'olive fine ou d'amandes douces, 1 livre ; cire blanche, 4 onces ; eau de rose, 1 livre.

On fait fondre dans l'huile, au bain-marie, la cire coupée en morceaux, on la verse dans un mortier de marbre légèrement chauffé, afin que le refroidissement s'opère plus lentement. On agite ce mélange, pour empêcher la cire de se cristalliser en petits grumeaux. On ajoute l'eau par petites portions, afin de diviser par son interposition les molécules du cérat et le rendre plus blanc et plus rafraîchissant. Lorsque toute l'eau est incorporée et qu'on a bien agité le mélange, il doit être d'une blancheur parfaite. Une plus grande quantité d'eau ne demeurerait pas incorporée et bien unie.

Quelques praticiens laissent d'abord refroidir l'huile et la cire, et la raclant avec une spatule dans un mortier, ils battent ensuite ce cérat avec l'eau. Si l'on fait le cérat en été, il faut mettre une demi-once de cire de plus, parce que la chaleur le tiendrait trop liquide. On a remarqué qu'en employant de l'eau qui a bouilli, ou une eau distillée, elle faisait moins promptement rancir le cérat, c'est pourquoi il faut la préférer. D'ailleurs, on doit garder le cérat le moins long-temps possible ; il devient jaunâtre, rance et âcre au lieu d'être adoucissant.

Avant d'ajouter l'eau au cérat, on doit avoir soin qu'il n'échappe aucun grumeau à la trituration, ces grumeaux y resteraient. Il faut remuer souvent le cérat après qu'il est fait, car l'eau s'en sépare.

C'est une pommade rafraîchissante, adoucissante, qui assouplit la peau, dissipe les crevasses, les brûlures, les irritations, etc. On en frictionne la peau.

Lorsqu'au lieu d'huile d'olive on se sert d'huile d'amandes douces, le cérat se nomme *amygdalin*; il est plus beau et plus délicat que l'autre. Les doses en sont les mêmes. (J.-J. Virey, *Traité de pharm.*)

535. *Cérat au quinquina.* Faites d'abord un cérat simple sans eau, en liquéfiant 1 gros de cire blanche dans 3 gros d'huile d'amandes douces. Ce cérat, ratissé à froid, sera trituré intimement à la dose de 4 gros avec un demi-gros d'extrait alcoholique de quinquina, délayé dans très-peu d'alcohol.

Ce cérat sert pour appliquer sur les parties qui tendent à se gangrener. (*Codex pharm.*)

536. *Cérat saturnin.* Ajoutez au cérat ordinaire, sur la quantité totale de la formule, une demi-once d'extrait de saturne, et incorporez bien ensemble. C'est un dessiccatif rafraîchissant un peu répercussif. (Virey, *Traité de pharm.*)

CERFEUIL.

537. *Usages du cerfeuil.* L'usage qu'on fait du cerfeuil pour les cuisines, se réduit aux salades, dont il est une des principales fournitures, et aux soupes, dans lesquelles il entre avec d'autres herbages; mais on doit observer de ne le mettre dans le mélange qu'un quart d'heure avant de servir : employé plus tôt, il perd son goût et sa vertu rafraîchissante. (*Dictionn. des plantes alimentaires.*)

538. *Crème de cerfeuil.* On prend une poignée de cerfeuil bien lavé, on la met dans une casserole avec de l'eau, on la fait bouillir un quart d'heure et on la passe au tamis; on remue l'eau sur la fin, on la fait bouillir et réduire à deux cuillerées; on y met ensuite un demi-litre de crème, autant de lait, un quarteron de sucre, une écorce de citron vert, de l'eau de fleur d'orange, un peu de coriandre; on fait bouillir le tout une demi-heure, on passe la crème au tamis, on délaie dans une casserole six jaunes d'œufs avec une pincée de farine; on délaie pareillement dedans la crème, et on la repasse au tamis; on la fait cuire au bain-marie; quand elle est cuite, on la glace avec du sucre et la pelle rouge. (*Ibid.*)

CERISES.

539. *Moyen pour avoir des cerises sans noyaux.* Prenez un

jeune cerisier provenu de noyau et qui n'ait poussé qu'un seul
jet ; au printemps, avant la pleine action de la séve, fendez ce
jeune arbre en deux, depuis l'extrémité supérieure jusqu'à l'en-
fourchement des racines ; ensuite avec un morceau de bois,
enlevez artistement et légèrement toute la moelle de l'arbre, et
de peur d'altérer trop ses organes, n'employez le couteau et
le fer que pour commencer l'opération. Réunissez ensuite les
deux morceaux du jeune arbre, liez-les avec une corde
de laine, et bouchez exactement les fentes dans toute leur longueur, avec l'espèce de cire dont se servent les mouleurs pour
faire leurs moules. La séve réunira les deux parties de l'arbre ;
vous couperez le cordon de laine et vous aurez des cerises aussi
belles et aussi bonnes que celles des autres cerisiers, qui auront à la place du noyau une espèce de blanc sans consistance.
(*Encycl. méth.*)

540. *Vin de cerises.* On cueille les cerises quand elles sont
parfaitement mûres ; on enlève les queues et les noyaux, et l'on
écrase le fruit, qu'on jette dans une barrique. On fait bouillir
une partie du suc des cerises dans un chaudron avec de la cassonade (une once ou deux par livre de cerises), et les
noyaux concassés dans un mortier. Quand la cassonnade est
bien fondue on verse le tout dans la barrique qu'on a exposée
dans une atmosphère de 12 à 15 degrés ; on agite le mélange
avec un bâton et l'on couvre l'ouverture du tonneau. La fermentation ne tarde pas à s'établir ; on la prolonge un peu plus
que celle du vin ordinaire. Quand on juge qu'elle a suffisamment agi, on soutire le vin, soit pour le changer de tonneau,
soit pour le mettre en bouteilles.

Comme les cerises ne mûrissent pas toutes à la fois, on est
souvent forcé de faire le vin à plusieurs reprises ; mais dans ce
cas on doit boucher bien hermétiquement le tonneau jusqu'à
ce qu'on y ait introduit la quantité de fruit qu'on veut convertir en vin.

541. *Ratafia de cerises.* Le vin de cerises est très-spiri-
tueux, aussi ne faut-il qu'une très-légère addition d'eau-de-
vie et de sucre pour en faire un ratafia. On ajoute à chaque
litre de vin un quart de litre d'eau-de-vie ; deux onces de sucre,
un clou de girofle pulvérisé, un peu de cannelle, et quelquefois aussi une poignée de framboises. On filtre la liqueur
quand toutes ces substances ont été suffisamment infusées.

542. *Cerises à l'eau-de-vie.* Prenez des cerises bien mûres
et bien entières, coupez-leur la moitié de la queue, faites
avec une aiguille un petit trou vers l'œillet du fruit, arrangez
les cerises dans un vase, versez par-dessus de l'eau-de-vie, de
manière à les surnager, et si vous en avez employé deux li-

tres, ajoutez-y une demi-livre de sucre, mettez dans un linge quelques clous de girofle, un bâton de cannelle, vingt grains de coriandre, deux feuilles de macis, un grain de poivre-long; laissez reposer ce nouet par-dessus les cerises, bouchez bien votre bocal et après six semaines ou deux mois, retirez-en les aromates; vos cerises ainsi préparées se conserveront très-long-temps. (*Art. du dist. liq.*)

543. *Cerises glacées.* On prend un ou deux blancs d'œufs battus avec de l'eau de fleur d'orange, on les jette dans une terrine avec du sucre en poudre et les cerises dont on aura coupé la queue jusqu'aux trois quarts. On remue bien avec une cuillère, et lorsque les fruits sont couverts de sucre on les met sur un papier et sur un tamis, ensuite au soleil ou devant un feu clair ensorte qu'elles sèchent doucement.

544. *Marmelade de cerises.* On ôte les queues et les noyaux des cerises, on passe le fruit et on y ajoute par livre une once de sucre. On les fait cuire dans une bassine de cuivre, à petit bouillon, jusqu'à ce que la marmelade en la mettant refroidir, ait pris une consistance de raisiné. (*Dict. des plantes aliment.*)

545. *Cerises sèches.* On doit cueillir les cerises parfaitement mûres et les blanchir dans l'eau bouillante avant de les faire sécher; dans les pays très-chauds on les fait sécher au soleil; mais dans les pays tempérés on les place sur des claies dans un four, au degré de chaleur qu'il conserve après qu'on en a retiré le pain.

En général on doit passer deux ou trois fois au four tous les fruits qu'on veut sécher; quand on opère en une seule fois, les fruits se décuisent et attirent l'humidité. (*Idem.*)

546. *Cerises en chemise.* Fouettez un blanc d'œuf, trempez-y de belles cerises dont vous aurez coupé la moitié de la queue; passez-les à mesure dans du sucre fin; soufflez dessus pour qu'il n'en reste que ce qu'il faut; et rangez-les sur des tamis que vous mettrez à l'étuve d'une chaleur douce, jusqu'à ce que vous les serviez. (*Idem.*)

547. *Cerises à la royale.* Ôtez le noyau de vos cerises et mettez-les au sucre *à soufflé* où vous leur faites prendre une quinzaine de bouillons couverts; après quoi vous les ôtez. Le lendemain vous les égouttez sur une passoire et vous faites cuire votre sirop au perlé. Vous y jetez de nouveau votre fruit et lui donnez sept à huit bouillons couverts, en ayant toujours soin d'écumer. Vous ôtez la poêle du feu, et quand les cerises sont froides vous les retirez de leur sirop pour les mettre sécher à l'étuve sur des feuilles de fer-blanc ou des ardoises, après les avoir poudrées de sucre. (*Idem.*)

548. *Potage aux cerises.* Mettez dans un pot de l'eau et du beurre; faites prendre trois ou quatre bouillons, puis ajoutez

des cerises, du sucre, des clous de girofle et de la cannelle;
faites cuire le tout ensemble et servez comme un potage ordinaire. (*Idem.*)

540. *Sirop de cerises.* Mettez dans une poêle trois livres
de cerises dont vous aurez enlevé les queues et les noyaux;
faites-les bouillir avec un quart de litre d'eau, jusqu'à ce
qu'elles aient jeté tout leur suc; passez-les dans un tamis; prenez trois livres de sucre que vous clarifierez et ferez cuire à
grande flamme; vous y mettrez le jus de cerises, vous ferez
bouillir le tout ensemble jusqu'à ce qu'il soit réduit en un sirop
un peu fort que vous verserez dans des bouteilles lorsqu'il
sera à demi-froid. (*Le Maît. d'hôt. conf.*)

Pour les compotes, gelées, pâtés, etc. de cerises, on
suivra les mêmes procédés que nous indiquons à l'art. *Groseilles.*

CERVEAU.

550. (*Remède éprouvé contre le transport au cerveau.*)
Prenez une poignée d'éclaire (*chelidonium-majus*), autant de
rue, deux ognons blancs cuits sous la braise, et une poignée
de sel gris : pilez le tout ensemble avec un peu de vinaigre,
formez deux emplâtres que vous appliquerez sur les plantes
des pieds du malade; vous aurez soin de le bien couvrir pour
le faire suer, et il sentira dès lors un grand soulagement.

551. *Autre.* Pétrissez de la mie de pain de seigle avec un
peu de farine du même grain, et autant de vinaigre qu'il en
faudra pour former une pâte, que vous appliquerez avec un
bandeau sur le front du malade. On doit renouveler ce cataplasme quand il devient trop sec. (*Recueil manuscrit de remèdes*, par Dom. G.-F. COULON.)

CERVELAS.

552. *Fabrication des cervelas.* Pour faire des cervelas
excellens, prenez douze onces de chair de porc, dont vous
ôterez les nerfs et les peaux; en les hachant vous les arroserez de vin rouge, et y ajouterez deux livres de lard frais
coupé bien menu, dix gros de poivre bien concassé, un gros
et demi de clous de girofle, un gros de fleurs de muscade,
un gros de basilic sec, un gros de thym, un demi-gros de
sarriette, six onces de sel, une once de salpêtre en poudre, des
échalotes coupées menues, de l'écorce d'orange râpée; vous
mêlerez bien le tout, en arrosant toujours de vin; après vingt-
quatre heures de digestion, vous mettrez ce hachis dans les
boyaux; vous laisserez sécher vos cervelas pendant quelques
jours dans la cheminée, après quoi vous les mettrez dans un pot
que vous remplirez de sain-doux fondu pour les conserver.

CHABOT.

553. *Manière de pêcher le chabot à la ligne.* Dans les jours les plus chauds, ce poisson se rassemble par douzaines à la surface de l'eau ; il faut ramasser dans la prairie deux ou trois sauterelles, et se ranger ensuite doucement au bord de la rivière, derrière un arbre. On attache les sauterelles à l'hameçon, et après avoir assujetti la canne à quelque branche d'arbre, on laisse pendre l'appât à un quart de verge de l'eau. Dès que le chabot aperçoit l'ombre de la canne, il plonge dans le fond ; mais bientôt il remonte à la surface ; alors on laisse tomber doucement son hameçon devant le poisson qu'on veut attraper ; il accourt, et se prend facilement.

A défaut de sauterelles, un limaçon noir, un morceau de fromage doux, un ver, un bourdon, une fourmi ailée, une mouche, pourront également bien servir.

Les truites se pêchent aussi de la manière que nous venons d'indiquer. (*Pisciceptologie.*)

554. *Manière d'accommoder le chabot.* On commence par l'écailler, et, après l'avoir bien lavé dans de l'eau claire, on le vide, en observant de faire le trou aussi près des ouïes que possible : on nettoie son gosier avec beaucoup d'attention. Cela fait, on met quelques fines herbes dans son ventre, et après l'avoir attaché avec deux ou trois esquilles à une broche, on le fait rôtir, ayant soin de l'arroser souvent avec du vinaigre, et mieux encore avec du verjus et du beurre mêlé de sel.

555. *Autre.* Après l'avoir écaillé et lavé, on coupe la queue du chabot, on le fend par le milieu, on lui fait trois ou quatre incisions sur les côtés avec un couteau, et on le met griller sur de la braise ; pendant qu'il cuit, on l'arrose avec du beurre frais, du sel et du thym haché menu, le tout pétri ensemble.

Le chabot nouvellement pris est infiniment meilleur que celui qu'on aura gardé un jour.

CHAMPIGNONS.

556. *Construction des meules à champignons.* On se sert, pour ces meules, de fumier de cheval, de mulet ou d'âne ; mais il faut que ces animaux n'aient pas mangé de son. On porte ce fumier sur le terrain où l'on se propose de le disposer, on l'étend à la fourche sur ce sol, et on en fait un large lit de 2 pieds d'épaisseur, qu'on mouille fortement avec l'arrosoir, qu'on marche et qu'on foule en même temps. On le laisse ainsi se faire pen-

dant 8 jours, en le mouillant et le marchant successivement, pour
lui laisser jeter un premier feu. Dans l'hiver, cette manipulation
demande plus de temps qu'on n'en emploie dans les chaleurs.
Dès qu'on vient de défaire ce lit pour l'enterrer dans une cave,
on l'enlève à la fourche, on en remplit des hottes, et on le
transporte sur le lieu où l'on veut établir la meule, qui doit
être un lieu sec, un peu en pente pour l'écoulement des eaux
d'arrosement, et voisin d'un puits. On dresse la meule de
4 pieds de large environ, sur une longueur indéterminée, en
observant cependant de laisser des coupures, afin de pouvoir
passer facilement de chaque côté ; on lui donne une nouvelle
mouillure et l'on jette dessus du blanc de champignon pour en
former une petite couche de quatre doigts d'épaisseur que l'on
recouvre de 9 pouces de fumier court, un peu gras, disposé
en *dos de bahut*; trois jours après, lorsqu'on suppose que le
blanc est bien attaché et qu'il file, on bat la meule ainsi que les
flancs avec le dos d'une pelle plate, arrachant avec la main toutes
les pailles hors d'œuvre qui débordent. Après cette dernière
façon, on recouvre le tout d'un ou deux pouces de bon terreau
provenant de meules antérieures. Un mois après les meules commencent à donner, et produisent pendant six mois des champignons qu'on peut cueillir tous les jours, en ayant soin de les arroser légèrement, et de façon à y entretenir une certaine humidité favorable et nécessaire à la bonne venue des champignons.

Si en préparant les fumiers on y trouve du foin en nature,
il faut l'ôter assez soigneusement, parce qu'il a des dispositions
à la moisissure. Lorsque la meule ne donne plus, et qu'elle est
épuisée, on la défait; le terreau dont elle a été chargée se con-
fond avec le fumier qui la composait, et qui lui-même se convertit annuellement en terreau. Ces débris servent à couvrir
d'autres meules à fur et à mesure de leur formation.

Les meules craignent les gelées; on les recouvre d'une chemise de paille, et l'on a soin d'entretenir dans la cave une chaleur qu'on peut élever à 10 ou 11 degrés, si l'on veut avoir des
récoltes abondantes de champignons. (*Bibl. ph. écon.*)

557. *Construction des couches.* On fait, sans fumier, des
couches à champignons qui sont en plein rapport dans 3 mois,
et qui donnent pendant 6 mois. Pour les former, on prend 2 ou
3 tonneaux de criblure d'orge, d'avoine, de blé ou de seigle,
n'importe en quelles proportions ; on fait un fossé de 2 pieds
de profondeur sur 4 de large et 9 de long ; on le remplit de ces
criblures, qu'on recouvre de 3 ou 4 pouces de terreau provenant d'une couche usée, sinon on place sur ces criblures du
blanc de champignons qu'on recouvre de 3 pouces de bonne
terre ; cette couche s'affaisse beaucoup, et bientôt les semences

de toutes espèces, que renferment les balles de graines, germent, poussent, et lui font une chemise de verdure à laquelle il ne faut pas toucher. On arrose de temps en temps, et au bout de 3 mois les champignons sortent de toutes parts. Les débris de cette couche peuvent servir à en former une autre. (*Bibl. ph. écon.*)

558. *Procédé pour conserver les champignons.* Pour avoir des champignons toute l'année, il faut les faire sécher. Pour cela, on leur ôte le bout de leur queue, et on les lave. On les fait bouillir quelques instans dans l'eau, on les fait égoutter, et on les met sécher dans un four à une douce chaleur. Quand ils sont bien secs, on les conserve dans un endroit exempt d'humidité, et à l'abri de la poussière. Lorsqu'on veut s'en servir, il suffit de les faire tremper pendant une demi-heure. Les champignons vénéneux, préparés par ce procédé, perdent en grande partie leurs qualités nuisibles, et peuvent être mangés sans aucun danger, pourvu qu'on n'en prenne point une trop grande quantité.

559. *Autre.* Quelques personnes choisissent des champignons nouvellement cueillis, bien blancs et bien fermes; les épluchent, les lavent, les mettent dans une casserole avec du beurre frais ou de la bonne huile, et les y laissent jusqu'à ce qu'ils aient jeté leur eau. On les retire, on les laisse refroidir et égoutter; enfin on les met dans des bouteilles où on leur fait prendre un bouillon au bain-marie.

560. *Manière de mariner les champignons.* On leur coupe la queue, on les frotte avec une flanelle imprégnée de sel, on les jette dans un mélange d'eau et de lait, on les retire pour les faire égoutter, on les met dans une casserole avec une poignée de sel, on les couvre bien, et on les expose ensuite 5 à 6 minutes sur un feu très-doux pour en tirer l'humidité. Cela fait, on les laisse sécher sur un gros linge jusqu'à ce qu'ils soient bien refroidis. (*Man. domest.*)

561. *Moyen d'affaiblir les qualités nuisibles des champignons.* On lave les champignons dans deux ou trois eaux différentes, on les fait bouillir dans trois autres eaux, et enfin on les exprime fortement dans un linge avant de les assaisonner. On emploie ce procédé dans quelques parties de la France et de la Russie. Dans ce dernier empire, on mange indistinctement toutes sortes de champignons; la seule précaution que prennent les habitans, c'est tantôt de les faire bouillir un instant, de les retirer, de les laver dans de l'eau chaude, et de les laisser macérer quelques heures dans le vinaigre; tantôt ils les passent seulement à l'eau bouillante; d'autres fois enfin, ils les laissent macérer seulement quelques heures dans l'eau salée.

· 562. *Autre*. Faites macérer les champignons dans de l'eau fraîche, à laquelle vous ajouterez une poignée de gros sel; puis vous leur donnerez une légère cuisson, et vous les mangerez enfin avec la sauce suivante. Faites-les cuire avec de l'huile d'olive en petite quantité, des amandes et des gousses d'ail pilées dans un mortier, du poivre concassé, du jus de citron, et donnez au tout la consistance de la moutarde.

563. *Autre*. Les pauvres gens d'Italie ont une méthode plus simple, moins chère et tout aussi bonne. Ils préparent leurs ragoûts de champignons avec des gousses d'ail qu'ils écrasent soigneusement, et qu'ils mêlent avec du gros sel, de l'huile d'olive et quelques gouttes de vinaigre blanc. Dans plusieurs cantons, on fait simplement cette sauce avec un verre de vin, de l'ognon et du poivre. (*Bibl. ph. écon.*)

564. *Caractères généraux auxquels on peut reconnaître les bons champignons.* Un champignon qui est simple, sec, dont la substance blanche n'est ni trop molle, ni trop humide, qui n'est pas lourd à la main, qui n'a pas une odeur désagréable, qui a celle, par exemple, du champignon ordinaire, ou de la truffe, ou de la morille, ou du mousseron, ou de la farine fraîche de froment, et qui ne change pas de couleur quand on le coupe, qui a une forme régulière, c'est-à-dire un chapeau bien arrondi et exactement circulaire, est, en général, un champignon de bonne qualité. La présomption se change en certitude, si, à ces indices, se trouvent joints une couleur d'un brun de suie de cheminée, ou de buis, ou de noisette, une surface sèche, entr'ouverte, gercée ou écailleuse, le dessous du chapeau couleur de rose tendre ou d'un blanc net, et qui ne change pas lorsqu'on le touche; s'il est attaqué des vers ou des insectes, tels que les limaces, et si en même temps il croît au soleil ou dans un lieu découvert, sur une terre liée un peu forte et parmi les plantes graminées, c'est-à-dire sur la pelouse. (M. Paulet.)

565. *Autres caractères distinctifs des champignons.* On peut prendre pour type invariable de toutes les bonnes espèces, *le champignon de couches*, dont l'odeur est assez suave, et dont la saveur approche de celle de la noisette, sans laisser d'arrière-goût désagréable, *astringent* ou *styptique*. Une odeur virulente, et qui a quelque ressemblance avec celle du radis, ou plutôt de la terre des caves ou souterrains, indique une mauvaise qualité. Les champignons qui ont une saveur très-amère, désagréable, et une odeur rebutante n'ont au reste rien qui invite à les cueillir. Cependant un goût piquant d'ail ou de piment, que l'on remarque dans quelques espèces, n'est pas un indice de qualités

délétères; on peut même user comme assaisonnement des espèces qui le possèdent.

On doit se méfier des champignons qui croissent dans les bois touffus, bien que l'on y rencontre des espèces comestibles; en général les parties des bois très-ombrageuses et humides ne produisent pas d'espèces salubres; au contraire, au bord des forêts, dans les bruyères, les friches, les pâturages, dans les prairies sèches et parmi les broussailles, on rencontre les meilleurs, ou les moins dangereux, bien entendu toutefois qu'ils ont la saveur et l'odeur que nous venons d'indiquer.

En général, plus la substance d'un champignon est blanche, compacte, sèche et cassante, moins on doit craindre son usage; bien qu'il y en ait d'une bonne qualité dont la consistance est un peu coriace.

Quant aux couleurs, on peut en tirer peu de conséquences certaines; cependant il semble que la couleur d'un jaune pur et doré, surtout des camelles, indique une bonne qualité. Au contraire, la couleur d'un jaune pâle, surtout la sulfurine, paraît propre aux espèces nuisibles; car on la trouve dans les champignons les plus vénéneux. La plus grande partie des champignons comestibles a une couleur blanchâtre ou tirant sur le pâle; la couleur d'un brun mat ou bistre du chapeau se rencontre aussi dans plusieurs bonnes espèces.

La couleur d'un rouge vineux et violet, de la totalité ou d'une partie du champignon, semble être, sans exception, l'indice de sa salubrité. Le contraire a lieu pour les champignons qui sont d'un rouge plus ou moins foncé et sanguin. La couleur verte est la plus rare dans ces productions, et parmi les champignons de même forme que l'agaric de couche, on en connaît deux, dont l'un est de bonne qualité, et l'autre vénéneux.

Quelques auteurs ont indiqué plusieurs autres caractères pour distinguer les champignons salubres des espèces délétères; mais presque tous sont vagues et incertains. Tels sont, par exemple, *la viscosité du chapeau, la présence du collet, des vers ou des limaces*, pour les champignons salubres; *la cavité du pédicule*, pour celles dont l'usage est à redouter.

Il est encore à observer que les champignons dont la couleur change lorsqu'on les coupe, sont tous plus ou moins vénéneux. (Persoon.)

566. *Instruction sur les champignons, publiée par ordre de la préfecture de police, à Paris.* « Les champignons les plus propres à servir d'alimens, sont, de leur nature, difficiles à digérer. Lorsqu'ils sont mangés en grande quantité, ou qu'ils

ont été gardés quelque temps avant d'être cuits, ils peuvent causer des accidens fâcheux.

» Il y a des champignons qui sont de *vrais poisons*, lors même qu'ils sont mangés frais.

» Pour les personnes qui ne connaissent point parfaitement ces végétaux, et qui ont l'imprudence d'en cueillir dans les bois ou dans les champs, nous allons indiquer les principaux caractères propres à distinguer l'espèce des champignons ; ensuite nous décrirons, en abrégé, plusieurs espèces bonnes à manger ; enfin nous placerons à côté de ces espèces, la description des champignons qui en approchent par la ressemblance, et qui cependant sont pernicieux.

» Le champignon est composé d'un chapeau ou tête, et d'une tige, sorte de queue ou pivot qui le supporte. Lorsqu'il est trop jeune, il a la forme d'un œuf, tantôt nu, tantôt renfermé dans une poche ou bourse. Quand le chapeau se développe, sous forme de parasol, il laisse quelquefois autour de la tige les débris de la bourse, qui prend le nom de *collet*.

» Le chapeau est garni en dessous de feuillets serrés qui s'étendent du centre à la circonférence.

» BON CHAMPIGNON. *Champignon ordinaire* (Agaricus campestris). On le trouve dans les pâturages et dans les friches. Il n'a point de bourse ; son pivot ou pied, à peu près rond, plein et charnu, est garni d'un collet très-apparent. Son chapeau est blanc en dessus ; ses feuillets sont d'une couleur de chair ou de rose plus ou moins claire.

» C'est ce champignon que l'on fait venir sur couche, et c'est le seul *champignon de couche* qu'il soit permis de vendre à la Halle et dans les marchés de Paris. Il ne peut nuire que lorsqu'on en mange en trop grande quantité, ou qu'il est dans un état trop avancé.

» MAUVAIS CHAMPIGNON. On peut confondre avec cette bonne espèce une autre qui est très-pernicieuse ; c'est le *champignon bulbeux* (agaricus bulbosus), ainsi nommé, parce que la base de son pivot est renflée en forme de bulbe, autour duquel on retrouve des vestiges d'une bourse qui renfermait le chapeau. Il a aussi le collet comme le bon champignon. Les feuillets sont blancs et non pas rosés ; le dessus du chapeau est tantôt très-blanc, tantôt verdâtre ; quelquefois le chapeau verdâtre est parsemé en dessus de vestiges ou débris de la bourse.

» C'est ce champignon, surtout celui qui est blanc en dessus, qui a trompé beaucoup de personnes, et qui a causé des accidens funestes.

» Il faut rejeter tout champignon ressemblant d'ailleurs au champignon ordinaire, dont la base du pied ou pivot est renflée en forme de bulbe, qui a une bourse dont on retrouve les débris, et dont les feuillets du chapeau sont blancs et non pas rosés.

» Bons champignons. *Oronge vrai* (agaricus aurantiacus). Ce champignon a une bourse très-considérable. Il est ordinairement plus gros que le champignon de couche. Son chapeau est rouge en dehors, ou rouge orangé ; ses feuillets sont d'une belle couleur jaune ; son support ou pied jaunâtre très-renflé ; surtout par le bas : il est garni d'un collet assez grand et jaunâtre. Ce champignon, qu'on trouve dans les taillis à Fontainebleau et dans le midi de la France, est un mets délicat et très-sain.

» *Oronge blanche* (agaricus ovoïdeus). Elle est moins délicate que la précédente ; elle a la même forme, une bourse et un collet pareils ; elle n'en diffère qu'en ce que toutes les parties sont blanches.

» Mauvais champignon. *Oronge fausse* (agaricus pseudo aurantiacus). Son chapeau est en dessus d'un rouge plus vif et non orangé, comme celui de l'oronge vraie ; il est parsemé de petites taches blanches, qui sont les débris de la bourse. Son support est moins épais, plus arrondi, plus élevé ; les restes de la bourse ont plus d'adhérence avec la bulbe qui est à la base du support. La réunion de la couleur rouge du chapeau et de la couleur blanche des feuillets, est un indice assuré pour distinguer la fausse oronge de la vraie.

» La fausse oronge se trouve dans les environs de Paris, et en divers lieux de la France, notamment dans la forêt de Fontainebleau ; c'est un des champignons les plus vénéneux, et qui produit les accidens les plus terribles.

» Plusieurs autres champignons bulbeux et malfaisans ont des rapports moins marqués avec l'oronge vraie : les uns sont recouverts de tubercules nombreux et d'un enduit gluant ; les autres ont une couleur livide, une odeur désagréable, et la seule vue les fait rejeter.

» Bons champignons. *Mousserons*. Ils croissent au milieu de la mousse, ou dans des friches gazonnées. Ils sont d'une couleur fauve ; le chapeau, de forme plus ou moins irrégulière, est couvert d'une peau qui a le luisant et la sécheresse d'une peau de gant. Le pivot, plein et ferme, peut se tordre sans être cassé. On en distingue de deux espèces : l'une plus grosse, plus irrégulière, à pivot plus gros et par proportion plus court ; c'est le *mousseron ordinaire* (agaricus mousseron) ; l'autre est plus menu, son chapeau est plus mince, son support est plus grêle ; c'est le *faux mousseron* (agaricus pseudo mousseron). Ils sont bons à manger tous les deux, et d'un goût fort agréable.

» Mousserons suspects. On peut confondre avec ce mousseron plusieurs petits champignons de même couleur et de même forme, qui n'ont point son goût agréable. On les distinguera, parce que la surface de leur chapeau n'est pas sèche, qu'ils sont d'une consistance plus molle, que leur support est creux et cassant.

» Parmi les champignons feuilletés, il en est encore beaucoup que l'on peut manger impunément; mais comme ils ressemblent à d'autres plus ou moins dangereux, il est prudent de s'en abstenir.

» On doit cependant encore distinguer la *chanterelle* (agaricus cantharellus). C'est un petit champignon jaune dans toutes ses parties. Son chapeau, à peu près aplati en dessus, prend en dessous la forme d'un cône renversé, couvert de feuillets épais semblables à de petits plis, et est terminé inférieurement en un pied très-court. Cette espèce est recherchée.

» Parmi les champignons non feuilletés, nous ne parlerons point du *cèpe* ou *bolet* (boletus esculentus), dont une espèce est très-estimée dans le Midi, mais dont on fait peu de cas à Paris, non plus que des vesse-de-loups, dont on fait très-rarement usage, à cause du peu de goût qu'elles ont, et parce que leur chair se change trop promptement en poussière.

» Bons champignons. *Morille* (phallus esculentus). Sur un pivot élargi par le bas, porte le chapeau toujours resserré contre lui, ne s'ouvrant jamais en parasol, inégal et comme celluleux sur sa surface extérieure. Ce champignon croît dans les taillis, au pied des arbres; il est sain et très-recherché.

» Mauvais champignon. *Le satyre* (phallus impudicus), qui ressemble à la morille par son chapeau celluleux, a un pied très-élevé sortant d'une bourse. Le chapeau est plus petit et laisse suinter une liqueur verdâtre. Ce champignon exhale une très-mauvaise odeur et est très-dangereux.

» Bon champignon. *Gyrole* ou *clavaire* (clavaria coralloïdes). Ce champignon diffère de tous les précédens; c'est une substance charnue ayant une espèce de tronc qui se ramifie comme le chou-fleur, et se termine en pointes mousses ou arrondies. Sa couleur est tantôt blanchâtre, tantôt jaunâtre, tirant sur le rouge. Son goût est assez délicat. On ne connaît dans ce genre aucune espèce pernicieuse.

» On ne saurait trop recommander à ceux qui ne connaissent pas parfaitement les champignons, de ne manger que ceux qui sont généralement reconnus pour bons : *le champignon de couche, le champignon ordinaire, l'oronge vrai, l'oronge blanc, les deux mousserons, la chanterelle, le cèpe, la morille* et *la girole.*

» *Accidens causés par les champignons* Les personnes qui ont mangé des champignons malfaisans, éprouvent plus ou moins promptement tous les accidens qui caractérisent un poison âcre stupéfiant ; savoir : des nausées, des envies de vomir, des efforts sans vomissement avec défaillance, anxiétés, sentiment de suffocation, d'oppression, souvent ardeur avec soif, constriction à la gorge, toujours avec douleur à la région de l'estomac ; quelquefois des vomissemens fréquens et violens, des déjections alvines (selles ou garde-robes) abondantes, noirâtres, sanguinolentes, accompagnées de coliques, de ténesme, de gonflement et tension douloureuse du ventre. D'autres fois, au contraire, il y a rétention de toutes évacuations, rétraction et enfoncement de l'ombilic.

» A ces premiers symptômes, se joignent bientôt des vertiges ; la pesanteur de la tête, la stupeur, le délire, l'assoupissement, la léthargie, des crampes douloureuses, des convulsions aux membres et à la face, le froid des extrémités et la faiblesse du pouls. La mort vient ordinairement terminer, en deux ou trois jours, cette scène de douleur.

» La marche, le développement des accidens, présentent quelque différence, suivant la nature des champignons, la quantité qu'on en a mangé, et la constitution de l'individu. Quelquefois les accidens se déclarent peu de temps après le repas ; le plus ordinairement ils ne surviennent qu'après dix à douze heures.

» Le premier objet, dans tous ces cas, doit être de procurer la sortie des champignons vénéneux. Ainsi, on doit employer un vomitif, tel que le tartrite de potasse antimonié ou *émétique ordinaire ;* mais, pour rendre ce remède efficace, il faut le donner à une dose suffisante, l'associer à quelque sel propre à exciter l'action de l'estomac, délayer, diviser l'humeur glaireuse et muqueuse, dont la sécrétion est devenue abondante par l'impression des champignons. On fera donc dissoudre dans un demi-kilogramme (*une livre ou chopine*) d'eau chaude, 2 à 3 décigrammes (*4 ou 5 grains*) de tartrite de potasse antimonié (*émétique*) avec 12 à 16 grammes (2 ou 3 *gros*) de sulfate de soude (*sel de Glauber*), et on fera boire à la personne malade cette solution par verrées tièdes, plus ou moins rapprochées, en augmentant les doses jusqu'à ce qu'elle ait des évacuations.

» Dans les premiers instans, le vomissement suffit quelquefois pour entraîner tous les champignons, et faire cesser les accidens ; mais si les secours convenables ont été différés, si les accidens ne sont survenus que plusieurs heures après le repas, on doit présumer que partie des champignons vénéneux » passé dans l'intestin, et alors il est nécessaire d'avoir recours aux purgatifs, aux lavemens faits avec la casse, le séné et quelque sel neutre, pour déterminer des évacuations promptes et abondantes. On emploiera dans ce cas, avec succès, comme purgatif, une mixture faite avec l'huile douce de ricin et le sirop de pêcher, que l'on aromatisera avec quelques gouttes d'éther alcoholisé (*liqueur minérale* d'Hoffmann), et que l'on fera par cuillerées plus ou moins rapprochées.

»Après ces évacuations, qui sont d'une nécessité indispensable, il faut, pour remédier aux douleurs, à l'irritation produite par le poison, avoir recours à l'usage des mucilagineux, des adoucissans que l'on associe aux fortifians, aux nervins. Ainsi, on prescrira aux malades l'eau de riz gommée, une légère infusion de fleurs de sureau coupée avec le lait, et à laquelle on ajoutera de l'eau de fleurs d'orange, de menthe simple et un sirop. On emploiera aussi avec avantage les émulsions, les potions huileuses aromatisées avec une certaine quantité d'éther sulfurique. Dans quelques cas on sera obligé d'avoir recours aux toniques, aux potions camphrées; et lorsqu'il y aura tension douloureuse du ventre, il faudra employer les fomentations émollientes, quelquefois même les bains, les saignées; mais l'usage de ces moyens ne peut être déterminé que par le médecin, qui les modifie suivant les circonstances; car l'efficacité du traitement consiste essentiellement, non pas dans les spécifiques ou antidotes, dont on abuse si souvent le public, mais dans l'application faite à propos de remèdes simples et généralement bien connus. »

Les membres composant le conseil de salubrité,

Signé Parmentier, Deyeux, Thouret, Huzard, Leroux, Dupuytren, C. L. Cadet.

ASSAISONNEMENT DES CHAMPIGNONS.

567. *Champignons farcis.* On les prend un peu gros, lorsqu'ils sont pelés, on ôte les feuillets ou tuyaux qui sont dans le chapeau; ensuite on les lave et on les met à sec incontinent, parce qu'ils n'auraient pas de goût s'ils demeuraient long-temps dans l'eau; pendant qu'ils trempent, il faut hacher un morceau de veau ou de volaille, avec du lard pilé et de la graisse coupée menue, en y ajoutant du sel, un peu de thym, de la marjolaine et une ciboule; le hachis étant fait, il faut le lier avec un ou deux jaunes d'œufs crus, y mêler un peu d'épices, après quoi remplir les champignons de cette farce; on les met dans une tourtière couverte, ou entre deux plats d'argent, avec

un peu de beurre, du bouillon de pigeon ou d'autres volailles, et un petit feu dessous et dessus; après qu'ils sont cuits, on les met sur une assiette creuse; on y fait une sauce blanche composée de verjus et de quelques jaunes d'œufs; et le tout étant prêt, on y ajoute du jus de viande. Les champignons ainsi farcis s'emploient pour garnir les potages en gras et en maigre.

568. *Champignons en ragoût.* Après que vous les aurez coupés, vous les passez à la casserole avec un peu de beurre frais; vous y mettez du sel, du poivre, de la muscade et un bouquet de fines herbes; vous faites une liaison avec un peu de farine, des jaunes d'œufs et du jus de citron.

569. *Jus de champignons.* Nettoyez-les bien et passez-les à la casserole, au lard ou au beurre; faites-les bien rissoler, jusqu'à ce qu'ils s'attachent; lorsqu'ils sont bien roux, mettez-y un peu de farine, et faites-les rissoler encore avec les champignons; mouillez de bon bouillon gras ou maigre; faites bouillir un instant, retirez et mettez le jus à part; assaisonnez de sel et d'un morceau de citron : quant aux champignons hachés menus, ou entiers, ils peuvent encore servir, pour garnitures de potages, entrées ou entre-mets.

570. *Manière d'apprêter l'oronge.* Ce champignon était déjà très-connu des Romains, qui l'appelaient *prince des champignons.* En Italie, on le mange ordinairement frit dans l'huile ou avec une sauce verte un peu forte, coupé en tranches : on en garnit aussi des morceaux de viande assaisonnés.

La meilleure manière d'apprêter l'oronge consiste, après l'avoir dépouillé de sa peau, et en avoir enlevé la tige, à le faire cuire renversé sur un plat, et garni de fines herbes, de mie de pain, d'ail, de poivre, de sel et de sa tige hachée; le tout arrosé d'huile d'olive.

Cette manière n'était pas celle des Romains; car, suivant Apicius, on l'apprêtait dans le vin cuit, avec un bouquet de coriandre, et en y ajoutant pour liaison, du miel, de l'huile ou des jaunes d'œufs.

Après l'huile d'olive et le beurre, le vin et le jaune d'œuf sont les meilleurs dissolvans de l'oronge, et les plus propres à le corriger.

571. *Manière d'apprêter le champignon de couche.* La manière qui exige le moins d'apprêt, et qui est peut-être la meilleure, consiste à éplucher les champignons, lorsqu'ils sont un peu grands, à leur ôter leur tige, et à les mettre cuire sur le gril avec un morceau de beurre, du poivre et du sel.

572. *Autre.* On lave les champignons à l'eau froide, et on les passe à l'eau bouillante. Cela les ramollit un peu et leur ôte

une partie de leur âcreté. Pour leur donner de la fermeté, on les remet dans l'eau froide, et on les essuie bien ; après quoi, on a un morceau de beurre fin qu'on fait fondre dans une casserole, et on y jette les champignons qu'on a soin de bien remuer. Quelques personnes ajoutent alors une pincée de farine qu'elles font cuire avec les champignons, et les mouillent, soit avec de l'eau tiède, soit avec du bouillon du pot ; d'autres les font cuire de même, mais sans addition de farine, et en les assaisonnant tout simplement avec le persil, le poivre et le sel. Lorsqu'on doit en retirer le persil, on le met en bouquet ; quand ils sont cuits, on fait, en les retirant tout bouillans hors du feu, une liaison avec des jaunes d'œufs délayés dans de l'eau ou avec de la crème. Pour blanchir la sauce, on ajoute à la liaison une ou deux tranches de citron sans écorce.

573. *Manière d'apprêter la boule de neige.* (*Champignon des bruyères.*) La cuisson exige peu de temps et d'apprêt ; il suffit, après avoir épluché et coupé les champignons par morceaux, de les mettre sur le plat avec du persil, du sel, du poivre et un peu de beurre, sur un feu vif ; c'est l'affaire d'un quart d'heure : on lie la sauce avec des jaunes d'œufs. On peut aussi apprêter la boule de neige de toute autre manière ; elle est toujours agréable à manger, et plus légère sur l'estomac que le champignon ordinaire.

On préfère, pour l'usage, le champignon très-jeune ; lorsque les feuilles brunissent, il faut le rejeter. Quelques innocens que soient en général ses effets sur le corps animal, on ne peut dissimuler qu'il ne convient pas à tous les estomacs, qu'il altère, échauffe même un peu, et qu'il peut nuire par la quantité, causer des indigestions, ou les troubler d'une manière sensible, surtout lorsqu'il n'est pas bien choisi, ou que ses feuillets ont commencé à prendre une teinture brune. Dans cet état, il peut déranger un peu l'estomac, causer même le dévoiement et de légères coliques. On observe aussi qu'il a une vertu légèrement aphrodisiaque, lorsqu'il pèse sur l'estomac ou qu'il occasione des rapports. On a éprouvé qu'un filet d'eau-de-vie dans un verre d'eau était un moyen efficace d'en faciliter la digestion.

574. *Manière d'apprêter l'agaric poivré.* On mange ce champignon en Allemagne, en Russie, dans plusieurs parties de la France, et on n'a jamais observé qu'il eût causé des accidens. On corrige son âcreté avec le sel ordinaire, l'huile d'olive ou le beurre, le poivre ; ainsi assaisonné, on le fait cuire sur le plat. On l'a mangé plusieurs fois de cette manière sans être incommodé ; mais ce n'est point un mets délicat, il est même un peu amer et lourd sur l'estomac. Lorsqu'il est bien cuit et qu'on en mange modérément, il n'incommode point.

575. *Manière d'apprêter le poivré à feuilles roussâtres.* Il est connu dans la plupart de nos provinces sous le nom de *latyron de roussette.* Les habitans de la campagne en mangent avec profusion, cuits sur le gril avec du beurre frais, de l'huile d'olive, du poivre et du sel. Dans beaucoup d'endroits, voisins des grandes forêts, c'est une ressource pour l'hiver. On le confit dans du vinaigre, du sel, beaucoup de poivre et d'ail, à la manière du cornichon.

576. *Manière d'apprêter la chanterelle ordinaire.* De tous les champignons comestibles, c'est un de ceux dont on fait le plus fréquent usage comme aliment ou comme assaisonnement. Il y a des campagnes où les habitans en font presque leur unique nourriture. On l'accommode en fricassée; on le mange aussi cuit avec du beurre, de la graisse ou de l'huile, du poivre, du sel et des ognons. Il y a des personnes qui le font confire dans du vinaigre avec du poivre, du sel et de l'ail; d'autres le font dessécher et l'emploient dans toutes sortes de ragoûts.

577. *Manière d'apprêter le bolet comestible.* Il est connu en France sous les différens noms de *brugnet, ceps, cèpe, gyrole, bolé, porchin, potiron.*

Sa saveur est très-agréable et se rapproche de celle de la noisette; aussi on peut manger ce champignon cru à la poivrade, sans aucun inconvénient; mais il faut choisir les individus qui ne sont pas encore fort avancés, et en ôter les tubes et le pédicule, qui est un peu dur. On l'accommode de différentes manières : voici celles qui sont le plus en usage.

On apprête ce champignon à la sauce blanche, en fricassée de poulet, ou bien on le fait cuire sur le gril, ou dans la tourtière, avec du beurre frais ou de l'huile d'olive, du poivre, du sel, des fines herbes et de la chapelure de pain : quelques personnes y ajoutent du jambon ou des anchois hachés. On en fait aussi des beignets et d'excellentes crèmes; d'autres le mangent aux ognons, qu'on fait roussir d'abord sur le feu, dans du beurre : quand ils commencent à roussir, on ajoute les champignons qu'on achève de faire cuire. Au reste, on peut l'accommoder de toutes les manières usitées pour le champignon de couche.

Lorsqu'ils sont frais, on est généralement dans l'usage de les passer dans l'eau bouillante et de les essuyer.

En Hongrie, on en fait des coulis ou des soupes. Pour cela on les conserve après les avoir fait passer au four ou à l'étuve; on les fait revenir dans l'eau tiède; on se sert de cette eau, dans laquelle on fait bouillir des rôties de pain. Après un temps suffisant, on passe le tout pour en obtenir un coulis épais, de consistance de purée, auquel on ajoute les champignons, qu'on

fait cuire à part dans le beurre avec l'assaisonnement con‑
venable.

578. *Manière d'apprêter le bolet orangé.* Pour l'usage, on
doit choisir les individus jeunes, dont la chair est plus ferme; on
le mange à la sauce blanche; on ôte la tige et la partie tubu‑
leuse (le foin), et on le fait cuire sur le gril, avec du beurre, du
poivre et du sel.

579. *Manière d'apprêter le bolet. Langue de bœuf.* Ce
champignon offre un aliment agréable et une ressource au be‑
soin, un seul de ces agarics pouvant fournir amplement de quoi
faire un bon repas. On recherche pour l'usage ceux qui ne
sont pas trop avancés; car alors ils ont leur surface trop vis‑
queuse, et leur chair tend à l'état ligneux. Il y a deux princi‑
pales manières de le manger : ou cuit sous la cendre et coupé
ensuite par tranches, avec une liaison; ou bien apprêté en fri‑
cassée de poulet. L'assaisonnement un peu piquant est toujours
nécessaire, à cause de sa viscosité lorsqu'il est un peu avancé.
On a éprouvé que le vinaigre se marie mal avec cette espèce, et
gâte la sauce.

A Vienne en Autriche, on le coupe en petites tranches, et on
le mange en guise de salade, avec la chicorée et la mâche. On
le fait aussi cuire avec de la viande de veau, en y ajoutant de
la crème et du suc de citron.

580. *Manière d'apprêter l'hydne.* Malgré cette saveur qui le
rapproche un peu de la chanterelle, on le vend beaucoup en
Autriche. On le mange aussi en France, où il est connu sous
les noms d'*eurchon* ou *rignoche,* ou *arresteron* (à Dax), qui
signifie *petit râteau* en gascon, et sous ceux de *pied de mouton*
et *barbe‑de‑vache* (dans les Vosges), cuit sur le gril ou d'une
autre manière. On dit qu'après les avoir passés à l'eau bouil‑
lante, la meilleure manière de les apprêter, c'est de les faire
cuire, sans les essuyer, à la graisse et au bouillon; ils sont
meilleurs qu'avec le beurre, avec lequel ils sont un peu coria‑
ces; étant très‑peu aqueux par eux‑mêmes, ils ont besoin d'un
véhicule liquide un peu abondant.

581. *Manière d'apprêter les clavaires.* Il y a beaucoup de
variétés de clavaires; elles sont en général blanches, grises,
pourprées, jaune orangé ; elles portent différens noms, comme
*gallinotte, gallinalle, mainotte, espignette, poule, buisson,
barbe* ou *barbe‑de‑chèvre,* et *menottes grises, blanches et jaunes,*
selon les variétés.

Après les avoir lavées, on les fait ramollir sur un feu doux,
dans une casserole, avec un morceau de beurre; on jette l'eau
qu'elles ont rendue, et on les remet sur le feu avec du beurre,
du persil, de la ciboule; on les remue un peu, ou on les sau‑

poudre légèrement de farine ; on les mouille ensuite avec du bouillon, et on fait la liaison avec des jaunes d'œufs quand elles sont cuites.

D'autres les font cuire avec du lard, qu'on met dessus et dessous, et du bouillon, en ajoutant du sel, du gros poivre, un morceau de jambon et un peu de persil. Il faut environ une heure de cuisson ; après cela on les met dans une sauce faite avec du coulis ou jus de viande, ou en fricassée de poulet, sans les remettre sur le feu ; on a soin de couvrir la casserole avec du papier, sur lequel on met le couvercle : c'est le moyen de retenir leur parfum, de les conserver blanches, et d'empêcher la sauce d'épaissir trop.

582. *Manière d'apprêter les morilles.* On distingue deux variétés principales, la morille blanche et la morille grise : la première, dont la couleur tire un peu sur le pâle, est la plus commune, et celle que l'on préfère pour l'usage.

Indépendamment de l'usage où l'on est de faire entrer les morilles dans plusieurs ragoûts, on en fait des plats qui sont très-estimés. Pour les apprêter, on commence, après les avoir bien lavées, par leur ôter toute la terre qu'elles sont sujettes à contenir dans leurs cavités ou aréoles ; ensuite on les égoutte bien en les essuyant, et on les met dans une casserole sur le feu, avec du beurre, du gros poivre, du sel, du persil, et, si l'on veut, un morceau de jambon. Il faut environ une heure de cuisson : comme elles ne rendent pas beaucoup d'eau, on est obligé de les humecter souvent, et pour cela on préfère le bouillon. Lorsqu'elles sont cuites, on ajoute des jaunes d'œufs pour faire la liaison, en les ôtant du feu. Il y en a qui mettent un peu de crème. On les sert seules ou sur une croûte de pain rissolée, ou imbibée de beurre.

583. *Morilles à l'italienne.* Après les avoir bien lavées et laissées égoutter, on les coupe en deux ou trois, si elles sont trop grosses ; on les met dans une casserole sur le feu, avec du persil, de la ciboule, du cerfeuil, de la pimprenelle, de l'estragon et de la civette, un peu de sel et un demi-verre d'huile. On les passe quelque temps jusqu'à ce qu'elles aient rendu leur eau. On donne encore un tour. On met quelques pincées de farine ; on les mouille avec du bouillon ; on ajoute un demi-verre de vin de Champagne ; et après les avoir laissées un peu mijoter, on les sert avec du jus de citron et des croûtes de pain.

584. *Morilles farcies.* On préfère, pour farcir, les morilles fraîches et blondes ; on les ouvre au bout de la tige, et après les avoir bien lavées, battues et essuyées, on les farcit d'une farce fine, et on les fait cuire entre des bardes de lard.

On les sert dans une sauce semblable à celle des morilles à l'italienne.

Les cuisiniers, à Vienne en Autriche, ont la coutume de farcir les morilles avec de la chapelure de pain, de la viande de volailles, de sardines, d'écrevisses, et d'autres assaisonnemens. (*Dict. des ménages.*)

586. *Poudre de champignons.* Cette poudre est très en usage dans la cuisine ; on prend de bons champignons à volonté, autant de morilles et de truffes ; épluchez bien le tout, faites sécher au soleil ou au four, après le pain cuit ; pilez le tout dans un mortier, passez au tamis, et mettez cette poudre dans une boîte bien close ; on s'en sert toute l'année dans les ragoûts, dans les pâtés chauds et froids, etc. etc. (*Dict. des plantes alimentaires.*)

CHANCRES A LA BOUCHE (*Traitement des*).

587. *Chancres vénériens.* On brûle les chancres et ulcères vénériens qui viennent à la gorge, avec le topique suivant : Prenez un demi-litre de vin blanc, un hectogramme d'eau de plantain et autant d'eau rose, huit grammes d'orpin préparé, quatre grammes de vert-de-gris, vingt-quatre décigrammes de myrrhe et autant d'aloès. On triture dans un mortier, l'orpin, le vert-de-gris, la myrrhe et l'aloès, on délaye ces poudres avec le vin blanc, et l'on ajoute l'eau de plantain et l'eau rose. On touche les ulcères avec une plume imbibée de cette composition, en ayant soin de n'en rien avaler. (*Méd. dom.* de Buchan.)

588. *Gargarisme anti-vénérien.* Mêlez ensemble décoction d'orge, une livre ; liqueur de Van-Swiéten, une once, et sirop sudorifique, dit de Cuisinier, deux onces.

Ce gargarisme est très-utile dans les ulcérations de la gorge, suites de maladies syphilitiques : on n'en doit point avaler. (*Virey. Traité de pharm.*)

589. *Chancres, ulcères simples, aphtes.* Frottez légèrement la plaie avec de l'alun ; et lavez-la avec de l'eau de chèvrefeuille distillée. (*Extrait d'un recueil manuscrit de remèdes,* par Dom G. F. Coulon.)

590. *Autre remède.* Gargarisez-vous avec une décoction de scolopendre, ou bien mettez dans un verre d'eau un morceau d'alun de roche gros comme une noix, douze ou quinze feuilles de ronce, une cuillerée d'orge et de miel rosat ; faites bouillir le tout jusqu'à diminution de moitié et usez de ce gargarisme qui est excellent. (*Man. domest.*)

CHANDELLES.

591. *Manière de faire les chandelles.* Prenez la graisse qu'on a retirée des intestins et des reins des animaux et faites-la sécher sur une perche ; coupez-la à petits morceaux ; mettez dans une chaudière sur le feu avec un petit filet d'eau ; remuez continuellement jusqu'à ce qu'elle soit fondue entièrement ; passez-la à travers un panier d'osier ou un vase de cuivre percé ; exprimez fortement ; laissez-la se figer, enlevez-la ainsi séparée des impuretés ; faites-la fondre de nouveau avec un peu d'eau dans laquelle vous aurez mis une once d'alun par quarante livres de suif, et coulez enfin vos chandelles dans les moules garnis de mèches.

On les conserve dans un endroit sec ; on les met aussi à l'air pour leur faire acquérir plus de blancheur et de fermeté. (Parmentier.)

592. *Chandelles de cire économiques.* On fait fondre huit livres de cire blanche dans un vase long et étroit, et l'on y ajoute deux livres de suif ; on y plonge de petites chandelles de suif pur déjà faites ; elles s'y couvrent d'une couche de cire ; on renouvelle l'immersion si la couche ne paraît pas assez épaisse, et l'on obtient enfin des chandelles qui ne couleront jamais parce que la cire fondant plus lentement que le suif, le contiendra par le rebord qu'elle formera et l'empêchera de couler. (*Man. domest.*)

593. *Autres chandelles économiques.* On fait bouillir des os pilés à petit bouillon ; huit myriagrammes d'os fournissent ainsi bouillis, plus d'un myriagramme quatre kilogrammes de graisse purifiée, dont on fera des chandelles d'excellente qualité, pour la durée et pour la lumière. Leur flamme ne pétillera point. Elles sont un peu grasses, mais on remédie à cet inconvénient en y introduisant un dixième de suif de mouton. (*Recueil des brevets d'invention.*)

En général, les chandelles faites dans un moule cannelé, ainsi qu'on le pratique dans plusieurs endroits de la Bretagne, n'ont pas comme les autres l'inconvénient de couler.

594. *Chandelles fumantes parfumées.* Prenez benjoin en larmes, 16 grammes ; storax calamite, 5 grammes ; baume sec du Pérou, 8 grammes ; cascarille, 5 grammes ; girofles, 2 grammes ; charbon sec en poudre, 48 grammes ; nitrate de potasse (*salpêtre*), 4 grammes ; huile volatile de fleurs d'orange et teinture d'ambre gris, de chaque, 2 grammes.

De toutes ces substances formez avec une quantité suffisante de mucilage de gomme adragant, une pâte bien intime, que vous diviserez en petits clous triangulaires hauts d'un pouce.

Conservez-les secs. On y met le feu par leur extrémité : ils brûlent sans flamme, en répandant une fumée odorante dans les appartemens.

L'huile volatile de fleurs d'orange se dissipe très-promptement; on peut la supprimer.

En Allemagne on n'emploie que quatre parties de storax, autant de benjoin, 1 de sandal, 24 de charbon de tilleul, et seulement un quart de partie de labdanum. (Virey, *Traité de pharm.*)

CHANVRE.

595. *Manière de rendre le chanvre semblable au lin.* On fait d'abord une lessive avec de bonnes cendres, dans lesquelles on met un peu de chaux vive, selon la quantité de chanvre qu'on veut raffiner. On la retire du feu, pour la laisser éclaircir; après cela on prend le chanvre, on le pèse; et sur dix livres, on ajoute une livre et demie de savon ratissé. On fait tremper le chanvre pendant un jour dans la lessive; on le fait bouillir deux heures de suite, puis on le retire, et on le fait préparer comme du lin. (*Bibl. ph. écon.*)

596. *Huile de chanvre.* Choisissez le meilleur chenevis que vous pourrez trouver et qu'il soit nouveau : vous le connaîtrez à sa douceur en le mettant sous la dent; ôtez les mauvais grains, pilez les autres pour les réduire en pâte, et sur-le-champ mettez-les sous la presse dans un sac de toile pour en exprimer l'huile.

Le plus souvent avant de mettre à la presse on fait chauffer la graine pour faciliter l'opération et pour obtenir plus d'huile; mais dans les provinces où l'huile d'olive est très-chère, et où l'on mange l'huile de chanvre, on l'extrait sans feu; rien n'empêche du reste, après une première pression, de chauffer le résidu et de le soumettre de nouveau à la presse; on aura de l'huile d'une qualité très-inférieure, mais propre à être brûlée. (Déjean, *Traité de distill.*)

CHAPEAUX (*Moyen de conserver les*).

597. Vous secouerez bien votre chapeau, quand vous aurez été surpris par une pluie, vous l'essuierez soigneusement dans le sens de son poil avec un mouchoir propre, vous lui rendrez sa forme si l'eau la lui avait fait perdre, et vous le ferez sécher un peu loin du feu. Lorsqu'il sera bien sec, vous le brosserez tout au tour à plusieurs reprises, avec une brosse un peu douce, et il ne restera plus aucune trace de pluie.

On pourra au lieu de le faire sécher auprès du feu, passer sur le chapeau un fer à repasser légèrement échauffé, et le brosser ensuite avec soin. (*Dict. des mén.*)

598. *Manière de repasser les vieux chapeaux.* Pour repasser un chapeau, il faut commencer par le bien dégorger dans une eau de savon bouillante et l'égoutter à plusieurs reprises jusqu'à ce que les vieux apprêts de la crasse soient perdus. On met en même temps dans une chaudière 2 litres et demi d'eau; on y jette 1 kilogramme de bois de campêche haché, 80 grammes de gomme provenant des cerisiers, pruniers, abricotiers, etc. et 160 grammes de noix de gale concassées. On chauffe ensuite, et l'on fait bouillir le tout pendant deux heures et demie, remuant de temps en temps ces drogues avec un bâton à mesure qu'elles tombent au fond de la chaudière. On laisse abattre le bouillon; puis on ajoute 70 grammes de vert-de-gris et 120 grammes de sulfate de fer (*vitriol de mars*); on passe à plusieurs reprises les chapeaux dans cette teinture dans laquelle on met du fiel de bœuf pour faciliter le dégraissage du savon; ensuite le chapeau est dégorgé à plusieurs fois dans une eau claire; enfin on le dispose à l'apprêt.

Cet apprêt consiste en une dissolution de gomme commune et de colle forte, qu'on fait d'abord bouillir séparément, et puis ensemble, après les avoir bien purgées des matières sales qu'elles pouvaient contenir; à la fin on ajoute du fiel de bœuf. Voici comme on l'applique. On place sur un réchaud allumé un bassin de cuivre couvert d'une toile double et mouillée, qu'on entretient humide en l'aspergeant. La chaleur du fourneau en fait dégager une vapeur continuelle à laquelle on expose le chapeau; en même temps on y applique l'apprêt avec une brosse, et en le palpant avec ses mains on reconnaît les endroits les plus faibles afin de les charger davantage. On expose de nouveau le chapeau à la vapeur qui fait pénétrer l'apprêt dans le feutre.

On fait ensuite sécher le chapeau en le laissant suspendu à une cheville pendant deux ou trois jours; on peut aussi l'exposer à l'étuve, mais cette méthode appauvrit toujours l'apprêt.

Quand le chapeau est sec on le met à la forme; on le brosse avec une brosse très-rude, puis avec une brosse moins dure; on passe ensuite le fer par-dessus, en observant bien qu'il ne soit ni assez chaud pour brûler le poil, ni assez froid pour ne pas le lisser. Pour bien favoriser cette opération on doit brosser le chapeau avec une brosse mouillée. Quand on lui a ainsi redonné sa forme et son apparence on le brosse une dernière fois, et on le garnit enfin de sa coiffe, de son bord et de son cordon.

CHARBON.

599. *Instruction sur cette maladie.* Le charbon suit constamment les grandes chaleurs et les grandes sécheresses. Il est le résultat d'une nourriture trop échauffante, d'une mauvaise boisson, de travaux forcés, et de la malpropreté des étables ou des écuries ; il attaque tous les animaux indistinctement, mais plus particulièrement les moutons, les bœufs, les chevaux.

Les animaux qui en sont atteints meurent quelquefois sur-le-champ, et avant qu'on ait pu apercevoir qu'ils étaient malades. Et quelques personnes qui ont voulu les saigner, fouiller ou dépouiller, soit lorsqu'ils étaient malades ou quand ils furent morts, ont été atteintes d'affections dangereuses qui les ont quelquefois conduites au tombeau.

Il est toujours important de prévenir les ravages de cette maladie ; et nous en indiquerons les moyens ainsi qu'il suit.

1° On fera suivre à tous les animaux bien portans ou malades un traitement convenable et rafraîchissant.

2° S'il n'est pas possible de leur donner de la nourriture verte, il faudra avoir soin d'asperger leurs fourrages avec de l'eau, dans laquelle on aura fait fondre une poignée de sel de cuisine par seau, et où l'on ajoutera un verre de vinaigre.

3° L'eau étant généralement mauvaise dans l'été, on la corrige en y mêlant du son de froment, ou de farine d'orge avec une bonne pincée de sel et un demi-verre de vinaigre par seau.

4° On ne conduit les animaux aux champs que le matin et le soir ; on les fait rentrer dans le milieu du jour.

5° On évite le plus possible le bord des grandes routes, où ils respirent constamment une poussière épaisse et étouffante.

6° Ceux qui travaillent sont ménagés. Souvent les travaux de la moisson ont été interrompus, parce que les propriétaires avaient forcé leurs bestiaux, trop peu nombreux, pour se hâter de rentrer leur récolte.

7° Les habitations des animaux seront nettoyées, lavées, bien aérées, et arrosées avec du vinaigre une ou deux fois par jour, surtout lorsqu'ils y rentreront pendant la chaleur.

8° Enfin on désinfectera de la manière suivante celles où il y aura eu des animaux malades ou morts.

La propreté, la libre circulation de l'air, le lavage à grande eau, et les fumigations minérales, sont les bases de toute désinfection.

On balayera l'aire, les murs et les planchers des bergeries, étables et écuries ; on n'y laissera ni fumier, ni fourrage, ni toiles d'araignées, ni aucune matière combustible.

On ouvrira les portes et les fenêtres pour faciliter la libre circulation de l'air; on pratiquera même des ouvertures, si celles
qui existent ne suffisent pas.

Les murs seront, à la hauteur de trois pieds, lavés à grandes
eaux avec des balais, jusqu'à ce qu'ils soient parfaitement
nettoyés.

La terre de l'aire des étables et écuries sera enlevée de deux
pouces d'épaisseur, renouvelée et rebattue.

On y fera ensuite des fumigations au moyen d'un réchaud
rempli de charbons ardens sur lequel on mettra une terrine à
moitié pleine de cendre. On posera sur cette cendre une autre
terrine dans laquelle on mettra 4 onces de sel commun un peu
humide. On y versera 3 onces d'acide sulfurique (*huile de vitriol*) ; on fermera les portes, les fenêtres et tous les trous qui
pourraient se trouver dans le local, et l'on se retirera aussitôt
pour ne pas respirer la vapeur qui se dégagera abondamment de
ces matières et qui ne tardera pas à remplir l'étable ou l'écurie.
Cependant elle se dissipera peu à peu, et l'on pourra alors y faire
entrer les bestiaux et ouvrir les portes et les fenêtres.

Toutes autres fumigations de plantes aromatiques sont inutiles ; elles ne servent qu'à déplacer une odeur par une autre.
(Husard.)

Tous les animaux qui seront morts du charbon doivent être
enterrés *en entier*, au moins à quatre pieds de profondeur, et
toujours loin de leur habitation, pour que le germe de la maladie ne se communique point et ne devienne point contagieux.

600. *Recette employée avec succès pour guérir le charbon.*
Ayez de la pierre infernale réduite en poudre, couvrez-en la
tumeur, appliquez par-dessus une feuille légère de plomb pour
retenir la poudre sans comprimer le mal, et assujettissez-la
avec une ligature. Après dix ou douze jours, lorsque l'inflammation ne fait plus de progrès, levez le premier appareil, et
mettez sur le bouton un emplâtre de l'espèce de ceux dont on
se sert pour attirer l'escarre.

Dès qu'on y est parvenu et que la suppuration est bien établie, traitez le mal comme une plaie ordinaire, sans jamais
faire usage de la saignée. (*Bibl. ph. écon.*)

601. *Autre traitement.* Un curé de campagne pour guérir le
même mal, commençait par couper les phlyctènes qui s'élèvent
ordinairement sur la surface du mal, lavait ensuite bien le
charbon avec de l'eau fraîche, après quoi il y appliquait un
emplâtre de thériaque fine, étendue sur du papier gris neuf,
et mettait par-dessus, le plus chaudement possible, le cataplasme suivant : prenez deux poignées de la plante appelée fa-
velle ou berle, et une poignée de l'ellébore pied de griffon,

Faites bouillir ces herbes dans une quantité suffisante de petit-lait, et lorsqu'elles seront bien cuites, vous y ajouterez 5 onces de sain-doux. Si l'ellébore est dur, on commencera par le faire cuire le premier, et l'on y mettra ensuite la berle pour qu'elles cuisent en même temps.

On frottera le mal et ses bords avec le cataplasme chaud, on en appliquera suivant l'usage ordinaire, en le réchauffant toutes les trois ou quatre heures et en y ajoutant du sain-doux pour l'entretenir onctueux; et l'on continuera ce topique jusqu'à ce que le charbon devienne blanc. Alors l'on prendra une once de térébenthine qu'on lavera avec de l'eau fraîche, et on y mêlera un jaune d'œuf pour en imbiber une charpie qu'on appliquera sur le mal trois ou quatre fois par jour jusqu'à parfaite suppuration et par-dessus une couche de fromage blanc mou. Si la partie est douloureuse et enflammée, il faut se servir d'un cataplasme de mie de pain cuite dans du vin.

L'on coupera soigneusement les peaux et chairs mortes. La personne qui fera ces pansemens aura soin de se laver avec du bon vinaigre. (*Bibl. ph. écon.*)

CHARDON (*Utilité du*).

602. Tous les chardons, excepté ceux des bonnetiers, donnent des têtes comestibles que les Indiens estiment beaucoup. Elles ont un goût naturellement amer, mais elles le perdent si on leur fait jeter un bouillon dans de l'eau chaude, d'où on les retire aussitôt pour les plonger dans de l'eau froide.

Les chardens donnent en outre une ouate fine et chaude qui est égale à l'édredon, et qui vaut réellement la peine d'être recueillie. Ce sont les plumules de ses graines.

Enfin les feuilles du chardon-bénit peuvent fort bien remplacer le houblon dans la confection de la bière.

Nous observerons aussi que le chardon-maritime qui croit dans les sables de la mer, et le chardon-roland qui pousse dans les terrains les plus ingrats et sur le bord des chemins, présentent l'un et l'autre un aliment agréable qu'on regarde avec raison comme diurétique et qu'on recommande dans la maladie de la pierre, la gravelle, les calus et le scorbut. On cueille leurs tiges, jeunes encore, et on les mange avec délices en guise d'asperges. (Denis de Montfort.)

CHARDONNERETS (*Manière d'élever les*).

603. Pour élever les jeunes chardonnerets il faut prendre de préférence ceux qui naissent au mois d'août, et principalement ceux

dont les nids sont sur des pruniers, dans des broussailles ou sur les orangers. On leur donnera à manger de petites boules d'une pâte faite avec des amandes mondées, des échaudés et de la semence de melon, et qu'on leur présentera une à une au bout d'une brochette, à l'extrémité de laquelle on aura attaché un peu de coton qu'on imbibera d'eau pour les faire boire. Lorsque ces oiseaux commenceront à manger seuls, on leur donnera du chenevis broyé avec de la graine de melon et du pain ; et quand ils seront forts, leur unique nourriture sera du chenevis.

Les chardonnerets sont sujets au mal caduc : quand ils en sont attaqués, ils tombent après avoir fait quelques mouvemens précipités, demeurent les pates en l'air, les yeux renversés, et meurent enfin si on ne leur apporte point de prompts secours. De tous les remèdes qu'on peut employer, il n'en est pas de plus efficace que de leur couper l'extrémité de l'ergot de derrière pour en faire sortir quelques gouttes de sang qu'on étanche ensuite en leur lavant plusieurs fois les pates avec du vin blanc tiède. Si l'épilepsie les attaquait en hiver on leur ferait avaler quelques gouttes de vin blanc sucré. L'oiseau malade, après ce traitement, reprend dans peu d'heures ses forces et sa santé.

Le chardonneret s'accouple facilement avec la femelle du canari qu'on doit choisir toute blanche ou jonquille. On les prive alors de chenevis et on leur donne du millet et de la navette en y mêlant de la graine d'alpiste. (*Dict. des mén.*)

CHARME.

604. *Culture du charme.* On multiplie cet arbre de semence ou de bouture. Dans nos forêts il se reproduit facilement lui-même avec sa graine ; ce sont ces semis naturels qui fournissent pour l'ordinaire les jeunes sujets destinés aux palissades, etc. ; mais comme ces sujets sont mal tournés, et ont souvent leurs racines écourtées ou mutilées, ils réussissent mal. Pour éviter ces inconvéniens on a recours aux semis et aux pépinières ; c'est en automne et dans un terrain frais et ombragé qu'on sème la graine du charme aussitôt qu'elle est mûre. Si on attendait après l'hiver sans mettre en jauge, elle ne leverait que l'année suivante. Ces semis n'exigent d'autres soins que d'être arrosés et sarclés à propos ; à deux ans les jeunes arbres sont en état d'être transplantés ; on les espace plus ou moins selon l'usage auquel on les destine ; après la sixième ou septième année, il est temps de les transporter dans le lieu où ils doivent rester. Le moment de cette seconde transplan-

tation est indiqué par le dessèchement de leurs feuilles ; la séve alors est arrêtée, et les boutons à bois sont bien formés. On taille communément ces arbres au croissant et au ciseau, avant le renouvellement de la première ou de la seconde séve. (*Nouveau dict. d'hist. nat.*)

CHASSES DIVERSES.

605. *Chasse des canards sauvages.* On passe la tête dans une grosse gourde, percée de quelques trous pour la commodité de la vue et de la respiration ; on entre dans l'eau, et on marche ou nage si bas que les gourdes seules paraissent à la surface. Les canards, accoutumés à voir flotter des gourdes sur l'eau, s'en approchent sans crainte. Alors le chasseur les prend par les pieds et les tire au fond de l'eau, pour empêcher que leurs cris ne se fassent entendre. Il leur tord aussitôt le cou, les attache à sa ceinture, ou les met dans un sac, et continue ensuite son exercice.

606. *Autre.* Ayez une cane domestique que vous attachez par un pied avec une ficelle, à un piquet sur le bord d'un étang, de manière qu'elle ait la liberté de se promener sur l'eau ; vous vous cachez à quelque distance. La cane ne tarde pas à caneter, et dès que les halbrans l'entendent, ils ne manquent pas de s'approcher d'elle, la prenant pour leur mère. Si vous voulez les avoir sans tirer, jetez dans l'eau aux environs de l'endroit où est la cane, des hameçons garnis de mou de veau, et attachés à des ficelles retenues par des piquets plantés au bord de l'eau ; les canards se jetteront goulument sur ces hameçons, et y resteront accrochés.

607. *Des oies sauvages.* L'oie sauvage est plus petite que l'oie domestique. Elle arrive en France vers la Saint-Martin. Ces oiseaux volent par bandes, et forment un triangle sans base ; leur cri est perçant et se fait entendre de loin : ils se plaisent dans les grandes plaines remplies de blé vert, qui leur sert de pâture ; ils font leur nid dans les îles et les endroits marécageux : leur chair est infiniment plus délicate que celle de l'oie domestique.

Le moyen le plus sûr de tuer les oies c'est d'observer les endroits par où elles viennent le soir se jeter dans les étangs, et de les y attendre pour les tirer au passage. On peut encore leur tendre un piége en amarrant un bateau au milieu de l'eau ; l'y laisser trois ou quatre jours pour qu'elles s'accoutument à le voir et y rester à l'affût armé d'une canardière ou d'un fusil de gros calibre, pour les tirer lorsque l'occasion s'en présente. La chasse des oies n'est facile et fructueuse que pendant les grands froids, parce qu'alors elles se laissent approcher, et que d'ailleurs les étangs sont gelés. En général, leur chasse se fait comme celle des canards.

608. *Du martin-pêcheur.* Cet oiseau est un peu plus petit qu'un merle, il ne fait point de nid; il dépose ses œufs dans un trou profond, le long d'une rivière, dans les fentes des rochers; il vit de petits poissons, de vers et d'autres petits animaux aquatiques; c'est pour cette raison qu'il se repose sur les pierres ou des rochers élevés, pour de là s'élancer plus sûrement sur sa proie. On attrape cet oiseau avec deux petits halliers de soie; on tend l'un dessus et l'autre dessous, ayant l'attention que ces filets soient tendus tout près de l'eau.

609. *Des mauves.* On laisse traîner, à la surface de la mer, des lignes armées d'un fort hameçon garni d'un appât. Les mauves voltigent autour, et finissent par engloutir l'appât et l'hameçon. Aussitôt elles s'élèvent verticalement avec rapidité, et emportent la ligne qu'on a soin de leur lâcher; mais affaiblies par la douleur et les efforts qu'elles font pour se débarrasser, elles retombent en pirouettant, toujours attachées à la ligne au moyen de laquelle on les retire de l'eau.

610. *Du râle.* On tue le râle d'eau au fusil ainsi que celui de genêt dont la chair est très-délicate. Ce dernier se tient dans les prairies jusqu'à la fauchaison; il se retire alors dans les genêts, les avoines, les orges et les blés-sarrasins; il s'en trouve aussi dans les vignes et les bois-taillis.

C'est dans les mois de mai et de juin que la chasse aux râles est la plus fructueuse. On les trouve le long des étangs; comme ils chantent nuit et jour, les chasseurs sont prévenus du lieu de leur retraite, et ne doivent alors leur mauvais succès qu'à leur maladresse. On leur tend des halliers de 15 à 18 pieds de long et hauts de quatre mailles, dont chacune aura au moins 2 pouces de large; on les attache à des piquets éloignés de 2 pieds en 2 pieds, et on en place deux, vis-à-vis l'un de l'autre, sur le bord de l'eau et des étangs. Il suffit de marcher à travers les joncs, tantôt d'un côté et tantôt de l'autre pour faire donner les râles dans le piège.

611. *De la grue.* Les grues arrivent par bandes dans nos climats, vers le mois d'octobre, et se jettent sur les terres ensemencées pour y chercher les grains que la herse n'a pas couverts. Ces oiseaux ont coutume de passer la nuit sur le bord des rivières; ils choisissent toujours des lieux secs. Malgré leur grande vigilance et leur ruse, ils sont faciles à tromper, et s'approchent à la voix de l'homme qui contrefait leur cri. On se sert de l'appeau et de beaucoup d'autres piéges pour les prendre.

612. *Des corneilles.* Pour faire la chasse aux corneilles, dit Chomel, il faut être au moins quatre ; deux habillés de noir grimpent nuitamment sur des arbres ébranchés à cinq ou six pieds de terre, où ces oiseaux ont coutume de passer la nuit ; ils secouent avec bruit les branches sur lesquelles les corneilles sont perchées ; tandis que les deux autres marchent dans le bois, faisant beaucoup de bruit, et secouant aussi les arbres sur lesquels ils en voient le plus ; ces oiseaux épouvantés prennent leur essor, et vont se percher autour des deux premiers hommes habillés de noir, qui n'ont que la peine de les prendre avec la main, de les tuer et jeter à bas. Les nuits obscures sont les plus favorables à cette chasse.

613. *Autre chasse des corneilles.* Prenez une quantité de cornets de papier un peu fort, transportez-vous sur les lieux qu'habitent les corneilles, qui, dans cette saison, sont obligées de chercher à manger sur les tas de fumier qui sont dans les terres ; piquez-y vos cornets garnis dans le fond de viande bien hachée, et frottez-en l'embouchure de glu, de manière que l'oiseau venant à manger ce qui est dedans, s'attache le cornet autour de la tête et du cou. Ces oiseaux ainsi pris par la tête, s'élèveront à perte de vue, et retomberont incontinent près du lieu de leur départ, en sorte qu'on peut les prendre sans peine avec la main. Cette chasse est d'autant plus amusante, que l'on peut piquer une grande quantité de cornets sur plusieurs tas de fumier.

614. *Autre chasse des corneilles.* On prend un chat, on le frotte entièrement de miel, on le roule dans la plume, on le lie ensuite par les reins assez fortement, et on l'attache au pied d'un arbre garni de gluaux : à peine s'est-on retiré, que le chat commence à miauler et à se tourmenter ; les corneilles et d'autres oiseaux entendent le bruit, accourent pour se jeter sur leur proie, se posent sur l'arbre et tombent avec les gluaux.

615. *De la huppe* ou *putput.* Cet oiseau de passage habite les plaines ou lieux élevés, les terres fraîches et arrosées, où il trouve facilement des vers et les insectes dont il se nourrit : il fait sa ponte dans des creux d'arbres, fentes de murailles, ou trous de rochers. Sa chair est d'un goût agréable et fort délicate.

On prend difficilement cet oiseau aux piéges, mais on l'approche d'assez près pour pouvoir le tirer. Les jeunes s'élèvent sans beaucoup de soin, en les nourrissant de viande crue ; ils deviennent très-familiers, et sont très-susceptibles de quelque attachement.

616. *Du coucou.* Le coucou vulgaire est un oiseau de passage ; il se tient ordinairement dans les bois, il se nourrit de

mouches, d'insectes et de grains, dont il fait provision ; il aime beaucoup les œufs. Ce qui distingue particulièrement la femelle, c'est qu'elle pond dans le nid des autres oiseaux et abandonne ainsi à couver ses œufs et à nourrir ses petits à des soins étrangers.

617. *Du pluvier.* Les pluviers arrivent par troupes au mois d'octobre, et s'en retournent au mois de mars. C'est à ces deux époques qu'on leur fait la chasse de différentes manières. On les prend aux nappes ou rets saillans, à la vache artificielle, ou par le moyen d'un appelant qui est le vanneau, de entes et d'appeaux ; on prend aussi des pluviers la nuit, au traîneau et à la faveur du feu.

618. *Du faisan.* On lui donne pour aliment ordinaire de l'avoine, de l'orge, du froment et des pois ; en hiver, des panais crus, des feuilles et racines de laitues, des choux et des feuilles de raves sauvages ; il mange aussi du gland et des senelles.

•Les faisans habitent les bois taillis, les buissons et les lieux remplis de broussailles ; la nuit, ils se perchent sur les hautes futaies. La femelle fait son nid à terre dans les buissons les plus épais ; elle pond la même quantité d'œufs que la perdrix.

La chasse des faisans se fait au hallier, ou avec les poches à lapin, des collets ou lacets de crin de cheval. On reconnaît, dès la pointe du jour, les endroits d'où ils sortent des bois, on y jette de l'avoine ou d'autres grains dans les voies que les faisans ont coutume de tenir ; si le lendemain les grains ne s'y trouvent pas, c'est une preuve certaine que les faisans l'ont mangé ; on y tend alors deux ou trois collets, l'un raz terre, et l'autre à la hauteur du jabot de l'oiseau ; s'il y a plusieurs endroits par où il puisse passer, il faut y en mettre autant qu'il y a de passages. Pour la chasse du faisan, on se sert avec avantage du chien couchant, on a avec soi un filet qu'on nomme tirasse ; on est trois : l'un guide le chien et les deux autres le filet. On tiendra long-temps le chien en arrêt, et on donnera aux autres chasseurs le temps de s'approcher avec le filet, afin qu'ils puissent envelopper en même temps le gibier et le chien. (J.-C., *Traité de la chasse.*)

619. *Manière de faire une grande chasse.* Quatre chasseurs se réunissent, et, avec eux, quatre hommes armés seulement de bâtons. La bande part, se divise, en laissant entre chaque homme dix ou douze pas, marche de front sous une même ligne, et balaie ainsi une longue étendue de terrain. Les batteurs font lever le gibier en faisant du bruit de la voix et de leurs bâtons, tandis que les chasseurs le tirent. Lorsqu'une compagnie de

perdrix part, si quelqu'un d'entre eux a tiré, tous les autres s'arrêtent et suspendent leur marche jusqu'à ce qu'il ait rechargé son arme, en ayant soin de bien remarquer la remise des perdrix. Si quelqu'une s'écarte du gros de la compagnie, et qu'on la voie se remettre, un des tireurs se détache pour aller la relever, et les autres font halte pour l'attendre. Dès qu'il est de retour et que tout est prêt, la troupe se remet en marche et continue ainsi la chasse, qui toujours est très-abondante.

On ne mène ordinairement qu'un chien à cette chasse, et l'on ne le lâche que pour le laisser courir après un lièvre blessé ou une perdrix démontée. S'il se rencontre quelque petit bois sur le chemin des chasseurs, les batteurs y entrent et le battent, tandis que les tireurs se portent aux passages. (*Encycl. méth.*)

La chasse que nous venons de décrire est très-usitée en Italie.

CHATAIGNIER (*Moyens pour conserver le bois de*).

620. Le bois de châtaignier se conserve parfaitement dans l'eau; mais quand il est exposé tout à la fois à la sécheresse et à l'humidité, il dépérit totalement. Si l'on trempe dans l'huile bouillante et qu'on enduise ensuite de goudron des planches de châtaignier, elles ne s'altèrent jamais. (*Le Gentilhomme cultivateur.*)

CHATAIGNES.

621. *Manière de conserver les châtaignes.* Elle consiste à les faire bouillir pendant quinze à vingt minutes, et à les exposer ensuite à la chaleur d'un four ordinaire, une heure après que le pain en a été retiré. Par cette double opération, les châtaignes acquièrent un degré de cuisson et de dessiccation propre à les conserver très-long-temps, pourvu qu'on les tienne dans un lieu bien sec. On peut s'en servir ensuite, en les mettant réchauffer au bain-marie ou à la vapeur.

On fait aussi sécher les châtaignes sur des claies à l'aide du feu; les Corses, dans cet état, les convertissent en farine et en font de la bouillie qui leur tient lieu de pain. (*Dict. des ménages.*)

622. *Manière de faire cuire les châtaignes.* Les châtaignes qu'on veut faire cuire par ce procédé doivent avoir été écorcées la veille. On fait bouillir de l'eau dans un pot de fonte, et on y jette les châtaignes; mais en ayant soin que l'eau n'en excède pas la surface. On les laisse sur le feu, et on les remue avec une écumoire jusqu'à ce que l'eau chaude ait pénétré leur seconde enveloppe et produit un léger gonflement qui détruit l'adhérence du tan au corps de la châtaigne. On retire aussitôt le pot du feu, et, avec un instrument composé de deux bâtons

carrés disposés en croix de Saint-André, et entaillés sur leurs quatre angles, tournant sur un axe qui les traverse dans leur milieu, on les remue rapidement et on les dépouille ainsi de leur tan. On remet ensuite les châtaignes dans le pot rempli d'une eau nouvelle, à laquelle on ajoute un peu de sel. Dès qu'elles ont pris quelques bouillons, on retire l'eau, la versant par inclinaison, et on recouvre le pot d'un linge qu'on assujettit avec le couvercle. Ainsi disposé, on l'approche du feu et on le retourne de temps en temps. Les châtaignes achèvent ainsi de se cuire en se renflant et en se rissolant sans rôtir ni brûler ; elles perdent l'eau qui les pénétrait et acquièrent une saveur que n'ont point celles qui ont été cuites avec leur peau, même sous la cendre.

Cette opération a deux avantages, outre celui de développer la saveur sucrée de la châtaigne : le premier est de la présenter dégagée de sa peau, le second d'économiser toute la partie qui resterait attachée à l'écorce, si on les faisait cuire par les procédés ordinaires. (*Dictionn. d'agricult.*)

(Pour les différentes préparations de la châtaigne, *voyez* à l'article Marrons.)

CHAUFFAGE ÉCONOMIQUE.

623. On peut échauffer un lit, un appartement, au moyen d'une boîte de fer ou d'étain dans laquelle on met un ou plusieurs morceaux de chaux vive, après les avoir trempés dans de l'eau froide. On ferme hermétiquement la boîte, et, quelques minutes après, il n'est plus possible de la toucher tant elle est brûlante. La chaleur qui en sort est douce et a l'avantage de s'obtenir à bien peu de frais. (*Bibl. ph. écon.*)

CHAUME (*Usage qu'on doit faire du*).

624. Le meilleur usage qu'on puisse faire du chaume, c'est de l'enterrer, avec la charrue à versoir, aussitôt après la récolte. Ainsi il augmente la masse des engrais, dispose la terre à recevoir facilement la chaleur du soleil et l'air de l'atmosphère, détermine la putréfaction des plantes et fait périr les mauvaises herbes et les graines qu'elles laissent après elles. (Parmentier.)

CHAUSSURES. (*Procédé pour les rendre imperméables.*)

625. On sait que le défaut essentiel des bottes et des souliers est d'être mal cousus ; le consommateur ne s'en aperçoit

point d'abord, la semelle extérieure étant parée avec soin, et la couture marquée à l'aide d'un fer chaud, qui souvent brûle ou dessèche le fil ; mais ce n'est pas là le seul défaut des chaussures. Pour qu'elles soient bien confectionnées et impénétrables à l'humidité, il faut que la *trépointe*, cette première semelle attachée à l'empeigne, soit cousue à petits points avec du fil bien poissé, et c'est précisément ce qui n'a pas lieu.

Il est facile de remédier à cet inconvénient ; c'est d'exiger du cordonnier qu'il vous apporte la chaussure avant que la seconde semelle y soit attachée : dans ce cas, on est assuré que l'ouvrier aura soin de coudre la trépointe à petits points biens serrés.

Pour rendre ensuite le soulier imperméable, faites fondre dans un pot de terre vernissé, que vous placerez près du feu, une quantité quelconque de bon goudron, ajoutez-y un peu de gomme élastique coupée en lames bien minces, et préalablement ramollie au-dessus de la vapeur de l'eau chaude ; remuez le mélange pour faciliter et opérer la dissolution ; passez cette composition encore chaude, avec un pinceau, sur la trépointe ou la première semelle, en la tenant près du feu ; enduisez-en d'abord la couture, ayant soin de laisser un petit espace non recouvert le long du bord, puis toute la surface, et répétez cette opération jusqu'à ce que la couche ait acquis l'épaisseur de deux cartes à jouer ; faites sécher, et rendez ensuite la chaussure au cordonnier pour qu'il y attache la seconde semelle. (*Bulletins de la Société d'encouragement.*)

(*Voyez* CIRAGE IMPERMÉABLE.)

CHEMINÉES.

626. *Précautions à prendre pour empêcher la fumée dans les cheminées.* 1° Il faut faire en sorte qu'elle ne soit pas dominée par des bâtimens trop voisins ;

2° Que son orifice supérieur, moins large que l'inférieur, y soit cependant proportionné ;

3° Que sa largeur intérieure soit en raison du feu qu'on doit y faire habituellement et de l'appartement qu'elle doit échauffer ;

4° Qu'elle soit placée dans l'endroit le plus avantageux de l'appartement, et, s'il se peut, en face d'un mur, et non d'une fenêtre ou d'une porte ;

5° Si l'appartement ne fournit pas assez d'air pour la cheminée, on peut lui en fournir de dehors, par des ventouses qui s'ouvrent dans la cheminée à hauteur du chambranle ;

6° Enfin, si, malgré ces précautions, la cheminée fume encore, on peut rétrécir intérieurement sa capacité, par le moyen de planches de plâtre qui, la diminuant, augmenteront la rapidité du courant de la fumée. (*Bibl. phys. écon.*)

627. *Autre.* Il faut éteindre de la chaux dans de l'eau mêlée avec de l'argile, et enduire de deux ou trois couches de ce mélange la partie intérieure du tuyau de cheminée, au-dessus de l'âtre déjà préparé et uni à cet effet. Cet enduit, qui aura à peu près six pieds de hauteur, et qui embrassera toute la largeur du tuyau, formera une espèce de vernis auquel la suie ne pourra s'attacher, ce qui garantira d'un grand nombre d'incendies, que l'on voit commencer souvent par un simple feu de cheminée. Il est convenable de renouveler cet enduit tous les ans. La police de Munich en a si bien reconnu l'utilité, qu'elle en recommande l'emploi aux habitans de cette ville. (*Bibl. phys. écon.*)

628. *Manière d'éteindre le feu dans les cheminées.* Il faut appliquer une couverture de lit humide, soit à la bouche de la cheminée, soit sur tout le front du foyer. La cheminée ne tirant plus alors d'air par en bas, la suie enflammée s'éteint sans difficulté et en un moment.

629. *Autre moyen.* Il consiste à appliquer, aux deux extrémités du tuyau de la cheminée, deux plaques de tôle posées horizontalement, et mobiles sur une charnière bien construite, qui puissent fermer exactement toute l'ouverture de la cheminée. Ces plaques sont toujours relevées lorsqu'on fait du feu, et, au moyen d'un fil d'archal que l'on tire à soi, en cas d'accident, on les fait tomber sur leur appui. Pour lors, la suie enflammée qui se trouve entre deux est forcée de se rabattre sur la plaque inférieure, et le feu est étouffé.

630. *Autre moyen.* Il faut prendre une poignée de soufre en poudre, le jeter dans le foyer, et fermer en même temps l'ouverture du bas de la cheminée, de façon qu'il reste seulement un petit soupirail, pour ménager un courant d'air et entretenir l'embrasement du soufre. La suie éteinte tombe bientôt par flocons, et l'incendie cesse.

CHÊNE.

631. *Culture du chêne.* Toutes les températures, tous les climats, ne conviennent pas au chêne. La chaleur excessive et les froids extrêmes lui sont également contraires : il faut à cet arbre un climat tempéré.

Le chêne ne se multiplie que de semences. Il faut mettre le gland en terre au moment de sa chute qui est celui de sa pleine maturité.

Le terrain destiné au semis, doit être clos et bien préparé ; plus la terre est meuble, mieux les arbres viennent ; et comme le chêne pivote profondément, il vaut mieux défoncer le sol où il doit croître avec la pioche qu'avec la charrue. On sème le gland à la volée, ou dans la direction des sillons, à demeure, ou en pépinière. Quelque méthode qu'on adopte il faut laisser des chemins dans le semis, semer épais, faire la part des mulots et ne pas trop enterrer le gland : à six pouces, il pourrit, à cinq il jaunit, à trois ou quatre il lève mieux.

Le chêne reprend difficilement lorsqu'il est transplanté ; son long pivot en est la principale cause. Cependant une bonne culture lui donne un chevelu qui assure le succès de la transplantation. Pour la faire mieux réussir, on doit préparer les fosses un an d'avance. On peut transplanter les chênes depuis l'âge de deux ans jusqu'à cinq ans, et à deux époques de l'année, suivant la nature du sol. Dans un terrain humide et frais, il ne faut les planter que pendant les mois de février et mars parce que les pluies abondantes de l'automne et de l'hiver pourraient nuire aux racines de ceux qui auraient été plantés dans la première de ces deux saisons. Dans un terrain sec on peut commencer à faire les plantations depuis que le gland est mûr et que les feuilles commencent à tomber ; à l'une ou à l'autre époque on doit prendre les précautions suivantes.

Il ne faut jamais déraciner les jeunes chênes lorsqu'il gèle ou que le vent du nord souffle avec violence ; car si ce vent saisit les racines, surtout à la fin de l'hiver, que la séve commence à circuler, elles sont, pour ainsi dire, desséchées dans l'instant, toute circulation est interceptée, et les arbres périssent. Il vaut mieux les arracher dans un temps de pluie et les planter de suite.

Quand on a ménagé les racines, en replantant les jeunes chênes, il est inutile de les receper ; quand on les a écourtées, le recepage est avantageux. On peut faire un choix, receper les arbres viciés, et non les autres. Dans les forêts, leurs branches latérales périssent ; lorsqu'ils sont isolés, elles doivent être élaguées jeunes : trop grosses, elles occasionent à la tige des plaies qui détruisent son intérieur. Si on veut que les chênes plantés en avenues, en bosquets ou en forêts, prospèrent, on ne doit pas épargner les labours pendant les premières années. (*Nouv. Dictionn. d'Hist. Nat.*)

USAGES ET PROPRIÉTÉS DU CHÊNE.

632. *Le bois.* Le bois de chêne qui est naturellement dur et solide, durcit encore plus lorsqu'il est écorcé sur pied, ou

par son séjour dans l'eau; il s'y conserve des siècles, y acquiert de la dureté et la couleur de l'ébène. Aussi est-il employé dans les pilotis, pour les écluses et dans les machines hydrauliques. Quelquefois le tronc d'un vieux chêne se tortille; il devient alors très-propre à faire des piliers et des colonnes destinés à porter de grands poids. Les planches de chêne sont ordinairement plus solides, mieux veinées quand on les refend sur la *maille*. Quoique l'aubier, dans cet arbre, soit épais et tendre, il y a un moyen de lui donner presque autant de force et de durée qu'en a le cœur du bois. Ce moyen consiste à écorcer l'arbre lorsqu'il est en pleine séve, et dix-huit mois avant leur coupe. Le bois de l'aubier devient alors aussi dur que le cœur; et lorsqu'il est coupé, il se dessèche aussi vite que le bon bois, sans se gercer, sans se tourmenter et sans être sujet à se corrompre.

Lorsque le bois de chêne est coupé dans une saison convenable et employé bien sec, il dure très-long-temps, pourvu qu'il soit à l'abri des injures de l'air. Pour le préserver de la pourriture, des crevasses et des vers, il faut 1° n'abattre le chêne que dans le temps de l'année où il a le moins d'humidité intérieure, c'est-à-dire en hiver; 2° équarrir l'arbre aussitôt qu'il est abattu; 3° en plonger les pièces pendant quelque temps dans l'eau salée; 4° les mettre ensuite à couvert et les disposer de manière que l'air (et non le soleil) puisse les frapper librement. Le bois de chêne rougit quand il est sur le retour.

633. *Les feuilles.* Elles nourrissent les animaux, pourrissent lentement, et quand elles sont entassées, donnent une chaleur plus durable que celle du fumier.

634. *L'écorce* pilée et réduite en poudre, forme le meilleur *tan* pour la préparation des cuirs; quand elle a servi à cet usage, on l'emploie à faire des couches dans les serres chaudes et des mottes à brûler. L'écorce de chêne fournit aussi une couleur fauve, et remplace, pour le noir, dans la teinture et la chapellerie, ses cupules et ses gales.

635. *Le fruit.* Le gland peut s'adoucir par des lessives, la torréfaction et la germination. On sait qu'il est naturellement doux dans quelques espèces, et qu'il se trouve en Espagne, en Amérique, en Afrique et dans l'Asie-Mineure, des glands qui servent d'aliment au peuple.

Les glands frais ou séchés engraissent les porcs et d'autres animaux. Quand ils ont été ramassés aussitôt après leur chute, pendant le plus fort soleil, et séchés ensuite à l'air ou au four, ils se conservent plusieurs années. Si on les fait macérer dans l'eau trois ou quatre jours et avant leur dessication, ils perdront une partie de leur qualité astringente. Broyés, lorsqu'ils sont secs, et mêlés avec le son, ils servent de nourriture à la volaille, et peuvent, dans cet état, être aussi donnés aux chevaux. (*Nouv. Dict. d'Hist. Natur.*)

636. *Signes d'après lesquels on juge le bois de chêne.* 1° lorsqu'on achète du bois de chêne, on doit en examiner le poids et le grain; plus le grain est fin et égal, plus le bois est pesant et plus il est propre aux usages auxquels on le destine pour la force et la durée. Le bois qui vient des arbres qu'on a laissé parvenir à leur parfaite croissance, doit être préféré à celui des arbres qu'on a coupés trop tôt. On remarquera aussi que l'arbre qu'on laisse sur pied trop long-temps après sa parfaite croissance, est quelquefois cassant, et c'est à cet indice qu'on reconnaît la caducité du chêne.

2° Lorsque l'arbre qu'on veut acheter est sur pied, il faut examiner si la tête est morte en quelque partie : car alors c'est une preuve presque certaine qu'il a quelque infirmité cachée dans le corps, et que tout le bois n'est pas bon, ce dont on s'assure ensuite avec une sonde.

Si l'on aperçoit dans un arbre une veine qui se gonfle et qui soit couverte d'écorce, c'est un signe certain que l'arbre ne se porte pas bien intérieurement; et si la veine entre dans la terre, le cœur de l'arbre est pourri.

Enfin, pour n'être point dupe, il faut ouvrir la terre autour de ses racines pour examiner si elles sont bien vivantes, et bien robustes pour savoir si l'arbre est en bon état. Si elles sont pourries, cassantes ou moisies, on peut en conclure que l'arbre est en général malade et que son bois est altéré. (*Le Gentilh. cultiv.*)

CHENILLES.

637. *Moyen de préserver les arbres des chenilles.* Il faut placer au haut de la tige de l'arbre une grosse motte de terre, que l'on aura soin d'assujettir. Toutes les chenilles, placées même sur les branches les plus élevées, tomberont ainsi en peu de jours. La motte de terre, qu'on ne retirera pas, empêchera qu'elles ne remontent sur l'arbre.

On empêche aussi les chenilles de monter sur un arbre, en formant un cordon de graisse tout autour de son pied.

638. *Manière de détruire les chenilles.* Le plus sûr moyen est d'écheniller. Cette opération consiste à rechercher avec soin, lors de la taille des arbres, les anneaux d'œufs que les chenilles y ont laissés, à couper les bouts des branches où on les aperçoit, et à les brûler; enfin à détruire les chenilles

éparses sur les plantes, ainsi que les papillons qui viennent faire leur ponte sur les végétaux qu'on cultive.

Quand les arbres se trouvent endommagés par les chenilles au point que toutes les feuilles soient rongées, on a recours au procédé suivant :

On fait fondre du soufre; on y trempe des morceaux de vieux linge carrés, larges de cinq à six pouces. On a soin que ce linge soit bien étendu dans le soufre; on le laisse seulement tremper, on le retire aussitôt avec une pince, et on le fait égoutter. On trempe ainsi tous les morceaux jusqu'à ce que le soufre soit épuisé, et on fait sa provision proportionnée au nombre d'arbres que l'on a à soigner. On serre le linge pour l'employer au besoin. Lorsqu'on veut user de ce procédé, il faut étendre sous l'arbre de gros draps, de manière que la terre soit bien couverte tout autour; on fixe un des morceaux de linge soufrés à l'extrémité d'une perche armée d'un crochet; on n'attache ce linge que par l'extrémité d'un des coins pour l'économiser. On allume ensuite l'extrémité pendante du linge, et on promène, en se plaçant toujours sous le vent, la fumée du soufre sur toutes les parties de l'arbre. On voit alors les insectes tomber par milliers sur les draps placés au-dessous de l'arbre, les uns morts et les autres simplement engourdis. On les rassemble avec beaucoup d'attention, et on les brûle. On est quelquefois forcé de répéter deux ou trois jours de suite cette opération sur de très-grands arbres. On est étonné de voir l'arbre attaqué reprendre toute sa verdure au bout de cinq à six jours.

639. *Autre manière éprouvée.* Faites bouillir deux livres de potasse dans deux litres d'eau ; lorsque cette lessive sera réduite à moitié, vous la passerez à travers un linge et vous la laisserez déposer pendant deux ou trois jours ; puis vous la tirerez au clair, en y ajoutant six onces d'huile à brûler. Agitez le tout, et vous obtiendrez une espèce d'opiat blanchâtre ; quand vous voudrez vous en servir, faites-le chauffer, puis trempez-y un linge attaché au bout d'une perche; tout paquet de chenille que vous toucherez avec ce linge ainsi imprégné, en mourra sur-le-champ. (*Bibl. phys. écon.*)

640. *Autre.* On détruit les chenilles et autres insectes qui rongent la vigne, en allumant dans les environs des petits feux de chaumes et de fagots de bois, où viennent se brûler ces animaux.

On doit avoir l'attention de les faire dans des lieux élevés et de manière à ce qu'ils ne causent pas des tourbillons dans l'air, ce qui empêcherait l'approche du papillon. (*Bibl. phys. écon.*)

541. *Moyen de chasser les chenilles d'un jardin.* Semez du chanvre sur le bord de toutes vos plates-bandes, aucune chenille ou autre insecte dévorant n'approchera des légumes et des fleurs que garantissent un tel rempart. (*Bibl. phys. écon.*)

CHEVAUX.

642. *Poudre pour rendre l'appétit aux chevaux.* Prenez une livre de racines de gentiane; une demi-livre de fenugrec et autant de baies de laurier; quatre onces de fleur de soufre, et trois onces de sabine. Chacune de ces substances réduite en poudre et passée au tamis, on les mêlera exactement en les triturant dans un mortier, on les conservera dans une bouteille qu'on bouchera bien, et lorsque les chevaux auront perdu l'appétit, on leur en donnera une cuillerée à bouche ou à peu près une once mêlée dans du son, de l'avoine ou du miel, qu'on leur fera prendre à jeun pendant quinze à vingt jours de suite.

Si c'était seulement par précaution qu'on employât cette poudre et dans la seule intention de les engraisser, il suffirait de leur en donner deux fois la semaine. On aura soin de les faire boire trois fois par jour pendant tout le temps qu'ils prendront ce remède, qui fortifie leur estomac, rétablit par conséquent l'appétit, pousse à la peau, rend le poil lisse, purge doucement et facilite enfin la sécrétion des urines. (*Bibl. phys. écon.*)

643. *Remède contre les coliques des chevaux.* Prenez deux poignées de sel que vous ferez brunir au feu dans un pot neuf que vous aurez soin de boucher; remuez-le jusqu'à ce qu'il soit brun et empêchez-le de brûler : prenez ensuite un litre de petite bière, que vous ferez tiédir, versez-y le sel brun, et faites-en avaler au cheval attaqué de coliques.

L'expérience a prouvé que le remède est infaillible. (*Bibl. phys. écon.*)

644. *Traitement des chevaux empoisonnés.* On reconnaît qu'un cheval a été empoisonné par de la fiente de poule, lorsque celle qu'il rend est moufflée : pour le guérir on prend de la nouvelle fiente de poule, un gros de graisse et douze livres de farine d'orge; on mêle le tout avec du vin et on le lui fait avaler; ou bien on lui fait prendre dix onces de semences de persil avec une livre et demie de miel et un demi-litre de vin. On exerce l'animal jusqu'à ce que le mouvement lui lâche le ventre; s'il arrive que le poil lui dresse, on prend des baies de laurier, une demi-livre de nitre, trois livres d'huile et autant de vinaigre dont on le frotte pendant trois jours, en ayant soin

de le tenir dans un lieu chaud et de lui donner pour boisson de l'eau fraîche dans laquelle on met tremper des feuilles de figuier sauvage. (*Encycl. écon.*)

645. *Enflure, étouffement, indigestion des chevaux.* Lorsque des chevaux ou d'autres bestiaux ont trop mangé du sainfoin vert, du trèfle, de la luzerne, etc., on doit leur faire prendre une écuellée d'huile, où l'on aura mis plein trois dés à coudre de charbon de vieux souliers brûlés, et leur frotter ensuite le ventre et les flancs avec un bouchon de paille. Les chevaux, vaches, etc., ne tardent pas à fienter et à revenir à leur état naturel.

De la poudre à canon mêlée et délayée dans l'huile, opère quelquefois une guérison plus prompte que la poudre de cuir brûlé ; on a vu aussi le contraire : dans tous les cas on peut se servir du remède qu'on aura le plus tôt sous la main. (De Sutières.)

646. *Piqûre de clous aux pieds des chevaux.* Cueillez dans le courant de mai, de la fleur d'ortie blanche, pilez-la dans un mortier, exprimez le suc, et passez-le à travers un tamis ou un linge, mettez ensuite dans un quart de litre de ce suc, une poignée de gros sel gris ; bouchez exactement la bouteille et exposez-la pendant douze jours au soleil.

Pour faire usage de cette eau qui acquiert de la qualité en vieillissant, évidez bien le trou de la piqûre, retirez-en le clou, versez-y quelques gouttes de cette liqueur, remplissez le trou d'un morceau de filasse qui en sera imbibée, sans l'enfoncer avec force, recouvrez la blessure d'une éclisse pour garantir le pied de la malpropreté de l'écurie, renouvelez à volonté le remède et au bout de quelques jours le cheval sera guéri parfaitement.

Si la blessure était profonde, il serait bon d'avoir recours à un vétérinaire. (*Bibl. phys. écon.*)

647. *Tranchées rouges des chevaux.* Choisissez et séparez la partie blanche de la fiente de poule ; dissolvez-en une cuillerée dans environ deux livres de lait de vache ; faites avaler le tout un peu chaud au cheval malade ; ce remède est fort estimé des maquignons. (Buc'hoz.)

648. *Boules anglaises pour les chevaux.* Ces boules, qui sont fort en usage en Angleterre, y tiennent presque lieu d'un remède universel pour ces animaux ; deux ou trois de ces boules données le matin à un cheval, peuvent le soutenir un jour entier sans aucune nourriture ni boisson.

Voici leur composition : prenez une livre de figues ; cinq onces de fenouil, et autant d'anis et de tormentille ; quatre onces de fleur de soufre et autant de réglisse, de corne de cerf (plante), et de racine d'aunée : on coupe les figues par morceaux, on pulvérise les autres ingrédiens et on mêle le tout. Ensuite on fait une décoction d'hysope et de pas-d'âne dans du vin blanc, et l'on y fait dissoudre sur le feu du jus de réglisse, du sucre, du sirop et du miel, de chacun quatre onces ; après avoir versé cette décoction sur la poudre indiquée, ajoutez deux onces d'huile d'anis et un peu de farine, on forme de ce mélange une pâte qu'il faut déposer dans un vase de terre et arroser avec un quart de livre d'huile d'olive, pour la garantir de la moisissure.

Lorsqu'on veut faire usage de cette pâte, on en prend un morceau de la grosseur d'un œuf de poule, et on le fait avaler au cheval le matin ; il sera en état de se passer de manger et de boire tout le jour. Si un cheval est dégoûté et qu'il refuse de manger, on prend deux de ces boules, on les brise dans un demi-litre de vin chaud, avec deux onces de thériaque, trois dragmes de girofles et une noix muscade, le tout réduit en poudre, on fait avaler cette boisson au cheval ; on le fait promener un peu, on le couvre bien et on le laisse reposer à l'écurie.

Les Anglais, comme nous l'avons dit, font un grand cas de ce remède, surtout pour les chevaux exposés à de grandes fatigues ; et les Allemands l'emploient aussi avec le plus grand succès. (*Bibl. phys. écon.*)

CHEVEUX.

649. *Procédé pour faire croître les cheveux.* Prenez une demi-livre d'aurone fraîchement cueillie et pilée grossièrement, que l'on fait cuire dans une livre et demie de vieille huile et une demi-livre de vin rouge ; retirez cette préparation du feu et exprimez bien le suc de cette plante dans un linge : on recommence trois fois cette opération avec de nouvelle aurone, à la fin l'on ajoute dans la colature deux onces de graisse d'ours ; cette huile fait promptement repousser les cheveux.

650. *Autre.* Prenez une once de moelle de bœuf, ajoutez-y une once de graisse de pot-au-feu avant qu'il soit salé ; faites-les bouillir ensemble dans un pot de terre neuf, passez-les et jetez ensuite par-dessus une once d'huile de noisette : cette pommade fait croître et revenir les cheveux ; nous en avons vu nous-mêmes les heureux effets. (*Encycl. méth.*)

651. *Autre.* En général tous les corps gras nourrissent la bulbe capillaire, mais s'ils sont surabondans ils l'étouffent.

La moelle de bœuf, unie à l'huile d'olive, le suc d'ognons

blancs, le beurre frais, la graisse d'oie, paraissent mériter la préférence. (*L'Ami des femmes.*)

652. *Pommade souveraine pour les cheveux.* Faites fondre au bain-marie une livre de graisse de mouton et autant de graisse de porc, toutes les deux bien épurées, et ajoutez-y quatre onces de sel blanc bien fin. Les graisses étant fondues, mettez-les refroidir, en tournant toujours, pour que le sel s'incorpore le mieux possible avec la graisse ; incorporez-y ensuite une poudre très-fine de quatre onces de graine de persil, une demi-once de graine d'aneth et une once de graine de fenouil, et mettez la pommade dans un pot. (*Parfum. impér.*)

653. *Cheveux.* (*Manière de les teindre en blond.*) Pour teindre les cheveux en blond, on prend deux livres de cendres de sarment, une demi-once de racines de bryone et autant de chélidoine, de curcuma ou safran des Indes ; deux gros de safran et autant de racine de lis ; un gros de fleurs de bouillon-blanc et autant de stachas jaune, de genêt et de mille-pertuis : on fait cuire le tout ensemble, et on le tire au clair. Il faut se laver souvent les cheveux de cette lessive, et au bout de quelque temps ils deviendront blonds. (*Encycl. méth.*)

654. *Pommade pour teindre les cheveux en noir.* Prenez gros comme un œuf de chaux vive, faites-la éteindre dans de l'eau de manière à ce qu'elle ait la consistance d'une pommade ; ajoutez au mélange, pendant qu'il est en fermentation, gros comme une noisette de blanc de céruse pulvérisé ; amalgamez bien le tout, et quand vous voudrez vous en servir, appliquez-le sur les cheveux, et couvrez-les avec des feuilles de laitue, ou plutôt de poirée, et laissez l'appareil pendant deux heures. Lavez ensuite vos cheveux avec une éponge, attendez qu'ils soient secs, et passez-y avec le peigne de l'huile antique ou simplement de l'huile d'olive.

Cette pommade est la même que celle que débitent les parfumeurs, et celle qu'emploient les coiffeurs les plus renommés ; seulement pour en déguiser la composition, ils la noircissent en y ajoutant de la mine de plomb ; mais il vaut mieux en faire usage sans y ajouter cette dernière substance.

La pousse des cheveux nécessite le renouvellement de l'opération tous les mois ou au moins tous les deux mois.

655. *Autre manière de noircir les cheveux.* Pour teindre les cheveux en noir, faites bouillir pendant une heure dans un litre d'eau claire une once de mine de plomb et autant de raclure de bois d'ébène. Lavez les cheveux avec cette teinture ; plongez-y le peigne dont vous vous servez, et ils deviendront d'un beau noir. Cette couleur sera plus vive et plus éclatante, si vous ajoutez deux dragmes de camphre à ce mélange. Les

dames d'Angleterre se rendent brunes de cette manière. (*Encyc. méthod.*)

656. *Autre.* Lavez d'abord votre tête, trempez ensuite votre peigne dans de l'huile de tartre et peignez-vous au soleil ; faites cette opération trois fois par jour, au bout de huit jours vos cheveux deviendront d'un beau noir ; si vous voulez les rendre odoriférans, oignez-les avec de l'huile de benjoin. (*Manuel cosmét. des plantes.*)

657. *Autre.* Les feuilles de viorne macérées dans l'huile, noircissent aussi les cheveux et les empêchent de tomber. (*Idem.*)

658. *Autre.* L'huile de cohel, le liége brûlé, ses racines et celles de câprier, les écorces de saule, de noyer, de grenade, les feuilles d'artichaut, de mûrier, de figuier, de framboisier, de myrte, d'arbousier, de séné, les brous de noix, en général les substances riches en tannin, le sumac, l'écorce de fèves, la noix, le cône de cyprès, les grappes de lierre, les pois noirs, les semences de millet et de betterave, les fleurs de pavot, etc., cuites dans le vin, dont on lave la tête à plusieurs reprises par jour, finissent par noircir les cheveux. On hâte l'opération en se servant d'un peigne de plomb. (*L'Ami des femmes.*)

CHEVREUIL.

659. *Chasse au chevreuil.* Ceux qui ne veulent pas avoir l'embarras d'une meute, se contentent pour la chasse au chevreuil d'une ruse très-simple ; ils imitent le faon, lorsqu'il marque à sa mère le besoin qu'il a de nourriture, en criant : *mi, mi.* La chevrette, trompée par l'appeau, arrive alors jusque sous le fusil du chasseur. (*Encyclop. méth.*)

660. *Préparation du chevreuil.* Le chevreuil se sert à la bourguignone, en casserole, en civet, en pâté froid, en rôti avec différentes sauces. C'est de cette dernière façon que, bien mariné, piqué enfin et cuit d'une manière sanguinolente, il nous a toujours semblé préférable. C'est vraiment alors le gigot de l'opulence. On tire aussi un parti fort gracieux des tetines de sa femelle, blanchies à l'eau, coupées par rouelles, frites avec du jus de citron, cuites dans un ragoût approprié, et hachées ensuite pour faire une omelette dans le goût de celles au rognon, mais bien autrement distinguée. (*Almanach des gourmands.*)

CHICORÉE.

661. *Manière de conserver la chicorée.* Mettez un chaudron plein d'eau sur le feu ; épluchez chaque tête de chicorée et lavez-

les bien ; quand l'eau bout, jetez-les dedans, laissez-les bouillir deux ou trois bouillons, retirez-les ensuite ; faites-les bien égoutter, rangez-les dans des pots par lits ; jetez une poignée de sel sur chaque lit ; appuyez bien la chicorée dans les pots, jusqu'à ce qu'ils soient pleins ; mettez du sel par-dessus ; laissez-les deux jours prendre l'air ; couvrez-les ensuite de beurre fondu, et fermez votre pot avec du papier propre et fort.

Cette opération ne doit être pratiquée que vers la mi-septembre. (Caron, *Manuel d'économie domestique.*)

662. *Manière de faire pousser la chicorée* ou *barbe de capucin.* On arrache de la chicorée ordinaire avant les premières gelées ; on la réunit en bottes de cinq à six pouces de diamètre, après en avoir coupé les feuilles ; et on l'enterre dans une cave ou bien dans un tonneau rempli de terre et percé de trous qu'on place dans un lieu chaud. La chicorée pousse bientôt de nouveaux jets, et produit de longues feuilles d'un blanc jaune, qui servent de salade pendant tout l'hiver. On en mange ainsi beaucoup à Paris, en y mêlant quelques betteraves coupées par tranches (L'abbé Rozier.)

CHIENS.

663. *Nourriture et éducation des chiens de chasse.* Quand les petits chiens ont quinze ou vingt jours, on les purge avec un peu de manne fondue dans du lait, et quand ils ont six semaines on commence à les sevrer en leur donnant du lait et de la mouée, ou de la soupe claire : pour les accoutumer à cette nourriture, on les sépare pendant le jour de leur nourrice, et on la leur présente pendant la nuit ; après avoir fait la même chose pendant sept à huit jours, on les sépare tout-à-fait, et on ne les nourrit plus que de mouée. Lorsqu'ils ont six mois, on les passe dans le grand chenil, on les met au pain d'orge, et on ne leur donne de la mouée que deux fois la semaine. Lorsqu'ils ont neuf à dix mois, on commence à leur donner leur première éducation, on les fait rapporter, aller à l'eau, arrêter, etc., si ce sont des chiens couchans ; et si ce sont des courans, on les accouple, on les promène, on les tient sous le fouet pour les accoutumer à l'obéissance. Enfin, lorsqu'ils ont un an, on les fait un peu chasser avec de vieux chiens, mais on ne les mène à de grandes chasses que lorsqu'ils ont atteint leur dix-huitième mois, à moins qu'ils n'aient acquis plutôt la force nécessaire.

On ne doit jamais les instruire qu'en voyant peu à peu se développer en eux le désir de le faire, ne jamais les rebuter, ne les contraindre qu'avec douceur et précaution, enfin on prépare leur obéissance et leur docilité avec des ménagemens et de la persévérance. Ce n'est, en un mot, que lorsqu'ils font peu de cas d'une légère correction, qu'on doit leur en donner une plus forte.

Le pain d'orge dont on a séparé le gros son, est pour eux la nourriture la plus saine. Il doit autant que possible être du jour, sans être pour cela trop tendre. (*Encyclop. méth.*)

664. *Observations sur les chiens courans.* Les chiens courans blancs sont plus dociles, moins paillards, et d'un tempérament plus robuste que ceux d'un autre poil. Les noirs sont impatiens, et ne s'emploient bien qu'à la chasse du cerf. Les gris sont impétueux et sujets à couper et à ne pas vouloir requêter. Les fauves, qui ont trop de feu et de vivacité, ne doivent aller qu'à la chasse du loup et des bêtes noires.

Les chiens pour lièvre doivent être légèrement faits, bien collés à la voix, bien gorgés, tous du même pied; car un seul trop vite crève ou rebute les autres; et les vieux qui sont les plus nécessaires pour relever un défaut et pour chasser le chemin, resteraient derrière, et ne se trouveraient pas dans le besoin. Les chiens menteurs et babillards ne valent rien, non plus que les bricoleurs. (*Idem.*)

665. *Défauts des chiens.* Pour corriger un chien qui court après les volailles, si l'on a inutilement employé le fouet, prenez un petit bâton, fendez-le par un bout, assez pour y passer la queue du chien, et liez ce bout fendu avec une ficelle, de manière à lui faire sentir de la douleur; attachez à ce bâton une poule par le gros de l'aile, près du corps, et lâchez ensuite le chien en lui appliquant quelques coups de fouet. Il se met à courir tant qu'il peut, à cause de la douleur qu'il ressent à la queue, et qu'il croit occasionée par la poule. A force de la traîner il la tue, et las de courir, il s'arrête et va se coucher. Détachez le bâton, et battez-lui la gueule avec la poule morte.

S'il s'agit d'un chien qui court les moutons, couplez-le avec un bélier, et en les lâchant ainsi couplés, fouettez le chien tant que vous pourrez le suivre. Ses cris font d'abord peur au bélier qui court à toutes jambes, et entraîne le chien; mais il se rassure ensuite, et finit par le charger à coups de tête. Découplez-les alors et votre chien sera pour toujours corrigé de courir les moutons. (*Idem.*)

TRAITEMENT DES MALADIES DES CHIENS.

666. *Fièvre.* Lorsqu'un chien est triste et qu'il ne mange pas, il faut lui regarder à la gueule : si on la trouve blanche et livide, c'est une preuve qu'il souffre. S'il a la fièvre, ce qu'on

connaît en lui tâtant les deux côtés vis-à-vis le cœur, qui battront fortement, on le saigne après qu'il a mangé, et on lui donne deux lavemens par jour, faits avec de l'eau et du son. Lorsque la fièvre est tombée, on le purge alors avec une once de manne fondue dans du lait, ou un gros de sel de Glauber fondu dans de l'eau, plus ou moins suivant la force et l'âge du chien.

667. *Fatigue.* Si le chien avait trop couru et qu'il fût malade, il faudrait le saigner et lui donner des lavemens, et ensuite du lait coupé; par ce moyen, il se rafraîchit et se rétablit en lui laissant du repos.

668. *Jaunisse.* Si le chien, après une fièvre, devient jaune, on ne le saigne pas, mais on lui donne beaucoup de lavemens et une médecine. Dans tous ces cas, on ne le nourrit que de bouillon qu'on lui fait prendre par force en lui ouvrant la gueule. Quand on le saigne, c'est avec une lancette qu'on lui enfonce au côté de la gorge; on referme ensuite la plaie avec une aiguille et du fil, et l'animal guérit dans les vingt-quatre heures.

669. *Haut-mal.* Si le chien tombe du haut-mal, on le saigne après chaque accès: on le voit passer quelquefois; aussi le mieux est-il de réformer le malade.

670. *Abcès.* Si l'on ne connaît pas la place d'un abcès intérieur, on en prévient quelquefois les suites en saignant le chien et en lui faisant avaler de l'eau de boule d'acier, si l'abcès a pour cause une chute ou un coup. Quant à ceux qui sont apparens, on coupe le poil qui les recouvre, on les frotte avec du basilicon pour les faire mûrir, et dès qu'ils le sont on les perce avec un bistouri, et on continue de les couvrir de basilicon.

671. *Plaies.* Tout le monde sait panser une plaie; ainsi nous nous contenterons de dire qu'on emploie ordinairement la filasse, que si la plaie est petite mais profonde, on doit l'agrandir, l'imbiber de térébenthine et la tamponner. On la seringue aussi avec de l'eau-de-vie et de l'eau tiède, etc. Enfin, si le chien est éventré par un coup quelconque, on lui lave les boyaux, on les fait rentrer dans le ventre, on coud la plaie ou la peau, on le panse avec de l'eau de boule, et l'on soutient la plaie avec une plaque d'un cuir épais qu'on attache avec un fort bandage. Pendant toute la maladie on ne nourrit le chien que de bouillon, et on le saigne quelquefois, surtout dans les accès de fièvres qui surviennent dans ce cas. Les choux rouges dont on frotte une plaie la guérissent aussi en peu de temps. Si elle provenait d'un chien enragé, il faut lui faire boire une décoction de germandrée.

672. *Epaules.* Lorsqu'il boite de l'épaule et que ce n'est pas de lassitude, on doit le saigner, appliquer sur la plaie de l'es-

sence de térébenthine, en frotter l'épaule, et le laisser reposer ensuite.

673. *Fractures.* S'il y a fracture, on prend des blancs d'œufs mêlés avec un peu d'eau-de-vie et bien battus ensemble, on remet la partie, on l'enveloppe de filasse trempée dans ce mélange, on place les attelles nécessaires, et on les assujettit avec des ligatures faites avec du linge. Si la jambe ou le pied malades enflaient, on les percerait de plusieurs trous avec le bistouri pour en faire sortir les eaux rousses qui causent l'engorgement. On musellera le chien pendant qu'il n'aura point à manger, et on humectera trois ou quatre fois par jour la filasse avec de l'eau-de-vie et de l'eau. On renouvelle l'appareil dix ou douze jours après l'accident, et on le remplace ensuite par un troisième et par un quatrième, en laissant l'animal au moins un mois ou six semaines sur le chenil.

.674 *Boutures.* Si le chien a la bouture, c'est-à-dire, si en lui ployant la jambe de laquelle il boite, il se plaint de douleurs qui ne viennent pas de l'épaule, on doit la lui frotter avec de l'huile de laurier et de l'éther mêlés ensemble, jusqu'à ce qu'il ne boite plus, et c'est l'affaire de quelques jours. Quelquefois on est obligé d'y mettre le feu, si le mal ne cède point à ce premier remède.

675. *Efforts.* Pour les efforts occasionés dans les jambes et qu'on appelle *chien allongé*, on frotte de suite le nerf qui s'est trop distendu avec de l'huile de laurier et de l'éther mêlés ensemble, et on lui donne beaucoup de repos; si le mal était trop grand, on devrait faire autant que possible rentrer le nerf en ployant la jambe du chien, la lier ensuite avec un long ruban qu'on serrerait fortement pour empêcher l'animal de pouvoir la poser à terre, et frotter souvent le jarret avec de l'huile de laurier.

676. *Dessolure.* Si un chien se dessole, c'est-à-dire si la peau de dessous les pieds s'enlève, on doit tremper deux fois par jour le pied dans un mélange de blancs d'œufs, de suie, de vinaigre et de sel, jusqu'à ce que la peau soit revenue, et l'envelopper d'un linge et de filasse. Si la peau n'était que boursouflée, on devrait la couper ou l'arracher, et le traiter comme nous venons de le dire, en lui laissant, dans tous les cas, plusieurs jours de repos.

677. *Chancres.* On guérit les chancres aux oreilles, en les brûlant avec du vitriol, de l'eau-forte ou un fer chaud, ou en les trempant souvent dans de l'huile de navette.

678. *Dartres.* Pour les dartres, on les frotte avec une poignée de paille jusqu'à ce que le sang paraisse, et on les panse deux fois par jour avec du suc d'*éclaire*, mêlé avec du vinaigre

et du sel, ou simplement avec du tabac râpé dont on les couvre, ou de la poudre à canon qu'on y fait brûler plusieurs jours de suite. Quand elles reparaissent, on doit saigner et purger le chien, lui faire prendre du lait coupé et le passer ensuite à la graisse.

679. *Flux de sang.* Pour ce mal, on saigne d'abord le chien, et on lui donne des lavemens faits avec du lait et du suif de chandelle mêlés ensemble, en le nourrissant de bouillon.

680. *Rétention d'urine.* Le sel de nitre dans la boisson du chien le guérit de cette maladie. On lui fait suivre aussi un régime rafraîchissant ; mais si le chien boit beaucoup et ne pisse pas, tous ces remèdes sont inutiles.

681. *Poux.* Un quarteron de feuilles de tabac infusées pendant 24 heures dans un litre de vinaigre dont on frotte le chien, détruisent bientôt tous les poux du chien.

682. *Taie.* On jette deux fois par jour, dans l'œil du chien malade, de la poudre de tutie, et il guérit bientôt.

683. *Gale.* On frotte le chien galeux avec un onguent composé avec un verre d'huile de noix qu'on mêle et fait bouillir avec un quarteron de soufre, jusqu'à ce qu'en en laissant tomber une goutte sur une ardoise mouillée, elle se fixe et devienne blanche. On laisse reposer deux jours les chiens malades, on les lave et brosse bien ensuite, on les graisse le troisième jour, on les laisse en repos les deux suivans, on les fait promener le sixième, on les purge en rentrant avec une soupe où l'on met de la fleur de soufre, on les lave le septième avec de l'eau tiède et du savon, et ils sont guéris le huitième. Pendant tout ce temps on les nourrit de pain et d'eau comme à l'ordinaire, on change souvent leur paille, et l'on redouble de soins pour ôter les ordures de leur chenil. (*Encycl. méth.*)

684. La gale passe aussi au moyen de frictions faites au soleil sur le corps du malade, avec un autre onguent composé d'une livre de saindoux, 3 onces d'huile commune, 4 onces de fleur de soufre pilée et passée, de la cendre bien fine et 2 onces de chaux. On lave aussi le chien avec de l'eau de lessive ; et si le poil lui tombe, on le graisse avec du vieux oing.

685. *Catarrhe.* On connaît qu'un chien a un catarrhe, lorsqu'il est triste, dégoûté, et qu'il lui sort beaucoup de sérosités par le nez et par le gosier. Ce mal cède facilement en tenant l'animal chaudement, en faisant sur la partie tuméfiée des onctions avec l'huile de camomille et des fumigations de cascarille. (L'abbé Rozier.)

686. *Autre remède.* Pour guérir la même indisposition, mettez 30 gouttes d'éther dans un verre de lait ; agitez fortement le mélange, et faites avaler cette liqueur à l'animal malade. On

diminue la dose ou on l'augmente à proportion de la force du chien. (*Mag. méd. domest.*)

687. *Autre.* On parvient au même résultat, en jetant une poignée de cinabre en poudre dans un réchaud plein de charbons ardens, et en en faisant respirer la fumée au chien malade. Une heure après, on prend 10 grains de mercure doux pour un gros chien et 6 seulement pour un petit, on les délaie dans un jaune d'œuf, et on les lui fait avaler. On lui fait prendre, une heure plus tard, un grain d'émétique dans une cuillerée d'eau ; et si cette dose ne le fait pas vomir, on lui en donne une seconde au bout d'une demi-heure. (*Dict. des ménag.*)

688. *Flux de ventre.* Il se guérit en leur donnant à manger une bouillie de farine de fèves, très-épaisse, où l'on mêle de la terre sigillée. Si les *puces* les dévorent, on les frottera avec une décoction de feuilles de menthe qu'on fait bouillir avec de la cendre et 2 onces de staphisaigre en poudre; on y dissout 2 onces de savon ordinaire et une once de safran. Quant aux *vers sur le corps*, on se sert de noix vertes pelées et infusées pendant 4 heures dans une chopine de vinaigre qu'on fait bouillir encore 2 heures ; on passe le tout, et on met dans cette décoction une once d'aloès hépatique et autant de corne de cerf brûlée et de poix résine ; on remue le tout, et on en frotte l'endroit où sont les vers. Si les vers sont dans le corps, on pile un demi-verre d'huile de noix, du jus d'absinthe, de l'aloès, de la staphisaigre, 2 dragmes de chaque, et une dragme de corne de cerf et de soufre : on fait avaler cette mixtion. (*Idem.*)

689. *Rage.* Les chiens sont sujets à différentes espèces de rage. La rage chaude ne se guérit pas ; il faut tuer l'animal. La *rage mue*, qu'on reconnaît par leur manque d'appétit et le désir qu'ils ont de se jeter dans l'eau, ne résiste pas, si on leur fait avaler une décoction faite avec la racine dite *passe-rage* (spatula putrida) ou du jus d'éllebore noir et de rhue passée dans un linge avec du vin blanc, et on les saigne. La *rage tombante*, qui se manifeste parce qu'ils tombent à tous momens, se guérit par une mixtion faite avec de la graine de rue, du jus de racine d'herbe de porc et du jus de croisette, et on les saigne aux erres. La *rage endormie* cède à une mixtion de jus d'absinthe, de la poudre d'aloès, de la corne de cerf brûlée et 2 dragmes d'agaric dans du vin blanc. La *rhumatique*, qui vient d'une trop grande abondance de sang qui leur fait enfler la tête, passe au moyen d'une décoction de fenouil, de gui, de lierre et de polypode qu'on fait bouillir avec du vin blanc. (*Idem.*)

690. *Préservatif contre la rage.* On prétend, avec quelque raison, que les chiens à qui l'on a coupé un petit cartilage ou nerf qu'ils ont sous la langue, et qui ressemble assez à un ver,

ne mordent pas s'ils deviennent enragés. On fait cette opération préservative, qui ne nuit en aucune manière à l'animal, en lui tirant la langue, et après l'avoir retournée, en lui fendant, avec un bistouri, la première peau qui recouvre ce nerf, qui en sort mince et long à peu près comme le petit doigt, et en arrachant ensuite ce nerf avec les doigts ou avec une pince. (*Encyclop. méthod.*)

691. *Onguent pour les plaies des chiens.* Prenez du vieux lard, le plus vieux est le meilleur, du basilicon, de la térébenthine de Venise et un peu de cire neuve; mêlez le tout ensemble, mettez-le sur le feu, et remuez jusqu'à ce que les drogues soient fondues. Cet onguent, que vous conserverez dans un pot de terre bien bouché, se conserve aussi long-temps que l'on veut, et est toujours meilleur quand on le finit que lorsqu'on commence à en faire usage. (*Idem.*)

692. *Autre.* Prenez un quarteron de térébenthine, trois jaunes d'œufs, deux cuillerées d'eau-de-vie, gros comme une noix de sucre, et mêlez le tout ensemble, jusqu'à ce que vous ayez formé une espèce de bouillie. Cet onguent ne se conserve pas aussi long-temps que le précédent, mais le sucre en poudre qui entre dans sa composition mange les mauvaises chairs, matières d'une plaie, et le rend précieux à cet égard. (*Idem.*)

693. *Remède pour les chiens contre les morsures des animaux venimeux.* Pour guérir un chien de la morsure d'une bête venimeuse, on prend une poignée d'herbe de la croisette, de rue, de bouillon-blanc, de menthe, le tout en pareille dose et pilé; on les fait bouillir une heure dans du vin blanc, on passe cette décoction, on y met un gros de thériaque dissoute, et on lave la morsure avec cette mixtion. (*Man. domest.*)

694. *Moyen de prévenir la maladie des jeunes chiens.* On prévient ce qu'on nomme ordinairement la *maladie des jeunes chiens* par des purgatifs et des émétiques à fortes doses et répétés, le cautère actuel, le séton et autres émonctoires.

La vaccine, avec un traitement semblable, les préserve de toute maladie. (*Bibliothèq. phys. écon.*)

CHIENDENT.

695. *Usages du chiendent.* On connaît les propriétés médicinales du chiendent; sa racine entre dans la composition de plusieurs tisanes, et surtout dans les tisanes apéritives; les décoctions et le suc de cette plante, employés en fomentations et en applications extérieures, résolvent les glandes engorgées; mais elle est en même temps si nuisible aux travaux de l'a-

griculture, qu'on doit s'occuper avec le plus grand soin à l'extirper.

Toutefois, cette opération nécessaire ne doit pas nous priver des bons usages qu'on peut retirer du chiendent. Ses feuilles offrent un excellent fourrage pour les bestiaux; sa racine donne, par expression, une liqueur propre à être convertie en eau-de-vie; elle contient beaucoup de sucre, ce qui la rend très-propre à la fermentation vineuse; enfin, moulue en farine, blutée et convertie en pain, elle peut devenir une ressource précieuse dans les malheurs d'une disette. (Denys de Montfort.)

696. *Gelée de chiendent.* Prenez des racines de chiendent grosses et bien nourries; lavez-les et coupez-les bien menues; jetez-les dans de l'eau bouillante, et laissez-les-y pendant deux à trois minutes; passez-les à travers un tamis de crin; écrasez-les ensuite dans un mortier de marbre, et faites-les bouillir dans de l'eau pure pendant 3 ou 4 heures; passez la décoction à travers une étamine, et réduisez-la, sur un feu doux, ou, qui mieux est, au bain-marie, en consistance de gelée ou d'extrait. Cette gelée est extrêmement agréable au goût. Quelques personnes en mettent quelques grains dans une pinte d'eau aiguisée avec le sel de nitre, pour en faire une boisson que l'estomac supporte beaucoup mieux que la tisane ordinaire. (*Bibliothèq. phys. écon.*)

CHIFFONS.

697. *Manière de les utiliser.* Les chiffons de laine, les peaux, les plumes, les cornes, les ongles, les poils des animaux, sont d'excellens engrais. Les Anglais les ramassent, les hachent et les répandent sur la terre. Six quintaux sur un arpent, la fument pendant six ans. (Cullen.)

Les chiffons, mis sur les haies, rassemblent les chenilles, et offrent ainsi les moyens de les détruire en masse.

Les chiffons, traités par l'acide sulfurique, étendu d'eau qu'on neutralise ensuite par le blanc d'Espagne, donnent un sirop très-propre à être converti en sucre cristallisable; mais comme cette opération, purement chimique, ne présente aucun avantage sous le rapport de l'économie, nous avons cru inutile d'en donner ici les détails.

CHOCOLAT.

698. *Fabrication du chocolat.* On prend : Cacao caraque terré, mondé. . . . . 4 kilogrammes.
Cacao des îles. . . . . 1 kilogramme.

Sucre en poudre grossière. . . .   5 kilogrammes.
Cannelle fine en poudre. . . . .   40 grammes.

Pour le chocolat *à la vanille*, on ajoute : vanille du Mexique, en poudre. . . . .   40 grammes.
Et, si l'on veut, girofle. . . . .   12 décigrammes.

Le cacao caraque, qui est le meilleur et le plus sapide, et dont l'âpreté est adoucie par son séjour dans une terre humide, est souvent moisi et moins huileux que celui des îles, lequel est aussi plus âpre ; mais le mélange des deux qualités, dans les proportions que nous avons données, forme la meilleure pâte à chocolat. Dans le nord, où l'on n'emploie souvent que le cacao des îles, on ajoute de l'amidon pour absorber l'excédant de la matière grasse et butireuse. Si l'on n'employait que le caraque, le chocolat serait trop sec ; alors quelques préparateurs y incorporent de la pâte d'amandes douces : ce qu'ils font aussi lorsqu'ils prennent de la pâte de cacao dont ils ont extrait une portion du beurre ; mais c'est une fraude.

On doit choisir le caraque non vermoulu et le moins moisi (quoiqu'il soit difficile d'en trouver d'exempt d'une partie de ces défauts) ; on le monde avec grand soin de ses écorces, et on le met dans une poêle de fer très-large et très-évasée que l'on place sur un feu de charbon pour brûler légèrement la seconde écorce du cacao, et on le remue avec une spatule de bois. Le degré nécessaire pour la torréfaction se reconnaît lorsque l'écorce ligneuse se sépare facilement de l'amande, en serrant l'amande avec les deux doigts. Les Espagnols brûlent beaucoup moins leur cacao que les Italiens.

On retire la poêle du feu, et lorsque le cacao est à demi refroidi, on l'écrase légèrement avec un rouleau de bois ; l'écorce se détache, et par le moyen de plusieurs cribles dont les mailles sont plus ou moins espacées, on passe les différentes grosseurs du cacao. Lorsqu'il est ainsi trié, on l'agite par petites portions dans un van, afin que l'air et le mouvement enlèvent les portions de l'écorce qui restent encore. Enfin on monde les amandes une à une sur une table, et même on enlève leur germe qui est ligneux et se pile mal. Ce germe a aussi l'inconvénient de donner une saveur plus forte au chocolat.

Ces amandes, bien nettoyées, sont jetées de nouveau dans la poêle, et mises sur le feu ; on les agite avec la spatule pour qu'elles s'échauffent jusqu'au centre sans brûler. Lorsque le cacao devient luisant, il est temps de le retirer ; on le vanne de suite vivement pour le mieux nettoyer ; on pile les amandes dans un mortier de fer qu'on a bien fait chauffer en le remplissant de charbons ardens et essuyé ensuite : on ne l'emplit qu'aux deux tiers de cacao. Lorsque l'action du pilon l'a réduit en pâte, et que le pilon s'y enfonce par son seul poids, on la met refroidir sur un papier ou un marbre.

Il s'agit alors de faire le chocolat. On a une pierre à broyer ou porphyre de 16 à 18 pouces de large sur 28 à 30 pouces de long et 3 pouces d'épaisseur ; elle est affermie sur un châssis de bois dont l'intérieur est garni de tôle, afin de recevoir une petite poêle de braise, suffisamment couverte de cendres pour entretenir la pierre dans une douce chaleur. On met sur cette pierre une livre environ de pâte de cacao, qui s'y ramollit et s'y échauffe pendant 6 à 8 heures : le reste de la pâte est déposé dans une marmite posée sur des cendres chaudes. Avec un cylindre de fer poli, l'on broie successivement la pâte sur la pierre qui doit toujours être assez chaude pour n'y pouvoir pas laisser la main. Quand la pâte est suffisamment broyée, ce qu'on juge lorsqu'elle fond facilement et entièrement sur la langue, on la met dans une bassine où on la mêle avec le sucre prescrit ; et afin de rendre ce mélange parfait, on le répétit sur la pierre.

Telle est la composition du *chocolat* sans aromates, appelé mal à propos *de santé*, puisqu'il est alors moins facile à digérer, et que l'estomac a besoin d'être aidé dans son action sur cet aliment oléagineux. Il est vrai que trop d'aromates peut échauffer ; mais la vanille, la cannelle et le girofle qu'on mêle au chocolat ordinaire lui conviennent.

Pour incorporer ces aromates, il faut découper la vanille et la triturer, ainsi que le girofle, avec du sucre ; car ces substances ne pourraient sans cela être réduites en poudre, à cause de la matière résineuse et balsamique qu'elles contiennent. Cette pulvérisation doit même se faire, autant que possible, dans un temps sec, parce que le sucre passe difficilement à travers le tamis dans un temps humide. On ajoute à ce mélange la cannelle en poudre, on passe au tamis et on incorpore le tout sur la pierre chaude au chocolat de santé déjà fait. Le chocolat fini est placé dans une bassine échauffée ; on remue bien, et on coule cette pâte à demi liquide sur une grande feuille de parchemin ; on la coupe en morceaux de 4 onces qu'on met dans des moules de fer-blanc ; on unit la surface, en frappant les moules sur la table. S'il se forme dessus de petites bouteilles qui sont produites par l'air, on les pique avec une épingle, et aussitôt l'air se dégage. On marque, si l'on veut, les tablettes avec un cachet.

La pâte refroidie dans les moules y durcit, et acquiert une consistance ferme et solide. Elle se détache ensuite facilement ; il suffit de la renverser et de presser légèrement le moule par les deux bouts en sens contraire, comme si l'on voulait le tordre. On enveloppe les tablettes de chocolat dans du papier blanc, et on le conserve en un lieu sec.

Les quantités de cacao et de sucre établies dans cet article, donnent 11 kilogrammes de chocolat, ou ce qu'un ouvrier peut broyer par jour.

La torréfaction enlève au cacao l'odeur de moisi.

On falsifie le chocolat, soit en prenant du cacao déjà privé d'une portion de son beurre, soit en y ajoutant de l'amidon, ou de la farine, ou de la pâte d'amandes.

Les chocolats communs en Espagne se font avec la semence d'*arachis hypogæa* ou pistache de terre, et la farine de maïs. Le storax calamite remplace la vanille.

On prétend qu'il est plus avantageux de griller le cacao au printemps, de laisser la pâte séjourner en été, et de faire le mélange du chocolat en automne. Alors le beurre de cacao s'incorpore mieux. La cassonade serait préférable au sucre trop raffiné, quoique le sucre blanc ordinaire soit meilleur.

De toutes les farines dont on se sert pour les chocolats falsifiés, celles de pois et de lentilles s'y lient le mieux. Les fécules rendent le chocolat cassant et pesant.

Le bon chocolat est un aliment très-nutritif, pectoral, restaurant. Avec le lait, il est plus pesant et moins digestible. Il nuit à quelques personnes, car le beurre végétal qu'il contient fatigue les estomacs trop délicats. (J.-J. Virey. *Traité de pharm.*)

Vacaca chinorum, pour le chocolat.

Prenez : amandes de cacao. . . 0,122 gram. (4 *onces*).
Vanille. . . . . 0, 31 ——— (1 *once*).
. Cannelle fine. . . . . 0, 31 ——— (1 *once*).
Ambre gris. . . . . . 0, 3 ——— (48 *grains*).
Sucre. . . . . 0, 92 ——— (3 *onces*).

Vous prenez du cacao bien torréfié et vanné, que vous broyez avec soin ; vous y mêlez les aromates en poudre, ainsi que le sucre ; vous en formez une pâte que vous renfermez soigneusement dans une boîte de fer-blanc, pour vous en servir au besoin ; vous en mettez 6 à 12 grains dans une tasse de chocolat, qui par-là se trouve aromatisée agréablement.

699. *Manière de préparer le chocolat en boisson.* Lorsque vous voulez composer avec le chocolat une boisson, soit au lait, soit à l'eau, vous mettez dans une chocolatière une tasse ou 6 onces, environ, de l'un ou de l'autre de ces deux liquides par once de chocolat. Quelques personnes, avant de mettre le

lait, font dissoudre le chocolat dans un peu d'eau. Quand le lait ou l'eau commence à bouillir, vous y mettez le chocolat râpé ou coupé grossièrement, et remuez ce mélange avec un moulinet ou moussoir. Quand le chocolat est fondu et a pris quelques bouillons, vous le retirez du feu et le laissez reposer dans un endroit chaud pendant environ un quart d'heure ; une ébullition trop longue nuirait à la bonté de la boisson : ensuite vous faites agir votre moussoir fortement en le tournant dans les deux mains en sens contraire, et vous versez le chocolat dans des tasses lorsqu'il est bien mousseux. Pour cela, il faut qu'en proportion de la quantité de la liqueur, la masse dentelée du moussoir soit de telle hauteur, que, sans toucher au fond de la chocolatière, dont elle doit être éloignée d'un demi-travers de doigt, elle ne laisse pas d'être entièrement noyée dans la liqueur ; car, si la partie supérieure en excédait la hauteur, la mousse ne se ferait qu'imparfaitement.

Le chocolat fait avec le cacao des îles ne mousse pas comme celui composé avec le caraque. S'il devient épais comme une colle en mettant par tasse de chocolat la quantité d'eau ou de lait indiquée ci-dessus, ou s'il ne fond pas facilement, c'est une preuve qu'il a été falsifié.

On prépare aussi du chocolat avec de la crème, mais alors on ne le fait pas mousser. (Desbrières. *Nouv. Secr. des arts et métiers.*)

700. *Autre manière.* Ratissez le chocolat et joignez-y deux pincées de cannelle en poudre et une once de sucre fin. Mettez le mélange dans une chocolatière avec un œuf frais, et remuez avec le moulinet jusqu'à ce que le tout soit réduit en consistance de miel liquide. Versez-y ensuite huit onces d'eau ou de lait bouillant, et continuez à bien agiter. Mettez le chocolat sur le feu au bain-marie ; dès qu'il commencera à monter, retirez-le, continuez à remuer, et versez dans les tasses. Pour relever le goût du chocolat, on peut, immédiatement avant de le verser, y ajouter une cuillerée d'eau de fleur d'orange et deux gouttes d'essence d'ambre. (*Dict. des plantes alim.*)

701. *Pastilles de chocolat.* Faites fondre une once de gomme adragant avec un peu d'eau, passez-la au travers d'une serviette et mettez-la dans un mortier avec deux tablettes de chocolat ; pilez et passez le tout au tamis ; ajoutez un blanc d'œuf, et, peu à peu une livre de sucre fin, jusqu'à ce que le mélange fasse une pâte maniable. Retirez cette pâte du mortier, et formez-en des pastilles de la grandeur et du dessin que vous voudrez.

702. *Conserve de chocolat.* Faites cuire à la petite plume

une livre de sucre ; mettez-y deux onces de chocolat râpé, remuez pour le délayer, et dressez votre conserve toute chaude.

703. *Massepains de chocolat.* Echaudez deux livres d'amandes douces, et, après les avoir passées dans l'eau fraîche, pilez-les dans un mortier. Faites cuire en même temps une livre de sucre à la petite plume, mettez-y vos amandes, desséchez la pâte à petit feu, retirez-la de la poêle et laissez-la refroidir ; ajoutez alors un blanc d'œuf et trois onces de chocolat pilé et passé au tamis, maniez le tout ensemble, formez une abaisse de cette pâte, découpez-la avec des moules de fer-blanc et glacez chacun des morceaux.

704. *Crème de chocolat.* On mêle, à trois quarts de litre de bon lait, deux jaunes d'œufs et trois onces de sucre ; on agite le tout ensemble et on le fait bouillir jusqu'à réduction d'un quart, en ayant soin de tourner toujours avec une spatule de bois. On y joint alors une suffisante quantité de chocolat râpé, on donne encore cinq ou six bouillons ; enfin on passe la crème au tamis, et on la verse sur un plat pour la servir froide.

705. *Crème veloutée de chocolat.* Mettez dans une casserole un litre de lait bien fort en crème, une écorce de citron vert, de la coriandre et de la cannelle, faites réduire aux deux tiers ; ajoutez alors six tablettes de chocolat râpé, donnez encore quelques bouillons, retirez et passez à travers une serviette mouillée. Quand la crème ne sera plus que tiède, délayez-y un peu de présure et faites-la prendre sur les cendres chaudes.

706. *Mousse de chocolat.* Faites fondre sur le feu, dans une casserole, six onces de chocolat avec un peu d'eau ; quand il sera en bouillie, mêlez-y six jaunes d'œufs, et, après avoir bien remué, un litre de crème, remuez encore, et ajoutez enfin une demi-livre de sucre en poudre, mettez le tout ensemble dans une terrine ; quand la crème sera refroidie et le sucre fondu, fouettez-la vivement pour la réduire en mousse.

707. *Chocolat à la minute de châtaignes ou de marrons.* Pour faire le déjeuner d'une famille entière, prenez un quateron de beaux marrons bien sains, que vous ferez bien bouillir dans une première eau ; retirez-les du feu et ôtez-leur soigneusement leur surpeau et leur peau ou pellicule intérieure, remettez-les de nouveau sur le feu et faites-les bouillir, mais moins long-temps que la première fois, dans un demi-litre de lait ; passez alors le tout au travers d'une passoire jusqu'à consistance d'une pâte claire, que vous remettrez encore sur le feu dans la chocolatière ; jetez-y un verre d'eau ou de lait nouveau, et cela l'éclaircira. Joignez-y en même temps une pincée de cannelle en poudre pour l'aromatiser, du sucre ou du sirop de miel ou de raisin pour l'édulcorer ; le miel lui-même, bien pu-

rifié, y est fort bon. Retirez la chocolatière du feu, introduisez-y le moulinet, tournez et faites mousser la liqueur, que vous servirez comme du chocolat.

Du chocolat de marrons ou de châtaignes, préparé à peu près de cette manière, a été déjà indiqué par des médecins célèbres, qui en conseillaient l'usage dans les affections de poitrine, la purulence des crachats et la toux sèche et invétérée. Ce chocolat est adoucissant, béchique, pectoral, et nous en conseillons l'usage, d'après Buchan, ancien médecin du roi de Pologne, pour restaurer les estomacs délabrés et donner du ton et du tempérament aux cacochimes.

Pour faire du chocolat avec des marrons rôtis, on doit les prendre bien dorés et pas du tout brûlés, les écraser dans un mortier, et les préparer ensuite avec le lait. (*Bibl. ph. écon.*)

708. *Pâte de chocolat de marrons.* Otez, d'une manière quelconque, les peaux de vos marrons, soit en les faisant bouillir, griller ou sécher, pilez-les sans eau avec du sucre, un peu de cannelle, etc.; faites une pâte ferme, dont vous ferez des abaisses avec un rouleau de pâtissier, coupez-les en tablettes et faites-les sécher pour vous en servir au besoin. ●

709. *Autre.* Faites moudre en farine des châtaignes desséchées, comme pour en faire du pain, pétrissez ferme avec une eau sucrée, sirop ou miel, et vos autres ingrédiens, faites-en des abaisses ou même des petits pains, et mettez-les bien sécher dans une étuve ou dans un four. (Denys de Montfort.)

CHOUETTE (*Chasse à la*).

710. On prend un panier qu'on couvre de fougère ou de quelque autre verdure, de manière qu'on ne puisse voir la personne qui se cache dessous et qui porte cette machine sur la tête; il faut aussi faire attention qu'il n'y ait sur le panier aucune branche assez forte pour qu'un petit oiseau puisse s'y poser. On place ensuite vers le haut un petit morceau de bois qui s'avance au dehors, et sur lequel on attache une chouette par les pieds; outre ces préparatifs, il faut encore avoir un morceau de bois de l'épaisseur d'un pouce, fendu par un bout, et dont la fente s'étend jusque vers la moitié du bâton; au bout de cette fente, et vers le milieu du bâton, on place un petit ressort qui le tient ouvert, et, à deux ou trois doigts au-dessous, une corde dont le bout va se rendre sous le panier, et qui sert à faire joindre ces deux morceaux de bâton fendu, que le ressort tient écartés.

Cela fait, on va avec cet équipage le long des haies, le panier sur la tête, et faisant de temps en temps voltiger la chouette : les petits oiseaux, qui la détestent, viennent en criant l'agacer; mais, ne pouvant se poser sur le panier, ils se mettent sur le bâton : le chasseur tire alors la corde et fait rentrer dans la cabane l'oiseau qui se trouve pris par les pates. (*Encyclop. méth.*)

CHOUX.

711. *Conservation des choux à la hollandaise.* On nettoie bien toutes les feuilles, on les coupe en long par tranches de l'épaisseur du doigt, et on leur fait jeter un bouillon dans l'eau avec un peu de sel. On les retire du feu et on les met égoutter; quand ils sont ressuyés, on les range sur des claies au soleil, et, deux jours après, on les passe au four, à une chaleur d'étuve; on les y remet deux ou trois fois s'il est besoin, jusqu'à ce qu'ils soient bien secs; on les renferme ensuite dans des sacs de papier.

Lorsqu'on veut les manger, on les fait revenir dans l'eau tiède; on les fait cuire ensuite dans l'eau bouillante avec du beurre, et on leur donne enfin la sauce qu'on veut. (*Dict. des plantes alim.*)

712. *Préparations des choux.* Les choux sont d'un très-grand secours dans la cuisine, même dans la cuisine savante. Un habile artiste sait en tirer un parti avantageux pour varier ses potages, ses garnitures et ses entourages. Une culotte de bœuf, et même une perdrix, tiennent à honneur d'être flanquées d'une épaisse muraille de choux. Mis à la bavaroise, c'est le matelas de prédilection d'une andouille, et en choucroute, ils honorent l'Alsace, les bords du Rhin et toute l'Allemagne. (*Almanach des gourmands.*)

713. *Préparation de la choucroute.* On coupe les choux en rubans menus et fins, on les ramasse et on les essore sur un drap. Ces découpures, mêlées à des graines de carvi ou de genièvre, seront disposées, dans un tonneau défoncé par un bout, comme nous l'indiquerons plus bas. La choucroute sera meilleure si le tonneau a contenu du vin, de l'eau-de-vie ou du vinaigre. On frotte le tonneau avec un peu de levain. On met d'abord une bonne couche de sel au fond du tonneau, et on étend par-dessus, bien également, les rubans de choux à la hauteur de six pouces, on fait fouler ces rubans jusqu'à ce qu'ils n'aient plus que trois pouces; on fait une seconde couche de sel et de rubans, on la foule comme la première et l'on remplit ainsi le tonneau, en finissant par une couche de sel. On place sur ce sel les grandes feuilles vertes

qu'on a séparées du chou avant de le rubaner, on met sur
ces feuilles une toile mouillée et tordue, sur la toile, le couvercle du tonneau, et enfin de grosses pierres pour empêcher
la fermentation de le soulever. On entremêle les assaisonnemens qu'on veut ajouter aux choux, comme le genièvre, en
les plaçant parmi les choux et non dans les couches de sel. On
laisse toujours un vide de deux pouces en haut du tonneau.
Les couches s'affaissent et se resserrent, les choux lâchent leur
eau végétale ; l'eau qui surnage s'enlève, et on la remplace par
une nouvelle saumure. On continue ces soins jusqu'à ce que
la saumure sorte nette, ce qui dure à peu près quinze jours.

Un point essentiel pour conserver la bonne qualité de la
choucroute, même en consommation, est d'avoir soin qu'elle
soit toujours couverte par un pouce au moins de saumure, et
qu'il n'y ait jamais de vide entre la masse et le bois du tonneau.
(Parmentier.)

714. *Préparations des choux-fleurs.* Le chou-fleur est
d'une grande ressource pendant une partie de l'année et
se conserve frais jusqu'à la fin de janvier, et même un
peu plus tard. Non moins sain que l'épinard, il offre moins
de difficultés dans ses apprêts ; et, sans être extrêmement
habile, un cuisinier peut vous faire manger d'excellens choux-
fleurs à la sauce blanche, au jus de mouton, frits en pâte
et au parmesan, ce qui est la manière la plus piquante et la
plus distinguée de les servir. Les choux-fleurs servent aussi
d'entourage à plusieurs sortes de milieux et de garnitures à
beaucoup de ragoûts. En tout, c'est un fort beau légume,
surtout si l'on choisit les têtes les plus blanches, les plus fermes
et les plus serrées, car celles qui sont d'un blanc sale et gre-
nées doivent être rejetées avec soin. (*Almanach des gourmands.*)

715. *Chou-fleur à la crème.* Jetez votre chou dans une
marmite et laissez bouillir jusqu'à ce qu'il soit presque cuit,
faites égoutter ensuite. Prenez un verre de bon jus et ajoutez-y
une cuillerée de vinaigre, mettez ce mélange dans une casserole sur le feu, et, lorsqu'il est chaud, placez-y votre chou-
fleur ; vous le retirerez au bout de dix minutes, s'il vous paraît
suffisamment cuit ; et vous mêlez à la sauce deux jaunes d'œufs
et un verre de crème ; quand le tout est bien lié, vous disposez
votre chou sur un plat et vous versez la sauce par-dessus. (*Le
Cuisinier anglais.*)

716. *Chou-fleur au parmesan.* Faites cuire votre chou-fleur
dans un blanc de farine et mettez-le égoutter ; faites une sauce
avec un coulis, du lard et du gros poivre, sans sel ; disposez

au fond d'un plat du parmesan ou du gruyère râpé, rangez le chou par-dessus, versez votre sauce, couvrez le tout avec du parmesan et glacez le dessus avec la pelle rouge. (*Dict. des plantes alimentaires.*)

717. *Choux frisés en purée.* Prenez deux ou trois choux frisés, ôtez les grosses côtes, et hachez le reste bien menu ; mettez-le dans une casserole bien épaisse avec un morceau de jambon, du petit lard, et du beurre frais. Après l'avoir exposé sur le feu, remuez bien pendant deux heures. Quand ils seront diminués et presque cuits, vous ôterez le jambon et le lard, vous mouillerez avec du blanc de veau bien doux, et vous acheverez de faire cuire.

On sert les choux ainsi préparés avec un croûton de pain dessus, et des saucisses autour. Il faut faire attention que tout cela cuise doucement. (*Idem.*)

718. *Choux marinés.* Pour mariner les choux, on les coupe par tranches en travers, on les met sur un plat de terre, on les saupoudre avec quelques poignées de sel, on les recouvre d'un plat et on les laisse ainsi pendant vingt-quatre heures ; on les fait ensuite égoutter dans une passoire, on les met dans un pot de grès, on verse pour les recouvrir une assez grande quantité de vinaigre qu'on a fait bouillir avec quelques clous de girofle, un peu de maïs et les épices qu'on juge convenables, on les laisse refroidir, et on couvre le vase avec un parchemin.

Il en serait à peu près de même si c'étaient des choux-fleurs qu'on voulût mariner, seulement on les couperait par bouquets, on les saupoudrerait de sel, on les arroserait d'eau bouillante, on les laisserait égoutter, enfin on les mettrait dans un bocal que l'on remplirait de vinaigre et qu'on boucherait bien exactement. (*Dict. des mén.*)

719. *Chou rouge à l'étuvée.* Enlevez-en toutes les feuilles extérieures, puis hachez-le menu et lavez-le bien. Ajoutez-y un ou deux ognons, suivant la grosseur, coupés en tranches minces, du poivre et du sel ; faites cuire le tout à l'étuvée, avec du jus jusqu'à ce que le chou soit très-tendre. Quelques minutes avant de servir, épaississez-le avec un morceau de beurre roulé dans de la farine, et ajoutez-y du vinaigre à votre goût. (*Le Cuisinier anglais.*)

720. *Chou pommé farci.* Prenez une bonne tête de chou, ôtez-en le pied et un peu du corps ; faites-le blanchir ; étendez-le sur une table, et, après l'avoir ouvert sans détacher les feuilles, garnissez-le d'une farce préparée ainsi :

Prenez de la chair de volaille, un morceau de cuisse de veau, du petit lard, de la moelle de bœuf, ou bien de jambon cuit, truffes, champignons, persil, ciboules, sel, poivre, mie de pain, deux œufs entiers et deux ou trois jaunes, une pointe d'ail, hachez bien le tout ensemble, et pilez dans un mortier : remplissez votre chou de cette farce, refermez-le et ficelez bien.

Prenez ensuite des tranches de bœuf ou de veau bien battues ; rangez-les dans une casserole comme pour en faire un jus ; quand elles auront pris une bonne couleur vous y mettrez une pincée de farine à laquelle vous ferez aussi prendre couleur en la remuant avec une spatule ; mouillez le jus de bon bouillon, assaisonnez de fines herbes et de tranches d'ognons. Étant à demi cuit mettez le tout avec votre chou, et faites cuire ensemble. Enfin vous servirez votre chou sans bouillon ; mais vous mettrez par-dessus un ragoût de champignons, ou de ris de veau, de champignons et de culs d'artichauts, assaisonné de bon goût et bien lié. (*Dict. des plantes aliment.*)

Quoique toutes les différentes préparations de choux soient très-indigestes et très-venteuses, on a observé que les mets préparés avec les choux-fleurs, l'étaient beaucoup moins que les autres, et parmi les choux-fleurs, ceux en salade le sont le moins.

721. *Culture des choux.* Si l'on veut conserver les choux au commencement de l'hiver, il faut les planter à la fin d'avril, avec des plançons de graine semée au mois d'août précédent. Ces plançons doivent être plantés en lignes à trois pieds de distance, puis cultivés avec soin à la houe. Lorsqu'on veut en avoir tout l'hiver, on les plante successivement, afin de les récolter de même.

722. *Moyen de préserver les choux des chenilles.* Un cultivateur très-connu assure avoir éprouvé qu'un moyen efficace d'éloigner les chenilles, qui rongent les feuilles des choux, est de répandre de la fougère sur ces plantes.

723. *Moyen de garantir les choux des pucerons.* Mouillez les choux, saupoudrez-les ensuite de cendre d'herbages verts : et les pucerons disparaîtront.

724. *Manière de conserver les choux-fleurs.* Épluchez-les bien, plongez-les dans l'eau bouillante, puis dans l'eau fraîche, et mettez-les en bocaux après les avoir bien fait égoutter ; bouchez bien les vases, et opérez pour le reste comme pour les haricots blancs. Ne donnez cependant au bain-marie qu'une demi-heure de bouillon.

725. *Procédé pour sécher les choux-fleurs.* On les dépouille de leurs feuilles ; on les coupe par branches ; on les fait bouillir dans une eau légèrement salée, pendant environ deux minutes. On les retire, on les met à égoutter sur des claies,

qu'on expose ensuite deux ou trois jours au soleil, on les place dans un four à demi chaud, et on les y tient jusqu'à ce que leurs tronçons soient secs; alors on les renferme dans du papier, pour les soustraire à l'humidité.

726. *Procédé pour confire les choux-cabus.* On les divise en six ou huit parties, suivant leur grosseur; on les jette un moment dans l'eau bouillante, on les retire et on les plonge dans le vinaigre, qu'on change de temps à autre, surtout dans le commencement, en y ajoutant un peu de sel. Cette préparation et la précédente peuvent être utiles pour conserver ces légumes pendant très-long-temps; la première réunit l'agréable à l'utile; la seconde est un excellent remède contre le scorbut.

727. *Sirop pectoral de choux-rouges.* Prenez une livre de bon miel que vous clarifierez de la manière suivante : mettez le miel dans huit pintes d'eau de pluie ou de rivière; faites bouillir le tout dans une bassine de cuivre, sur un petit feu de charbon, et bien doucement; tournez le liquide avec une spatule de crainte qu'il ne se brûle; et écumez-le avec soin; lorsqu'un œuf flottera sur cette liqueur sans aller au fond, continuez avec le même soin la même ébullition pendant un quart d'heure, et retirez le miel lorsqu'il est à demi converti en sirop.

Prenez alors un chou-rouge qui soit bien pommé, coupez-le par morceaux, et mettez-le cuire dans un pot avec une certaine quantité d'eau, de façon à ce qu'il ne reste plus qu'une pinte de liquide après une ébullition et une cuisson suffisantes, passez cette décoction au tamis, mélangez-la avec le sirop de miel, faites recuire le tout jusqu'à consistance de sirop en l'écumant bien, et enfermez-le dans des bocaux que vous boucherez lorsque le miel n'aura plus de chaleur.

L'usage de ce sirop est regardé comme souverain dans toutes les affections de poitrine et de poumons, dans l'asthme et dans toutes les maladies qui exigent des remèdes béchiques, adoucissans et pectoraux, comme les rhumes, les catarrhes et les inflammations de la gorge et de la poitrine. (D'Akwin, pharm.)

CHUTES.

728. *Chutes (Remède contre les blessures occasionées par des).* Après avoir lavé la plaie avec de l'eau froide, prenez un morceau de pain tendre, trempez-le dans de l'eau de puits, appliquez-le sur la plaie et entretenez-le humide le reste de

la journée, si la plaie est considérable. Le lendemain le malade sera certainement guéri. (*Bibl. ph. écon.*)

729. *Autre remède.* On pile dans un mortier des margueritéś des champs, on en extrait le jus et l'on y mêle une cuillerée de vin pour un verre. Quand le malade a avalé ce mélange, on le couvre bien pour le faire suer. (*Recueil de remèdes, manuscrit*, par G. F. COULON.)

730. *Autre.* Un cataplasme de pariétaire et de graisse de chèvre appliqué sur les meurtrissures est regardé aussi comme un bon remède. (*Idem.*)

CICUTAIRE BULBEUSE.

731. *Cicutaire bulbeuse* (*son usage*). On fait une excellente salade que tous les peuples de l'Allemagne mangent avec délices, avec les jeunes racines de cette plante. (Denys de Montfort.)

CIDRE.

732. *Manière de faire le cidre.* Les pommes dont on doit le faire (en général elles sont de deux espèces, les premières sont douces, les autres amères), ayant acquis la maturité nécessaire, sont soumises à l'action d'une meule qui les écrase en tournant dessus ; on les place ensuite avec une pelle sur une espèce de parquet de bois, et on les y arrange de manière à former une couche d'un décimètre d'épaisseur sur laquelle on met un lit très-mince de paille de seigle qui doit dépasser les pommes d'environ huit centimètres. On met ensuite une seconde couche de pommes et un second lit de paille, enfin on place sur ce dernier lit de paille, une grande table de bois, et le tout est soumis à l'action du pressoir que l'on tire le plus possible ; on obtient de cette manière le premier cidre. Pour extraire ensuite le second, on sort d'abord le résidu de la première opération, dont on ôte la paille ; on le met dans une auge, on y ajoute environ trois hectolitres d'eau, et l'on fait agir la meule, qui, en levant les différentes parties du résidu, achève d'écraser les quartiers de pomme et les pepins qui ne l'étaient pas. Le tout est de nouveau mis sous la presse et donne quatre ou cinq hectolitres de liqueur qu'on met ordinairement avec la première.

Le dernier résidu des pommes mêlé avec un peu de farine ou de son, sert à nourrir les vaches et les cochons. Si on le met dans le fumier il en augmente la bonté. (*Dict. d'agric.*)

733. *Cidre économique.* Mettez dans un tonneau qui précédemment a contenu du vin, la quantité de pommes coupées

par tranches et séchées au four, que vous jugerez convenable ;
plus il y aura de fruit, moins il y aura d'eau, et par conséquent
plus la liqueur sera meilleure ; du reste on est toujours le maître
d'ajouter de l'eau : remplissez-en le tonneau aux trois quarts,
jetez-y un verre de levain de bière et deux litres de mélasse,
et laissez-le en fermentation pendant quelques jours, en ayant
soin de le bondonner légèrement avec du papier : en hiver le
tonneau doit être placé dans un lieu chaud, et la voûte d'un four
de boulanger est excellente pour cet usage. En été, les rayons
du soleil suffisent ; lorsque la fermentation vineuse se fait parfaitement sentir et avant qu'elle passe à l'acide, on remplira le
tonneau avec de l'eau nouvelle, et on le bondonnera bien pour
le mettre en perce un mois après ; mis en bouteille ce cidre
domestique et économique fait sauter le bouchon.

On peut tirer la moitié du tonneau, le mettre dans des
vases, le remplir une seconde fois avec de l'eau et obtenir
ainsi une très-bonne piquette pour boisson journalière. Le
marc sera donné aux cochons. (*Bibl. ph. écon.*)

734. *Cidre et poiré cuits.* Douze litres de cidre doux
(vingt-quatre livres), étant réduits à la moitié dans un chaudron sur le feu, on écume et on verse bouillant dans une cruche où se trouvent six litres d'eau-de-vie ; on y ajoute une
pincée d'anis et de coriandre, un gros de cannelle, et le bois
de plusieurs noyaux d'abricots et de pêches; après deux jours
de mélange, on le passe à travers une toile mouillée et l'on
remet à macérer pendant quelques mois.

Le même procédé s'emploie pour le poiré cuit. (*Dict.
d'agric.*)

735. *Observation sur le cidre.* Le cidre est une boisson saine
et nourrissante lorsqu'il est bien fait et qu'on n'en abuse pas;
il possède la vertu antiscorbutique.

L'usage immodéré des pommes et du cidre, et surtout du
cidre trop récent, n'est pas sans danger, il donne quelquefois
lieu à des maladies graves, à des coliques très-dangereuses, à
des affections rhumatismales et à d'autres maux de nature pi-
tuiteuse, et particulièrement à cette colique connue sous le
nom de *colique végétale.*

L'ivresse du cidre est plus longue que celle du vin. (*Man.
d'écon. dom.*)

CIMENT.

736. *Ciment impénétrable.* Le procédé pour faire ce ciment,
consiste à mêler avec de la chaux de coquillage récemment calcinée, soit du sable blanc ou de rivière bien pur, soit des cailloux

de couleur réduits en poudre impalpable. Ces matières ayant été séparément tamisées, on les mêle, on les lie ensuite, et on les pétrit fortement avec de l'eau, dans laquelle on a délayé des blancs d'œufs battus, du *jagre,* et de l'huile tirée par simple expression du *sésame,* ou quelque autre d'une qualité douce et légère. Les proportions en seront déterminées par les essais.

Ce ciment devient imperméable à l'humidité, et on peut lui donner le poli du marbre. (*Bibl. ph. écon.*)

737. *Autre ciment.* On fait un excellent ciment pour boucher les fentes et les crevasses des réservoirs d'eau, en mêlant en parties égales de la poix liquide et du vieux-oing ou du suif. On fait cuire ensemble les deux matières jusqu'à ce que l'écume monte ; quand le mélange est refroidi on le saupoudre de chaux pilée et on mêle bien le tout pour en former une pâte.

738. *Autre.* On réduit en chaux du marbre blanc et on l'éteint ensuite avec une quantité convenable d'eau : cette chaux acquiert dans huit jours une fermeté considérable et devient aussi brillante que de la porcelaine.

739. *Autre.* Si l'on mêle ensemble de la chaux, du marbre, du tuf et du plâtre réduits en poussière, et que l'on verse sur ces matières de l'urine ou de l'eau pour les détremper, il en résulte un pavé très-dur et susceptible de prendre un très-beau poli si on le frotte avec de l'huile de lin ou de noix. (*Duhamel.*)

740. *Ciment turc.* Ce ciment dont on se sert pour coller les pierres fines, se fait avec une solution aqueuse de colle forte, de gomme résine ammoniac et de teinture alcoholique de mastic.

CINABRE.

741. *Observation sur le cinabre.* Il y a deux espèces de cinabre (oxide de mercure sulfuré rouge), le naturel et l'artificiel. Le naturel est pesant, rouge, plus ou moins compacte ; l'artificiel est d'un beau rouge violet, composé d'aiguilles ou de stries luisantes. Il ne faut jamais acheter ce dernier en poudre, parce qu'on le falsifie quelquefois avec le minium, ce qui le rend très-dangereux ; il faut l'acheter en morceaux. On le préfère généralement au cinabre naturel. (*Méd. dom.* de Buchan.)

742. *Cinabre factice.* On prend un sulfure noir de mercure fait avec soufre sublimé lavé, 150 grammes, et mercure pur 1,080 grammes. (Voyez *éthiops* ou *sulfure noir.*) On le broie et on en remplit des pots ; on sublime dans des creusets bien lutés, jusqu'à faire rougir les vases, en remuant de temps en temps avec une tringle de fer. Le sulfure exhale une flamme d'abord blanche, ensuite jaune et bleue : alors on ferme les vases avec des plaques de fer, et on continue le feu d'une ma-

nière égale. Tel est le procédé des Hollandais, selon Payssé et
Luckert. D'après Ferber, on met 50 livres de soufre sur 170
livres de mercure : la sublimation dure 36 à 48 heures. Selon Payssé, on obtient 369 à 373 livres de cinabre, de 400 livres de sulfure. Par le procédé de Kirchoff, on humecte le sulfure avec une dissolution de potasse ; on triture dans un vase échauffé doucement, pendant deux heures, en ajoutant de l'eau à mesure qu'elle s'évapore. La matière passe au rouge. Martin, pharmacien de Paris, formait une pâte de sulfure avec l'acide nitrique pur à 36° ; après un jour, on déssèche cette pâte à la chaleur ; on la pulvérise, on la met dans un matras qu'elle ne doit remplir qu'au tiers ; on sublime au bain de sable à une chaleur rouge, jusqu'à compléter l'opération. Le cinabre, d'un rouge brun, devient brillant par la pulvérisation. L'air et la vive lumière lui ôtent sa beauté. Le cinabre est le vermillon dont on se sert dans la peinture.

CINNAMOME. (*Procédé pour fabriquer cette liqueur.*)

743. Prenez une livre d'écorce de cannelle longue, fine, suave, aromatique, cassante, douce et un peu piquante au goût ; concassez-la bien et mettez-la infuser pendant quinze jours, dans neuf litres d'eau-de-vie ou dans cinq litres d'esprit-de-vin très-rectifié et tempéré par une égale quantité d'eau. Vous distillerez ensuite l'infusion au bain-marie en poussant d'abord le feu un peu vivement. Après en avoir retiré six litres de liqueur, vous les reverserez dans l'alambic, et vous continuerez la distillation si vous trouvez votre liqueur assez imprégnée d'huile aromatique ; sans quoi vous la reverserez encore dans l'alambic pour la troisième fois, en faisant alors attention de ne pas trop pousser le feu, parce que l'huile de cannelle est très-susceptible d'empyreume. Vous procéderez toujours à la distillation, et lorsque vous aurez obtenu cinq litres d'esprit, vous retirerez le matras, et continuant très-vivement le feu, vous obtiendrez une eau blanchâtre, très-odorante et très-chargée d'huile essentielle, que vous réserverez pour d'autres usages.

Ayant préparé un sirop de sucre, vous le mêlerez avec votre esprit de cannelle ; après quoi vous filtrerez la liqueur qui en échauffant légèrement les viscères, arrête la lienterie, dissipe la mélancolie, et joint à ces avantages celui d'être stomachique, cordiale, et merveilleuse pour accélérer les accouchemens. (Bouillon-Lagrange.)

744. *Autre manière.* Mêlez ensemble, et dans l'ordre suivant, 6 gouttes d'huile essentielle de cannelle, un litre d'es-

prit-de-vin, un sirop fait avec un litre d'eau et une livre et demie de sucre ; après deux jours de mélange, ajoutez 2 onces d'esprit de cannelle, et filtrez.

Nota. Tous les esprits se préparent en mettant dans un alambic une ou plusieurs substances aromatiques, à la dose de 2 onces au plus par 2 litres d'eau-de-vie double ou par litre d'esprit-de-vin qu'on fait digérer plusieurs jours, et qu'on distille ensuite pour en retirer la partie spiritueuse ; plus, un peu de flexure laiteux, et qu'on garde à part pour aromatiser ou servir de base aux liqueurs. (*Art du dist. liq.*)

CIRAGE.

745. *Cirage anglais en pâte.* Prenez une once et demie de noir d'ivoire et 2 gros de gomme arabique que vous mêlerez et broyerez bien avec 2 onces et demie de mélasse et 3 cuillerées de bière ou de faible vinaigre ; ajoutez-y ensuite une cuillerée d'huile d'olive, mêlez de nouveau, et enfin mettez dans le mélange 6 gros d'acide sulfurique (*huile de vitriol*) que vous incorporez en le remuant bien avec les premiers ingrédiens.

746. *Cirage anglais liquide.* Si l'on voulait avoir du cirage liquide, au lieu de 3 cuillerées de bière, on devrait en mettre une demi-bouteille qu'on verserait peu à peu dans la pâte, mais après l'action de l'acide sulfurique. Dans l'un et dans l'autre cas, on étend, au moyen d'une brosse, une légère couche de cirage sur le soulier ou la botte, et on le sèche ensuite en le polissant au moyen d'une brosse un peu plus dure qu'on passe souvent et rapidement sur le cuir. Ce cirage, comme tous ceux que l'on compose avec de l'huile de vitriol, dessèche le cuir et brûle à la longue la chaussure. On remédie à cet inconvénient, en passant tous les mois sur les bottes une couche d'huile de poisson, après avoir lavé le cuir au moyen d'une brosse trempée dans de l'eau.

747. *Autre.* On fait bouillir pendant une demi-heure 2 onces de soude et un demi-litre d'eau dans laquelle on a délayé une once de chaux vive. On laisse refroidir ; il se forme un dépôt qui ne sert à rien, mais on tire ensuite à clair le liquide qui surnage, et on le fait bouillir une demi-heure avec une once et demie de cire jaune raclée et une suffisante quantité de noir d'ivoire ou de fumée. On doit bien remuer pendant tout le temps de l'ébullition. Il se forme une pâte dont on se sert comme du cirage précédent.

748. *Autre.* On prend une demi-once de couperose verte et 5 onces de mélasse qu'on fait fondre dans un demi-litre de

fort vinaigre ; on mêle exactement le tout, et l'on a un cirage que l'on emploie de la même manière que les autres. (*Dict. d'écon. domest.*)

749. *Cirage au pinceau.* Le cirage suivant est, sous tous les rapports, bien préférable à tous ceux dont nous venons de donner la recette. Prenez une once de noix de galle concassées, une once de bois de campêche coupé en petits morceaux ; mettez bouillir dans 3 litres de vin rouge jusqu'à réduction de moitié, et passez à travers un linge. Dans cette décoction, mettez 3 livres d'eau-de-vie, une livre de gomme arabique, une livre de cassonade et une once de sulfate de fer (vitriol de fer ou couperose verte) ; laissez infuser toutes ces drogues jusqu'à parfaite dissolution, que vous pourrez accélérer par un feu lent, en ayant soin de remuer souvent.

Cette composition se conserve dans des bouteilles bien bouchées, et on l'étend sur les bottes ou souliers avec un pinceau à longs poils. (Le Normand, prof. de phys.)

750. *Cirage imperméable.* Il faut d'abord que la chaussure que vous voulez rendre imperméable n'ait aucun trou apparent ou caché : alors prenez une demi-livre de suif, 4 onces de graisse de porc, 2 onces de térébenthine, 2 onces de cire jaune nouvelle, et 2 onces d'huile d'olive ; faites fondre le tout ensemble et mêlez bien. Chauffez légèrement les bottes ou souliers que vous voulez mettre, oignez-les avec la main lorsqu'ils seront bien chauds, maniez-les dans tous les sens et à plusieurs reprises pour faire boire au cuir autant de liquide qu'il peut en contenir, et laissez-les ensuite passer une nuit. Le lendemain les bottes ou les souliers paraîtront un peu roides, mais la chaleur des jambes leur rendra leur souplesse. Avec une chaussure ainsi préparée, on peut marcher une journée entière dans l'eau sans sentir nullement de l'humidité aux pieds. (*Bibl. phys. écon.*)

751. *Cirage à l'œuf.* On prend un œuf, que l'on casse, et que l'on met dans un petit pot avec un peu de noir de fumée. On mêle le tout ensemble, en l'agitant au moyen d'un pinceau que l'on y tient plongé, et que l'on agite fortement en le faisant rouler entre les deux mains ; on y ajoute deux à trois cuillerées de vinaigre ou un demi-verre de bière pour le rendre moins épais ; on l'agite encore quelques instans pour qu'il soit bien mêlé ; ensuite on l'applique sur les souliers au moyen d'un pinceau. Il sèche très-promptement.

CIRE. (*Voyez* les n°* 8 et 9.*)

752. *Cire pour la greffe.* Prenez une livre de poix noire com-

mune, un quart de térébenthine ordinaire ; mêlez les deux substances ensemble dans un pot de terre que vous exposerez sur le feu en plein air. Vous vous munirez d'un linge mouillé pour couvrir le feu de temps en temps, lorsque son action vous paraîtra trop vive ; vous le ranimerez ensuite et l'éteindrez encore, jusqu'à ce que toutes les parties nitreuses et volatiles de la matière en ébullition soient évaporées. Alors vous y mêlerez un peu de cire commune, et dès qu'elle sera fondue, vous laisserez refroidir cette préparation. Vous pourrez la mettre en usage quand vous le jugerez à propos. (*Encycl. méthod.*)

CIRE A CACHETER.

7 53. *Cire rouge*. Prenez de gomme lacque, demi-once ; térébenthine, 2 gros ; colophane, 2 gros ; cinabre, un drachme ; minium, un drachme. Faites fondre sur un feu doux, dans un vaisseau bien net, la gomme lacque et la colophane : ajoutez alors la térébenthine, puis le cinabre et le minium peu à peu ; triturez le tout avec soin et le mettez en bâtons, soit en le roulant sur une plaque de métal médiocrement chaude, soit en le versant dans des moules.

On rendra les bâtons de cire luisans, en les exposant à un feu modéré sur un réchaud.

7 54. *Cire verte*. Prenez de gomme lacque et colophane de chacune demi-once ; de térébenthine, un drachme ; de vert-de-gris bien pulvérisé, 3 drachmes : et opérez comme ci-dessus.

7 55. *Cire jaune d'or*. Prenez de poix-résine blanche, 2 onces ; de mastic et de sandaraque, de chacun une once ; d'ambre, une demi-once, 2 gros de gomme gutte.

Si au lieu de mastic et de sandaraque on prend de la gomme lacque et qu'on omette la gomme gutte, on aura une cire brune dans laquelle on pourra mêler de la poudre d'or.

7 56. *Cire noire*. Prenez la composition pour la cire rouge, et substituez-la au cinabre du noir d'imprimeur. (*Encyclop.*)

On rend ces différentes cires odorantes, en introduisant dans leur composition du mastic ou du benjoin.

7 57. *Cire punique*. On nomme ainsi une combinaison de cire blanche ou jaune et de potasse caustique. Elle forme une masse pâteuse dans laquelle on incorpore très-bien toute espèce de couleurs. On se sert de cette composition pour peindre à l'*encaustique*, en la délayant dans de l'essence de térébenthine. On peut encore en faire usage pour peindre les meubles.

CITRONS.

758. *Citrons confits au sec.* Choisissez pour cet effet les plus beaux citrons, pilez-les et les mettez dans l'eau fraîche, coupez-les de la façon que vous jugerez à propos : d'ailleurs faites bouillir de l'eau, mettez-y vos citrons pour les cuire, et les y laissez jusqu'à ce qu'ils commencent à devenir mollets ; étant cuits de la sorte, tirez-les et jetez-les dans de l'eau fraîche ; mettez-les ensuite au sucre clarifié ; après qu'ils seront bien égouttés de leur eau, laissez-les bouillir un quart d'heure dans leur sucre ; ôtez-les de dessus le feu, et laissez-les refroidir ; étant froids, faites-les bouillir jusqu'à ce que le sucre soit cuit à soufflé ; cela fait, ôtez-les de dessus le feu et les laissez un peu reposer : étant reposés jusqu'au lendemain, il faudra liquéfier le sirop et tremper le cul du poêlon dans l'eau. Pendant ce temps, faites cuire à part du sucre à la plume, et ayant égoutté vos citrons, jetez-les dedans et leur donnez un bouillon couvert ; ensuite ôtez-les de dessus le feu, et lorsque le bouillon sera abaissé, blanchissez votre sucre à force de le travailler en un coin, en l'amenant avec la cuiller aux parois du poêlon ; ce sucre étant blanchi, passez-y vos citrons, mettez-les égoutter sur des planches : il faut peu de temps pour les sécher ; enfin vous les serrerez.

759. *Tailladins de citrons au liquide.* Vous prenez, à cet effet, des citrons que vous mettez pendant une demi-heure dans de l'eau pour les tourner plus facilement ; lorsque vous les aurez tournés, vous en coupez les chairs en petits filets minces dans leur longueur, que vous mettez bouillir dans de l'eau jusqu'à ce qu'ils fléchissent facilement sous les doigts ; vous aurez du sucre clarifié, la quantité que vous avez de tailladins ; mettez-les dans le sucre pour les faire bouillir 15 ou 18 bouillons : il faut les placer dans une terrine jusqu'au lendemain, que vous remettrez le sucre dans une poêle pour les faire cuire au grand perlé ; remettez pour lors ces tailladins dans le sucre, pour les achever, en leur donnant un bouillon couvert ; ôtez-les du feu ; quand ils seront à demi froids, vous les mettrez dans des pots de grès pour les conserver : ces tailladins servent à faire des compotes.

760. *Zestes de citrons.* Faites bouillir vos zestes dans quatre eaux différentes, et remettez-les autant de fois dans de l'eau fraîche ; laissez-les sur le feu pendant un quart d'heure, autant de fois que vous les laisserez bouillir ; ensuite vous les ferez cuire d'abord dans du sucre clarifié : étant prêt à bouillir, vous y jetez vos zestes, auxquels vous ferez prendre une ving-

taine de bouillons ; vous les laissez refroidir, vous remettez votre poêlon sur le feu pour cuire le sirop à lissé, après quoi vous y glissez vos zestes, que vous faites bouillir 7 à 8 bouillons; retirez votre confiture de dessus le feu, laissez-la refroidir encore, égouttez les zestes, faites bien cuire le sucre à perlé, donnez-leur un bouillon couvert; après quoi vous les retirerez au sec, et quand vous les laisserez reposer dans le sirop jusqu'au lendemain il faut que les citrons et les zestes nagent entièrement dans le sucre; ce qu'on retire peut servir à faire de la conserve, des massepains, des pralines et des noix vertes.

761. *Tailladins de citrons au sec glacés.* Vous faites confire les tailladins de la même façon que nous avons indiquée dans la deuxième préparation, ou si vous voulez vous servir de ceux que vous avez au liquide, vous les retirerez de leur sirop pour les mettre dans un sucre cuit à la grande plume ; faites-leur prendre un bouillon dans le sucre, en remuant doucement le poêlon pendant qu'ils bouilliront; après les avoir ôtés du feu, et lorsqu'ils seront à moitié refroidis, vous travaillerez le sucre sur le bord de la poêle jusqu'à ce qu'il blanchisse, en le remuant toujours avec une cuiller ; vous prenez les tailladins avec deux fourchettes pour les retourner dans le sucre blanchi jusqu'à ce qu'ils soient glacés ; il faut les mettre à mesure sur les grillages pour les faire sécher.

762. *Conserve de jus de citron.* Faites cuire du sucre à soufflé, tirez-le ensuite de dessus le feu, mettez-y votre jus de citrons, brouillez-le bien avec une spatule, pour que le jus se répande partout ; remuez bien le sucre tout autour du poêlon, jusqu'à ce qu'il commence à s'épaissir et à former une petite glace ; dressez pour lors votre conserve dans des moules ; quand elle est refroidie, tirez-la des moules pour la garder ; cette conserve est assez agréable : on l'ordonne pour les défaillances de cœur qui surviennent aux femmes enceintes.

763. *Conserve de raclures de citrons.* Choisissez un beau citron, râpez-le, faites tomber la râpure dans de l'eau nette, passez-la ensuite dans un linge et faites-la sécher; après quoi faites cuire du sucre à soufflé ; lorsqu'il est cuit, ôtez-le de dessus le feu et y mettez votre râpure ; après quoi achevez votre conserve en travaillant cette composition, jusqu'à ce qu'il se forme une pâte : glacez par-dessus.

764. *Citrons blancs en bâton.* Il faut zester ou tourner les citrons, suivant l'intention que vous aurez de confire les zestes ou de faire des roquilles. On appelle tourner, enlever la peau ou l'écorce fort mince et fort étroite avec un petit couteau tournant autour du citron ; zester, c'est couper l'écorce du haut

en bas, par petites bandes, le plus mince qu'il se peut ; les citrons étant ainsi accommodés, vous les coupez en quatre, après quoi en bâton, partageant ces quartiers en deux ou trois, suivant leur grosseur; vous mettez de l'eau sur le feu, que vous faites bouillir, et vous y jetez vos citrons : on les fait bouillir ainsi avec le jus, qui les maintient plus blancs, et qui est d'ailleurs difficile à détacher de la chair quand ils n'ont point passé sur le feu. Il ne faut pas oublier de les mettre dans l'eau à mesure que vous les tournez en zestes, autrement ils noirciraient; lorsque vous trouverez que votre chair de citron sera bien ramollie, vous la rafraîchirez, et vous la mettrez ensuite au sucre clarifié; vous lui ferez prendre sept à huit bouillons, et vous verserez le tout dans des terrines jusqu'au lendemain, que vous égoutterez le sirop, sans ôter le fruit, et lui donnerez vingt ou trente bouillons; l'ayant augmenté d'un peu de sucre, vous les jetez sur vos citrons, et ainsi de même les jours suivans que vous faites cuire votre sirop, d'abord au petit lissé, une autre fois au lissé et perlé, et enfin au perlé, augmentant chaque jour de sucre. Pour cette dernière cuisson, qui achève le fruit, vous l'égoutterez et vous le rangerez dans des pots, si c'est pour le conserver, et votre sirop étant cuit à perlé, vous le jetez par-dessus; vous pouvez ensuite en tirer au sec, tant qu'il vous plaira; il n'y a pour cela qu'à les laisser refroidir : ce qu'on peut hâter, si l'on est pressé, en mettant le cul de la poêle dans de l'eau. Cependant, faites cuire du sucre à la plume, et ayant égoutté les citrons, jetez-les dedans et leur faites couvrir le bouillon ; après quoi vous les descendrez de dessus le feu, et le bouillon étant entièrement rabaissé, vous commencez de travailler et de blanchir votre sucre au coin, en l'amenant avec la cuiller contre les bords de la poêle; vous passerez ensuite vos citrons dans le sucre blanchi, et les mettrez égoutter sur des clayons : ils seront secs en fort peu de temps.

765. *Pâte de citron.* Prenez des citrons, zestez-les, ôtez-en le jus, mettez-les à mesure dans l'eau fraîche pour les empêcher de noircir, coupez-les par quartiers, et mettez-les bouillir sur le feu dans d'autre eau ; faites-leur prendre quatre à cinq bouillons, après quoi vous exprimez dans cette eau un jus de citron, puis un autre quelque temps après, et laissez cuire votre fruit jusqu'à ce qu'il soit mollet; après quoi remettez vos citrons dans l'eau fraîche, égouttez et pressez dans un linge ; pilez-les dans un mortier, passez-les au tamis, faites cuire du sucre au cassé, incorporez-y votre pâte, remuez le tout avec une spatule, mettez du sucre, la même quantité que de fruit; faites frémir le tout sur le feu, dressez ensuite votre pâte, et laissez-la sécher.

766. *Crème de citron.* On met le jus de six bons citrons dans un plat, avec quelques zestes, un demi-verre d'eau et le blanc de six œufs frais, après avoir bien délayé le tout ensemble ; on le passe par une serviette deux ou trois fois, ensuite on le fait cuire sur de la cendre chaude, le remuant toujours avec une cuiller, empêchant qu'il ne bouille, de peur qu'il ne se forme des grumeaux ; étant un peu épaisse, dressez votre crème sur une porcelaine, et la servez froide.

767. *Massepains de citron.* Prenez une livre d'amandes, pelez-les bien et pilez-les dans un mortier ; faite cuire à soufflé trois quarterons de sucre, ôtez-le de dessus le feu et jetez-y vos amandes, que vous délayerez promptement ; prenez ensuite environ une demi-livre de chair de citron confite au liquide, ou bien de la marmelade, et mettez-la avec vos amandes ; faites cuire le tout ensemble dans un poêlon, remuant toujours le fond et les côtés, jusqu'à ce que votre pâte ne tienne plus au poêlon ; dressez-la sur du papier, de telle façon qu'il vous plaira ; faites-la cuire d'un seul côté avec le dessus du four ; faites-la refroidir de ce côté ; quand il est froid, glacez celui qui n'est pas cuit, et après l'avoir glacé, faites-le cuire comme l'autre ; cette glace sera composée de blancs d'œufs, de sucre en poudre et de râpure de citron bien fine. Ce massepain est très-délicat.

768. *Dragées de citron.* Coupez en petits filets des écorces de citron que vous mettrez tremper dans de l'eau jusqu'au lendemain que vous les faites blanchir, et jusqu'à ce qu'ils soient tendres sous les doigts ; après les avoir jetés dans de l'eau fraîche et les avoir laissé égoutter, vous les mettez dans du sucre cuit au lissé ; vous leur faites prendre cinq ou six bouillons, vous les ôtez du feu pour les laisser dans le sucre jusqu'à ce qu'ils soient froids ; vous les retirez pour lors du sirop pour les mettre sécher à l'étuve ; lorsqu'ils seront bien secs, vous les mettrez dans une poêle à provision avec du sucre cuit au grand lissé, où vous aurez mis un peu de gomme arabique détrempée avec de l'eau ; remuez toujours la poêle sur un petit feu, jusqu'à ce que le sucre gommé se soit attaché après les filets de citrons ; quand ils seront bien secs, vous y remettrez encore de ce même sucre pour leur donner une deuxième couche en remuant toujours les anses de la poêle : cette deuxième couche étant finie comme la première, vous leur donnerez encore cinq ou six couches de la même façon, avec du sucre cuit au lissé, sans être gommé comme les deux premières ; lorsque vous jugerez qu'ils sont assez chargés de sucre, vous les menez fortement sur la fin, sans les sauter pour les lisser, et vous acheverez de les sécher à l'étuve ; si vous en faites beaucoup à la fois,

vous vous servirez d'une bassine à la place d'une poêle à provision.

769. *Petits pains de citrons.* Prenez pour cet effet un blanc d'œuf ou deux, battus avec un peu d'eau de fleur d'orange ; mettez ensuite du sucre en poudre, jusqu'à ce qu'il se fasse une pâte ferme, comme celle de massepains, mettez parmi de la râpure de citrons, roulez-les ensuite en petites boules que vous dresserez sur du papier, en les aplatissant un peu, et mettrez cuire au four.

770. *Compote de tranches de citron.* Coupez les citrons par tranches jusqu'au blanc, ôtez les pepins, faites tremper les tranches dans l'eau jusqu'à ce que la chair en devienne un peu mollasse ; tirez-les ensuite et les mettez dans l'eau fraîche ; après quoi prenez un peu de décoction de pommes de reinette, faites-la cuire comme pour la compote de ces mêmes pommes ; mêlez-y un peu de jus de citron, mettez-y vos tranches quand elles seront bien égouttées, et que votre sirop sera presqu'en gelée ; pendant qu'elles bouillent, ayez soin de les bien écumer, jusqu'à ce que les citrons aient pris sucre : dressez-les ensuite avec le sirop, après y avoir exprimé un jus de citron, et servez chaudement votre compote.

771. *Compote de citron.* Faites une gelée de pommes et faites-les cuire ; prenez un gros citron, pelez-le bien épais et proche du jus, coupez-le en long par la moitié, et faites plusieurs tranches de chaque moitié, jetez les tranches dans la gelée, après en avoir ôté les grains ; faites bouillir le tout ensemble, pour que la gelée conserve son premier degré de cuisson ; tirez-la hors du feu et laissez-la refroidir à moitié ; chargez une assiette de tranches de citron, et couvrez-la de votre gelée.

772. *Sirop de citron.* Faire cuire à soufflé une livre de sucre, mettez-y quatre onces de jus de citron, mêlez le tout ensemble, et le servez dans une bouteille ; s'il était trop décuit, il faudrait le cuire à perlé, qui est la vraie cuisson de tous les sirops de garde, mais on n'en fera guère de celui-ci que pour en user sur-le-champ. Il est rafraîchissant et bon pour la poitrine.

773. *Citrons en olives.* Vous mettez dans un mortier deux blancs d'œufs frais, avec du citron vert râpé, suffisamment pour que le goût domine, et du sucre fin, que vous pilez avec des blancs d'œufs et augmentez à mesure, jusqu'à ce que cela vous forme une pâte épaisse ; vous retirez la pâte du mortier pour la rouler en long sur du papier blanc et du sucre ; coupez ensuite toute cette pâte par petits morceaux égaux, que vous roulez dans la main en forme d'olives, et que vous dressez sur du papier pour les faire cuire dans un four très-doux. Vous

les conserverez dans un endroit sec jusqu'à ce que vous en fassiez usage.

774. *Tailladins filets de citron.* Prenez les écorces de deux citrons, coupez-les en petits filets ou tailladins ; mettez-les cuire dans l'eau jusqu'à ce qu'ils fléchissent facilement sous les doigts, retirez-les à l'eau fraîche et faites égoutter ; mettez-les dans une poêle avec un peu de sucre clarifié, pour leur donner une douzaine de bouillons, ôtez-les du feu et laissez-les dans leur sirop jusqu'à ce qu'ils soient froids ; vous les retirez pour les mettre égoutter ou sécher à l'étuve. Lorsqu'ils seront bien secs, vous les sèmerez sur une feuille de cuivre, frottée légèrement de bonne huile d'olive ; vous aurez en même temps un sucre cuit au caramel, que vous tenez chaudement sur un petit feu ; prenez-en avec deux fourchettes, avec lesquelles vous filez légèrement par-dessus vos tailladins, en laissant des vides ; après que vous aurez fini, vous retournerez les tailladins sur une autre feuille, aussi frottée d'huile, pour en faire autant de l'autre côté.

775. *Marmelade de citrons.* Prenez la quantité de citrons que vous jugerez à propos, ôtez-en le dur du bout de la queue et de celui de la tête, coupez-les en quatre et pressez un peu le jus dans une assiette ; vous mettrez ensuite vos citrons dans de l'eau bouillante, pour les faire cuire jusqu'à ce qu'ils fléchissent facilement sous les doigts, et vous les retirez dans de l'eau fraîche ; après les avoir égouttés et bien pressés dans une étamine, en la tordant fort, vous mettez vos citrons dans un mortier pour les bien piler ; quand ils seront assez fins, vous les passerez au travers d'un tamis en les pressant fort avec la spatule pour en tirer le plus de marmelade que vous pourrez ; sur une demi-livre de cette marmelade, vous ferez cuire une livre de sucre à la plume, vous y mettrez vos citrons pour les bien mêler ensemble ; vous les remettez sur le feu pour leur faire prendre sept ou huit bouillons ; quand votre marmelade sera à demi froide, vous la mettrez dans des pots ; il y en a qui tournent les citrons pour en ôter les zestes avant de les employer.

776. *Glace de citrons.* Exprimez le jus de vos citrons dans trois demi-setiers d'eau, mettez-y la superficie de l'écorce coupée en zestes et trois quarterons de sucre ; faites infuser le tout pendant une bonne heure, ensuite vous le passez dans un tamis ferré pour le mettre dans une sorbetière et faites prendre à la glace ; on appelle limonade cette composition, quand on la boit liquide sans la faire glacer.

777. *Pastilles de citrons.* Mettez deux gros de gomme adragant dans un verre d'eau avec les zestes d'un citron entier,

laissez-les tremper jusqu'à ce que la gomme soit fondue ; vous la passez au travers d'un linge en la pressant fort ; mettez cette eau dans un mortier avec le jus de citron ; jetez-y peu à peu une livre de sucre fin passé au tambour, jusqu'à ce que vous ayez une pâte maniable ; vous la retirerez du mortier pour en faire des pastilles de tel dessin que vous voudrez.

778. *Grillage de citrons.* Faites cuire une demi-livre de sucre à la grande plume et y mettez tout de suite trois onces de citrons verts, coupés en petits filets le plus minces que vous pourrez ; remuez-les dans le sucre, sur un moyen feu, jusqu'à ce qu'ils aient pris une belle couleur grillée : quand ils seront finis, vous y pressez promptement quelques gouttes de jus de citrons, et les dressez en forme de macarons sur des feuilles de cuivre, poudrez-les tout de suite avec un peu de sucre fin et faites-les sécher à l'étuve ; à la place de filets de citron, vous pourrez mettre de l'écorce de citron ratissée avec un morceau de sucre lissé ; il en faut la même quantité que de celle qui est coupée en filets.

779. *Citrons verts confits.* Fendez légèrement des petits citrons verts, jetez-les dans de l'eau tiède que vous mettrez sur le feu et que vous empêcherez de bouillir, en y versant de temps à autre un verre d'eau froide ; laissez-y vos citrons jusqu'à ce qu'ils montent, descendez l'eau du feu, couvrez le vase pour y faire reverdir les fruits, sortez-les et faites-les bouillir dans une eau jusqu'à ce qu'ils fléchissent facilement sous les doigts, et laissez-les égoutter. Ayez ensuite une quantité suffisante de sucre, que vous ferez clarifier ; vous y mettrez vos fruits pour qu'ils y prennent cinq à six bouillons ; vous les retirerez du feu et vous les laisserez reposer jusqu'au lendemain, que vous renouvellerez cette opération, en ayant soin d'ajouter du sucre avant d'y plonger vos fruits. Le surlendemain, vous ferez encore jeter quelques bouillons au sucre, vous le verserez sur les citrons et l'y laisserez deux jours ; enfin, augmentant à chaque opération la quantité du sucre, et laissant reposer ainsi les citrons après leur avoir fait prendre quelques bouillons, vous les mettrez dans des vases, la partie de la queue en l'air, et vous verserez par-dessus le sucre, qui devra avoir la consistance d'un sirop très-épais.

On fera confire de la même manière des cédrats, bergamotes, poncires, oranges, bigarades, etc. Si les fruits étaient gros, au lieu de les fendre légèrement comme nous l'avons dit, on les viderait en enlevant un peu de leur peau avec leur queue, on la ferait confire comme eux, et, après les avoir rempl. de sirop, on fermerait les cédrats, bergamotes, etc. (*Le Maître d'hôtel confiseur.*)

780. *Huile essentielle de citron.* En Provence, quand on a ramassé une certaine quantité de citrons, on les râpe pour déchirer seulement l'écorce qui, dans ses alvéoles, contient seule l'huile essentielle; on met cette pulpe entre deux glaces pour l'y presser légèrement, et on recueille avec soin le suc que l'on exprime.

Cette manière d'extraire l'huile essentielle est fort bonne; mais, comme la liqueur contient encore une portion de mucilage, elle se conserve plus difficilement que celle qu'on obtient par le procédé suivant.

Prenez cinquante beaux citrons bien frais, et surtout qui n'aient point été maniés, enlevez-en les zestes, mettez-les dans une cucurbite et versez par-dessus assez d'eau de rivière pour qu'ils y nagent en grande liberté. Placez la cucurbite au bain de sable, adaptez le chapiteau, le réfrigérant et le serpentin, et distillez à un feu d'abord modéré, ensuite plus violent, sans qu'il le soit trop, parce que l'huile essentielle de citron, étant fort légère, monte avec assez de facilité. Dès que vous observerez que votre eau ne sort plus de l'alambic sous une forme laiteuse, mais qu'elle est claire et limpide, vous laisserez éteindre le feu, délutercz le récipient, séparerez l'huile essentielle au moyen d'un entonnoir, et vous l'exposerez pendant quelques jours au soleil dans un flacon légèrement bouché d'un morceau de papier; après quoi vous la mettrez dans des flacons hermétiquement fermés avec des bouchons de cristal.

On se sert de la même méthode pour obtenir les huiles essentielles de tous les fruits dont l'écorce est odorante. (Bouillon-Lagrange.)

781. *Citronnelle de Nanci.* On jettera dans un litre d'eau-de-vie une livre de sucre candi et le jus ainsi que les zestes de trois citrons, qu'on laissera infuser pendant quinze jours, remuant plusieurs fois chaque jour. Après ce temps, on filtrera au travers du papier gris, et on aura une liqueur légère et infiniment gracieuse.

782. *Citronnelle royale.* Coupez des zestes de citrons à peau bien tubéreuse et faites-les sécher au soleil; ayez une cruche de grès d'une bonne capacité, et, sur deux livres de zestes, versez deux litres d'eau-de-vie; laissez infuser pendant trois semaines; joignez-y alors deux livres de sucre candi et deux ou trois onces d'eau de fleurs d'orange; filtrez. Il faut que la saveur du citron soit dominante dans cette liqueur. (Sonnini père, liquor.)

783. *Citronnelle des Barbades.* On prend 1 once de zestes frais d'orange, 4 onces de zestes de citrons, 1 demi-gros de girofles et 1 gros de coriandre; on fait infuser le tout dans 4 li-

vres d'eau-de-vie pendant vingt-quatre heures ; on distille au
bain-marie , on ajoute au produit un poids égal de sucre blanc,
on mêle et on filtre.

CITROUILLES.

784. *Citrouilles en andouillettes.* Vous les faites bien cuire
et égoutter, vous les maniez avec du beurre frais, des jaunes
d'œufs durs, persil et fines herbes hachées, sel, poivre et girofle en poudre ; vous en formez des andouillettes ; vous les
mettez ensuite dans une terrine au four, avec beaucoup de
beurre ; quand elles sont cuites, vous les dégraissez et vous les
faites rissoler.

785. *Citrouilles fricassées.* Vous les coupez en morceaux,
vous les faites bouillir dans l'eau suffisamment pour les amollir,
vous les faites égoutter, et vous les fricassez avec lait, beurre,
sel et poivre ; vous y ajoutez sur la fin deux jaunes d'œufs délayés dans la crème.

786. *Potage au lait de citrouille.* Coupez, pour le faire, la
citrouille en petits morceaux, passez-les à la poêle, au beurre
frais, avec sel, poivre, persil, cerfeuil et autres fines herbes
hachées ; vous les mettez ensuite dans un pot de terre avec du
lait bouillant, vous lui faites faire quelques bouillons, vous
dressez votre potage avec un peu de poivre blanc garni de croûtons frits.

CLOUS ET PANARIS (*Moyens de guérir les*).

787. On charge d'une bonne couche d'onguent napolitain,
composé en parties égales de mercure et de térébenthine de
Venise, un petit morceau de peau dont on couvre le clou ou
le panaris avec une compresse en huit ou dix doubles.

On lève cet appareil tous les jours, et on remet une nouvelle
dose d'onguent sans changer la peau, ni la compresse. En
moins de neuf à dix jours la douleur non-seulement diminue,
mais la matière grossière du panaris n'est plus qu'une eau
fort claire qu'on fait sortir en perçant la peau , après quoi on
continue le même pansement. (*Mag. méd. domest.*)

CLYSTÈRES.

788. Il y a des clystères aqueux, émolliens, ou salins, ou
purgatifs, ou nutritifs ; d'autres contiennent de l'huile ou du
vinaigre, ou des opiatiques qu'on délaye dans le liquide, ou de
la térébenthine qu'il faut mêler à un jaune d'œuf. La chaleur

doit être de 32 degrés du thermomètre de Réaumur au plus, comme celle de l'intérieur du corps. La quantité de liquide pour un homme fait, ne passe guère trois quarts de litre ; l'adolescent n'en doit prendre que moitié, ou environ quatre décilitres ; l'enfant qu'un quart ou deux décilitres. (J.-J. Virey, *Traité de pharm.*)

COCHLÉARIA.

789. *Esprit de cochléaria.* Cet esprit anti-scorbutique est parfait pour la conservation de la bouche et le raffermissement des gencives. Pour l'obtenir, faites infuser, pendant deux ou trois jours, dans six litres d'esprit-de-vin, trois livres de feuilles de cochléaria ; ajoutez-y un litre d'eau, et distillez au bain-marie.

Pour se servir de cet esprit, on en met une demi-cuillerée à café dans un demi-verre d'eau et l'on agite le mélange. (*Parf. impér.*)

COCHON.

790. Le cochon est sans contredit un des animaux les plus productifs, et en même temps celui qui est le moins coûteux : on doit dans sa jeunesse ne lui donner qu'une nourriture légère, beaucoup d'herbages, et, de temps en temps, des tripailles de bœuf ou d'autres animaux.

La nourriture des porcs est, en général, très-peu de chose. Le petit-lait des fromages, le caillé et le sarrasin y suffisent dans la belle saison. L'hiver, on les nourrit avec les eaux de vaisselle, des pommes de terre blanches bouillies dedans, et mêlées de caillé.

Lorsque la truie sera en folie, donnez-lui des tripes, jusqu'au moment où elle mettra bas.

Le sel, mêlé à sa nourriture, assure la santé des cochons : il leur donne une chair ferme et de bon goût ; il les garantit même de la ladrerie, qui fait de leur chair une viande empoisonnée.

MALADIES DU COCHON.

791. *Ladrerie.* On reconnaît que le cochon est attaqué de la ladrerie, quand ses oreilles se penchent, qu'il est triste, et que sa queue s'allonge et n'est plus recourbée sur son dos. Alors il a dessous la langue un petit grain blanc, qu'il faut frotter avec de jeunes orties, jusqu'à ce qu'on l'ait extirpé : le bassiner en même temps avec du vinaigre, dans lequel on aura fait fondre du sel et infuser de la sauge, et lui faire manger de la grande

chicorée et des orties hachées, mêlées avec des caillés de lait, et toujours avec du sel : et pendant tout ce traitement, vous l'isolerez, car son mal est contagieux.

792. *Autre remède.* Lorsque les petites pustules noirâtres de ladrerie sont bien formées sur la langue du cochon, ou que cette maladie se manifeste par l'enrouement de l'animal, pulvérisez de l'antimoine cru, mêlez-le avec un peu de farine d'orge, et répandez-en sur la langue du cochon plusieurs fois la semaine.

793. *Le catarrhe ou enflure des glandes du cou.* Saignez sous la langue, et frottez d'abord le mal avec de la farine de froment mêlée de sel, et puis avec de l'eau de lessive, après quoi vous le baignerez dans une eau claire.

794. *Sang ou feu.* Le porc est encore sujet à une maladie très-dangereuse et très-fréquente, qui peut le faire périr en vingt-quatre heures, et qui n'a plus aucun remède pour peu qu'elle soit négligée : c'est ce qu'on appelle *le sang* ou *le feu*. On connaît que le porc en est atteint, lorsqu'on s'aperçoit qu'au lieu de manger et boire à son ordinaire, il ne fait qu'agiter l'eau de son auge avec son groin, ou qu'il s'amuse à fouiller la terre sans prendre aucune nourriture. Quelques heures après, il se couche, et on entend, dans le fond de sa gorge, un bruit sourd, qui tient beaucoup de l'enrouement, et qui dénote une respiration gênée. On trouve alors sur les gencives, proche les dents, une petite élévation de chair en forme de cône, haute de trois à quatre lignes, et d'une ligne et demie de diamètre. La couleur de cette excroissance est violette, et plus elle est foncée, plus l'animal est aussi en danger. Pour le guérir, on le couche par terre ; on lui tient les pieds et les oreilles, afin qu'il n'échappe pas. On lui ouvre le groin ; et, afin qu'il ne puisse le refermer, on prend un petit bâton de quatre ou cinq pouces de longueur, dont on appuie un bout sur le palais supérieur, et l'autre sur l'inférieur, près l'extrémité du groin. On lui coupe la pustule avec des ciseaux, et on lui tient la tête un peu penchée, pour l'empêcher d'avaler le sang qui sort de la plaie, qui le ferait infailliblement périr. On bassine ensuite la plaie avec deux ou trois seaux d'eau, que l'on verse dans le groin jusqu'à ce que le sang cesse de couler ; on ôte le petit bâton, et on lâche l'animal, en ayant soin de ne le laisser manger qu'une heure après l'opération et toujours en petite quantité. Si on apercevait, le lendemain, quelques restes du mal, ce qui arrive quelquefois, surtout quand on s'y est pris un peu tard, il faudrait recommencer le remède.

795. *Soies.* Le cochon est encore sujet à ce qu'on appelle *soies.* Ce mal demande un prompt secours. On tire le petit

bouquet de soies avec les doigts, et on fait tout autour une légère incision, qu'on augmente ensuite avec un rasoir, et on racle la plaie jusqu'à ce que les soies se soient détachées, après quoi on la frotte avec un peu de beurre ou de graisse.

796. *Préservatif contre les épizooties des cochons.* Une longue expérience a appris qu'un des moyens les plus efficaces pour entretenir les cochons en santé, est de tenir constamment une racine de bryone dans les cuviers où l'on jette ensemble les eaux grasses, le petit-lait et les lavures de cuisine qu'on leur destine. Quand une racine commence à se macérer, on la remplace par une autre.

Cette précaution, jointe aux soins de propreté et de bonne nourriture que ces animaux exigent, les maintient en vigueur et santé, et les rend beaucoup moins susceptibles d'être attaqués par les épizooties. (Sonnini.)

797. *Indications particulières sur l'engrais des porcs.* Pour engraisser ces animaux, il faut ne rien épargner pour leur nourriture et la propreté de leur habitation.

On peut mettre à l'engrais les cochons destinés au petit salé, lorsqu'ils ont atteint huit à dix mois; mais il faut qu'ils en aient au moins dix-huit pour fournir le lard. Tous ne sont pas également propres à prendre une bonne graisse. Il y a donc un choix à faire et des moyens à employer, que l'on réduit : 1° *à la castration;* 2° *au choix de la saison;* 3° *à l'état de repos où doit être le cochon;* 4° enfin *à la nature, la forme et la quantité de la nourriture.*

La castration peut avoir lieu à tout âge; mais plus l'animal qui subit cette opération est jeune, moins les suites en sont dangereuses.

Les cochons qu'on doit garder pour élever, sont ceux de la portée du printemps.

Une troisième condition, c'est de les tenir dans un état de propreté et de repos qui les provoque au sommeil, et pour cela on conseille généralement la farine d'ivraie, mêlée à l'eau de son.

Une quatrième et dernière condition, c'est de leur donner la nourriture et la boisson à des heures réglées, d'exciter leur appétit les trois premiers jours, et de leur prodiguer ensuite de la nourriture, qui consiste principalement alors dans des grains farineux qu'on laisse tremper pendant vingt-quatre heures.

DES PRÉPARATIONS DU COCHON.

798. Le mérite du cochon est si généralement reconnu, son utilité en cuisine si profondément sentie, qu'il est inutile de

faire son panégyrique. Sans beaucoup de peine, on peut faire de sa tête une hure de sanglier. Ses côtelettes simplement grillées, ses jambons, ses oreilles, sa langue et ses pieds exercent simultanément le cuisinier et le charcutier ; sans parler de sa fressure, de sa panne, de sa crépine et de ses boyaux, dont on fait l'étui nécessaire à toute espèce d'andouilles, de saucisses et de boudins : son sang même a, sur celui de tous les autres animaux, l'avantage de tourner au profit de notre sensualité et de notre appétit. Sa viande, hachée menue comme de la chair à pâté, outre les diverses métamorphoses qu'elle subit dans les boutiques, devient dans nos cuisines, le principe de plus d'une farce savante, et s'accommode à merveille des cavités d'une dinde à la broche. Sa poitrine en petit salé, son carré rôti, son échinée en côtelettes, sa tête désossée en fromage, enfin, sa graisse convertie en lard, s'offrent chaque jour à nos regards satisfaits, sans exciter davantage notre reconnaissance. (*Alman. des gourmands.*)

799. *Salaison du porc.* La viande du porc se sale très-bien ; et offre de grandes ressources dans les voyages de long cours, surtout au printemps, où le cochon frais est ordinairement fort cher ; mais il est à observer que le choix du sel n'est pas ici une chose indifférente, et que c'est à celui de la fontaine de *Salies* que les jambons de Bayonne doivent leur juste réputation.

La saison la plus favorable, pour saler indistinctement toutes les viandes, est l'hiver ; préparées dans un autre temps, elles ne sont pas aussi susceptibles de conservation. Le porc n'absorbe jamais plus de sel qu'il n'en faut, pourvu qu'il soit parfaitement sec, bien égrugé, et qu'on ne le laisse point avec des épices et des aromates ; à moins cependant qu'on n'ait dessein de mariner la viande, de l'attendrir, et de lui ôter son goût de sauvageon, à la faveur du vinaigre. Dès que le porc est tué, refroidi et découpé, on garnit le fond du saloir d'une bonne couche de sel ; on y étend les morceaux de porc, on les recouvre de sel ; on fait un second lit des plus gros morceaux, on y jette du sel, et ainsi de suite, jusqu'à ce que le tout étant distribué, et arrangé, on recouvre la partie supérieure d'un lit copieux de sel ; on ferme exactement le saloir, pour empêcher l'accès de de l'air extérieur pendant six semaines environ, après lesquelles on retire les morceaux qui n'ont pas pris le sel ; on les met dans un assaisonnement de vinaigre et de sel ; et six jours après, on les sort de la cave, on les examine pour la dernière fois, et quand on s'aperçoit qu'ils sont légèrement comprimés, on les place dans des barriques, avec une légère couche de sel entre chaque morceau.

800. *Manière de faire le petit salé.* Bien qu'on puisse faire du petit salé de toutes les parties du cochon, le filet est celle qui convient le mieux. On le coupe par morceaux, on le frotte de sel, et on le met dans un vaisseau qu'on bouche bien, de peur qu'il ne prenne le vent. On pourra manger de ce petit salé dès le cinquième ou sixième jour. Mais si l'on a l'intention de le garder long-temps, on y mettra un peu de sel, en se rappelant cependant que plus le salé est nouveau, plus aussi il est délicat.

801. *Manière de faire le lard.* Vous prenez le lard de dessus le porc, en ne laissant de chair que le moins que vous pouvez; vous l'arrangez sur des planches dans la cave, et mettez une livre de sel pilé sur dix livres de lard : quand vous l'aurez également frotté partout, vous mettrez les morceaux les uns sur les autres, chair contre chair; vous poserez ensuite les planches sur le lard, et des pierres sur les planches, pour le charger, et quinze jours après, vous le suspendrez dans un endroit sec pour le faire sécher.

802. *Manière de faire le sain-doux.* Vous éplucherez de la panne de cochon, c'est-à-dire, que vous ôterez les peaux qui s'y trouvent; vous couperez votre panne par petits morceaux, et la mettrez dans un chaudron, avec un demi-setier d'eau, un ognon piqué de clous de girofle, et vous la ferez fondre à très-petit feu, jusqu'à ce que les grignons, qui ne se fondent point, commencent à se colorer. Vous retirerez alors votre chaudron du feu, vous laisserez refroidir à moitié la graisse, et vous la verserez ensuite dans un vaisseau de terre, pour la faire tout-à-fait refroidir.

803. *Manière de faire le boudin.* Vous prendrez de l'ognon, que vous hacherez, et que vous ferez cuire avec un peu d'eau et de panne. Quand il sera bien cuit, et qu'il ne restera que de la graisse, vous prendrez de la panne, que vous couperez en dés; vous la mettrez dans la casserole où sera votre ognon, avec du sang et un quart de crème; vous assaisonnerez de sel fin, mêlé d'épices; vous manierez bien le tout ensemble, et l'entonnerez dans des boyaux que vous aurez auparavant lavés avec soin, grattés légèrement pour plus de propreté, et coupés enfin de la longueur que vous désirerez donner à vos boudins, en ayant soin de ne pas trop les remplir, pour qu'ils ne crèvent point en cuisant. Vous ficellerez les deux bouts de chaque boyau; vous les ferez ensuite cuire dans l'eau bouillante, où vous les laisserez jusqu'à ce qu'en les piquant avec une épingle il n'en sorte que de la graisse, et pas du tout de sang; dès lors vous les ferez refroidir et les garderez pour le besoin.

804. *Boudin blanc.* Vous ferez bouillir sur le feu une chopine de lait, dans laquelle vous mettrez une poignée de mie de pain ; vous passerez à la passoire ; vous ferez bouillir le tout ensemble, en le tournant jusqu'à ce que la mie de pain ait bu tout le lait, et qu'elle soit bien épaisse ; vous la mettrez refroidir ; vous couperez une demi-douzaine d'ognons en petits dés, et les ferez cuire à petit feu, sans qu'ils soient colorés, avec un morceau de beurre ; vous aurez ensuite une demi-livre de panne hachée que vous mêlerez avec les ognons ; après qu'ils seront ôtés du feu, vous y mettrez aussi la mie de pain, avec six jaunes d'œufs, et un peu plus d'un demi-setier de crème ; vous délayerez le tout ensemble, et l'assaisonnerez de sel et de fines épices. Vous prendrez des boyaux, vous les couperez de la longueur dont vous voudrez faire vos boudins ; vous les emplirez aux trois quarts, vous en lierez le bout, et vous les jetterez dans de l'eau bouillante jusqu'à ce qu'ils soient cuits. Vous les retirerez avec une écumoire, les mettrez dans l'eau fraîche, et les laisserez égoutter.

805. *Manière de faire les saucisses.* Vous prendrez de la chair de porc plus grasse que maigre ; vous la hacherez, et y mettrez du persil et de la ciboule hachés ; vous assaisonnerez de sel et de fines épices ; vous entonnerez le tout dans des boyaux de veau ou de cochon ; vous ficellerez les saucisses de la longueur que vous voudrez, et les conserverez pour le besoin. Si vous vouliez leur donner le goût de truffes ou d'échalotes, vous en hacherez avec la chair du porc.

Les saucisses plates se font de la même manière que les rondes, à la seule différence que l'on met la viande dans une crépine de porc.

806. *Manière de faire les andouilles.* Vous laverez et nettoierez les boyaux les plus charnus du cochon, et lorsqu'ils seront bien propres, vous les ferez dégorger pendant douze heures ; après quoi vous les égoutterez, les essuierez bien, et les mettrez dans une terrine ; vous les assaisonnerez de sel, de poivre et d'aromates pilés ; vous les laisserez dans cet assaisonnement pendant deux heures ; vous les mettrez ensuite dans les boyaux que vous lierez par le bout, et que vous placerez au fond du saloir.

807. CERVELAS (*Manière de les faire*). *Voyez* n° 552.

808. *Hure de cochon.* La tête désossée en entier, vous prendrez des débris de chair de porc frais que vous mettrez avec elle ; vous l'assaisonnerez de sel, de poivre en grains, d'aromates pilés, d'épices et de persil, petits ognons et ciboules

hachés; vous la mettrez dans un vase avec cet assaisonnement, et l'y laisserez pendant neuf ou dix jours. Lorsqu'elle
vous paraîtra l'avoir bien pris, vous la retirerez du vase, et
l'égoutterez; vous rassemblerez tous les morceaux; vous les
arrangerez de façon que la tête se trouve remplie et reprenne
sa première forme, en ayant soin de coudre avec de la ficelle
l'ouverture par où elle a été désossée, et de manière qu'elle
ne se déforme pas en cuisant; vous l'envelopperez dans un
linge blanc ficelé par les deux bouts; vous la mettrez dans
une braisière, avec les os, des couennes, neuf ou dix carottes,
des ognons, sept ou huit feuilles de laurier, des branches de
thym, du basilic, un gros bouquet de persil et ciboule, sept
clous de girofle, une forte poignée de sel et quelques débris
de cochon ou d'autre viande. Vous mouillerez votre hure avec
de l'eau, jusqu'à ce qu'elle baigne, et la ferez mijoter, neuf à
dix heures, à petit feu. Quand elle sera cuite, vous l'ôterez et
la laisserez deux heures dans son assaisonnement: puis vous la
retirerez avec un autre linge blanc, et la presserez de vos deux
mains, pour en faire sortir le liquide qui y sera resté, mais de
manière à lui conserver la forme que vous lui avez donnée.
Vous la laisserez refroidir, vous l'approprierez et vous mettrez
enfin dans une serviette ployée sur un plat, après en avoir ôté
les ficelles, dont vous avez dû l'envelopper.

809. *Langue fourrée.* Pour fourrer une langue, il faut commencer par la refaire, c'est-à-dire par en affermir la chair,
en la faisant bouillir pendant un quart d'heure; après quoi on
lui enlève avec un couteau, la première peau; ou la laver
dans de l'eau fraîche, ou la laisser bien égoutter, et on la met
ensuite dans un pot de grès, après l'avoir saupoudrée de sel.
Ce premier sel fondu, on en remet de nouveau; et lorsque la
langue est suffisamment salée, on y met des fines herbes, et
on la renferme dans un boyau de bœuf proportionné à sa grosseur; après quoi on la pend dans la cheminée, où on la laisse
exposée à la fumée, qui lui donne une saveur particulière, et
la rend propre à se garder pendant plusieurs années.

810. *Préparation du jambon.* Prenez la cuisse d'un bon
cochon, frottez-la fortement du côté de la couenne et du côté
de la chair avec du sel marin, bien séché et pulvérisé; mettez-
la dans un sac; creusez dans le terrain sec d'une cave ou d'un
cellier un trou profond de deux pieds; placez-y le jambon
ayant soin de mettre de la paille au-dessous; recomblez le
fossé, au bout d'une semaine retirez-en le jambon: après avoir
ôté le sel demi-fondu dont il est humecté, frottez-le de nouveau de sel sec et fin, remettez-le en terre dans le sac pendant
un mois; tous les sept jours on renouvelle la même opération,

après quoi on le déterre, et durant un jour entier on le soumet à la presse, ayant attention de ne point trop le serrer, ce qui lui ferait perdre son suc. Au sortir de la presse, on le lave, on le fait bien sécher enveloppé de foin, et on le suspend quelques jours dans une cheminée.

Pour les conserver en bon état, on les met dans un sac d'un tissu bien serré pour l'enfermer dans un lieu frais, sec et privé de lumière. (Parmentier.)

811. *Cuisson du jambon.* On enveloppe le jambon d'une toile claire, et on le met dans une marmite de capacité requise et garnie de son couvercle ; on fait en sorte que la marmite soit suffisamment remplie d'eau pour que le jambon trempe à l'aise ; on y ajoute aussitôt des carottes, du thym, du laurier, un bouquet de persil dans lequel se trouvent trois ou quatre clous de girofle, deux gousses d'ail et quelques ognons.

Une attention essentielle pendant le temps que dure cette cuisson, c'est d'avoir soin que le feu ne soit pas vif, et que la liqueur frémisse seulement et ne bouille jamais.

Quand on approche de la cuisson, on essaie si un tuyau de paille entre et pénètre au fond du jambon ; alors on y ajoute un demi-setier d'eau-de-vie, et la marmite demeure encore un quart d'heure sur le feu ; le jambon qu'on retire ensuite se désosse facilement et peut être mis sur le plat. On lui laisse la peau pour qu'il se conserve frais autant qu'il dure.

Le bouillon peut servir à faire cuire une tête de veau, ou à faire un potage. (*Idem.*)

812. *Jambon de Mayence.* Prenez un baquet bien propre et troué, comme pour couler la lessive ; mettez au fond du thym, du laurier, quelques gousses d'ail, de l'ognon, du poivre ; couvrez tout cela de sel, puis faites un lit de porc, puis un lit de sel. Quand vous serez à peu près à la moitié de votre porc, mettez les deux jambons, que vous couvrirez entièrement de sel, remettez par-dessus quelques feuilles de thym et de laurier ; puis continuez d'emplir le baquet avec le reste du porc, toujours un lit de viande et un lit de sel, pressant le tout comme s'il devait y rester : quand le baquet est plein, ou que vous n'avez plus de viande, couvrez le tout de laurier, de thym, d'ognons, et jetez dessus trois ou quatre verres d'eau, pour provoquer la fonte du sel. Par ce moyen, la viande s'imprégnera bien plus promptement, et à mesure que la saumure tombe par le trou du baquet, on la renverse dessus, absolument comme quand on coule une lessive. Il n'est pas nécessaire pourtant de veiller comme pour un cuvier ; que vous vidiez cinq à six fois par jour votre saumure, cela suffit. Au bout de dix jours, douze au plus, vous pouvez retirer votre

lard et votre porc; il est assez salé. Vous le pendez au plancher, et il n'est plus exposé à prendre l'*évent*, comme dans
les saloirs ordinaires. Vous mettrez les deux jambons quinze à
seize jours dans la cheminée, pour les bien sécher; ensuite
vous avez de la cendre de sarment, que vous passez dans un
tamis; vous y mettez les jambons de manière à ce qu'ils en
soient entièrement couverts, puis vous les mettrez entre deux
planches avec des poids très-lourds.

Lorsque vous voulez les faire cuire, vous les lavez bien, et
les enveloppez de sauge, de thym et de foin bien fané; de
cette manière ils auront le goût de jambons de Mayence.
(Madame Gacon-Dufour.)

813. *De la préparation de la graisse de porc.* On prend de
la panne; on en sépare la membrane qui est la surface; on
coupe la graisse par morceaux; on la pétrit dans de l'eau très-
pure, en la maniant entre les mains, afin de délayer dans
l'eau le sang caillé qui se trouve dans les petits vaisseaux, et
on change l'eau de temps en temps, jusqu'à ce qu'elle se
trouve sans couleur. Alors on en tire la graisse; on la fait fondre à une douce chaleur, et on la laisse sur le feu jusqu'à ce
que, de blanche et laiteuse qu'elle est d'abord, elle devienne
parfaitement claire et transparente, et qu'en en jetant quelques
gouttes dans le feu, elle ne pétille plus, ce qui indique que la
graisse fondue ne contient plus d'humidité. Alors on la coule
en la passant à travers un linge bien serré, sans l'exprimer.
On fait refondre les portions qui ne sont pas liquéfiées à la première opération, en y ajoutant un peu d'eau; et lorsque cette
graisse est fondue comme la précédente, et qu'elle est devenue bien claire, on la coule de la même manière. On continue ainsi jusqu'à ce que toute la graisse soit fondue, et qu'il
ne reste plus que des membranes séchées et rôties, qu'on
exprime fortement à la dernière opération. Cette dernière portion de graisse est aussi bonne que l'autre; cependant on la
met à part, parce qu'elle est colorée, et on l'emploie la première. On verse la graisse, tandis qu'elle est encore chaude
et liquide, dans des pots de faïence, afin qu'en se figeant, elle
ne laisse autour d'elle aucun vide intérieur qui la ferait jaunir
et rancir plus promptement.

814. *Nouvelle manière de saler le porc.* Prenez un baquet
bien propre et troué comme pour couler la lessive; mettez
au fond du thym, du laurier, quelques gousses d'ail, de l'o-
gnon, du poivre en grain et en poudre; couvrez tout cela de
sel et faites ensuite des lits de porc et des lits de sel. Arrivé à
peu près à la moitié du porc, placez les deux jambons, et
couvrez-les entièrement de sel. Remettez par-dessus quelques

branches de thym et de laurier ; ajoutez-y quelques feuilles de sauge, et continuez d'emplir le baquet avec le reste du porc, ayant toujours la précaution de mettre un lit de sel et un lit de viande, et de presser le tout comme s'il devait y rester. Quand le baquet est plein, ou que vous n'avez plus de viande, couvrez-le encore de thym, de laurier, d'ognons et de sel, et jetez par-dessus tout cela trois ou quatre verres d'eau, pour provoquer la fonte du sel.

A mesure que la saumure tombe par le trou du baquet, on la reverse dessus, absolument comme quand on coule une lessive ; et, au bout de dix à douze jours au plus, on retire du baquet le lard et le porc, qui sont alors assez salés, pour le pendre alors au plancher.

➤ On a soin de mettre les deux jambons une quinzaine de jours dans la cheminée, pour les bien sécher, ensuite on a de la cendre de sarment passée au tamis ; on les en couvre entièrement et on les met alors entre deux planches, avec des poids très-lourds par-dessus ; et, quand on veut les faire cuire, on les lave bien, et on les enveloppe de thym, de sauge et de foin bien vert et bien fané. Ce procédé donne aux jambons le goût des jambons de Mayence.

815. *Cochonnets ou jeunes porcs.* Il faut visiter les cochonnets qui tètent, nourrir amplement la truie avec des racines cuites dans du petit-lait et mêlées avec de la farine d'orge, et lui donner pour boisson de l'eau blanche, qu'on met dans un baquet peu profond, pour que les cochonnets ne s'y noyent point.

Dans le cas où la portée serait très-nombreuse, comme de quinze à dix-huit petits, on ne souffrira pas que la mère les allaite plus de trois semaines. Alors, pour ôter ceux qui épuiseraient la mère, on la fait sortir de son toit en flattant sa gourmandise par quelques poignées de grains. On garde les mâles de préférence pour les élever, parce qu'ils deviennent ordinairement plus forts, et on n'en laisse que huit ou dix auxquels on donne, à mesure qu'ils se développent, du petit-lait chaud, dans lequel on délaie de la farine d'orge, de seigle et de maïs, autant qu'ils peuvent en digérer.

On commence à sevrer les cochonnets en leur donnant, en l'absence de la truie, du lait caillé chaud, en les laissant aller dans la cour, etc., pour les accoutumer insensiblement à suivre leur mère. Le mois étant révolu, on augmente et l'on change leur nourriture ; mais il faut les faire manger à part, s'il y a d'autres cochons plus forts qu'eux. Au bout de deux mois, les petits peuvent se passer de leur mère.

COINGS.

816. *Ratafia de coings.* Mettez dans un vase une pinte de
jus de coings bien clair et bien limpide, une pinte d'eau-de-
vie, quatre onces de sucre candi, cannelle, clous de girofle,
maïs et coriandre concassés et mélangés, une once. Laissez infuser pendant quinze jours dans un fumier, et filtrez. (Sonnini
père, liquor.)

817. *Gelée de coings.* Vous prendrez des coings, qui soient
sains et qui ne soient pas encore bien mûrs, vous les essuierez
avec un linge blanc, et les couperez par morceaux, vous en
peserez six livres, et les ferez cuire dans cinq pintes d'eau;
jusqu'à ce qu'ils soient bien cuits; après quoi vous les verserez
dans un tamis par-dessus une terrine: vous peserez six livres
de jus et vous y ajouterez trois livres de sucre, que vous ferez
cuire ensemble jusqu'à ce qu'ils soient en gelée; vous prendrez
garde que le feu soit modéré, afin que la gelée ait le temps de
rougir; après quoi vous la mettrez toute chaude dans des boîtes
ou dans des pots.

818. *Marmelade de coings.* Vous prendrez des coings qui
soient beaux et des plus jaunes, vous les ferez cuire tout entiers, jusqu'à ce qu'ils soient moelleux; vous les pelerez et les
passerez au tamis, ensuite vous les dessécherez, après quoi,
vous en peserez quatre livres; vous ferez cuire cinq livres de
sucre à la forte plume, et vous mettrez le fruit dedans; vous le
remettrez sur le feu pendant trois ou quatre bouillons, vous
les remuerez avec une spatule, vous ôterez le feu de dessous;
vous mettrez cette marmelade toute chaude dans des pots, et
ne la couvrirez que le lendemain; la marmelade rouge de
coings se fait de même, à l'exception qu'il faut y mettre de la
cochenille, préparée avant d'y mettre le sucre.

819. *Compote de coings à la bourgeoise.* Mettez dans de l'eau
bouillante trois ou quatre coings, selon qu'ils sont gros;
faites-les bouillir jusqu'à ce qu'ils fléchissent sous les doigts: retirez-les ensuite de l'eau fraîche pour les couper par quartiers,
les peler et en ôter les cœurs; mettez-les dans une poêle avec
un peu de sucre clarifié, pour leur faire prendre quelques bouillons; quand ils seront assez cuits, vous les dresserez dans le
compotier avec le sirop, et vous les servez chaudement.

820. *Sirop de coings.* Prenez des coings bien mûrs, ôtez le
coton de dessus avec un linge, et râpez-les jusqu'au cœur;
prenez-en la râpure, passez-la et pressez-la dans un linge;
mettez le jus qui en sortira dans une bouteille de verre qui ne
soit point couverte; exposez-la au soleil, ou mettez-la devant

le feu, jusqu'à ce que votre jus soit tout clair ; ôtez-le pour
lors de la bouteille sans remuer la lie ; faites cuire une livre de
sucre à soufflé ; prenez quatre onces de jus de citrons, mettez-
les dans le sucre, mêlez le tout ensemble et versez-le dans une
bouteille.

821. *Pâte de coings.* Prenez des coings bien mûrs, pelez-
les et ôtez-en les cœurs, faites-les cuire dans l'eau en petite
quantité ; mettez-les ensuite égoutter dans une passoire à petits
trous, mettez dessous un vaisseau, pour recevoir ce qui tombe, à mesure que vous pressez et remuez vos coings ; le tout
étant passé, vous le mettrez dans un poêlon bien net ; faites-le
sécher à petit feu, le remuant toujours avec la spatule, au
fond et dans le tour, de peur qu'il ne bouille, jusqu'à ce que
vous aperceviez que vos coings commencent à sécher, ce que
vous connaîtrez lorsqu'ils ne tiendront plus au poêlon ; mettez-
y ensuite une demi-livre ou trois quarterons de sucre en poudre, mêlez le tout ensemble, après quoi vous étendrez votre
pâte sur des ardoises, de telle forme que vous voudrez, et les
ferez sécher à l'étuve: au lieu de mettre votre sucre en poudre, il vaut mieux le faire cuire à cassé et l'incorporer dans
la marmelade.

822. *Clarequets de coings.* Vous prendrez des coings qui
soient bien mûrs, vous les pelerez, et en ôterez les pepins ;
vous en peserez quatre livres, et les ferez cuire dans deux pintes d'eau, jusqu'à ce qu'ils soient bien cuits ; vous retirerez
ensuite vos quartiers de coings, pour vous en servir à faire des
compotes ; vous jetterez après dans votre décoction les pelures
et les pepins de vos coings, et vous les ferez bien bouillir jusqu'à ce qu'ils soient en marmelade, après quoi vous les verserez dans un tamis, sur une terrine ; vous ferez cuire deux
livres de sucre à la forte plume, vous passerez une livre de
votre décoction, que vous jetterez dedans ; vous les remuerez
bien et les laisserez refroidir à demi ; s'ils ne sont pas assez
rouges, vous pourrez y ajouter de la cochenille ; vous les dresserez
ensuite dans des moules de verre, et les mettrez à l'étuve.

823. *Pâte de coings à l'écarlate.* Faites cuire dans un four
de gros coings entiers, vous leur ôtez ensuite la peau, et vous
les passez au travers d'un tamis, en les pressant fort avec une
spatule ; vous les mettez dans une poêle, pour les faire dessécher à moitié sur un petit feu ; ensuite vous les couvrez et
vous les entretenez chauds sur la cendre pour les faire
sécher ; lorsqu'ils seront rouges, vous y mettrez de la cochenille préparée, pour les rendre encore plus rouges ; vous délayez bien cette marmelade, et vous la remettez encore sur le
feu, pour achever de la faire dessécher jusqu'à ce qu'elle quitte

la poêle : vous faites cuire à la petite plume autant pesant de
sucre que vous avez de marmelade de coings, que vous mêlez
ensemble, jusqu'à ce qu'ils soient bien incorporés l'un à l'autre; vous remettez cette marmelade sur le feu, pour la faire
chauffer, jusqu'à ce qu'elle soit prête à bouillir, en remuant
toujours avec la spatule; vous la dressez dans des moules que
vous mettez à l'étuve pour faire sécher.

824. *Coings confits au liquide.* Il faut choisir vos coings
bien mûrs, qui soient jaunes et sains, les piquer avec la pointe
d'un couteau, et les faire bouillir dans l'eau jusqu'à ce qu'ils
soient bien mollets; on les tire ensuite pour les mettre dans
de l'eau fraîche : lorsque tout est pelé, on les tire de l'eau et
on les met égouter, ensuite on les jette dans un sucre cuit à
lissé, on les couvre et on les fait bouillir à petit feu ; on les
ôte de temps en temps pour les remuer et pour les achever.
On fait cuire le sucre à perlé, on le laisse refroidir et on les
met dans des pots : il faut pour une livre de fruit une livre de
sucre; quelques personnes y mettent un verre de vin rouge,
d'autres un atome de cochenille pour lui donner de la couleur.

COLIQUES.

825. *Coliques des enfans.* On calme les coliques des enfans
à la mamelle en leur faisant prendre une poudre composée de
20 grains d'iris de Florence, 5 grains de safran, 10 grains de
semence de fenouil, qu'on mêle ensemble, qu'on a pulvérisés
et qu'on donne en deux fois.

826. *Coliques d'estomac.* On calme une colique d'estomac
en prenant, au moment de l'accès, un demi-quarteron d'huile
d'olive mêlée à un petit verre de vinaigre. (*Méd. domest.*)

827. *Lavemens contre la colique.* Prenez du son et des feuilles
de bouillon blanc, de chacun une poignée ; de la graine de lin,
deux pincées ; faites bouillir le tout dans une livre et demie d'eau
commune, jusqu'à diminution d'un tiers; délayez dans la
colature deux jaunes d'œufs, pour un lavement anodin contre
la colique. — Ce lavement est aussi très-bon dans la dyssenterie. (Buch'oz.)

828. *Coliques venteuses.* Si la colique provient de vents,
prenez demi-once de petites racines de rhubarbe avec deux
dragmes de sel de tartre, et faites infuser dans une bouteille
d'eau-de-vie ou d'eau anisée. Cette liqueur guérit des coliques
venteuses. (*Dict. des ménages.*)

829. *Coliques néphrétiques.* Un gros de racine de *gans de
Notre-Dame* ou *ancholie*, réduite en poudre et prise dans un

verre de vin, apaise les coliques néphrétiques les plus vives.
(Bouillon-Lagrange.)

830. *Teinture contre la colique néphrétique.* Faites dissoudre résine de gayac, 1 once, dans alcoholat aromatique de Sylvius, 6 onces ; vous prendrez cette teinture à la dose d'un à trois gros dans du lait ou de l'eau tiède. (*Pharmacop. de Londres.*)

Ce remède est également bon contre la dyssenterie.

831. *Colique des peintres.* Un médecin de Leyde a trouvé un spécifique excellent contre cette espèce de colique. Ce remède consiste à administrer au malade, trois fois par jour, une dose composée d'un gros de rhubarbe et d'un gros de magnésie. Il faut avoir soin que la magnésie ne soit pas impure, comme elle se vend ordinairement dans le commerce ; mais que ce soit une terre magnésienne très-pure. Il paraît que ce remède agit en ressuscitant le plomb et le remettant à l'état métallique. Dès la première prise, les douleurs diminuent, et le malade se trouve ordinairement guéri le troisième jour. (Doct. Déjean, *Bibl. ph. écon.*)

(*Voyez* au mot *Empoisonnemens* le traitement de cette colique.)

832. *Coliques spasmodiques* (*Remèdes contre les*). Prenez des cantharides en poudre, 1 demi-once, eau-de-vie de commerce, 1 litre ; mêlez le tout dans un vaisseau convenable, et faites digérer au soleil pendant trois jours.

On se sert de cette teinture en embrocations sur le bas-ventre ; on y emploie chaque fois depuis une dragme jusqu'à une once, en augmentant par degrés, suivant l'âge, la force et la sensibilité du malade. On frotte légèrement avec la main, trempée dans cette teinture jusqu'à ce qu'elle soit sèche. Ces embrocations sont très-utiles dans l'asthme convulsif ou spasmodique, dans les affections de poitrine catarrheuses ou pituiteuses. On fait, dans ce dernier cas, les frictions à la partie supérieure du thorax, ou même à la partie interne et supérieure des deux bras pour faciliter l'expectoration. (*Bibl. ph. écon.*)

833. *Coliques simples.* On peut guérir les coliques ordinaires en prenant, matin et soir et pendant quatre ou cinq jours de suite, la partie blanche de la fiente des poules, à la dose d'un demi-gros, soit en bol, soit en potion dans une eau appropriée. (*Buch'oz.*)

COLLES.

834. *Colle forte.* Faites bouillir très-long-temps, et jusqu'à ce qu'ils deviennent liquides, les pieds, peaux, nerfs et cartilages de bœuf que vous aurez déjà fait macérer ; passez-les en-

suite à travers un tamis ou un gros linge, jetez cette liqueur sur des pierres plates ou dans des moules, et vous aurez la colle-forte. (*Encyclopédie.*)

La décoction doit se faire en plaçant ou des cailloux, ou des grils de bois au fond des chaudières, afin que les peaux ne s'y attachent et ne s'y brûlent pas.

Quand on a retiré la gélatine des moules, on doit la placer sur des réseaux de ficelle, ou l'enfiler et la suspendre dans une étuve ou à l'air pour la faire sécher.

Les peaux débourrées de lièvres et de lapins, les rognures de parchemin, de vélin, etc., donnent une colle plus fine que la précédente.

La portion supérieure de ces décoctions, étant la plus transparente, donne une plus belle colle; elle est connue dans le commerce sous les noms de colle de *Flandre* et d'*Angleterre.*

835. *Colle avelin-forte.* Réduisez en écailles une once de colle de poisson, mettez-la dans un litre d'eau-de-vie sur un feu doux, filtrez-la à travers une mousseline, quand elle sera dissoute, et conservez-la dans une bouteille de verre bien bouchée.

Il ne faut qu'une légère chaleur pour la dissoudre quand on veut s'en servir. Elle donne au bois plus d'adhérence que n'ont entre elles les parties mêmes du bois. Cette colle craint l'humidité; mais pour qu'elle résiste aux injures de l'air, il faut la dissoudre dans de l'huile de lin. (*Bibl. ph. écon.*)

Quand on veut rendre la colle forte insoluble à l'eau, on la fait fondre et on l'incorpore avec l'huile siccative de lin; elle est en usage ainsi préparée pour l'ébénisterie.

836. *Colle de poisson.* On obtient cette colle en faisant bouillir dans de l'eau la peau et plusieurs autres parties de divers poissons. Lorsque la décoction a acquis la consistance convenable, on en forme des gâteaux minces, qu'on fait parfaitement sécher, et qu'on coupe tandis qu'ils sont encore mous. On emploie cette colle dans plusieurs arts, surtout pour la clarification des liqueurs, du vin, du café, etc.

837. *Colle à bouche.* On fabrique la colle à bouche en faisant fondre avec un peu d'eau la plus belle *colle de Flandre*, et en y ajoutant quatre onces de sucre candi, pulvérisé et tamisé, par livre de colle. On verse le mélange sur une table de marbre ou sur une assiette, et on le divise en tablettes de la dimension qu'on veut. (*Encyclopédie.*)

838. *Colle de pâte.* Les Chinois de Canton font la colle de pâte de la manière suivante: ils mêlent ensemble dix livres de sang de bœuf et une livre de chaux vive, et forment un amalgame qui a la consistance et les mêmes propriétés que la colle

de pâte, mais qui se conserve sans altération, dans les grandes chaleurs, pendant sept à huit jours. Pour s'en servir, il suffit de l'étendre d'un peu d'eau. (*Bulletin de la Société d'encouragement.*)

839. *Colle de pâte à l'usage des tisserands, relieurs, colleurs de papier, etc.* Prenez une livre de pommes de terre crues, et, après les avoir lavées avec soin, vous les réduirez en pulpe, au moyen d'une râpe ordinaire, sans les piler; ensuite, jetez cette pulpe dans deux litres et demi d'eau, et faites bouillir le tout pendant deux minutes, en remuant continuellement. En retirant la colle du feu, vous y ajouterez peu à peu une demi-once d'alun réduit en poudre fine, et vous opérerez le mélange parfait à l'aide d'une cuiller. Alors cette colle, qui est belle et transparente, sera propre à être employée. (Ch. Drury, *Soc. d'encouragement de Londres.*)

840. *Colle à pierre.* Prenez du marbre réduit en poudre, de la colle forte et de la poix; mêlez et ajoutez-y la couleur que vous voudrez, et vous aurez une colle qui sert à rejoindre les marbres cassés ou écorchés. (*Encyclopédie.*)

COLLYRES.

841. *Collyre d'alun.* Prenez 2 grammes d'alun et battez-le fortement avec un blanc d'œuf.

On l'emploie, dans l'inflammation des yeux, pour éteindre la chaleur et tarir l'écoulement des humeurs : on l'étend sur du linge et on l'applique sur les yeux; mais il ne faut pas qu'il y reste plus de trois ou quatre heures de suite.

842. *Collyre de goutture.* Prenez vingt-cinq gouttes d'extrait de saturne que vous verserez dans deux verres d'eau commune, mêlée à une cuillerée à café d'eau-de-vie. Lorsque les yeux sont faibles, on les baigne, soir et matin, dans cette mixture.

843. *Collyre de vitriol.* Prenez 2 grammes de vitriol blanc et 2 hectogrammes d'eau rose. Faites dissoudre le vitriol et filtrez la liqueur. Ce remède, quoique simple, est peut-être égal en vertu aux collyres les plus vantés; il est d'un usage commun contre la faiblesse, les sérosités et les inflammations des yeux; quoiqu'en général il soulage dans les inflammations légères, cependant, lorsqu'elles sont opiniâtres, il est souvent nécessaire d'en aider l'effet par la saignée et le vésicatoire. Lorsqu'on juge à propos de rendre ce collyre plus astringent, ou emploie le double, le triple et même le quadruple de vitriol avec un succès marqué. (*Méd. dom.* de Buchan.)

844. *Collyre détersif.* Prenez : iris de Florence en poudre,

16 grammes ; sulfate de zinc (*vitriol blanc*), 6 grammes ; eaux distillées de rose et de plantain, de chaque, 750 grammes.

C'est un très-bon remède contre les ophtalmies rebelles ou chroniques par faiblesse. Une manière non moins bonne est de prendre : 2 grammes sulfate de zinc, un blanc d'œuf et 128 grammes d'eau de rose ou plantain.

On ne met que quelques gouttes de ce collyre dans l'œil, qu'il picote assez vivement d'abord. (J.-J. Virey, *Traité de pharm.*)

COLOMBIERS (*Construction des*).

845. La forme ronde est en général celle que l'on doit préférer en construisant un colombier, parce qu'au moyen d'une échelle tournante sur un pivot, on peut visiter tous les nids sans s'y appuyer. On place le colombier au milien de la basse-cour, si elle est spacieuse, ou même hors de la maison, parce que les pigeons prennent l'épouvante au moindre bruit. On les éloigne par la même raison de tous les lieux où le fracas des arbres agités par le vent, des cascades, des chutes d'eau, des usines, etc., pourrait leur parvenir.

On donnera aux fondemens du colombier la sixième partie de sa hauteur et le double de l'épaisseur ; la hauteur sera égale au diamètre augmenté d'un quart. Le diamètre intérieur a ordinairement de 3 à 4 toises.

Il faut que l'air circule librement dans l'intérieur du colombier. On le perce ordinairement au midi, parce que les pigeons aiment à sentir le soleil à-plomb, surtout en hiver. Quand on est obligé, pour donner une libre issue à l'air, de pratiquer une fenêtre qui soit exposée au nord, il faudra toujours la tenir fermée pendant les grands froids, et ne l'ouvrir qu'en été pour rafraîchir le colombier. Chaque fenêtre aura une coulisse, afin qu'on puisse l'ouvrir et la fermer d'en bas, soir et matin, par le moyen d'une corde et d'une poulie.

On ne laissera, ni en dehors ni en dedans du colombier, aucun trou par où les rats puissent s'introduire ; le plancher et le plafond seront également bien joints ; enfin l'aire sera bien battue et bien cimentée, car rien ne mine plus que la fiente des pigeons. Comme ces animaux aiment la couleur blanche, on fera blanchir le colombier en dehors et en dedans. On aura en outre l'attention de faire construire deux ceintures en dehors du colombier ; l'une règnera immédiatement au-dessous de la fenêtre, l'autre vers le milieu du colombier. Ces deux ceintures, dont l'objet principal est de servir aux pigeons pour s'y reposer, ont encore l'avantage d'empêcher les rats et les belettes de monter. On les garnit extérieurement de plaques de fer-blanc ou de tuiles vernissées, sur lesquelles ces animaux ne peuvent s'accrocher.

Le dedans du colombier doit être garni de nids; on les pratique quelquefois dans l'épaisseur de la muraille lorsqu'on bâtit le colombier. Ils doivent être longs, carrés et obscurs dans le fond; il y en a qui emploient, pour les nids de leurs pigeons, des pots de terre enchâssés dans le mur; d'autres font usage de tuiles rondes posées l'une sur l'autre en forme de tuyau. Dans quelques provinces, on forme les nids de moellon; dans quelques autres, on les fait de plâtre; enfin il y a des nids fabriqués comme des paniers. Les pigeons se plaisent beaucoup dans ces derniers, ils y pondent même mieux que dans des nids plus matériels; mais ils ont l'inconvénient de se remplir de vermine si l'on n'a soin de les nettoyer souvent.

De quelque façon qu'on pratique les nids, on aura soin qu'ils soient plutôt grands que petits; on observera encore que le premier rang des nids soit au moins à quatre pieds au-dessus de la terre, et que les plus élevés soient éloignés du faîte de trois pieds. On couvrira le dernier rang d'une planche large d'un pied, mise en pente, de peur que les rats n'y descendent de la couverture. Les nids seront disposés en échiquier : on mettra au devant de chacun une pierre plate ou une brique, qui excède la muraille de trois ou quatre doigts, pour reposer les pigeons lorsqu'ils entrent ou sortent de leurs nids, ou bien lorsque le mauvais temps les oblige de rester dans le colombier. (Buch'oz, *Traité écon. des oiseaux de basse-cour.*)

CONCOMBRES.

846. *Concombres confits.* On ne les confit que lorsqu'ils sont petits, ils se nomment *cornichons;* on choisit les plus blancs, on éclate, on coupe la queue, et on les met dans un linge blanc, en les frottant les uns contre les autres, pour les dépouiller de leur duvet; on les fait ensuite blanchir, c'est-à-dire on les jette dans une eau bouillante l'espace de quatre minutes, et on les remet tout de suite dans l'eau fraîche; on les retire et on les fait égoutter sur un linge blanc, on les remet ensuite dans le vaisseau où l'on veut qu'ils demeurent, soit cruche, soit bouteille; on les range dedans le mieux que faire se peut, en entremêlant quelques feuilles de laurier franc et du poivre-long; l'on verse du vinaigre par-dessus jusqu'à la superficie, après l'avoir fait bouillir un peu dans une poêle : on y ajoute encore une once de sel, ou environ, sur chaque pinte de vinaigre, et on couvre le vaisseau d'un parchemin double, lié tout autour. Huit jours après, ils sont bons à manger et se

conservent d'une année à l'autre. On peut encore ajouter une poignée de perce-pierre, d'estragon ou de pourpier, selon le goût.

847. *Concombres farcis à la matelotte.* On fait une farce de blanc de volaille ou de veau haché avec lard blanchi et graisse blanche, jambon cuit, champignons, truffes, fines herbes bien assaisonnées; on farcit les concombres, on les fait cuire avec du bouillon gras ou du bon jus, et on sert avec le jus de bœuf dessus; on peut encore, après avoir dégraissé la sauce, y mettre un bon coulis et un filet de vinaigre. On les sert aussi frits en ragoût ou à la sauce blanche.

848. *Concombres fricassés.* On les coupe par rouelles, avec un ognon coupé de même, on les passe à la casserole avec beurre, sel, poivre, persil haché; on laisse mitonner le tout, et on sert avec un jaune d'œuf délayé dans le verjus ou dans la crème douce. Ce mets est assez sain.

849. *Ragoût de concombres.* On les coupe par tranches, on les fait mariner pendant deux heures avec sel, poivre et vinaigre, deux ognons en tranches; on fait égoutter et l'on passe à la casserole avec lard fondu; on mouille de jus et on laisse mitonner à petit feu; on dégraisse et on lie d'un coulis de veau et de jambon : on sert pour toute sorte d'entrées les concombres, soit à la broche, soit à la braise. Ce ragoût est assez léger et d'une digestion facile.

850. *Concombres farcis au maigre.* On fait pour cet effet une farce avec chair de carpes, d'anguilles, champignons et truffes, le tout bien haché et assaisonné de sel, poivre, clous, fines herbes, bon beurre, un peu de mie de pain trempée dans de la crème, deux jaunes d'œufs crus, le tout ensemble : on farcit les concombres vidés de leurs semences, par un des bouts, et on les pèle bien; on les fait cuire ensuite à petit feu dans une casserole avec bouillon de poisson ou purée claire; étant cuits, on les dresse dans un plat, coupés par la moitié de leur longueur, et on les sert avec un coulis de champignons dessous; au lieu d'un coulis de champignons, on pourra se servir d'un ragoût de laitance et de champignons. Ce mets est agréable au goût; mais il n'est pas sain, à cause des champignons qu'on y fait entrer.

851. *Potage en maigre, avec des concombres.* On les fait blanchir et on les met cuire dans du bon bouillon de purée, avec un ognon piqué de clous de girofle, quelques racines et des petites herbes; on y fait une liaison avec quelques jaunes d'œufs; cela fait, on dresse, on garnit de concombres. On peut aussi les farcir de poisson ou d'herbes.

852. *Concombres farcis pour piquer une entrée de pièce de*

bœuf. On choisit pour cet effet des concombres qui ne soient pas bien gros, on les pèle et on les vide de leurs semences sans les couper ; on fait une farce de chair, composée de blanc de volailles et de lard, ou bien, si on le préfère, avec du lard blanchi, de la graisse blanche, du jambon, des champignons, des truffes et des fines herbes, tout cela bien assaisonné et bien haché ; on en farcit les concombres, après les avoir blanchis, on les met cuire dans du bon jus ou bouillon gras : on les retire, on les coupe en deux, et on les laisse refroidir ; on fait ensuite une pâte à beignets, de farine délayée avec de l'eau, un peu de sel, gros comme une noix de beurre fondu et un œuf, le tout bien battu ensemble ; on fait après cela des petites brochettes, on passe les morceaux de concombres au travers, de façon que les bouts soient tous du même côté, pour les pouvoir piquer dans une pièce de bœuf ; on les trempe dans cette pâte, on les fait frire dans du beurre affiné, ou sain-doux, qu'on aura tout prêt, jusqu'à ce qu'ils aient une belle couleur ; la pièce de bœuf étant dressée avec une sauce hachée de jambon, et les marinades par-dessus, on la pique de ces concombres farcis ; si on a de la farce de reste, on la roule avec la main trempée dans de la farine, on en fait de petites boules comme un œuf, on les fait cuire en même temps que les concombres, le tout doucement, afin que la farce se tienne ; on les sert ensuite de la même manière.

853. *Pommade de concombres.* On prend 2 livres de graisse de porc, 5 livres de concombres et autant de melons bien mûrs, 4 pommes reinettes et 1 pinte de lait de vache.

On coupe grossièrement les pommes, la chair de melon et les concombres, dont on sépare les côtes seulement ; on met toutes ces substances avec le lait et la graisse dans un vase qu'on place au bain-marie pendant huit ou dix heures ; on passe ensuite le mélange avec expression, on expose la pommade dans un endroit frais pour la faire figer, on la sépare de la partie aqueuse qu'on trouve au fond du vase, on la lave dans plusieurs eaux, jusqu'à ce qu'elle sorte claire, on la fait refondre plusieurs fois pour mieux séparer la lie qu'elle contient et toute son humidité, et on la conserve ensuite dans des pots.

Cette pommade est un excellent cosmétique ; elle sert à adoucir la peau et à la maintenir dans un état de souplesse et de fraîcheur. (*Art du parfumeur.*)

854. *Usage du concombre sauvage.* La racine de cette plante est un purgatif fort qu'on peut substituer au jalap et à la scam-

monée. On la donne en poudre, à la dose de 6, 10 ou 15 décigrammes. (*Méd. dom.* de Buchan.)

CONFECTION JAPONAISE.

855. La confection japonaise est un électuaire stomachique, recommandé dans différentes circonstances. On la compose avec 1 hectogramme de cachou, 6 hectogrammes de racine de tormentille, autant de muscade, autant d'encens, 4 grammes d'opium, dissous dans une quantité suffisante de vin de Portugal, 1 hectogramme 3 décagrammes de sirop commun, enfin autant de conserve de rose. On mêle le tout avec soin et on obtient un remède puissant qu'on prend à la dose de 1 jusqu'à 4 grammes, et qui peut suppléer avec avantage au diascordium. (*Méd. dom.* de Buchan.)

CONFITURES.

856. *Confiture des Indes* (*Manière de faire la*). Les ingrédiens qui servent à composer cette pâte, sont 2 livres de farine, autant de sucre, 1 livre d'amandes et 1 livre de zestes de citrons; quand on y emploie du beurre, la quantité est de 8 à 10 onces. On fait avec le sucre un sirop clarifié, et l'on ne mêle les zestes de citrons ou d'oranges, confits séparément, au reste de la confiture qu'alors qu'elle est à moitié cuite. Avant de la retirer du feu, on y répand de l'eau de rose pour lui donner du parfum. La cuisson se fait à un feu clair et modéré. On retourne sans cesse pour la rendre plus restaurante, et propre à être portée en voyage : mêlez un peu de beurre fondu avant de l'aromatiser. On en donne aux convalescens, aux femmes en couches, aux vieillards et aux hommes épuisés.

857. *Confitures sans sucre.* Prenez 12 onces de charbon ; pilez-le grossièrement, après l'avoir lavé deux fois; mettez-le dans une bassine avec six litres d'eau de fontaine; ajoutez-y six livres de bon miel de l'année : faites bouillir pendant une heure ; alors passez le sirop à travers un linge; mettez ensuite vos fruits en quantité suffisante et convenablement préparés dans le sirop qui a été passé ; faites subir à ce mélange une demi-heure d'ébullition, ayant soin de le remuer avec une écumoire ; repassez à travers une serviette, et vous obtiendrez une liqueur claire et limpide. Après avoir fait nettoyer de nouveau la bassine, remettez le sirop au feu et faites-le bouillir à un degré de cuisson de plus que lorsqu'on emploie le sucre. On peut faire de cette manière la gelée de groseilles, la marmelade de prunes, d'abricots, de cerises, etc. (Desaux, *Pharm.*)

CONFORTATIF.

858. Prenez d'excellent pain, croûte et mie, non brûlé, mais bien cuit et fait de bonne fleur de farine de froment ; coupez-le par tranches bien minces et faites-le rôtir devant un feu sec et clair, jusqu'à ce que la mie soit très-sèche, bien rôtie et pas du tout brûlée ; réduisez-le en poudre grossière et mettez-en une livre dans une cucurbite de verre double, avec 4 onces de graines ou baies de genièvre très-mûres, bien sèches, choisies et grossièrement broyées ; ajoutez-y 2 livres d'eau - de - vie, tirées de 20 livres d'excellent vin ; adaptez sur la cucurbite un grand vaisseau sans luter trop exactement les jointures pour que le gaz puisse s'échapper. Mettez en digestion, dans du fumier de cheval, pendant quarante jours, et, après avoir très-bien luté la cucurbite, et mis un chapiteau à bec par-dessus, exactement luté au lieu du vaisseau précédent, que vous aurez ôté ; vous distillerez à feu gradué, jusqu'au dernier degré de siccité, toutes les substances qui voudront passer, dans un grand bocal bien luté au bec du chapiteau, puis vous séparerez par la rectification l'esprit, le flegme et l'huile que vous garderez à part. Vous remettrez le flegme sur le *caput mortuum* en nouvelle digestion pendant huit ou dix jours, puis vous verserez toute la liqueur par inclinaison dans une autre cucurbite, et la distillerez jusqu'à sec pour avoir le sel. Vous réitérerez cette opération jusqu'à ce que le *caput mortuum* ne vous donne plus de sel et soit devenu inutile, et vous garderez le flegme pour servir de véhicule ; vous remettrez l'esprit, l'huile et le sel en digestion ; vous circulerez pendant quarante jours, et vous aurez une essence exquise qui sera un confortatif excellent, un tonique très-précieux, dont la dose, forte de 20, 30, 40 ou 60 gouttes, a rappelé des mourans à la vie.

On en conseille l'usage dans du bouillon pendant une semaine à chaque changement de saison. (L'abbé Rousseau.)

CONSERVATION DES SUBSTANCES VÉGÉTALES ET ANIMALES.

859. Le procédé qu'a publié M. Appert, et qu'on pratique avec tant de succès sur tous les légumes et sur beaucoup de fruits, pour les conserver très-long-temps à l'état frais, consiste dans la concrescibilité par la chaleur de la pellicule ou de l'enveloppe de ces corps. Par ce moyen, la partie glutineuse et fermentescible de cette enveloppe, demeure inactive, et empêche que l'intérieur du fruit ou du légume, ne se dété-

riore. **On** prend pour cet objet un fort bocal en verre ; on y introduit ou de la chair cuite aux trois quarts, ou des légumes blanchis, ou des petits pois, ou des fruits non cuits, etc., jusqu'aux trois quarts du vase ; on ferme très-hermétiquement avec du liége bien luté par un lut de chaux et de fromage mou, et assujetti fortement avec du fil de fer. De l'exactitude de ce premier soin dépend tout le succès de l'opération ; ensuite on soumet graduellement à la chaleur de l'eau bouillante ces bocaux enveloppés d'un sac de toile forte, pendant plus ou moins de temps, selon la dureté ou l'épaisseur des légumes ou fruits, et jusqu'à ce qu'ils soient présumés cuits dans leur eau de végétation. Les pêches, les abricots, les fruits à pepins, se conservent par le même procédé à l'état de condit, qui développe leur principe sucré comme par la maturation. L'effet essentiel du procédé de M. Appert, est de purger les vaisseaux contenant les corps à conserver, de tout oxygène atmosphérique. On conserve ainsi du moût sans qu'il fermente, du lait, de la chair, etc.

CONSERVES ET CONFITURES EN GÉNÉRAL.

860. On fait toute espèce de conserves en pilant les substances végétales dont on veut les composer, dans un mortier de marbre, avec un pilon de bois ; et quand on en a fait une pâte molle, on ajoute deux ou trois fois autant de sucre en poudre, qu'on répand peu à peu, en pilant toujours.

Les conserves d'écorce d'orange, de citron, etc., sont d'abord râpées avant que d'être pilées dans le mortier ; dans celles de rose, de fleurs de romarin, d'absinthe, etc., on dépouille d'abord les fleurs de leurs tiges et de leurs calices.

Quant aux confitures elles se préparent en faisant infuser ou bouillir des végétaux frais, d'abord dans de l'eau, ensuite dans du sirop, ou une dissolution de sucre. Le but est de conserver les fruits liquides, ou secs : on les a liquides lorsqu'on les laisse dans le sirop ; on les a secs, lorsqu'on les retire du sirop et qu'on laisse candir le sucre autour. (*Méd. dom.* de Buchan.)

Voyez pour la fabrication des conserves et des confitures les noms des substances qui en font la base.

CONSOMPTIONS ET CRACHEMENS DE SANG.

861. Prenez 8 beaux marrons frais, cuits à l'eau et pelés ; faites-les bouillir légèrement dans un verre de lait, puis passez à travers un tamis de crin, et vous aurez ainsi une décoction

claire que vous ferez bouillir une seconde fois dans un nouveau verre de lait ; ajoutez-y un morceau de cannelle et un
peu de sucre, faites mousser la liqueur et avalez chaud. Cette
boisson, qui ressemble assez au chocolat, est souveraine pour les
maladies de poitrine, les consomptions, les crachemens de
sang, etc. (Doct. Guisard de Montpellier.)

L'extrait de genièvre et le jus de gigot de mouton rôti, sont
également recommandés dans les consomptions.

CONSTIPATION.

862. *Remède contre la constipation.* Prenez une once de
couperose verte que vous mettrez devant le feu jusqu'à ce
qu'elle devienne blanche ; réduisez-le en poudre fine ; joignez-y
une once de poudre de jalap, autant de séné et autant de crème
de tartre : battez-y une demi-once de gingembre, douze gouttes d'huile essentielle de clous de girofle, et autant de sirop
d'orange qu'il en faut pour donner au mélange la consistance
d'électuaire.

On en donne aux enfans, de la grosseur d'un grain de café,
et aux plus jeunes un peu sur la pointe d'un couteau le matin
à jeun et pendant un mois, en les garantissant bien du froid.

863. *Autre.* Pour faire cesser de suite la constipation, on
prend une poule, on lui tord le cou, et on la fait cuire tout
entière, sans la plumer, dans un litre d'eau. Cette cuisson doit
s'opérer au bain-marie, dans un vaisseau fermé exactement
avec de la pâte ; on passe ensuite le bouillon par un linge sans
expression et on le prend en trois ou neuf prises, données à
quelque intervalle l'une de l'autre ; ce remède est excellent
contre les coliques violentes. (Le Doct. Ovelgan, *Éphéméri-
des d'Allemagne.*)

864. Un jaune d'œuf mêlé avec un peu sel ou de fiel de tau-
reau, et appliqué dans une coquille de noix sur le nombril
des petits enfans, leur lâche le ventre. (Buchoz, *Traité écon.
des ois. de basse-cour.*)

Les lavemens et les purgations douces sont au reste les meilleurs remèdes contre la constipation.

COQ CORNU.

865. Pour rendre un coq cornu, il faut en prendre un qui
soit jeune ; on lui coupe la crête, qui ayant été tranchée laisse
une espèce de creux, dans lequel on pose l'ergot, soit de ce même
coq, soit d'un jeune poulet : le sang en se coagulant, maintient cet ergot ; mais pour que les mouvemens du coq ne le

fassent pas tomber, on le consolide sur sa tête avec un petit linge dont on enduit les bords avec de la poix. Au bout de quelques jours, lorsque la greffe est collée, on ôte le linge, l'ergot croît et y prend beaucoup plus d'accroissement qu'il n'en aurait pris à sa place naturelle. (*Encyc. méth.*)

COQUELUCHE.

866. *Coqueluche des enfans.* Prenez des racines d'aunée, une livre ; faites-la infuser dans du bon vinaigre de vin, en suffisante quantité pour qu'il surnage la racine de deux doigts, et cela pendant huit jours ; après quoi, exprimez la teinture. L'on en donne à chaque enfant une petite cuillerée édulcorée avec un peu de sirop violat, ou de coquelicot, ou d'œillet. Si la poitrine était trop affectée, au lieu de vinaigre, il faudrait employer de l'excellent vin, et de préférence du Bourgogne. (*Bibl. ph. écon.*)

867. *Coqueluche* (*Remède contre la*). Prenez deux gros de gomme ammoniaque ; dix-huit grains d'ipécacuanha ; un demi-gros d'aloès succotrise ; deux gros de sel d'epsom ; un gros de séné ; une suffisante quantité de sirop de nerprun ; faites un opiat du tout, et, à jeun, prenez-en tous les matins un demi-gros : on ne doit manger qu'une heure après avoir pris ce remède. (*Mag. méd. domest.*)

868. *Coqueluche* (*Épithème contre la*). Pilez dans un mortier une quantité suffisante d'ail dépouillé de son enveloppe, avec une quantité égale d'axonge de porc. Formez-en un emplâtre que vous appliquerez, deux fois par jour, à la plante des pieds. C'est un remède vanté contre les toux opiniâtres, ou quintes de coqueluche.

CORAIL.

869. *Poudre de corail pour les dents.* Prenez quatre douzaines d'os de sèches, deux briques bien rouges et bien friables, deux livres de laque plate, une livre de laque carminée, quatre onces de girofle, deux onces de cannelle, deux onces de coriandre et deux onces de bois de Rhodes. Pilez tous ces ingrédiens, et passez-les au tamis de soie.

870. *Autre.* Prenez une demi-livre de pierre-ponce calcicinée, de corail blanc, d'os de sèches, de crème de tartre, de racine d'iris de Florence, deux onces de sel ammoniac, un gros d'ambre gris, de cannelle, de coriandre, de girofle et de bois de Rhodes ; réduisez ces matières dans un mortier et passez-les au tamis de soie.

871. *Autre.* Prenez une livre et demie de crème de tartre,

quatre onces d'alun calciné, deux onces de cochenille, quatre gros de girofle, autant de cannelle, une once de bois de Rhodes et deux ou trois gouttes d'essence de rose; pilez le tout ensemble et passez-le au tamis à différentes reprises. (*Parf. impér.*)

872. *Poudre de corail anodine.* Prenez corail rouge et bol d'Arménie de chaque une once; opium, une once; myrrhe, six onces; cascarille, cannelle et girofles, de chaque quatre onces.

Pulvérisez toutes ces substances à part; passez-les ensemble au tamis et conservez-les dans un flacon.

Cette poudre sert dans les diarrhées et dyssenteries, la pleurésie, les coliques d'estomac; elle est diaphorétique, calmante, astringente. La dose est de 18 à 48 grains. (Helvétius.)

CORDES OU LIGNES DORMANTES.

873. Sur une corde plus ou moins longue on attache des lignes u. deux ou trois pieds de longueur et qui sont distribuées de trois en trois pieds sur toute son étendue; ces lignes portent des hameçons qu'on amorce avec des vers de terre.

On prend dans un petit bateau la corde ainsi disposée et on va en attacher un bout à un pieu qu'on a enfoncé dans le fond; on s'éloigne du pieu par degrés en jetant successivement à l'eau toute la longueur de la corde. Quand on est au bout, on y attache une pierre du poids de cinq à six livres, et on la jette à l'eau; cette opération doit se faire deux heures avant le coucher du soleil : on relève les cordes le lendemain matin.

On prend à cette pêche des barbeaux, des chavannes, des perches; mais si l'on tendait dans un endroit où il y eût beaucoup d'anguilles, il faudrait faire les lignes de crin; et si l'on se proposait de prendre des brochets, il conviendrait de les faire de laiton. (*Pisciceptologie.*)

CORMES.

874. *Cormes* (*Cidre de*). On retire des cormes un espèce de cidre qui est plus fin et plus délicat que celui de pommes. Il se fait de la même manière. (Denis de Montfort.)

CORNE.

875. *Procédés pour préparer la corne.* Nous ne parlerons ici que des procédés pour amollir la corne, la couper, la souder

pour en faire des plaques de lanternes ou d'autres objets analogues.

A la Chine, où l'on fait beaucoup de lanternes de corne, on laisse macérer cette matière dans l'eau, afin d'en séparer le noyau qui la remplit. Cette opération se fait en quinze jours en été, et en un mois en hiver. Lorsqu'elle est achevée, on prend la corne par la pointe, et on la secoue fortement afin d'en faire tomber le noyau. Ensuite on la scie dans le sens de la longueur, sur le côté aplati, après l'avoir laissé préalablement bouillir dans de l'eau pendant trente minutes. Les morceaux sciés sont jetés de nouveau dans de l'eau bouillante pour les ramollir.

876. *Manière de refendre la corne.* On fend la corne au moyen d'un petit ciseau de fer sur lequel on frappe à coups de marteau; les morceaux épais sont divisés en trois feuilles; ceux plus minces en deux. Les cornes de très-jeunes bêtes, qui ont au plus deux lignes d'épaisseur, ne sont pas fendues.

On trempe dans de l'eau bouillante les morceaux ainsi fendus; et lorsqu'ils sont ramollis, on leur donne une épaisseur égale partout, en passant dessus un instrument tranchant. On les met de nouveau dans de l'eau bouillante pour les ramollir encore plus, et ensuite on les soumet à l'action de la presse.

877. *Manière de presser la corne.* Pour cette opération on se sert d'une poutre de six pieds de long, deux pieds de large et dix-huit pouces d'épaisseur, dans le milieu de laquelle on pratique un trou carré de neuf pouces de diamètre. C'est dans ce trou qu'on place les feuilles de corne l'une sur l'autre, en les séparant par des plaques de fer chaudes. L'espace non occupé par ces feuilles est rempli de morceaux de bois et de copeaux qu'on y fait entrer de force à coups de marteau, et qui servent à aplanir les feuilles, sur lesquelles on fait agir ensuite la presse.

878. *Moyen de souder la corne.* Pour souder des feuilles de corne de manière à ce qu'on n'aperçoive pas leur jonction, l'ouvrier se place près du fourneau qui sert à chauffer les pinces destinées à cette opération. Après avoir suffisamment chauffé la corne au-dessus du feu, on gratte l'extérieur des deux feuilles qu'on veut réunir, l'une tournée en dessus, l'autre en dessous, jusqu'à ce que les deux pièces se rapportent exactement; le bord de chaque feuille aura quatre lignes de chanfrein. Les feuilles ainsi préparées, l'ouvrier saisit les pinces chaudes, et il les appuie le long du bord des deux feuilles qu'on lui présente dans la position convenable. Si les pièces se trouvent joindre exactement, on humecte le bord qu'on veut souder, et on fait ensuite agir les pinces; on obtient ainsi une réunion

tellement parfaite des deux feuilles qu'il ne semble pas qu'elles aient jamais été séparées. La soudure achevée, on gratte la surface avec un racloir, afin de faire disparaître les inégalités : on les polit ensuite en les frottant avec du tripoli délayé dans de l'eau.

879. *Manière de donner à la corne l'apparence de l'écaille.* On peut teindre la corne de différentes couleurs qui lui donnent l'apparence de l'écaille ; voici les moyens qu'on emploie pour cela :

1° Une dissolution d'or dans de l'eau régale (acide nitro-muriatique), répandue sur la surface de la corne lui communique une couleur rouge. 2° Une dissolution d'argent dans de l'acide nitrique produit une couleur noire. 3° Si l'on teint la corne avec une dissolution de mercure faite à chaud dans de l'acide nitrique, elle prend une couleur brune.

880. *Moyen de mouler la corne.* La râpure de la corne peut être réunie en corps solide, et prendre le moule comme celle de l'écaille ; dans l'un et dans l'autre cas il faut avoir soin de ne pas la toucher avec les doigts, ni avec un corps gras, si l'on veut que leur réunion soit parfaite ; en conséquence, en faisant éprouver diverses lotions dans de l'eau chaude à cette matière, on doit remuer avec des fourchettes de bois.

La température, pour agglomérer la corne râpée dans des moules, doit être plus élevée que pour la fusion de l'écaille : elle n'est pas encore déterminée ; mais on l'opère dans des appareils construits exprès, afin de ne pas en calciner les râpures. (*Bulletin de la société d'encouragement.*)

CORNE DE CERF.

881. *Corne de cerf (Usage de la).* Cette substance, simplement râpée, fournit des gelées qu'on obtient au moyen d'une longue cuisson : on en prépare une poudre qu'on fait bouillir dans de l'eau, et qu'ensuite on fait sécher : on en tire un esprit volatil qui porte son nom, et qui, combiné avec du sel volatil de succin, prend celui d'esprit volatil de corne de cerf succiné. (*Méd. dom.* de Buchan.)

CORNICHONS.

882. *Manière de confire les cornichons.* La manière la plus simple et la préférable de conserver les cornichons, est de les choisir d'abord de deux à trois pouces de long, de les nettoyer exactement avec un linge un peu rude, et de les jeter dans un vinaigre abondant, de bonne qualité et fortement salé. Au bout d'un à deux mois, on les met dans un nouveau vinaigre

également salé, et on les y garde jusqu'au moment de la consommation. (*Dict. d'agric.*)

883. *Autre.* Quelques personnes, après les avoir bien essuyés, les plongent un instant dans de l'eau bouillante, les retirent, les laissent égoutter et sécher, et les mettent ensuite dans des pots de grès avec une poignée d'estragon et de pimprenelle, des poivres longs, ou pimens, quelques gousses d'ail, douze ou quinze clous de girofle, du poivre, de petits ognons et du sel. On remplit ensuite le pot de bon vinaigre, et on le couvre avec beaucoup de soin. Il est des ménagères qui ne font pas jeter de bouillon aux cornichons : elles se contentent de les recouvrir de vinaigre bouillant. (*Dict. des ménages.*)

884. *Autre.* La meilleure manière pour confire les cornichons est de choisir les plus verts et encore petits, de couper légèrement leurs extrémités, et de les faire tremper quelques heures dans l'eau fraîche. On les fait égoutter ensuite, et on les essuie. puis on verse dessus du vinaigre bouillant. Quand il est refroidi on ferme le vase (1). Trois jours après on ôte le vinaigre, on le fait bouillir, et on le verse de nouveau sur les cornichons; ce qu'on répète une troisième fois pour concentrer toujours l'acide et priver les fruits de leur humidité. On peut changer le vinaigre chaque fois. Les petits ognons, l'estragon, le piment, l'ail et le sel que l'on ajoute ensuite, servent à rendre la saveur des cornichons plus agréable et plus aromatique.

CORNOUILLES.

885. *Cornouilles* (*Manière de les confire en olives*). Quand la cornouille commence à prendre sur l'arbre une couleur un peu rougeâtre, on fait cueillir les plus grosses et les plus longues; on les nettoie avec une linge doux et blanc, et on les laisse se faner un peu à la maison; après quoi on prend un vase, on l'emplit d'eau de rivière ou de pluie, dans laquelle on jette autant de sel de cuisine que l'eau peut en dissoudre : alors on met les cornouilles dans la saumure, et on répand sur elles du fenouil et des feuilles de laurier : on laisse le vase dans un lieu tempéré, jusqu'à ce que les cornouilles aient pris le goût et la couleur des olives du Midi, puis on les met dans des vases que l'on dépose dans un lieu frais. (*Bibl. ph. écon.*)

CORS ET DURILLONS.

886. *Remède contre les cors.* On guérit les cors en les amollissant et les arrachant ensuite. On les ramollit avec l'emplâtre

(1) On doit éviter les vases de cuivres et ceux qui sont vernissés par le plomb.

de Mynsicht, ou celui de gomme ammoniac, ou le suc de souci ou de pourpier. On doit avoir la précaution, avant de faire une de ces applications, de prendre un bain de pieds de deux ou trois heures au moment de se coucher, et ensuite de ne pas couper trop avant le cor ou le durillon. (*Encyclop.*)

887. *Autre.* On prend une once de poix de marine, une demi-once de galbanum, un peu de vinaigre où l'on a fait dissoudre un scrupule d'ammoniac; on y ajoute une dragme et demie de diachylon, et l'on forme une pâte dont on couvre le cor. (*Dict. des ménages.*)

888. *Autre.* Après avoir pris un bain de pieds adoucissant, ayez un morceau de parchemin que vous tremperez quelques minutes dans l'eau pour le ramollir; faites-y un trou de la grandeur du cor; pilez de l'ail; appliquez-le sur le cor avec le parchemin que vous y avez déjà placé; renouvelez le remède pendant deux ou trois nuits de suite, et le cor disparaîtra avec une légère suppuration qui ne durera pas vingt-quatre heures.

889. Le suc de pourpier, mis après avoir coupé le cor, empêche sa renaissance. (*L'Ami des femmes.*)

890. *Autre.* Quelques personnes préfèrent à l'ail, des emplâtres de gomme ammoniaque ou de vigo. D'autres mettent à l'entour de leurs cors un morceau de mousseline qu'elles y assujettissent. D'autres enfin, après avoir pris un bain, ce qu'il faut faire dans tous les cas, entourent pendant huit jours le doigt souffrant d'une couche de suif de chandelle, et voient disparaître le cor dans l'espace de huit ou dix jours. (*Man. de santé.*)

COTON.

891. *Manière de le teindre en rouge.* Les Indiens font subir quelques préparations préliminaires au coton filé avant que de le teindre en rouge. Ils le plongent d'abord dans de la graisse de poisson qu'ils font mousser avec une dissolution de soude, et ils le laissent entassé dans ce bain où il s'échauffe sensiblement jusqu'au surlendemain. Le troisième jour le coton est lavé, séché, replongé dans cette émulsion grasse, puis suspendu à l'air, si la pluie n'y met point d'obstacle. La même opération est répétée le lendemain pour la troisième fois, les quatre jours suivans, ils le lessivent autant de fois dans une dissolution pure et simple de soude.

On lui donne ensuite la première teinte de vert olive avec des feuilles de fustet. On fait bouillir dans de grandes chaudières quinze livres de cette plante, pour trente livres environ de fil de coton; on passe la décoction que l'on a obtenue par un tamis; on la remet dans la chaudière que l'on a bien nettoyée ; on y fait dissoudre autant de livres d'alun en poids que de coton ; on plonge ensuite dans ce bain bouillant le coton placé par écheveaux, dans des petits pots ou des soucoupes ; on le suspend pour le faire sécher, on le relave, et puis on le fait ressécher ; et le coton est alors suffisamment préparé pour la teinture en rouge. Pour préparer ce bain, on prend autant de livres de racines de garance moulues que l'on a de livres de coton à teindre ; on la pétrit dans sept pintes de sang, avec lequel on la fait bien bouillir dans une chaudière ; on plonge alors le coton dans la couleur cuite, dont on entretient l'ébullition ; et lorsqu'il est bien pénétré des parties colorantes, on le fait sécher ; on le met ensuite dans des pots remplis de lessive alcaline, sous laquelle il reste plongé, et l'on fait aussi légèrement bouillir ; la liqueur qui s'échappe est continuellement remplacée par une nouvelle dissolution de soude. Enfin on fait dégorger et sécher le fil de coton, qui se trouve alors parfaitement teint après cette série d'opérations, qui durent communément vingt-un jours. (*Bulletin de la société d'encouragement d'industrie naturelle.*)

892. *Autre.* M. le professeur Gueclin, pour donner au coton la belle couleur de rouge d'Andrinople, prépare trois dissolutions : la première, de soude, assez concentrée pour se mêler sur-le-champ avec l'huile d'olive ; la seconde, de potasse ; et la troisième, de chaux ; on les verse par parties égales sur le fil de coton, et lorsque les écheveaux en sont bien imprégnés, on les fait bouillir pendant trois heures dans de l'eau pure, et sécher après les avoir rincées à l'eau courante ; alors on délaye vingt-cinq livres de crottin de mouton dans cinq cents livres de dissolution de soude, qu'on verse à travers un tamis de crin sur le coton, auquel on a soin d'ajouter auparavant douze livres et demie d'huile d'olive : on tord les écheveaux quand ils en sont bien pénétrés, et l'on répète trois fois la même opération avant de les laver. D'une autre part, on fait une décoction de vingt-cinq livres de noix de galle concassées ; mais on attend qu'elle soit tiède pour y tremper le fil qui doit y rester vingt-quatre heures ; puis on le tord, et on le plonge, lorsqu'il est sec, dans un bain composé de vingt-cinq livres d'alun de Rome, et d'autant de soude. On répète le même procédé deux ou trois jours après, et l'on met le coton dans un sac de toile, pour le faire dégorger pendant la nuit, au milieu d'une eau courante. Il est alors suffisamment préparé pour le garançage, qui consiste à faire bouillir à gros bouillons, pendant une demi-heure, vingt-cinq livres de coton avec douze à quatorze cents livres d'eau de rivière, vingt livres de sang de bœuf encore fluide, et cinquante-cinq livres de bonne garance moulue ; on lave ensuite

les écheveaux, et l'on avive la couleur, lorsqu'ils sont secs, en les faisant d'abord passer à travers une lessive de potasse, et puis légèrement bouillir cinq ou six heures avec de l'eau de savon, dans une chaudière bien couverte.

Le coton teint par ce procédé, prendra une couleur aussi éclatante et aussi solide, que celle du plus beau rouge d'Andrinople. (*Idem.*)

COUCHES.

CONSTRUCTION DES COUCHES. *Voyez Jardins potagers.*

893. *Manière d'empêcher les mauvaises herbes de s'emparer d'une couche ou d'un semis précieux.* On remue bien le terreau quand il est sec et que la couche a jeté son premier feu, on l'arrose avec de l'eau bouillante, on le ratisse, et l'on y sème ensuite les plantes. (*Bibl. ph. écon.*)

COUFFE DE PALANGRE.

894. *Couffe de Palangre* (*Pêche à la*). Les pêcheurs provençaux, du côté de Nice, ajustent autour d'un panier qu'ils appellent *couffe*, des lignes et des hameçons; ils suspendent ce panier comme un plateau de balance par trois cordes qui se réunissent à une seule, au bout de laquelle est attachée une flotte de liège. Le panier rempli de pierres plonge au fond de l'eau, et on le retire de temps en temps pour prendre le poisson. (*Pisciceptologie.*)

COULAGE DES FUTAILLES (*Moyen d'arrêter le*).

895. Pour arrêter le coulage des futailles, il suffit de frotter violemment avec une poignée d'orties, l'endroit d'où s'échappe le fluide; l'ortie agit sur les parties humides; son suc se coagule par la friction sur le bois et ferme imperméablement les nœuds vicieux et les ouvertures accidentelles des douves. (*Bibl. ph. écon.*)

COULEUR.

PROCÉDÉS POUR LA FABRICATION ET POUR L'APPLICATION DES COULEURS, SOIT A L'HUILE, SOIT EN DÉTREMPE.

896. *Noir.* L'usage veut un choix dans les matières qu'on destine à la couleur noire. Les corps qui la produisent ne donnent pas tous le même ton. Suivant le catalogue des corps colorans, plusieurs fournissent le noir; les parties charbon-

neuses des noyaux de pêches, du hêtre, de l'ivoire, des sarmens de vigne, le noir de fumée, celui de lampe, etc., y
concourrent d'une manière différente. Voici quelles sont leurs
propriétés :

Noir de pêche, il est terne.

Noir d'ivoire, il est nourri et très-beau, lorsqu'il est très-
atténué sous la molette.

Noir au charbon de hêtre porphyrisé, il est d'un ton bleuâtre.

Noir composé avec le noir de fumée, il est de couleur mini-
me. On le rend plus moelleux, en le faisant avec un noir de
fumée qu'on a tenu rouge pendant un quart d'heure dans un
creuset exactement fermé ; il perd alors le gras qui accompa-
gne cette suie.

Le noir de lampe est d'une qualité supérieure, quand on lui
a fait subir la même préparation.

Noir de vigne fourni par le charbon porphyrisé de sarmens
de vigne, il est le plus faible et d'un gris sale lorsqu'il est seul
et grossier ; mais il est d'autant plus noir que le charbon a été
plus exactement divisé.

Les peintres en tableaux restreignent, pour la plupart,
l'usage des noirs à ceux de vigne, de pêche de Cassel et de
Cologne ; et même à celui de momie, dont les tons vigoureux
et transparens présentent des qualités que les autres n'ont pas.

La consommation du noir de fumée est plus étendue dans
la peinture par impression, il sert à modifier la vivacité des
tons d'autres couleurs, ou pour faciliter la composition des
couleurs secondaires. Les peintures à l'huile dont on recouvre
les rampes de fer, les balcons, les grilles ; celles qu'on mélange au vernis dont on recouvre les tabatières en carton, en
fer battu et autres objets à fonds noirs, consomment une assez
grande quantité de ce noir. On peut donner à ces sortes d'ouvrages une grande solidité en les recouvrant de plusieurs couches du vernis mordant à l'or (le XXVIIIe, *voy.* au mot VER-
NIS), dans lequel on aura détrempé du noir de fumée lavé à
l'eau, pour en séparer les corps étrangers qui s'y insinuent par
l'insouciance des ouvriers qui conduisent le travail.

Après l'application du vernis, on sèche les pièces dans un
four, en leur faisant supporter une chaleur un peu plus forte
que celle qui convient aux ouvrages de pâte de carton. Le
jaune de Naples, qui entre dans la composition du vernis noir,
est la base du brun foncé qu'on remarque sur certaines tabatières de fer battu, parce que cette couleur se change en brun,
en cuisant avec le vernis.

897. *Blanc.* Le blanc est ordinairement très-fade, lorsqu'on
l'emploie sans aucun mélange. Les peintres décorateurs ont

coutume de le relever par une petite pointe de bleu qui le rend plus vif. Tous les blancs, ou toutes les matières blanches, ne sont pas également propres pour la peinture au vernis ou à l'huile. La craie ne peut convenir qu'à la détrempe, parce que les deux autres genres de peinture lui donnent une teinte brune.

Ainsi donc, pour un blanc de détrempe on prend un blanc de Bougival, qu'on broye à l'eau et qu'on détrempe à l'eau de colle. On l'égaye par une légère pointe de bleu d'indigo, ou de noir de charbon broyé très-fin.

Le blanc destiné au vernis ou à l'huile, demande l'emploi d'un oxide métallique, qui donne plus de corps à la couleur. On prend donc de la céruse réduite en poudre (1) qu'on broye avec de l'huile d'œillet, et un quart d'once (8 grammes) de sulfate de zinc (*couperose blanche*) par chaque livre (512 grammes) d'huile. On applique la seconde couche sans addition de sulfate de zinc, et on laisse sécher. On recouvre alors par une couche de vernis (le IIIe). Cette couleur est solide, brillante, et repose la vue.

On pourrait employer l'huile de lin à la place de celle d'œillet; mais sa couleur nuirait un peu à celle du blanc. Les peintres ont l'habitude de mettre sur le porphyre avec la couleur une cuillerée ou deux d'huile d'œillet ou de noix non préparée, pour faciliter l'extension de la matière, et pour retarder l'évaporation et le dessèchement de l'huile cuite. La dose de cette huile ne peut pas être déterminée; elle est relative à la quantité de la couleur qu'on se dispose d'employer : une cuillerée ordinaire pour huit à neuf onces de matière à porphyriser suffit.

On prépare encore le blanc avec l'oxide blanc de plomb pur, broyé avec un peu d'essence coupée d'un peu d'huile d'œillet et détrempé avec le vernis (XIVe). On peut encore détremper avec l'essence coupée d'huile et sans vernis qu'on réserve pour les deux dernières couches. Si on ne veut pas un blanc mat,

---

(1) Un amateur n'est pas toujours monté en instrumens, comme le peintre par état. La pulvérisation de la céruse peut se faire chez le marchand; mais elle n'est plus à l'abri des mélanges. Il est un moyen simple pour réduire cette substance en poudre, sans mortier et sans inconvénient.

On place sur une grande feuille de papier un tamis de crin, sur lequel on promène, par un mouvement circulaire, un pain de céruse, en appuyant un peu contre la toile. Le frottement en détache une poudre fine qui se rassemble sur la feuille de papier. S'il s'en élève une poussière incommode, ce qui arrive avec une céruse très-sèche, on se place dans un courant d'air, pour ne pas en être affecté. Cette céruse ainsi divisée, se broye très-aisément sur le porphyre.

Les tamis dont la toile est en fil de laiton, conviennent mieux que ceux de crin.

on aiguillonne la couleur avec un peu de prussiate de fer (bleu de Prusse), ou avec un peu d'indigo qui est préférable ici, ou enfin avec un peu de noir détrempé. Ce dernier tourne au gris. Mais le blanc de plomb pur, dont le prix est plus élevé que celui de l'oxide céruse, est réservé pour les meubles de prix. Dans le cas particulier, si on cherche un très-beau blanc solide, on broye avec un peu d'essence, et on détrempe avec le vernis (III*).

898. *Gris clair.* La céruse broyée avec un peu d'huile de noix ou d'œillet, et mêlée d'une petite quantité de noir de fumée, compose un gris plus ou moins chargé, à raison de la quantité du noir; une petite teinte de noir donne le gris blanc. C'est ainsi qu'avec cette seule matière dosée différemment, on peut parcourir une assez grande variété de nuances, depuis le gris clair jusqu'au gris le plus foncé.

On broye cette couleur à l'eau, si on la destine à la détrempe; on la broye à l'huile de noix ou d'œillet, si on veut peindre à l'huile; et à l'essence coupée d'huile d'œillet, si on veut la détremper au vernis. Cette couleur est très-solide et très-nette, si on la détrempe avec le vernis (XII*); le vernis (XIV*) la rend si solide, qu'elle peut supporter des coups de marteau, si, dès la première couche, on l'a appliquée avec le vernis et sans encollage.

Ces fonds gris clairs sont très-recherchés pour les appartemens, surtout lorsque les dispositions locales les exposent à la vive lumière du soleil. Les vernis à l'essence, pour cet objet, sont plus solides que ceux à l'alcohol.

On leur reproche l'inconvénient de répandre un peu d'odeur pendant quelques mois; on y obvie facilement en glaçant avec un vernis à l'alcohol avec ou sans couleur. Lorsqu'il est appliqué seul et sans couleur, la glace en est plus vive, la couleur du fond ressort avec plus d'éclat; mais il se raye aisément. Pour cette dernière couche, les vernis (III* et IV*) conviennent, et le (VI*) pour le gris plus foncé.

899. *Gris de perle argentin.* Si dans la composition précédente on remplace le noir par une légère pointe de bleu; ou si on combine ce bleu avec une très-légère portion de noir, on obtient le gris argentin; mais, pour ne point altérer le fond par une teinte étrangère, on broye et on détrempe avec l'essence coupée d'un peu d'huile d'œillet pour la première couche; pour les suivantes, on broye avec le vernis (XII*), adouci avec un peu d'huile d'œillet, et on détrempe avec le même vernis. Enfin le gris de perle sortira avec plus d'éclat encore, si on glace la dernière couche, avec le vernis à l'alcohol (III*) mêlé avec un peu de couleur.

900. *Gris de lin.* La céruse entre encore dans la composition de cette couleur, qui se traite du reste comme les autres gris, avec cette différence qu'elle admet le mélange de la laque au lieu de noir. On prend donc la quantité de céruse qu'on juge devoir employer, et on la broie séparément : on détrempe et on ajoute la laque et le prussiate de fer (bleu de Prusse), broyés aussi séparément. Les quantités de ces deux dernières couleurs deviennent relatives au ton de couleur qu'on veut donner à l'enduit.

Cette couleur est propre à la détrempe, au vernis et à l'huile. Pour le vernis, on la broie avec le vernis (IIIe), mêlé d'un peu d'huile d'œillet, et on détrempe avec le vernis (XIVe). Pour la couleur à l'huile, on broie avec l'huile d'œillet sans préparation, et on détrempe avec l'huile de noix siccative résineuse. L'ouvrage est brillant et solide.

Lorsque l'artiste se pique d'une exécution soignée, pour ces sortes de couleurs qui ont de l'éclat, il convient, avant de commencer l'ouvrage, de boucher les trous que les têtes de clous font dans la boiserie, avec un mastic à la céruse, ou avec celui des vitriers.

La première couche de couleur, en prenant le gris de lin pour exemple, est de céruse sans mélange, broyée à l'essence, coupée d'un peu d'huile d'œillet, et détrempée à l'essence. Si cette première couche laisse des traces inégales, il convient de poncer légèrement et à sec ; cette opération, qui semble si éloignée du fini, contribue pour beaucoup à la grâce et à l'élégance du poli, lorsqu'on a appliqué le vernis.

La seconde couche est composée de céruse tournée au gris de lin, par le mélange d'un peu de terre de Cologne, d'autant de rouge d'Angleterre ou de laque, et d'une pointe de bleu de Prusse. Ce rouge d'Angleterre est plus solide que la laque. On fait d'abord le mélange avec une petite quantité de céruse, de manière qu'il n'en résulte qu'un gris enfumé par l'addition de la terre de Cologne. Le rouge qu'on y ajoute fait passer à la couleur de chair, que le bleu de Prusse détruit à son tour pour former le gris de lin foncé. L'addition de la céruse éclaircit le ton. Cette couche et la suivante se broient et se détrempent au vernis comme ci-dessus.

Ce mélange de couleurs, dont résulte le gris de lin, a de l'avantage sur la composition du gris argentin, en ce qu'il défend la céruse de l'impression de l'air et de la lumière qui lui font prendre une teinte jaunâtre. Le gris de lin ainsi composé est inaltérable ; d'ailleurs l'essence qui forme le véhicule de la première couche contribue à faire sortir une couleur dont le ton diminue un peu par l'effet de la dessiccation. Cette dernière observation doit encore guider l'artiste sur la teinte, qui est toujours plus ferme dans un mélange liquide, que lorsque la matière qui le composait se trouve étendue en couche mince, et qu'elle est sèche.

N. B. Toute espèce d'encollage dont on a pris l'habitude de faire précéder l'application des vernis, doit être proscrite comme très-nuisible, lorsque cette application se fait sur boiserie en bois de sapin. L'encollage se tolère pour le plâtre, mais sans mélange. Une simple couche d'eau de colle-forte étendue, suffit pour en occuper les pores de manière à ne pas faire plus de consommation de vernis que sur le bois.

901. *Couleur de bois de chêne.* La céruse fait encore la base de cette couleur. Trois quarts de cette substance et l'autre quart composé d'ocre de rue, de terre d'ombre et de jaune de Berry, ces trois derniers ingrédiens employés dans des proportions qui conduisent à la teinte qu'on recherche, donnent une matière également propre à la détrempe, au vernis et à l'huile.

902. *Couleur de noyer.* Une quantité déterminée de céruse, la moitié de cette quantité d'ocre de rue, un peu de terre d'ombre, d'ocre rouge et d'ocre jaune du Berri, composent une couleur propre à la détrempe, au vernis et à l'huile.

Pour le vernis, on broie avec un peu d'huile de noix siccative, et on détrempe avec le vernis (XIV⁰).

Pour la peinture à l'huile, on broie avec l'huile d'œillet grasse, coupée d'huile siccative simple, ou avec l'huile siccative résineuse.

903. *Jaune de Naples.* Le jaune de Naples, le jaune d'oche de Berry, ou de tout autre lieu, mêlé avec de la céruse, broyé à l'eau, si on le destine à la détrempe, ou à l'huile de noix siccative coupée d'essence à parties égales, si on le destine au vernis, et détrempé avec le vernis (XII⁰), si c'est pour des objets délicats, ou enfin avec le vernis (XIV⁰), donne une couleur très-belle, mais dont l'éclat devient dépendant des doses de céruse, qui doivent varier à raison de la nature particulière de la matière colorante employée. Si le fond de la couleur est fourni par l'oche et qu'on veuille peindre à l'huile, on peut se passer de broyer à l'huile coupée d'essence ; l'essence seule peut suffire. Cependant l'huile donne plus de liant et plus de corps.

904. *Jonquille.* Le jonquille n'est employé qu'en détrempe. On peut néanmoins le traiter au vernis. C'est une couleur végétale qui lui sert de base. Il se fait avec le stil-de-grain et l'oxide de céruse.

On broie avec le vernis (XII⁰), et on détrempe avec le vernis (XIV⁰).

905. *Jaune citron.* On fait un beau jaune citron, en suivant la prescription des anciens peintres, qui marient l'oxide sulfuré rouge et l'oxide sulfuré jaune d'arsenic (réalgar et orpiment); mais ces couleurs, qu'on peut d'ailleurs imiter, ont contre elles l'opinion défavorable qu'inspire leur qualité vénéneuse. Il convient d'y suppléer par le stil-de-grain de Troyes et le jaune de Naples; cette composition est propre à la détrempe et au vernis. Broyée et détrempée avec les vernis indiqués pour la couleur précédente, il résulte une couleur solide, éclatante et sans odeur, lorsqu'on applique pour dernière couche un vernis à l'alcohol.

Des artistes conseillent pour la couleur paille, un mélange de céruse et d'orpiment dans des doses relatives au ton de couleur qu'on recherche. La même chose a lieu pour la composition du jaune couleur d'or dont il va être fait mention.

906. *Jaune couleur d'or.* Il se rencontre souvent des cas dans lesquels on cherche à faire sortir une couleur d'or, sans faire usage d'une substance métallique. On donne alors à la composition dont le jaune fait partie principale, une couleur qui puisse faire illusion. On y parvient avec le jaune de Naples éclairci par le blanc d'Espagne, ou par le blanc ou l'argile de Morat, mêlé d'oche de Berry, et d'oxide d'arsenic sulfuré rouge (réalgar). Ce dernier, en petite quantité, donne au mélange une couleur qui imite l'or, et qu'on peut employer à la détrempe, au vernis et à l'huile. Quand on la destine à l'huile, on broie avec l'huile de noix siccative ou pure, mêlée d'essence, et on détrempe avec l'huile siccative.

907. *Couleur chamois.* Le jaune est le fondement de la couleur chamois, qu'on modifie par une pointe d'oxide rouge de plomb (minium); ou encore mieux, par l'oxide sulfuré rouge de mercure (cinabre) et la céruse en petite quantité. Cette couleur peut être employée à la détrempe, au vernis et à l'huile. Pour le vernis, on la broie avec moitié huile d'œillet ordinaire et moitié vernis (XIII⁰). En détrempe avec le vernis (XIV⁰). Pour la couleur à l'huile, on broie et on détrempe avec l'huile siccative qu'on lui destine.

908. *Couleur olive.* La couleur olive est aussi un composé dont on peut diversifier les nuances. Si à du jaune on mêle du noir et un peu de bleu, on compose la couleur olive. Ainsi le jaune de Berry ou d'Auvergne, un peu de vert-de-gris et du charbon, forment cette couleur; elle est propre à l'huile et au vernis.

Quand on la destine à la détrempe, il convient de changer

sa composition. Le jaune indiqué, l'indigo et la céruse, ou bien le blanc d'Espagne, deviennent les nouveaux ingrédiens de la couleur

Broyer et détremper avec les vernis (XIIIe et XIVe), avec l'huile, broyer à l'huile coupée, et détremper à l'huile siccative.

909. *Bleu.* Le bleu se prend dans l'ordre des substances végétales, comme l'indigo ; ou dans celui des substances métalliques, comme le prussiate de fer (bleu de Prusse) ; ou dans celui des substances minérales pierreuses, comme l'outremer; ou enfin dans celui des substances vitreuses colorées par un oxide métallique, comme le bleu de Saxe; l'outremer est plus spécialement réservé, à raison de son prix, à la peinture du tableau; le bleu de Saxe même partage, en partie, cette prérogative.

Lorsqu'on emploie sans mélange le prussiate de fer ou l'indigo, la couleur qui en résulte est trop foncée, elle n'a point d'éclat, et souvent même la lumière la fait paraître noire; on a donc coutume de l'adoucir avec le blanc.

On prend autant de céruse qu'on croit en devoir employer à l'ouvrage entier qu'on entreprend ; on la broie à l'eau, si c'est pour détrempe; à l'huile, si c'est pour vernis à l'essence, ou tout simplement à l'essence, qui convient également pour la peinture à l'huile ; et l'on ajoute assez de l'un ou de l'autre bleu pour arriver au ton de la couleur qu'on désire.

Pour le vernis, on broie ordinairement à l'huile d'œillet coupée d'essence; on détremperait avec le vernis (XIIe), si la couleur était destinée à des objets délicats ; ou avec le vernis (XIV), si on voulait en recouvrir une boiserie. Cette couleur broyée et détrempée à l'huile siccative, fait un bel effet, lorsqu'elle est recouverte d'un vernis solide à l'alcohol ou à l'essence.

Enfin, si on destine cette couleur à l'huile à des objets recherchés comme des meubles de prix et sujets à des frottemens, on peut glacer avec le vernis de copal à l'essence (XVIIIe ou XXIIe).

Cette couleur fait peu d'effet à la détrempe, parce qu'elle favorise peu le jeu de la lumière ; mais bientôt elle acquiert du brillant et de l'éclat sous la lame vitreuse du vernis. Une détrempe vernie avec soin fait un bel effet.

L'emploi du prussiate de fer (ou bleu de Prusse) ne jouit pas du même degré de confiance chez tous les peintres en tableau, parce qu'ils connaissent le peu de stabilité dans le ton de cette couleur, qui passe au vert plus ou moins rapidement; il est vraisemblable que les parties colorantes qu'on cherche dans le plomb ou dans le bismuth, et qu'on emploie fréquemment pour diminuer l'intensité du bleu, contribuent à ce changement. Ces couleurs empruntent à la lumière une teinte jaune qui réagit sur le bleu du prussiate, et qui en fait une couleur composée, dont le vert plus ou moins décidé doit être le résultat ; l'huile peut y coopérer.

Le mélange du prussiate de fer et du noir de vigne développe, sous la molette, une couleur tirant sur le violet ; elle prend ensuite une teinte jaunâtre qui se perd insensiblement, et qui disparaît au bout de trois à quatre ans, pour se revêtir d'un bleu très-riche et très-durable. Ce mélange remplit le même but dans la peinture par impression. Le gris de perle prend une teinte azurée qui se conserve et qui empêche la céruse de toucher au jaune.

910. *Autre bleu fait avec le bleu de Saxe.* Le bleu de Saxe, matière vitreuse colorée par l'oxide du cobalt, donne un ton de couleur différent de celui du prussiate de fer et de l'indigo. On l'emploie pour les bleus de ciel ; il en est de même de la cendre bleue, préparation mêlée d'oxide de cuivre et de chaux ; l'un et l'autre bleu supportent la détrempe, le vernis et l'huile.

Le premier demande à être broyé à l'huile siccative et détrempé au vernis (XIVe). Si on le traite pour la peinture à l'huile, on détrempe avec l'huile siccative résineuse qui donne du corps à cette matière vitreuse.

La cendre bleue peut être broyée au vernis (Ier), mêlé d'un peu d'essence, et détrempée au vernis (IIIe), si la couleur doit être portée sur des objets délicats ; ou enfin, le vernis (XIIIe), mêlé d'un peu d'huile siccative, servira à broyer, et le vernis (XIVe), à détremper, si la peinture doit recouvrir des plafonds, des boiseries ou autres objets de ce genre. Cette couleur est tendre, mate, et elle demande un vernis qui en relève le ton et qui lui donne du jeu ; le (XVIIIe) convient si l'objet demande un vernis solide.

911. *Vert d'eau.* Toute couleur verte, simple ou composée, mêlée à un fond blanc, s'adoucit et donne le vert d'eau plus ou moins développé et plus ou moins tendre, en raison des quantités respectives des deux couleurs principales ; ainsi les oxides verts de cuivre, comme le vert de montagne, le vert-de-gris, le verdet cristallisé et séché, le vert composé avec la cendre bleue et le stil-de-grain de Troyes, ou tout autre jaune, formeront, avec une base de couleur blanche, un vert d'eau dont il est facile de changer ou de modifier les degrés d'intensité. Le fond blanc se prend ordinairement dans le blanc de Bougival (marne blanche) ; ou dans le blanc de Troyes (craie) ; ou dans le blanc d'Espagne (argile pure), lorsqu'on travaille en détrempe ; mais on le cherche dans un oxide métallique,

quand on destine la couleur au vernis ou à l'huile; on prend alors la céruse, ou l'oxide blanc de plomb pur.

912. *Vert d'eau pour la détrempe.* On broie à l'eau séparément du vert de montagne et de la céruse, et on détrempe à l'eau de colle de parchemin en ajoutant de la céruse en dose convenable pour atteindre le degré d'intensité qu'on veut donner à la couleur. On conseille de se servir du stil-de-grain de Troyes et de l'oxide de blanc de plomb dans des proportions que l'expérience indique, parce que la couleur qui en résulte est plus solide.

Dans le cas d'une composition triple, on commence par faire le vert en mêlant le stil-de-grain avec la cendre bleue, et on le dégrade jusqu'au vert d'eau par l'addition de la céruse broyée à l'eau.

913. *Vert d'eau au vernis.* Le vernis demande que cette couleur ait plus de corps qu'elle n'en a dans la détrempe, et elle le trouve dans l'huile qu'on y mêle; cette addition lui donne même plus d'éclat; en outre on remplace le vert de stil-de-grain qui est de nature végétale, par un vert de nature métallique.

On broie séparément avec de l'huile de noix, moitié siccative et moitié grasse, une certaine quantité de vert-de-gris réduit en poudre et passé au tamis de soie; et on délaye avec le vernis (XIIe) si on applique la couleur sur des surfaces métalliques, ou enfin avec le vernis (XIVe.)

D'un autre côté, on broie la céruse à l'essence, ou à l'huile coupée de moitié d'essence; on mélange les deux couleurs, dans des proportions relatives au degré d'intensité qu'on veut donner à la couleur. On sent que la céruse constitue la partie principale de cette composition.

Si cette couleur est destinée à des objets d'un certain prix, comme nécessaires, toilettes, etc., l'acétate de cuivre (verdet cristallisé), séché et mis en poudre, remplace le vert-de-gris, et on recouvre d'une couche transparente du vernis de copal (XVIIIe ou XXIIe.)

Les verts d'eau, qui admettent dans leur composition des parties colorantes métalliques, sont solides et ne changent pas.

On peut se servir des dernières compositions, pour la peinture en vert d'eau à l'huile; mais il convient d'éclaircir le ton un peu plus qu'avec le vernis, parce que cette couleur devient plus foncée, par l'addition jaune que l'huile développe avec le temps.

Lorsqu'on veut avoir une couleur verte d'un ton agréable, on broie à l'huile de noix deux parties de céruse, et à l'essence une partie de vert-de-gris; on détrempe les deux couleurs avec moitié huile de noix siccative ordinaire, et moitié huile de noix siccative résineuse : cette couleur paraît d'abord d'un bleu pâle; mais elle passe au vert en bien peu de temps par l'impression de la lumière, et dans cet état elle est très-solide.

914. *Couleurs de composition, pour l'intérieur des appartemens.* Les couleurs de composition peuvent servir à la détrempe et au vernis, et elles seront d'autant plus solides que l'économie ne sera entrée pour rien dans le choix des matières, et que la céruse aura été préférée au blanc d'Espagne ou à la craie; en général, les couleurs qu'on destine au vernis ou à l'huile veulent un blanc métallique.

915. *Vert de composition.* Pour cette couleur-ci, on prend deux livres de céruse, quatre onces de stil-de-grain de Troyes, et une once de prussiate de fer (bleu de Prusse), ou d'indigo. Ce mélange procure un vert dont on peut diminuer ou augmenter l'intensité par l'addition du jaune ou du bleu. On broie à l'huile mêlée d'un quart d'essence, et on détrempe dans le vernis (XIIe), ou dans le (XIVe); l'un et l'autre contribuent à la solidité de la couleur. Si l'on veut faire disparaître l'odeur d'essence, on glace avec le vernis (Ier), ou le (IIIe), ou enfin le (VIe).

916. *Couleur verte, pour les corps sujets aux frottemens et aux chocs, comme les roues de voitures, etc.* L'extrême fatigue qu'éprouvent les équipages, par les frottemens et les lavages continuels auxquels ils sont assujettis, prescrit l'emploi d'un vernis solide. Quelques ménagemens qu'on puisse attendre de la part des palfreniers, il est impossible que les mouvemens répétés d'une éponge, qui se remplit de parties terreuses, n'altèrent le meilleur vernis. Pour la solidité de l'ouvrage on donne d'abord une teinte dure, avec un mélange d'huile de lin cuite, d'oxide céruse, qu'on a préalablement fait sécher sur un feu assez fort pour lui faire perdre le blanc, et d'un peu de sulfate de zinc (couperose blanche), à la dose d'un quart d'once par livre de matière; la seconde couche sera composée de la couleur verte précédente; c'est-à-dire composée de deux parties de céruse sur une de verdet, pulvérisée et broyée avec l'huile cuite de noix, coupée d'un quart d'huile grasse d'œillet, et détrempée avec l'huile siccative. Enfin, la troisième couche sera de la même couleur, détrempée au vernis gras de copal (XXe ou XXIIe).

917. *Couleur rouge pour les trains d'équipages, roues de carrosses, etc.* Les artistes varient sur la composition des premières couches, et dans ce cas ils emploient avec avantage la peinture à l'huile faite avec le rouge de Berry (espèce d'ocre argileuse), mêlé avec la litharge, et quelquefois le minium.

Ces couleurs, qui ont pour base un oxide métallique, sont toujours assez solides; on peut même les broyer avec de l'huile de lin ou de noix pure, sans que la couleur de ces substances soit altérée, et l'on rend par cela même les huiles plus siccatives; on peut hâter cet effet par le mélange d'un peu de sulfate de zinc (couperose blanche) qu'on broie avec la couleur; ainsi pour obtenir ces couleurs, on prendra la moins chère qui est le rouge de Berry, pour la première couche, en y mêlant un peu de litharge porphyrisée, on broîra à l'huile moitié grasse et moins siccative, et on détrempera ensuite à l'huile siccative; la seconde couche se fera avec le minium (oxide rouge de plomb), broyé avec l'huile siccative coupée de moitié d'essence; la troisième se fera de même, mais l'on emploîra le vermillon, de préférence aux autres substances ci-dessus indiquées, pour obtenir un plus beau rouge; dans tous les cas on finit toujours par glacer avec un vernis gras au copal; tel que les (XXIIIe ou XXIIe) que l'on aiguise par un peu de vermillon, et l'on hâte sa dessiccation par un fort soleil, ou par un courant d'air bien établi.

918. *Rouge vif.* Le mélange de la laque avec le vermillon donne le beau rouge vif, dont les peintres se servent pour rendre les parties sanguines. Ce rouge est quelquefois imité pour vernir les petits accessoires de toilettes; il doit être broyé au vernis, délayé avec le même vernis, glacé et poli. Les vernis (XIIIe) pour broyer, (XIVe) pour détremper, et (XIIe ou XXIIe) pour glacer.

919. *Cramoisi, couleur de rose.* De la laque carminée, celle qui est composée d'alumine (base de l'alun) chargée de la partie colorante de la cochenille, de la céruse et du carmin, forment le beau cramoisi. La couleur de rose veut peu de carmin, elle demande une pointe de vermillon et l'oxide blanc de plomb. La cherté de ces deux couleurs borne l'usage de ce vernis à des objets de prix.

920. *Couleur violette.* Le violet se fait indifféremment avec le rouge et le noir, le rouge et le bleu; et, pour le rendre plus éclatant, avec le rouge, le blanc et le bleu. On prend donc, pour composer un violet applicable au vernis, du minium, et encore mieux du vermillon, qu'on broie avec le vernis (XIIe) coupé d'un quart d'huile cuite, et un peu de céruse; on ajoute un peu de prussiate de fer (bleu de Prusse) broié à l'huile; on a bientôt trouvé les proportions les plus convenables pour le degré qu'on veut atteindre dans l'intensité de cette couleur; le blanc éclaircit la teinte. Le vermillon et le bleu de prussiate

séparés ou mêlés, ont des tons durs qui ont besoin d'être adoucis par l'intermède d'une substance qui modifie à leur avantage les reflets de la lumière.

921. *Couleur marron.* Cette couleur est composée de rouge, de jaune et de noir. Le rouge d'Angleterre, ou de l'ocre rouge d'Auvergne, de l'ocre de rue et un peu de noir, font le marron foncé. Cette composition est propre à tous les genre de peinture. Si on prend le rouge d'Angleterre, qui est plus sec que le rouge d'Auvergne, il convient, si on destine la couleur au vernis, de broyer avec l'huile de noix siccative ; le bol d'Auvergne peut être broyé avec le vernis (XIIIe) et détrempé avec le vernis (XIVe).

922. *De la peinture en détrempe, et du badigeon.* On fait souvent usage de ce genre de peinture, soit pour orner les appartemens ou préserver l'extérieur des bâtimens de l'action destructive du temps ; soit pour servir de support à d'autres couleurs, sur des fonds qui n'ont pas assez de solidité pour les retenir.

On distingue trois sortes de détrempes. La première, considérée comme la détrempe commune ; la seconde, la détrempe vernie ou de Chipolin, et la troisième le blanc de roi.

923. *De la détrempe commune.* Lorsqu'il n'est question que d'appliquer une détrempe simple sur un mur, ou sur une cloison revêtue de plâtre, on jette dans l'eau du blanc d'Espagne ou du blanc de Troyes ; on l'écrasse et on le délaye facilement, lorsqu'on lui a laissé le temps de s'en abreuver : l'eau doit être chargée à saturation. On ajoute un peu de noir de charbon, délayé séparément dans un peu d'eau, pour ôter le trop blanc et l'empêcher de jaunir ; on mêle l'eau saturée de blanc avec moitié eau de forte colle et très-chaude, sans être bouillante, et on l'applique à la brosse ; on répète les couches jusqu'à ce qu'on s'aperçoive que la teinte est uniforme.

924. *Peinture au lait.*

Prenez : Lait écrémé 2 litres ou pintes 2 kilogram. (4 *livres*)
    Chaux récemment éteinte . . . . . 0,192 gr. (6 *onces*).
    Huile d'œillet, ou de lin, ou de noix. 0,128 gr. (4 *onces*).
    Blanc d'Espagne. . . . . 1 kilogr. 500 gr. (3 *livres*).

On met la chaux dans un vase de grès, ou dans une seille propre ; on verse dessus une portion suffisante de lait pour en faire une bouillie claire ; on ajoute peu à peu l'huile, en remuant avec une spatule de bois ; on verse le surplus du lait et on délaye le blanc d'Espagne.

925. *Peinture au lait résineuse.* Pour peindre les dehors,

ou ajoute aux proportions de la peinture au lait en détrempe :

Chaux éteinte . . . . . .)
Huile . . . . } de chaque, 0,64, gram. (2 *onces.*)
Poix blanche de Bourgogne)

On fait fondre, à une douce chaleur, la poix dans l'huile, qu'on doit ajouter à la bouillie claire de lait et de chaux. Dans le temps froid, on fait tiédir cette bouillie, pour ne pas occasioner le brusque refroidissement de la poix, et pour en faciliter la division dans le lait chaud.

926. *Détrempe pour les parquets.* On donne le nom de parquets à des planchers de sapin, coupés de frises de noyers ou disposés en compartimens, dont le noyer fait le cadre; mais ces sortes de planchers n'empruntent d'autre lustre que celui de la cire et d'une propreté soutenue. On a exécuté quelques planchers en plâtre, sur lesquels la couleur jaune citron qu'on destine aux parquets exécutés en chêne, fait un très-bel effet.

Pour obtenir cette couleur on fait bouillir dans 8 kilogrammes (16 *livres*) d'eau, 0,250 grammes (*une demi-livre*) de graine d'Avignon, autant de terra-mérita et de safran bâtard ou de safranum. On ajoute au mélange 0,128 grammes (4 *onces*) de sulfate d'alumine (alun) ou de carbonate de potasse; celui-ci est préférable. On passe le tout par un tamis de soie, et on ajoute à la liqueur passée 2 kilogrammes (4 *livres*) d'eau, chargée de 0,500 grammes (1 *livre*) de colle de Flandre.

On étend avec le balai deux couches de cette couleur, et lorsqu'elle est sèche, on passe la cire, et on polit avec le frottoir.

927. *Pour les corridors, et salles basses carrelées.* On passe la brosse ordinaire sur les carreaux avec de l'eau qui sort d'une lessive ordinaire, ou avec de l'eau de savon, ou enfin avec une eau chargée d'un vingtième de carbonate de potasse (alcali de potasse). Ce lavage nettoie à fond, emporte toutes les taches de graisse, et dispose toutes les parties du carrelage à bien recevoir la détrempe. On laisse sécher.

D'un autre côté, on fait fondre dans 4 kilogrammes (8 *livres*) d'eau, 0,250 grammes (*une demi-livre*) de colle de Flandre. On mélange à cette solution, lorsqu'elle est encore bouillante, 1 kilogramme (2 *livres*) d'ocre rouge, qu'on détrempe exactement. On applique une couche de cette détrempe sur les carreaux et on laisse sécher. On donne une seconde couche avec du rouge de Prusse, détrempé avec de l'huile de lin siccative; enfin, une troisième couche avec le même rouge détrempé à la colle. Lorsque l'ouvrage est sec, on frotte avec de la cire.

928. *Autre rouge.* On donne un très-beau rouge avec le bain de garance aluné. A cet effet, on prend 0,500 grammes (1 *livre*)

de garance en poudre grossière, 0,128 grammes (4 *onces*) d'alun, et 6 kilogrammes (12 *livres*) d'eau suffisent pour cet apprêt. On en applique deux couches sur les carreaux neufs, et on passe ensuite à la cire et au frottoir.

Cette application fait le plus bel effet, mais il n'est pas aussi durable que le précédent.

929. *Détrempe en badigeon.* Le badigeon est employé pour donner une teinte jaune uniforme aux maisons que le temps a rembrunies, et aux églises qu'on cherche à rendre plus claires. Celui qui réussit le mieux, se fait avec de la sciure ou de la poudre de pierre, et de la chaux éteinte qu'on détrempe dans un seau d'eau qui tient en solution 0,500 grammes (1 *livre*) de sulfate d'alumine (alun). On l'applique à la brosse.

A Paris, et dans d'autres parties de la France, où les grands édifices sont construits avec une pierre tendre, jaunâtre, quelquefois blanche lorsqu'elle sort de la carrière, mais que le temps rembrunit beaucoup, on supplée à l'usage de la sciure de cette pierre par un peu d'ocre de rue, qui rend à l'édifice sa première teinte. Mais dans d'autres pays, où les constructions se font en une espèce de grès tendre, la teinte donnée par l'ocre de rue serait différente de ce qu'on veut imiter. Le procédé suivant, qu'on doit à feu La Grange, citoyen de Genève, est aussi simple que sûr. Il s'agit de frotter l'édifice qu'on veut remettre à neuf, avec des morceaux de la même molasse, en choisissant les plus durs; ce frottement rend à la pierre sa première couleur. Ce procédé, appliqué aux réparations du temple de Saint-Pierre, atteste, depuis quarante ans, qu'on ne pouvait pas en trouver un meilleur.

930. *Détrempe vernie, chipolin.* La peinture en détrempe qu'on recouvre d'un vernis, et à laquelle on donne le nom de *chipolin*, présente, ainsi que le blanc de roi, qui fournit l'exemple de la troisième sorte de détrempe, tout ce qu'on peut établir de plus élégant dans ce genre. Le travail que ces deux préparations exigent, en rend l'exécution assez coûteuse. C'est au chipolin qu'on est redevable de ces brillantes décorations en vernis, des candélabres, des sculptures recherchées dont le blanc argentin, relevé d'or mat, développe de si grands effets sous la lumière réfléchie; mais cet ordre de peinture vraiment noble, est réservé, à raison du grand travail qu'il exige, aux meubles de prix, ainsi qu'à la décoration des pièces intérieures des palais.

Pour obtenir le chipolin, il faut :

1° Laver les boiseries avec une décoction chaude d'absinthe, à laquelle on ajoute quelques têtes d'ail. On mêle cette décoction avec une eau de colle de parchemin, qui fasse gelée lorsqu'elle est froide. Cette opération première ouvre les pores du bois, et les dispose à offrir le pied aux couches suivantes.

2° Une couche à la colle chaude avec le blanc de Bougival ou d'Espagne, qui donnerait à l'ouvrage plus de solidité. Le blanc de Morat supplée à celui d'Epagne.

3° Huit à dix couches du même blanc, bien détrempé: très-fin, en observant le même degré de force et la même épaisseur dans chaque couche, et ayant la précaution de ne pas engorger les moulures, et de donner la dernière couche avec une colle un peu plus claire que pour les précédentes.

4° Adoucir la surface avec la pierre ponce, à laquelle on donne les formes convenables pour l'introduire dans les petites cordes formées par les moulures et sculptures; se servir de bâtons amincis et de différentes formes, pour polir les moulures et les surfaces planes. On abrége le polissage lorsqu'on promène au fur et à mesure une brosse douce trempée d'eau.

5° Nettoyer les enfoncemens des moulures et sculptures avec de petites broches de fer disposées à cet usage.

6° Appliquer ensuite deux couches de la couleur faite avec l'oxide blanc de plomb, mêlé d'une pointe de prussiate de fer (bleu de Prusse) et de noir, et détrempée avec de l'eau de colle de parchemin qu'on a passée au tamis, pour séparer les portions de colle encore grenelées; on passe ces deux couches, en adoucissant avec le pinceau.

7° Donner deux autres couches de colle claire, battue à froid et passée au tamis, pour en séparer les portions de gelée non délayées. Elles s'appliquent à froid, en adoucissant sur l'ouvrage, avec la précaution de ne pas repasser plusieurs fois sur le même endroit.

8° Appliquer avec les mêmes précautions deux à trois couches de vernis (II° ou XIV°); et tenir l'endroit chaud pour faciliter l'évaporation et la dessiccation, avant que la poussière puisse s'y appliquer : l'ouvrage est alors achevé.

931. *Imitation du chipolin, d'après Watin.* On applique deux couches d'encollage fait avec le blanc d'Espagne, détrempé avec soin dans une colle-forte au parchemin chaude et même bouillante.

On accélère la dessiccation en entretenant du feu dans la pièce qu'on vernit, si la saison n'est pas favorable.

Lorsque la seconde couche est sèche, on ponce pour égaliser, unir les surfaces. et on applique trois couches de détrempe préparée ainsi qu'il suit. Si on cherche le gris blanc azuré, on mélange exactement sur le porphyre 32 grammes (1 *once*) de céruse, 4 grammes (1 *gros*) de noir de charbon, et autant de prussiate de fer (bleu de Prusse) qu'on broie à sec. On prend une portion de ce mélange qu'on promène sur le porphyre, avec la céruse qui doit conserver la couleur, en ne mettant celle-ci que par portions, pour que le mélange soit plus exact. Cette première division étant opérée, on passe le tout par un tamis de soie pour compléter le mélange. On prend alors 0,128 grammes (4 *onces*) de ce mélange qu'on détrempe avec la brosse dans 0,5oo grammes (1 *livre*) de vernis (Ier), en ayant soin de ne point détremper plus de matière que l'on ne peut en avoir besoin, parce que le vernis s'évapore. On l'étend le plus uniformément qu'il est possible. Lorsque la couleur est sèche, on frotte avec une toile neuve et forte pour polir. Ce frottement, qu'on doit ménager dans le commencement, achève de sécher le vernis, et le glace.

Pour la seconde couche, on ne prend que la moitié de la poudre, qu'on détrempe dans la même quantité de vernis que pour la première; et pour la troisième, seulement 16 grammes (*une demi-once*) de poudre.

Enfin, si on veut lustrer l'ouvrage, on emploie une quatrième couche, qui ne soit pas plus chargée de couleur que la troisième. On frotte avec un linge, pour donner à la surface cet éclat qui résulte toujours de la parfaite uniformité dans l'extension du vernis.

932.{ *Procédé pour peindre en blanc de roi.* Pour peindre en blanc de roi, il convient de donner le pied avec une couche de blanc d'Espagne ou de Morat, détrempé à la colle-forte de parchemin, et employée bouillante, et ensuite on se comporte comme il a été dit ci-dessus, pour la détrempe de l'imitation du chipolin. (*Nouveaux secrets des Arts et Métiers.*)

PROCÉDÉ POUR APPLIQUER DES COULEURS SOLIDES SUR LES ÉTOFFES DE LAINE.

933. L'application des couleurs sur les étoffes de laine, regardée long-temps comme un secret, est cependant un procédé chimique très-simple, qui repose sur les mêmes principes que la teinture des laines, quoiqu'il en diffère dans la manipulation.

On applique ordinairement les couleurs sur des tissus qui ont reçu une teinture préalable; mais elles doivent y être portées aussi épaisses que possible, au moyen de la planche en bois. Lorsque le dessin est très-compliqué, il faudra appliquer chaque forme deux fois, d'abord chargée d'une couleur très-épaisse, et ensuite d'une couleur plus liquide qui pénètre bien l'étoffe.

Voici la manière de composer les principales couleurs qu'on emploie dans cette opération.

934. *Noir*. Dans une chaudière de capacité suffisante, faites bouillir à plusieurs reprises 1 livre de bois de campêche, 4 onces de sumac, 4 onces de noix de galle ; concentrez la dissolution jusqu'à six pintes, et laissez la reposer pendant quelques jours ; plus elle est gardée et plus la couleur acquiert d'intensité. Ajoutez ensuite 1 once et demie de sulfate de fer, et demi-once de sulfate de cuivre : faites bouillir de nouveau, et épaississez la couleur avec suffisante quantité d'amidon ; à la fin de l'opération, vous y mêlerez, en remuant continuellement, demi-once de muriate d'ammoniaque, et 1 once et demie de nitrate de fer.

935. *Jaune*. Faites bouillir dans suffisante quantité d'eau 8 onces de fustet, et concentrez la liqueur jusqu'à une pinte ; puis mêlez-y un blanc d'œuf bien battu, pour précipiter le tannin que le fustet contient, et filtrez ; vous épaissirez avec une demi-once d'amidon, et ajouterez 1 once d'alun concassé et 2 onces de muriate d'étain. Ce dernier mélange se fait à froid.

936. *Bleu*. On prépare une dissolution sulfurique d'indigo, on la passe à travers un filtre de laine, puis on l'épaissit avec 5 onces d'amidon par pinte, et on y ajoute 1 once d'alun concassé. Après que le mélange est refroidi, on y jette 1 once de muriate d'étain. Plus cette couleur est épaisse, plus elle est foncée.

937. *Vert*. On mêle une quantité quelconque des dissolutions de fustet et d'indigo, jusqu'à ce qu'on ait obtenu la nuance désirée ; on épaissit avec 5 onces d'amidon par pinte, on ajoute 1 once d'alun, et après que la liqueur est refroidie, 1 once de muriate d'étain.

938. *Rouge*. Faites bouillir demi-livre de bois de Brésil, concentrez la liqueur jusqu'à une pinte, et la laissez reposer pendant quelques jours. Ajoutez-y ensuite 5 onces d'amidon et 3 gros de tartre pur ; faites bouillir de nouveau jusqu'à ce que l'amidon soit dissous ; laissez refroidir, et mêlez 1 once et demie de nitro-muriate d'étain.

939. *Violet*. Une demi-livre de bois de campêche est bouillie dans suffisante quantité d'eau ; la liqueur, réduite à une pinte, est mise à reposer pendant quelques jours. On l'épaissit avec 5 onces d'amidon, et on y ajoute 1 once d'alun et 3 gros de muriate d'étain.

940. Les couleurs préparées comme nous venons de le dire, ayant été portées sur l'étoffe par application, y sont fixées de la manière suivante :

Comme elles couleraient si on les trempait dans l'eau chaude, on les expose à l'action de la vapeur. Pour cet effet, on dispose au-dessus d'une chaudière plate en cuivre, contenant 30 pintes d'eau, un cuvier rond, de cinq pieds de haut, et de même diamètre que la chaudière. Un tube de verre est inséré dans l'une des parois de cette dernière; il sert à la fois à observer le niveau de l'eau et à en introduire une nouvelle quantité s'il est nécessaire. A six pouces du fond du cuvier est disposée une grille en bois à claire-voie, destinée à empêcher que les étoffes ne puissent tremper dans l'eau si elles venaient à tomber. Après que les couleurs y ont été appliquées, on les roule légèrement, et on les renferme dans des sacs de laine qu'on suspend à une croix de bois, fixée dans le cuvier, à deux pouces du bord supérieur. On place ensuite le couvercle qui doit fermer hermétiquement, et on le charge de pierres; après quoi on allume le feu sous la chaudière. On laisse bouillir l'eau pendant deux heures, au bout desquelles on retire les étoffes; on les laisse refroidir et on les rince à l'eau pure, puis on les tend dans des châssis pour les faire sécher, et on les met sous la presse. De cette manière, les couleurs acquièrent la vivacité et la solidité nécessaires. (*Bulletin de la société d'encouragement.*)

COUPS DE SOLEIL.

941. *Remède contre les coups de soleil.* Un remède très-simple contre les coups de soleil est de se faire appliquer une bouteille pleine d'eau sur la partie frappée, de manière que le goulot de la bouteille appuie sur la place du mal; d'y laisser la bouteille ainsi renversée jusqu'à ce qu'on y aperçoive un léger fremissement ou une espèce de fermentation; d'ôter la bouteille, d'y en mettre une seconde, et de continuer ainsi jusqu'à ce que l'eau ne contracte plus de chaleur ni de mouvement. Alors le malade est entièrement guéri.

942. *Autre.* Quand les coups de soleil sont forts, il faut promptement saigner le malade, réitérer la saignée si le cas l'exige, donner des boissons rafraîchissantes et acides, et appliquer sur la tête des linges imbibés d'un mélange d'eau-de-vie et de vinaigre. (Tissot, *Avis au peuple.*)

943. *Autre.* Les coups de soleil se guérissent au moyen de cataplasmes d'alcali volatil, d'adoucissans huileux, etc.

Chez les animaux, on emploie les mêmes moyens; la saignée est nécessaire si l'inflammation s'étend beaucoup. (*Dictionn. d'agricult.*)

944. *Autre.* Prenez un quart de litre de bon esprit-de-vin; mettez-le dans une bouteille avec deux gros de muscade, autant de girofles, autant de cannelle, et autant de fleurs de grenades, le tout bien pulvérisé. Bouchez bien exactement la bouteille, et laissez infuser ces poudres pendant trois jours, au bout desquels vous décanterez la liqueur, qui, étant bien claire, sera mise dans une bouteille. Quand vous voudrez en faire

usage dans les coups de soleil, vous en mettrez une vingtaine de gouttes dans le creux de la main, et vous la respirerez vivement par le nez. On a vu des maux de tête et des rhumes de cerveau disparaître à la suite de cette seule aspiration.

COUPURES.

945. *Coupures* (*Manière de soigner les*). Une coupure légère est promptement guérie, si on la tient à l'abri de l'air et du frottement qui s'opposerait à sa réunion. On remplit cet objet en appliquant simplement dessus une petite compresse imbibée d'eau et de vin, et maintenue par un bandage à peu près semblable à celui d'une saignée.

Si la blessure est profonde, il faudra la laisser saigner quelques instans; on doit même la presser doucement pour en faire sortir les caillots; dès lors, le sang étant bien exprimé et la plaie bien nettoyée, on rapproche les lèvres de la coupure, et on les maintient rapprochées par deux petites compresses posées le long de chaque bord de la plaie, et soutenues par plusieurs tours de bande : on humecte ces compresses avec un peu d'eau et de vin; mais point d'huiles, de corps gras, d'eau-de-vie, etc.

On doit se comporter différemment lorsque des artérioles fournissent du sang en abondance. On frappe d'eau froide, et la blessure et l'espace blessé, et même tout le membre; de cette manière on parvient souvent à arrêter l'hémorragie. Si cependant le sang continue à couler, on sera obligé de recourir à une application d'agaric ou d'amadou qu'on y maintiendra sans trop les serrer.

Si la blessure est considérable et si l'on ne peut y faire une ligature en attendant un chirurgien, on peut mettre un morceau d'agaric dans la plaie, la couvrir d'une grande quantité de charpie, et y appliquer ensuite un bandage.

Si la plaie récente reste plusieurs jours sans être pansée, les lèvres peuvent s'écarter et laisser voir un interstice noirâtre, formé de sang coagulé. Alors il faut aider la nature en débarrassant la plaie de cette concrétion sanguine, en l'avivant avec un morceau de linge fin, humecté d'une eau tiède vineuse qu'on passe plusieurs fois dans l'intérieur de la plaie. La coupure ayant repris sa couleur rougeâtre, on la panse comme nous l'avons dit ci-dessus. (*Manuel de santé.*)

COURS DE VENTRE.

946. On guérit parfaitement le cours de ventre au moyen

d'une décoction qu'on obtient en faisant bouillir un hectogramme de copeaux ou raclure de bois de campêche dans deux litres d'eau qu'on fait réduire à moitié. On peut y ajouter de six à neuf décagrammes d'eau de cannelle simple. On prend trois ou quatre verres par jour de cette tisane dans les cours de ventre où l'on ne peut employer de forts astringens.

Il est bon de prévenir le malade que cette boisson donne une teinte rouge à ses selles. (*Méd. dom.* de Buchan.)

COUSINS.

947. *Méthode pour en débarrasser une chambre.* Après avoir fermé les fenêtres de la chambre sans y apporter de lumière, mettez-y, quelques heures avant d'y aller coucher, une lanterne de verre, allumée, que vous aurez frottée au dehors avec du miel délayé dans du vin ou de l'eau de rose : la clarté attire les cousins, et ils se prennent dans le miel de manière à ne pouvoir plus se débarrasser. (*Dict. des ménages.*)

948. *Remède contre la piqûre des cousins.* Le sel marin ou de cuisine délayé dans de la salive et mis tout de suite sur la partie piquée réussit assez bien à faire disparaître l'inflammation occasionée par la piqûre des cousins ; mais en y appliquant un morceau de fromage de Gruyères de la largeur et de l'épaisseur d'une pièce d'un franc, on voit dans moins d'un quart d'heure la bosse disparaître, et les douleurs cesser à mesure que le fromage se fond. (L'abbé Ragier.)

949. *Autre.* Le plantain écrasé sur le lieu de la piqûre en apaise en un instant les démangeaisons et les douleurs. (*Bibl. phys. écon.*)

CRAMPES.

950. *Remède contre les crampes.* La cause des crampes est presque toujours interne ; elles sont produites par une transpiration supprimée, de mauvaises digestions, des sécrétions arrêtées, des liqueurs spiritueuses, des vers, etc. La plupart de ceux qui en sont attaqués ont des vomissemens très-violens, un abattement général ; les muscles de l'abdomen se contractent, les articulations se roidissent, les yeux restent immobiles et saillans, la respiration est laborieuse, le pouls petit, etc. Les remèdes actifs peuvent seuls arrêter cette maladie, et celui qui jusqu'à ce jour a été employé avec le plus de succès est, sans contredit, l'alcali volatil. On en fait prendre dix à douze gouttes dans un demi-verre d'eau, et l'on provoque les sueurs par des décoctions très-abondantes et très-chaudes de sauge ou de cannelle, en observant la diète la plus exacte. Il est rare que le

malade ne soit pas guéri le jour même; mais si le cas arrivait, il faudrait nécessairement avoir recours à une seconde dose d'alcali. (*Bibl. phys. écon.*)

951. *Préservatif éprouvé contre les crampes.* Prenez la quantité nécessaire de soufre pulvérisé pour remplir deux sachets de peau, de l'étendue d'un ou deux pouces environ; le soir en vous couchant, assujettissez ces sachets autour du col du pied, au moyen de deux cordons; les crampes disparaîtront en peu de temps.

On peut, pour la même incommodité, porter un bâton de soufre dans la poche la plus voisine de la chair. (*Bibl. ph. écon.*)

CRAYONS (*Fabrication des*).

952. *Crayons noirs.* On se procure du charbon très-fin, on le scie en fragmens de la grosseur qu'on désire donner aux crayons; tous ces fragmens sont placés, pendant une demi-heure environ, près d'un feu léger, dans une terrine remplie de cire fondue; après ce temps, on les retire, et il ne reste plus qu'à les laisser se refroidir.

Pour donner un plus grand degré de dureté au charbon, il faut ajouter de la résine à la cire; on substitue un peu de beurre ou de suif à la résine, si l'on désire au contraire que les crayons soient très-mous. Les dessins faits avec ces crayons sont aussi inaltérables qui si on s'était servi d'encre, et le frottement ne les efface pas. Ce moyen, aussi simple qu'économique, peut être employé de même pour durcir les pierres calcaires noires et rouges dont se servent les dessinateurs. (*Transact. de la Société d'encourag. de Londres.*)

953. *Crayons rouges.* On prend de la sanguine, on la pile, on la broie bien, on la délaie dans une grande quantité d'eau, on la laisse reposer pendant quelques minutes pour en faire reposer la partie la plus grossière; on retire l'eau qui n'a pas encore déposé les parties les plus fines, et on la met dans un vase où elle reste pendant vingt-quatre heures. On décante l'eau, on fait sécher la pâte, on en prend 1 once qu'on broie soigneusement avec 24 grains de gomme arabique qu'on a fait dissoudre dans un peu d'eau; on fait sécher cette nouvelle pâte à une douce chaleur, jusqu'à ce qu'elle ait acquis la consistance du beurre, et on en forme de petits cylindres. Si l'on voulait que ces crayons eussent plus de dureté, on emploirait quelques grains de plus de gomme arabique, et de la colle de poisson au lieu de gomme pour leur donner un ton plus brillant. (*Man. dom.*)

954. *Crayons d'esquisse.* On prend un petit canon de fer que l'on remplit de petites baguettes de fusain (*evonymus europœus*, bois à lardoires, le bonnet de prêtre); on bouche le canon par les deux bouts, on le met dans le feu, et le fusain s'y convertit en charbon tendre très-propre pour les esquisses. Lorsqu'on taille ces crayons, il faut faire la pointe sur un des côtés pour éviter la moelle.

CRÈME (*Manière de faire la*).

955. Le lait dont on veut extraire la crème, ayant été placé dans des terrines à grande surface, on le laisse dans un repos parfait; on enlève, avant la coagulation du beurre, les parties les plus épaisses du lait qui viennent à sa surface, et on les met dans des vases cylindriques à étroit orifice qu'on suspend dans des puits ou qu'on plonge dans de l'eau fraîche jusqu'au moment de battre le beurre. On laisse écouler le petit-lait qui s'est précipité au fond des vases, on bat la crème et on la place dans des pots pour la conserver jusqu'au moment de la manger.

Il faut observer que le premier lait qu'on trait de la vache n'étant pas aussi bon et ne contenant pas autant de crème que le dernier, il serait à propos de laisser téter le veau pendant quelque temps.

Quelques ménagères ont remarqué qu'une cuillerée d'eau dans laquelle on a fait bouillir des pommes de terre, mise dans le lait en la passant, faisait qu'il crèmait mieux et que la crème s'enlevait ensuite beaucoup plus facilement. (*Mag. médico-domest.*)

956. *Crème au sucre.* Si l'on désire faire de la crème de ménage, on prend 1 litre de lait ou 1 demi-litre de la première crème et une once et demie de sucre, qu'on fait bouillir ensemble et réduire à un tiers. On laisse ensuite refroidir un peu le liquide, on y met un peu de pressure, qu'on délaie avec de l'eau dans une cuillère à bouche; on la mêle bien avec la crème et on passe le tout par le tamis; on place le plat qui a reçu la crème sur la cendre chaude; on y adapte un couvercle qu'on recouvre aussi de cendres; on le laisse ainsi jusqu'à ce que la crème soit prise, et on la porte enfin dans un lieu frais pour qu'elle se refroidisse tout-à-fait. (*Dict. des ménages.*)

957. *Crème fouettée de fraises ou de framboises.* Fouettez un litre de crème; à mesure qu'elle mousse, levez-la avec une écumoire pour la mettre dans un tamis sous lequel il y a un plat pour recevoir ce qui égoutte; lorsque vous aurez tout fouetté, prenez deux poignées de fraises ou de fram-

boises bien épluchées, passez-les dans un tamis en les pressant à force ; ajoutez-y quatre onces de sucre fin ; mêlez le tout ensemble en le fouettant avec la crème un instant avant de servir. (*La Cuisinière bourgeoise.*)

Crème des Barbades, crème au chocolat, au citron, etc. *Voyez* ces mots.

CRÈME DE TARTRE.

958. On prend du tartre (lie de vin) qu'on fait dissoudre dans de l'eau bouillante. On filtre, et, par le refroidissement, on obtient des cristaux encore roux. On fait de nouveau dissoudre ces cristaux par l'eau bouillante, dans laquelle on délaie 5 à 6 parties d'argile blanche pour 100 parties de tartre. L'argile entraîne la partie colorante, et l'on obtient des cristaux bien blancs, qu'on expose à l'air ou au soleil pour les blanchir davantage. Telle est la crème de tartre du commerce ; elle exige 64 parties d'eau froide pour sa dissolution. Il faut moitié moins d'eau chaude pour le même objet. Suivant Spielmann, 1 once d'eau garde à peine 4 grains de ce sel dissous à une basse température. Cette quantité étant trop faible pour l'emploi de la crème de tartre en médicament, on a cherché les moyens de la rendre plus soluble. M. Lémery, le premier, et après lui M. Lassone et M. Lartigue ont proposé pour cet effet d'ajouter de l'acide borique (*sel sédatif d'Homberg*) à la crème de tartre ; ce mélange se forme dans l'eau chaude. Le *Codex* prescrit 1 once d'acide borique sur 6 onces et demie de crème de tartre pour former la *crème de tartre soluble.*

La crème de tartre est extrêmement usitée en médecine, comme un rafraîchissant et un doux laxatif ; on l'emploie, soluble, en limonade jusqu'à une agréable acidité, ou à la dose d'une demi-once jusqu'à 1 once, pour purger doucement les humeurs bilieuses, ou comme apéritive dans les cachexies, etc.

La crème de tartre s'emploie encore dans les teintures pour *virer* les couleurs ; dans les pays du Nord, on en met dans les alimens en place de sel.

CUIRS.

959. *Procédé pour teindre le cuir.* Il n'est souvent pas nécessaire d'employer des bains particuliers pour teindre les cuirs, parce qu'ils peuvent recevoir différentes couleurs des substances mêmes qui servent à les préparer. C'est ainsi qu'en Danemarck

on teint en brun les peaux de gants avec l'écorce du saule (*salix caprea*); en Russie, la basane rouge avec le bois de santal; dans l'Orient, le maroquin jaune avec de l'alun et des bains de nerprun; et le rouge, avec de la cochenille, du curcuma, de l'alun et des écorces de grenadier. De même on peut teindre en beau noir le cuir tanné, sans le secours de la noix de galle, en appliquant sur la fleur, avec un pinceau, trois ou quatre couches de dissolution d'acétate de fer. Si par hasard le cuir ne contenait pas assez de tannin, il faudrait en ajouter à cette dissolution.

Il y a des espèces de peaux dont la teinture, pour être belle, exige un mordant particulier : on fait, par exemple, tremper le chagrin dans une dissolution de sulfate de magnésie (*sel d'Epsom*) et de soude, avant de le teindre en bleu; ou dans une dissolution de muriate de soude (*sel ordinaire*), après l'avoir fait blanchir, pour le teindre en beau rouge. (*Bull. de la Soc. d'encourag. pour l'ind. nat.*)

960. *Moyen de nettoyer et de rendre leur première couleur aux cuirs fauves, aux retroussis de bottes, etc.* Versez dans un demi-litre de lait écrémé une once d'acide sulfurique étendu d'eau (esprit-de-vitriol); le mélange s'échauffera un peu. Quand l'effervescence aura cessé, ajoutez 4 onces d'acide muriatique (esprit-de-sel), agitez légèrement le vase, et ne le bouchez que lorsque la vapeur blanchâtre qui s'en élèvera sera dissipée. Le lait ne tardera point à se cailler : vous séparerez le sérum acide de la partie caseuse, et vous le garderez pour l'usage. Il serait dangereux de combiner les deux acides avant de les mêler au lait.

Quand vous voudrez mettre à neuf des cuirs fauves et leur rendre leur première couleur, vous les laverez légèrement avec une éponge imbibée de cette liqueur, et vous passerez à plusieurs reprises sur le côté verni du cuir. (*Dictionnaire des ménages.*)

961. *Moyen de rendre les cuirs imperméables.* Faites tremper dans l'eau, pendant vingt-quatre heures, les cuirs que vous voulez rendre imperméables, passez-les ensuite entre deux cylindres de fer légèrement pressés, pour les débarrasser de l'eau surabondante dont ils sont imprégnés, et laissez-les sécher à l'air pendant quelques jours. Vous les tremperez alors dans une liqueur composée comme il suit :

Huile de lin.	4 litres.
Huile d'olive.	2 —
Essence de térébenthine.	1 —
Huile de castor.	2 —

Circ jaune. . . . .   1/2 livre.
Goudron. 1/4

Mettez ces diverses substances dans un vase de terre, et faites-les bouillir à petit feu. Vous y plongerez le cuir pendant l'ébullition, et vous l'y laisserez plus ou moins long-temps, suivant sa nature.

Le cuir fort pour semelle doit y rester environ vingt minutes.

Les peaux de vache, de veau, les tiges de bottes, etc., ne doivent rester dans la liqueur en ébullition que pendant dix minutes au plus.

Les cuirs trempés et égouttés pendant quelques instans, sont passés par un laminoir dont les cylindres sont recouverts de cuir. Après quoi on les fait sécher jusqu'à un certain point dans une étuve chauffée à 25 ou 30 degrés. On les lamine de nouveau et on achève de les sécher à l'étuve. (*Recueil des Brevets d'Invention.*)

CUIVRE.

962. *Étamage du cuivre.* On nettoie le vase de cuivre qu'on veut étamer, de manière que la surface en soit brillante et polie; on la frotte ensuite avec du sel ammoniac réduit en poudre; on chauffe le vase sur des charbons ardens, on y saupoudre de la poix-résine et on y verse ensuite l'étain fondu qu'on promène sur toute la superficie intérieure du vase avec un tampon d'étoupes. L'étain se combine en un instant avec le cuivre, qu'il blanchit parfaitement en le recouvrant d'une couche très-mince, mais qui suffit pour empêcher le contact du cuivre avec les substances qu'on veut préparer dans le vase.

Nous répéterons après mille autres, qu'il est toujours imprudent de laisser séjourner des alimens dans des vases de cuivre, quelque bien étamés qu'ils soient, surtout si les alimens sont acides ou contiennent du vinaigre. (*Bibl. ph. écon.*)

963. *Manière de plaquer le cuivre.* On recouvre la surface d'une grosse barre de cuivre rouge, d'une plaque mince d'argent, qu'on y fait adhérer en la serrant fortement avec un fil de fer, et on les soude ensemble en les passant au feu; ensuite on réduit la barre à l'aide du laminoir en une plaque mince, où l'argent se trouve d'un côté et le cuivre de l'autre. On argente aussi le cuivre avec de l'argent en feuilles. (*Bulletins de la société d'encouragement.*)

964. *Poudre pour fondre le cuivre.* On prend 3 onces de nitre, 1 once de sciure de bois et 1 once de soufre bien mêlées et pulvérisées; on remplit de ce mélange une coquille de noix;

on place par-dessus une pièce de cuivre assez mince, on recouvre cette pièce de la même poudre, et l'on y met le feu; la poudre brûle, fond le cuivre et n'attaque pas la coquille. (*Encycl. méth.*)

965. *Réformation du cuivre par le vitriol.* Si l'on fait dissoudre 1 once de vitriol bleu dans un verre d'eau, et qu'on y laisse tremper une lame de couteau, au bout de quelques minutes, la lame lavée et bien essuyée sera couverte d'une légère et belle couche de cuivre rouge, qu'on pourra retirer et qui formera une sorte de gaîne. (*Dict. des ménages.*)

CURAÇAO.

966. *Manière de le fabriquer.* Le blanc qui recouvre la surface intérieure de l'écorce des oranges amères ayant été enlevé avec la lame d'un couteau, on déchire en lanières avec les doigts, la partie celluleuse jaune et on la fait tremper un instant dans l'eau pour faciliter le développement de son arôme; l'on met ensuite dans une cruche 1 once de cette écorce ainsi séparée; et on y verse ensuite 2 pintes de bonne eau-de-vie et 2 livres de sirop de raisin bouillant; le tout est laissé en infusion pendant 2 jours, au bout desquels on filtre la liqueur qui est le véritable curaçao. (*Dict. d'agr.*)

967. *Autre.* Prenez : zestes d'oranges amères, récentes, 128 grammes; vieille eau-de-vie, 4 kilogrammes; sucre, 500 grammes.

Faites macérer les substances pendant 6 heures seulement; passez et filtrez.

CYNORRHODON (*Conserve de*).

968. Prenez : cynorrhodon un peu avant sa parfaite maturité, 5 hectogrammes; sucre très-blanc, 750 grammes.

On monde les *gratte-culs* de leur duvet et de leurs graines en les ouvrant; on les met à la cave pendant 2 jours, jusqu'à ce que le fruit soit ramolli (on l'humecte avec un peu de vin rouge ou blanc), on le pile dans un mortier de marbre, et on tire la pulpe sur un tamis de crin.

D'autre part on fait cuire du sucre à la plume avec du vin, on délaie la pulpe dans ce sucre. Le mélange exact, on le conserve. Nous préférons de faire fondre le sucre avec un peu de vin au lieu d'eau, parce que cela est plus conforme à la nature du médicament. On le prépare aussi à froid, en mêlant la pulpe de cynorrhodon à du sucre en poudre fine; cette conserve reste même d'une plus belle couleur que celle faite par la cuite.

On l'emploie comme astringente et tonique dans les diarrhées, les relâchemens; on en prend depuis 8 jusqu'à 32 grammes; elle est aussi estimée diurétique. Au reste elle peut être considérée comme une confiture de fruits. Il y a deux parties de pulpe sur trois de sucre. (J. J. Virey, *Traité de pharmacie.*)

DAIM (*Préparation du*).

969. Les parties de derrière du daim sont les plus estimées; elles figurent élégamment sur une table, lardées de gros lard, marinées convenablement et rôties sous la salutaire influence d'une pluie savante et nutritive. On fait, pour achever d'honorer le daim, une sauce dans laquelle dominent les anchois, le citron vert, les échalotes, et la farine frite mouillée de son dégout; on la lie avec un coulis, et c'est alors un manger des plus délicats.

Le faon du daim se traite à peu près comme son père; mais si l'on veut le fêtoyer encore davantage, on en sert une cuisse avec la croupe, moitié panée, moitié piquée, avec des petits pâtés pour garniture et une poivrade dessous. (*Almanach des gourmands.*)

DARTRES.

970. *Remède contre les dartres.* Pour dissiper sans danger et promptement les boutons, rougeurs ou dartres qui surviennent à la figure, faites bouillir ensemble une poignée de feuilles et de fleurs de mouron avec une poignée de racines de patience, et lavez-vous avec cette eau. On peut aussi sans inconvénient y appliquer de la crème pure ou du lait de vache distillé avec du pain blanc, en y ajoutant un peu de frai de grenouilles, des eaux de plantain, de pourpier, de laitue. Les topiques doivent être employés avec prudence pour ne pas répercuter l'humeur. Les eaux distillées de plantain et de romarin, les décoctions de cerfeuil et de guimauve qui n'ont pas bouilli et qui ne sont pas trop visqueuses, sont d'excellens topiques contre les dartres. (Abdeker.)

971. *Autre.* La meilleure pommade pour faire disparaître les dartres simples, se compose de pommade de goulard dans laquelle on incorpore de la fleur de soufre. (*Le doct.* Poupart.)

972. *Autre.* Si la dartre est légère et volante, un grain de sel mis dans la bouche et l'application réitérée le matin à jeun de la salive avec laquelle il s'amalgame, suffit ordinairement pour la faire disparaître. (*L'Ami des dames.*)

973. *Autre.* L'esprit de mélisse étendu d'eau, l'huile d'aveline, l'eau de limaçons, le frai de grenouilles, l'eau légèrement nitrée et le sang tout chaud d'un lièvre récemment tué, qu'on laisse sécher et tomber par écailles, sont aussi des spécifiques d'une efficacité reconnue. (Marie de Saint-Ursin.)

974. *Bols pour les dartres.* Prenez trente grains de fleurs de soufre, un gros et demi d'extrait de patience et une quantité suffisante de sirop de fumeterre pour en former deux bols que l'on prend l'un à jeun et l'autre avant de se coucher, buvant par-dessus une tasse d'infusion de scabieuse nitrée, et ayant soin de souper légèrement et de bonne heure. On doit, en prenant ces bols, suivre un régime tempérant et rafraîchissant, prendre des bains dans le cours du traitement et faire usage de diaphorétiques minéraux ou des amers. (Doct. Poupart, *Traité des dartres.*)

975. *Autre.* Le même docteur Poupart a guéri bien des dartres avec un bol composé de 6 grains d'ethiops minéral, 4 grains d'antimoine cru, et 10 grains de diagrède, incorporés avec une quantité suffisante d'extrait de patience ou de pissenlit. Ce bol se prend le matin à jeun, et le malade boit après une tasse ou deux d'infusion de fumeterre. Ce remède, continué pendant plus ou moins de temps, manque rarement de réussir.

Il agit ordinairement par les sueurs, ainsi il doit subir dans la dose des modifications prescrites par l'âge, la force et la constitution du malade.

976. *Tablettes de kunekel pour les dartres.* Prenez une once d'amandes douces et autant d'amandes nouvelles de pin, qui ne soient point rances, un gros de cannelle fine, un demi-gros de cardamone, 3 gros et demi du meilleur antimoine cru de Hongrie, réduits en poudre très-fine, 4 onces de sucre des Canaries très-blanc, dissous dans de l'eau rose et autant d'eau de cannelle; faites, selon les règles de l'art, des tablettes dont chacune pèse un gros; chaque tablette contient environ 5 grains d'antimoine.

Ce remède est très-recommandé; il dépure la lymphe, et l'on en a vu résulter les effets les plus salutaires comme aussi les plus inattendus dans la cure de dartres vives et tenaces. (*Traité des dartres*, du doct. Poupart.)

977. *Observation sur le traitement des dartres.* Quel que soit le traitement que l'on fasse pour ces dartres, le régime du malade doit être doux et humectant; il est nécessaire d'éviter les alimens âcres, assaisonnés d'aromates, les viandes noires, le cochon, le gibier et les liqueurs spiritueuses, et ne vivre autant que possible que de viandes blanches, de végétaux, de

plantes amères ou adoucissantes, comme la chicorée, la laitue, le pourpier, la blette, les épinards, etc., le lait, le petit-lait, les fraises, les framboises, les cerises, etc., etc. (Doct. Poupart.)

Lorsque les dartres ont pour cause un vice interne, il faut avoir recours à un traitement plus méthodique et consulter un habile médecin.

978. *Remède contre les dartres scorbutiques.* Un papier humide, bleu, appliqué sur les dartres, indique quelquefois par la couleur verte qu'il prend après quelques heures de séjour, qu'elles sont de nature scorbutique, et que le principe de la maladie étant d'une qualité alcaline, on doit prescrire au malade la crème de tartre à fortes doses, les décoctions d'oseille et de tamarin.

Ces espèces de dartres cèdent soit à une boisson faite avec le thé de camomille et le citron, soit à l'usage d'une infusion de sommités de bourgeons de pin ou de sapin. Si elles sont rebelles, on doit employer le suc des plantes antiscorbutiques les plus efficaces, dans le petit-lait ou les eaux de Vals qu'on rendra de temps en temps purgatives avec quelques gros de sel de glauber; enfin si ces moyens sont insuffisans, on s'en tiendra aux acides, comme les citrons, les oranges, la crème de tartre, et l'on fera un régime végétal en prenant aussi quelquefois des décoctions ou des extraits de douce-amère. (*Idem.*)

979. *Dartres vénériennes.* On les traite par les mercuriels pris intérieurement, les sudorifiques et les bains tièdes renouvelés souvent; et si elles proviennent de la dégénération du virus, on allie ces préparations avec les purgatifs résineux, quelques frictions, l'extrait de ciguë à très-petite dose d'abord, mais qu'on augmente par gradation; enfin les extraits des plantes amères combinés avec les sels mercuriels, et surtout le soufre qui dans tous les cas est le remède par excellence. (*Idem.*)

DÉCOCTIONS.

La décoction est un breuvage imprégné de la vertu de quelque médicament par le moyen de l'ébullition.

980. *Décoction blanche.* Prenez de la craie bien pure en poudre, 6 décagrammes; de gomme arabique, 16 grammes; d'eau commune, trois demi-litres. Faites bouillir jusqu'à ce qu'il n'en reste plus qu'un litre. Cette décoction convient dans les maladies aiguës, compliquées de cours de ventre, ou qui menacent de dévoiement; dans les acidités et chaleurs d'estomac et des intestins, surtout chez les enfans; on l'édulcore avec du sucre et un peu de cannelle.

Trois décagrammes de craie en poudre, dissoute dans un litre d'eau, peuvent, selon les circonstances, tenir lieu de cette décoction, ainsi que du julep de craie.

981. *Décoction de guimauve.* Prenez 1 hectogramme de racine de guimauve un peu sèche, 3 décagrammes de raisins secs, et 3 demi-litres d'eau commune; ôtez le cœur ligneux de la racine; faites bouillir le tout jusqu'à réduction d'un tiers; passez la liqueur et laissez-la reposer. Si la guimauve était très-sèche, il faudrait la faire bouillir jusqu'à réduction de moitié. Le malade fait un usage ordinaire de cette boisson dans les toux et les congestions d'humeurs âcres sur les poumons.

982. *Décoction de quinquina simple.* Prenez 3 décagrammes de quinquina grossièrement pulvérisé, et faites-le bouillir dans 3 demi-litres d'eau jusqu'à ce qu'il n'en reste plus qu'un demi-litre, et passez. Si on y ajoute une cuillerée à café d'esprit-de-vitriol, on rendra cette boisson et plus agréable et plus efficace.

983. *Décoction de quinquina composée.* Prenez 12 grammes de quinquina et autant de racine de serpentaire de Virginie, en poudre grossière; faites-les bouillir dans 1 demi-litre d'eau jusqu'à réduction de moitié, passez et ajoutez 4 décagrammes et demi d'eau aromatique.

L'illustre Tringle recommande cette tisane comme un excellent remède dans le déclin des fièvres malignes, lorsque le pouls est bas, la voix faible et la tête affectée de stupeur, accompagnée d'un peu de délire. La dose en est de 4 cuillerées toutes les 4 ou 6 heures.

984. *Décoction de salsepareille.* Prenez de racine fraîche de salsepareille épluchée et coupée menue, 1 hectogramme; de raclure de bois de gaïac, 3 décagrammes; faites bouillir à petit feu dans 3 litres d'eau, jusqu'à ce qu'elle soit réduite à 1. Ajoutez sur la fin, de bois de sassafras, 16 grammes; de réglisse, 12 grammes; passez. Cette décoction se prend alternativement avec les préparations mercurielles, dans la maladie vénérienne, pour en aider l'effet; elle fortifie l'estomac, restaure et donne, après un traitement, la vigueur et la force que le mercure a fait perdre. Cette décoction est bonne aussi pour les rhumatismes et dans les maladies de la peau.

985. *Autre.* Kernédy prétend que la décoction suivante a le même avantage dans les maladies syphilitiques. Prenez : de salsepareille, 6 décagrammes; de réglisse et de mézéréon, de chaque 3 décagrammes; d'antimoine cru en poudre, 4 décagrammes et demi. Faites infuser le tout dans 4 litres d'eau bouillante, pendant 24 heures; faites bouillir ensuite jusqu'à ré-

duction de moitié, et passez; on emploie cette tisane comme la précédente.

986. *Décoction des bois sudorifiques.* Prenez : de gaïac râpé, 1 hectogramme ; de raisins secs, 6 décagrammes ; de sassafras en petits copeaux, 3 décagrammes ; de réglisse, 16 grammes ; faites bouillir les raisins et le gaïac à petit feu, dans 4 litres d'eau, jusqu'à réduction de deux ; ajoutez alors le sassafras et le réglisse ; laissez infuser pendant quelque temps ; passez et laissez reposer jusqu'à ce qu'il se soit fait un précipité au fond du vase ; tirez à clair et buvez-en 1 demi-litre par jour.

987. *Décoction pectorale.* Prenez : d'orge mondé et lavé, 3 décagrammes ; faites bouillir dans une quantité suffisante d'eau, jusqu'à ce qu'il soit crevé et que l'eau soit réduite à 4 litres ; retirez du feu et ajoutez aussitôt de réglisse ratissée et coupée menue, de racine de guimauve dont vous aurez ôté le corps ligneux et coupée menue, de chaque 16 grammes ; de feuilles de capillaire de Canada, 8 grammes ; de fleurs de coquelicot, 4 grammes ; de fleurs de tussilage, 8 grammes. Laissez infuser pendant 4 heures, et passez. (*Méd. dom.* de Buchan.)

DÉCREUSAGE.

988. *De la soie.* Le décreusage ne doit pas être aussi parfait pour les soies qui doivent être teintes que pour celles qui sont destinées au blanc, et même il doit être différent selon les couleurs qu'on se propose de leur donner. Cette différence consiste dans les proportions de savon que l'on emploie ; ainsi, pour les couleurs ordinaires, on se contente de faire bouillir la soie pendant trois ou quatre heures, dans une dissolution de vingt livres de savon sur cent de soie, en ayant soin de remplir de temps en temps la chaudière avec de l'eau, pour avoir toujours une quantité de soie suffisante ; on augmente la quantité de savon pour les soies qui doivent être teintes en bleu, et surtout pour celles qui doivent être en ponceau cerise, etc., parce qu'il est nécessaire que pour ces couleurs, le fond soit plus blanc que pour les couleurs moins délicates.

Une autre manière de décreuser les soies écrues blanches ou jaunes, est de les faire bouillir pendant une heure avec quinze fois leur poids d'eau et plus ou moins de savon, selon la couleur qu'on veut appliquer ensuite. Seulement on a soin de plonger les soies dans le bain une demi-heure avant qu'il ne bouille, et de les retourner souvent. (*Annales de Chimie.*)

989. *Du coton.* Pour disposer le fil de coton à recevoir la teinture, on le fait bouillir dans de l'eau sure, mais le plus ordinairement on se sert d'une lessive alcaline. Supposons

100 kilogrammes de fil de coton, on les fera bouillir dans l'eau pendant deux heures; puis après les avoir laissés égoutter, on les remettra sur le feu avec quinze brocs d'eau et 1 kilogramme 490 grammes de soude, rendue caustique par le moyen de la chaux. L'ébullition sera soutenue pendant deux heures, après quoi on lavera à grande eau et on exposera à l'air.

990. *Du chanvre et du lin.* On suit le même procédé que nous venons de donner pour le coton, seulement on augmente la quantité de soude de 490 grammes, pour les mêmes proportions que ci-dessus. (*Nouveaux secrets des Arts et Métiers.*)

DÉMANGEAISONS.

991. *Moyen de les calmer.* Les démangeaisons sèches s'adoucissent avec un mucilage d'écorce moyenne de tilleul, fait avec de l'eau-rose; les démangeaisons humides avec de l'onguent de céruse uni aux fleurs de soufre; les démangeaisons douloureuses, avec le mucilage de graine de coing, le jus de citron et les fleurs de soufre. Quant à celles qui sont causées par des engelures, elles s'apaisent avec de l'esprit-de-vin pur ou mêlé avec de l'huile de pétrole et le baume de soufre. (*Encyclopédie.*)

DENTELLES (*Blanchissage des*). *Voyez* n°s 334 et 335.

DENTITION.

992. Lorsque les cris des enfans annoncent la douleur que causent les dents qui veulent percer, il faut de temps en temps frotter leurs gencives avec un peu de miel de Narbonne pour amollir ainsi la peau dont les dents sont encore recouvertes, et faciliter leur sortie sans un déchirement trop douloureux.

DENTS.

993. *Manière de conserver les dents.* La meilleure manière de conserver les dents, c'est de faire journellement usage d'une brosse qui ne soit pas trop rude, enduite de poudre fine de charbon, et d'eau. On met un morceau de charbon au feu jusqu'à ce qu'il soit rouge; dès qu'il se refroidit, on souffle les cendres extérieures qui restent à sa surface, puis on le réduit en poudre fine dans un mortier, et on le conserve dans une bouteille bien bouchée. Cette poudre de charbon ôte la mauvaise odeur qui survient des dents cariées, lorsqu'on s'en lave la bouche avec un peu d'eau. (Pajot-Laforêt.)

Non-seulement le charbon agit comme corps dur, mais il décompose le tartre et la matière de la carie. On a vu les douleurs de dents disparaître à la suite de cette opération, et les haleines fétides n'y résistent jamais, surtout lorsqu'on avale un peu de poudre de charbon. (*Dictionn. d'Agricul.*)

Nous devons dire en commençant que l'usage trop fréquent des opiats détruit l'émail des dents et provoque bientôt leur chute. (*L'Ami des Femmes.*)

994. *Moyen de conserver les dents.* Ce moyen, dont une longue expérience a prouvé l'efficacité, consiste à se rincer tous les matins la bouche avec de l'eau de fleur d'orange. Cette eau raffermit les gencives, prévient la carie et conserve les dents. (N***. *chirurg. maltais.*)

995. *Autre.* Tous les matins après s'être lavé la bouche, comme la propreté et la santé l'exigent, rincez-la avec une petite cuillerée de bonne eau-de-vie de lavande distillée, à laquelle vous ajouterez un peu d'eau chaude pour en diminuer l'activité ; cette eau-de-vie fond les sérosités des gencives et des glandes salivaires. (*Man. cosmét. des plantes.*)

996. *Opiat pour les dents.* Après s'être lavé et rincé la bouche, on doit se frotter les dents avec un opiat fait avec de la poudre de corail rouge, de la semence de perles et d'iris de Florence, mêlés ensemble avec du miel rosat ; et pour affermir les gencives et se rendre l'haleine douce et agréable, les femmes doivent tous les jours se laver la bouche avec une eau dans laquelle il entre de l'esprit de cochléaria, un peu de cannelle, et des clous de girofle, mêlés dans de l'eau vulnéraire. (*Abdéker.*)

997. *Remède pour les maux de dents.* Une pièce d'acier aimantée, longue de six pouces et large de deux lignes, qu'on applique sur la dent souffrante, la bouche ouverte et le visage tourné ainsi que l'acier vers le pôle septentrional, produit d'abord sur la dent un froid assez vif qui est suivi d'un léger mouvement et d'une sorte de débattement qui dans trois ou quatre minutes emporte la douleur la plus vive.

D'autres personnes font tourner le visage vers le nord, et au lieu de présenter le pôle boréal de l'aimant à la dent du malade, elles appliquent toujours le pôle austral. (*Docteur Klœrich, de Gottingue.*)

998. *Autre.* Prenez des sept graines, jetez-les sur un réchaud faiblement allumé ; couvrez-le avec un vase de terre vernissé que vous renverserez de manière à recevoir intérieurement la fumée. Ce vase se noircira ; alors vous le retirerez pour jeter dedans de l'eau bouillante dont vous recevrez la vapeur, en ayant soin d'ouvrir la bouche et de vous recouvrir la

tête avec un drap. La salivation qui en résultera sera l'indice de la guérison.

999. *Autres. Willir* recommande de tenir dans la bouche de la décoction de raclures de bois de sapin.

Hirsch guérissait les maux de dents en les touchant avec les doigts, entre lesquels il avait écrasé un petit insecte connu vulgairement sous le nom de la *bête à bon Dieu*. C'est l'espèce dont les ailes sont rouges et marquetées de sept points noir.

Un soldat qui souffrait des dents au point d'entrer quelquefois en fureur, se guérit en mettant dans la bouche de l'eau de neige ou de glace qu'il y gardait jusqu'au moment où elle commençait à s'échauffer. Plusieurs personnes qui ont usé de ce remède s'en sont parfaitement trouvées. (*Man. de santé.*)

1000. *Autre.* Prenez racines de pyrèthre, demi-once; de tormentille, 3 gros ; concassez les racines, faites-leur prendre un bouillon dans un demi-litre de vinaigre rouge. En retirant du feu le vaisseau qui doit être de terre, on jettera dans la liqueur 1 gros d'opium, coupé par petits morceaux ; et 1 gros de camphre qu'on aura pilé avec 3 gros de semence de jusquiame ; on laissera infuser hors du feu, et le vase bien couvert, pendant une heure ; on passera le tout à travers un linge fin, sans l'exprimer ; on passera la liqueur au clair, et l'on mettra une cuillerée de cette lotion tiède dans la bouche, du côté des dents gâtées ou douloureuses, en se gardant bien de l'avaler. Le remède produit l'effet le plus surprenant, et nous en croyons, à cet égard, et notre expérience et Paracelse. (*Bibl. ph. écon.*)

1001. *Autre.* Huit onces de bonne eau-de-vie dans laquelle on fait infuser une demi-once de romarin et une once de pirèthre, forment un élixir qui, mêlé avec deux fois autant d'eau, provoque la salivation en s'en rinçant la bouche, et dégage les gencives des petits amas d'humeur qui forment ensuite le tartre. (*Dictionn. des Ménag.*)

1002. *Autre.* Lorsque les maux de dents proviennent d'un grand froid ou d'un coup d'air, le meilleur remède qu'on puisse faire, c'est d'appliquer sur la joue un morceau de flanelle ou autre étoffe de laine échauffée, que l'on assujettira avec un mouchoir passé autour de la tête.

1003. *Eau de Greemouth pour les maux de dents.* Faites infuser pendant un mois dans 2 pintes d'esprit-de-vin 4 onces de laudanum liquide, 1 once d'opium, 2 gros de camphre, 2 gros de girofle, 4 gros de cannelle, 4 gros de muscade, 1 once de safran, et 2 gros de coriandre, concassés. Filtrez ensuite, et vous aurez une eau parfaite pour calmer les maux de dents. (*Parf. imp.*)

1004. *Caric des dents.* La mixtion suivante a été très-souvent employée avec succès pour le traitement des maux de dents provenant de carie.

Prenez 1 once et demie d'alcohol éthéré, 1 gros et demi d'extrait de quinquina, 2 gros d'huile de girofle et autant de cannelle, 6 gouttes d'essence de menthe, et 4 gouttes d'opium, et mêlez le tout ensemble pour en former un opiat liquide. Quand vous voudrez vous en servir, trempez dans cette liqueur une petite boule de charpie ou de coton cardé, de la grosseur de la cavité de la dent dans laquelle vous l'insérerez. Elle arrêtera la douleur presque aussitôt que l'application en aura été faite, et détruira par son usage les progrès de la carie humide.

1005. *Mauvaise odeur de la bouche.* L'odeur putride des racines des dents gâtées se passe pour quelque temps, en se rinçant la bouche avec une faible dissolution d'alun dans l'eau (sulfate d'alumine ou alumineux). Si le tartre ou la croûte calcaire des dents y adhère fortement, on peut faire usage de pierre ponce réduite en poudre fine, ou d'une rugine à dent. (Pajot-Laforêt.)

1006. *Remède contre les dents agacées.* Mettez une pincée de sel fin dans votre bouche, faites-l'y circuler un instant, rincez-la ensuite avec de l'eau pure, et vous serez promptement délivré de cette incommodité. (*Parf. imp*)

1007. *Autre.* Le pourpier, l'oseille, les amandes, les noix, le pain brûlé, etc., mâchés et frottés sur les dents, remédient sur-le-champ à cette incommodité passagère. (*Toilette de Flore.*)

1008. *Pour les dents qui branlent.* Faites bouillir dans l'eau des feuilles de chêne, et gargarisez-vous avec cette décoction, à laquelle vous ajouterez un peu d'esprit-de-soufre. (*Manuel cosmét. des plantes.*)

1009. *Préparation des racines pour nettoyer les dents.* Les meilleures racines pour nettoyer les dents sont celles de lugerac, de guimauve, de réglisse, qu'on choisit exemptes de tout vice. Vous les coupez de la longueur de 6 pouces et vous les faites bouillir plusieurs fois dans une grande quantité d'eau, qu'on change chaque fois pour les dépouiller entièrement de leur partie extractive, ce qui peut être fait dans dix ou douze ébullitions. On passe ensuite par chaque bout des racines la pointe d'un canif pour en séparer les fibres ligneuses et leur faire prendre la forme d'un pinceau ou d'une brosse, et on les fait sécher lentement pour s'en servir dans la suite. Pour s'en servir ensuite, on humecte un des deux bouts avec un peu d'eau, et on le trempe ensuite dans de la poudre ou de l'opiat dentifrice. (*Manuel cosmét. des plantes.*)

DÉSINFECTION.

1010. *Fumigation d'acide sulfurique.* Si l'on veut désinfecter des chambres d'infirmerie, des salles d'hôpital, des lieux fermés, où l'on aura laissé putréfier des matières animales, où quelques individus seraient morts de maladies épidémiques et contagieuses, et qui ne seraient pas actuellement habités, on suit le procédé que nous avons donné à l'article CHARBON (*Instruction sur le*) pour la désinfection des étables.

Quant à la dose des matières employées, elle doit varier, selon la grandeur du lieu dont on veut purifier l'air. Pour une salle de vingt lits, spacieuse et élevée, il faudra : 9 onces de sel de cuisine et 8 onces d'acide sulfurique concentré. On augmentera les doses ou on les diminuera dans le même rapport de huit à neuf, en proportion de l'augmentation ou de la diminution de l'espace à purifier. (Deyeux, *Ext. de Guyton-Morveau.*)

1011. *Fumigation d'acide nitrique.* Lorsqu'on veut pratiquer des fumigations dans des lieux habités, par exemple, auprès du lit d'un malade, sans occasioner la moindre incommodité, ni au malade ni aux assistans : les portes et fenêtres étant fermées, on met dans un vase de verre ou de porcelaine 1 ou 2 cuillerées à café d'acide sulfurique concentré; on y jette peu à peu une quantité égale de salpêtre raffiné, réduit en poudre, en remuant le mélange avec une baguette de verre. Les vapeurs continueront à s'élever et à se répandre dans la chambre, pendant environ une heure. Lorsqu'elles auront cessé, on ouvrira la porte et les fenêtres pour renouveler l'air.

Si une fumigation ne suffit pas pour détruire l'odeur, on la réitère le soir ou le lendemain.

Si c'est un endroit où les levains contagieux se renouvellent tous les jours, on fera régulièrement la fumigation deux fois par jour, le matin et le soir jusqu'à l'entière désinfection.

Pour une chambre de 10 pieds en tous sens, il suffit d'employer une demi-once d'acide sulfurique et une demi-once de salpêtre.

Si l'endroit est plus vaste, il faut augmenter les fumigations, c'est-à-dire le nombre des vases. Car si, par exemple, on mettait dans un seul vase 1 once ou plus d'acide avec autant de salpêtre, on obtiendrait des vapeurs rouges qu'il faut éviter.

C'est la même raison qui nécessite de faire cette fumigation à froid.

C'est encore pour cela qu'il faut éloigner, autant qu'il est possible, toute substance métallique, qui, étant attaquée par l'acide condensé à sa surface, en transformerait une partie en gaz nitreux. (*Idem.*)

1012. *Fumigation d'acide muriatique.* Une seconde manière de désinfecter les lieux habités, c'est la fumigation avec l'acide muriatique. Voici comment on procédera :

On mettra dans un vase de verre 5 gros de sel de cuisine pulvérisé, on versera sur ce sel une demi-once d'acide sulfurique.

On aura soin, pour ne pas incommoder les assistans, de promener l'appareil d'où partent les vapeurs, de ne verser l'acide que successivement, en agitant chaque fois le mélange avec un tube de verre.

La dose que nous avons indiquée, est pour une salle de 10 pieds en tous sens. (Deyeux, *Ext. de Guyton-Morveau.*)

Ce fut ce genre de fumigation que l'on employa dans le vaisseau qui transporta Napoléon en Égypte, et personne ne se plaignit de la moindre incommodité.

1013. *Fumigation d'acide muriatique oxigéné.* Cette fumigation est peut-être préférable aux deux précédentes, en ce qu'elle contient *l'agent le plus puissant de désinfection, le préservatif le plus efficace, l'anticontagieux par excellence.* Elle ne diffère de la précédente que par l'addition d'un peu d'*oxide noir de manganèse,* connu dans le commerce sous le nom de *manganèse.* Elle peut être mise en usage pour les endroits habités.

Voici les doses qui suffisent pour une salle de 10 lits. Trois onces 2 gros et demi de sel pulvérisé, 5 gros et demi de manganèse pulvérisée, 1 once 7 gros et demi d'acide sulfurique concentré, et 4 onces d'eau.

On commencera par triturer et mêler intimement ensemble le sel et la manganèse, on mettra ce mélange dans un vase de verre ou de porcelaine, et on y ajoutera l'eau ; on y versera ensuite l'acide sulfurique tout à la fois, si c'est dans un lieu non habité ; et à deux ou trois fois, s'il y a actuellement des malades, en observant alors les précautions indiquées dans le procédé des fumigations d'acide muriatique.

Ces procédés suivis, on n'entendra plus parler de fièvres malignes pestilentielles. (*Idem.*)

1014. *Flacons désinfecteurs.* Les flacons désinfecteurs de Guyton-Morveau se composent de manganèse, de sel marin, et d'acide nitro-muriatique, réunis dans les mêmes proportions que dans la fumigation d'acide muriatique oxigéné. On fait sortir la vapeur en ouvrant le flacon à plusieurs reprises après l'avoir agité. Lorsque le lieu qu'on veut désinfecter est grand, on peut produire l'effet d'une fumigation générale en transportant le flacon sur divers points. (*Idem.*)

DESSUINTAGE DE LA LAINE.

1015. Tout le monde sait que les laines sont naturellement enduites d'un vernis appelé *suint*. Cet enduit les préserve des teignes ; de sorte qu'on ne leur fait subir le dégraissage, que lorsqu'on est disposé à les teindre ou à les filer. Pour cela, on met la laine pendant un quart d'heure dans une chaudière contenant une certaine quantité d'eau, mêlée avec un quart d'urine purifiée ; on la chauffe au point de ne pouvoir y souffrir la main ; on l'agite avec des bâtons ; on la lève ensuite et on la met égoutter ; on la porte dans une grande corbeille placée dans une eau courante ; on la foule avec les pieds jusqu'à ce qu'elle ne rende plus l'eau laiteuse ; on la retire alors et on la met égoutter ; puis on l'expose à l'air sur une couche de sable, jusqu'à ce qu'elle soit bien blanche.

Elle perd quelquefois dans cette opération plus d'un quart de son poids.

1016. *Autre procédé.* On se borne à passer la laine dans un bain d'eau chauffée au point de ne pouvoir y souffrir la main ; on la lave ensuite avec soin ; on se sert des eaux du suint, provenant du lavage des premières laines, pour passer les secondes, et ainsi de suite, en ne renouvelant l'eau du suint que lorsqu'elle est trop épaisse ou trop sale.

1017. *Autre procédé.* On peut encore désuinter les laines en les laissant macérer pendant quelques heures dans un vingtième seulement de leur poids de savon dissout par une suffisante quantité d'eau tiède, et en les foulant souvent. Elles se purgent alors entièrement de la petite portion de graisse qui y adhérait encore, et présentent ensuite une douceur et un degré de blancheur qu'elles n'auraient pas eu sans cette opération. (Vauquelin.)

DÉVOIEMENT, LIENTERIE (*Spécifique contre le*).

1018. Prenez un poulet que vous viderez ; remplissez-lui le corps avec 1 once de feuilles de roses sèches ; ajoutez-y de la poudre de trochisque-ramich de Mesué, 3 gros pour un adulte et 2 gros pour un enfant ; placez cette poudre au milieu des feuilles de rose, en sorte qu'elle en soit enveloppée ; cousez ensuite le poulet, faites-le bouillir dans 3 pintes et demie d'eau, jusqu'à ce qu'elle soit réduite d'une chopine ; retirez alors le pot du feu et mettez-le dans un chaudron d'eau chaude, afin de conserver au bouillon sa chaleur.

On en donne un verre au malade, de 2 heures en 2 heures,

après lui avoir fait sur la région de l'estomac une onction avec de l'onguent de la comtesse ou du baume catholique, ou quelque autre liniment fortifiant ; on applique par-dessus un cataplasme de mie de pain, arrosée de vin dans lequel on aura fait bouillir de la menthe, des roses sèches et des balaustes. Ce traitement doit être répété de 2 heures en 2 heures avant de donner le bouillon. Si le malade dort, il faut l'éveiller et n'interrompre jamais le remède. Si le malade est trop faible on peut lui faire avaler dans 2 cuillerées du bouillon, 1 demi-gros de confection alkermès, et lui faire respirer de temps en temps quelque eau spiritueuse. S'il n'est pas guéri après avoir pris tout le bouillon, on en fera un nouveau qu'il prendra de même ; mais on pourra y joindre quelques prises d'un bouillon plus nourrissant. (Le doct. Seguier.)

DIACYDONIUM (*Préparation du*).

1019. Le diacydonium est une espèce de gelée de coing, à laquelle on ajoute du séné, du jalap ou de la rhubarbe, et qu'on donne, en Allemagne, aux enfans ou aux personnes qui ont de la répugnance à prendre des médecines. Pour le faire, prenez 4 onces de résine de jalap que vous ferez dissoudre dans de l'esprit-de-vin rectifié ; ayez ensuite 3 livres et demie de gelée de coing bien faite et bien transparente ; faites-la chauffer sur un petit feu pour la ramollir, et tandis qu'elle est chaude, versez-y la dissolution de la résine de jalap, vous l'agiterez bien pour en faire un mélange exact, l'esprit-de-vin se dissipera par la chaleur, et vous verserez la nouvelle gelée dans de petites boîtes de sapin. On peut, si on le désire, ajouter au jalap du séné et de la rhubarbe. (*Encyclopédie.*)

DIACHYLON.

1020. *Emplâtre de diachylon simple*, de Gallien. On fait ce diachylon pour emplâtre en prenant une partie de litharge préparée, deux parties d'huile de mucilage, et deux autres de la décoction d'iris ou glaïeul, qu'on fait cuire selon l'art en consistance requise. Cet emplâtre est un puissant résolutif et maturatif sur les tumeurs dures. (*Encyclopédie.*)

DIARRHÉES.

1021. *Remède contre les diarrhées.* L'écorce des petites e jeunes branches du *coduga pâle* qui ne sont point couvertes d mousse, réduites en poudre fine, et dont on fait un électuair avec une quantité suffisante de sirop d'orange, est un remède excellent contre les diarrhées, qu'il guérit parfaitement, et qu'il prévient même chez les personnes qui y sont sujettes dans les temps humides ou pluvieux.

Quand les diarrhées sont invétérées, l'usage du cheval est particulièrement recommandé. (*Encyclop.*)

1022. *Diarrhée des animaux.* Si la diarrhée produit la fièvre chez les animaux, comme le cheval, le mulet, l'âne, etc., s'il est triste, dégoûté, s'il a des tranchées, il faut pour apaiser l'inflammation des intestins et modérer leur chaleur, leur donner des boissons mucilagineuses et composées d'une once de racine d'althéa et de 2 onces de graines de lin par breuvage, qu'on fera bouillir dans quatre livres d'eau commune, jusqu'à ce que la graine de lin soit crevée. On ne lui donnera pour toute nourriture que du son mouillé et du bon foin, en lui retranchant l'avoine.

Quant aux bœufs, on leur donne des décoctions d'orge brûlé, moulu et arrosé de vin rouge. S'il est encore dégoûté, on lui donne des astringens, tels que du diascordium, dont on met 1 once dans 1 pinte de vin qu'on lui fait prendre pendant 6 jours.

Il suffit aux moutons de l'eau-de-vie, ou bien, pour couper court, 1 gros de thériaque dans un demi-verre de bon vin. (Ragier.)

DIGESTIONS (FAUSSES) (*Remèdes contre les*).

1023. Lorsqu'on manque d'appétit depuis long-temps, qu'on souffre de vapeurs, qu'on digère mal, que l'estomac se remplit de glaires, etc., il faut avaler tous les matins 8 ou 10 grains de poivre entiers. (Mag., *Méd. domest.*)

Les pastilles de cachou et l'extrait de genièvre sont, dans le même cas, d'un usage très-salutaire.

DINDON.

1024. *Éducation des dindons.* L'espèce des dindons grisâtres est la plus robuste et la plus profitable à élever. Pour fortifier le dindon naissant, il faut le prendre au sortir de sa coquille, le plonger dans l'eau froide, lui faire avaler 1 grain de poivre avec un peu de lait, et le remettre aussitôt sous sa mère. En le gouvernant de la sorte, il ne craindra ni la rosée ni la pluie. (Valmont de Bomare.)

La nourriture des petits dindons, aussitôt qu'ils sont éclos, se compose d'œufs durs coupés menus et mêlés avec de la mie de pain. Au bout de six jours on hache des feuilles d'ortie avec les œufs, huit jours après, on leur retranche les œufs, et on ne leur donne que des orties hachées et détrempées avec un peu de son et du caillé. Lorsqu'ils ont acquis un peu plus de force, on substitue au son et au caillé de la farine d'orge et du blé noir moulu grossièrement ; pour les tenir en appétit, il faut leur donner de temps en temps du millet ou de l'orge bouillie. Lorsque les dindonneaux ont six semaines, on les nourrit avec des orties hachées grossièrement et mêlées seulement avec du son ; on peut aussi leur donner des fruits pourris ou de ceux que le vent abat, en les coupant par morceaux. Les raves cuites, coupées menues, sont aussi pour eux une excellente nourriture.

Les dindonneaux veulent être repus au moins sept à huit fois par jour ; leur piolement annonce qu'ils ont besoin de manger. Lorsqu'on s'aperçoit qu'ils sont languissans, on leur trempe le bec dans le vin pour leur en faire boire ; on peut également leur faire avaler 1 grain de poivre, ou mieux encore des araignées. Leur chair est plus friande lorsqu'on les fait coucher en plein air, sur un arbre ou dans une cour, que quand on les enferme la nuit dans un poulailler.

La manière de les engraisser est fort simple ; on leur donne à manger le marc de raisin, dont on a récemment extrait l'eau-de-vie. Dans la Provence, pour les rendre exquis et très-gras, on les met dans une mue, et on leur fait avaler, pendant quarante jours, des noix entières avec la coque. Le premier jour on ne leur en donne qu'une, le lendemain deux, le surlendemain trois, et ainsi de suite jusqu'à quarante. Une autre manière de les engraisser est de leur faire avaler, trois ou quatre fois par jour, des boulettes, grosses comme de petites noix, d'une pâte composée avec des feuilles d'orties hachées, du son et des œufs durs.

1025. *Maladies des dindons.* La ciguë et la grande digitale à fleurs rouges sont pour les dindons des poisons très-dangereux. Lorsqu'ils en ont mangé, ils éprouvent une sorte d'ivresse, ou vertiges, des convulsions, et finissent par périr étiques. S'ils sont empoisonnés par la ciguë, il faut leur faire avaler de l'huile d'olive en quantité : on ne connaît pas l'antidote de la digitale. Les limaçons occasionent aussi aux dindons de très-graves incommodités. Lorsque le rouge commence à pousser aux dindonneaux, ce qui est pour eux le temps critique, il est indispensable de mêler du vin à leur nourriture.

On connaît qu'ils ont la fièvre lorsque les plumes de leurs ailes sont grosses et enflées ; il faut alors les arracher et leur donner du vin et de la mie de pain de froment trempée. En même temps, on leur fait boire de l'eau de forge, et l'on mêle dans leur manger une demi-poignée de capillaire *sauve-vie* et autant d'armoises bien hachées. Cette dose suffit pour quatre dindonneaux.

Lorsque les dindons ont sous la langue une petite vessie, on la leur perce délicatement avec une aiguille, et l'on y met un peu de beurre.

Lorsqu'ils ont la tête enflée, ce qui peut les faire mourir dans deux jours, il faut la leur laver avec·de l'eau de forge et leur faire prendre de l'orviétan : on doit alors les traiter comme pour la fièvre, et, dans tous les cas, les séparer de ceux qui ne sont pas malades. (Buchoz, *Traité économique des Oiseaux de basse-cour.*)

1026. *Préparations du dindon.* On le mange à la *broche*, avec la préparation d'usage : on le pique ou on le barde. Il est bon de graisser de beurre frais une feuille de papier blanc dont on l'enveloppe, et de le faire rôtir à petit feu.

En abattis, comme le *haricot de mouton.* (*Voy.* ce mot.)

Quand il sont vieux, on les met en *daube.* Plumez et videz un dindon, refaites-le sur la braise et le piquez ensuite de gros lard ; assaisonnez de sel, poivre, persil, ciboules, ail, échalotes, le tout haché et mêlé ; faites cuire le dindon dans une marmite juste de sa grosseur, que vous achèverez de remplir avec un demi-litre de vin blanc, du bouillon, des ognons, un bouquet de fines herbes, du thym et du laurier. On recouvre la marmite d'une double feuille de papier et le couvercle par-dessus. On fait cuire à petit feu. Quand le dindon est cuit, on passe le jus au tamis, et on y ajoute quelques pommes de terre rôties sous la cendre.

Les *cuisses de dindon* se mangent rôties sur le gril avec une *sauce robert*, ou bien froides à la *remoulade*, c'est-à-dire avec huile, vinaigre, moutarde, sel, poivre, échalotes et anchois hachés. (Couret, *Manuel alimentaire.*)

DISTILLATION.

1027. *Distillation des eaux-de-vie du commerce.* La grandeur des chaudières varie suivant les provinces : on ne peut donc pas fixer le nombre de veltes dont elles doivent être chargées ; plus elles auront de surface, plus la distillation sera rapide, parce qu'elle s'exécute par évaporation, et l'évaporation n'a lieu que par les surfaces ; plus la distillation sera longue, et plus l'eau-de-vie sera colorée et contractera de mauvais goût.

Pendant la distillation, le vin bout fortement dans la chaudière, et occupe un plus grand espace ; de manière que, si elle est trop remplie, les bouillons montent au-dessus de la chau-

dière; on ne craindra rien, si on laisse sept à huit pouces de
vide. Il est aisé de reconnaître si la chaudière est chargée convenablement lorsqu'elle est découverte , c'est-à-dire lorsqu'elle n'est pas garnie de son chapeau. Dans le cas contraire,
on fait entrer dans une douille ménagée sur la chaudière une
jauge qui plonge jusqu'au fond; en la retirant, on connaît la
hauteur du vin, s'il y en a trop on ouvre le robinet par lequel la vinasse s'écoule, et on ne laisse que la quantité de vin
suffisante, ou bien on se sert d'un siphon; lorsqu'elle est au
point, on bouche exactement cette ouverture, et on la lute.
Plus le vin est nouveau, plus il exige d'espace entre la surface
et le col de l'alambic, parce qu'il contient infiniment plus d'air
que le vin vieux, et que les bouillons en sont plus considérables.

Dans plusieurs pays, on ne *coiffe* la chaudière avec son chapeau, que lorsque le vin commence à être bouillant; cette manipulation est défectueuse. Jusqu'à ce moment, la partie qui
s'évapore est très-phlegmatique, il est vrai; il se dégage
même une très-grande quantité d'air; mais cet air et ce
phlegme entraînent avec eux beaucoup de spiritueux.

Dès que la chaudière est coiffée d'une manière ou d'une
autre, il est de la plus grande importance de garnir le fourneau avec du bois le plus combustible , afin d'exciter promptement un grand feu, de mettre la chaudière *en train*, pour donner au vin ce qu'on appelle le *coup de feu*. En le négligeant,
ou en le modérant trop , on pourrait ne retirer presque que du
phlegme, et la partie spiritueuse se combinerait en pure perte
avec ce qui resterait dans la chaudière.

Aussitôt après avoir mis le feu sous la chaudière, et même
avant, on adapte et on lute la queue du chapiteau au serpentin; la pipe est remplie d'eau, et le bassiot est placé au bas du
serpentin, afin de recevoir l'eau-de-vie qui va couler. Il faut
presser le feu jusqu'à ce que la vapeur qui sort du vin et qui
monte au fond du chapiteau commence à entrer dans le serpentin, et qu'elle soit prête à couler, ce que l'on connaît en
appliquant la main sur la naissance du serpentin, c'est-à-dire
sur l'endroit où il s'emboîte et se réunit à la queue du chapiteau. La chaleur de cette partie prouve qu'une quantité suffisante de vapeurs est déjà passée, puisqu'elle est échauffée.

Au bois sec et menu on supplée alors par de gros bois, de manière à remplir le fourneau, et qu'il y en ait assez pour en retirer toute la bonne eau-de-vie; on laisse un vide entre les
pièces de bois, afin d'attirer dans le fourneau un courant d'air
capable d'entretenir l'ignition : après cela on ferme la porte du
fourneau. Lorsque le bois est consumé et réduit en braise , on

pousse la tirette, afin de fermer la cheminée, et de retenir, sous la chaudière et dans le fourneau, toute la chaleur. Il est impossible de prescrire de quelle quantité de bois le fourneau doit être chargé ; elle dépend beaucoup de sa qualité et de son plus ou moins de siccité, mais l'ouvrier, accoutumé à ce travail, ne se trompe jamais ou très-rarement ; il augmente ou diminue l'activité du feu par le moyen de la soupape ou tirette, d'où dépend le plus ou moins grand courant d'air.

Dans les premiers instans de la distillation, il sort par le bec inférieur du serpentin une grande quantité d'air, ensuite du flegme un peu chargé d'esprit, enfin de l'eau-de-vie. Si le filet qui paraît est très-considérable, il convient de diminuer le feu ; s'il est trop faible, il faut l'augmenter, ou par l'addition du bois ou par un meilleur arrangement de celui qui est déjà dans le fourneau : on observera cependant que plus le courant d'eau-de-vie est fin, meilleure elle est. Si le courant *bronze*, c'est-à-dire s'il est gros et trouble, c'est une preuve que le vin bouillonnant passe de la chaudière dans le serpentin, il est de la dernière importance d'y remédier aussitôt, sans quoi le chapeau serait détaché de la chaudière par la force d'expansion de l'air et des vapeurs, et on courrait le péril très-imminent de mettre le feu à l'atelier : cet exemple n'est pas rare. Dans le cas du *bronze*, il faut se hâter de mouiller à grande eau le chapeau, et, ce qui vaut encore mieux, de jeter de l'eau sur le feu sans perdre de temps.

Après le flegme, la première eau-de-vie qui paraît est au plus haut titre, et de temps en temps on examine ce titre, soit par l'éprouvette, soit avec un aréomètre.

Si on désire avoir séparément l'eau-de-vie forte, on enlève le bassiot et on le supplée par un nouveau ; dès qu'il coule de l'eau-de-vie seconde, on la met à part, on la tire jusqu'à la fin ; elle forme la *repasse* ou eau-de-vie très-flegmatique, qui ne peut entrer dans le commerce. Il faut nécessairement une nouvelle *chauffe*, ou distillation, afin de ne pas perdre l'esprit ardent noyé dans le phlegme.

Afin de s'assurer qu'il ne reste plus d'esprit dans l'eau qui continue à distiller, on reçoit de cette eau dans un vase, et on la jette sur le chapeau brûlant de la chaudière ; alors, en présentant une lumière à l'endroit où ce fluide s'évapore, s'il se manifeste une petite lumière bleuâtre, c'est une preuve qu'il reste de l'esprit ; l'absence de la lumière annonce le flegme simple. On peut encore goûter le fluide qui distille, et l'impression qu'il cause sur la langue fournit une règle aussi sûre.

Lorsque l'esprit ne vient plus, on ouvre le robinet de décharge, la vinasse s'écoule, et on lave exactement la chaudière.

Lorsque la partie qui recouvre la chaudière n'est pas garnie d'une douille, il faut absolument déluter son chapeau afin de laver l'intérieur. Dans tous les cas, il faut détacher le limon et les parties étrangères qui sont dans la douille et dans l'alambic. Les brûleurs vigilans répètent ce lavage jusqu'à deux ou trois fois, ou plutôt jusqu'à ce que la nouvelle eau sorte aussi claire qu'on l'a mise dans la chaudière. Les brûleurs qui font tout à la hâte se contentent d'expulser la vinasse, et chargent aussitôt la chaudière avec du vin. On ne doit plus être étonné si ces eaux-de-vie ont un goût de *feu* et de *brûlé*, deux goûts très-différens.

La distillation, une fois commencée, ne doit pas être interrompue, et se continue souvent pendant la nuit. Il faut défendre aux ouvriers d'approcher aucune lumière près du bassiot ni du bas du serpentin, ou plutôt il faut les mettre dans l'impossibilité d'avoir des lumières à la main; à cet effet, fixez d'une manière invariable, contre les murs de la brûlerie, des lampes, et que, pour les allumer, il faille monter sur une échelle, ou bien les faire descendre avec une poulie. Lorsqu'elles sont remontées, fermez à clef l'espèce de boîte qui contient le bas de la corde. M. Parmentier insiste sur cette précaution, parce qu'il a vu une brûlerie réduite en cendres, uniquement parce qu'on avait laissé la lumière à la disposition des ouvriers.

Pour que le filet sorte chaud du serpentin, le courant d'air entraîne avec lui et volatilise beaucoup de spiritueux; en approchant une lumière de cette atmosphère, il s'enflamme, enflamme l'esprit du bassiot, et il est très-rare qu'on parvienne à éteindre cette flamme.

Suivant la qualité des vins, on retire plus ou moins d'eau-de-vie *première*. En Angoumois, par exemple, une chaudière chargée de 30 veltes, comme en Languedoc, donne depuis 24 jusqu'à 26 pintes d'eau-de-vie *première*, et depuis 30 jusqu'à 40 pintes d'eau-de-vie *seconde*. En Languedoc, au contraire, on retire 5 veltes ou 40 pintes, mesure de Paris, de la même eau-de-vie. La *seconde* est dans les mêmes proportions.

1028. *Distillation de l'esprit-de-vin.* Il est très-avantageux aux propriétaires de convertir les eaux-de-vie en esprit, et aux acheteurs de préférer celui-ci. 1° Il faut moins de futailles; 2° sous un plus petit volume le prix est augmenté; 3° les frais de transport sont moins considérables; 4° la liqueur est plus fine, moins âcre, plus dégagée de tout corps étranger.

La rectification exige un nombre de chauffes proportionné à la quantité de flegme contenu dans l'eau-de-vie. Les fabricans qui cherchent la perfection, jettent dans la cucurbite l'eau-de-vie, preuve de Hollande, et placent cette chaudière dans un bain-marie.

1029. *Bain-marie.* Lorsqu'on veut distiller au bain-marie, on introduit dans la cucurbite un second vaisseau d'étain ou de cuivre étamé, du même diamètre que celui de la cucurbite et de deux pieds de profondeur, ou adapté par-dessus le même chapiteau; les trois pièces réunies forment l'alambic propre à distiller au *bain-marie.*

La chaudière est remplie d'eau; dans cette chaudière, est placé le bain-marie, plein d'eau-de-vie jusqu'au point convenable; enfin le tout est recouvert de son chapiteau uni au serpentin; et, lorsque l'eau bout, sa chaleur, alors de 80 degrés, fait volatiliser l'esprit contenu dans l'eau-de-vie; il monte seul, ou presque seul, et on obtient de l'esprit très-pur. Si le fluide contenu dans le bain-marie éprouvait le même degré de chaleur que celui de la chaudière, l'esprit et le flegme monteraient ensemble; mais l'expérience a prouvé que le fluide environnant souffre un plus grand degré de chaleur que le corps environné, de quelque nature qu'il soit; c'est pourquoi l'esprit monte seul ou presque seul, puisque le flegme ne saurait se volatiliser au degré de l'eau bouillante qui l'environne. L'esprit obtenu par ce procédé est moins chargé d'huile essentielle du vin que par celui dont on va parler.

La méthode la plus usitée dans les fabriques, consiste à distiller les eaux-de-vie, preuve de Hollande, dans les alambics qui ont servi aux premières distillations; la seule différence dans ce travail, consiste à modérer exactement le feu, afin que l'esprit monte doucement et coule en filet très-fin. Dans ce cas, le bouilleur est forcé malgré lui à entretenir la plus grande fraîcheur dans l'eau des pipes. Sans ces deux précautions essentielles, l'esprit monterait avec rapidité, ferait quelquefois déluter le chapeau de la chaudière, et occasionerait un incendie qu'il serait presque impossible d'éteindre: ainsi l'opération est toujours très-longue, et demande beaucoup de vigilance et de temps.

Il est facile de concevoir combien cette seconde méthode est inférieure à la précédente: par la première, il monte moins d'huile essentielle du vin, huile âcre, mordante, et qui communique ses mauvaises qualités à l'esprit; d'ailleurs, la matière du feu pénètre plus le cuivre de la chaudière, sur laquelle il agit directement, que lorsque la cucurbite est plongée dans l'eau de la chaudière; et on n'a point fait assez d'attention à cette matière du feu et à sa manière d'agir sur les esprits, ou plutôt sur l'huile du vin, dont il augmente l'acrimonie naturelle.

1030. *Moyens de s'assurer de la pureté de l'esprit.* 1° Mettez de la poudre à canon dans une cuillère d'argent, versez par-dessus une certaine quantité d'esprit-de-vin, et mettez-y le feu : si la poudre ne s'enflamme pas, le flegme surabonde. Cette épreuve est conditionnelle ; si on met peu de poudre et beaucoup d'esprit-de-vin, le moindre flegme n'empêche pas l'inflammation de la poudre ; si, au contraire, on met beaucoup de poudre et peu d'esprit-de-vin, ce peu ne fournissant pas assez de flegme pour humecter toute la poudre, elle prend feu.

2° On imbibe un linge d'esprit-de-vin et on y met le feu : si le linge brûle, c'est une preuve que l'esprit est bien déflegmé ; ce moyen est préférable au précédent.

3° Le meilleur procédé consiste à verser l'esprit-de-vin que l'on veut examiner sur de l'alcali fixe : si l'esprit imbibe seulement l'alcali, c'est une preuve qu'il est pur ; mais s'il dissout ce sel, il est démontré qu'il contient de l'eau.

1031. *Distillation des marcs de raisin.* Avant de parler de la manière d'en retirer l'esprit ardent, il faut connaître les préparations de ces marcs : elles varient dans presque tous les cantons de la France ; cependant je vais les restreindre aux deux principales.

Après avoir obtenu, par le pressoir, le vin contenu dans la vendange, des hommes, armés d'instrumens à crochet et de pelles, divisent la masse solide restée sur la mai du pressoir, l'émiettent et la séparent le plus qu'il est possible. Ce marc, ainsi divisé, est porté dans de grands vaisseaux de bois destinés à sa fermentation, ou même dans la cuve qui a déjà contenu le raisin. Il reste, inhérente à ce marc, une portion sucrée dont la pression n'a pas entièrement dépouillé les baies et les grappes du fruit ; le vigneron ajoute quelques seaux d'eau sur ce marc ; elle humecte toute la masse : peu à peu la fermentation vineuse s'établit, la chaleur augmente, et son augmentation décide la quantité d'eau qui doit chaque jour être ajoutée, afin que la fermentation, de vineuse qu'elle est, ne passe pas à l'acéteuse. Qu'on ne croie pas qu'il faille noyer ce marc : la surabondance d'eau diviserait trop la partie sucrée, et, n'y ayant plus de proportion entre elle et l'eau, la putridité se manifesterait bientôt. Pendant le travail de la fermentation, le vaisseau est recouvert exactement, afin de retenir le *gaz acide carbonique*, et le principe inflammable, ou *oxygène* ou *azote*. Ils contribuent essentiellement l'un et l'autre à mettre en mouvement la partie sucrée, la vraie base de l'esprit ardent. On ne craint pas dans ce cas-ci les effets de l'expansion des vapeurs, comme dans la fermentation tumultueuse de la vendange. Le degré de chaleur et l'odeur de cette masse indiquent quand la fermentation est à son plus haut période, et ce terme est celui que l'on saisit avec raison pour jeter le marc dans l'alambic.

Il n'est guère possible de fixer la quantité d'eau nécessaire à cette opération, ni le temps que doit durer la fermentation; elle dépend de la masse du marc, de sa qualité, de la chaleur, de la saison, et même de l'espace vide entre le couvercle de la cuve et le marc. Si cet espace est proportionné, la fermentation sera plus prompte, mieux soutenue, plus complète; en un mot, il se formera plus d'esprit ardent. Il serait très-avantageux de trouver l'expédient de ne point déplacer le couvercle lorsqu'on arrose le marc. Une grille d'arrosoir, placée au bout d'un tuyau de fer-blanc qui serait mobile, distribuerait l'eau sur toute la superficie de la cuve, et imbiberait le marc.

La seconde méthode est plus simple, mais elle procure moins d'eau-de-vie et d'un plus mauvais goût; elle consiste à faire un creux dans la terre, à y ensevelir le marc, et le recouvrir de terre. On enfonce de temps en temps le bras dans ce creux, afin de juger du point de fermentation; et lorsqu'on la croit à son période, on enlève le marc de la fosse, que l'on jette dans l'alambic, après y avoir mis une suffisante quantité d'eau.

Ces deux méthodes sont défectueuses, car il est impossible que les eaux-de-vie qu'on obtient, n'aient pas un fort mauvais goût; c'est ce qui les a fait prohiber à Paris.

Voici ce que l'expérience a démontré à M Parmentier; et en suivant le procédé qu'il a indiqué, on est assuré d'avoir de l'eau-de-vie aussi douce que l'eau-de-vie commune du commerce.

Après avoir émietté le marc, mettez-le fermenter, comme il a été dit dans le premier procédé. Lorsque la fermentation sera complète, tirez l'eau vineuse de la cuve, comme vous feriez relativement au vin nouveau; remplissez les futailles, portez le marc sur le pressoir, et pressurez; mêlez ce second produit avec le premier; conduisez ce *petit vin* comme le vin ordinaire; enfin, bouchez la futaille aussitôt que faire se pourra; laissez reposer ce petit vin et s'éclaircir jusqu'à la fin de l'hiver, soutirez-le, portez-le dans le réservoir à filtrer dont il a été parlé, et distillez: l'eau-de-vie sera douce.

Dans les provinces où le vin est abondant et à bas prix, et le bois cher, il y a peu de bénéfice à distiller un tel petit vin, puisque les eaux-de-vie de vin suivent le prix de la matière première; mais dans les provinces où le vin est cher, le bois abondant, et qui sont éloignées des grandes brûleries, il y a réellement du bénéfice à distiller les marcs.

Si, dans ces pays, il reste quelque mauvais goût à l'eau-de-vie de marc, et que le bois soit à bon marché, on y ajoutera un tiers ou moitié d'eau de rivière. La chaudière sera chargée, la communication du chapiteau avec le serpentin bouchée, et pendant quinze à dix-huit heures on entretiendra par-dessous la chaudière un feu très-modéré, afin de communiquer à la liqueur seulement une chaleur de 50 à 60 degrés; cette digestion produit le meilleur effet pour la distillation des vins, dont l'esprit ardent est destiné pour les liqueurs.

1032. *Moyen d'améliorer les eaux-de-vie provenant des mares de raisin.* Il est reconnu que la partie sucrée du raisin forme seule l'esprit ardent. D'après ce principe, admis de tous les chimistes et de tous les physiciens, il est aisé de conclure que l'art peut enrichir ces petites eaux-de-vie et leur fournir plus d'esprit. Il suffit donc d'ajouter une substance sucrée à ce marc mis en fermentation. On ne dit pas d'y ajouter du sucre, il est trop cher; de la mélasse ou du sirop de sucre, elle augmente les mauvaises qualités de l'eau-de-vie, quoiqu'elle en produise davantage : le miel commun est la substance qui a toujours mieux réussi. Sur un marc qui a fourni 20 à 25 barriques de vin de 220 à 230 pintes, mesure de Paris, ajoutez autant de livres de miel qu'il y aura eu de barriques; on ne risque rien de doubler la dose. Ainsi, avant de jeter la première eau sur le marc, délayez le miel dans cette eau qui doit être fluide, et après l'avoir distribuée également sur toute la surface, il faudra que des hommes armés de fourches ramènent par-dessus le marc de dessous, afin que l'eau miellée mouille légèrement tout le marc. La fermentation ne tardera pas à paraître, et se soutiendra vive et bien décidée.

1033. *Distillation des lies.* Ce genre de distillation était presque inconnu en France, si on excepte la ville de Paris. Les marchands de vin y étaient obligés de vendre leurs lies et leurs baissières aux maîtres vinaigriers; ceux-ci, favorisés d'un privilége exclusif, se les procuraient à un très-bas prix; ils en retiraient du vinaigre, quelques parties d'esprit ardent, et convertissaient le reste, au moyen de la calcination, en *cendres gravelées.*

Toute lie est vineuse, tenace; c'est en vain qu'on la met sous presse, elle ne rend point le vin qu'elle contient. Si on veut l'en retirer, il faut la tenir pendant quelque temps dans une étuve, la mettre ensuite dans des toiles, et la presser dans cet état, alors le vin s'en échappe; il sert pour la fabrication du vinaigre, ou bien on le distille.

Certains vinaigriers placent de grands vaisseaux de bois dans leur étuve, dans lesquels ils mettent les lies; à mesure qu'elles s'échauffent, elles lâchent la partie vineuse, et, par le moyen du rol inet placé au bas du vaisseau, le vin coule dans les bassiots.

D'autres vinaigriers jettent ces lies et ces baissières, telles qu'elles sont, dans l'alambic et les distillent.

L'on doit préférer de noyer ces lies dans de l'eau chaude, de les agiter et remuer, afin de les diviser, de les faire filtrer; et le produit tiré à clair donnera une eau-de-vie de qualité inférieure, mais non pas aussi mauvaise que celle retirée par les procédés ordinaires. L'expérience a démontré que les esprits tirés des lies et des marcs contenaient beaucoup plus d'huile de vin que le vin lui-même, proportion gardée.

1034. *Distillation des eaux-de-vie de grains.* On obtient aussi de l'eau-de-vie de toutes les liqueurs, dans lesquelles on fait fermenter des grains ou autres substances farineuses. Les eaux-de-vie de grains offrent une boisson recherchée par tous les peuples où la vigne est rare et où la cherté du vin tient cette liqueur au-dessus des facultés du peuple.

Pour obtenir de l'eau-de-vie de grains, on commence par exciter les blés, fromens, seigles ou avoines à la germination, en les plongeant pendant une demi-heure dans de l'eau tiède. Après les avoir retirés, on les place sur des paillassons où ils se ressuient. La chaleur humide qu'ils ont éprouvée dilate toute leur substance; les germes s'élancent de toutes parts : c'est alors qu'on passe à la dernière opération. On les met infuser dans une quantité d'eau où ils nagent entièrement. Bientôt la fermentation la plus complète s'y établit, l'eau acquiert de la saveur, se charge du principe mucoso-sucré contenu dans les grains ; l'ébullition et la chaleur annoncent le plus haut période de la fermentation. Lorsque cette liqueur est parvenue à ce degré, on la verse dans l'alambic, et l'on procède, pour l'extraction des esprits ardens qu'elle contient, de la même manière que pour la distillation du vin. (*Nouv. secrets des arts et mét.*)

1035. *Distillation économique.* La température nécessaire pour convertir un fluide quelconque en vapeur, dépend de la pression de l'atmosphère sur sa surface ; on peut donc la baisser si cette pression diminue. Ainsi, l'eau ne supportant plus le poids de l'air, se convertira en vapeur à une température au-dessous du point de l'ébullition ; elle peut par conséquent être distillée par la vapeur de la chaleur ordinaire.

Pour produire cet effet, on se servira d'un vase et d'un récipient qui communiquera avec lui; on le rendra parfaitement impénétrable à l'air, et on y fera passer la vapeur le long du serpentin d'un alambic ordinaire qu'on y introduit.

On produit aisément le vide, en appliquant la chaleur à ce vase, jusqu'à ce que la vapeur s'échappe par son orifice et passe dans le récipient ; alors on ferme les robinets et on retire le feu.

L'eau qui a été distillée est recueillie dans le récipient, qui est tenu froid pour cet effet.

Les produits de cette seconde distillation sont égaux à ceux de la première ; on pourrait les augmenter en entourant le deuxième alambic de flanelle ou de toute autre matière peu conductrice de la chaleur.

Quoique l'eau de mer n'entre pas en ébullition à une température aussi basse que l'eau douce, cependant la différence a été trouvée peu sensible, comparée avec celle de la vapeur formée sous la pression ordinaire ou dans le vide. Il y aurait donc un grand avantage à appliquer ce procédé à la distillation de l'eau de mer. (Smithson Tenneau, *de la société royale de Londres.*)

1036. *Distillation des fleurs sans alambic.* Sur un pot de terre vernissé, posez un linge un peu fin, que vous arrêterez avec un cordon aux bords extérieurs du vase. Ce linge tombera dans le vase en forme de poche, jusqu'à la moitié de sa profondeur. On remplira la poche avec les végétaux dont on voudra tirer l'eau, comme roses, fleurs, oranges, etc. Ensuite on fera chauffer le cul d'une assiette, que l'on posera sur les plantes, et on la remplira de cendres chaudes, ou même de charbons ardens : les végétaux rendront alors toute leur eau, qui tombera dans le vase comme dans un alambic.

Le temps le plus favorable pour cette opération est celui où les plantes sont dans leur séve, à moins qu'on ne veuille distiller les racines qu'on ne doit prendre que lorsque la séve est passée. (*Bibl. ph. écon.*)

DORURE (*Procédé pour faire la*).

1037. *Dorure à l'huile.* Pour dorer à l'huile des dômes, des combles d'église, ou des figures de plâtre et de plomb qu'on expose aux injures de l'air, on se sert de l'or de couleur, matière extrêmement grasse et gluante qui, ayant été broyée et passée par un linge, sert de fond pour y appliquer l'or en feuille. Elle se couche avec le pinceau comme les véritables couleurs, après que l'ouvrage a été encollé : et si c'est du bois, après lui avoir donné quelques couches de blanc en détrempe. Quand l'or en couleur est assez sec pour aspirer et retenir à l'air, on étend par-dessus les feuilles d'or qu'on prend avec du coton bien doux, ou avec le couteau qui a servi à les couper ; et à mesure que l'or est posé, on passe par-dessus un gros pinceau de poil très-doux, pour l'attacher avec la couche grasse d'or en couleur; après quoi on répare les cassures ou gerçures qui se sont faites aux feuilles, et on laisse sécher le tout.

1038. *Dorure en détrempe.* On emploie, pour cet effet, de la colle faite de rognures de parchemins ou de gants, qu'on fait bouillir dans l'eau jusqu'à ce qu'elle s'épaississe en forme de gelée. Cette colle se vend sous le nom de colle de peau. Si l'on veut dorer du bois, on y met d'abord une couche de cette colle bouillante, on l'imprime ensuite à plusieurs reprises, d'une couleur blanche détrempée dans cette colle, de blanc de plomb, par exemple.

On se sert d'une brosse de poil de sanglier pour coucher ce blanc. L'ouvrage étant très-sec, on l'adoucit, ce qui se fait en le mouillant avec de l'eau nette, et en le frottant avec quelques morceaux de grosse toile, s'il est uni; et s'il y a de la sculpture, on se sert de légers bâtons de sapin, auxquels sont attachés quelques petits lambeaux de cette même toile; on met ensuite le jaune : si c'est un ouvrage de relief, on le répare, et on le recherche avant de le jaunir.

Le jaune que l'on emploie est de l'ocre commune bien broyée et tamisée, que l'on détrempe avec la même colle qui a servi au blanc, mais plus faible de moitié. Cette couleur se met chaude : elle tient lieu, dans les ouvrages de sculpture, de l'or qu'on ne peut quelquefois porter dans les creux, sur les revers des feuillages et des ornemens. On couche l'assiette sur le jaune, en observant de n'en point mettre dans les creux des ouvrages de relief. On appelle assiette, la composition sur laquelle doit s'asseoir l'or.

Il faut trois sortes de pinceaux pour dorer : des pinceaux à mouiller, à ramender et à mater; il faut un coussinet de bois couvert d'une peau de veau et rembourré de crin, pour y étendre les feuilles d'or battu au sortir du livre, un couteau pour les couper, et une palette pour les placer sur l'assiette.

On se sert, en premier lieu, des pinceaux à mouiller, pour donner de l'humidité à l'assiette, en l'humectant d'eau, afin qu'elle puisse retenir l'or; on met ensuite sur le coussinet les feuilles d'or qu'on prend avec la palette, si elles sont entières, ou avec le couteau dont on s'est servi pour les couper. On les pose et on les étend doucement sur les endroits de l'assiette qu'on a mouillés : si l'or vient à se casser en l'appliquant, on le ramende; puis avec des pinceaux un peu plus gros, on l'unit partout; après avoir laissé sécher l'or, on le brunit et on le mate.

Mater l'or, c'est le polir et le lisser fortement avec le brunissoir, pour lui donner plus d'éclat. Le brunissoir est un ins-

trument d'acier poli ou de pierre hématite, ou bien une dent
de loup.

Enfin, on couche dans tous les creux de la sculpture une
composition appelée *vermeil*, qui est faite de gomme-gutte, de
vermillon et d'un peu de brun rouge broyés ensemble avec le
vernis de Venise et de l'huile de térébenthine.

On se sert, pour les parties unies des figures de relief, de la
dorure d'or vert. On brunit l'assiette avant que d'y appliquer
l'or, puis on le repasse à la colle comme on a fait pour mater.
Cet or n'est pas si brillant que l'or uni, mais il l'est beaucoup
plus que l'or qui n'est que simplement maté.

1039. *Dorure au feu et sur métaux.* Il y a trois manières de
dorer au feu, savoir : en or moulu, en or simplement en feuilles
et en or haché.

La dorure d'or moulu ou vermeil doré, se fait avec de l'or
amalgamé avec du mercure, dans une entière proportion, qui
est d'une once de vif-argent sur un gros d'or.

Pour cette opération, on commence par faire rougir un creuset; on y met l'or et le vif-argent, que l'on remue doucement
avec un crochet, jusqu'à ce qu'on s'aperçoive que l'or est fondu
et incorporé avec le mercure; on les jette ensuite dans de l'eau
pour les laver. Pour préparer le métal à recevoir l'or, il faut le
décrasser avec de l'eau-forte affaiblie. Alors on le couvre de ce
mélange d'or et de vif-argent, en l'étendant le plus également
possible; on le met au feu sur la grille dont on couvre une poêle
pleine de feu qu'on place par-dessous. Pour conserver cet ouvrage plus long-temps, les doreurs le frottent avec du mercure
et de l'eau-forte, et le dorent de nouveau de la même manière;
ils réitèrent cette opération plusieurs fois, pour que l'or, qui
couvre le métal, soit d'une épaisseur convenable. Quand l'ouvrage est dans cet état, on le finit avec une brosse faite de petits
fils de laiton, puis on le met en couleur.

1040. *Autre.* On fait encore une très-jolie dorure sur métaux
et particulièrement sur l'argent. On met dissoudre de l'or dans
de l'eau régale; on imbibe des linges dans cette dissolution d'or;
on les fait brûler et on en garde la cendre. Lorsqu'elle est appliquée avec de l'eau et au moyen du frottement, à la surface de
l'argent, elle y dépose les parcelles d'or qu'elle contient et qui
y tiennent très-bien. On lave la feuille d'argent pour enlever
la partie terreuse de la cendre. L'argent, en cet état, ne paraît
presque point doré; mais quand on le brunit avec la pierre
sanguine, il prend une couleur d'or très-belle et très brillante.

1041. *Dorure sur le fer.* On fait dissoudre du sel ammoniac
dans une suffisante quantité d'acide nitrique, jusqu'à ce que
cette liqueur en soit saturée, et l'on met dans cette dissolution

l'or réduit en parcelles très-petites. Ce métal se dissout, surtout si on a soin de faire chauffer légèrement le mélange. La dissolution qui en résulte est jaune, et a la propriété de teindre la peau en pourpre. On verse sur cette dissolution, mais avec précaution, et dans un grand vase, environ le double d'éther ou d'une huile essentielle quelconque. On mélange bien les deux liqueurs, et on les laisse reposer; alors l'acide nitro-muriatique se précipite décoloré, et l'éther le surnage chargé de l'or qu'il lui a enlevé. On sépare ces deux liqueurs à l'aide d'un entonnoir, et on enferme l'éther dans une fiole bien bouchée.

Lorsqu'on veut dorer le fer ou l'acier, et même d'autres corps, on commence par en polir la surface le plus exactement qu'il est possible, et l'on applique ensuite, avec une petite brosse, la liqueur chargée d'or. Le liquide s'évapore et l'or reste: on chauffe et l'or brunit ensuite.

On peut facilement, avec cette liqueur, tracer à la plume et au pinceau toutes sortes de figures. (*Dict. des ménages.*)

1042. *Dorure sur cuivre.* On donne au cuivre jaune poli une belle couleur d'or, en mêlant ensemble 4 onces et demie de craie bien pulvérisée et qui ne soit pas pierreuse, avec 1 demi-once de soufre; on broie ces matières et on en frotte le cuivre à sec, après l'avoir bien nettoyé. (*Encycl. méth.*)

1043. *Dorure sur verre.* Pour dorer le bord ou le fond d'un verre, prenez de la gomme arabique et de la gomme ammoniaque, du vert-de-gris, du minium, un peu de craie, un peu de vernis et du miel; broyez le tout, avec de l'eau de gomme fort épaisse, sur une pierre; tracez avec ce mélange de l'écriture, des fleurs, etc.; appliquez l'or en feuilles; faites bien sécher l'ouvrage que vous pourrez ensuite polir avec une dent de loup ou un brunissoir. (*Encycl. méth.*)

1044. *Autre.* Faites dissoudre du borax dans de l'eau chaude, enduisez le verre à volonté; appliquez-y votre or, et si c'est un verre à boire, remplissez-le de sel, et exposez-le sur une plaque de fer à une chaleur convenable. Le borax se mettra en fusion et l'or ne s'en séparera plus. (*Idem.*)

1045. *Liqueur pour aviver la dorure.* Prenez 1 once et demie de soufre, 1 demi-once d'alun, 1 demi-drachme d'arsenic et autant d'antimoine; pulvérisez avec soin ces matières, faites ensuite bouillir de l'urine que vous écumerez; jetez-y les matières précédentes, les unes après les autres; remuez-les et laissez-les bouillir; mettez dans cette composition l'ouvrage que vous avez doré, et laissez-l'y jusqu'à ce que la couleur paraisse vive. (*Encycl. méth.*)

1046. *Moyen de retirer l'or du bois doré.* Faites tremper les bois dorés dans de l'eau bouillante, et laissez-les-y assez de

22.

temps pour que l'eau puisse bien détremper la colle dont ils sont couverts. Elle s'en détachera en peu de temps, et entraînera avec elle les feuilles d'or qu'on veut séparer; le tout tombera dans l'eau. Alors les bois étant retirés, faites bouillir l'eau jusqu'à siccité. Au fond du vase vous trouverez une masse composée de colle et d'or; prenez cette masse, mettez-la dans un mortier et pilez pour la réduire en poudre; mettez cette poudre sous une moufle dans un fourneau, le feu brûlera la colle, fera évaporer toutes les parties huileuses, et il ne restera plus qu'une poudre d'or. (*Bibl. phys. écon.*)

1047. *Moyen pour retirer l'or de l'argent doré.* Pour enlever l'or de la surface de l'argent, on coupe en lames le vase qu'on veut dédorer; on met ces lames dans une terrine de grès, on les recouvre d'une eau régale composée de deux parties d'acide nitreux et d'une partie d'acide marin; lorsque tout l'or est dissous et que la surface des lames d'argent est absolument blanche, on décante la liqueur, on lave les lames, mêlant l'eau des lavages avec la dissolution, et on rassemble l'or de cette dernière par les moyens usités. (Ribaucourt.)

DOUCETTE (*Fabrication de la*).

1048. Faites infuser pendant dix jours 6 oranges et autant de citrons, ou encore mieux leurs zestes, dans 2 litres d'esprit-de-vin; ajoutez un sirop fait avec 3 litres d'eau et 3 livres de sucre; filtrez: vous aurez une excellente liqueur connue sous le nom de *doucette*. (*Art du dist. liq.*)

DRAGÉES.

1049. Pour faire des dragées de toutes espèces, il faut d'abord avoir une bassine de cuivre avec 2 anses sur les côtés pour la soutenir en l'air, et une queue dans le milieu pour la manier avec facilité. On met sous cette bassine ainsi suspendue par 2 cordes, un tonneau défoncé d'un côté, qui renferme un réchaud dont le feu est à 3 ou 4 pouces de la bassine.

Cela fait, on pétrit et l'on forme des dragées avec une pâte composée de sucre et de fruits, fleurs ou autres ingrédiens bien écrasés et bien mêlés avec le sucre, et l'on met les morceaux de cette pâte roulée dans la forme qu'on leur a donnée, dans la bassine, où se trouve assez de sucre cuit ou lissé pour en recouvrir la surface d'une petite couche; on remue avec soin la bassine jusqu'à ce que cette première couche commence à sécher; on remet encore du sucre ou lissé dans la bassine sous laquelle on entretient toujours une douce chaleur, on y roule une seconde fois les dragées, on les fait sécher de nouveau, et on leur donne ainsi une nouvelle couche de sucre. De la même manière on leur en donnera une troisième et une quatrième; enfin on les en recouvrira jusqu'à ce que l'on les croira assez grosses et surtout assez sucrées. (*Le Maître d'hôtel confis.*)

DRAPS.

1050. *Méthode pour lainer les draps et autres étoffes de laine.* Lorsque le drap sort des mains du tisserand, et qu'il a été tondu, foulé et dégraissé par les procédés ordinaires employés dans les différentes fabriques, il faut le plonger dans de l'eau presque bouillante, et le laisser dans cet état jusqu'à ce qu'il soit modérément échauffé; alors on le retire et on le place sur une grande table de marbre poli, qui doit être scellée dans un cadre, au bout duquel sont adaptés deux rouleaux, sur lesquels tourne le drap. Il faut préliminairement avoir eu soin d'échauffer la table en versant de l'eau bouillante dessus; le bout de la pièce supportée par un rouleau doit être fixé sur le rouleau opposé, et fortement tendu, pour qu'elle soit bien unie sur la table de marbre; on verse alors de l'eau presque bouillante sur la partie du drap qui recouvre immédiatement la pierre. L'ouvrier doit ensuite frotter continuellement la surface avec un corps dur et poli, soit à l'aide de la main, soit par quelque moyen mécanique, et n'employer qu'une légère compression, jusqu'à ce qu'il aperçoive une certaine roideur et de la résistance dans le frottement produit par le marbre, et que le drap devienne presque sec. Le procédé de verser de l'eau chaude sur la pièce, et de l'exprimer par le frottement, doit être répété jusqu'à ce que l'on ait produit, dans les fibres du tissu, le degré de resserrement ou de feutrage que l'on veut obtenir. Cette manipulation dispose le corps du drap à se réunir en une seule pièce; on peut employer de l'eau chaude ou de l'eau de savon, quoique cette dernière soit bien plus avantageuse pour adoucir le tissu du drap et le disposer à se convertir beaucoup plus promptement en feutre. La pièce est ensuite propre à recevoir toute espèce de teinture. (J. Bennet, *Ext. du Repertory of arts and manuf.*)

1051. *Manière d'éprouver la solidité de la couleur des draps.* La meilleure manière est sans contredit d'exposer l'étoffe au soleil, pendant plusieurs semaines, en ayant soin de la mouiller de temps en temps avec de l'eau. La laine qui après cela se trouve sans altération, peut être réputée d'un bon teint

DYSSENTERIE.

1052. *Remède contre la dyssenterie.* Le fruit du sureau, qu'on aura mis à fermenter sans autre levain que lui-même, qu'on fera ensuite distiller et dont on rectifiera l'eau-de-vie, produira une liqueur qui, mêlée à 1 once de suc cru, non fermenté et cuit sur un feu léger à consistance de miel, dont on séparera quelques jours après le limon qui se dépose, est un remède spécifique pour toutes les dyssenteries, quelques malignes, quelques compliquées qu'elles puissent être. Son action n'est pas d'abord très-sensible; mais en moins de deux ou trois jours on en sent les effets, si l'on en prend soir et matin 2 cuillerées dans du vin et de l'eau. (M. l'abbé Rousseau.)

1053. *Autre.* Le suc cru de l'ortie blanche, appelée dans les herbiers galiopsis, pris en 2 ou 3 cuillerées, matin et soir, est aussi très-efficace contre la dyssenterie et les pertes de sang. (Le même.)

1054. *Autre.* En Italie, où la dyssenterie est très-commune, surtout parmi le petit peuple, et où elle dégénère souvent en lienterie mortelle, les médecins la combattent avec de l'acide sulfurique administré de manière à former une légère limonade que l'on donne en boisson et en abondance aux malades; cette limonade est celle des hôpitaux, où pour la rendre plus agréable on l'édulcore avec le sucre, le miel ou le bois de réglisse.

A défaut d'acide sulfurique, on peut employer dans les campagnes une décoction d'épis de plantain, mêlée avec du bon vin rouge; 1 ou 2 bouteilles doivent toujours suffire pour ce traitement radical. (D. D. M.)

Les fruits mûrs de quelque espèce qu'ils soient, sont les vrais préservatifs de cette maladie. (Doct. Tissot.)

1055. *Autre.* M. Grainger, médecin à Londres, a guéri une dyssenterie opiniâtre, qui avait résisté à tous les remèdes, en faisant prendre au malade de l'eau de chaux, mêlée avec un tiers de lait dans la quantité de 3 quarts de litre. Au bout de 3 jours les selles devinrent moins fréquentes, et les douleurs furent presque apaisées. Le malade continua le remède, but même plus d'une livre de chaux par jour, et guérit enfin totalement.

1056. *Autre contre les dyssenteries épidémiques.* Faites prendre au malade 1 demi-gros de la racine de bryone, réduite en poudre fine, délayée dans un verre d'eau froide, pour une dose le matin à jeun; elle agit comme vomitif. Si au bout d'une heure le vomissement n'est pas suffisamment opéré, on administre une seconde prise, et on aiguise d'un grain d'émétique 3 verres d'eau, qu'on prend dégourdis à une demi-

heure de distance, et on facilite le vomissement en buvant
de l'eau tiède. Le lendemain du vomitif on purge le malade
avec 1 demi-gros de racine de bryone en poudre, incorporée
avec du miel, dont on forme 4 bols pour être pris un à un
de six heures en six heures. On augmente ou l'on diminue cette
dose en proportion des évacuations. Nous observons que la dose
de ce remède doit être fixée par le médecin, suivant la force
et la complexion du malade. (*Bibl. phys. écon.*)

EAU.

1057. *Caractères de l'eau potable; observations générales.*
L'eau ordinaire la plus pure naturellement, doit être transparente, inodore, insipide ou sans saveur désagréable, légère
ou aérée, pénétrante, vive et fraîche. Elle doit bouillir avec
facilité sans laisser de dépôt ni se troubler, cuire aisément les
légumes, les chairs et les herbes (ce que ne fait pas l'eau sé-
léniteuse); bien dissoudre le savon et nettoyer le linge; ne
point nuire aux dents, ni peser sur l'estomac, ni resserrer
ou relâcher le ventre; extraire avec facilité, dans les infusions
théiformes, les substances aromatiques des plantes sans altération; ne pas communiquer de goût au vin en s'y mêlant;
enfin légèrement mousser par l'agitation, etc.

On ne trouve guère ces qualités réunies que dans les eaux
des fontaines, qui coulent sur un sol rocailleux ou sablonneux
pur, ensuite dans les eaux de rivières qui ont un lit de cailloux ou de gravier. Le mouvement de ces eaux à l'air libre,
les rend légères et les purifie. Les eaux stagnantes, comme
celles des lacs, des marais et des puits sont bien moins bonnes;
elles pèsent sur l'estomac, ne sont point aérées, mais sont souvent chargées au contraire de sels, de substances gazeuses. Les
eaux des terrains gypseux sont imprégnées de sulfate de chaux;
celles des terrains crayeux contiennent beaucoup de surcarbonate
de chaux; celles des terrains tourbeux sont les plus insalubres
de toutes, elles sont noires et sentent le fumier comme les eaux
des mares; elles causent l'hydropisie, l'anasarque à ceux qui
en boivent. Il en est de même des eaux croupies, dans lesquelles se sont putréfiés des débris de substances végétales et
animales; mais elles peuvent convenir pour l'arrosement des
plantes. Les habitans des pays marécageux, qui sont obligés
d'employer ces eaux, quoiqu'ils aient soin de les faire bouillir
pour enlever une portion des gaz malfaisans et des débris en
putréfaction qu'elles recèlent, sont pâles, maladifs, ont les
dents noires, cariées, sont sujets au scorbut, aux cachexies.
Parmi les eaux potables, il y a encore du choix; ainsi les

fontaines tournées vers l'Orient ou le Midi, sont plus salubres à cause qu'elles reçoivent les rayons du soleil, que celles tournées au nord ou trop ombragées. Les rivières qui reçoivent des ruisseaux boueux ou dont le lit est plein de fange, dont le cours est lent, ou qui sont remplies de joncs, ont de mauvaises eaux. Le rouissage du chanvre communique des qualités très-délétères à l'eau; elle fait périr non-seulement les poissons et les bestiaux, mais même les hommes qui en boivent. Mais les fleuves dont le cours est rapide, quoique l'eau en soit trouble et vaseuse, donnent pourtant de l'eau fort salubre, quand elle est clarifiée par le dépôt ou la filtration : telles sont les eaux de la Seine, du Nil, du Gange, du Choaspes, etc.; car les substances qui troublent ces eaux ne sont que des molécules terreuses insolubles.

Les eaux de rivières sont encore les meilleures de toutes pour les bains; car celles de puits ou de sources, qui d'ailleurs sont plus froides, sont aussi plus crues, moins aérées et durcissent la peau.

Les eaux de citernes, quoique amassées des eaux pures de pluies, sont ordinairement mauvaises, parce qu'elles croupissent dans leur cavité, et qu'elles ont entraîné, des toits et autres lieux sur lesquels elles ont coulé, beaucoup de matières hétérogènes; c'est pourquoi elles nourrissent souvent une multitude de larves d'insectes, en été. Il est à remarquer que si ces larves sont toujours la preuve qu'une eau contient des substances végétales en dissolution, ces insectes purifient cette eau en se nourrissant de ces substances.

On sait que la boisson des eaux à la glace fortifie les viscères, autant que les eaux tièdes les débilitent et disposent au vomissement; mais ce qu'on n'a peut-être pas assez remarqué, c'est que l'eau est un meilleur digestif et un dissolvant plus prompt des alimens que le vin et les liqueurs. Les buveurs d'eau ont d'ordinaire les sens plus subtils, l'esprit plus lucide que les buveurs de vin; ils sentent même tellement les différences des eaux, qu'ils ne trouvent point autant de saveur à celle qui a été filtrée, qu'à celle qui ne l'a pas été. (J.-J. Virey, *Traité de pharm.*)

1058. *Purification de l'eau.* De toutes les purifications de l'eau, la plus simple est d'abord le repos, ensuite la filtration. Cette opération se fait dans des jarres ou fontaines, sur du sablon fin ou sur une composition poreuse, composée de sablon, de charbon et de quelque ciment spongieux qui les agglutine comme dans les pierres ou grès à filtrer. Il est certain que si le repos ne clarifie pas autant l'eau que le filtre, il lui laisse du moins la saveur franche et naturelle, tandis que les filtres les plus nets communiquent toujours quelque goût. Parmi les filtres, celui qui s'empare le mieux des parties fétides, hydrogénées et carburées des eaux impures, est le charbon pulvérisé; c'est en faisant traverser une composition de charbon en poudre, avec un ciment poreux, qu'on purifie l'eau de la Seine.

Frappé de cette propriété du charbon, M. Berthollet en a fait une heureuse application aux tonneaux d'eau qu'on embarque pour les longues traversées; car il arrivait après un certain temps que cette eau se putréfiait. Il suffit, pour prévenir cet inconvénient, de charbonner l'intérieur des tonneaux dans lesquels on la recueille; pour cela, on jette dedans du sarment bien sec ou des brindilles de bois et on les allume. On entretient ce feu jusqu'à ce que tous les points du fond soient carbonisés à une épaisseur de deux ou trois lignes; on carbonise ensuite le pourtour et le fond supérieur de la même manière. Quand le tonneau est ainsi préparé, l'eau ne peut plus se charger du principe extractif du bois et prendre l'odeur du croupi, qu'elle avait.

On a proposé plus récemment de purifier l'eau corrompue des tonneaux, dans les vaisseaux, en l'agitant avec de l'oxide de manganèse. M. Périnet assure que ce moyen est très-efficace. (*Idem.*)

Pour conserver l'eau dans des voyages de long cours, quelques marins mettent dans les futailles ordinaires, plein les deux mains de chaux vive, la laissent reposer cinq à six jours, puis les rincent bien, les remplissent d'eau, et couvrent la bonde d'une toile ou plutôt d'une plaque de fer-blanc trouée, qui empêche les rats de pénétrer dans les barriques. (*Bibl. phys. économ.*)

1059. *Manière de rendre bonne l'eau des puits.* Les eaux de puits perdent en partie la propriété qu'elles ont ordinairement de causer des coliques d'estomac et d'entrailles assez violentes, en les exposant au grand air, pendant trente à trente-six heures dans des vaisseaux de terre propres et bien évasés.

Quelques personnes pensent que l'eau de puits est moins dure lorsqu'ils sont revêtus de pierres de taille et non de briques; on prétend que la brique lui communique une qualité alumineuse. Les personnes qui feront construire des puits pourront avoir égard à cette observation.

Si l'on veut que l'eau d'un puits soit claire, qu'elle n'ait aucun goût de limon, il faut faire l'excavation des terres beaucoup plus considérable qu'on n'a coutume de la faire.

Si l'on veut, par exemple, construire un puits de 5 pieds de diamètre, l'excavation doit être de 12 à 15 pieds; on fait un faux puits auquel on donne 10 à 12 pieds de diamètre; au milieu de ce grand puits on construit le véritable puits sur un diamètre de 5 pieds, mais de manière que les pierres mal jointes laissent filtrer l'eau à travers; ensuite on remplit de sable et de cailloux le faux puits, afin que l'eau ne puisse arriver dans le véritable puits qu'après avoir filtré à travers ce sable et ces cailloux. Par ce moyen on est sûr de n'avoir qu'une eau filtrée parfaitement claire et bonne à boire.

Cette opération est peu coûteuse; mais l'avantage d'avoir une eau limpide et saine, dédommage bien de cette légère dépense. (*Manuel de santé.*)

1060. *Eau de neige.* Cette eau donne des coliques, des dévoiemens, des dyssenteries, elle est peut-être une des causes des goîtres; les légumes y cuisent mal, l'infusion du thé y est moins aromatique, le savon s'y dissout mal; ces effets sont dus au peu d'air que cette eau contient. Il y a des personnes qui se contentent de la faire bouillir; ce procédé est insuffisant, il augmente la fadeur de l'eau sans lui restituer l'air qui lui manque. Il faut l'agiter, la filtrer, l'exposer à l'air et au soleil, et au bout de quelques jours, elle a repris ses propriétés. (*Idem.*)

EAUX MINÉRALES ARTIFICIELLES.

1061. *Aix-la-Chapelle.* Mêlez dans une eau que vous avez imprégnée de la vapeur de foie de soufre, 2 grains de terre calcaire, 4 de sel marin, et près de 2 gros d'alcali fixe par pinte ou litre.

1062. *Baréges et Bagnères.* Dans de l'eau échauffée depuis 28 jusqu'à 40 degrés de chaleur, mettez une très-petite quantité de foie de soufre à base d'alcali, de l'argile phlogistiquée, et du sel marin à base terreuse, le tout environ 2 grains par pinte.

1063. *Bonnes.* Mêmes principes que les précédentes, excepté que le foie de soufre est à base terreuse, et qu'il ne faut point de sel marin à base terreuse.

1064. *Balaruc.* Mettez dans de l'eau chaude échauffée à 42 degrés, pour 60 livres d'eau, 3 gros de terre calcaire; versez-y quelques gouttes d'acide vitriolique, assez étendu d'eau pour que l'effervescence soit lente et douce; bouchez bien le vase pendant douze heures, puis mettez-y 1 once de sel marin, et 3 gros de sel déliquescent.

1065. *Bard.* Un scrupule d'alcali, 15 grains de terre magnésienne, 8 à 10 grains de sélénite, par pinte d'eau chargée d'air fixe.

1066. *Bourbonne.* Par pinte d'eau échauffée depuis 45 jusqu'à 55 degrés, 1 gros de sel marin ordinaire, 8 de sélénite, et quelques grains de terre magnésienne.

1067. *Cranssac.* Mêlez de l'eau martiale avec un peu d'eau sulfureuse artificielle.

1068. *Chateldon.* Par pinte d'eau fortement acidulée, 3 grains de magnésie, 4 de terre calcaire, 4 d'alcali minéral, 4 de sel marin, et 2 de terre martiale.

1069. *Bussang.* Par pinte d'eau acidulée, quelques grains d'alcali, et très-peu de fer ou de mine de fer.

1070. *Condé.* Par pinte d'eau légèrement acidulée, un peu de fer, du sel marin à base terreuse environ 6 grains et 8 grains et demi de sélénite.

1071. *Epsom.* Une demi-drachme de sel d'Epsom par livre d'eau.

1072. *Sedlitz.* Quatre drachmes de sel d'Epsom, et environ une quarantaine de grains de sel marin déliquescent.

1073. *Lamothe.* Par pinte d'eau échauffée au quarante-cinquième degré, 48 grains de sel commun, 1 scrupule de sel d'Epsom, 10 à 12 grains de sel marin à base de magnésie, un grain de terre argileuse, et 25 de sélénite.

1074. *Mont-d'Or.* Par pinte d'eau, mettez un gros d'alcali minéral, ajoutez-y une seule goutte de pétrole blanc : faites chauffer l'eau jusqu'au trente-sixième degré, en ayant soin de l'agiter ; cela fait, filtrez-la pour retenir le bitume qui ne serait point dissous, mettez-y un demi-gros d'alcali minéral, acidulez l'eau ; enfin ajoutez-y 1 grain de terre martiale, un peu de terre calcaire et de sélénite.

1075. *Seltz.* Dans de l'eau acidulée, quelques grains de sel marin et d'alcali, et un soupçon de terre ferrugineuse.

1076. *Passy.* Par pinte d'eau, 2 gros de sel séléniteux, mêlé de terre martiale, 19 grains de sel d'Epsom, et 6 de vitriol de mars.

1077. *Pyrmont.* Par pinte d'eau acidulée, 1 grain de terre martiale, quelques grains de sel déliquescent, 20 grains de terre magnésienne.

1078. *Pougues.* Par livre d'eau acidulée, 1 demi grain de terre martiale, 13 à 14 grains de terre magnésienne, 1 demi-scrupule en tout de sel marin et d'alcali minéral.

1079. *Provins.* Par pinte, 2 grains de sel de glauber, un peu moins de sel marin à base terreuse, un peu de vitriol martial et de la sélénite.

1080. *Sail.* Par pinte d'eau très-acidulée, 30 grains d'alcali minéral, 15 grains de terre magnésienne et 1 grain de terre martiale.

1081. *Saint-Myon.* Par pinte d'eau acidulée, 30 grains d'al-

cali minéral, 4 grains de sel marin, et 12 de terre magnésienne.

1082. *Spa.* Dans de l'eau très-acidulée, un peu plus d'un
grain de fer, un peu moins d'un grain d'alkali végétal, et
6 grains de terre, partie calcaire, partie magnésienne, et partie argileuse.

1083. *Vals.* Pour imiter les eaux spiritueuses des quatre
sources de Vals, par pinte d'eau très-acidulée, 1 demi-gros
d'alcali et un peu de fer.

　Pour imiter les eaux vitrioliques, par pinte d'eau acidulée,
à peu près 17 à 18 grains de vitriol, 5 ou 6 grains de terre argileuse et autant d'alun.

1084. *Vichy.* Par pinte d'eau échauffée depuis le vingt-sixième
jusqu'au quarante-huitième degré, 1 demi-gros en tout d'alcali
minéral, d'alcali végétal, et de sel marin; puis acidulez cette
eau, ajoutez-y ensuite 3 à 4 grains de terre magnésienne, et un
peu de terre argileuse. (*Bibl. phys. écon.*)

1085. *Manière de reconnaître la nature des eaux minérales.*
Pour faire sur les eaux minérales les opérations nécessaires
pour connaître leur nature, il faut avoir noix de galle, sirop
violet, papier bleu fin, lessive de matière colorante de bleu de
Prusse, d'alcali fixe concret, et en liqueur, esprit-de-nitre,
huile de vitriol, huile de chaux, dissolution de mercure, dissolution d'argent, esprit volatil de sel ammoniac, esprit de sel marin.

1°. Versez, sur de la noix de galle concassée, l'eau dont vous
entreprenez l'examen. Si cette eau contracte sur-le-champ une
couleur bleue ou pourpre, concluez que cette eau est ferrugineuse; si elle passe précipitamment du bleu au noir, ce sera
un signe que cette eau contient du vitriol avec du fer. Ce signe
deviendra plus certain si au moyen de la matière colorante du
bleu de Prusse vous obtenez sur-le-champ un beau précipité
bleu.

2°. Versez un acide quelconque dans l'eau que vous examinez; s'il s'y fait une effervescence sensible, concluez que votre
eau contient de l'alcali fixe minéral. Comme il peut arriver que
votre eau ne contienne pas assez d'alcali minéral pour produire
une effervescence sensible, et qu'elle peut cependant en contenir assez pour pouvoir être réputée alcaline; pour découvrir
cette propriété, versez dans votre eau de l'huile de chaux; si
votre eau décompose le sel, il n'est pas douteux qu'elle contient de l'alcali minéral,

3°. Jetez de l'alcali fixe dans l'eau que vous examinez: s'il
y produit un précipité blanc, concluez que votre eau contient
un sel à base terreuse, tel que la sélénite; mais il peut arriver
aussi que cette eau contienne des sels à base terreuse calcaire,

autres que la sélénite. Pour en faire la découverte, versez dans votre eau une dissolution de mercure par l'esprit-de-nitre ; si le précipité est jaune, ce sera du turbith minéral ; ainsi vous pourrez conclure que votre eau contient ou du sel marin ou du sel de glauber. Mais, pour être assuré de cette dernière épreuve, il faut, avant que de se servir de la dissolution de mercure, avoir examiné si votre eau ne contient pas de terre absorbante, ou si elle n'est pas trop alcaline ; car une eau de cette nature, a aussi la propriété de précipité de mercure jaune. Pour découvrir cette terre absorbante, versez dans votre eau du sirop violat ; s'il y verdit, concluez que votre eau contient de la terre absorbante. En ce cas, avant que de tenter l'épreuve par la dissolution du mercure, il faudra saturer votre eau soupçonnée d'être alcaline avec l'acide nitreux, et bien prendre garde de ne point outre-passer le point de saturation, car un excès d'acide empêcherait l'effet que vous avez en vue ; il faudra prendre garde aussi que votre acide soit bien pur.

4°. Versez dans l'eau, que vous examinez, de la dissolution d'argent par l'esprit-de-nitre ; si vous obtenez un précipité blanc en forme de caillé, qu'on appelle *lune cornée,* concluez que votre eau contient du sel commun. Le sel marin à base terreuse produit le même effet ; mais de plus il forme par l'addition de l'alcali fixe un précipité blanc terreux sous la forme de flocons.

5°. Trempez et laissez séjourner pendant quelque temps, dans l'eau que vous examinez, une pièce d'argent ; si elle y noircit ou jaunit, concluez que votre eau est sulfureuse.

6°. Versez de l'esprit volatil de sel ammoniac sur l'eau que vous examinez ; si elle se colore d'un beau bleu, concluez que cette eau contient du vitriol cuivreux ; si vous y ajoutez du fer non rouillé, vous précipiterez le cuivre sous sa couleur naturelle.

On voit d'après ces épreuves générales que les substances qu'on trouve communément dans les eaux sont :

1° Le fer, que l'on reconnaît au moyen de la noix de galle qu'il colore en bleu, et par la lessive de la matière colorante du bleu de Prusse, qui précipite le fer sous la même couleur.

2°. Le cuivre, que l'on reconnaît au moyen de l'esprit volatil de sel ammoniac, et par l'addition du fer non rouillé. Il est fort rare de trouver d'autres métaux dans les eaux.

3°. Les sels vitrioliques à base terreuse ; communément ces sels sont séléniteux, c'est-à-dire que leur acide est combiné avec une terre calcaire ; quelquefois il sont alumineux, c'est-à-dire qu'ils ont pour base une terre argileuse. Il est fort rare de trouver cette dernière espèce de sel.

4°. Les vitriols, presque toujours unis au cuivre et au fer.

5°. Les sels vitrioliques à base de sel alcali ; c'est presque toujours du sel de glauber, que l'on reconnaît au moyen de la dissolution du mercure, dont il forme du turbith minéral.

6°. Le soufre, que l'on reconnaît à l'odeur, ou par l'impression qu'il fait sur l'argent.

Il se rencontre quelquefois dans les eaux de l'acide nitreux, et quelques-uns des composés qu'il forme, mais le cas est extrêmement rare, parce que cet acide ne se rencontre guère ailleurs qu'à la surface de la terre. Telles sont les indications préliminaires que l'on peut obtenir au moyen des intermèdes ; - comme elles sont un peu vagues en ce qu'il est impossible de découvrir par-là en quelles proportions les substances étrangères sont mêlées avec l'eau, il faut avoir recours, pour plus de certitude, à une analyse plus exacte, à celle qui s'opère au moyen de l'évaporation et des circonstances qui l'accompagnent. (Bouillon-Lagrange.)

ÉAU-DE-VIE.

1086. *Choix de l'eau-de-vie.* Le goût doit d'abord décider du choix de l'eau-de-vie, et il faut, pour premier point, la prendre sans odeur ni goût d'empyreume ou de brûlé ; l'eau-de-vie blanche est aussi à préférer à celle qui est jaune ou ambrée, et qui ne doit sa couleur qu'au caramel ou sucre brûlé ; du reste il faut recourir à l'essai. On se munit pour cela d'une petite fiole de la longueur du doigt ; on y met de l'eau-de-vie que l'on veut essayer, jusqu'au tiers ou moitié de la hauteur, et secouant la fiole, on regarde au cordon des bulles d'air qui se forment ; plus elles sont perlées, grosses et de durée, plus l'eau-de-vie est bonne, plus elle a de force et d'esprit.

L'aréomètre ou pèse-liqueur est plus sûr encore ; mais comme cet instrument n'est pas entre les mains de tout le monde, on donne ici l'essai de la fiole, comme un moyen suffisant, quoique simplement empirique. Il en est encore un autre. On trempe un morceau de papier dans l'eau-de-vie, et on le présente de suite, ainsi mouillé, à la flamme d'une chandelle ou d'une lampe ; l'eau-de-vie prend feu ; si elle est pure, elle ne fait que caresser le papier ; mélangée d'eau, elle le noircit et le brûle. (Sonnini, père.)

1087. *Moyen de vieillir l'eau-de-vie.* Pour donner à l'eau-de-vie nouvelle toutes les qualités de la plus vieille eau-de-vie, il suffit d'y verser, par bouteille, cinq à six gouttes d'alcali volatil et de la bien agiter. Cette liqueur perd par ce moyen l'acide qui lui reste, et acquiert le goût et toutes les propriétés de l'eau-de-vie la plus vieille. (*Man. d'écon. domest.*)

1088. *Eau-de-vie de prunes.* On prend les fruits au moment où ils commencent à mûrir ; on les jette dans des tonneaux bien propres qu'on ferme hermétiquement d'abord, et qu'on place à la cave. On produit ensuite la fermentation en les broyant et en les écrasant dans la cuve, au haut de laquelle on laisse un vide, parce que la fermentation fait élever la matière. Les prunes laissent d'abord échapper une odeur vineuse, qui devient plus spiritueuse de jour en jour, jusqu'au dixième ou quatorzième, selon la température du lieu ; cette odeur prend ensuite de l'acidité, ainsi que le produit de la fermentation ; ce qui indique le moment de mettre le résidu dans un alambic, pour procéder à la distillation. L'on verse un peu d'eau chaude dans la cucurbite, et l'on y met de suite la partie la plus claire de la liqueur fermentée : un peu plus tard on ajoute le reste. On remue le tout jusqu'au moment où le liquide commence à entrer en ébullition, on met le chapiteau, on leste comme à l'ordinaire, on entretient un feu doux et toujours égal, on obtient un premier produit qu'on rectifie par les procédés connus, et l'on garde dans des bouteilles le produit de la seconde distillation, qui ne le cède en rien aux meilleures préparations de ce genre.

Le marc qui reste au fond de la cucurbite, ainsi que la petite eau, ne sont pas perdus. Le marc sert à engraisser les porcs, après qu'il est refroidi, et donne à leur lard un excellent goût. La petite eau filtrée au travers d'un linge, sert à faire du très-bon vinaigre. (*Dict. des ménages.*)

1089. *Eau-de-vie purgative.* On prend 8 onces de jalap, 2 onces de scammonée, 1 once de racine de turbith, et 3 pintes d'eau-de-vie. On concasse le jalap, la scammonée et le turbith ; on les met dans un bocal de verre ; on verse l'eau-de-vie par-dessus ; on laisse infuser ce mélange à froid, ou à une douce chaleur, pendant cinq à six jours ; on passe la liqueur, et on la conserve dans des bouteilles.

Les Allemands font beaucoup usage de cette liqueur pour se purger, dans les accès de goutte, de rhumatisme, et de douleurs dans les articulations. La dose en est depuis une once jusqu'à 2. (*Idem.*) *Voyez pour tout ce qui concerne les* EAUX-DE-VIE *à l'art.* DISTILLATION.

EAUX SPIRITUEUSES ET COSMÉTIQUES.

1090. *Eau d'Archange de Lorraine.* Concassez 1 gros de cannelle en bâton, 1 gros de macis, 1 demi-once de coriandre, 2 gros de graine d'angélique, 1 gros d'anis de Verdun ; joignez-y le jus et le zeste de 2 citrons, et une livre de sucre candi. Faites infuser dans 2 pintes d'eau-de-vie, coupées d'une pinte d'eau bouillante, pendant quatre jours; colorez et filtrez. (Sonnini père, *liquoriste*.)

1091. *Eau de beauté*. Ayez une pinte d'eau de rivière et une chopine de bonne eau de rose; prenez ensuite 8 onces de blanc de perle, que vous aurez bien broyé, ajoutez-le au mélange des deux eaux, et agitez-le bien surtout lorsque vous voudrez vous en servir. (*Parf. imp.*)

A défaut de blanc de perle, on peut mettre 4 gros de baume de Tolu, 2 gros de baume du Pérou, et 2 gros de baume de benjoin. (*Idem.*)

1092. *Eau de chasseur*. Prenez une pinte de bonne eau-de-vie, et une pinte d'eau distillée de menthe poivrée; ajoutez-y une livre de sucre et deux gouttes d'huile essentielle de cette menthe : faites digérer le tout deux à trois jours et filtrez. (*Art du dist. liquoriste.*)

1093. *Eau de Cologne*. Prenez 12 pintes d'esprit-de-vin, joignez-y 6 onces d'essence de bergamotte, 1 once d'essence de cédrat, 1 once d'essence de citron, 1 once d'essence de néroli, 1 demi-once d'essence de romarin, 2 gros d'huile essentielle de girofle, 2 onces de teinture de benjoin, 4 gros d'anis étoilé ou de badiane légèrement concassée, 1 pinte d'eau de rose simple, et 1 pinte d'eau de fleur d'orange. Distillez le tout pour en obtenir 10 pintes, et tirez le reste à part pour l'employer à d'autres usages.

Joignez au produit de votre distillation 4 onces d'esprit de rose, 4 onces d'esprit de jasmin, 4 onces d'esprit de fleur d'orange; 1 pinte d'eau de mélisse, et 2 onces de teinture de baume de Tolu. (*Parf. imp.*)

1094. *Autre*. Prenez 26 livres d'esprit-de-vin rectifié, 7 livres d'esprit de romarin, 4 livres et demie d'eau de mélisse composée, 6 onces d'essence de bergamotte, 3 onces de néroli, 1 demi-once d'essence de cédrat, 6 gros d'essence de romarin; on met tous ces ingrédiens dans une grosse bouteille qu'on fait rectifier au bain-marie à très-petit feu. (*Man. cosmét.*)

1095. *Autre*. Il faut prendre 24 livres d'esprit-de-vin, 6 livres d'esprit de romarin, 4 livres et demie d'eau de mélisse composée, 4 onces d'essence de bergamotte, 3 gros de néroli, 1 demi-once d'essence de cédrat, 4 gros d'essence de citron, et 4 gros d'essence de romarin. On renferme toutes ces drogues dans un grand vase, et on agite le mélange.

1096. *Autre*. On prend 10 pintes d'esprit-de-vin à 30 degrés, 4 onces d'essence de bergamotte, une d'essence de cédrat, une de citron, 2 gros de lavande, 2 gros de romarin, 1 gros de menthe, 1 gros de girofle, 1 gros de thym, et une once de néroli. On met toutes ces essences dans un grand vase, et on agite le mélange pour bien opérer la mixtion. (*Dict. des ménages.*)

1097. *Eau cosmétique et odontalgique.* Faites dissoudre dans 3 pintes de bon esprit-de-vin et une chopine d'eau de rose, une once et demie de benjoin, et autant d'encens et de mastic ; ajoutez-y une demi-once de gomme arabique, une demi-once de girofle, une demi-once de cannelle, 4 grains de musc, 1 gros de graines de fenu-grec, et 2 onces de pignons et d'amandes douces. Pilez bien tous ces ingrédiens, mêlez-les bien ensemble, et distillez au bain-marie, à un feu doux, pour obtenir 2 pintes d'une eau que vous conserverez avec soin dans des vases bien bouchés.

Cette eau est parfaite pour le teint : elle en ôte les rides et rend la peau très-belle ; elle a aussi la vertu de blanchir les dents et d'en ôter la douleur ; elle corrige la mauvaise odeur de la bouche, raffermit les gencives, et peut enfin être employée avec tout le succès possible dans les différentes circonstances que nous venons d'indiquer. (*Parf. imp.*)

1098. *Eau de la Côte.* Prenez 15 pots de bon vin et 6 onces de cannelle ; mettez dans un alambic, et vous en distillerez 4 pots que vous laisserez refroidir.

Prenez ensuite 2 pots d'eau sur laquelle vous mettrez 4 livres de sucre, et faites cuire jusqu'à réduction de moitié.

Clarifiez ce sirop avec quelques blancs d'œufs ; et quand le tout sera refroidi, mêlez et passez à la chausse. (*Bibl. phys. écon.*)

1099. *Eau dentrifice.* Prenez : eau-de-vie à 21 degrés, 128 grammes ; sous-carbonate de potasse (*sel de tartre*), 2 grammes ; teinture de girofle et de cannelle de chaque 20 gouttes. Mêlez exactement afin que la potasse forme une sorte de savonnule avec les principes huileux volatils. Le repos rend cette liqueur claire. On la mêle à quatre fois son volume d'eau, pour se nettoyer la bouche et les dents ; elle prévient leur carie et enlève les douleurs. (J.-J. Virey, *Traité de pharm.*)

1100. *Eau divine.* Versez 4 pintes d'esprit-de-vin très-rectifié dans une cruche de grès, 1 gros d'huile essentielle de citron, autant d'huile essentielle de bergamote, et 8 onces de fleur d'orange double. Remuez bien le tout, faites ensuite un sirop à froid, en faisant fondre 4 livres de sucre dans 8 pintes d'eau ; ajoutez ce sirop au mélange précédent, remuez-le bien encore, et filtrez-le au bout de trois ou quatre jours, si votre liqueur n'est pas alors bien claire. (*Nouv. chim. du goût et de l'odorat.*)

1101. *Autres.* Quelques personnes composent une eau divine, en prenant simplement 3 pintes d'esprit-de-vin, une chopine de fleur d'orange double, 5 pintes d'eau et 3 livres de sucre; elles filtrent ce mélange lorsque le sucre est fondu.

D'autres, enfin, prennent 2 pintes d'esprit-de-vin, une pinte d'esprit de fleur d'orange, 6 pintes d'eau où elles font fondre à froid 3 livres de sucre, et filtrent ensuite le tout au papier gris. (*Art du dist. liquoriste.*)

1102. *Eau de Luce.* Pour bien faire cette eau dont l'efficacité dans les accès spasmodiques est si reconnue, vous prendrez 4 onces d'esprit-de-vin très-rectifié, dans lequel vous ferez dissoudre 10 ou 12 grains de savon blanc. Vous filtrerez cette dissolution; vous y ferez encore dissoudre 1 gros d'huile de succin très-rectifiée; vous filtrerez le tout à travers un papier gris; vous mêlerez peu à peu cette dissolution dans de l'esprit volatil de sel ammoniac, le plus fort et le plus pénétrant qu'il vous sera possible d'avoir, jusqu'à ce que le mélange, que l'on aura eu soin de faire dans un flacon de cristal, et de secouer à mesure qu'il se fera, soit d'un beau blanc de lait bien mat : s'il se formait une crème à sa surface, vous y ajouteriez un peu d'esprit-de-vin savonneux et huileux. (Bouillon Lagrange.)

1103. *Eau divine de Nanci.* Sur 2 pintes d'eau qui auront bouilli et qu'on aura laissé refroidir, on mettra : eau de mélisse et eau de cannelle, de chacune 2 gros; eau de naphte ou de fleur d'orange, une chopine; eau-de-vie, 6 pintes; sucre candi, 4 livres.

Cette liqueur se fait pour ainsi dire à la minute. (Sonnini père, *liquoriste.*)

1104. *Eau odorante germanique.* Faites macérer pendant huit jours et dans 2 pintes de bon vinaigre, 2 poignées de fleurs de lavande, autant de roses de Provins, autant de roses sauvages ou églantines, et autant de fleur de sureau. Pendant le temps de cette première infusion, mettez dans une cucurbite de verre l'écorce de 3 citrons, 2 poignées de marjolaine, et autant de muguet et de fleur de lavande; versez sur tout cela une livre d'eau rose double, et le double d'eau de rivière; adaptez le chapiteau à la cucurbite que vous placerez au bain de sable, adaptez pareillement un matras au bec du chapiteau, collez bien les jointures, et après l'avoir laissé ainsi pendant deux jours, mettez le feu au fourneau, et distillez à gouttes précipitées pour en retirer une pinte de liqueur.

Prenez ensuite une poignée de serpolet et autant de basilic et de thym; 3 fortes pincées de fleur de lavande, et autant de roses de Provins, de spicnard et d'origan; une demi-once de racine d'iris de Florence, et autant de cannelle; 3 gros de clous

de girofle et autant de macis, de storax, de calamite et de benjoin; 2 gros de laudanum; demi-once d'aspalathe; enfin un
demi-gros d'aloès succotrin. Pilez ou concassez dans un vase
de grès toutes ces drogues mondées, hachées; versez par-
dessus la première infusion de vinaigre, ainsi que l'eau odorante simple que vous avez distillée; ajoutez une pinte de
bon vin muscat; remuez bien le tout, et laissez-le en macération pendant quinze jours, après quoi vous verserez l'infusion
dans une cucurbite de verre ou de métal, si la première n'est pas
assez grande pour tout contenir; adaptez le chapiteau, placez
l'alambic au bain de sable, ajoutez un matras un peu grand,
lutez bien les jointures et commencez l'opération par un feu
d'abord très-modéré que vous augmenterez par degrés jusqu'à ce que les gouttes se succèdent assez rapidement. Les
premières gouttes pourront bien n'être qu'un pur flegme,
vous les jetterez dans la cucurbite; mais dès qu'elles exhaleront
une odeur vive et agréable, vous luterez bien le matras avec
le chapiteau, et vous continuerez la distillation jusqu'à l'occur-
rence d'une pinte et demie ou environ de liqueur odorante, que
vous rectifierez ensuite dans un alambic de verre, pour en retirer une pinte environ d'eau germanique que vous conserverez
dans des flacons de cristal.

Cette eau, fort vantée dans la pharmacopée d'Ausbourg, est
pénétrante, incisive, admirable enfin pour récréer les esprits
vitaux, réjouir le cœur et dissiper les fortes migraines, les vapeurs contagieuses occasionées par le mauvais air. (Bouillon
Lagrange.)

1105. *Eaux odorantes acéteuses.* Au moyen du vinaigre distillé et ensuite concentré, on peut se procurer toutes les mêmes
espèces d'eaux odorantes que celles qu'on prépare à l'esprit-de-
vin; elles ont moins d'odeur que les premières, mais elles sont
aussi beaucoup moins chères.

Pour les faire, mettez dans une cucurbite de verre que
vous placerez au bain-marie, une certaine quantité de fleurs
bien mondées; versez par-dessus assez de vinaigre distillé pour
qu'il surnage au moins trois doigts; distillez à un feu assez vif,
et quand vous aurez obtenu les trois quarts du vinaigre que
vous avez employé, démontez votre alambic, si la liqueur est
assez aromatique, sans quoi vous la rectifieriez en y ajoutant de
nouvelles fleurs et procédant à une nouvelle distillation.

Vous aurez soin de mettre l'eau odorante dans une bouteille
de verre que vous boucherez bien et que vous laisserez pendant
huit ou neuf heures dans un mélange de glace et de sel pilés.

Les eaux odorantes acéteuses de lavande, de citron, de girofle, de fleurs d'orange, en un mot toutes les eaux aromatiques se préparent de la manière que nous venons d'indiquer. (Bouillon-Lagrange. *Nouv. chim. du goût et de l'odorat.*)

1106. *Eaux d'or et d'argent.* On fait distiller, après quatre jours d'infusion, 3 pintes d'eau-de-vie, 4 citrons, 2 gros de cannelle, et autant de coriandre. On fait un sirop avec 3 pintes d'eau et 3 livres de sucre; on y mêle les 3 pintes d'esprit distillé, on colore la liqueur avec du caramel, et, dès qu'elle est filtrée, on y mêle quelques feuilles d'or battu.'

La liqueur ou eau d'argent, ne diffère de celle-ci qu'en ce que l'angélique et le girofle en sont les aromates, et qu'on ne met pas de caramel : des feuilles d'argent remplacent celles d'or qu'on met dans la première. (*Art du dist. liq.*)

1107. *Eau de Poitou.* Prenez 2 onces de vitriol bleu, 1 gros de vitriol de Chypre, 1 gros de camphre et 1 gros de safran de mars. Tout cela étant bien broyé, on y incorpore un demi-setier (*un quart de litre*) d'eau-de-vie; peu après on mêle le tout à deux bouteilles d'eau de rivière, et on laisse le tout vingt-quatre heures sur les cendres chaudes.

Cette eau bien supérieure pour l'extérieur à la boule de mars, est à l'usage des hommes et des animaux dans toutes espèces de blessures, abcès, meurtrissures, maux de jambe, mal d'yeux, taie et rougeurs. (*Bibl. phys. écon.*)

1108. *Eau de la reine de Hongrie.* Remplissez une cucurbite de fleurs d'oranger, de feuilles et de sommités de romarin, jusqu'aux deux tiers à peu près, et plutôt moins que plus; versez par-dessus de l'esprit-de-vin rectifié, de manière qu'il surpasse le romarin d'environ un bon doigt ; couvrez la cucurbite de son chapiteau, placez l'alambic au bain-marie, et distillez fort lentement : si votre esprit de vin est parfaitement rectifié, vous retirerez à peu près la même quantité d'esprit aromatique, que vous rectifierez, si vous le jugez à propos.

L'eau de la reine de Hongrie est un excellent remède contre toutes les maladies froides du cerveau, les rhumatismes, les gouttes, les maux de tête, de dents, d'oreille, les vapeurs, les vertiges, les surdités, les contusions, les obstructions du foie, etc. On la donne intérieurement depuis 1 scrupule jusqu'à 1 drachme dans du vin ou dans une eau appropriée à l'indisposition que l'on ressent. On peut aussi dans certains cas en respirer quelques gouttes par le nez, et en mettre des compresses sur les tempes et sur les sutures du crâne. On se sert du même appareil dans les cas de rhumatismes, de contusions, de fluxions, de même qu'autour des yeux pour fortifier la vue, et dans les oreilles pour le soulagement des maux qu'on y éprouve. (Bouillon-Lagrange, *Nouvelle chimie du goût et de l'odorat.*)

1109. *Eau de fleurs d'orange.* Pilez 20 livres de fleurs d'orange fraîches et épluchées, mettez-les en fermentation dans un vaisseau couvert pendant vingt-quatre heures; après ce temps enveloppez-les dans un linge et pressez-les fortement pour en exprimer le suc. Vous en retirerez environ 6 litres; vous éplucherez alors 3 livres de nouvelles fleurs que vous jetterez dans l'alambic avec le suc des premières. Vous distillerez au bain-marie par un feu assez fort, afin que l'eau vienne au petit filet. Quand vous aurez tiré 4 litres à peu près de liqueur vous cesserez l'opération.

L'eau de fleur d'orange que vous obtiendrez ainsi sera supérieure à toutes celles que l'on fait ordinairement. Vous en séparerez l'huile essentielle qui nage à sa surface pour la conserver à part dans de petits flacons. (Déjean. *Traité des odeurs.*)

1110. *Eau de rose.* Pour avoir de l'eau de rose superfine, il faut dans la bonne saison, prendre une égale quantité de roses blanches muscades et de roses rouges; on pile ensemble les trois quarts de chacune de ces espèces de roses et trois ou quatre heures après, on les met dans un linge sous la presse pour en extraire le suc. On pile alors le reste des fleurs, on y mêle le suc obtenu, et on met le tout dans l'alambic pour distiller au bain-marie, par un feu assez fort. Il faut que l'eau coule goutte à goutte et non au filet. Quand on en aura retiré la moitié autant qu'on a mis de suc il faudra éteindre le feu. (*Idem.*)

Observation. On opère d'une manière analogue pour obtenir les eaux d'œillet, de lis, d'acacia, de jasmin, de muguet, etc. et de même encore pour tirer les eaux des fruits succulens.

Ces eaux, obtenues sans l'intermède de l'eau, sont ce qu'on nomme les *eaux essentielles;* l'on ne peut les extraire que des plantes aqueuses. Les autres, de même que les fruits secs, les écorces, etc. doivent être plongées dans la cucurbite avec plus ou moins quatre fois leur poids d'eau bouillante, selon le degré de densité de ces substances. Quand elles sont suffisamment macérées, on procède à la distillation et l'on ne retire pas plus de la moitié de l'eau. C'est l'*eau distillée simple* de ces fleurs.

1111. *Eau sans pareille.* Prenez 6 livres d'esprit-de-vin rectifié, 2 gros et demi d'huile essentielle de bergamote, une demi-once d'huile essentielle de citrons, 2 gros d'huile essentielle de cédrats, et 8 onces d'eau de la reine de Hongrie; mêlez bien toutes ces liqueurs ensemble dans une cucurbite de verre, placez-la au bain-marie de sable, adaptez un chapiteau et un récipient, et distillez, à un feu très-doux, pour retirer à peu près la même quantité d'eau sans pareille que vous avez mis d'esprit-de-vin et d'eau de la reine de Hongrie. (Bouillon-Lagrange, *Nouv. chim. du goût et de l'odorat.*)

1112. *Autre.* Faites dissoudre dans 6 pintes d'esprit rectifié, 4 onces d'essence de citron fin, 2 onces d'essence de bergamotte et quelques gouttes d'essence d'ambre ; et mettez ce mélange au degré de 30 avec de l'eau de fleur d'orange. (*Parf. impér.*)

1113. *Eau très-forte.* Prenez de l'orpiment citrin, de la fleur d'étain, c'est-à-dire du vert-de-gris, 2 onces de chacun ; du sel de nitre, 2 livres et demie ; de l'alun de roche, 2 livres ; du vitriol romain, 3 livres. Broyez le tout ensemble, et le mettez dans une cucurbite de verre bien lutée avec son chapiteau et son récipient que vous luterez également bien. Mettez-la au fourneau à feu lent au commencement. Faites distiller en augmentant le feu peu à peu, jusqu'à ce que le récipient commence à rougir, puis augmentez encore le feu jusqu'à ce que toute l'eau soit distillée. Une goutte de cette eau enlève en un instant les chairs superflues, les cors, les verrues, etc. (L'abbé Rousseau.)

1114. *Eau vulnéraire.* Prenez et coupez grossièrement des feuilles récentes de sauge, d'angélique, d'absinthe, de sariette, de fenouil, de mentastrum, d'hyssope, de mélisse, de basilic, de rhue, de thym, de marjolaine, de romarin, d'origan, de calament, de serpolet, de fleurs de lavande, 4 onces de chacune de ces plantes : faites-les infuser pendant vingt-quatre heures dans 8 livres d'esprit-de-vin rectifié, après quoi distillez le tout au bain-marie dans un alambic avec réfrigérant, pour en retirer 7 pintes et demie d'eau vulnéraire que vous pourrez vous dispenser de rectifier.

Comme cette eau est très-spiritueuse, il faudra bien se donner de garde de l'appliquer toute pure sur les plaies. On la tempère avec de l'eau commune ; soit qu'on veuille l'employer intérieurement ou par application. (Bouillon-Lagrange, *Chim. du goût et de l'odorat.*)

ÉCORCES.

1115. *Comment et quand on doit recueillir les écorces pour l'usage de la médecine.* Le plus souvent, on recueille l'écorce externe et interne sans les séparer, et on les emploie en cet état, comme l'écorce de sureau, de chêne et autres. Quelquefois, cependant, on choisit seulement l'écorce intérieure, comme celles d'ièble, de noyer, etc.

Pour la collection des écorces, le temps le plus favorable est lorsque la plante germe, que la séve abonde sous l'écorce, et qu'elle l'éloigne spontanément de la partie ligneuse : celle qui est recueillie après la fin de l'hiver est la plus estimée. (F. Carbonell, *Elém. de pharmacie.*)

1116. *Terme de la durée des écorces et manière de les reposer.* Les écorces ligneuses, particulièrement les balsamiques résineuses, peuvent être conservées pendant plusieurs années, sans perdre de leurs vertus ; mais on doit rejeter les écorces plus minces et aromatiques, comme celles de la cannelle dès qu'elles commencent à perdre leur odeur. Les écorces indigènes plus ténues, comme celles de l'ésule, de sureau et semblables, doivent être surtout renouvelées tous les deux ans. La réposition des écorces ne doit pas différer de celle des racines. (*Idem.*)

ÉCORCHURES.

1117. *Remède pour les écorchures.* Le plus simple remède, et en même temps le plus sûr dans le cas d'écorchure et même de meurtrissure occasionée par des coups ou des chutes, est d'y appliquer des linges trempés d'eau chargée de sel ou bien encore d'urine toute chaude.

Si le coup est à la tête, il faut examiner avec soin si l'on n'a rien à craindre du contre-coup ; et dans ce cas, avoir recours à la saignée, qui d'ailleurs n'est pas nécessaire à moins que les accidens ne soient considérables. (Abdéker.)

1118. *Écorchures aux jambes.* Si l'on s'est fait une écorchure à la jambe, on y appliquera un rond de linge fin plus grand que la plaie, percé de plusieurs fentes dans le milieu ; ensuite une compresse en trois ou quatre doubles. On tempérera l'un et l'autre dans un mélange de parties égales d'eau et de vin blanc ou rouge, auquel on peut ajouter une cuillerée à café de miel dissous à froid dans un demi-setier du mélange. Le vin contient une partie spiritueuse unie à une portion d'acide, et le miel est un mucilage doux et sucré. Le vin et le miel combinés ensemble deviennent stimulans et favorisent le rétrécissement qu'exige la cicatrisation de la déchirure. Un point essentiel est d'humecter souvent la compresse sans la laver. Pour la nuit, on mettra une compresse plus forte, car rien n'est plus nécessaire que d'humecter les plaies : en général elles guériraient toutes sans autre secours que l'eau pure, fraîche ou tiède.

Un spécifique excellent pour toute espèce d'écorchure et qui ne demande ni soins ni préparatifs, c'est la cendre de papier brûlé, mise sur la plaie nouvelle jusqu'à ce qu'une guérison parfaite la fasse tomber d'elle-même. Ce remède est éprouvé et immanquable. (*Man. de santé.*)

1119. *Ecorchures et plaies aux jambes.* Prenez la partie blanche d'un poireau, trempez-la dans du lait tiède pour la faire ramollir, et appliquez-la sur la plaie que vous aurez auparavant bassinée avec du lait. Vous changerez le poireau toutes les vingt-quatre heures jusqu'à parfaite guérison. (*Dict. des mén.*)

ÉCREVISSES.

1120. *Manière de prendre les écrevisses.* On tue un vieux chat ou un vieux lièvre qu'on laisse pourrir dans le fumier. On le lie ensuite avec une corde et on le jette dans l'eau ; le lendemain on retire son cadavre couvert d'*écrevisses*. Pour que les écrevisses ne s'échappent pas, on a soin de mettre le chat ou le lièvre au milieu d'un fagot ; la pêche est alors plus sûre.

1121. *Autre.* Une morue salée est un excellent appât pour les écrevisses. Quand on enlève la proie il faut passer dessous un pannier qui reçoive les écrevisses qui se laissent tomber dans l'eau. Quelques pêcheurs se servent pour les attirer d'un vieux sac qui a contenu du sel.

1122. *Autre.* Prenez une douzaine de petites perches longues de 5 pieds et grosses comme le pouce : vous les fendrez par le petit bout pour y mettre un appât, tel qu'un morceau de chair, une grenouille, ou de la tripaille. Cela fait, prenez ces perches par le gros bout, et mettez l'autre extrémité à l'entrée du trou, où vous jugez qu'il peut y avoir des écrevisses. Il est bon d'avoir une petite *truble*, et à son défaut un panier attaché autour d'une perche assez longue ; on regarde en se promenant si l'on voit des écrevisses attachées à l'appât ; s'il y en a, faites glisser votre panier sous la perche que vous retirez doucement vers le milieu de l'eau sans toucher les écrevisses ; ensuite levez votre appât et votre panier en même temps ; sitôt que ces animaux seront hors de l'eau, ils quitteront l'appât et tomberont dans votre filet.

1123. *Autre.* Si par le moyen d'un batardeau, l'on détourne le cours d'un ruisseau, on verra sortir aussitôt les *écrevisses* de leurs trous, et on pourra les ramasser, ainsi que les poissons qui seront restés à sec. (J. C. *Pisciceptilogie.*)

1124. *Manière de conserver les écrevisses.* Les écrevisses peuvent être conservées pendant plusieurs jours, surtout s'il ne fait pas trop chaud ; on les met dans des paniers avec quelques herbes fraîches, ou dans un baquet où il y a quelques lignes d'eau en hauteur ; s'il y en avait assez pour qu'elles en fussent couvertes, elles périraient en peu d'instans, parce que la grande consommation d'air qu'elles font, ne leur permet pas de vivre dans une eau qui n'est pas en grande masse ou continuellement renouvelée.

1125. *Observation.* Une attention que l'on doit avoir lorsqu'on fait cuire des écrevisses, c'est de les mettre d'abord dans l'eau froide pour les y faire bouillir, parce qu'en les jetant dans l'eau chaude, l'impression trop subite de la chaleur ferait détacher leurs pates de leur corps. (*Man. d'écon. domest.*)

ÉCRITURE.

1126. *Moyens de faire revivre l'écriture lorsqu'elle est effacée par le temps.* Choisissez un pot qui puisse contenir une pinte et demie d'eau ; prenez des ognons blancs, dont vous enleverez l'enveloppe la plus épaisse, coupez-les en morceaux très-minces, et emplissez-en environ les 3 quarts du pot que vous acheverez de remplir avec de l'eau ; mettez-y 3 noix de galle concassées ; faites bouillir le tout pendant une heure et demie, et ajoutez-y gros comme une noisette d'alun de glace ; passez ensuite le tout dans un linge, en exprimant fortement tout le suc des ognons, et conservez cette liqueur qui, froide, a la couleur de l'orgeat.

Lorsque vous en voudrez faire usage, faites-la chauffer, elle deviendra claire ; trempez-y un linge ou un papier que vous appliquerez sur la feuille dont l'écriture est effacée par le temps ; approchez l'écriture du feu et vous verrez revivre les caractères effacés lorsque la liqueur aura pénétré la première empreinte.

1127. *Autre.* Un procédé plus simple consiste à mettre dans un demi-verre d'esprit-de-vin, cinq ou six petites noix de galle réduites en poudre ; on présente ensuite le parchemin ou le papier dont on veut faire revivre l'écriture à la vapeur de l'esprit-de-vin qu'on échauffe, et ensuite on passe sur l'écriture un pinceau ou une éponge qu'on a trempé dans le même mélange.

1128. *Autre.* On peut encore, si on a de vieux papiers ou parchemins dont on ne peut pas lire l'écriture, les tremper totalement dans l'eau où l'on a fait dissoudre de la couperose, et les laisser ensuite sécher ; la couperose en fera reparaître les caractères effacés.

1129. *Autre.* On s'est également servi avec succès d'un ognon coupé par le milieu et trempé dans du vinaigre, pour parvenir au même résultat ; on ne faisait qu'en imbiber légèrement ce que l'on voulait lire. (*Encycl. méth.*)

1130. *Procédé ordinaire que l'on emploie pour faire dispa-*

raître l'écriture. Pour enlever l'écriture, on enlève la superficie du papier avec un grattoir; on passe sur la surface grattée du dalage de la peau de gant, de la sandaraque en poudre subtile, ou tout autre corps résineux; on détache exactement la résine, dont on s'est servi pour que l'encre puisse pénétrer. Dans ce cas le dalage de gant colle le papier, les résines détruisent les aspérités qui subsistent après qu'il a été gratté, l'un et l'autre l'empêchent de boire, et l'on écrit ensuite sur le papier, tout comme s'il n'eût éprouvé aucune altération, en observant néanmoins de ne pas charger la plume d'encre.

Il existe encore un autre moyen de faire disparaître l'écriture, c'est avec des acides : à cet effet on trempe un petit pinceau dans une solution d'acide oxalique (1) ou oxalate acétate de potasse (*sel d'oseille*); on le passe une, deux, ou trois fois sur l'écriture que l'on veut enlever. L'encre pâlit, elle reste plus ou moins de temps à disparaître; elle disparaît en partie, et enfin elle disparaît en entier; si cependant il restait quelques petites traces d'écriture, il faudrait, après avoir employé cet acide, se servir pour les enlever d'une eau légèrement aiguisée par l'acide muriatique simple, ou l'acide sulfurique ou mieux encore par l'acide muriatique oxygéné (2), ces acides font disparaître de dessus le papier tous les restes de l'écriture.

Un mélange d'une partie d'eau, d'une partie d'acide sulfurique et de deux parties d'acide nitrique, enlève bien l'écriture. On passe légèrement avec un pinceau de ce mélange sur le papier; on attend une demi-heure avant de laver le papier; ce temps est nécessaire pour que les acides enlèvent en entier

---

(1) Presque tous les acides sont susceptibles d'enlever l'écriture, et sont même souvent employés à cet effet; mais on doit observer que leurs effets ne sont pas constamment bons; les uns attaquent le papier et les autres oxident davantage le sulfate de fer et le rendent insoluble dans les acides; ou bien en s'emparant de l'oxide de fer, ils forment un sel qui se combinant avec le papier laisse, après le lavage et l'exposition à l'air, une empreinte jaunâtre, qu'il est presque impossible d'enlever; c'est pourquoi l'emploi de l'acide oxalique est préférable; il n'a pas tous ces inconvéniens, et de plus son action est très-peu sensible sur les substances végétales, et par cela même son action se borne à agir directement sur l'oxide de fer, qui compose le corps de l'écriture.

(2) Comme cet acide détruit entièrement toutes les parties colorantes de nature végétale, il faut faire attention à la nuance de la pâte du papier pour s'en servir, parce que ce dernier contient quelquefois de l'indigo ou du bleu de Prusse; ainsi l'emploi de cet acide serait dangereux dans ce cas, parce qu'il changerait entièrement la nuance du papier dans les endroits où on l'aurait appliqué. C'est pourquoi l'on doit donner la préférence aux acides muriatiques simples ou sulfuriques, parce que ceux-ci n'agissent pas aussi énergiquement sur les parties colorantes, comme l'acide muriatique oxygéné.

l'écriture : et la nuance du papier ne paraît pas changée après qu'il est lavé. Ce procédé est simple et facile ; il est aussi le meilleur pour enlever les écritures, sans qu'on puisse les faire reparaître.

Quel que soit le procédé que l'on ait employé, il faut, après s'être servi des acides, plonger le papier dans l'eau fraîche ; cette immersion dissout et entraîne les nouvelles combinaisons qui se sont formées, et de plus elle enlève aussi les dernières portions d'acide dont on s'est servi, soit d'acide sulfurique ou d'acide muriatique ; car si l'acide n'était pas enlevé par un pareil lavage, il ferait nécessairement boire le papier. (Desbrières, *Nouv. secrets des Arts et Mét.*)

1131. *Procédés pour reconnaître les écritures qui ont été substituées à celles qu'on a enlevées, et pour faire revivre celles qu'on a fait disparaître.* On reconnaît que le papier a été gratté, à la diminution de son épaisseur, et à la pénétration de l'écriture ; on voit dans ce cas un plus grand jour à travers les parties du papier qui sont amincies, et l'écriture les pénètre plus profondément. Cette vérification suffit pour les papiers ordinaires ; mais il n'en est pas de même pour ceux qui sont forts et épais, sur lesquels l'enlèvement d'une légère surface, ou la pénétration de l'écriture ne produisent pas des effets aussi sensibles. Dans ce cas, pour reconnaître si un papier a été gratté, il faut l'interroger de plusieurs manières.

1° Quelque lisse et unie que soit la surface du papier qui a été gratté, on peut distinguer néanmoins avec la loupe quelques légers filamens, quelques déchirures, qu'on ne voit pas sur le reste du papier qui n'a pas été gratté. Mais si ce moyen ne suffit pas, il faut avoir recours aux procédés suivans.

2° Faire tremper le papier dans l'eau tiède, pendant quelques minutes, pour dissoudre la colle qui a été mise par frottement ; on le retire ensuite, et on le laisse sécher à l'ombre. Si l'on s'est servi d'une résine comme la sandaraque, on plonge le papier dans l'alcohol pendant quelque temps, et on le laisse sécher de la même manière, et si l'on s'est servi de la colle de gant et de la sandaraque ou de toute autre résine, on le trempe dans l'eau tiède ; on le fait sécher, et avant qu'il soit entièrement sec, on le passe dans l'alcohol très-rectifié ; en opérant ainsi, s'il se forme des bavures dans quelques parties de l'écriture, c'est dans ces parties que le papier a été gratté (1).

3° Lorsqu'on a enlevé l'écriture à l'aide des acides, on n'a

_____

(1) Il est à propos que le papier ne sèche pas vite ; lorsqu'il est à trois quarts sec, il faut le renfermer dans un cahier ou dans un livre pour l'empêcher de sécher trop promptement. Cette dessiccation seule fait que l'écriture boit davantage, et que les bavures sont plus étendues.

fait que changer la nature de l'encre; l'on a décomposé en partie l'acide végétal, qui formait un précipité noir avec l'oxide de fer, et l'acide qu'on a ajouté s'est combiné avec cet oxide, et a formé un nouveau sel ferrugineux, dont il reste toujours quelques molécules, retenues par le corps même du papier.

On peut les faire reparaître sous des couleurs variées, selon la nature des combinaisons dans lesquelles le fer est engagé, et des réactifs qu'on met en usage.

Si l'on s'est servi de l'acide muriatique oxygéné, ou de l'acide nitrique, pour enlever l'écriture, l'acide gallique pourra recomposer l'encre ; à cet effet on trempe le papier dans une solution de cet acide pendant un certain temps, et on l'expose à l'air pour le faire sécher; au bout de quelques jours on distingue l'encre qui a été enlevée à quelque distance du lieu où l'écriture avait d'abord existé. L'acide gallique peut être remplacé par la teinture, par l'infusion ou la décoction de noix de galle : cet acide noircit et avive les écritures rouillées, dans lesquelles l'oxide de fer est en excès.

L'on peut encore se servir, avec avantage, du prussiate de chaux ou de potasse liquide. On trempe le papier que l'on veut essayer, et on le fait sécher; il prend alors en séchant une teinte bleuâtre, qui est due à la formation du bleu de Prusse, par la présence du sel ferrugineux qui existait encore sur le papier.

Les sulfates de potasse, de soude et de chaux, sont encore des agens très-bons, pour déceler la présence d'une encre enlevée par le moyen des acides, il ne s'agit que d'étendre de deux parties d'eau le sulfure dont on veut faire usage, et d'y tremper le papier que l'on veut essayer; bientôt on aperçoit des ondées brunâtres sur le papier, qui décèlent la présence du sel ferrugineux qui existait auparavant, et qui sont différemment colorées, en raison de la nature de l'acide qu'on a employé pour faire disparaître l'écriture; mais si tous ces agens ne produisent pas les effets que nous venons d'indiquer, on doit être porté à croire que les contrefacteurs ont employé un acide très-violent pour enlever l'écriture, tel par exemple que l'acide nitrique. Alors le papier sera légèrement nuancé, et l'on ne pourra cependant pas affirmer la présence d'une écriture, parce que les nuances seront trop faibles pour être aperçues à l'œil; dans ce cas en employant un sulfate alcalin, comme nous avons dit plus haut, on présente le papier à la chaleur d'un foyer, et l'écriture se manifeste aussitôt sous la couleur de rouille. (*Idem.*)

ÉLIXIRS.

1132. *Élixir doré de Pouch.* L'usage préjudiciable que l'on fait des liqueurs, a déterminé le chimiste Pouch a chercher les moyens d'en composer une qui eût en elle-même tout ce qui peut flatter le goût le plus délicat et produire les meilleurs effets pour la santé; il a réuni ce double avantage dans l'élixir dont nous allons indiquer la composition :

Eau-de-vie à 18 degrés, 10 livres; sucre pur, 4 livres; eau de rivière, 4 livres; graine musquée, 2 gros; graine de badiane, 2 gros; safran de bois commun, 48 grains.

On réduit en poudre ces trois derniers ingrédiens; on les met dans un matras avec l'eau-de-vie, l'eau et le sucre, en observant qu'il ne soit qu'à moitié plein; on laisse macérer pendant dix jours et on remue le matras deux fois par jour. Enfin après l'avoir laissé reposer pendant deux jours, on filtre la liqueur à travers un papier joseph.

Cet élixir peut se substituer aux liqueurs les plus délicates; il a un goût exquis et des vertus très-efficaces. Ces trois drogues combinées ensemble acquièrent plus d'activité; elles communiquent à l'eau-de-vie un goût délicieux, qu'aucune liqueur de table ne peut lui disputer. Sa vertu est principalement stomachique en rétablissant et augmentant la chaleur de l'estomac; il dissipe les indigestions les plus considérables ainsi que les coliques venteuses. (*Man. de santé.*)

1133. *Élixir de Garus.* Prenez : myrrhe, aloès, girofle, de chacun 1 gros et demi; muscade, 3 gros; safran, 1 once; cannelle, 6 gros, esprit-de-vin très-rectifié, 10 livres. Concassez tous ces ingrédiens et faites-les infuser pendant vingt-quatre heures dans l'esprit-de-vin. Alors vous distillerez au bain-marie jusqu'à siccité, et vous rectifierez au bain-marie cette liqueur spiritueuse et aromatique pour n'en retirer que 9 livres. Prenez ensuite 4 onces de capillaire de Canada, demi-once de réglisse coupée grossièrement, 3 onces de figues grasses, 8 livres d'eau bouillante, 12 livres de sucre et 12 onces de fleur d'orange ordinaire. Hachez grossièrement le capillaire, mettez-le dans un vaisseau convenable avec la réglisse et les figues grasses coupées; versez par-dessus l'eau bouillante, couvrez le vaisseau; laissez infuser ce mélange pendant vingt-quatre heures, passez-le ensuite en exprimant légèrement le marc; ajoutez l'eau de fleur d'orange, faites dissoudre à froid le sucre dans cette infusion, mêlez ensuite deux parties de ce sirop sur une d'esprit-de-vin en poids et non à la mesure, agitez le mélange pour qu'il soit bien exact, conservez-le dans une bouteille et tirez-le par inclinaison quelques mois après ou lorsqu'il sera suffisamment clair.

L'élixir de Garus est recommandé dans un grand nombre d'indispositions et de maladies; on l'emploie avec le plus grand succès pour purifier le sang, fortifier l'estomac, le cœur et le cerveau, arrêter le vomissement, la diarrhée, la lienterie, le flux hémorroïdal et autres hémorragies; enfin pour calmer les coliques bilieuses et venteuses, et dissiper les vapeurs et les palpitations. (Baumé.)

1134. *Autre.* Prenez: aloès, 8 grammes; myrrhe, 16 grammes; safran du Gâtinais, 8 grammes; cannelle, girofle, muscade, de chaque 12 décigrammes. Faites macérer ces substances dans 1 kilogramme de bonne eau-de-vie; après que la dissolution vous paraîtra complète, filtrez la liqueur; ajoutez-y une égale quantité de sirop de capillaire pour l'édulcorer, et aromatisez avec de l'eau de fleurs d'oranger.

C'est un excellent stomachique, cordial, utile dans les coliques, les indigestions, et qui sert aussi de liqueur de table. On le prend par petits verres. (J.-J. Virey, *Traité de pharm.*)

1135. *Élixir de longue vie.* Prenez 9 gros d'aloès succotrin; 1 gros de racine de gentiane; 1 gros de safran gâtinais; 1 gros de rhubarbe; 1 gros d'agaric blanc et 2 gros de thériaque. Pulvérisez l'aloès et les autres substances autant que possible, et faites-les infuser pendant quinze jours dans deux livres de bonne et forte eau-de-vie; décantez la liqueur par inclinaison, dans une égale quantité de même eau-de-vie que vous aurez fait passer sur le marc des matières précédentes; mettez une once de sucre candi pulvérisé et 1 gros de cannelle, que vous y laisserez infuser pendant quinze autres jours. Au bout de ce temps vous mêlerez les deux liqueurs, vous les laisserez déposer, et vous passerez le tout à la chausse de laine ou au papier gris.

Cet élixir qu'on doit conserver dans des bouteilles bien bouchées, fortifie l'estomac et purge la masse du sang. La dose en est d'une cuillerée prise le matin à jeun. (*Codex medicam.*)

1136. *Élixir odontalgique.* Cet élixir se fait par trois infusions. Pour la première, on prend six pintes de vin blanc dans lequel on met 6 onces de racine de patience bien nettoyée et coupée par tranches, 4 onces de cochléaria et 4 onces de bois de gaïac râpé.

Pour la seconde, on prend 12 gros de clous de girofle et 12 gros de cannelle fine concassés, qu'on met dans trois demi-setiers d'esprit-de-vin.

Quant à la troisième, on a 12 gros de gomme myrrhe, 12 gros de cochenille, 6 gros d'alun et six gros de crème de tartre qu'on met dans trois demi-setiers d'esprit-de-vin. On laisse infuser séparément ces ingrédiens pendant trois ou quatre jours, en ayant soin de les remuer de temps à autre ; au bout de ce temps on les mêle ensemble, et on les filtre à la chausse ou au papier gris. (*Parf. imp.*)

1137. *Élixir* ou *Baume de vie de* F. Hoffmann. Prenez : huiles volatiles de lavande, de marjolaine, de girofle, de macis et de cannelle, de chaque 24 grains ; de rhue et de succin, de chaque 12 grains ; de citron, 24 grains ; ambre gris, 12 grains ; baume du Pérou, 24 grains. Faites dissoudre toutes ces substances dans 9 onces d'alcohol, et filtrez.

C'est un remède puissant dans les maladies nerveuses, cérébrales, les affections spasmodiques, à l'intérieur et à l'extérieur. On le prend de 10 à 20 gouttes et l'on s'en frictionne les tempes, les régions de l'estomac, du pubis, du ventre, etc.

ÉMAILLEUR (*Art de l'*).

1138. L'émail dont on recouvre la faïence, n'est qu'un verre d'étain qui exige, pour passer à la vitrification, un plus grand degré de feu que les autres matières qui lui sont mélangées.

ÉMAIL BLANC.

1139. L'émail blanc, soit pour la faïence, soit pour les métaux, se compose ainsi qu'il suit :

On commence par faire calciner un mélange de plomb et d'étain, dans les proportions de 100 parties de plomb et de 15, 20, 30 et même 40 d'étain : dès que ce mélange est échauffé au point d'être rouge, il brûle comme du charbon et se calcine très-vite. Les proportions les plus favorables à cette opération sont celles qui sur 100 parties de plomb en contiennent 20 ou 25 d'étain. A mesure que la calcination s'opère, on retire la portion calcinée, et on continue jusqu'à ce que le tout soit converti en *oxide*. Comme il échappe toujours à la calcination des parties de métal qui apparaissent en petites grenailles, on repasse une seconde fois au feu l'oxide obtenu, afin de le calciner complétement.

On prend ordinairement 100 parties de la chaux ci-dessus, que l'on nomme *calcine* dans les faïenceries, et 100 de sable ; on ajoute 25 à 30 de sel marin (*muriate de soude*) ; on mêle bien le tout ensemble, et on met fondre ce mélange sur le four, dans lequel on cuit la faïence ; cette matière est ordinairement posée sur du sable, sur de la chaux éteinte à l'air, ou sur des cendres. Le dessous de la masse est ordinairement mal fondu et calciné ; mais cette matière broyée et mise sur la pièce devient très-blanche.

Comme chaque artiste a sa recette et son procédé pour obtenir un émail blanc, nous indiquons ici celui que Chaptal conseille, comme lui ayant toujours fourni l'émail le plus beau.

On commence par calciner avec soin parties égales de plomb et d'étain; lorsque les deux métaux ont passé à l'état d'oxide, et ne présentent plus qu'une poudre fine, on la broie avec soin et on la passe au tamis; on la fait bouillir dans l'eau, et on jette l'eau après que le dépôt s'est formé; on verse sur le dépôt une nouvelle quantité d'eau, dans laquelle on le délaie; on décante l'eau qui tient en suspension les parties les mieux divisées, et on laisse reposer.

On broie le résidu, on le tamise, on le traite à l'eau de la même manière; et, en répétant cette suite d'opérations plusieurs fois, on porte la totalité au même degré de finesse et de ténuité; on dessèche ensuite cette poudre pour s'en servir au besoin.

D'un autre côté, on calcine des cailloux très-blancs et exempts de toute matière étrangère, et l'on purifie du sel de tartre, au point de n'avoir plus qu'un carbonate de potasse.

Ces trois matières ainsi préparées, on pèse 100 parties d'oxide mélangées de plomb et d'étain; 100 parties de cailloux frittés; et 200 parties de carbonate de potasse : on mêle bien ces trois substances, et on les fait fondre dans un creuset.

On colore l'émail de la faïence en ajoutant divers métaux à la composition.

COMPOSITION DES ÉMAUX COLORÉS.

1140. *Bleu d'azur*. Trois onces safre et 60 grains de cuivre calciné, ajoutés à 6 livres de la composition d'émail.

Bleu turc. Six livres émail blanc, 3 onces cuivre oxidé, 96 grains safre, 48 grains manganèse.

Vert. Six livres émail blanc, 3 onces cuivre oxidé, 60 grains paille de fer.

Noir brillant, foncé bleu. Six livres émail blanc, 3 onces safre, 3 onces de manganèse.

Noir très-brillant. Six livres émail blanc, 6 onces tartre rouge, trois onces manganèse.

Pourpre. Six livres émail blanc, 3 onces manganèse.

Jaune. Six livres émail blanc, 3 onces de tartre, 72 grains manganèse.

Vert de mer. Six livres émail blanc, 3 onces oxide de laiton, 60 grains safre.

Violet. Six livres émail blanc, 2 onces manganèse, 48 grains oxide de cuivre.

Quelle que soit la couleur de l'émail, lorsqu'on veut l'appliquer; on le pile, on le broie, on le délaie dans l'eau, et l'on verse de cette eau qui le tient en suspension, sur les vases qu'on a déjà cuits une première fois ; l'eau s'imbibe dans le tissu de la pièce, et la poudre d'émail reste à la surface, on leur fait subir une seconde cuisson plus forte que la première.

Comme il importe de conserver à la faïence son beau blanc, on la cuit dans des gaizettes, à l'instar de la porcelaine.

1141. *Poteries anglaises.* On doit au célèbre Wedgwood un genre de poterie nouvelle, connue sous les noms de *terre anglaise, faïence anglaise, poterie anglaise* : comme elles peuvent être imitées chez nous, nous allons chercher à faire connaître les principales compositions qui forment leurs couleurs.

MATÉRIAUX PROPRES A COLORER LES POTERIES ANGLAISES.

N° 1. Terre blanche d'Ayorce, venant du nord de l'Amérique, rougie pendant une demi-heure.

N° 2. *Précipité d'or.* On dissout l'or, dans l'acide nitro-muriatique, et on le précipite par le cuivre; on lave bien le précipité.

N° 3. *Mélange particulier.* On mêle deux onces sulfure antimoine, deux onces potées d'étain, 6 onces céruse, et on calcine le tout avec du verre de Réaumur.

N° 4. On fait une préparation particulière avec huit onces de smalt, une once de borax calciné, 4 onces minium, une once nitrate de potasse, on mêle et fait rougir dans le four à biscuit d'un faïencier.

N° 5. On calcine au rouge de sulfate de fer pendant deux heures.

N° 6. Céruse.

N° 7. Pierre à fusil calcinée et broyée.

N° 8. Oxide noir de manganèse.

N° 9. Safre.

N° 10. Oxide noir de cuivre.

MÉLANGE DE CES MATÉRIAUX POUR OBTENIR LES COULEURS SUIVANTES.

A. *Noir brillant.* On le compose en prenant 3 onces d'oxide noir de manganèse, 3 onces de safre, 3 onces d'oxide noir de cuivre, et 6 onces de la couleur verte F.

B. *Rouge.* On le compose de 2 onces de terre blanche d'Ayorce, 2 onces du mélange particulier (indiqué sous le n° 3); une once de rouge de sulfate de fer (n° 5), et 3 onces de céruse.

C. *Orange.* 2 onces de terre blanche d'Ayorce, 41 onces du mélange particulier (indiqué sous le n° 3) ; une once de rouge de sulfate de fer (n° 5), et 4 onces de céruse.

D. *Noir foncé.* Une once de la préparation (indiquée sous le n° 4), 2 onces d'oxide noir de manganèse, mêlés ensemble.

E. *Blanc.* Deux onces de terre blanche d'Ayorce, et 2 onces de céruse.

F. *Vert.* Une once de terre d'Ayorce, 2 onces du mélange particulier (indiqué sous le n° 3), et 5 onces de la préparation indiquée sous le n° 4.

G. *Bleu.* Une once de terre blanche d'Ayorce, et 5 onces de la préparation indiquée sous le n° 5.

H. *Jaune.* On le compose avec la préparation seule, indiquée sous le n° 3.

J. *Application des couleurs* (Bronze). Lorsque les vases sont prêts à être cuits sans être entièrement secs, on broie un peu de précipité d'or avec l'huile de térébenthine : on en enduit les vaisseaux avec une éponge ou un pinceau, ensuite on les polit et on les fait cuire : après quoi on les polit encore.

K. *Autre. Application du bronze sur les biscuits qu'on ne peut pas exposer à une grande chaleur.* On mêle 4 onces de céruse et une once de pierre à fusil calcinée et broyée, on met une couche de cette poudre sur les biscuits, et on les fait chauffer dans un fourneau ordinaire de faïencier jusqu'à ce que cette couche soit fondue, on y met ensuite la poudre de précipité d'or, et on fait cuire les vases.

L. *Autre. Noir brillant à la manière des vases étrusques, sur des vases rouges.* On broie la couleur A avec l'huile de térébenthine ; on en remplit les dessins, et on fait cuire jusqu'au degré auquel la couleur noire commence à se fondre.

M. *Autre manière du procédé L.* On fait le fond du dessin avec la couleur noire sur des vases rouges, et ensuite on met la couleur rouge ou autre ; on broie toujours les couleurs avec l'huile de térébenthine, et on fait cuire.

N. *Autre manière du procédé L.* On fait le fond d'un biscuit noir avec le rouge B, ou la couleur orange C ; on couvre avec la couleur noire D, avec ou sans addition d'autres couleurs.

PROCÉDÉS QUE L'ON SUIT POUR IMITER LES ÉMAUX TRANSPARENS, ET POUR RÉPARER LES ACCIDENS QUI ARRIVENT FRÉQUEMMENT AUX PIÈCES ÉMAILLÉES.

1142. Les procédés que l'on suit pour la peinture en émail ne sont pas les mêmes que ceux suivis pour la coloration des émaux : c'est ordinairement ici une feuille métallique, soit d'argent ou de cuivre et quelquefois de laiton, recouverte d'une couleur particulière, et préservée de toute altération, par un vernis au copal, lorsque ce dernier a bien été préparé, ou si l'on s'est servi, par exemple, des vernis au copal éthéré, il en résulte un vernis qui prend un beau poli, et qui résiste mieux au frottement par le fondant vitreux des émaux ; cette propriété que ce vernis a de remplacer la glace vitreuse et transparente des émaux, et qui prend pied des compositions vitreuses, et des surfaces métalliques, permet de n'en pas restreindre l'usage à la seule imitation des émaux ; on peut par de légères modifications, le faire servir aux réparations des émaux opaques et fracturés : comme ces sortes d'émaux se prêtent à l'emploi des mastics colorés en masse ou superficiellement, par le vernis de copal chargé de parties colorantes, ils doivent conséquemment présenter, dans les réparations dont il s'agit, moins de difficulté que les émaux transparens, parce qu'ils n'exigent pas les reflets de lumière. Ainsi donc des compositions de pâtes dont les fonds de verres pourraient toujours se trouver en harmonie avec les couleurs ou le fond des pièces à réparer, et qu'on pourrait encore raffermir avec la même teinte, portée dans le vernis solide dont on glacerait ces pièces ; ces dispositions rempliraient merveilleusement les vices de l'artiste réparateur.

La base du mastic doit être d'argile pure sans couleur, et très-sèche ; la céruse peut seule remplacer l'argile ; si on cherche la solidité, l'huile siccative d'œillet est un bon excipient. La consistance du mastic doit être telle, qu'il puisse s'étendre sous l'impression d'une lame d'acier d'une flexibilité moyenne ; ce genre de pâte, sèche assez promptement : il a encore l'avantage de présenter aux couleurs qu'on peut y appliquer avec le pinceau un pied ou une espèce de teinte dure, qui contribue à sa solidité ; quoiqu'il soit plus aisé de substituer des pâtes au mastic qu'on colore ensuite superficiellement par des couches de couleurs analogues au sujet, il peut se rencontrer des circonstances pour lesquelles on donnerait la préférence aux mastics colorés dans toutes leurs substances ; et, quoiqu'il soit assez facile à tout artiste chargé de semblables réparations de déterminer le genre de matière convenable, il ne peut pas être inutile de présenter ici un aperçu des substances colorantes, dont l'usage est fondé sur l'expérience.

Blanc. L'oxide blanc de plomb, la céruse, le blanc d'Espagne, l'argile blanche ; celle de ces substances qu'on préfère, doit être desséchée avec soin ; la céruse et les argiles retiennent opiniâtrément beaucoup d'humidité entre leurs parties.

Cette humidité s'opposerait à leur adhérence avec l'huile siccative ou avec le vernis qu'on leur appliquerait. Le mastic alors s'égrène sous les doigts, et ne prend point de corps.

Noir. Noir de fumée, noir de vigne, noir de pêche. Le noir de fumée doit être soigneusement lavé, et desséché après le lavage. Le noir de lampe foisonne beaucoup sous l'éclat du vernis.

Jaune. Oxide jaune de Naples, de plomb, de Montpellier, l'un ou l'autre réduit en poudre impalpable. Ces jaunes craignent le contact du fer et de l'acier : une spatule de corne, un mortier et un pilon de verre, servent seuls au mélange.

Gomme résine gutte, ou ocre jaune, ou stil de grain, suivant la nature ou le ton de jaune à imiter.

Bleu. Indigo, prussiate de fer (bleu de Prusse), cendres bleues, outremer ; l'une ou l'autre de ces substances trèsdivisée.

Vert. Vert-de-gris, acétate de cuivre (*verdet cristallisé*), vert de composition (*mélange du jaune et du bleu*).

L'emploi des deux premiers demande le mélange du blanc en proportions convenables, depuis un quart jusqu'aux deux tiers, selon la teinte qu'on recherche. Le blanc se prend alors de la céruse, ou dans l'oxide de plomb ; ou dans le blanc d'Espagne, qui est moins solide, ou enfin dans le blanc de Meudon.

Rouge. Oxide de mercure sulfuré rouge (cinabre vermillon). Oxide rouge de plomb (*minium*).

Divers ocres rouges, ou les rouges de Prusse, etc.

Pourpre. Cochenille carmin, laques carminées, avec la céruse et l'huile cuite.

Rouge brique. Sang-de-dragon.

Couleur chamois. Sang-de-dragon avec une pâte composée d'oxide sublimé de zinc (*fleurs de zinc*) ; ou encore mieux, un peu d'oxide de mercure sulfuré rouge (*vermillon*).

Violet. Oxide de mercure sulfuré rouge, mêlé de noir de fumée lavé et bien sec, ou du noir de vigne ; et pour le rendre plus moelleux, mélange convenable de rouge, de bleu et de blanc.

Gris de perle. Blanc et noir, blanc et bleu, ainsi que céruse avec noir de fumée, ou céruse avec l'indigo.

Gris de lin. La céruse qui fait le fond de la pâte, avec le mélange d'une petite quantité de terre de Cologne, d'autant de rouge d'Angleterre, ou de laque carminée, qui est moins solide, et d'une pointe de prussiate de fer (bleu de Prusse).

Remarques. On sait que ces mélanges ne connaissent point

de règles fixes, sur la quantité des matières qui les composent; ils sont subordonnés au goût de l'artiste, et au ton qu'il convient de donner à la couleur.

ABRÉGÉ DU TRAVAIL DE L'ÉMAILLEUR.

1143. Les couleurs les plus usitées par l'émailleur, sont l'émail blanc grossier, pour les premières couches, l'émail blanc fin et tendre, le bleu d'azur, le bleu turc, le vert, le noir brillant foncé bleu, le noir très-brillant, le pourpre, le jaune, le vert de mer, le violet. Toutes ces couleurs se préparent ainsi que nous l'avons décrit dans les procédés pour faire les émaux.

C'est l'orfèvre qui prépare la toile ou la plaque sur laquelle on se propose d'émailler, s'il s'agit de l'or. Sa grandeur et son épaisseur varient suivant l'usage auquel on la destine. Si elle doit former un des côtés d'une boîte, il faut que l'or en soit à vingt-deux carats, que l'alliage soit moitié blanc et moitié rouge, c'est-à-dire moitié argent et moitié cuivre : l'émail sera moins sujet à verdir, que si l'alliage était tout rouge.

On réservera autour de la plaque un filet, qu'on appelle aussi bordement, pour retenir l'émail et l'empêcher de tomber, lorsque étant appliqué on l'égalisera avec la spatule. On lui donnera autant de hauteur qu'on veut donner d'épaisseur à l'émail. Quand la plaque n'est point contre-émaillée, il faut qu'elle soit moins chargée d'émail.

Lorsque l'émail ne doit point couvrir toute la plaque, il faut alors lui pratiquer un logement. Pour cet effet, on trace sur la plaque les contours du dessin : on champ-lève tout l'espace renfermé dans les contours du dessin, en se servant du burin. On peut pratiquer au fond du champ-lever des hachures légères et serrées qui se croisent en tout sens.

Lorsque la plaque est champ-levée, on la dégraissera. Pour la dégraisser, on prendra une poignée de cendres gravelées, qu'on fera bouillir dans un litre d'eau avec la plaque. On pourrait, au défaut des cendres gravelées, se servir de celles du foyer. Au sortir de cette lessive, on lavera la plaque dans de l'eau froide, où l'on aura mis un peu de vinaigre; et au sortir de ce mélange d'eau et de vinaigre, on la relavera dans de l'eau claire.

Quand on veut économiser et émailler sur le cuivre, on prend du cuivre rouge en feuilles de l'épaisseur d'un gros parchemin. On le choisit bien égal et bien nettoyé : on coupe la plaque de la forme qu'on désire, observant de la rendre un peu convexe d'un côté, en passant un peu fort la spatule dessus. On la plonge quelques minutes dans un mélange d'une once d'eau-forte, et de six onces d'eau ordinaire, et on la lave dans de l'eau froide. Telles sont les préparations nécessaires pour l'or et le cuivre, qu'on se propose d'émailler.

Les plaques ainsi disposées, on prendra la couleur d'émail qu'on désire employer; on la frappera à petits coups de marteau, en la soutenant de l'extrémité des doigts. On recueillera tous les petits éclats dans une serviette qu'on étendra sur soi; on les mettra dans un mortier d'agate ou de gros verre, en quantité proportionnée au besoin qu'on en a; on versera un peu d'eau dans le mortier, on broiera les morceaux d'émail, qu'on arrosera à mesure qu'il se pulvériseront. Il ne faut jamais les broyer à sec. Il ne faut pas broyer trop long-temps; car, s'il est à propos de ne pas sentir l'émail graveleux, soit à toucher, soit sous le pilon, il ne faut pas non plus qu'il soit trop fin, mais comme du tabac.

Si on aperçoit de la poussière dans l'émail, lorsqu'il est broyé, il faut l'arroser avec de l'eau-forte, et le laver ensuite avec de l'eau ordinaire.

Lorsque la couleur est broyée, on verse de l'eau dessus, et on laisse déposer, puis on décante par inclination l'eau qui emporte avec elle la poussière qui peut s'y trouver. On continue ces lotions jusqu'à ce que l'eau-forte sorte pure, observant à chaque lotion de laiser déposer l'émail.

Tandis qu'on prépare l'émail, la pièce champ-levée trempe dans l'eau froide, où il faut la laisser jusqu'à ce qu'on l'emploie.

Il faut toujours conserver l'émail broyé couvert d'eau. On broie chaque couleur à part, et on les met dans des verres à pied pour s'en servir au besoin.

On a une spatule de fer, avec laquelle on prend l'émail broyé; on le porte dans le champ-lever sur la plaque à émailler, en commençant par un bout et finissant par l'autre. Cela s'appelle *charger*. Il n'est pas nécessaire, pour cette première charge, que l'émail soit aussi fin que pour une seconde. Il faut observer, avant de charger la plaque, de décanter la plus grande partie de l'eau de dessus l'émail, et de n'en laisser que quelques gouttes surnager, pour qu'il puisse facilement s'étendre avec la spatule. Lorsque la pièce est chargée, on la place sur l'extrémité des doigts, et on la frappe légèrement par les côtés avec la spatule, afin de donner lieu, par ces petites secousses, aux molécules de l'émail broyé de se composer entre elles, de se serrer et de s'arranger.

Cela fait, pour retirer l'eau que l'émail chargé peut encore contenir, on appuie sur ses bords le bout d'une serviette, en inclinant un peu la plaque de ce côté. Il faut avoir l'attention de changer de côté, lorsque le linge n'aspire plus rien des bords ; on y fait un pli large et plat, qu'on pose sur le milieu de l'émail à plusieurs reprises ; après quoi on prend la spatule, et on l'appuie légèrement sur toute la surface de l'émail, sans cependant le déranger.

Quand la pièce est sèche, il faut l'exposer sur des cendres chaudes, afin qu'il ne reste plus aucune humidité. Pour cet effet, on a un morceau de tôle percée de plusieurs petits trous, sur lequel on la place. La pièce est sur la tôle, la tôle est sur la cendre ; elle reste en cet état jusqu'à ce qu'elle ne fume plus, et on la tiendra chaude jusqu'à ce qu'on la porte au feu ; sans cette précaution l'émail pétillerait. Cette tôle doit avoir les bords relevés, en sorte que la pièce qu'on place dessus, n'y touchant que par ses extrémités, le contre-émail ne s'y attache point.

Lorsqu'on aura disposé ses plaques, comme il vient d'être dit, on aura un fourneau de forme carrée, terminé à sa partie postérieure par un petit tuyau qui sert de cheminée. On allonge le tuyau du fourneau avec un conduit de tôle d'environ deux pieds de longueur. On garnira le fond du fourneau avec du charbon de moyenne grosseur qu'on étendra bien également d'un côté à l'autre. Il faut en mettre deux couches l'une sur l'autre.

Cela fait, on a un moufle de terre, on le place sur ces lits de charbon, l'ouverture tournée du côté de la bouche du fourneau, et le plus à ras de cette bouche qu'il est possible. Le moufle placé, on achève de remplir le fourneau de charbon. Il faut que le charbon soit disposé sur les côtés du moufle bien également jusqu'à sa hauteur. On achève de garnir avec du petit charbon, et on recouvre le fourneau de son chapiteau : on ajoute quelques charbons sous le moufle, qui remplissent en partie son intérieur, et on y jette du charbon allumé.

Le fourneau ne tarde pas à s'allumer. Quand la couleur du moufle paraîtra d'un rouge blanc, il sera temps de porter la pièce au feu ; c'est pourquoi l'on nettoiera le fond du moufle du charbon qui y est disposé inégalement. On prendra la pièce avec un fer à moustache, et on la portera sous le moufle.

Si l'on aperçoit que la fusion soit plus forte vers le fond du moufle que sur le devant ou sur les côtés, on retourne la pièce jusqu'à ce qu'on ait rendu la fusion égale partout.

On s'aperçoit au premier feu que la pièce doit être retirée, lorsque sa surface, quoique montueuse et ondulée, présente cependant les parties liées et une surface unie : on retire alors la pièce ; on prend la tôle sur laquelle elle était posée, et on la bat avec un marteau, pour en détacher les écailles. On rebroie de l'émail le plus fin qu'il est possible ; on charge la pièce la seconde fois, comme on l'a chargée la première, et on la repasse au feu jusqu'à ce que la surface soit unie, lisse et plane. Il faut avoir attention, lorsque l'émail est en fusion, de balancer la pièce, l'inclinant de gauche à droite, de droite à gauche. Ces mouvemens servent à composer entre elles les parties de l'émail, et à distribuer également la chaleur.

Si l'on trouvait à la pièce quelques creux au sortir de ce second feu, il faudrait la recharger légèrement, et la passer au four, comme il a été dit.

Quand on veut émailler une plaque de cuivre, il faut la charger trois fois, et la passer autant de fois au feu.

Lorsque les pièces ont été suffisamment chargées et passées au feu, on est obligé de les user si elles sont plates : on se sert pour cela de la pierre à affiler le tranchet des cordonniers ; on l'humecte, et on la promène fortement sur l'émail avec du grès tamisé. Lorsque toutes les ondulations auront été atteintes et effacées, on enlevera les traits du sable avec l'eau et la pierre seule ; cela fait, on lavera bien la pièce en la brossant dans l'eau. S'il s'y est formé quelques œillets, et qu'ils soient à découvert, bouchez-les avec un grain d'émail, et repassez votre pièce au feu pour la repolir. S'il en passait qui soient convexes, faites-y un trou avec une onglette ou burin ; remplissez ce trou de manière que l'émail forme au-dessus un peu d'éminence, et remettez au feu ; l'éminence s'affaissera par le feu, et la surface deviendra plane et égale.

Remarques. Lorsqu'on veut émailler un fond, un dessus de boîte en or, ou une montre, il faut charger légèrement d'abord, ensuite passer une seconde couche. Il en sera de même pour les anneaux d'or et les côtés de boîte. Si l'on désire émailler sur cuivre un fond pour une boîte d'or, il faut passer une couche et un contre-émail avec l'émail grossier, et donner ensuite deux couches successives d'émail transparent, de la couleur qu'on désire que soit la pièce.

Quand on veut enrichir la pièce émaillée d'étoiles d'or, de petites perles émaillées, ou d'autres objets semblables, il faut avoir de l'or laminé très-mince, et des emporte-pièces ou poinçons relatifs à la forme qu'on désire ; on a une plaque d'étain de l'épaisseur d'un pouce, sur laquelle on place une carte pliée en deux. On pose l'or sur la carte, et l'emporte-pièce sur l'or ; on frappe plus ou moins fort avec un marteau pour découper l'or, dont le morceau reste sur la carte. Lorsqu'on en a découpé plusieurs, on fait brûler la carte, et on trouve les petits dessins découpés dans la cendre, dont on les sépare avec la pointe d'une épingle, ou un petit pinceau.

Quand on veut émailler les petites perles ainsi découpées, on a un peu de mucilage de semence de coings, dont on passe une légère couche sur la tôle avec le pinceau; on prend les perles avec la pointe du même pinceau, et on les pose l'une près de l'autre sur la tôle, où elles se fixent par le mucilage; on les charge alors avec un cure-dent qui sert à prendre l'émail broyé et détrempé d'un peu d'eau. S'il arrivait qu'on dérangeât les perles, en voulant les charger, on parerait à cet inconvénient en les retenant de la main gauche sur la tôle avec la pointe d'une épingle, tandis qu'on les charge d'émail avec la droite. Cet ouvrage n'exige qu'un peu d'habitude et de patience. On chargera facilement ces petites perles, si on a soin, en prenant l'émail avec le cure-dent, de le tenir humecté d'eau, de manière que le bec de cet instrument offre à l'œil une gouttelette d'eau qui s'échappe la première lorsqu'on le penche. Si on pose alors sa pointe dans le milieu de la perle, l'eau entraînera facilement avec elle les molécules d'émail. On retire et on repose à plusieurs reprises le cure-dent ainsi garni d'émail, en frappant légèrement de sa pointe, jusqu'à ce qu'il laisse un globule de la poudre sur la perle.

Quand on a chargé toutes les perles, on chauffe la tôle sur les cendres chaudes pour dissiper l'humidité, et on les porte sous le moufle, jusqu'à ce que l'émail soit fondu; alors on retire la tôle du feu, on la laisse refroidir, et on sépare les perles pour le besoin.

Lorsqu'on veut garnir le pourtour d'un bouton émaillé, ou toute autre pièce avec ces perles, on mouille légèrement l'endroit où il faut les poser, avec le mucilage ci-dessus; on prend les perles avec la pointe du pinceau, et on les pose successivement l'une après l'autre, en formant le dessin qu'on désire. On place la pièce, ainsi enrichie, sur une tôle, et on la porte, avec le fer à moustache sous le moufle; l'émail se fond, et les perles s'enfoncent de leur propre poids dans la matière fondue, où elles se trouvent solidement fixées par le refroidissement.

Si l'on voulait seulement garnir la pièce d'étoiles, ou autres découpures qui ne soient point émaillées, il faudrait disposer les étoiles ou autres dessins sur l'émail avec le mucilage, les chauffer et les passer sous le moufle, comme il a été dit; ensuite charger sur le tout une couche légère de fondant broyé, et repasser la pièce sous le moufle pour le faire fondre. Comme ce fondant est un cristal fusible et très-transparent, il laisse voir tous les dessins, n'altère point les couleurs, et rend la pièce très-polie.

1144. *Émail blanc pour les secondes couches.* Prenez 10

onces de cailloux ou quartz pilé et calciné, 14 onces d'oxide de plomb rouge, 3 onces de nitrate de potasse bien pulvérisé, 2 onces de carbonate de soude, 1 once d'arsenic, 1 once de cinabre naturel, et 3 onces de verre de Bohême pilé : mettez le tout dans un creuset que vous boucherez bien ; faites fondre dans un fourneau de fusion, les premières cinq heures à petit feu, et augmentez la chaleur pendant les dix-huit heures suivantes ; brisez ensuite le creuset, vous y trouverez l'émail.

1145. *Manière de dorer l'émail ou la porcelaine.* Prenez 1 gros d'or pur battu bien mince, ou de l'or en feuilles, mettez-le dans un creuset que vous chaufferez pour le faire rougir, sans pourtant le faire fondre. Mettez dans un autre creuset, 1 once de mercure très-pur, que vous ferez légèrement chauffer ; versez le mercure sur l'or, et remuez bien le tout avec une baguette de fer ; jetez ensuite le mélange dans un vase rempli d'eau, décantez la liqueur et passez le mélange au travers d'un chamois pour en séparer le mercure ; mettez la matière restante dans le chamois dans une soucoupe de porcelaine, que vous chaufferez pour achever de dissiper le mercure. Par ce moyen l'or sera réduit en une poudre très-fine.

Quand vous voudrez dorer l'émail ou la porcelaine, vous mêlerez cette poudre avec un peu de borax et d'eau gommée, et vous tracerez avec un pinceau les caractères que vous voudrez. Lorsque le tout sera séché, vous passerez la pièce sous le moufle et l'y laisserez pour fondre légèrement sa surface ; vous la retirerez du feu et la laisserez refroidir. L'or sera noirâtre, mais il reprendra son éclat, si vous le frottez avec un peu de potée ou d'émeril.

PIERRES GRAVÉES FACTICES (*Procédés pour faire les*).

1146. Prenez du blanc de Paris, que vous humecterez et pétrirez pour en former une pâte de la consistance de mie de pain frais ; emplissez de cette pâte un anneau de fer de deux ou trois lignes d'épaisseur et du diamètre de la pierre que vous voudrez mouler. Mettez au-dessus du plâtre une légère couche de tripoli bien porphyrisé et tamisé ; appliquez sur ce mélange la pierre que vous désirez mouler, appliquez-l'y fortement avec le pouce, ou mieux encore en frappant dessus avec un manche de marteau ou autre outil semblable.

Il est essentiel de soulever un peu tout de suite la pierre par un coin, avec la pointe d'une aiguille enchâssée dans un petit manche de bois ; et, après l'avoir laissée encore un instant, vous la ferez sauter totalement de dessus son empreinte avec la pointe de l'aiguille, ou en renversant brusquement le moule. Il faut beaucoup d'usage et d'adresse pour bien faire cette dernière opération. Si la pièce ne reste pas assez long-temps sur le moule ; et qu'on vienne à l'en détacher avant que l'humidité de la pâte du blanc ait atteint la surface du tripoli, le renversement de la pierre causera du dérangement dans l'empreinte. Si la pierre reste trop long-temps sur le moule, après avoir appuyé dessus, l'humidité de la pâte gagne tout-à-coup les creux de la gravure, dans lesquels il reste infailliblement du tripoli. Il faut, pour réussir, que le renversement de la pierre se fasse dans le moment où l'humidité de la pâte a atteint la surface du tripoli, qui touche à toute la surface de la gravure qu'on veut mouler.

Si l'on ne saisit pas ce moment, on manque une infinité d'empreintes ; il y a même des pierres que la profondeur de la gravure rend si difficiles à cet égard, qu'on est obligé, après les avoir imprimées sur le tripoli, de les laisser en cet état jusqu'à ce que le tout soit parfaitement sec, avant que de tenter de séparer la pièce de l'empreinte. Quoique cette pratique soit plus sûre, elle ne laisse pas l'empreinte aussi parfaite que l'autre, quand elle est bien exécutée.

Le renversement de la pierre étant fait, il faut en considérer attentivement la gravure, pour voir s'il n'y serait pas resté quelques petites parties de tripoli, dans lequel cas, comme ces parties manqueraient à l'empreinte, il faut recommencer l'opération.

Lorsque l'on est content de l'empreinte, on la met sécher, et, quand elle est parfaitement sèche, on peut, avec un canif, égaliser un peu le tripoli qui déborde l'empreinte, en prenant bien garde qu'il n'en tombe sur le milieu.

Lorsqu'on sera assuré que l'empreinte est bien faite, et le moule bien sec, on choisira le morceau de verre sur lequel on veut tirer l'empreinte ; plus les verres seront durs à fondre, plus le poli de l'empreinte sera beau. On taillera le morceau de verre de la grandeur convenable, en l'égrugeant avec de petites pinces, et on le posera sur le moule, en sorte que le verre ne touche en aucun endroit la figure imprimée qu'il pourrait gâter par son poids. On portera alors le moule sous un moufle, dans le fourneau à émailler, observant de le chauffer un peu à son entrée, avant de l'introduire tout-à-fait. On observera le verre sous le moufle, et lorsqu'il paraîtra luisant, et que ses angles commenceront à s'émousser, on retirera d'une main avec des pincettes, la plaque de tôle avec le moule ; et, avec l'autre main, sur le bord même du fourneau, sans perdre de temps, on pressera fortement le verre avec un morceau de fer plat que l'on aura tenu chaud ; l'impression étant finie, on

1147. *Émaillage des vases de cuivre ou de fonte de fer.*
M. Hicklin, Anglais, a obtenu une patente pour l'invention
d'un procédé d'émaillage des vases de cuisine en cuivre et en
fer, dont voici la description :

On prend 6 parties de silex calciné et pulvérisé, 2 parties de
granit blanc (c'est probablement du feldspath décomposé), 9
parties de litharge, 6 de borax, 1 d'argile, 1 de nitre, 6
d'oxide d'étain, 1 de potasse, laquelle servant uniquement de
fondant, peut-être omise sans inconvénient.

On varie ces proportions en prenant 8 parties de silex calciné, 8 d'oxide rouge, 6 de borax, 5 d'étain, 1 de nitre ; ou
bien 12 parties de granit blanc, 8 de borax, 10 de blanc de
plomb, 2 de nitre, 1 de marbre calciné et pulvérisé, 1 d'argile, 2 de potasse, 5 d'oxide d'étain; ou enfin 4 parties de silex
calciné, 1 de granit blanc, 2 de nitre, 8 de borax, 1 de marbre
calciné, 1 demie d'argile, 2 d'oxide d'étain.

Quelque soit celui de ces procédés qu'on adopte, il faut bien
mêler les divers ingrédiens, les mettre en fusion, et, pendant qu'ils sont encore liquides, les verser sur une plaque de
cuivre ou d'étain bien décapé; puis, leur ayant fait subir le
lavage à l'eau, on y ajoute une substance mucilagineuse
quelconque, pour faire adhérer les molécules de la poudre. On
enduit, avec cette pâte, l'intérieur des vases à émailler, on
laisse sécher la première couche, on en donne une seconde,
après quoi on expose le vase à une chaleur suffisante pour faire
fondre l'émail, qui recouvrira très-également l'intérieur du
vase, qu'on devra laisser refroidir lentement. (*Bull. de la Soc.
d'encouragement.*)

1148. *Autre procédé.* Réduisez en poudre fine et mêlez ensemble 9 parties de minium, 2 de verre de cristal, 6 de potasse
pure, 2 de salpêtre raffiné et 1 de borax. Après avoir mis ce
mélange dans un grand creuset qu'il doit remplir à moitié, et
l'avoir recouvert pour qu'il n'y entre pas de charbon, donnez
à la chaleur le degré convenable. Vous obtiendrez une substance vitreuse, claire et épaisse, que vous coulerez sur un marbre et que vous éteindrez dans l'eau ; vous la pulvériserez dans
un mortier de verre, vous y mêlerez de l'eau, et vous la broie-
rez jusqu'à ce qu'elle soit réduite en une pâte molle. Vous appliquerez cette composition sur un vase de fer, tant à l'extérieur qu'à l'intérieur; vous le ferez sécher, et, après avoir
augmenté la chaleur par degrés, vous le mettrez sous un
moufle bien chauffé au fourneau d'essai ; et, dans moins d'une
minute, le vase sera couvert d'un émail très-brillant. Vous
retirerez le vase pour le laisser refroidir, et vous le verrez en-

tièrement enduit d'un beau vernis noir, provenant de la pellicule de fer calciné qu'on aperçoit à travers l'émail.

Un vase de cuivre, émaillé légèrement de la même manière, offrira également une belle couleur cuivrée. (Vinmann, *Ext. des Mémoires de l'Acad. de Stockholm.*)

EMBONPOINT.

1149. *Tisane qui donne de l'embonpoint.* Prenez 1 livre de gruau d'avoine et autant de farine d'orge, et faites-les bouillir dans un vase neuf et vernissé, avec 10 pintes d'eau et 6 pommes de rainettes coupées par tranches. Faites réduire jusqu'à 5 pintes, passez, et mettez-y le sucre nécessaire. Buvez un grand verre de cette décoction le matin à jeun, un autre trois heures après votre premier repas, et un troisième en vous mettant au lit ; vous dormirez paisiblement, et cette tisane, qui par elle-même est rafraîchissante, vous fera acquérir un embonpoint raisonnable.

1150. *Moyen de guérir l'excès d'embonpoint.* Plusieurs personnes se sont très-bien trouvées de l'application de ceintures remplies de sel, qui fond lentement et sans danger la substance adipeuse de la peau, et de proche en proche celle des parties qu'elle contient. Les alimens aromatiques, les bains chauds, les lotions savonneuses, un exercice forcé, peu de sommeil, quelques purgatifs, les boissons acides et sudorifiques, le café, les liqueurs spiritueuses, préviennent aussi une trop grande obésité. (Marie de Saint-Ursin.)

ÉMÉTIQUE.

1151. *Manière de préparer l'émétique.* On porphyrise séparément du verre d'antimoine (*oxide de sulfuré vitreux*), 160 grammes ou 5 onces, et de la crème de tartre (*surtartrate de potasse*), 240 grammes ou 7 onces et demie ; on en forme un mélange. On fait bouillir de l'eau pure dans un vase de terre vernissée ; on y projette ce mélange par petites portions ; il s'opère une effervescence vive et une combinaison ; la liqueur devient jaune verdâtre ; après une demi-heure d'ébullition, l'on filtre la liqueur, puis on évapore et l'on fait cristalliser par refroidissement ; comme les cristaux sont souvent jaunes et sales, on est obligé de lés redissoudre, de clarifier aux blancs d'œufs la solution, et d'évaporer de nouveau pour les obtenir très-blancs.

Ce sel est un puissant vomitif à la dose de un à quatre grains ; il est aussi fondant et diaphorétique. (J.-J. Virey. *Traité de pharm.*)

EMPLATRES.

1152. *Emplâtre diapalme simple du Codex.* Prenez : litharge rouge (*protoxide de plomb demi-vitreux*), huile d'olives, et axonge de porc purifiée en parties égales. Faites d'abord liquéfier l'axonge dans une bassine, ajoutez-y l'huile, puis la litharge bien purifiée. Après avoir bien mêlé on ajoute un peu d'eau, puis on met la bassine sur un feu doux, et l'on remplace par petites portions d'eau bouillante, le liquide qui s'évapore ; sans cela l'on risquerait de brûler la composition. L'on a soin, pendant la cuisson, de toujours remuer avec une longue spatule de bois. Le mélange acquiert une consistance assez épaisse, et prend une couleur blanche grisâtre. Lorsque les vapeurs aqueuses, en causant un pétillement continuel, font rejaillir hors de la bassine des parties d'emplâtre, celui-ci approche de sa parfaite cuisson. On reconnaît qu'il est cuit à point lorsqu'en en jetant quelque peu dans un verre d'eau froide il s'y précipite ; et pour le malaxer aisément sans adhérer à la main, il faut qu'il ne paraisse aucun grain rougeâtre dans la masse, mais qu'elle soit bien uniforme et blanche.

On verse alors l'emplâtre liquide dans un grand bassin plein d'eau, et lorsqu'il est refroidi en masse on le retire, on le casse en morceaux, on le sépare de l'eau.

On peut y ajouter, si l'on veut, du sulfate de zinc, 1 once par livre d'emplâtre, dissous dans une petite quantité d'eau. On laisse un moment sur le feu pour que toute l'humidité s'évapore ; ce qu'on reconnaît lorsque l'emplâtre ne se tuméfie plus. On mêle bien le tout en ménageant la chaleur avec précaution, car il se colorerait en gris dans un instant ; on laisse refroidir et l'on malaxe l'emplâtre en petits rouleaux.

L'addition du sulfate de zinc donne plus de blancheur à l'emplâtre.

On nomme *cérat de diapalme* cet emplâtre ramolli en cérat par suffisante quantité d'huile rosat ou autre.

1153. *L'emplâtre diachalcitéos* se fait en mettant dans le diapalme, au lieu de sulfate de zinc, autant de *chalcitis* ou de sulfate de fer oxidé rouge. Si l'on veut que l'emplâtre reste blanc, on emploie le double de sulfate de fer vert bien pur.

L'on fait du diapalme et du diachalcitéos, des emplâtres, des sparadraps qui sont dessiccatifs, astringens, cicatrisans, surtout le second. On les croit aussi détersifs, résolutifs. (J.-J. Virey, *Traité de pharm.*)

1154. *Emplâtre de diachylon gommé.* Prenez : emplâtre diapalme simple, 1 livre 1 once ; cire jaune, poix blanche, térébenthine, de chaque 1 once. Faites liquéfier le tout sur un feu doux en agitant ; puis vous y incorporerez, à demi refroidi, les gommes suivantes dissoutes dans de l'alcohol à 20°, puis épaissies en extrait : gommes, résines, ammoniac, bdellium, galbahum, sagapenum, de chaque 2 gros 48 grains. Mêlez bien le tout et formez-en des rouleaux.

Cet emplâtre est résolutif et maturatif, à cause des gommes résines ; il agit avec efficacité sur les tumeurs. (*Idem.*)

1155. *Emplâtre agglutinatif.* Prenez : emplâtre diapalme simple, 6 onces ; poix blanche molle, 1 once. Faites liquéfier ensemble.

On s'en sert en sparadrap, c'est-à-dire appliqué sur une toile, pour réunir les lèvres des plaies. (*Idem.*)

1156. *Emplâtre de Nuremberg.* Prenez : oxide de plomb rouge (*minium*), 9 onces 3 gros ; huile d'olives, 1 livre, 3 onces, 1 gros ; cire jaune, 1 livre ; camphre, 6 gros. Faites combiner, à l'aide de la chaleur, en agitant et en mêlant une quantité suffisante d'eau, le minium porphyrisé avec l'huile ; lorsque l'emplâtre est fait on y met liquéfier la cire, et sur la fin on ajoute le camphre pulvérisé, qu'on a réduit en pâte avec de l'alcohol. Le tout, bien malaxé, se forme en rouleaux.

Pour redonner un peu plus de couleur rouge à cet emplâtre, on ajoutera, si l'on veut, à la fin de la cuite environ 2 onces de minium.

L'emplâtre de Nuremberg est très-usité ; Il st dessiccatif et antiseptique. (*Idem.*)

1157. *Emplâtre dit céroine.* Prenez : poix de Bourgogne ou résine de pin, 2 livres et demie ; poix noire, 10 onces ; cire jaune, 12 onces ; suif de bélier, 4 onces ; bol d'Arménie préparé, 10 onces ; myrrhe, encens et minium, de chaque, 2 onces.

Les résines, la cire et le suif liquéfiés à une douce chaleur, sont passés à travers un linge. On introduit dans ces corps gras liquides, les autres substances qu'on a bien porphyrisées à part et mêlées. Cette poudre se mélange en la faisant tomber d'un tamis qu'on secoue au-dessus de la matière liquéfiée, et en l'agitant jusqu'au refroidissement. On forme des rouleaux en malaxant le mélange.

On applique cet emplâtre sur la peau pour fortifier les muscles, les tendons et aponévroses. Les danseurs, les coureurs, l'appliquent sur les mollets. (*Idem.*)

1158. *Emplâtre des douze apôtres.* Prenez : cire jaune, 2 onces et demie ; térébenthine, gomme ammoniaque et poix résine, de chaque, 1 once 6 gros ; oxide de plomb demi-vitreux, 1 once 1 gros ; aristoloche ronde, bdellium et encens, de chaque, 1 once; myrrhe et galbanum, de chaque, 4 gros; opopanax et vert-de-gris, de chaque, 2 gros; huile d'olives, une livre et demie.

Ceci est un emplâtre mou; car on fait d'abord dissoudre la litharge dans l'huile, en ajoutant de l'eau comme pour les emplâtres; on y fait liquéfier ensuite la térébenthine et la poix résine: on ajoute les autres substances pulvérisées, et à la fin on mêle le vert-de-gris qui donne la couleur à la composition qui était jaune auparavant, et plus solide que les onguens ordinaires.

On faisait autrefois un grand usage de cet emplâtre dans les hospices civils, et on l'appliquait sur presque tous les maux extérieurs. Il est encore très-vanté; il déterge, cicatrise; il est aussi antigangréneux. (*Idem.*)

1159. *Emplâtre de* Vigo, *mercuriel.* **Prenez :** emplâtre diapalme simple, 2 livres et demie; cire jaune et résine, de chaque, 2 onces.

Faites liquéfier ensemble, et lorsque ces substances sont à demi refroidies, incorporez-y les poudres suivantes :

Gommes résines ammoniac. . . . . ⎫
      Bdellium . . . . . ⎪
      Oliban ou encens. ⎬ de chaque, 5 gros.
      Myrrhe . . . . . . ⎪
      Safran en poudre . . . . 3 gros. ⎭

Mêlez exactement; d'autre part, triturez dans un mortier de fer jusqu'à parfaite extinction, mercure coulant, 12 onces, dans térébenthine pure, 2 onces, et styrax liquide purifié, 6 onces.

Le mercure, éteint dans ces substances, sera incorporé dans l'emplâtre à moitié refroidi et intimement mêlé; enfin au moment où il va se refroidir, aromatisez-le avec huile volatile de lavande, 2 gros

Malaxez enfin et formez des rouleaux.

Il ne faut pas préparer cet emplâtre dans des vaisseaux de cuivre, pour éviter les amalgames du mercure, mais bien dans des vases de fer ou en fonte.

Cet emplâtre est d'une qualité fondante très-active; on l'applique sur les bubons vénériens, pour les résoudre et faire supurer. Il résout aussi les autres engorgemens des glandes, des articulations, etc. (*Idem.*)

1160. *Emplâtre de cire verte.* **Prenez :** cire jaune, 2 livres; poix résine, 12 onces; térébenthine, 6 onces; oxide vert de cuivre, 3 onces.

Faites fondre la poix, la térébenthine et la cire. Vous y incorporerez le vert-de-gris en le faisant tomber d'un tamis agité au-dessus, et vous mêlerez bien avec une spatule de bois. Ce mélange mis en rouleaux, sert appliqué sur les cors ou calus aux pieds, pour les ronger ; il nettoie aussi les ulcères baveux de leurs chairs fongueuses. (*Idem.*)

EMPOISONNEMENT.

TRAITEMENT DES PERSONNES EMPOISONNÉES PAR LES ANIMAUX.

1161. Lorsqu'on a été mordu par un animal venimeux, il faut d'abord employer les topiques relâchans et humectans, comme les cataplasmes des quatre farines, ou avec la mie de pain ; on doit quelquefois dégorger la partie malade avec la lancette ou avec les sangsues ; on verse aussi quelquefois avec succès, par-dessus, quelques gouttes d'alkali volatil.

Quant à la morsure de la vipère, indépendamment de ce traitement local, il faut prescrire des boissons légèrement sudorifiques, telles que l'eau de tilleul ou celle de sureau, auxquelles on ajoutera toutes les deux heures, six ou huit gouttes d'eau de luce ou d'alkali volatil : on maintient le malade au lit ; la sueur vient et il guérit.

On calme la douleur qui provient des piqûres d'insectes, tels que les abeilles, les guêpes, les frelons et certaines fourmis, avec l'huile d'olive ou avec des cataplasmes émolliens, secondés de bains et de quelques boissons rafraîchissantes ; l'alkali volatil versé sur la piqûre peut être très-efficace.

Ce n'est pas seulement par les plaies ou par les morsures que les animaux peuvent nous nuire ; il en est qui excitent des ravages considérables pris intérieurement ou même seulement appliqués à l'extérieur. Les cantharides sont dans ce double cas ; elles produisent l'inflammation des voies urinaires, la rétention des urines, quelquefois le pissement de sang, des convulsions, des vomissemens. On s'oppose à ces dangereux effets par des boissons mucilagineuses, telles que l'eau de graine de lin, de mauve, d'orge émulsionnée, et par la saignée s'il y avait des signes d'inflammation.

1162. *Par les végétaux.* Les poisons végétaux affectent diversement l'homme : tantôt ils excitent une si vive inflammation du canal alimentaire, que la gangrène en est bientôt la suite : on a placé dans cette classe les anémones, l'aconit, la grande chélidoine, les clématites, l'ellébore, les amandes amères, etc.

Tantôt les végétaux produisent un assoupissement mortel ou un délire qui peut être furieux, tels que le pavot, et surtout l'opium que l'on en retire, la jusquiame, la mandragore, la belladona, le stramonium, etc.

Quelquefois aux symptômes d'inflammation se joint l'assoupissement profond, comme cela arrive aux personnes qui ont été empoisonnées par des champignons.

Il faut dans tous les cas exciter le vomissement par un ou deux grains d'émétique dans de l'eau tiède : mais si le vomissement avait déjà eu lieu par l'effet du poison, il faudrait se contenter de faire prendre au malade de l'eau tiède en abondance, de l'eau de poulet, de l'eau de veau, ou du lait coupé avec beaucoup d'eau; on prescrirait aussi des lavemens émolliens, même des bains; et, s'il y avait des symptômes d'inflammation, il faudrait recourir à la saignée du bras.

Si le malade a été empoisonné avec les narcotiques, après le vomissement excité par la nature ou par l'art, on lui prescrira les boissons acidulées avec le vinaigre, qu'on donnera aussi en lavement : si l'assoupissement était profond, il faudrait lui faire une saignée du pied, qu'on réitérerait même, s'il était nécessaire, pour recourir ensuite aux vésicatoires des jambes.

Il faut ordonner promptement les vomitifs dans le cas d'empoisonnemens par les champignons; et si l'eau émétisée que l'on donne à cet effet produit des selles, elle est toujours utile : si l'assoupissement survient après les accidens aigus, on a recours aux boissons acidulées et aux moyens indiqués ci-dessus. (*Voyez* champignon.)

1163. *Par la chaux, le verre, les acides, les liqueurs spiritueuses.* La chaux qui n'a pas été éteinte dans une quantité suffisante d'eau, peut affecter l'homme et les animaux et les faire périr en cautérisant les parties sur lesquelles elle est appliquée, et d'autant plus vite qu'elle est humide, ce qui fait qu'elle brûle promptement la bouche et les premières voies des personnes qui en ont avalé.

Les huiles sont les meilleurs remèdes dont on puisse faire usage; on leur fait succéder les boissons rafraîchissantes, les laitages, quelques bains légèrement dégourdis.

Le verre pilé produit dans le corps les plus affreux ravages; on doit d'abord saigner le malade pour arrêter l'inflammation; on lui fait manger une grande quantité de choux bouillis pour servir d'excipient au verre; on lui fait avaler ensuite deux grains de tartre stibié dans deux verres d'eau; il vomit; prendre beaucoup de lait, quelques bains, des lavemens émolliens, et pour compléter la guérison on lui prescrit le lait d'ânesse.

Les personnes qui par un long abus des liqueurs fortes, ont délabré leur santé, doivent recourir à l'usage des humectans et des adoucissans; ainsi les bouillons de grenouilles, le lait d'ânesse, quelques bains, un régime rafraîchissant, sont le seul traitement qui leur convienne et qu'ils doivent suivre pendant très-long-temps.

1164. *Par le sublimé corrosif, l'arsenic, le vert-de-gris, le plomb,* etc. Il faut évacuer le plus promptement possible le foyer morbifique par un vomitif doux et délayé dans beaucoup d'eau, et l'on continue à faire boire beaucoup d'eau tiède.

Les émétiques ne doivent être prescrits que lorsque les poisons ont été pris depuis peu et qu'il n'y a pas encore de vomissemens, car lorsqu'ils ont commencé à le produire, il suffit de l'entretenir en donnant tous les quarts d'heure au malade une tasse d'eau tiède à laquelle on ajoute quelques gouttes d'alkali volatil; il faut s'abstenir surtout d'y joindre des acides, comme le vinaigre, le petit-lait, la limonade, etc.; les huiles, le fromage de Gruyère, etc., peuvent produire un bon effet pour exciter le vomissement; mais ils ne doivent pas être pris avec excès, surtout dans le cas d'empoisonnement par le sublimé corrosif que l'eau dissout plus facilement que tout autre chose. Le fromage réussit bien contre le vert-de-gris.

Lorsque la fièvre est déjà allumée et qu'il y a des signes d'inflammation, il faut, outre les boissons tièdes, saigner copieusement le malade; lui donner des lavemens émolliens avec les corps gras, comme la fraise de veau; avec les plantes émollientes, comme la mauve, la pariétaire, le bouillon blanc, la graine de lin, etc., etc. Il faut maintenir le malade dans un bain tiède avec les plantes émollientes plusieurs heures et à plusieurs reprises : lorsque le malade sera hors du bain, on lui recouvrira le bas-ventre avec des flanelles trempées dans une décoction des mêmes plantes.

L'eau de graine de lin, les émulsions de semences froides, l'eau de poulet, sont alors les boissons ordinaires; mais il faut commencer le traitement par l'eau tiède avec quelques gouttes d'alkali volatil.

Après un empoisonnement par les corrosifs, il faut toujours craindre les accidens chroniques qui peuvent en être la suite, et prescrire au malade le lait d'ânesse, l'eau de grenouilles, d'orge, de gruau ou de riz, la diète blanche est aussi très-propre à éteindre les fâcheuses impressions que les poisons caustiques ont laissées dans le corps.

Dans les coliques occasionées par le plomb, on commence par administrer un lavement avec une décoction de deux gros de séné et autant de pulpe de coloquinte, à laquelle on ajoute une once de *benedicta laxativa* et une ou deux onces de vin émétique; on proportionne la force de ce lavement à la force et à l'âge du sujet ainsi qu'à l'intensité de la douleur.

Sept heures après on donne un second lavement fait avec six onces d'huile de noix et autant de vin rouge.

Le jour suivant on prescrit l'émétique ; on en donne jusqu'à quatre grains aux personnes très-robustes. Dès que le vomissement a été opéré on fait prendre deux drachmes de thériaque, avec un grain d'opium ; le troisième jour on réitère les lavemens, ensuite on purge le malade avec un purgatif drastique.

Lorsqu'il y a inflammation, que le pouls est serré, la langue sèche, les urines claires, on commence par donner des adoucissans en boisson, en lavemens, en bains, en fomentations, et après ces palliatifs lorsque le malade est plus calmé, on lui prescrit le traitement indiqué précédemment. (Ant. Portal.).

TRAITEMENS PARTICULIERS DE QUELQUES EMPOISONNEMENS.

1165. *Arsenic et vert-de-gris.* Le jus de trois citrons exprimé dans un grand verre et mêlé avec deux gros d'yeux d'écrevisses, préparés et réduits en poudre très-fine, qu'on mêle bien avec l'acide et qu'on avale sur-le-champ, neutralise le corrosif de l'arsenic et du vert-de-gris, et guérit dans très-peu d'instans les douleurs occasionées dans les intestins par la présence de ces poisons. Si le premier verre ne produit pas tout l'effet qu'on doit en attendre, on en avale un second et même un troisième dans les 24 heures ; et dès que les douleurs ont cessé, on purge le malade deux ou trois fois avec de la manne fondue dans de la bonne huile d'olive, et on lui fait boire du lait. (Grég. Fromy, chirurg.)

1166. *Autre.* Dans l'empoisonnement par l'arsenic, on peut à défaut d'autres secours, faire boire une forte lessive de cendres ; quelques bottes d'allumettes brûlées dans la cendre chaude, donnent à l'instant même un sulfure abondant et précieux en pareil cas. (*L'Ami des femmes.*)

Champignon, voyez ce mot.

1167. *Pain ergoté.* Si l'on a été empoisonné en mangeant du pain de seigle ergoté, le seul remède qu'on connaisse pour en prévenir les suites est de boire beaucoup de lait. (Aug. Caron, *Manuel de santé.*)

1168. *Colique des peintres.* Un docteur de Leyde, M. Déjean, a trouvé que la colique des peintres ne résistait pas à une potion composée d'un gros de rhubarbe et d'un gros de magnésie très-pure, prise trois fois par jour. Dès les premières prises les douleurs diminuent, et le malade se trouve ordinairement guéri le troisième ou le quatrième jour. (*Man. d'écon. dom.*)

ÉMULSIONS.

1169. *Manière de préparer les émulsions.* Les émulsions se font avec les amandes douces et amères de tous les fruits à noyaux; les pistaches qui donnent un lait vert à cause que leur parenchyme est de cette couleur; les pignons doux, les graines de pavot blanc, de chenevis, de lin, de pivoine, de pourpier, de citron, de sopotille, de papayer, les noisettes et noix, les semences des cucurbitacées, des chicorées, etc., dites semences froides.

Il y a des émulsions fausses qui se font en délayant dans l'eau des gommes-résines, *le lait ammoniacal*, par exemple, ou un jaune d'œuf (*le lait de poule*), ou même l'huile, ou une résine par le moyen d'intermèdes. Si l'on désire conserver les émulsions quelque temps sans qu'elles se séparent, on doit ajouter des gommes ou des mucilages, comme pour les *loochs*, ou du sucre en sirop comme pour l'*orgeat*. On peut aussi joindre l'émulsion à des gelées animales (*le blanc-manger*), ou la faire coaguler au froid comme pour les *glaces*.

Pour bien préparer une émulsion, il convient de séparer l'enveloppe de ces semences, qui lui communiquerait de l'âcreté. Pour monder les amandes, on les immerge un instant dans l'eau bouillante, qui détache leur enveloppe, et il suffit de les presser entre les doigts pour les en séparer. Ces amandes mondées, lavées dans l'eau froide, essuyées, seront pilées dans un mortier, en ajoutant un peu d'eau pour empêcher l'huile de se montrer. On peut aussi mettre le sucre, qui facilite la formation de la pâte, qu'on doit bien piler; on ajoute l'eau peu à peu, et ensuite on passe avec expression forte.

Ordinairement les émulsions sont édulcorées avec le sucre ou des sirops. On joint quelques amandes amères aux amandes douces, pour corriger la trop grande fadeur de celles-ci.

Dans le choix des semences émulsives, on doit éviter celles qui sont rances, ou cariées, ou vermoulues, etc.

1170. *Emulsion simple.* Prenez : amandes douces, récentes et mondées, une once; eau commune, une livre; sucre blanc, deux onces.

Après avoir préparé l'émulsion comme il est dit ci-dessus, on ajoutera eau de fleur d'orange, quatre gros.

C'est un excellent rafraîchissant et humectant. Il convient aussi dans les affections spasmodiques.

On peut faire une émulsion pareille avec les semences froides, ou les pistaches, ou les pignons doux.

ENCAUSTIQUE.

1171. *Manière de la préparer pour cirer un appartement.* On fait fondre quatre onces de cire jaune avec une once d'huile de térébenthine ; on verse le mélange dans un mortier que l'on a échauffé en y jetant de l'eau bouillante ; on y ajoute, l'un après l'autre, huit jaunes d'œufs, en ayant soin de bien triturer tout ensemble, pour former une pâte que l'on délaie avec une pinte d'eau chaude que l'on y verse peu à peu en l'agitant continuellement. On applique cette encaustique avec une brosse ou une éponge sur les appartemens parquetés ou pavés avec des carreaux, et que l'on a d'abord peints à la détrempe. Lorsque l'encaustique est sèche, ce qui a lieu en une ou deux heures, on promène fortement sur le plancher une brosse large et rude sur laquelle on appuie le pied, et on ne tarde pas à donner à l'appartement un poli très-brillant qui se conserve fort long-temps si l'on a soin de le frotter une ou deux fois la semaine.

1172. *Autre procédé.* On prend cinq onces de soude, on la fait bouillir pendant une demi-heure, dans une marmite de fer, avec trois pintes d'eau et deux onces de chaux vive ; on retire l'eau du feu, on la laisse déposer, et on la tire à clair dans une bassine de cuivre ou de fer ; on y ajoute trois onces de cire jaune coupée en bien petites tranches ; on place le mélange sur le feu, et on le fait bouillir pendant environ une heure, en ayant soin de l'agiter de temps en temps avec une spatule de bois ; et après ce temps on laisse reposer l'encaustique qu'on ne peut employer que froide. On l'étend de la même manière que la précédente, et a sur elle l'avantage de ne pas s'altérer si vite et de se conserver plus long-temps. (*Dict. des ménages.*)

NOTA. *Cet article et celui qui précède ne sont, à proprement parler, que la continuation des articles n° 126 et 127, dans lesquels nous avons donné la manière de mettre un appartement en couleur.*

ENCRES.

Il y a un grand nombre de recettes employées pour fabriquer l'encre, on n'indiquera ici que les principales.

ENCRES NOIRES.

1173. *Encre de Lemery.* Faites bouillir une livre de noix de galle concassée dans six livres d'eau de pluie, jusqu'à réduction des deux tiers, jetez-y deux onces de gomme arabique, préalablement dissoute dans quantité suffisante de vinaigre, mettez dans la décoction huit onces de sulfate de fer, donnez encore quelques bouillons, laissez reposer et décanter; c'est la recette qu'on trouve dans le plus grand nombre de livres, et qu'on pratique le plus communément.

1174. *Encre de Geoffroy.* Prenez deux pintes d'eau de rivière, une pinte de vin blanc, dix onces de noix de galle, d'alep pilé; laissez macérer pendant vingt-quatre heures, en remuant de temps en temps la liqueur; faites bouillir ensuite pendant une demi-heure, retirez le vaisseau du feu; ajoutez à votre décoction, gomme arabique deux onces, sulfate de fer huit onces, sulfate acide d'alumine trois onces; faites digérer de nouveau pendant vingt-quatre heures, donnez ensuite quelques bouillons, et passez la décoction refroidie au travers d'un linge.

1175. *Encre de Macquer.* On prend : noix de galle une livre, gomme arabique six onces, sulfate de fer six onces, bière quatre pintes. On concasse la noix de galle, on la fait infuser vingt-quatre heures sans bouillir, on ajoute la gomme concassée et on la laisse dissoudre, enfin on met le sulfate de fer, qui donne aussitôt la couleur noire, on passe par un tamis de crin.

1176. *Encre du docteur Lewis.* Dans trois chopines de vin blanc ou de bon vinaigre, on fait bouillir pendant une demi-heure trois onces de noix de galle, une once de bois d'Inde et une once de sulfate de fer, on y ajoute une once et demie de gomme arabique, qu'on laisse bien dissoudre, après quoi on la passe par un tamis, et l'encre est faite.

Depuis quelque temps on a réduit la composition de Lewis, et l'on a toujours obtenu des effets constans avec la composition suivante :

Eau pure.	1 litre	(*pinte*).
Noix de galle. . . .	0,96 gram.	(3 *onces*).
Bois de campêche. .	0,21	(5 *gros* 24 *grains*).
Gomme arabique. .	0,32	(1 *once*).
Sulfate de fer. . . .	0,32	(1 *once*).

Et l'on opère comme on l'a indiqué ci-dessus.

1177. *Encre de Vagler.* M. de Vagler a fait une belle encre noire ayant l'odeur de rose, en faisant bouillir dans un vase de terre, 0,48 grammes (*une once et demie*) de tormentille (*tormentilla aceta*); après la décoction il décanta et versa dans le liquide une dissolution de 12 grammes (3 *gros*) de sulfate de fer, et 4 grammes (1 *gros*) de gomme arabique; il remua le tout avec un bâton lorsque le refroidissement commença, et il obtint une encre aussi belle que celle de Lewis.

1178. *Encre de M. Tarry D. M.* Faites infuser au soleil dans un litre d'eau de rivière 0,128 grammes (4 *onces*) de noix de galle, pendant quatre heures en été et pendant six heures dans l'hiver; après cette époque écoulée, on peut employer de suite cette infusion; mais il vaut mieux ne l'employer que quatre mois après en avoir séparé, par la filtration, la moisissure qui se forme à sa surface; l'encre est alors plus pure. Ajoutez à la colature 32 grammes (1 *once*) de gomme arabique en poudre jusqu'à parfaite dissolution, mettez ensuite 32 grammes (1 *once*) de sulfate de fer (1), mettez-le en poudre et ajoutez-le au mélange, agitez jusqu'à ce qu'il soit parfaitement dissous, et l'encre sera faite : préparée ainsi elle est belle, légère, d'une couleur purpurine, mais qui noircit parfaitement après la dessiccation sur le papier.

1179. *Encre de M. Prouste.* On a proposé beaucoup de procédés pour faire l'encre ; cependant elle n'a pas toujours la perfection qu'on désire. Le défaut de succès, dans ce cas, dépend souvent de l'état où se trouve le sulfate de fer, ou couperose verte ; car ce sel est si susceptible de s'altérer, même spontanément, qu'il est bien rare, à moins de le préparer exprès, de lui trouver toutes les conditions exigibles.

M. Prouste, chimiste très-distingué, a fait sur cet objet des découvertes intéressantes dont on vient de profiter, en en faisant l'application à la préparation de l'encre. Voici une recette qui réussit assez bien.

Prenez : noix de galle, concassées grossièrement, 0,128 grammes (4 *onces*) ; sulfate de fer cristallisé, ou couperose verte, calcinée jusqu'au blanc, 0,80 grammes (2 *onces* 1/2) ; eau, 2 litres (*pintes*).

Faites infuser à froid pendant vingt-quatre heures ; ajoutez ensuite 10 gros de gomme arabique en poudre.

Mêlez exactement, conservez le tout dans une cruche de grès bouchée avec du papier.

La différence essentielle entre cette recette et toutes celles connues porte principalement sur l'état où doit être le sulfate de fer qu'il faut employer. On recommande ici de le faire calciner jusqu'au blanc, parce qu'on a remarqué que, dans cet état, il donnait un précipité beaucoup plus noir.

1180. *Encre du docteur Haldat.* La chimie moderne est en possession de plusieurs moyens d'altérer, de détruire les écritures faites avec la meilleure encre à écrire préparée de la manière ordinaire avec les astringens et le fer. M. Haldat, effrayé des dangers qui peuvent suivre la découverte de ces moyens

_____

(1) Ce sulfate s'obtient en calcinant le sulfate vert ou couperose verte dans un creuset, jusqu'à ce qu'il prenne une couleur rouge.

d'altération, a cherché à composer une encre qui résiste à tous ces moyens. Il croit y être parvenu par la recette suivante :

« Bois de fernambouc, noix de galle, eau, sulfate de fer, »gomme arabique, indigo porphyrisé, noir de fumée, eau- »de-vie. »

On fait une décoction de noix de galle et de bois de fernambouc très-chargée, on la verse sur le sulfate de fer, la gomme et le sucre, et l'on ajoute ensuite le noir de fumée et l'indigo délayé dans l'eau-de-vie, et on passe par un linge.

Le bois de fernambouc, dit l'auteur (mais plus exactement le bois de campêche), la noix de galle et le sulfate de fer, sont les élémens de l'encre moderne, tout comme le noir de fumée et l'indigo, d'après lui, sont les élémens de l'encre antique ; l'eau, la gomme et le sucre, peuvent appartenir à l'une et à l'autre.

L'encre obtenue par cette formule, réunie dans les élémens de l'encre moderne et de l'encre antique, reçoit de l'une sa beauté, et de l'autre sa solidité.

Le meilleur noir de fumée est celui des lampes qu'il faut préférer pour la composition de cette encre.

1181. *Encre de M. de Chaptal.* Pour composer une bonne encre, dit cet habile chimiste, il faut mêler deux parties de noix de galle en sorte, concassées, à un tiers de campêche réduit en copeaux. On fait bouillir ces deux substances dans vingt-cinq fois leur poids d'eau, et on entretient l'ébullition pendant deux heures. Si l'évaporation est trop forte, on ajoute de l'eau nouvelle pour soutenir l'ébullition. Cette décoction marque pour l'ordinaire trois degrés à trois degrés et demi. D'un autre côté, on fait fondre de la gomme arabique concassée dans de l'eau tiède, et on l'en sature. Cette eau gommée marque quatorze à quinze degrés.

On prépare, en même temps, une dissolution de sulfate calciné, qu'on concentre jusqu'à dix degrés, et on y dissout du sulfate de cuivre, dans la proportion d'un quinzième sur le poids de la galle employée. Ces préparations étant faites, on mêle six mesures de décoction de noix de galle et de campêche à quatre mesures d'eau gommée. On verse peu à peu, sur le mélange tiède, trois à quatre mesures de la dissolution de sulfate calciné ; à mesure qu'on opère le mélange, on agite la liqueur.

Ce procédé a l'avantage de donner de la bonne encre sans former de dépôt.

Si, après avoir opéré comme nous venons de l'indiquer, on s'aperçoit que l'encre, quoique noire, coule mal ou coule trop, on la délaie ou on l'épaissit, en employant de l'eau ou de la gomme, selon le besoin.

Si la couleur est trop bleue, on ajoute de la décoction de noix de galle.

Enfin si elle est grisâtre ou rougeâtre, on y ajoute de la dissolution de fer.

1182. *Encre du docteur Pajot-Laforét.* On prend, pour cet effet, cinq onces de bonnes noix de galle des plus brunes, une once et demie de brou de noix ; ajoutez-y 4 onces de sulfate de fer calciné, et une once de sulfate de cuivre, une once de gomme arabique, une once de campêche, une demi-once d'indigo, en petits pains, délayé dans de l'eau-de-vie ; faites bien écraser le tout dans un mortier, le plus menu qu'il sera possible, et versez ces drogues ensemble dans une bouteille d'environ deux pintes et demie, mesure de Paris ; versez ensuite dans la même bouteille deux pintes ou quatre livres d'eau froide ; bouchez ensuite la bouteille, et remuez-la sept à huit fois chaque jour, pendant cinq à six jours, vous aurez de la très-bonne encre, laquelle ne jaunira point : chaque fois qu'on en puise, il faut auparavant bien remuer la bouteille.

1183. *Autre du même.* Il est très-essentiel de posséder une encre qui ne soit pas plus altérable par le temps, que par les réactifs chimiques. Ce sujet parut assez intéressant au docteur Pajot-Laforêt, pour entreprendre une suite d'expériences dont les résultats lui ont indiqué la recette suivante (*Voyez Précis d'expériences sur la composition des vernis et des encres, publiées par M. Pajot-Laforét, en l'an* 8.)

On fait dissoudre vingt-cinq parties de gomme copal pulvérisée, dans deux cents parties d'huile essentielle de lavande en échauffant légèrement le mélange, et on incorpore, en broyant sur un porphyre, de deux et demie à trois parties de noir de lampe. On doit conserver cette encre dans des bouteilles bien bouchées ; si on la trouvait trop épaisse, on peut l'allonger avec une nouvelle quantité d'huile de lavande ou de l'essence de citron ou de térébenthine.

Après avoir écrit avec cette encre, si l'on fait évaporer l'huile de lavande à l'aide d'une légère chaleur, il ne restera sur le papier qu'une couche de couleur enduite de copal, sur laquelle l'eau, l'alcohol, ni les alkalis n'ont aucune action. Un manuscrit fait avec cette encre peut subir tous les procédés de blanchîment auxquels on soumet les impressions, sans courir le moindre danger d'être altéré.

M. Close a composé une encre rouge d'après le procédé de M. Pajot-Laforêt ; on prend, au lieu de noir de lampe, 120 parties d'huile de lavande, 27 parties de copal, et 60 parties de cinabre, et on fait le mélange comme ci-dessus.

DES ENCRES DE COULEUR.

Les encres de couleur ne sont réellement que des teintures assez rapprochées pour avoir une couleur forte, et auxquelles on donne la viscosité convenable pour faire fonction d'encres à écrire ou à dessiner.

1184. *Encre bleue.* Prenez crème de tartre 0,32 grammes (1 *once*); vert-de-gris 0,32 grammes (1 *once*). Après avoir réduit en poudre la crème de tartre et le vert-de-gris, mettez ce mélange dans un matras et placez-le sur un bain de sable légèrement chaud, où vous le laissez l'espace de trois jours : ajoutez alors 96 grammes (3 *onces*) d'eau, et continuez de chauffer pendant six heures. Filtrez la liqueur, et ajoutez-y un peu de gomme arabique ; elle sera d'un bleu foncé et sera très-bonne pour écrire. (M. Alyon, *Cours élém. de Chim.*)

1185. *Encre rouge.* Prenez 128 grammes (4 *onces*) de bois de fernambouc en poudre, que vous ferez bouillir dans une casserole de cuivre, avec une chopine d'eau et 16 grammes (*demi-once*) d'alun (*sulfate d'alumine*). Lorsque la liqueur sera diminuée de moitié, filtrez-la, et ajoutez-y 1 gros de gomme arabique concassée ; écrivez avec cette liqueur ; et, si elle n'est pas suffisamment rouge, vous lui donnerez de l'intensité en y ajoutant quelques pincées de sulfate d'alumine en poudre. (*Idem.*)

1186. *Encre carminée, par le même.* On prend 6 grains du plus beau carmin, et on y verse 64 grammes (2 *onces*) d'ammoniaque caustique, en ajoutant 24 grains de gomme arabique blanche. On laisse reposer le mélange jusqu'à ce que la gomme soit entièrement dissoute. Cette encre est sans doute plus chère que celle qui est préparée à la manière ordinaire, mais elle est incomparablement plus solide, parce que l'expérience a prouvé (Voyez *Expérience chimique sur le carmin*, par M Pajot-Laforêt) que des caractères tracés avec cette encre, il y a quarante ans, se sont conservés sur le papier sans aucune altération. (*Idem.*)

1187. *Encre violette.* Faites bouillir, comme ci-dessus, 5 onces de furnambouc avec 1 once de bois d'Inde, et ajoutez-y de l'alun et de la gomme, comme dans la première recette décrite ci-dessus pour obtenir de l'encre rouge. (*Idem.*)

1188. *Encre jaune.* Prenez 4 onces de graine d'Avignon concassée, que vous ferez bouillir comme pour les deux précédentes, avec 1 demi-once de sulfate d'alumine, et 1 chopine d'eau ;

filtrez la liqueur après une heure d'ébullition, et ajoutez-y un gros de gomme arabique. (*Idem.*)

1189. *Encre verte.* Prenez un pot de terre vernissé, dans lequel vous ferez bouillir, pendant une demi-heure, 2 onces de vert-de-gris en poudre, avec une chopine d'eau; remuez le tout avec une spatule de bois, et ajoutez-y une once de crème de tartre; laissez bouillir encore un quart d'heure, et passez à travers un linge. Remettez ensuite la liqueur sur le feu, et faites-la bouillir jusqu'à diminution d'un tiers que vous conserverez pour l'usage. (*Idem.*)

1190. *Encre blanche.* Prenez des coquilles d'œuf bien lavées et dont vous aurez ôté la pellicule intérieure; broyez-les sous la molette de marbre; mettez-les ensuite dans un petit vase rempli d'eau bien nette, et lorsque cette poudre s'est précipitée au fond du vase, décantez-en l'eau, faites sécher la poudre au soleil, et mettez-la dans un vase. Lorsque vous voudrez avoir de l'encre blanche, prenez un peu de gomme ammoniaque bien pure, que vous ferez fondre pendant une nuit dans du vinaigre distillé qui, le lendemain matin, se trouve être très-blanc; passez à travers un linge, mêlez-y une certaine quantité de poudre d'œuf, et vous aurez une encre d'une blancheur éclatante. (*Ecycl. méth.*)

1191. *Encre rouge incorruptible.* On prend 1 quart de livre du meilleur bois de fernambouc, 1 once de crème de tartre et autant d'alun; on fait cuire ces ingrédiens dans un pot d'eau de pluie ou de rivière, jusqu'à la consommation de la moitié; on ajoute à l'encre, pendant qu'elle est chaude, 1 once de belle gomme arabique et autant de sucre fin. (*Bibl. phys. écon.*)

1192. *Encre à odeur de rose.* On fait bouillir dans un vase de terre 1 once et demie de racine de tormentille pilé, avec 1 demi-chopine d'eau : on laisse la décoction sur le feu pendant une demi-heure; on y ajoute 3 gros de sulfate de fer et 1 gros de gomme arabique : et quand ces deux substances sont dissoutes, on passe l'encre, et on la met dans une bouteille. (*Dict. des ménages.*)

1193. *Encre de violette.* Trempez un pinceau de poil de chameau dans quelque acide fort, comme l'esprit de vitriol; passez-le sur le papier quand il est sec, écrivez dessus avec une plume trempée dans le jus de violette. L'écriture sera d'un beau rouge.

Si vous écrivez simplement avec du jus de violette, l'écriture sera d'un bleu tirant sur le violet.

En frottant du papier avec un pinceau de cheveux trempé dans quelque sel alkali, tel que le sel d'absinthe dissout dans

de l'eau, et écrivant dessus quand il est sec avec du jus de violette, on obtiendra une écriture d'une belle couleur verte.

En écrivant avec du jus de violette par-dessus une teinture
d'acier, vous aurez une écriture noire.

Ou bien si vous écrivez avec du jus de violette, et que, d'un
côté de l'écriture, vous passiez de l'esprit de vitriol, et de
l'autre, de l'esprit de corne de cerf ou de sel d'absinthe dissout
avec de l'eau, vous aurez du rouge et du vert.

En l'exposant au feu, vous aurez une écriture jaune.

Si vous écrivez sur du papier avec du jus de limon ou d'ognons
et que vous le laissiez sécher, l'écriture restera invisible, et paraîtra si vous l'approchez du feu.

En général, plus ces écritures vieillissent, plus la couleur en
est belle; de même aussi. plus on a laissé de temps l'esprit de
vitriol, le sel d'absinthe dissout, etc., sur le papier avant d'écrire,
plus aussi les couleurs en seront vives. (*Encycl. méth.*)

1194. *Encre d'or.* Prenez une certaine quantité de gomme
arabique, la plus blanche possible est la meilleure; réduisez-la
en poudre impalpable dans un mortier de bronze, faites-la dissoudre dans de forte eau-de-vie; ajoutez-y un peu d'eau commune pour rendre la dissolution plus coulante; ayez de l'or en
coquille que vous détacherez pour remettre en poudre; humec-
tez-le avec de la dissolution gommée, et remuez le tout avec le
doigt ou avec un pinceau; et laissez reposer cela pendant une
nuit, afin que l'or soit mieux dissout. Si pendant la nuit la
composition s'était séchée, on la délayera de nouveau avec de
l'eau gommée, dans laquelle on fera infuser du safran: on aura
soin que cette infusion d'or soit assez coulante pour qu'on puisse
l'employer avec la plume. Lorsque l'écriture sera bien sèche,
on la polira avec une dent de loup. (*Encycl. méth.*)

1195. *Encre d'imprimerie.* Pour faire l'encre d'imprimerie
on fait bouillir de l'huile de lin dans un pot de terre; on y met
le feu, et on la laisse brûler environ un quart d'heure: on l'é-
teint, et on la laisse bouillir doucement jusqu'à ce qu'elle soit
très-épaisse. Alors on la broye avec un sixième de son poids de
noir de fumée. Si l'on veut rendre cette encre moins épaisse,
on y ajoute un peu d'essence de térébenthine. Quelques im-
primeurs y font entrer de la suie, de l'eau-de-vie, de la colle
de bœuf; mais ces substances ne sont d'aucune utilité. Cette
encre peut servir à marquer le linge, elle est indestructible.

1196. *Encres indélébiles.* L'abus que des faussaires ont
fait de la propriété qu'ont les acides, et principalement l'a-
cide muriatique oxygéné, d'enlever l'encre de dessus les papiers, ont engagé les chimistes à chercher la composition
d'une encre indélébile; mais toutes ces encres ne remplissent

pas encore le but qu'on doit se proposer dans la composition d'une encre indestructible; cependant nous allons donner les recettes que l'on a proposées à ce sujet, et qui ne
remplissent qu'en partie les qualités d'une bonne encre préparée d'après les procédés indiqués dans le commencement de ce
chapitre.

1197. *Encre indélébile de M. Wertrumb.* On fait bouillir
31 grammes (1 *once*) de fernambouc et 92 grammes (3 *onces*)
de noix de galle, 1,450 grammes (46 *onces*) d'eau, jusqu'à réduction de 2 kilogrammes (32 *onces*) : on verse cette décoction
encore chaude sur 16 grammes (*une demi-once*) de sulfate de
fer, 8 grammes (*un quart d'once*) de gomme arabique, et une
pareille quantité de sucre blanc. Après la solution complète de
ces substances, on ajoute à l'encre 40 grammes (*une once un
quart*) d'indigo réduit en poudre fine, 23 grammes (*trois quarts
d'once*) de noir de fumée qu'on aura délayé dans 31 grammes
(1 *once*) d'eau-de-vie.

1198. *Autre proposé par M. Basse.* M. Basse a proposé une
formule plus simple; on fait bouillir 31 grammes (1 *once*) de
fernambouc, avec 24 grammes (12 *onces*) d'eau et 16 grammes
(*une demi-once*) d'alun; lorsque le liquide est réduit à 250 grammes (8 *onces*) on le passe, et on y ajoute 31 grammes (1 *once*)
d'oxide de manganèse, obtenu fin par décantation, et mêlée
avec 16 grammes (*une demi-once*) de gomme arabique; cependant cette encre n'est pas aussi noire ni aussi indélébile que
celle indiquée par M. Wertrumb.

1199. *Autre beaucoup plus simple et qui est la meilleure.* On
fabrique une bonne encre indélébile, en délayant avec de l'eau
ordinaire une suffisante quantité d'encre de la Chine, dont la
base est manifestement une matière charbonneuse, et dont la
composition ne nous est pas encore bien connue.

1200. *Autre.* On fait infuser deux ou trois jours des noix de
galle concassées dans du vinaigre de bière ordinaire. L'infusion
est ensuite passée sur un filtre de laine, la liqueur décantée, et
le résidu lavé et infusé dans de l'eau froide. Cette dernière
infusion est mêlée avec la précédente, et le tout est chauffé un
instant, puis mis à reposer pendant vingt-quatre heures; alors
on filtre de nouveau, et on ajoute du sucre et de la gomme.
Lorsque ces ingrédiens sont dissous, on passe une dernière
fois sur le filtre. L'encre est ensuite mêlée avec l'oxide ou sulfate
rouge; mais on ne doit pas se servir de sulfate acidulé ou oxi-
dulé. On agite le tout, et on met l'encre dans une bouteille de
grès qu'on bouche avec un bouchon de papier. Ainsi préparée,
cette encre ne s'altère jamais et n'épaissit point. (Van-Mons,
prof. de chimie à Bruxelles.)

1201. *Autre.* Noix de galle 6 livres; nitrate de fer, avec excès d'acide, obtenu par la décomposition de 2 livres 4 onces sulfate de fer; gomme arabique, 2 livres et demie; charbon de matières animales, et par préférence celui obtenu des graisses, 6 onces; eau 24 pintes.

On concasse les noix de galle; on verse l'eau bouillante dessus, à la réserve de 6 pintes, dans lesquelles on fait dissoudre la gomme; on décante l'infusion de noix de galles; on la mêle à la dissolution de gomme, et puis on ajoute le nitrate de fer; on laisse déposer de nouveau; on tire au clair l'encre qui en est provenue, et on y ajoute le charbon qu'on a réduit en poudre impalpable. C'est de la grande division du charbon que dépendent et la fluidité et l'indestructibilité de l'encre. (*Dict. des brevets d'inv.*)

1202. *Moyen de suppléer l'encre.* Faites infuser à froid, dans de l'eau ordinaire, quelques fragmens de noix de galle; trempez dans cette infusion du papier blanc ou du parchemin à volonté, et laissez-le sécher après l'avoir retiré. Ayez un morceau de sulfate de fer (couperose verte) dans un porte-crayon; trempez-en la pointe dans de l'eau ou de la salive, et tracez sur le papier ou sur le parchemin préparé, les caractères en seront noirs comme s'ils avaient été tracés à l'encre. (*Bibl. ph. écon.*)

1203. *Encre à marquer le linge.* L'endroit du linge qu'on veut marquer ayant été imprégné du mordant dont nous allons donner la composition, on le laisse sécher, on le frotte ensuite avec le lissoir, et on écrit avec une plume, sur l'endroit ainsi préparé, les lettres qu'on désire appliquer sur le linge.

Faites dissoudre dans de l'acide nitrique, une quantité quelconque d'argent, que vous aurez eu soin de peser, afin de pouvoir ensuite ajouter à la dissolution une quantité d'eau distillée ou de pluie égale à douze fois le poids du métal, suspendant dans le liquide une lame de cuivre rouge; à mesure qu'elle se dissoudra, l'argent parfaitement pur se précipitera sous la forme d'une poudre blanche. Lorsqu'il ne se précipitera plus, on décantera la liqueur; on lavera à grande eau la poudre, jusqu'à ce que l'eau ne se teigne plus en bleu, mais qu'elle reste parfaitement limpide, et que le résidu soit de l'argent pur.

Pesez ce résidu et faites une mixture que vous triturerez bien dans un mortier de verre et qui se composera d'après les proportions suivantes: si l'argent a perdu une once, faites dissoudre autant de gomme de Sénégal, et deux drachmes de colle blanche dans deux onces d'eau distillée. Mélangez le tout avec trois drachmes de suie de lampe bien calcinée dans un creuset fermé, et triturez dans un mortier de verre. Versez ensuite dessus la dissolution d'argent étendue dans huit fois son poids d'eau distillée, et remuez-bien le tout avec une spatule.

Faites dissoudre deux onces de colle blanche et autant de colle de poisson dans six onces d'alcohol, et autant d'eau distillée. Cette dissolution se fera dans deux jours ; on la mettra au bain-marie, on remuera bien les deux colles et on la filtrera enfin à travers une flanelle, afin que toutes les parties mucilagineuses y demeurent. On la conservera ensuite pour l'usage dans une bouteille bien bouchée. (*Dict. des ménag.*)

1204. *Autre.* Il faut mouiller la toile que l'on veut marquer avec la composition suivante : sel de tartre, 1 once ; eau, 1 once et demie. On la fera ensuite bien sécher avant d'écrire dessus avec l'encre, ainsi composée : caustique lunaire, 1 drachme ; teinture de noix de galle, 2 drachmes. (*Dict. des ménages.*)

1205. *Encre de la Chine.* Prenez 6 onces de colle de poisson, que vous réduirez en une colle liquide en la faisant dissoudre sur le feu dans le double de son poids d'eau de rivière; prenez ensuite 1 once de suc de réglisse d'Espagne, que vous ferez également dissoudre dans une quantité d'eau pesant le double de son poids, et délayez-y 1 once de noir d'ivoire. Ajoutez ce mélange à la colle quand elle sera chaude, et remuez tous ces ingrédiens avec une spatule jusqu'à ce qu'ils soient incorporés. Faites ensuite évaporer toute l'eau dans un bain-marie, et versez ce qui reste de la composition dans des moules de plomb bien graissés.

Cette composition est celle dont les Anglais se servent pour remplacer l'encre de la Chine. (*Encyclopédie.*)

1206. *Autre.* Pour obtenir une couleur noire qui ait toutes les propriétés de l'encre de la Chine, on prend de la lessive des savonniers (ou tout autre alkali caustique en dissolution), on la fait bouillir, et on y ajoute autant de râpure de corne qu'elle peut en tenir en dissolution ; la lessive étant saturée de la matière animale, on la laisse évaporer, en la remuant avec une spatule de fer, jusqu'à ce qu'elle soit entrée dans une sorte de fusion et qu'elle ait pris la consistance pâteuse; une chaleur très-forte est nécessaire pour cette dernière partie de l'opération. Alors on retire la matière du feu, on la jette dans de l'eau, dont la quantité doit être double de la lessive employée; on la remue, et on la laisse dissoudre pendant quelques heures : ensuite on sépare la liqueur de la matière insoluble, et on l'obtient transparente et totalement décolorée. Il faut y ajouter, goutte à goutte, une dissolution d'alun; il se formera aussitôt un précipité noir, qui, séparé de la liqueur, séché et ensuite broyé avec de l'eau gommée, produit une couleur noire, ayant toutes les propriétés de l'encre de la Chine.

Il est essentiel, pour la beauté de la couleur, de n'ajouter qu'autant d'alun qu'il est nécessaire pour précipiter toute la matière noire. L'auteur de ce procédé pense que l'acide vitriolique produirait le même effet que l'alun, sans en avoir les inconvéniens.

Quoi qu'il en soit, la couleur qu'on obtient au moyen de ce procédé produit une grande variété de nuances, qui sont toutes de la plus grande beauté. (Boswell. Ext. du *Repertory of arts and manuf.*)

1207. *Encre portative.* On jette un jaune d'œuf sur une demi-livre de bon miel; on bat le tout avec un bâton plat, puis on saupoudre le mélange avec 3 gros de gomme arabique en poudre fine : on remue souvent pendant l'espace de trois jours, après quoi on ajoute du noir de fumée jusqu'à ce que la matière soit comme une pâte qu'on fera sécher à l'air. Pour s'en servir, on la détrempe avec de l'eau, ou mieux encore avec une lessive de cendres de sarment, de noyer, de chêne ou même de noyaux de pêches. (Buch'oz.)

1208. *Encre en poudre.* L'encre en poudre s'obtient avec les mêmes matières qui entrent dans la composition de l'encre ordinaire, mais concassées et pulvérisées. Pour en faire usage dans l'instant, il ne s'agit que de délayer cette poudre dans une quantité suffisante d'eau commune. (*Encycl. méth.*)

ENCRES SYMPATHIQUES.

1209. Ecrivez avec une dissolution de vitriol vert, dans laquelle vous aurez ajouté un peu d'acide : cette dissolution étant absolument décolorée, on ne verra point l'écriture. Lorsque vous voudrez la voir, plongez-la dans une eau où aura été infusée de la noix de galle, ou imbibez le papier avec une éponge trempée dans cette eau; l'écriture paraîtra aussitôt. (*Encycl. méthod.*)

1210. *Autre.* Dissolvez du bismuth dans de l'acide nitreux, et écrivez avec cette liqueur. Pour en faire paraître l'écriture, faites bouillir une forte solution d'alcali fixe sur du soufre en poudre très-fin, jusqu'à ce qu'il en ait dissous autant qu'il peut; exposez-en l'écriture aux vapeurs qui en sortiront, et elle se colorera en noir. Ce moyen est plus désagréable que le premier en ce que la dissolution a une odeur désagréable. (*Idem.*)

1211. *Autre.* Prenez du safre, faites-le digérer dans de l'eau régale, en sorte qu'elle en tire ce qu'elle en peut dissoudre, c'est-à-dire la terre métallique du cobalt, qui colore le safre en bleu ; étendez ensuite cette dissolution, qui est très-caustique, avec de l'eau commune, et vous pourrez vous en servir comme d'encre à écrire. Les caractères en seront invisibles, mais ils paraîtront en vert si vous les exposez à une chaleur suffisante, pour disparaître dès que le papier sera froid.

Cette encre a fourni l'idée de faire représenter au même tableau l'été et l'hiver alternativement. Pour cela, faites un paysage dont la terre, les troncs d'arbres, les branches, soient peints avec les couleurs ordinaires et appropriées au sujet ; mais dessinez et lavez les herbes, les feuilles, avec la liqueur ci-dessus, et vous aurez un tableau qui, à la température ordinaire de l'air, représentera une campagne dépouillée de verdure ; mais faites-le chauffer suffisamment, et point trop, vous le verrez se couvrir de plantes et de feuilles, en un mot se métamorphoser en printemps.

Cette idée en a produit une seconde. Ecrivez sur plusieurs feuilles de papier des questions avec de l'encre ordinaire, et au-dessous les réponses avec l'encre sympathique ci-dessus. Ayez ensuite une boîte qui contiendra, dans son couvercle, une plaque de fer très-chaude. Après avoir fait choisir les questions, prenez les feuilles choisies, placez-les dans la boîte échauffée, et montrez les réponses écrites.

Si l'on échauffe trop cette encre, elle deviendra noire et ne disparaîtra plus. (*Bibl. ph. écon.*)

Il existe une foule de sucs de substances végétales, celui d'ognon par exemple, susceptibles de donner des caractères tout colorés, et qui ont la propriété de brunir ensuite par l'action de la chaleur.

Le lait se comporte de même. (*Nouv. secr. des arts et métiers.*)

ENFANS.

1212. *Moyen de rappeler à la vie les enfans qui paraissent morts en naissant.* Deux causes peuvent donner lieu à cette espèce d'asphyxie :

1° La pléthore des vaisseaux sanguins en général, et particulièrement de ceux du cerveau ;

2° L'engorgement des voies de la respiration par des matières glutineuses.

Ces deux causes d'asphyxie peuvent être réunies.

Lorsque l'asphyxie provient de la première, le corps du nouveau-né est ordinairement d'un rouge plus foncé et a plus

de chaleur; il a de l'écume à la bouche, quelquefois sanguinolente.

L'absence de ces signes et de la putréfaction, peut faire
croire que l'asphyxie est l'effet de l'engorgement des voies aé-
riennes par des matières glutineuses.

Des enfans asphyxiés par pléthore ont été rappelés à la vie :

1° Par la seule évacuation du sang par le cordon ombilical;
et, si elle ne suffit pas, par la saignée à la jugulaire, qui est la
plus facile; par les sangsues, mais elles n'opèrent pas un effet
aussi prompt, et, dans ce cas, il n'y a pas un instant à
perdre.

2° Dans l'un et l'autre cas, on doit pousser de l'air dans les
voies de la respiration, en soufflant immédiatement avec la
bouche dans celle du nouveau-né, ou avec un tuyau, ou avec
un soufflet qu'on introduit dans l'une des narines, en ayant soin
de comprimer l'autre légèrement pour empêcher l'air d'en
sortir.

L'irritation de la membrane pituitaire avec la barbe d'une
plume, ou avec un flacon d'alcali volatil fluor placé sous les
narines, peut déterminer la première inspiration.

Quelques gouttes d'eau fraîche jetées sur le visage, seront
utiles : on pourrait, si l'enfant éprouvait un mouvement de
déglutition, en profiter pour lui faire avaler quelques cuillerées
d'eau émétisée; mais toujours après l'évacuation du sang, lorsque l'asphyxie du nouveau-né est par la pléthore. (Portal.)

1213. *Manière de nourrir les enfans.* Un père de famille
qui avait vu périr successivement tous les enfans que sa femme
lui avait donnés, se détermina à nourrir de lait de vache ceux
qui lui viendraient dans la suite. Pour cet effet, dans les premières vingt-quatre heures de leur naissance, il les purgea
avec une once de sirop de chicorée, composé de rhubarbe,
pour être sûr de l'évacuation du *méconium.* Il leur fit prendre
ensuite du lait de vache coupé avec un peu d'eau, dans laquelle
il faisait bouillir 1 demi-gros d'anis de la Chine et un peu de
sucre blanc, boisson qu'il faisait chauffer au bain-marie à un
degré de chaleur convenable, et qu'il leur faisait prendre dans
la petite fiole où il la mettait, et au bout de laquelle il avait
adapté une petite éponge, qu'il lavait avec soin quand l'enfant
avait bu, et qu'il fixait au col du vase au moyen d'un double
fil. Après quinze jours de cette nourriture, l'estomac deman-
dant un peu de subsistance, il leur fit avec du lait une bouillie,
non pas avec de la farine, mais avec de la mie de pain mollet,
qu'il faisait sécher et mettait en poudre. Les enfans qu'il nourrit
ainsi devinrent forts et vigoureux : il ne s'alarma point d'un
peu de dévoiement qui leur survint; il se contenta de diminuer

la quantité d'alimens pour ne pas fatiguer l'estomac, et, pour donner du ton à ce viscère, il leur appliqua à la région épigastrique un emplâtre fait avec de la thériaque. Cette méthode est excellente et demande que les enfans soient tenus très-propres et très-chaudement. (*Bibl. ph. écon.*)

1214. *Traitement qu'on doit faire subir aux enfans dans les premiers mois de leur naissance.* Le premier développement qu'opère la nature chez les enfans étant dans le cerveau, le sang s'y porte avec plus ou moins d'abondance, rend la tête et surtout le front plus ou moins brûlant, et demande par conséquent un dégorgement salutaire, qu'on dissipe au moyen d'*une sangsue mise derrière l'oreille*, seul remède qui soit d'une efficacité merveilleuse et constante dans ce cas, comme aussi dans les convulsions, dans les maladies chroniques, longues et aiguës, et qui joint à ces premiers avantages celui de préserver du *nouage* et de faciliter la dentition, toujours en dégageant le cerveau. (Doct. Alphonse Leroi.)

1215. *Étisie des enfans, chutes.* Lorsque les enfans ont des dispositions à l'étisie ou qu'ils ont fait des chutes considérables, pour fortifier leur tempérament ou éviter tout accident, on peut les laver avec du vin chaud, ou à défaut de vin avec de l'eau chaude dans laquelle on aura soin de mettre un cinquième d'eau-de-vie. (*Mag. de méd. dom.*)

(Voyez *Coliques des enfans.*)

ENFLURES.

1216. *Enflure du ventre.* Faites cuire des racines d'*hièble* dans de la graisse nouvelle de porc, et faites-en un emplâtre pour appliquer sur le ventre.

1217. *Autre remède.* Pilez une poignée de racines de fenouil et autant de racines d'ache ; faites infuser dans une quantité suffisante de bon vin blanc vieux, et faites-en boire au malade un verre tous les matins à jeun.

1218. *Enflure des pieds.* Prenez un bain de pieds chaud dans une décoction de feuilles de sureau.

1219. *Enflure du visage.* On fait bouillir dans de l'eau bien pure une petite quantité d'alun, et on se frotte le visage avec un linge trempé dans cette liqueur.

1220. *Enflure des jambes.* On met dans une bouteille, contenant 1 litre, 12 grains de colçotar ; on agite de temps en temps la bouteille ; après 12 heures d'infusion, on fait chauffer une partie de l'eau pour en imbiber des compresses qu'on applique sur la partie enflée.

1221. *Enflure des bestiaux.* L'enflure subite qui survient

aux bestiaux provient de ce qu'ils ont mangé trop avidement ou en trop grande quantité des plantes substantielles, ou simplement de l'herbe encore humide de rosée ou de pluie.

Dès qu'on s'aperçoit qu'un bœuf, par exemple, est dans cet état, on lui fait avaler une demi-bouteille de lait, dans lequel on a mis une charge de poudre de chasse. On lui met ensuite un petit billot en forme de mors, qu'on attache des deux côtés à ses cornes; on le fait marcher et on ne tarde pas à voir disparaître une enflure qui, sans un prompt secours, donne la mort à l'animal. (Sonnini.)

ENGELURES.

1222. *Pommade contre les engelures.* Prenez 2 onces de cérat récent, 1 gros de céruse, 1 scrupule de camphre, 1 demi-once d'esprit-de-vin ; mêlez le tout, et faites-en une pommade dont on frottera le soir les mains et les parties attaquées par les engelures, qui au moyen de ce remède ne tardent pas à disparaître. (*Bibl. ph. écon.*)

1223. *Autre remède contre les engelures.* Les engelures se guérissent aussi en se garnissant, pendant le jour, les pieds et les mains de chaussons et de gants imprégnés d'esprit-de-vin, et pour la nuit de gants et de chaussons huilés. Il est bon de se laver les extrémités avec de l'huile de millepertuis.

Si les engelures ne sont pas ouvertes, on prévient cet accident en les frottant d'esprit-de-sel. Un cataplasme de navets et de raves cuits sur la cendre, appliqué le soir, a souvent réussi. (*L'ami des femmes.*)

1224. *Autre.* Les fumigations de soufre, et mieux celles qui sont faites avec du son brûlé sur des charbons ardens, guérissent parfaitement les engelures, qui disparaissent si on y applique du fromage à la pie et qu'on les tienne chaudement. (*Bibl. ph. écon.*)

1225. *Autre.* Quelques gouttes de teinture alcoholique de benjoin, ou un bain d'eau chaude chargé d'une pierre d'alun et de trois gousses d'ail, guérissent parfaitement les engelures. (*Man. domestique.*)

Le baume de Fourcroy (*voyez* n° 235) est d'un très-bon usage pour guérir les engelures.

1226. *Autre.* L'alun est un spécifique puissant contre les engelures; pour s'en servir, on en fait dissoudre une demi-livre dans une pinte et demie d'eau tiède, et l'on y baigne un quart d'heure la partie malade. Si l'on fait ce remède deux fois par jour, aussitôt que l'on aperçoit le mal, on sera guéri après le second bain. Si l'on a négligé les engelures pendant quelques jours, et qu'elles ne soient pas entamées, elles se guériront après quatre ou cinq bains.

Si elles étaient entamées, il faudrait prendre toujours deux bains et doubler la quantité d'eau et couvrir les engelures, après le bain, avec un linge sur lequel on aura étendu un peu de cérat gallien.

Dans tous les cas, le remède est certain. (Le Normand.)

Si l'engelure n'est pas entamée, elle sera bientôt passée si on la frotte avec un peu d'alcali volatil. (*Man. de santé.*)

1227. *Autre.* Vous étuverez bien vos engelures dans de l'eau chaude chargée de son, et vous les frotterez ensuite avec de la fleur de graine de moutarde. Le succès sera encore plus assuré si vous avez soin d'appliquer le remède avant que les engelures ne s'entament. (*Dict. des Ménages.*)

1228. *Autre.* Faites chauffer deux pintes d'eau, celle de rivière est la meilleure; mettez-y cuire un pied de veau, et lorsqu'il est bien cuit, retirez-le du feu, il peut servir à la cuisine. Jetez dans le bouillon que vous avez obtenu, un huitième de kilogramme d'alun et faites-l'y fondre; ajoutez un verre d'eau-de-vie, et gros comme une noisette de camphre; serrez le tout pour vous en servir au besoin.

Dès que les engelures se manifestent, il faut les bassiner trois fois par jour et surtout le soir, avec cette liqueur qu'on aura fait tiédir; et si elles sont entamées, on les bassinera de même, en appliquant sur l'excoriation un petit lambeau de toile cirée verte, que l'on fera légèrement chauffer à chaque application. Trois jours suffisent pour le traitement radical; mais on doit surtout éviter d'écorcher de nouveau la plaie. (Denys de Montfort.)

1229. *Engelures ulcérées.* Creusez une rave gelée dont vous remplirez la cavité d'huile rosat, qui ne soit pas rance; couvrez-la avec le sommet que vous en avez enlevé, et faites-la cuire doucement sur la cendre chaude. Cela fait, exprimez le tout et ajoutez-y une once d'eau végéto-minérale, et une demi-cuillerée d'esprit-de-vin camphré. On se sert de ce liniment trois fois le jour, et l'on couvre la partie malade avec du papier brouillard et une simple compresse. (*Bibl. ph. écon.*)

ENSEMENCEMENT ÉCONOMIQUE.

1230. Avant le dernier labour, faites passer le rouleau sur le terrain que vous voulez ensemencer, afin de l'égaliser et d'en briser les mottes; labourez-le ensuite au versoir qui dessine naturellement des lignes parallèles, de la profondeur de trois pouces, et semez dans ces lignes les céréales comme le jardinier sème un rayon d'épinards. De cette manière il n'y aura pas un grain perdu et les oiseaux n'y pourront porter aucun tort. On passe ensuite la herse dessus transversalement et l'opération est finie. (*Bibl. ph. écon.*)

ENTORSES.

1231. *Traitement des entorses.* Le remède le plus sûr et le plus hâtif est l'immersion rapide du pied dans une eau très-froide. Ce moyen doit être employé, pour ainsi dire, dans l'instant de l'accident. Quand ce premier moment est passé, ou bien que l'engorgement continue, on peut employer avec succès le remède qui suit : étendre sur tout le pied de la filasse imbibée de deux cuillerées d'eau-de-vie et trois blancs d'œufs battus ensemble. On y ajoute un demi-gros de savon râpé. (Doct. Dessessarts.)

1232. *Autre.* Prenez un morceau de racine de consoude, coupez-le par tranches; faites-le bouillir jusqu'à ce que l'eau réduite à moitié ait la consistance d'une bouillie; ajoutez-y en-suite gros comme une noix de bon beurre frais, et après que le mélange sera bien intime, versez-y une cuillerée d'eau-de-vie; vous tremperez un linge dans cette préparation, vous l'ap-pliquerez sur la partie malade où vous le fixerez, et vous renou-vellerez souvent la compresse. Au bout de trois ou quatre jours l'entorse ne vous fera plus aucun mal. (*Dict. des Ménages.*)

ENVIES.

1233. *Moyen de faire disparaître les envies et autres taches de la peau.* L'expérience a prouvé qu'on peut faire assez faci-lement disparaître les taches qui viennent de naissance sur la peau et qu'on nomme vulgairement *envies*, en y faisant avec du vaccin des piqûres plus ou moins multipliées suivant l'é-tendue de la tache. Il en résulte, comme dans la vaccine ordi-naire, un léger mouvement de fièvre, et ensuite une suppuration noirâtre plus ou moins abondante, qui est le premier symptôme de la disparution de la tache, et qui ne laisse à sa place que la marque seule du vaccin. (Doct. P....)

1234. *Autre.* D'autres personnes font tremper dans du vi-naigre rosat des racines de bourrache mondées de leurs filets, les laissent infuser douze à quatorze heures, puis s'en bassinent la tache le plus souvent possible.

Quelques autres prennent, à la fin du mois de mai, des ra-cines et des feuilles de caryophyllata, les font distiller à l'alambic,

et frottent souvent les taches de l'eau qu'elles ont obtenue.
(*Man. cosm. des pl.*)

ÉPERVIER.

1235. *Description de ce filet.* L'épervier est un filet de forme
conique ou en entonnoir; son embouchure, qui a quelquefois
jusqu'à 12 brasses de circonférence, se rétrécit à chaque rangée
de mailles, et se termine en une pointe à laquelle est attachée
une longue corde. Sa chute est d'environ 4 à 5 brasses.

Ce filet, d'un bon fil retors en trois, est bordé d'une corde
grosse comme le doigt, dans laquelle on enfile des balles de
plomb du poids d'une once, percées comme des grains de
chapelet, et qu'on assujettit par des nœuds faits entre chacune
d'elles. Toute la plombée pèse environ 40 à 50 livres.

Le bord du filet excède de 12 à 15 pouces la corde plombée,
mais cette partie est retroussée en dedans du cône, et comme
elle est soutenue de distance en distance par de petites ficelles,
cette portion du filet forme tout autour de l'embouchure de
l'épervier des bourses destinées à retenir le poisson.

Il y a des éperviers qui n'ont point de bourses; tout le filet
se termine à la corde plombée. On y attache de pied en pied
de fortes ficelles, qui s'étendent intérieurement dans toute la
hauteur du filet et qu'on noue à la pointe avec la corde principale.

On pêche à l'épervier de deux manières : l'une en le traînant
et l'autre en le jetant. (*Pisciceptologie.*)

1236. *Manière de traîner l'épervier.* On attache deux cordes
à celle qui entoure l'embouchure du filet, en sorte que l'espace compris entre elles occupe à peu près la largeur du courant où l'on pêche. Deux hommes placés des deux côtés de la
rivière, traînent le filet en tirant les cordes par-dessus leur
épaule; la partie supérieure du filet doit rester au niveau de
l'eau, tandis que le reste de l'embouchure, entraîné par les
plombs, tombe au fond de l'eau. Un troisième pêcheur tient
la corde qui répond à la pointe du filet, et quoiqu'il la laisse
lâche, il s'aperçoit aisément s'il y a des poissons pris, par
les secousses qu'ils impriment au filet. Aussitôt il cherche un
endroit uni où il n'y ait pas beaucoup d'herbes, et commode
pour tirer le filet à terre. Les deux premiers pêcheurs lâchent
leur corde pour que toute la circonférence du filet porte sur le
fond, tandis que le troisième tire doucement à lui la corde de
la culasse, en se portant d'une enjambée vers la droite, puis
vers la gauche, ce qu'il répète jusqu'à la fin pour faire en sorte
que les plombs se rapprochent les uns des autres , et ferment

l'embouchure du filet. Alors il tire de toutes ses forces le filet sur l'herbe, l'y repose et ne le soutient plus que de sa main gauche ; de la droite il soulève la corde plombée et la suit tout autour du filet, vidant les bourses de tout ce qu'elles ont ramassé de sale et jetant à l'eau les poissons qui lui paraissent trop petits ; mais à mesure qu'il s'en présente qui méritent d'être conservés, il les serre dans un panier couvert dont le fond est garni d'herbes fraîches... On recommence ensuite la pêche.

Les pêcheurs sont partagés sur la question de savoir s'il est plus avantageux de traîner l'*épervier* contre ou suivant le courant. Dans l'un et dans l'autre cas une partie des poissons effarouchés par le bruit, fuit en avant pour éviter le filet ; aussi doit-on prendre la précaution d'arrêter ces fuyards en leur tendant un tramail qui traverse la rivière de cent en cent toises ; et c'est ordinairement aux approches de ce filet que l'on prend le plus de poissons. (*Idem.*)

1237. *Manière de jeter l'épervier.* On ne peut pêcher en traînant l'épervier que dans les courans d'eau qui ont peu de largeur, où l'eau n'est pas fort profonde, et sur les fonds où il ne se trouve pas de roches ou même de pierres d'une grosseur un peu considérable. La manière de jeter l'épervier au contraire, peut se pratiquer dans les grandes rivières, dans les étangs, entre les rochers, et même à quelque distance du rivage, pourvu que la nappe d'eau ne soit pas trop épaisse ; en un mot on jette ce filet partout où l'on juge qu'il y a du poisson rassemblé.

Le pêcheur commence par lier à son poignet gauche l'extrémité de la corde qui répond à la culasse, et de la même main il empoigne tout l'épervier environ à deux pieds au-dessus de la plombée ; ensuite, tenant cette portion du filet pendante, de sorte cependant que les plombs portent un peu à terre, il prend de la main droite environ le tiers de la circonférence du filet, et le renversant en entier, il jette cette partie sur son épaule gauche, comme un manteau à l'espagnole ; après quoi il saisit encore de sa main droite un autre tiers environ du filet et laisse le reste pendre devant lui.

Ayant ainsi tout disposé et se tenant au bord de l'eau, il tourne son corps vers la gauche pour prendre un élan, et le rappelant avec vivacité vers la droite, il jette le plus fortement qu'il peut tout le filet à l'eau, de façon qu'en se déployant, il forme une roue. La corde plombée tombe aussitôt au fond de l'eau et enferme les poissons qui se trouvent sous le corps du filet.

On relève l'épervier comme nous l'avons dit dans l'article précédent, fort lentement, en le balançant de droite et de gauche pour rassembler les plombs ; ensuite on tire tout le filet le plus vite qu'on peut, surtout lorsqu'il sort de l'eau.

Il est sensible qu'on doit jeter le filet dans un endroit où le fond soit uni, sans fortes herbes, sans grosses pierres ni bois ; car l'on courrait risque de déchirer le filet et de perdre beaucoup de poisson qui s'échapperait par les endroits où la plombée ne porterait pas sur le fond. Il est encore bien important que celui qui jette le filet n'ait ni boutons ni agrafes : sans cette précaution une maille du filet pourrait s'accrocher à son habit, et dans le vif élan qu'il a pris entraînerait infailliblement le pêcheur dans l'eau.

Les éperviers que l'on jette ne sont ni aussi grands ni aussi lourds que ceux que l'on traîne. (*Idem.*)

ÉPERVIERS (*Chasse aux*).

1238. Outre le moyen de détruire ces oiseaux de proie avec le fusil, il y en a un autre beaucoup plus sûr ; c'est de poser sur une planche fixée au haut d'une perche, plantée au milieu d'une plaine, un piége à ressort, appelé *piége à rats*, sur la bascule duquel on attache une alouette ou un autre petit oiseau. L'épervier s'y prend par les pates lorsqu'il vient pour s'emparer de l'alouette. (*Nouveau Dictionnaire d'Agriculture.*)

ÉPILATOIRES.

1239. L'eau de chaux vive distillée est un excellent épilatoire. On imbibe une plume de cette eau, on la passe légèrement sur les endroits dont on veut faire tomber les cheveux, et l'on a soin ensuite de les frotter avec un peu de pommade pour empêcher la trop grande action du caustique. (Abdeker.)

1240. *Autre.* Prenez du polypode de chêne que vous couperez en petits morceaux ; mettez-les dans une cucurbite ; recouvrez-les de vin blanc ; faites digérer vingt-quatre heures au bain-marie, et distillez à l'eau bouillante, jusqu'à ce qu'il ne monte plus rien ; trempez un linge dans cette eau et l'appliquez sur la partie du corps que vous voulez épiler, laissez-l'y toute la nuit, renouvelez ce remède, et dans peu tous les poils qui s'y trouveront ne tarderont pas à disparaître.

1241. *Autre.* L'eau de feuilles et de racines de chélidoine, distillée et appliquée de la même manière, produit le même effet. (*Man. cosm. des plantes.*)

1242. *Autre.* L'eau de persil, le suc d'acacia, la gomme de lierre sont des épilatoires très-doux.

On en compose un plus puissant en prenant une once de
gomme de lierre ; 1 gros d'œufs de fourmis et autant de gomme
arabique ; en réduisant ces ingrédiens en poudre et en en faisant un liniment avec du vinaigre. (*Encyclop.*)

1243. *Autre.* Enfin une pommade composée d'un minéral
brun analogue à l'orpiment, qu'on coupe avec une égale quantité de chaux vive, et qu'on applique un instant sur la peau
en s'enfermant dans une étuve, produit le même effet dans
l'espace de quelques minutes. (Marie de Saint-Ursin.)

ÉPILEPSIE.

1244. *Traitement de l'épilepsie.* Le journal des Landes de novembre 1808 publie la cure d'une femme qui, attaquée depuis vingt ans d'épilepsie, a guéri par le traitement suivant.

Le médecin fit d'abord raser les cheveux à la partie supérieure et moyenne de la tête, à l'endroit de la tonsure, fit laver
matin et soir la partie rasée, ainsi que la plante des pieds,
avec de l'eau tempérée ou même froide et appliqua sur la tête
une petite calotte de molleton que la malade y conserva jour et
nuit pendant un mois, et qu'on avait soin de changer tous les
soirs. La malade prenait une tisane composée d'une poignée de
feuilles de buis, et une plus forte de fleurs d'ajoue (genêt épi-
neux), qu'on faisait bouillir pendant une demi-heure dans huit
tasses à café d'eau ordinaire. Elle en buvait la moitié le matin à jeun et l'autre au moment de se coucher. Deux heures
après la première prise, elle prenait dans une écuelle de trois
tasses, l'infusion d'une petite poignée de cresson. Pendant l'u-
sage de ces tisanes, le retour d'abord périodique des attaques
parut changé par un bouleversement général qu'éprouva la malade.

Après un mois de cette tisane, elle la suspendit pour prendre
tous les matins, en guise de café, une tasse de décoction de
seigle bien grillé ; la dose du seigle était double de celle du café
employé pour une tasse ordinaire. A dix heures, elle prenait
la tisane de cresson, à la colature de laquelle on ajoutait une
pincée de sel de nitre ; et pendant toutes les nuits du second
mois, elle coucha dans une étable où se trouvaient dix vaches.
Après les quinze premières nuits, elle n'eut plus que quatre
attaques en deux jours.

A l'expiration du second mois, la malade cessa tout traitement et s'en tint à boire, une heure avant le souper, un verre
d'eau sucrée. Elle s'est très-bien trouvée, pendant deux mois
de ces moyens ; et satisfaite de son état, pour plus grande sû-

reté, elle reprit cependant le lit de l'étable, où elle coucha un troisième mois. Depuis elle n'a eu aucune attaque d'épilepsie.

Le régime de la malade, pendant ce traitement, consistait à se priver de viandes salées, de choux, de café et de liqueurs. Du reste elle mangeait de tout pourvu que les alimens ne fussent point préparés avec des ustensiles de fer.

1245. *Remède sûr et prompt pour arrêter les accès d'épilepsie.* Le docteur Foulon, pour arrêter les accès d'épilepsie, imbibait dans l'alcali fluor la moitié d'un cornet de papier de la longueur de trois quarts de pouce, et mettait dans les narines de l'épileptique, la partie pointue qu'il n'avait pas mouillée. Par ce moyen il voyait cesser dans l'instant toute contraction spasmodique, et le malade reprendre ses sens. (*Bibl. ph. écon.*)

1246. *Autre.* Le docteur Mosman à Bradfort en Yorkshire, est parvenu à arrêter des accès d'épilepsie en tenant les mâchoires du malade séparées. Il y tenait d'abord, un petit morceau de bois, pour empêcher le malade de se mordre la langue; un peu après il lui suffisait de ses doigts. Les accès cessaient sur-le-champ et toujours par le même moyen. (*Man. de santé.*)

1247. *Observations sur l'épilepsie.* Dans l'épilepsie on doit proscrire avec soin l'usage du persil en ce qu'il en multiplie les accès, en portant spécialement son mal à la tête, où il cause souvent des douleurs très-violentes. (*Man. de santé.*)

En se lavant souvent les pieds et les mains avec la décoction chaude de navets on prévient les attaques d'épilepsie.

La fiente du paon, dit Buch'oz, est un spécifique contre l'épilepsie et le vertige. On la donne en poudre depuis un scrupule jusqu'à un gros, soit seule, soit mêlée avec un peu de sucre, soit infusée dans un verre de vin rouge que l'on fait boire au malade. On met aussi infuser la fiente de paon fraîche dans deux ou trois onces de vinaigre de fleurs d'œillet, et on en boit neuf jours de suite l'expression le matin à jeun depuis la nouvelle jusqu'à la pleine lune. On en met également depuis une demi-once jusqu'à une once dans des lavemens antiépileptiques. L'efficacité de ce remède est certaine lorsque le foyer du mal est dans quelque viscère du bas-ventre, comme la rate, le mésentère et le pancréas. C'était là le fameux remède anti-épileptique de la comtesse de Waldruk.

ÉPINARDS.

1248. *Préparation des épinards.* L'épinard, le plus sain des légumes et qui convient à tous les estomacs, s'accommode au jus, au beurre, à la crème, au coulis : on en fait des potages, des tourtes, des rissoles, des crèmes, etc. Il sert d'accompagnement à plus d'un mets distingué : c'est après l'oseille le matelas le plus ordinaire des fricandeaux, et c'est toujours celui des langues à l'écarlate et des tranches de bœuf fumé de Hambourg. Enfin, il est la ressource de la table du pauvre, comme la gloire de celle du riche : tout dépend des mains par lesquelles il passe. (*Almanach des Gourmands.*)

1249. *Crème d'épinards.* Prenez une grande cuillerée d'épinards bien cuits, une douzaine d'amandes douces pilées, un peu de citron vert, trois ou quatre biscuits d'amandes amères, du sucre en proportion, deux verres de crème, un verre de lait et six jaunes d'œufs ; mêlez bien le tout et le passez à l'étamine dans un plat ; couvrez le plat et faites du feu pardessous jusqu'à ce que la crème soit prise. Cette crème est tout à la fois agréable et saine ; on peut la servir chaude ou froide.

1250. *Tourte d'épinards.* Vous épluchez bien les épinards, et après les avoir lavés à plusieurs eaux, vous les mettez avec de l'eau dans une casserole sur un fourneau ; vous les retirez ensuite, et vous les faites égoutter ; vous les pressez bien, vous les pilez dans un mortier avec de l'écorce de citron vert confit, du sucre ce qu'il en faut, un morceau de beurre frais et un peu de sel ; quand le tout sera bien pilé, foncez une tourtière d'une abaisse de pâte feuilletée, étendez dessus les épinards le plus également que vous pourrez, faites un cordon tout autour, et mettez au four ; quand la tourte est cuite, râpez du sucre par-dessus, glacez avec la pelle rouge, et servez de suite.

1251. *Rissoles d'épinards.* Après avoir bien épluché les épinards lavez-les à plusieurs eaux, faites-les cuire dans une casserole avec un verre d'eau, puis mettez-les égoutter. Dès qu'il seront refroidis, pressez-les bien et les pilez dans un mortier ; ajoutez-y ensuite un peu de beurre frais, de l'écorce de citron vert, deux biscuits d'amandes amères, du sucre et de la fleur d'orange, et pilez encore le tout ensemble. Faites une abaisse d'une pâte de feuilletage qui soit bien mince ; coupez-la en petits morceaux, mettez à un coin de chacune de ces petites abaisses la grosseur d'une moitié de noix de votre farce, mouillez-les et couvrez de pâte toutes vos rissoles ainsi préparées ; parez-les tout autour avec un couteau, faites-les frire ensuite dans de la friture maigre ; quand elles ont pris une belle couleur, mettez-les égoutter, dressez-les proprement sur un plat, saupoudrez-les de sucre, glacez-les avec la pelle rouge, et servez chaudement pour entremets. Cet aliment est fort léger.

1252. *Potages d'épinards.* Mettez dans un pot des épinards soigneusement épluchés, avec de l'eau, du beurre, du sel, un petit bouquet de fines herbes et quelques ognons piqués de clous de girofle; lorsqu'ils sont à demi-cuits, ajoutez-y du sucre, une poignée de raisins secs, des croûtons de pain séchés au four; achevez de bien cuire et dressez sur une soupe coupée à l'ordinaire.

ÉPINE-VINETTE.

1253. *Usage de l'épine-vinette.* On fait subir à ce fruit les mêmes préparations qu'à la groseille : ainsi on en fait des ge-lées, des pâtes, des marmelades, des compotes, etc., etc. Les gelées sont recommandées dans les dyssenteries, et valent, sous tous les rapports, beaucoup mieux que celles de coing.

L'épine-vinette peut être confite comme les câpres; elle peut aussi remplacer le suc de citron dans la préparation du punch.

ÉPIZOOTIES.

1254. *Épizooties* (*moyens de prévenir les*). Isoler les bêtes n'est point les guérir, parce qu'un animal frappé dans une étable n'empêche pas que les autres ne le soient à leur tour : il faut donc que le bon économe vienne au-devant de la maladie, et qu'il fasse, pour ses bestiaux, ce que l'homme fait pour lui-même dans les cas de peste et d'épidémie.

Le préservatif qu'il faut employer lorsqu'on a à craindre une épizootie, est de jeter une once d'acide sulfurique dans un baquet d'eau; jusqu'à ce qu'en buvant vous-même de cette eau, elle n'agace que très-faiblement les dents, d'y joindre deux poignées de sel et quelques pincées de nitre ou de salpêtre, pour en composer une espèce de limonade qu'on fait boire de la manière suivante aux bestiaux pour qui l'on craint.

Vous remplissez une bouteille de cette eau acidulée, saisissez la bête par les naseaux, levez-lui la tête, et introduisez le goulot par le coin des baulicores afin de lui faire avaler la li-monade : renouvelez ce traitement trois fois par jour.

Vous devez en outre désinfecter les étables. *Voyez* au mot DÉSINFECTION. (Denys de Montfort.)

ÉPONGES.

1255. *Préparation d'éponges pour les dents.* On choisit des éponges très-fines, on les lave dans plusieurs eaux en les ma-

niant entre les mains, on les fait sécher, on les coupe pour
leur donner la forme d'une boule grosse comme un petit œuf
de poule. On les passe ensuite dans la teinture suivante.

On prend : bois de Brésil 4 onces, cochenille concassée 3 gros,
alun de roche 4 gros, eau 4 livres. On met toutes ces substances ensemble dans un vaisseau convenable ; on fait bouillir
ce mélange jusqu'à réduction de la moitié de la liqueur ; on
passe la décoction à travers un linge, et on la verse toute
chaude sur les éponges ; on les laisse infuser pendant douze
heures ; on les lave ensuite dans plusieurs eaux pour les dégorger de la teinture qui ne s'y est point appliquée jusqu'à ce que
la dernière eau soit claire ; on les fait sécher et tremper pendant quelque temps dans de l'esprit-de-vin aromatisé d'huile
essentielle de cannelle, de girofle ou de lavande, etc. On retire
les éponges, on les exprime, et on les conserve dans un bocal
bien bouché. (*Toilette de Flore.*)

1256. *Eponges de toilette* (*préparation des*). Faites d'abord
tremper les éponges pendant un jour entier dans l'eau de rivière ;
ôtez-en ensuite avec soin les pierres et les graviers qui s'y trouvent en fouillant légèrement dans les trous avec un poinçon
fin, et en les tapant sur le bord du vase pour en provoquer la
sortie. Quand elles seront bien nettoyées et que vous aurez
coupé les racines qui leur servent de base, vous les savonnerez
et les décrasserez ensuite, et si vous voulez les blanchir, vous
les jetterez dans une eau bien chaude sans être bouillante, dans
laquelle vous ferez dissoudre 1 once de sel d'oseille par livre
d'éponges, et où vous les agiterez et les presserez fortement.

On peut aussi les tremper dans du jus de citron.

Si l'on désire leur ôter le goût de marécage qui leur est naturel, on peut les parfumer, après les avoir blanchies, avec de
l'eau de rose, de fleur d'orange, de Cologne ou de lavande mêlée avec de l'eau commune de rivière. (*Parf. impér.*)

1257. *Eponges pour le visage.* Pour préparer ces éponges,
laissez tremper dans l'eau les plus belles et les plus fines ;
lavez-les bien ; faites-les sécher ; remettez-les tremper dans de
l'eau-de-vie, du matin au soir ; exprimez-les ; faites-les tremper encore et sécher ; enfin, pour la dernière fois, mettez-les
environ douze heures dans de l'eau de fleur d'orange. (*Man.
cosmét. des pl.*)

ÉPOQUES.

1258. *Époques de quelques préparations pharmaceutiques.*
Certaines compositions ne pouvant se faire qu'à des temps fixes
de l'année, nous croyons devoir les indiquer. Au mois de janvier

la froidure permet de concentrer les vinaigres et autres acides et liqueurs vineuses ou salines, auxquelles l'évaporation ôterait une partie de leurs principes. Le froid enlève aussi aux eaux distillées, simples ou spiritueuses, l'odeur de feu ou d'empyreume. En février on peut se procurer diverses racines, les fruits secs et pectoraux, qui sont apportés des pays méridionaux. La pulvérisation de plusieurs résines demande aussi une température basse comme dans ce mois. Mars permet de recueillir les premières fleurs, la violette, le tussilage, la primevère et les bourgeons de peuplier. En avril on y ajoute la mandragore, et l'on récolte différentes herbes. Le mois de mai présente un grand nombre de plantes et de fleurs en pleine végétation; mais l'on doit s'abstenir de recueillir des racines récentes à cette époque. On fait alors toutes les préparations dans lesquelles entrent les antiscorbutiques, l'absinthe, la camomille, le romarin, le sureau, etc.; les cantharides et autres coléoptères s'amassent en ce temps. En juin on récolte surtout les roses et une multitude d'autres plantes en fleurs; on distille les unes, on infuse les autres, ou dans l'alcohol, ou dans les huiles fixes. On peut en juillet tirer les huiles essentielles de plusieurs fleurs labiées et des semences d'ombellifères ou des sommités des corymbifères. Les groseilles, les cerises, les framboises, permettent de préparer diverses confitures, vinaigres, sirops, conserves, comme aussi avec l'œillet, la mélisse, la fleur d'oranger, la menthe, etc. De même le cassis, la cerise noire, les mûres, les noix vertes, plusieurs graines vers le commencement d'août, se recueillent avec les fruits de cynorrhodon, les fleurs de grenadier; les concombres, melons et autres fruits succulens mûrissent; les têtes de pavots s'amassent; les plantes sont dans un état de maturité. Cet état augmente encore en septembre, époque de la récolte de plusieurs fruits à noyau, les pruneaux, les baies des nerprun et de sureau, les fleurs de safran; on recueille alors plusieurs racines, la réglisse, l'angélique, la fougère ou les feuilles des capillaires. En octobre on a le raisin et tous ses produits, les vins, les sirops, le raisiné, les confitures, et aussi les fruits à pepin; on fait le sirop de pommes, les sucs de coings, etc.; on tire les huiles des amandes, olives, noix, palma-christi, les fécules de pommes de terre, de châtaignes; on amasse les baies de genièvre, la coriandre, le sumac, le garou, le polypode, la garance, l'aunée, la consoude, la cynoglosse, etc. En novembre, on prépare l'agaric de chêne, on sèche plusieurs graines, on se procure diverses racines bulbeuses. Enfin, décembre n'offrant rien pour la végétation, le pharmacien emploie ce temps à plusieurs opérations de chimie, et met à profit la chaleur du foyer ou des poêles pour diverses infusions, concentrations, etc. (J. J. Virey, *Traité de pharm.*)

Époques du JARDINIER *et du* LABOUREUR. *Voyez* chacun de ces mots.

ÉPUISEMENT.

1259. On donne le jus de coq comme un restaurant puissant. Il se prépare de la manière suivante. On choisit un vieux coq, et on le fatigue en le faisant courir dans une chambre jusqu'à ce qu'il tombe de lassitude ; on l'égorge, on le plume, on le vide, et on le fait cuire au bain-marie pendant sept ou huit heures, dans un vaisseau exactement bouché avec de la pâte, jusqu'à ce que la chair quitte les os ; on coule ensuite le tout en l'exprimant fortement, et on met une cuillerée de ce jus dans chaque bouillon du malade qu'on veut fortifier. Quand on veut donner plus de vertu à cette espèce de consommé, on y ajoute de la chair de vipère.

Lorsque l'affaiblissement est compliqué de quelque maladie, on peut farcir le coq avec des médicamens appropriés, tels que les plantes béchiques, les anti-scorbutiques, les sudorifiques, etc., etc. Les bouillons de ce genre sont très-efficaces. *Voyez* VIEILLARDS (*Opiat confortatif pour les*) et IMPUISSANCE. (Buch'oz, *Traité écon. des oiseaux de basse-cour.*)

ÉQUERRE.

1260. *Manière de faire une équerre juste et à peu de frais.* Prenez un morceau de papier quelconque, pliez-le sans soin ; repliez-le sur lui-même avec attention, de manière à ce que ce second pli recouvre bien exactement le premier, et vous aurez la plus juste des équerres.

On sent qu'en divisant cette équerre avec un compas, on peut avoir un angle de 45 degrés, ou toute ouverture qu'on voudra. (*Bibl. phys. écon.*)

ESCUBAC.

1261. *Escubac* ou *usquebang.* Prenez : safran du Gatinois, 32 grammes ; baies de genièvre, 16 grammes ; dattes sans noyaux et raisins de Damas, de chaque 96 grammes ; jujubes écrasées, 128 grammes ; anis vert et coriandre, de chaque 4 grammes ; macis et girofle, de chaque 4 grammes ; bonne eau-de-vie, 6 kilogrammes ; sirop de sucre, 3 kilogrammes.

Macérez ; ajoutez le sirop ; passez et tirez à clair.

1262. *Escubac de Lorraine.* Prenez amandes d'abricots, coriandre, cannelle, 4 gros ; clous de girofle, petit cardamome, 3 gros ; macis ou enveloppe de muscade, 6 gros ; basilic, une poignée ; amandes douces, 2 onces ; et 8 zestes de citron. Faites infuser le tout dans 8 pintes d'eau-de-vie pendant quatre ou cinq jours. Préparez 3 onces de safran que vous ferez infuser dans une pinte de vin muscat. A défaut, prenez du bon vin blanc, et jetez-y avec votre safran un nouet de fleur de sureau, faites bouillir 4 livres de sucre dans cinq pintes d'eau ; clarifiez ; mêlez le tout et passez à la chausse. Vous aurez un escubac parfait. (Sonnini père, *liquoriste.*)

ESPÈCES ou *Médicamens désignés par leurs propriétés.*

1263. On admettait anciennement :

Cinq *racines apéritives majeures,* l'ache, l'asperge, le fenouil, le persil et le petit houx ;

Cinq *racines apéritives mineures,* celles du caprier, du chardon-roland, du chiendent, de l'arrête-bœuf et de la garance ;

Cinq *capillaires,* la perce-mousse, le capillaire du Canada, le cétérach, la sauve-vie et la scolopendre ;

Cinq *plantes émollientes,* le violier, la pariétaire, la mercuriale, la mauve, la guimauve, ou plutôt toutes les malvacées :

Quatre *fleurs cordiales,* la bourrache, la buglosse, les violettes et les roses ; mais il y en a de plus cordiales, comme l'œillet ou les fleurs labiées, celle d'oranger, etc.

Quatre *fleurs carminatives,* la camomille, le mélilot, la matricaire et l'aneth ;

Quatre *farines résolutives,* celles d'orge, de fèves, d'orobe et de lupin : au reste celles de seigle, de lentilles, et surtout celles de lin et de fenu-grec, ne le sont pas moins ;

Quatre *semences chaudes,* l'anis, le cumin, le fenouil et le carvi ;

Quatre *semences chaudes mineures,* l'ammi, l'amomum, l'ache et la carotte ; elles paraissent majeures comme les précédentes ;

Quatre *semences froides majeures,* la citrouille, le concombre, la courge, le melon, ou plutôt de toutes les cucurbitacées non-purgatives ;

Quatre *semences froides mineures,* de chicorée, endive, laitue et pourpier ;

Quatre *bois sudorifiques,* le gaïac, la squine, la salsepareille, le sassafras ; on peut y ajouter le buis, le bois de Sainte-Lucie, etc. ;

Cinq *myrobolans*, les bellerics, les chébules, les indiens, les emblics qui sont les plus purgatifs, et les citrins ou les plus astringens;

Quatre *eaux cordiales distillées*, celles des *quatre fleurs cordiales;* mais celles de mélisse, de cannelle, de citron, d'anis, de cerises noires, des labiées, etc., le sont bien plus;

Quatre *eaux* dites *pleurétiques distillées*, celles de chardon-bénit, de chardon-marie, de scabieuse et de pissenlit; mais leur infusion est plus efficace;

Quatre *eaux* dites *catarrhales*, celles de tussilage, de véronique, de scabieuse et de pissenlit;

Trois *huiles stomachiques*, celles d'absinthe, de coings, de mastic; mais celles de girofle, de macis, de laurier, le sont bien plus;

Quatre *onguens chauds,* ceux d'agrippa, d'althæa, le martiatum, le nerval;

Quatre *onguens froids*, le blanc (*rhasis*) camphré, le cérat de Galien, le populéum, le rosat;

Cinq *fragmens* ou *pierres précieuses* (aujourd'hui inusités), qui sont les grenats, l'hyacinthe, le saphir, la sardoine ou cornaline, et les émeraudes, gemmes inutiles en médecine.

Lorsqu'on prescrit ces médicamens, on les emploie d'ordinaire à parties égales.

COMPOSITION NOUVELLE DES ESPÈCES.

1264. *Espèces vulnéraires* (*vulnéraire de Suisse ou faltrank*). Prenez : véronique, mille-pertuis, fleurs de pied-de-chat et de pas-d'âne, de chacune 128 grammes; sanicle, bugle, pervenche, lierre terrestre, chardon-bénit, scordium, aigremoine, bétoine, mille-feuille, scolopendre, de chacune 64 grammes.

Hachez et mêlez bien ensemble.

On en prend en infusion (comme le thé) une pincée pour une tasse d'eau chaude. On en fait usage dans les chutes, comme discussif, tonique, stomachique dans plusieurs autres cas : c'est aussi un emménagogue.

1265. *Espèces béchiques.* Prenez : fleurs de guimauve, de mauve, de coquelicot, de pied-de-chat, de pas-d'âne, en parties égales.

On en prend une pincée en infusion pour une tasse d'eau sucrée, dans les rhumes et maladies de poitrine. On peut aussi couper cette infusion avec du lait, et l'adoucir avec du sirop de guimauve.

1266. *Fruits béchiques*, dattes sans noyaux, jujubes, figues, raisins de caisse, en parties égales.

1267. *Espèces aromatiques et vulnéraires.* Elles se composent de parties égales de sommités de romarin, thym, sauge, hysope, lavande, origan, mélisse, serpolet, etc. On y ajoute des feuilles de laurier, des baies de genièvre ou autres aromates, si l'on veut.

1268. *Espèces aromatiques et pectorales.* Prenez : feuilles de capillaire, de véronique, d'hysope, de lierre terrestre, en parties égales.

Mêlez et conservez pour l'usage.

1269. *Espèces apéritives.* Prenez : racine de chiendent, d'asperges, de pissenlits, d'oseilles, de chacune 16 grammes; réglisse ratissée, 8 grammes ; nitrate de potasse, 4 grammes. Le tout pour deux litres d'eau.

1270. *Espèces astringentes.* Racines de tormentille et de bistorte, écorce de grenade, de chaque 4 grammes.

Cette dose est pour un litre d'eau. Elle est utile dans les dyssenteries. On y peut ajouter quelques gouttes d'acide sulfurique, ou d'eau de Rabel.

1271. *Espèces amères.* Sommités de petite centaurée, de chamædrys et d'absinthe, de chaque 8 grammes pour deux litres d'eau.

1272. *Semences carminatives, ou contre les vents.* Semences d'anis, de fenouil, de coriandre et de carvi, en parties égales.

1273. *Espèces anti-scorbutiques.* Prenez pour deux litres de boisson : racine de bardane, de patience, de raifort sauvage, feuilles récentes de beccabunga, d'herbe de Sainte-Barbe, de cochléaria, de cresson d'eau et de ményanthe, de chacune de ces espèces 32 grammes, un citron.

On doit prendre toutes les herbes fraîches, excepté le ményanthe, la bardane et la patience qu'on peut peut prendre sèches ; mais alors on en diminue la dose de moitié.

1274. *Espèces émollientes.* Feuilles de mauve, de seneçon, de bouillon-blanc, de guimauve, de pariétaire, en parties égales.

On peut aussi employer toutes les malvacées, la semence de psyllium, de lin, de l'ognon de lis cuit sous la cendre.

On en use en cataplasmes, dans les poudres, les décoctions émollientes, les boissons, etc.

1275. *Espèces anthelmentiques, ou contre les vers.* Prenez : feuilles et fleurs sèches de tanaisie, d'absinthe, de camomille romaine, en parties égales. La dose est de deux gros en apozème.

1276. *Espèces sudorifiques pour décoctions.* Bois de gaïac râpé, racine de squine coupée par tranches, et de salsepareille coupée menu ; de chaque 64 grammes ; pour trois litres d'eau à prendre en tisanes ou apozèmes.

1277. *Espèces sudorifiques pour infusions.* Prenez : bois de sassafras râpé, fleurs de sureau, feuilles de bourrache, pétales de coquelicot, en parties égales.

La dose est de 2 gros par litre.

Le carbonate de potasse, à la dose de 2 grammes environ, rend ces boissons plus actives ; il ne se doit pas mêler aux espèces, mais se mettre à part, au moment de la décoction.

1278. *Espèces diurétiques.* Racines sèches et incisées de fenouil, de petit-houx, d'arrête-bœuf, d'asperges et de persil, en parties égales.

La dose est de 1 à 2 onces par litre.

1279. *Farines émollientes.* Farine de graines de lin, de seigle et d'orge, en parties égales.

On en fait des cataplasmes.

1280. *Farines* dites *résolutives.* Farine de fenu-grec, de fèves de marais, d'orobe et de lupin, en parties égales.

Les cataplasmes de ces farines contiennent, avec des principes mucilagineux, des matières astringentes et toniques.

1281. *Espèces anti-vénériennes.* Prenez pour quatre livres d'eau : bois de gaïac râpé, racine de salsepareille et de squine, de chacune 32 grammes ; polypode de chêne, 64 grammes ; séné mondé de la Palte, 16 grammes ; rhubarbe concassée, 8 grammes ; carbonate de potasse, 2 grammes ; sulfure d'antimoine, 128 grammes.

La sulfure d'antimoine et la potasse forment ensemble un peu de kermès minéral ; pour rendre ce médicament plus uniforme, il conviendrait de supprimer l'antimoine sulfuré, et de mettre seulement 1/2 grain ou 1 grain d'hydrosulfure rouge d'antimoine, en place. La potasse agit aussi sur les substances soumises à la décoction, et n'est pas sans efficacité. (J.-J. Virey, *Traité de pharmacie.*)

ESPRIT-DE-VIN.

1282. *Préparation de l'esprit-de-vin.* Pour fabriquer de bon esprit-de-vin, il faut choisir de préférence l'eau-de-vie de Cognac, connue sous le nom *six-onze*, parce qu'elle passe presque tout entière en esprit.

Dans l'alambic, on place la cucurbite d'étain, en ayant soin de mettre dans la cuve assez d'eau pour que la cucurbite y plonge jusqu'aux deux tiers de sa hauteur ; on met dans la cucurbite 48 pintes d'eau-de-vie, on la recouvre du chapiteau, dont le bec entre dans l'orifice supérieur de chaque spirale du

serpentin ; on lute les jointures avec du linge fin enduit de
colle ; on emplit le réfrigérant et le serpentin d'eau froide, et
on place des bouteilles ou récipiens à l'orifice inférieur des
spirales. Le tout ainsi établi, on fait un feu clair dans le fourneau, et on l'augmente insensiblement jusqu'à ce qu'on s'aperçoive que le bec du chapiteau est d'une chaleur assez vive ; alors
il tombe déjà quelques gouttes dans la bouteille, où on ne laisse
couler qu'une chopine qu'on reverse dans l'alambic. On replace la bouteille, on entoure son orifice et le bec du serpentin avec du linge simplement humide ; on continue le feu, la
liqueur ne tarde pas à couler en filet, et en supposant 48 pintes
d'eau-de-vie dans la cucurbite, on a dans chaque bouteille
6 pintes de liqueur distillée, et on la transverse dans de vastes
bouteilles de verre, entourées de paille nattée. C'est *la mère-
goutte*. La distillation continue, et l'on retire de suite 30 pintes
d'esprit qu'on verse dans d'autres bouteilles, et qui est l'esprit
ordinaire. On continue l'opération jusqu'à ce que l'eau de la
cuve, au lieu de frémir, forme des bouillons ; ce qui annonce
que tout l'esprit est passé. Pendant tout ce temps, on ne renouvelle l'eau du réfrigérant que lorsqu'on s'aperçoit qu'elle
fume trop considérablement. (*Art du dist. liquor.*)

1283. ESPRIT-DE-VIN. *Voyez* à l'art. *Distillation*, n° 1027.

ESQUINANCIE.

1284. Pour faire passer une légère esquinancie, prenez un
scrupule d'alun, et autant de noix de galle et de poivre, le
tout bien pulvérisé. Mêlez-la avec un peu de blanc d'œuf,
et touchez-en trois fois par jour l'aluette avec le bout d'un petit
bâton garni d'un peu de linge trempé dans ce mélange.

ESSENCÉS.

1285. Si vous voulez faire des essences de thym, d'hysope,
d'absinthe, de marjolaine et autres plantes odorantes, emplissez
les deux tiers d'une grande cruche de grès avec la sommité de
la plante dont vous vous proposez d'extraire l'odeur ; faites
bouillir dans une assez grande quantité d'eau commune d'autres branches ou sommités de la même plante ; après quelques
bouillons, versez la décoction dans votre cruche, de manière
que les plantes y trempent à l'aise, mais sans excès ; ajoutez
quelques poignées de sel commun, et faites durer l'infusion
deux jours, tout au plus. Après ce temps, distillez au feu nu ;
ne tirez pas jusqu'à siccité, vous risqueriez de faire brûler la
plante au fond de la cucurbite ; ne retirez donc qu'environ la
moitié de l'eau que vous aurez ajoutée à vos plantes.

Si vous voulez que votre premier produit soit plus aromatique, il faudra, après la première distillation, démonter l'alambic, jeter comme inutile ce qui restera dans la cucurbite, la remplir jusqu'à moitié de nouvelles branches, verser par-dessus l'eau aromatique de la première distillation, et en commencer une seconde; vous obtiendrez, au moyen de celle-ci, une eau très-odorante; et si la plante que vous travaillez contient une certaine quantité d'huile essentielle, elle ne manquera pas de surnager dans le récipient; il sera facile de l'enlever pour la conserver dans des flacons bien bouchés. (Bouillon-Lagrange, *Nouv. chim. du goût et de l'odorat.*)

1286. *Procédé pour extraire l'essence des fleurs.* Prenez les fleurs, et mettez-les dans un pot par lits alternatifs avec du sel commun, en commençant par une couche de fleurs, ensuite une de sel, puis un lit de fleurs, etc., en continuant ainsi jusqu'à ce que le pot soit plein. Bouchez-le bien, mettez-le dans la cave pendant quarante jours, au bout desquels vous renverserez le tout sur une étamine étendue sur une terrine qui recevra l'essence qui coulera des fleurs en les pressant; vous mettrez ensuite cette essence dans une bouteille que vous tiendrez bouchée, pleine seulement jusqu'au deux tiers; vous l'exposerez au soleil et au serein pendant vingt-cinq ou trente jours pour purifier l'essence, qui est excellente obtenue de cette manière. (*Man. cosmét. des plantes.*)

1287. *Autre.* Pour obtenir ou extraire l'essence des fleurs, ayez une caisse dont le dedans soit garni de fer-blanc, afin que le bois n'absorbe pas l'essence et n'y donne aucune odeur étrangère; faites faire des châssis qui entrent aisément sur leur plat dans la caisse; leur bois doit être de deux doigts d'épaisseur, et garni de pointes d'aiguilles tout autour; ajoutez à chaque châssis une toile de coton bien lavée, qui puisse être tendue dessus. Après avoir bien fait imbiber les toiles de l'huile de lin, vous les presserez un peu; vous les attacherez aux aiguilles, puis vous placerez le châssis dans la caisse, et vous étendrez sur la toile les fleurs dont vous voudrez tirer l'essence. Vous les couvrirez d'un autre châssis, sur la toile duquel vous semerez encore des fleurs, et vous continuerez ainsi jusqu'à ce que la caisse soit pleine. Les châssis étant épais de deux doigts, les fleurs ne seront pas pressées, et il y en aura au-dessus et au-dessous des toiles. Douze heures après, vous y remettrez d'autres fleurs, et continuerez de même pendant quelques jours. Quand l'odeur vous paraîtra assez forte, vous leverez les toiles de dessus les châssis; vous les plierez en quatre; puis les ayant pliées et roulées de plusieurs tours avec une ficelle, afin de les contenir et d'empêcher qu'elles ne s'étendent trop, vous les mettrez à une presse de fer-blanc, pour en exprimer l'huile, et vous en recevrez l'essence dans des vases que vous boucherez avec soin.

C'est le moyen en usage pour obtenir l'odeur des fleurs qui ne donnent pas d'huile essentielle par la distillation, comme la tubéreuse, le jasmin, etc. (*Encyclop. méth.*)

1288. *Essence de girofle et de café.* Prenez des clous de girofle ou des grains de café, concassez-les et réduisez-les en une poudre fine; mettez-les sur un linge que vous placerez au-dessus d'un grand verre, et couvrez-le avec une assiette remplie de cendres brûlantes. L'essence descendra le long des parois intérieures du verre et se réunira dans le fond.

Si c'est de l'essence de café qu'on veut obtenir, il faut faire sécher les grains au soleil ou dans une étuve. (*Encyclopédie.*)

1289. *Essence des agonisans.* Faites rôtir au feu 5 ou 6 livres de bon pain blanc, émiettez-le, croûte et mie, et après l'avoir imbibé avec de l'excellent vin blanc, vous l'enfermerez dans un matras que vous luterez et mettrez en digestion pendant un mois dans un fumier bien chaud. Après quoi vous mettrez sur le matras un chapiteau, auquel vous adapterez un récipient; vous luterez bien les vaisseaux et distillerez à feu lent.

On donne cette liqueur dans toutes les maladies désespérées et même aux agonisans, une demi-once soir et matin; et l'on en voit des effets qui surpassent tout ce qu'on peut en dire. (L'abbé Rousseau.)

1290. *Essence de savon.* L'alcohol dissout très-bien le savon, et l'on en forme l'eau-de-vie savonneuse pour résoudre les tumeurs, les ecchymoses ou contusions, les foulures, etc. Si l'on aromatise la solution alcoholique de savon avec une huile essentielle de tubéreuse, de lavande, de rose, etc., l'on a l'essence royale pour faire la barbe et qui contient une partie de savon contre deux d'eau-de-vie.

ESTAMPES.

1291. *Procédé pour remettre à neuf les estampes.* On lie ensemble, entre deux cartons, toutes les estampes que l'on veut nettoyer; on les met bouillir un quart d'heure dans une lessive composée dans la proportion d'un boisseau de bonnes cendres pour 4 seaux d'eau de rivière; on les retire pour les mettre sous une presse, afin d'en faire sortir l'eau qu'elles peuvent encore retenir, et qui sort chargée de leur crasse; on les plonge un quart d'heure après dans la même lessive pour les remettre encore sous la presse; on les passe dans un seau d'eau de rivière bouillante; on les y laisse un quart d'heure, on les retire pour les plonger deux ou trois fois dans une eau chargée d'alun qui rendra du corps au papier; et on étend sur des ficelles les estampes jointes deux à deux par des épingles et tournées l'une contre l'autre pour les mettre à l'abri de la poussière. (*Dict. des ménages.*)

Voyez aussi à l'art. BLANCHIMENT, n° 342.

ÉTAIN.

1292. *Observations sur la vaisselle d'étain.* Les précautions suivantes sont indispensables pour les personnes qui font usage de la vaisselle d'étain.

1° Il faut tenir la vaisselle d'étain toujours très-propre.

2° On doit la laver dès qu'on s'en est servi, et la faire sécher tout de suite.

3° On doit la tenir dans un lieu très-sec et exposé à l'air, sans quoi il s'y forme des taches vertes très-dangereuses.

4° Il faut bien se garder de la laisser dans les cuisines où il fume.

5° Il est dangereux d'y mettre des mets ou des boissons où il entre des acides, comme du vinaigre, etc.

Le fruit cuit ou confit y devient malsain; le vin et la bière y perdent leur salubrité. (*Encycl. méth.*)

1293. ÉTAMAGE. *Voy. au mot* CUIVRE.

ÉTHER.

1294. *Éther sulfurique.* Pour faire l'éther sulfurique, commencez par allumer le fourneau au bain de sable; quand il sera échauffé à ne pouvoir presque pas y tenir la main sans se brûler, préparez la place où vous avez dessein de placer la cornue, c'est-à-dire que vous rangerez le sable de côté et d'autre, ce qui formera un grand creux au milieu du bain; versez pour lors une livre et demie d'esprit-de-vin parfaitement rectifié dans la cornue, versez ensuite promptement et tout d'un jet une livre et demie d'acide vitriolique très-concentré sur l'esprit-de-vin, aussitôt il se fera une effervescence terrible, avec fumée, bouillonnement et même explosion; une partie du mélange pourra bien sortir de la cornue sous la forme d'une pluie très-fine, mais en petite quantité. L'effervescence étant apaisée, remuez légèrement la cornue entre vos mains, elle sera fort chaude; après quoi placez-la au bain de sable précédemment échauffé, et à peu près au même degré que le mélange; adaptez à la cornue un moyen ballon percé d'un trou sur le côté, et poussez le feu jusqu'à faire légèrement bouillir la matière. Il sortira d'abord un esprit-de-vin très-aromatique, après quoi l'éther commencera à paraître. Il sera facile d'observer ce changement en portant le nez au petit trou dont le ballon est percé, et que vous aurez soin d'ouvrir et de fermer de temps en temps. Vous retirerez d'abord environ 14 onces de liqueur; sitôt que vous sentirez que ce qui distille commence à être imprégné d'une odeur de soufre bien sensible, séparez votre premier produit; si vous voulez retirer l'huile douce de vitriol, continuez votre distillation à un feu un peu plus modéré, jusqu'à ce que vous sentiez que ce qui distille n'est plus qu'un acide sulfureux très-vif, très-pénétrant; laissez pour lors éteindre votre feu.

1295. *Moyen de rectifier l'éther sulfurique.* Versez dans une petite cucurbite de verre, les 14 onces de liqueur que vous avez obtenues, ajoutez-y 2 onces d'huile de tartre par défaillance, adaptez un chapiteau à la cucurbite, et un récipient au chapiteau, lutez exactement les jointures, placez l'alambic ainsi disposé au bain de cendres, et commencez cette distillation par un feu extrêmement doux, et qui n'excède pas le feu de lampe. Vous retirerez 8 onces d'un éther admirable, d'un parfum exquis, et qui ne sentira pas la moindre odeur de soufre. Si vous en voulez faire l'épreuve, mettez de l'eau commune dans une petite fiole fort longue et étroite, versez de l'éther par-dessus; non-seulement il surnagera, mais encore après avoir bien mêlé les deux liqueurs par de fortes secousses, l'éther se rassemblera par petites globules et viendra se replacer à la surface de l'eau. Versez ensuite de l'éther dans une cuillère d'argent, approchez-la d'une bougie allumée, l'éther prendra feu à plus d'un pouce de distance et brûlera d'une flamme très-vive, très-blanche, très-brillante, jusqu'à siccité parfaite, ne laissant pour résidu qu'un peu de fuliginosité. Si vous mettez une pincée de poudre à canon dans la cuillère, elle ne doit pas prendre feu.

1296. *Usage de l'éther sulfurique.* Les coliques les plus aiguës, les indigestions les mieux prononcées ne résistent pas à l'éther vitriolique pris à une dose proportionnée au mal et à la force physique du malade. Elle est ordinairement de 24 à 30 gouttes dans un demi-verre d'eau pure, qu'on boit aussitôt et qu'on fait suivre d'une seconde, si une heure après la première n'a pas opéré une guérison parfaite.

Les chevaux et les bêtes à cornes attaqués de coliques d'indigestion ou venteuses, produites par une cause quelconque, trouvent aussi un remède prompt et efficace dans l'éther qu'on leur fait prendre avec du sucre jusqu'à la dose de 50 à 60 gouttes. On ne tarde pas à les voir se vider promptement; et l'on a soin de ne leur donner à boire ou à manger que deux ou trois heures après leur guérison.

Quant aux chiens attaqués de la morve, 3o gouttes d'éther mêlées à un demi-setier de lait qu'on remue bien et qu'on leur fait avaler, font disparaître d'abord tout éternument, et plus tard l'écoulement des yeux et des narines, en leur en faisant prendre deux jours après une seconde dose, si la première n'a pas eu tout le résultat qu'on devait en attendre. Nous recommandons de tenir à part les chiens malades, et de bien aérer et laver leur chenil après leur guérison, et d'y brûler quelques jours de suite du soufre et des baies de genièvre. (*Bibl. ph. écon.*)

1297. *Éther sulfurique alcoholisé, ou gouttes d'Hoffmann.* Pour faire la liqueur anodine minérale d'Hoffmann, mêlez une once de l'esprit-de-vin qui monte le premier lorsqu'on fait l'éther, autant de la seconde liqueur qui sort ensuite, et 12 gouttes de l'huile douce de vin sulfureuse qui sort après l'éther.

Dans la plupart des pharmacies on compose ces gouttes en mêlant poids égal d'éther sulfurique rectifié et d'alcohol rectifié aussi.

On prend depuis 15 jusqu'à 60 gouttes de cet éther sur un petit morceau de sucre. C'est un spasmodique, un calmant, un carminatif puissant. Il est excellent contre les indigestions et contre toutes espèces de coliques. Il jouit aussi de la propriété de dissiper l'ivresse lorsqu'on le prend par gouttes. (Bouillon-Lagrange.)

1298. *Éther acéteux.* On fait de cet éther acéteux avec l'esprit de Vénus (voyez *Vinaigre radical*), et l'on emploie pour cela un procédé analogue à celui que nous avons donné pour faire l'éther vitriolique.

ÉTOFFES.

1299. *Moyen de garantir les étoffes des teignes et autres insectes.* On garantit les étoffes de la piqûre et des ravages des insectes en mettant quelques morceaux de camphre enfermés dans du linge, dans les armoires où l'on place les draps, habits, etc.

Les herbes aromatiques, comme le vitivert, la menthe, la lavande, etc., éloignent aussi les teignes et les insectes qui rongent les draps. (*Dict. d'agr.*)

1300. *Étoffes imperméables.* Pour rendre les étoffes de laine, les toiles, papiers, etc., imperméables à l'eau, faites dissoudre 4 onces de savon blanc de Marseille dans 12 pintes d'eau de pluie bouillante, faites également dissoudre dans 12 autres pintes d'eau un tiers de livre d'alun. Portez séparément ces deux solutions à 70 degrés Réaumur; faites passer et repasser les étoffes dans l'eau de savon, et de là dans l'eau d'alun sans interruption; faites ensuite sécher à l'air.

Pour les toiles de coton, il faut le double des ingrédiens dans la même quantité d'eau.

Pour celles de fil et le papier, le triple; pour la soie le quadruple. (*Brevets d'invent.*)

EXTRAITS.

1301. *Règles générales pour la préparation des extraits.* On donne ce nom aux principes ou sucs séparés des végétaux ou des animaux, avec ou sans l'aide d'un menstrue, et concentrés par évaporation sous un petit volume.

Il est convenable en général de préparer tous les extraits au bain-màrie, à l'alambic. Par ce procédé, on obtient les eaux distillées des plantes odorantes, les extraits sont moins bruns et dissipent moins de leurs principes volatils. Il est important de ne pas trop forcer les décoctions par une vive ébullition, surtout pour les extraits des écorces et des végétaux résineux; car il se dépose alors beaucoup de matière analogue aux corps ligneux; et, avant de rapprocher ces décoctions, il serait nécessaire de les filtrer, ou de les laisser déposer, ou de les clarifier aux blancs d'œufs. Lorsque ce sont des extraits mucosucrés ou extracto-muqueux, la portion muqueuse se décompose facilement par la chaleur de l'ébullition, noircit, devient âcre et amère. Les extraits de jeunes plantes contiennent beaucoup plus de ce muqueux que ceux des plantes plus avancées dans la végétation; aussi ces derniers contiennent plus de molécules ligneuses, sont moins mous, moins susceptibles de moisir et de se gâter, mais moins complétement solubles à l'eau. D'ailleurs il se trouve, dans les extraits de jeunes plantes, de l'acétate de potasse et d'autres sels qui s'humectent à l'air; tels sont surtout les extraits salins des borraginées, de l'oseille, du chardon-bénit, de la fumeterre. Il est nécessaire de les préparer entièrement au bain-marie. On se contente, pour les autres, de les réduire des deux tiers, et de concentrer le dernier tiers au bain-marie, avec le soin de remuer, pour que la croûte supérieure, qui se forme par dessèchement, se mêle à tout l'extrait et n'empêche point l'humidité intérieure de s'exhaler. Lorsqu'il s'y trouve des sels assez abondans, comme le tartrate de chaux dans celui de ciguë, ou des matières résineuses, ou de la chrophylle (*fécule verte*), ces extraits paraissent remplis de grumeaux, quelque bien préparés qu'ils soient, à cause des molécules qui s'agglutinent ou se coagulent.

On peut ajouter à la fin de la concentration des extraits de plantes aromatiques, un peu d'huile essentielle et de l'eau distillée de la plante, pour leur rendre l'odeur et les qualités qu'une longue évaporation a dissipées. On reconnaît la cuisson suffisante d'un extrait, lorsqu'en le versant chaud sur du papier gris il ne le traverse pas.

Les extraits astringens et amers qui contiennent du tannin deviennent avec le temps durs et ligneux; ils se redissolvent difficilement dans l'eau. Les extraits mucilagineux prennent avec le temps beaucoup de retrait qui les détache du vase ; ils se fendillent et moisissent. Plusieurs praticiens préviennent cet inconvénient en ajoutant quelques cuillerées d'eau-de-vie à ces extraits encore mous. On fait paraître plus blancs les extraits par l'agitation vive qui interpose de l'air dans leur substance, mais il se dégage ensuite. (J.-J. Virey, *Traité de pharm.*)

1302. *Extrait d'absinthe.* On fait infuser pendant vingt-quatre heures, dans de l'eau bouillante, les sommités séchées de la grande absinthe; on passe et on réduit en extrait de la manière ordinaire.

On le prend à la dose de vingt-quatre à soixante-douze grains. (*Idem.*)

1303. *Extrait de quinquina.* On fait bouillir 6 kilogr. d'eau sur un kilogramme de quinquina concassé, pendant un quart d'heure. On passe; on jette sur le résidu 4 kilogr. d'eau qu'on fait bouillir encore un quart d'heure. Les deux liqueurs réunies, passées à la chausse, sont réduites en extrait au bain-marie en agitant continuellement. (*Codex med.*)

1304. *Extrait de genièvre. Voyez* ce mot.

FIN DU TOME PREMIER.

www.ingramcontent.com/pod-product-compliance
Lightning Source LLC
Chambersburg PA
CBHW071955270326
41928CB00009B/1445